县委书记成秋林（右一）到县发改局指导民主生活会

县委常委、组织部长许明德（左）到县发改局指导“两学一做”学习教育

局长陈其文（左一）到凤凰城街道丁坊村调研帮扶项目

干部职工观看警示教育片《永远在路上》

干部职工到县廉政教育基地接受警示教育

干部职工参加庆“五一”、迎“五四”拔河比赛

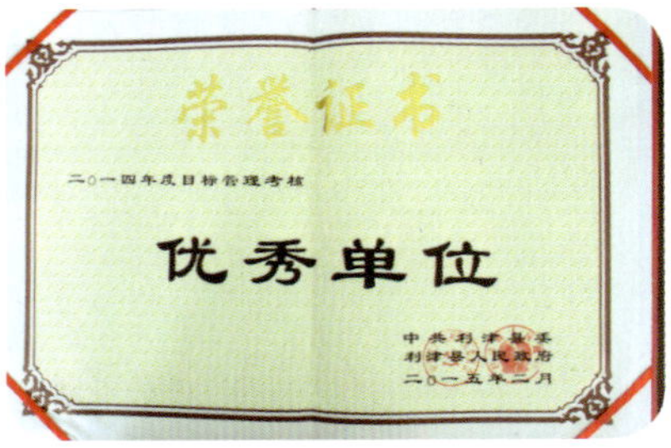

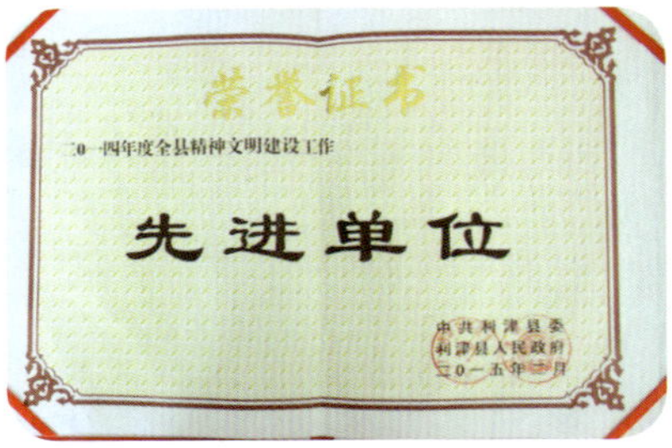

所获荣誉

利津县教育局

县委书记成秋林（右一）到职业中专调研

县委副书记、县长张晓彬（右二）到实验二校调研

利津县教育局是县政府主管全县教育工作的职能部门，现管辖各级各类学校、幼儿园77所，其中，幼儿园45所，小学16所，初中13所（含九年一贯制学校8所），普通高中学校2所，职业中专学校1所。在校学生（含幼儿）36103人，教职工3510人。

近年来，在县委、县政府的正确领导下，县教育局全面贯彻科学发展观，大力实施“科教兴县”战略，团结带领全县教育系统广大干部、教职工，以“办人民满意的教育”为工作目标，坚持以提高教育教学质量为工作重点，加快发展学前教育，促进义务教育均衡发展，巩固提高普高、职专工作成果，各级各类教育得到了均衡、快速、科学发展。全县现有省级十佳幼儿园2处，省级实验、示范幼儿园11处，市级教育现代化幼儿园15处，省级规范化学校4处，省级教学示范学校6处，省级重点职业学校1处，市级规范化学校26处，市级现代化学校13处。2016年，全县顺利通过义务教育发展基本均衡县国家评估认定；“山东省2016年普通高考优秀考点”，获“山东省第六届全民健身运动会先进单位”“山东省公共室外健身器材管理维护工作示范单位”“山东省学生资助工作先进单位”等荣誉称号，连续14年保持“省级文明单位”，在全县综合考核中，获“优秀单位”称号。

现代化教学设备课堂应用

2016年全县2800余学生参加夏季高考

全县中小学生诚信教育活动

十八岁成人礼

2016年全县顺利通过国家义务教育均衡县验收

2016年教师节晚会

县教育局党员干部参观市廉政教育中心

新铺设运动场地

利津县统计局

东营市第三次农业普查宣传月活动启动仪式

利津县统计局内设办公室、业务股、综合股、法规股，下属事业单位3个，即县社会经济调查队（副科级）、县统计计算站（股级）、县统计普查办公室（股级）。在编在岗干部职工27人。2016年，县统计局深入贯彻党的十八大和十八届四中、五中、六中全会精神，牢固树立“为经济社会科学发展服务是统计工作第一要务”的理念，不断夯实统计基础、规范机关建设，充分发挥了统计的信息、咨询、监督职能，圆满完成了各项目标任务。

全县基层统计业务培训班

“两学一做”学习教育座谈会

庆“五四”青春读书会

开展“第七届中国统计开放日”宣传活动

为退休党员送学上门

省统计局普查中心副主任袁晓勇（前左二）到利津县调研农村数据质量

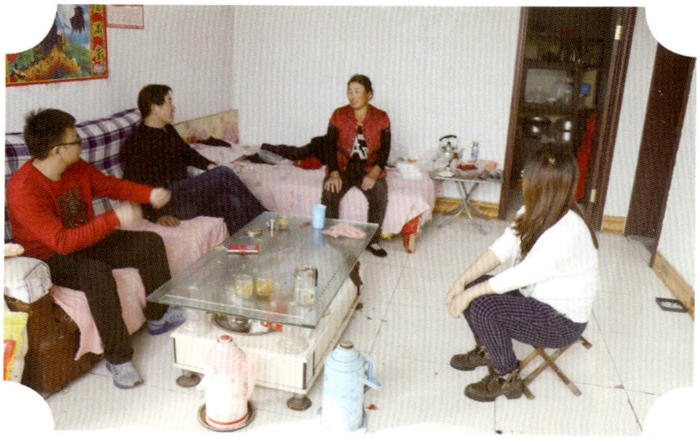

开展联户扶贫活动

2017

利津年鉴

LIJIN YEARBOOK

利 津 县 人 民 政 府 主办
利津县地方史志办公室　编

方志出版社
Publishing House of Local Records

利津县地方史志编纂委员会办公室

主　任　李俊三
副主任　王曰华

《利津年鉴（2017）》编辑部

主　　审　张晓彬
副 主 审　郭乃利
主　　编　李俊三
执行主编　王曰华
编　　辑　（以姓名笔画为序）
　　　　　王曰华　王雪梅（女）　李俊三　李翔翔（女）　许丹丹（女）　谭希杰
特邀编辑　郭光业
编　　务　李智勇

《利津年鉴 2017》编辑部（利津县地方史志办公室）
地址：山东省利津县县城利一路油区综合办公大楼 12 楼　邮政编码：257400
电话（传真）：0546—5621995　E-mail:shizhiban@126.com

编 辑 说 明

一、《利津年鉴》旨在全面、系统、及时地记述上年度利津县政治、经济、文化、社会诸方面的基本情况，反映全县经济社会发展的新进展、新情况、新经验，为各级领导把握县情、科学决策提供参考依据，为各界人士了解、认识、研究利津提供权威性信息和多方位服务，为宣传介绍利津、扩大利津影响发挥媒体作用。

二、《利津年鉴 2017》，记述利津县辖区内 2016 年各行各业的基本情况和重要信息，为方便实用，部分资料适当上溯或下延。

三、本鉴坚持以马克思列宁主义、毛泽东思想、邓小平理论、“三个代表”重要思想、科学发展观、习近平新时代中国特色社会主义思想为指导，坚持辩证唯物主义和历史唯物主义的立场、观点和方法，以经济建设为中心，力求突出利津地方特色和优势。本卷共设 22 个栏目：特载、大事记、县境概况、政党政务、群众团体、军事政法、综合经济管理、农业、工业、商贸、对外开放、城建环保、交通邮政信息、财政税务、金融保险、教育科技、文化体育卫生、黄河、社会事业、乡镇（街道）城区管委会、人物、政策法规。卷首设利津县地图（位置图、城区图）和反映全县重大事件、发展成就的彩色照片及成绩突出的单位宣传彩页。

四、本卷采用类目编辑法，主体内容设类目、分目、条目三个层级。类目为最大单元，分目设置一般照顾到现行管理体制，条目是记述的基本单元，少数条目下设子目。为便于读者分类系统阅读和检索，条目标题一律用黑体字加方头括号“【 】”表示，子目用楷体加以区别。

五、本鉴检索系统：卷首设中、英文目录；卷中设栏目标题书眉，部分交叉内容在文中设括号注释参见体系；卷末设按汉语拼音字母顺序排列的主题分析索引。

六、本鉴中有关全县国民经济和社会发展的主要数据，均以县统计局公布或认定的统计数字为准。某些数据县统计局没有的，则以主管部门的统计数字为准。因个别供稿单位统计口径不同等原因，有的数据在不同条目中不尽一致，使用时请注意出处。

七、本鉴资料由全县各乡镇（街道）、县直各部门、各单位及行政区域内中直、省直单位提供，并经各供稿单位负责人审阅。稿件经县史志办公室总纂后，主要内容经县政府主管领导审定。各单位分管领导和撰稿人姓名，署于各类目或条目之后的括号内，以示负责。

中共利津县委书记　成秋林

中共利津县委副书记、县人民政府县长　张晓彬

领导关怀

2016年12月15日，山东省副省长赵润田（右二）到利津县考察现代农业发展情况

2016年4月21日，省政协副主席郭爱玲（前左五）到利津考察

领导关怀

2016年4月6日，市委书记、市人大常委会主任申长友（前右二）到汀罗镇陈家村调研扶贫开发情况

2016年7月5日，市委副书记、市长赵豪志（前右二）到利津考察工作

2016年10月20日，市政协主席陈泽浦（前右二）到利津县考察

2016年12月21日，县委书记成秋林（前左一）到西关桥便民市场调研

2016年12月23日，县委副书记、代县长张晓彬（前右一）到汀罗镇调研

2016年10月25日，县人大常委会领导和部分县人大代表到利津街道考察重点工程项目

利津县财政局

局长　王凤云

利津县财政局是主管全县财政收支、财税政策、国有资产管理工作的县政府工作部门。县财政局下设办公室、预算股（法规税政股）、行政事业股（社会保障股）、农业股、经济建设股（企业股）、会计股、国有资产管理股、国库股8个职能股室，县非税收入管理局、农业综合开发办公室、基层财政管理局、政府采购办公室、财政监督局、国库集中支付中心、财政投资评审中心、农村综合改革办公室8个事业单位。利津县财政局现有在职干部职工51名，其中党员33名。

县财政局全体干部职工求真务实、改革创新，财政工作再创佳绩，先后荣获省级文明单位、富民兴鲁劳动奖状、卫生单位、青年文明号，全县目标管理考核、经济社会发展突出贡献单位等多项荣誉称号。自2007年以来，县财政局在单项业务考核中有267项工作获得上级表彰。

全县财政工作会议

开展全县会计知识培训

强化业务学习，提高财政干部知识水平

营改增专题讲座

利津县财政局

发放城乡居民养老保险基础养老金

推进农村公益事业一事一议奖补项目，改善农村环境面貌

加大农田水利建设投入，改善生产条件

支持优势产业创新体系建设，鼓励骨干企业膨胀和传统产业转型升级

深入开展“两学一做”学习教育

外出考察学习，推进政府融资工作

12月4日浙江大学与利津县财政局举行可持续发展签约仪式

听取各项民生政策在基层实施情况

全县推进小金库专项治理工作会议

开展“两学一做”知识竞赛

在汀罗镇坝头村开展“光伏扶贫”

前往市廉政教育基地参观学习

利津县民政局

局长　李逢昌

2016年，民政局在县委、县政府的正确领导下，在上级民政部门的指导和有关部门的大力支持下，坚持“以人为本，为民解困、为民服务”的宗旨，努力推动各项工作落实、创新、发展，圆满完成各项目标任务，荣获全省“双拥模范县”“东营市关心国防建设十佳单位”等荣誉称号。

社会救助体系进一步完善。逐年提高社会救助标准，城市低保标准每人每月达到550元，农村低保标准达到每人每年4120元，农村五保标准达到每人每年7300元。2016年年末，全县城乡低保对象有6779户、9420人，全年累计发放低保资金3097.7万元。同时，加大对困难群众的“救、急、难”救助力度，发放临时救助金16.95万元，救助困难群众219人次；开展冬春生活救助，走访慰问困难群众4626户，款物折合176.11万元。

县委书记成秋林（中）考察养老机构

社会福利保障能力进一步提高。加快推进养老设施建设，新建农村幸福院10处，新增养老床位200张。认真落实各项社会福利保障，为孤儿发放基本生活费84.2万元。慈善事业健康发展，全县各乡镇（街道）全部设立了慈善总会；认真开展“慈心一日捐”活动，捐款共计200万元。

双拥优抚安置水平进一步提升。扎实推动军民融合深度发展，开展了“十送十进军营”活动，建立起社会化拥军的长效机制。2016年7月，利津县被山东省委、省政府、省军区再次表彰为“双拥模范县”。认真落实抚恤补助政策，按期发放抚恤资金1311万元。稳妥做好退役士兵安置，接收安置退役士兵117人。完善烈士、烈士墓信息，共计完善信息176条。

社会事务管理不断规范。深入开展移风易俗工作，村村修订村规民约，健全红白理事会，节俭办事，蔚然兴起。严格社会组织管理，完成社会组织年检120个。办理结婚登记1940对，离婚登记559对，办理收养登记13件。

市民政局副局长潘文海（左二）到利津检查烈士陵园规范化建设

利津县民政局

副县长刘海峰（前左二）考察烈士陵园建设

局领导入户给老党员上党课

重温入党誓词

党员民主生活会

认真开展地名普查工作

养老机构安全检查

救助贫困儿童

县殡仪馆

农村幸福院

利津县交通运输局

市委书记申长友（前左一）调研利津客运总站项目

利津县交通运输局是利津县政府主管全县交通工作的职能部门，现有干部职工53人，局机关设办公室、财务股、综合股、工、青、妇等群体组织，辖交通运输监察大队、道路运输管理处、农村公路管理处、寄递信息安全中心。主要职能是负责全县交通设施规划、建设、管理，依法设施运政、路政、航政、汽车维修等行业管理，办理道路（水路）运输证。

利津县交通运输局在县委、县政府的正确领导下，充分发挥交通基础支撑和先行带动作用，全力构建立体大交通体系，不断强化行业管理，着力提升服务能力，交通运输事业呈现出了持续快速健康发展的强劲势头，为利津跨越发展做出了积极贡献。2016年主要实施了S316永莘线黄河大桥至大高家段改建、利津客运总站等重点工程、加强农村公路建设养护、强化交通运输市场管理、全面做好交通运输安全等工作，先后获得“省级文明单位”“全市交通运输系统安全生产单位”“经济社会发展突出贡献先进单位”“市级平安单位”等多项荣誉。

2016年12月21日，县委书记成秋林（右）调研S316改线工程

安全生产检查

县委副书记、县长张晓彬（右二）调研客运总站项目

安全生产应急演练

利津县交通运输局

交通监察大队在执法

治理“黑出租”行动

农村公路建设

安全生命防护工程

S316改线工程施工现场

利津县客运总站

利津县农业局

副省长赵润田（前右二）到利津县考察现代农业

利津县农业局是县政府所属的农业行政主管部门，内设办公室、财务审计股、农产品质量安全监管股、种植业管理股、农业产业信息股5个职能股室，下设农村经济经营管理指导站、生态农业站、农业综合执法大队、农业技术推广服务中心、山东省农业广播电视学校利津县分校、利津县良种场、利津县种子公司7个事业单位。贯彻落实国家、省、市关于农业和农村经济发展的法律、法规和规章，推进农业依法行政；履行农村经营管理、农产品生产、农产品质量安全监督管理、农业规划与设计、农业技术研发推广和教育培训、农业环境保护、植物保护、病虫害综合防治等职能。

近年来，利津县农业局紧紧围绕全县“农业固县”发展战略，牢牢把握“农业增效、农民增收”这个核心，求真务实、锐意进取，不断推进全县农业现代化发展进程。荣获全省韭菜产品质量安全专项整治活动先进集体称号，第八批“山东省出口农产品质量安全示范区”，2016年度利津县综合考核成绩突出单位，县直部门目标管理考核先进单位等荣誉称号。

新型职业农民培训

盐碱地花生丰产增效栽培现场观摩暨技术培训会

山东省2016年棉花关键技术培训会议

“两学一做”学习教育

沿黄农业

利津县农业局

滩区池田藕

局领导到派驻帮扶村调研

花生产业战略合作签约仪式

1.5万亩良种繁育、加工招商项目车间

农业发展成绩展示

省农业厅杨处长（右二）调研“两学一做”学习教育情况

县人大代表第二选区投票选举大会

2016年“扶贫日”募捐仪式

第十四届中国国际农产品交易会在昆明举行，利津县“一大早”乳业产品参展

盐碱地花生丰产增收栽培现场观摩

利津县水利局

局长　崔秉鸿

利津县水利局为县水行政主管部门，内设办公室、财务股、农水股、水政股（与水资源办公室合署办公），下属防汛办公室、水土保持办公室、灌溉管理所、水政监察大队、水利工程建设管理办公室、水利机械工程公司、水利服务公司7个事业单位。现有干部职工80人，其中高级职称4人，中级21人。

在县委、县政府坚强领导下，县水利局积极践行习近平总书记“节水优先、空间均衡、系统治理、两手发力”重要治水思路，大力实施大中型灌区续建配套与节水改造、高效节水灌溉、河道治理、平原水库等水利基础设施建设，实施最严格的水资源管理制度，积极推进城乡供水一体化，着力实现传统水利向现代水利的新跨越，为保障农业增产、农民增收、促进经济社会发展做出了积级贡献。利津县水利局先后被授予“全省水利系统文明单位”“全省防汛抗旱先进集体”“全省农田水利基本建设先进集体”“市级文明单位”等荣誉称号，利津县还先后被授予“全省水利经济先进县”“全省农田水利基本建设先进县”等荣誉称号。

三年增绿暨农水会战动员大会

县人大代表到城南水库进水渠调研

太平河治理工程

干部职工义务植树

利津县水利局

陈北水厂

县水利局联合黄河河务局进行水法宣传

市委副书记、市长赵豪志（前右二）到利津县观摩三年增绿暨农水会战情况

副市长韩利学（前左二）到利津县调研农水会战

县委书记成秋林（前左二）到利津水务发展有限公司调研

县局领导走访慰问困难居民

县局女员工参加全县健步走活动

利津县林业局

局长　顾国岭

德大铁路、济东高速、疏港高速、荣乌高速增绿规划评审会召开

利津县林业局内设办公室、林政股、林业综合行政执法大队，下设林业技术推广服务中心和林保站，下属一千二林场、虎滩苗圃、利津县森林公安局（直属利津县林业局）、局机关共有干部职工38人，其中森林警察9人。

2016年，利津县林业局在县委、县政府的坚强领导下，始终坚持“生态立县”发展战略，紧紧围绕“绿色利津”建设目标，以勤奋敬业、激情创业为常态，抢抓东营市委、市政府实施“三年增绿”计划，建设绿色生态东营的重大机遇，全县林业工作实现了科学跨越发展，走在了全市前列。

全力实施“三年增绿”工作。自全市“三年增绿”计划实施以来，县林业局在认真贯彻落实县委、县政府决策部署，累计完成造林6.1万亩，基本实现了提前一年完成“三年增绿”的工作目标。“三争”工作取得新突破，申请到国家农发行“三年增绿”政策性贷款额度6.5亿元，已到位3.3亿元，占到全市县区资金的50%。申请到欧投行生态造林项目贷款折合人民币2200万元。

着力打造绿色先锋党建品牌。林业局被列入全县第一批党建品牌创建单位，建成党员活动室和“三年增绿”展览室，改造提升文化走廊，规范完善图书阅览室、林业有害生物标本室、森林林业防火监控室、防火物资储备库，大力推进机关文化和党建融合。大力开展“党徽闪耀，一线建功”绿色先锋党建品牌特色创建活动，全局党员干部勇于担当，敢于作为，干在一线，比在一线，拼在一线，各项工作取得优异成绩。

由于各项工作突出，先后获得全市“三年增绿”工作先进县、全市林业业务工作考核第一名、全县综合考核目标管理先进单位、2016年被县委、县政府授予全县特殊贡献奖荣誉称号，2017年全省平原地区国土绿化现场会作典型发言。

全民义务植树

津六路绿化工程

利津县林业局

2016年3月23日，全市“三年增绿”工作现场会议在利津召开

2016年12月15日，副省长赵润田（前右三）到利津调研济东高速绿化工程

2016年11月3日，国家林业局发展规划与资金管理司司长闫振、国家财政部农业司副司长凡科军一行到王庄沙区林场调研

国家农发行总行贷款审批部副总经理马淑华（中）考察全县“三年增绿”情况

省林业厅党组书记董书华（前左二）到利津县调研“三年增绿”和国有林场改革情况

全市“三年增绿”工作现场会与会人员参观济东高速绿化陈庄段

市委副书记、市长赵豪志（前左二）调研济东高速陈庄段工程现场

市林业局局长李道明（左三）调研利津县村庄绿化

全体党员参加党章党规专题辅导报告

德大铁路绿化工程

利津县畜牧局

局长　薄传民

县畜牧局直属利津县人民政府，机构规格为正科级，内设办公室、业务股。人员编制为15人，领导职数3人。

2016年，利津县畜牧局以创建省级畜牧业绿色发展示范县为目标，大力推进产业发展、病死畜禽无害化处理、重大疫病防控、畜产品安全监管等重点工作，实现了畜牧业安全、健康、有序发展。全县畜禽养殖逐步向标准化、规模化新型发展模式转变。

全县建成各类规模养殖场1754个，国家级示范场和省级示范场30个；完成无公害畜产品认证4个；与9名畜牧专家签约合作，成立了利津县畜牧业专家智库；传统优势产业和特色产业蓬勃发展，项目建设有序推进；动物疫病免疫和牲畜耳标佩戴率均达到99%以上，抗体合格率达90%以上，日常检疫监管工作有效保障了全县畜产品质量安全；通过农民培训，培养了一批观念新、技能强的养殖生产能手，促进了科技成果的转化和推广。

利津县畜牧产业专家智库成立

局领导到兽药生产企业调研

专家论证重点项目会

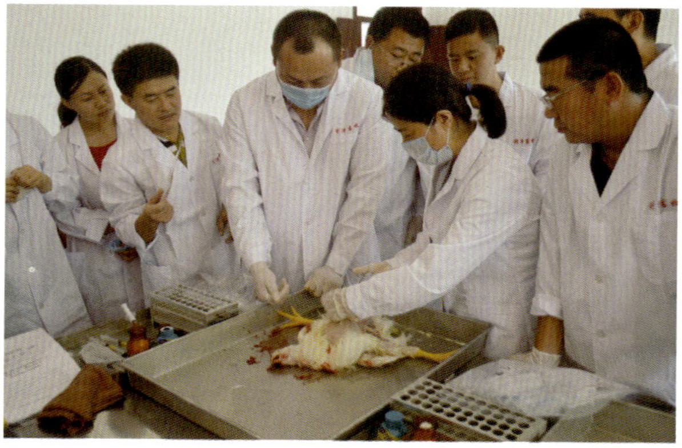

专业技能培训

利津县畜牧局

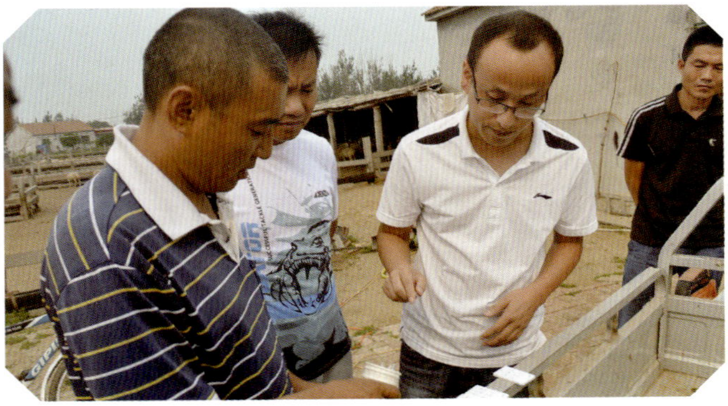

工作人员在养殖场进行检查

奶牛养殖场

六和种鸭场

施工中的草原防火站

病死畜禽无害化集中处理现场会

普法宣传

利津县海洋与渔业局

局长　王金山

利津县海洋与渔业局是利津县直属正科级事业单位，内设办公室、海域股、渔业股、渔业技术推广站、海洋监察大队（挂中国海监利津大队、利津县海洋环境监测站牌子）、中华人民共和国利津县渔港监督(挂山东渔业船舶检验局利津检验站牌子)、工会委员会7个股级单位。年底干部职工28人，其中专业技术人员20人，包括农业推广研究员2人、高级工程师3人，中级职称5人，初级职称10人。2016年以来，全体干部职工真抓实干，锐意进取，不断加大“三争”力度，积极推进海洋渔业管理开发，累计争取保护区建设、海岸带整治修复、渔业增殖放流等各类项目资金3000余万元，全年实现水产品总产量9.5万吨，实现产值29.4亿元，分别同比增长5.5%、3.2%。全县海洋与渔业经济实现了健康快速发展。

市委书记申长友（前左二）在观摩现场听取利津县海洋产业情况介绍

副县长郭乃利（左）察看海岸带整治修复项目

海岸带整治修复项目区

海洋科普展馆

利津县海洋与渔业局

花鲈苗种

花鲈养殖车间

扇贝筏式养殖

利津县国土资源局

深入开展“两学一做”集中学习教育

维护被征地农民合法权益工作会议

利津县国土资源局设办公室（政策法规股）、地籍规划与土地利用管理股、耕地保护股、县测绘局（地质矿产管理股）和经济开发区分局（挂利津县国土资源局凤凰城街道国土资源所牌子）、利北分局及6个乡镇街道国土资源所。下属土地储备管理中心、不动产登记中心、土地整理中心、国土资源执法监察大队、土地评审交易中心、土地勘测队、建设用地服务站7个事业单位。

县国土资源局全面搞好用地服务，着力保障项目建设用地需求。切实加强耕地保护，努力实现耕地占补平衡和耕地总量动态平衡。积极推进土地节约集约利用，确保土地资源的保值增值。强化矿产资源管理，推进矿产资源的可持续利用。依法加强测绘管理，进一步规范测绘市场的秩序。坚持依法行政，严格规范管理，积极服务发展，为全县经济社会又好又快发展做出了积极贡献。先后荣获“省级文明单位”“市级平安单位”“2016年度目标管理考核先进单位”“2016年度经济社会发展突出贡献单位”等荣誉称号。

党课教育

不动产登记服务

加强土地管理知识宣传

全体职工观看《警钟》宣传片

利津县国土资源局

深入油田施工现场服务

召开国有建设用地使用权网上交易会审会

全县确权登记发证成果通过省市检查验收

土地勘测队野外踏勘

实施县级土地整理项目

实施高标准基本农田项目

结对帮扶后宋村蔬菜大棚

规范地热管理

基本农田保护标志牌

所获荣誉

利津县住房和城乡规划建设局

在县委、县政府的正确领导下，县住建局认真贯彻十八大和十八届四中、五中、六中及各级会议精神，紧紧围绕服务全县经济发展大局，以建设生态宜居城市为目标，以项目建设为抓手，强化行业管理，不断推动住房城乡规划建设工作取得新成效。

加大规划编制力度，高水平修订完善控制性详细规划和专项规划，完成主城区控规调整和城东片区控制性详细规划批复工作。完成二中在城南区域选址、职业中专在西部工业区选址的规划，不断提高城市的建设水平和品位。对规划“四线”等强制性内容实施情况及敏感区域、重大项目审批和执行情况进行监督检查。全力推进南部生态新区开发建设，博闻路建设工程、水库北路污水管线建设工程和新合张滩安置房项目都保质保量完成了预期建设任务；菜园安置房二期建设项目所有楼房已交付使用。加大行业管理力度，全县完成建筑业总产值7.42亿元，建筑业增加值1.51亿元。全县房地产开发项目16个，规划总开发面积96.29万平方米，完成房地产开发投资7.49亿元。积极推进民生工程建设，开工建设公共租赁住房318户，棚户区改造工程929户。完成危房改造任务数210户，完成农村旱厕改造任务5269户，超额完成年度任务。

全县规划委员会组织学习

全县城市建设和管理安全生产调度会

全县建筑工程安全管理工作会议

全县农村改厕现场观摩会在陈庄召开

全县专项规划调度会

普通高中选址专家论证会现场调研

党员干部到市廉政教育基地参观学习

全省房地产管理综合执法检查

县委书记成秋林（前右二）到工地调研文化艺术中心项目建设

县委常委、组织部部长许明德（前右一）调研南部生态新区开发建设情况

县人大代表调研重点工程项目建设

张滩新合安置房

利津县城市建设重点项目管理中心

2014年8月21日，经县政府批准，县编办发文（利编发【2014】26号），将利津县城市投资发展建设有限公司更名为利津县城市建设重点项目管理中心，为正科级事业单位，主要职责承担城市建设重点项目的组织实施、监督管理工作，承办县委、县政府交办的其他工作任务。

利津县城市建设重点项目管理中心（简称县城建中心）内设三个科室，分别为综合业务部、工程项目部和资金财务部。同时管理五个国有企业，分别为利津县城市投资发展建设有限公司、利津县城市资产运营有限责任公司、利津凤凰房地产开发有限公司、东营润源环保服务有限公司和利津源通水务有限公司。目前，县城建中心在职在编人员9人，企业职工40余人，党员14名。

县城建中心在县委、县政府的正确领导下，以工程项目开发建设和融资工作为总抓手，扎实推进各项事业发展，不断奋力拼搏、开拓创新，全力助推了利津经济社会快速发展，为建设美丽幸福新利津贡献力量。

县城建中心领导班子成员研究工作

市委副书记、市长赵豪志（前右一）到利津调研城市建设

县委常委、副县长张和森（右一）调研城区建设项目

全市观摩利三路中段区域综合改造项目

利津县城市建设重点项目管理中心

津城佳苑居住区

楼盘预定

建设中的津元广场商贸城

利津县安全生产监督管理局

局长　郭新平

全县安全生产会议

利津县安监局内设办公室(综合协调股)、综合监督管理股、执法大队、宣传培训股、综合监管股、危险化学品监管股、烟花爆竹监管股、安全生产技术服务中心9个股室（2017年成立安监局投诉举报中心），在职在编干部职工29人，其中科级干部5人，股级干部5人。2016年获得全省安全生产先进县。

2016年，县安监局在县委、县政府的正确领导下，以深入开展“两学一做”学习教育为契机，全局上下积极进取，开拓创新，遵照年度安全生产工作要求，严格防范安全事故发生，全面落实安全生产责任制，围绕遏制重特大事故，积极开展事故隐患排查治理，安全生产形势保持持续稳定，为全县工农业全面完成生产经营任务奠定基础。一是以责任落实为抓手，健全安全生产工作监管体系。对重点行业领域安全生产进行专项领导。2016年，县级领导干部累计督导基层安全生产62次，检查生产经营建设单位395家，排查隐患568项。推动行业监管责任落实，检查全覆盖。全县共检查生产经营单位9248家次，发现重大安全隐患45项，挂牌督办9项，治安拘留10人，依法实施经济处罚127万元。二是以企业主体责任落实为支撑，全面夯实安全基础。全县共排查企业426家，自查自纠上报隐患4629项，发现企业风险点3282个，风险源164个。加大安全生产培训投入，对从业人员三级培训。编制《应知应会手册》780余份，组织三级培训1200场次。加大执法力度，倒逼企业落实主体责任。全县摸排各类生产经营单位11253个，排查整改安全隐患26892项，约谈企业主要负责人12名，停产整顿生产经营单位35家，立案42起。三是以重点领域为切入点，扎实开展冬季安全生产大检查。2016年11月份开始，县安委会成立各类检查组124个，共排查生产经营单位1200余家次，排查隐患4675项，检查各类危化品企业129家，发现安全隐患869项，下达了隐患停产整改通知书86份；发现火灾隐患或违法行为314处，整改火灾隐患或违法行为259处；查处各类违法行为1300余起，查扣各类违法机动车8辆、查获报废车3台、行政拘留5人；排查废弃槽罐、储罐存放点93处，废弃院落53处，各类储罐318个，全部落实了责任人，采取了注水、蒸洗等安全措施。四是以严执法为落脚点，全面深化打非治违工作。共出动执法人员560余人次，依法关闭生产单位42家，对56家非法违法生产经营单位，依法落实停产、停建、停电、停水等强制措施60余家次，强制拆除非法设备26台。对摸排的150个手续不全项目，聘请中介机构现场核查，对符合手续补办条件的137个项目，督促企业进行了补办，对不能补办的13个项目，依法采取了关停、转型等措施。五是加强宣传教育，全面提高全社会安全意识。通过部门集中宣传、进村宣讲、入户宣传等方式，发放安全知识宣传挂图8万份，明白纸3万余份，安全宣传光盘1000套，永久性标语2000余条。

利津县安全生产监督管理局

组织企业到海科参观学习安全生产

全体党员赴刘集学习

安监局参加残联爱心活动

县委常委、组织部长许明德到安监局督导党建工作

国务院安委会专项巡查组检查三阳安全生产

市质监局到利津督导安全生产

县领导巡查益美得化工安全控制室

组织党员参加“主题党日+”活动

召开关于落实党内监督责任专题会

召开5月份“主题党日+”活动

利津县烟草专卖局

利津县烟草专卖局（营销部）主要负责北宋镇、盐窝镇、陈庄镇、汀罗镇、明集乡、刁口乡、凤凰城街道和利津街道共8个（街道办事处、乡镇）的专卖管理、卷烟销售和大物流建设工作，下设综合办公室、专卖监督管理科、营销科、法制科、内管派驻组5个部门、1个专卖稽查大队和第一专卖管理所、第二专卖管理所，东营泰山1532物联商贸有限公司。共有职工47人，辖区共有1329户零售客户。

2016年，利津县局（营销部）在县委、县政府的坚强领导下，在市局（公司）党委的指导下，深入贯彻党的十八大和十八届三中、四中、五中、六中全会及习近平系列讲话精神，认真落实市局（公司）党委2016年系统工作会议提出的完成卷烟销量、单箱销售额和利税增长三个指标，严格按照“实、真、细、精”的工作要求，深入开展“两学一做”学习教育，广大干部职工统一思想、凝聚共识、抢抓机遇、奋勇争先，在卷烟营销、专卖监督管理、精益管理和大物流建设等方面均取得了长足发展。全年共销售卷烟8952箱，单箱值2.44万元。实现销售额21822万元，毛利5456万元，上缴税金1030万元，持续名列全县流通企业上缴税金前列。

省局（公司）局长、总经理吴洪田（左二）到利津调研烟草市场

开展“天天3.15 打假维权 全民皆兵”活动

召开企业家座谈会

开展路查，打击非法卷烟流通行动

副县长郭乃利（左二）到公司检查安全生产

局领导走访慰问帮扶村贫困家庭

目 录

特 载

成秋林同志在县十三次党代会上的报告……… 002
政府工作报告………………………………………… 012
成秋林同志在全县经济工作会议上的讲话…… 021
张晓彬同志在全县经济工作会议上的讲话…… 028

大事记

1 月 ………………………………………………… 038
2 月 ………………………………………………… 038
3 月 ………………………………………………… 039
4 月 ………………………………………………… 040
5 月 ………………………………………………… 041
6 月 ………………………………………………… 042
7 月 ………………………………………………… 042
8 月 ………………………………………………… 043
9 月 ………………………………………………… 044
10 月 ……………………………………………… 044
11 月 ……………………………………………… 045
12 月 ……………………………………………… 046

县情概况

建置区划……………………………………………… 050
历史概况 ………………………………………… 050
地理位置 ………………………………………… 050
行政区划 ………………………………………… 050
区位交通 ………………………………………… 050
民族 ……………………………………………… 050
自然环境……………………………………………… 050
地质 ……………………………………………… 050
地貌 ……………………………………………… 050
气候 ……………………………………………… 051
河流 ……………………………………………… 051
海域 ……………………………………………… 051
自然资源……………………………………………… 051
土地 ……………………………………………… 051
淡水 ……………………………………………… 051
矿产 ……………………………………………… 051
生物 ……………………………………………… 051
浅海 ……………………………………………… 051
2016 年国民经济和社会发展综述 …………… 051
概述 ……………………………………………… 051
农林牧渔业 ……………………………………… 052
工业 ……………………………………………… 052
固定资产投资和建筑业 ………………………… 053
国内外贸易 ……………………………………… 053
运输、邮电、旅游 ……………………………… 053
财政、金融 ……………………………………… 053
城市建设 ………………………………………… 054
科技、人才 ……………………………………… 054
教育、文化、卫生、体育事业 ………………… 055
环境与安全生产 ………………………………… 056
居民生活与社会保障 …………………………… 056
组织机构与负责人…………………………………… 056

一、县级领导班子 …… 056
二、利津县人民法院、利津县人民检察院 057
三、县纪委（县监察局）派驻纪检组（监察室）…… 057
四、县委工作机构及部门管理机构 …… 057
五、社会团体 …… 058
六、利津县人大机关、政协机关 …… 058
七、县政府工作部门、部门管理机构、派出机构 …… 059
八、县政府直属事业单位 …… 060
九、省市属部门、企业 …… 061
十、乡镇、街道、经济开发区 …… 062

中国共产党利津县委员会

县委重要会议 …… **064**
拆违治乱暨“打霸治痞”专项会议 …… 064
2016 年全县工作会议 …… 064
“两学一做”专题辅导会 …… 064
县委十二届九次全体会议 …… 064
全县“双招双引”推进会议 …… 064
县委全委（扩大）会议 …… 065
学习贯彻党的十八届六中全会精神报告会 …… 065
收看中央宣讲团报告会 …… 065
县委十二届十次全体会议 …… 065
全县领导干部会议 …… 065
县委办公室工作 …… **065**
以文辅政，服务决策 …… 065
事项服务，保障运转 …… 066
督促检查，推进落实 …… 066
服务社会，促进和谐 …… 066
干部队伍建设 …… 066
政策研究与深化改革 …… **067**
调查研究 …… 067
督查落实 …… 067
对台工作 …… **067**
对台交流 …… 067
服务台胞台属台企 …… 067
对台宣传 …… 068
组织工作 …… **068**
党组织状况 …… 068
“两学一做”学习教育 …… 069
县乡班子换届 …… 069
干部队伍建设 …… 070
干部监督 …… 071
干部教育培训 …… 071
人才工作 …… 071
下派帮扶工作 …… 072
基层组织建设 …… 072
新型农民培训 …… 073
宣传工作 …… **073**
意识形态工作 …… 073
理论武装工作 …… 073
新闻宣传工作 …… 074
精神文明工作 …… 074
文化建设工作 …… 075
机关党建工作 …… 075
统战工作 …… **076**
政治统战 …… 076
经济统战 …… 076
人才统战 …… 076
社会统战 …… 076
基础统战 …… 077
县政协换届保障有力 …… 077
机关党工委工作 …… **078**
概况 …… 078
提升党员队伍素质 …… 078
夯实组织基础 …… 078
机关精神文明建设 …… 079
廉政教育 …… 079
发挥党工委职能作用 …… 080
信访工作 …… **080**
概况 …… 080
工作举措 …… 080
创新工作 …… 081
档案工作 …… **082**
档案编印和展览 …… 082
档案科学规范化管理 …… 082

档案数字化 …………………………… 083
档案资源建设 …………………………… 083
档案的查阅利用 …………………………… 083
老干部工作…………………………… 084
落实老干部待遇 …………………………… 084
老干部党支部建设 …………………………… 084
文化养老建设 …………………………… 084
老年文化体育活动 …………………………… 085
老有所为 …………………………… 085
关心下一代 …………………………… 085
党史研究…………………………… 086
出版《中共利津县委纪事》(2016 卷) … 086
出版《利津党史集粹》…………………… 086
挖掘党史资料 …………………………… 086
启动《改革开放实录(东营卷)》利津课题资料征编工作 …………………………… 086
“口述历史”的征编 …………………………… 086
征编工作 …………………………… 086
党校教育…………………………… 087
概况 …………………………… 087
干部培训 …………………………… 087
科研工作 …………………………… 087
自身建设 …………………………… 087
机构编制…………………………… 088
概况 …………………………… 088
转变政府职能 …………………………… 088
规范行政审批 …………………………… 088
重点领域改革 …………………………… 088
机构编制管理 …………………………… 089
事业单位监管 …………………………… 089

利津县人大常委会

机构队伍…………………………… 092
县第十七届人代会第五次会议…………… 092
人大常委会会议…………………………… 092
县十七届人大常委会第三十四次会议 …… 092
县十七届人大常委会第三十五次会议 …… 092
县十七届人大常委会第三十六次会议 …… 092
县十七届人大常委会第三十七次会议 …… 092
县十七届人大常委会第三十八次会议 …… 092
县十七届人大常委会第三十九次会议 …… 092
县十七届人大常委会第四十次会议 ……… 093
县十七届人大常委会第四十一次会议 …… 093
县十七届人大常委会第四十二次会议 …… 093
县十七届人大常委会第四十三次会议 …… 093
县十七届人大常委会第四十四次会议 …… 093
县十七届人大常委会第四十五次会议 …… 093
人大换届选举…………………………… 093
执法检查…………………………… 093
人事任免…………………………… 094
视察工作…………………………… 094
工作评议…………………………… 094
专题询问…………………………… 094
乡镇人大工作…………………………… 094
代表工作…………………………… 094
代表建议办理…………………………… 095
宣传信访工作…………………………… 095
老干部工作…………………………… 095
利津县人民代表大会常务委员会工作报告…… 096

利津县人民政府

县政府常务会议…………………………… 104
第 17—53 次 …………………………… 104
第 17—54 次 …………………………… 104
第 17—55 次 …………………………… 105
第 17—56 次 …………………………… 105
第 17—57 次 …………………………… 107
第 17—58 次 …………………………… 108
第 17—59 次 …………………………… 110
第 17—60 次 …………………………… 111
第 17—62 次 …………………………… 112
第 17—63 次 …………………………… 113
第 17—64 次 …………………………… 115
第 17—65 次 …………………………… 115
第 17—66 次 …………………………… 116
第 17—67 次 …………………………… 116

第 17—68 次 …………………………………… 117
第 17—69 次 …………………………………… 119
第 17—70 次 …………………………………… 119
第 17—71 次 …………………………………… 120
第 17—72 次 …………………………………… 121
县政府专题会议……………………………………… 122
〔2016〕第 1 号 ………………………………… 122
〔2016〕第 2 号 ………………………………… 123
〔2016〕第 3 号 ………………………………… 123
〔2016〕第 4 号 ………………………………… 124
〔2016〕第 5 号 ………………………………… 124
〔2016〕第 6 号 ………………………………… 124
〔2016〕第 7 号 ………………………………… 125
〔2016〕第 8 号 ………………………………… 125
〔2016〕第 9 号 ………………………………… 126
〔2016〕第 10 号 ……………………………… 126
〔2016〕第 11 号……………………………… 126
〔2016〕第 12 号 ……………………………… 126
〔2016〕第 13 号 ……………………………… 127
〔2016〕第 15 号 ……………………………… 127
〔2016〕第 16 号 ……………………………… 128
〔2016〕第 17 号……………………………… 128
〔2016〕第 18 号……………………………… 129
〔2016〕第 19 号 ……………………………… 129
县政府办公室工作……………………………………… 130
扎实开展“两学一做”学习教育 ……… 130
以文辅政 ……………………………………… 130
综合协调服务工作 …………………………… 130
后勤保障工作 ………………………………… 131
包村扶贫工作 ………………………………… 131
人防工作 ……………………………………… 131
班子建设 ……………………………………… 131
法治工作……………………………………………… 132
健全依法决策程序 …………………………… 132
完善文件管理机制 …………………………… 132
深化行政执法体制改革 ……………………… 132
深化行政复议体制改革 ……………………… 132
督查工作……………………………………………… 133
创新督查方式 ………………………………… 133
全局性工作督查 ……………………………… 133
阶段性工作督查 ……………………………… 133
代表建议、委员提案、热点难点问题的督查 ……………………………………………… 134
考核工作 ……………………………………… 134
民生热线……………………………………………… 134
机构队伍 ……………………………………… 134
民生诉求的办理 ……………………………… 134
群众来电梳理分析机制 ……………………… 134
党员干部接听电话活动 ……………………… 135
联系帮扶 ……………………………………… 135
油区工作……………………………………………… 135
油区秩序维护 ………………………………… 135
服务油田开发建设 …………………………… 135
涉及油田设施动迁 …………………………… 136
油地合作共建 ………………………………… 136
油气管道安全隐患整治 ……………………… 136
下派帮扶 ……………………………………… 136
机关事务管理………………………………………… 136
公车改革 ……………………………………… 136
办公用房管理 ………………………………… 137
机关事务管理 ………………………………… 137
节约型机关建设 ……………………………… 137
公务接待管理 ………………………………… 137
政府采购询价 ………………………………… 137
史志工作……………………………………………… 137
概况 …………………………………………… 137
年鉴编纂 ……………………………………… 137
基层修志 ……………………………………… 137
旧志整理 ……………………………………… 138
信息化建设 …………………………………… 138
方志馆建设 …………………………………… 138

政协利津县委员会

机构队伍……………………………………………… 140
政协第八届利津县委员会第五次会议………… 140
政协常委会议………………………………………… 140

县政协八届二十一次常委会议…………… 140
县政协八届二十二次常委会议…………… 140
县政协八届二十三次常委会议…………… 140
县政协八届二十四次常委会议…………… 140
县政协八届二十五次常委会议…………… 140
提案工作…………………………………… 140
调研视察工作……………………………… 141
外事与侨务工作…………………………… 142
学习宣传与文史工作……………………… 142
会议督查机要工作………………………… 142
中国人民政治协商会议第八届利津县委员会常务委员会工作报告……………………………… 143

中共利津县纪律检查委员会

重要会议及活动…………………………… 152
纪检 监察 ………………………………… 153
狠抓“两个责任”落实 ……………… 153
关心关爱干部成长 ………………… 153
把握运用“四种形态”……………… 154
深入纠正“四风”…………………… 154
回应社会关切 ……………………… 154
纪律检查体制改革 ………………… 154
自身建设 …………………………… 155
廉政舆情信息中心………………………… 155
中共利津县纪律检查委员会向中国共产党利津县第十三次代表大会的工作报告………………… 156

社会团体

工 会……………………………………… 164
概况 ………………………………… 164
职工创新技能竞赛 ………………… 164
提高职工素质 ……………………… 164
维护职工权益 ……………………… 164
开展“查保促”活动 ……………… 165
提升服务职工能力 ………………… 165
2016 年市劳动模范名单 …………… 165
共青团……………………………………… 165
概况 ………………………………… 165
服务全县工作大局 ………………… 165
青少年思想引导 …………………… 166
服务青年创新创业 ………………… 166
服务青少年成长成才 ……………… 166
基层团组织建设 …………………… 166
优秀青年工作者 …………………… 167
妇 联……………………………………… 169
概况 ………………………………… 169
妇女组织建设 ……………………… 169
精准扶贫 巾帼先行 ……………… 169
农村巾帼创业工程 ………………… 169
女性素质提升工程 ………………… 170
家庭文化建设 ……………………… 170
妇儿维权 …………………………… 170
残 联……………………………………… 170
残疾人康复服务和教育就业工作 ……… 170
残疾人权益保障工作 ……………… 171
残疾人文化体育活动 ……………… 171
残疾人扶贫工作 …………………… 171
下派帮扶工作 ……………………… 171
残疾人基层组织建设 ……………… 171
残疾人康复托养中心建设 ………… 172
创新工作 …………………………… 172
工商联……………………………………… 172
机构队伍 …………………………… 172
扶贫工作 …………………………… 172
调查研究 …………………………… 172
会员培训 …………………………… 173
非公党建工作 ……………………… 173
文 联……………………………………… 173
主题活动 …………………………… 173
平台建设 …………………………… 174
人才培养 …………………………… 174
志愿服务活动 ……………………… 174
红十字会…………………………………… 174
“博爱家园”项目 ………………… 174
红十字博爱月活动 ………………… 175
应急救护 …………………………… 175

人道救助 …… 175
志愿服务 …… 175
红十字青少年 …… 176

法治　武装

法　治 …… **178**
国家安全建设 …… 178
平安建设 …… 178
法治建设 …… 178
基层基础建设 …… 179
政法队伍建设 …… 180
法　院 …… **180**
概况 …… 180
立案 …… 180
刑事审判 …… 180
民商事审判 …… 180
行政审判 …… 181
执行工作 …… 181
司法为民 …… 181
队伍建设 …… 181
检　察 …… **182**
案件受理 …… 182
惩治和预防职务犯罪 …… 182
诉讼监督 …… 182
检察干部队伍建设 …… 183
公　安 …… **183**
概况 …… 183
维稳工作 …… 183
严打整治 …… 183
防控体系建设 …… 183
监管机制 …… 184
执法工作 …… 184
队伍建设 …… 184
公安交通管理 …… **184**
概况 …… 184
“平安行·你我他”行动 …… 185
交通事故处理 …… 185
专项整治活动 …… 185
交通安全监管 …… 185
交通安全宣传 …… 186
司法行政 …… **186**
机构队伍 …… 186
启动“七五”普法规划 …… 186
法治宣传教育 …… 186
维护社会稳定 …… 186
公共法律服务体系建设 …… 186
司法队伍建设 …… 187
人民武装 …… **187**
概况 …… 187
思想政治建设 …… 187
征兵工作 …… 188
正规化建设 …… 188
拥政爱民工作 …… 189
军政军民关系 …… 189
武装警察 …… **189**
支部班子建设 …… 189
思想政治建设 …… 190
正规化执勤 …… 190
军事训练 …… 190
行政管理 …… 191
后勤管理 …… 191
边　防 …… **191**
党支部建设 …… 191
政治工作 …… 191
军事业务工作 …… 191

综合经济管理

发展与改革 …… **194**
概况 …… 194
规划计划编制 …… 194
“三争”工作 …… 194
重点工程项目 …… 194
审批服务 …… 194
深化改革 …… 194
铁路建设 …… 195
帮扶工作 …… 195

机关建设 …… 195

市场管理 …… **195**

机构 …… 195

行政审批提速 …… 196

食品安全监管 …… 196

医药医疗器械监管 …… 196

特种设备监管 …… 196

企业信用监管 …… 196

工业产品质量监管 …… 196

流通环节商品质量监管 …… 197

商标广告管理 …… 197

服务企业发展 …… 197

消费者权益保护 …… 197

品牌建设 …… 197

利津水煎包 …… 197

物价管理 …… **198**

加强价格调控 …… 198

推进价格改革 …… 198

收费管理 …… 198

价格监督 …… 198

价格服务 …… 199

安全生产管理 …… **199**

安全事故情况 …… 199

安全监管责任落实 …… 199

企业主体责任落实 …… 200

宣传教育培训 …… 200

事故应急管理 …… 200

隐患排查治理 …… 201

打非治违专项行动 …… 201

检验检测 …… **201**

概况 …… 201

提升干部素质 …… 201

检验检测 …… 201

驻村帮扶和精准扶贫 …… 202

创新工作 …… 202

审　计 …… **202**

机构队伍 …… 202

规范财政资金管理 …… 202

政府投资审计 …… 203

经济责任审计 …… 203

社保资金审计 …… 203

国家政策落实情况审计 …… 203

积极完成上级交办的其他工作 …… 203

下派帮扶和精准扶贫工作 …… 203

统　计 …… **204**

概况 …… 204

常规业务 …… 204

统计服务 …… 204

投资统计改革 …… 204

第三次农业普查 …… 205

基层规范化建设 …… 205

统计信息化建设 …… 205

依法行政 …… 205

调　查 …… **205**

概况 …… 205

调查数据 …… 205

调查工作 …… 206

信息工作 …… 206

创新工作 …… 206

农　业

综　述 …… **208**

调整产业结构 …… 208

农业科技服务 …… 208

培育新型生产经营主体 …… 208

农产品监管 …… 208

实施品牌战略 …… 208

农业扶持与农业保险 …… 209

重点项目建设和驻村帮扶 …… 209

农业综合开发 …… **209**

概况 …… 209

2015 年度项目的实施 …… 209

2016 年度开发项目的编制 …… 209

开发项目的准备 …… 210

项目储备 …… 210

水　利 …… **211**

概况 …… 211

防汛抗旱 …… 211
重点水利工程 …… 211
水行政管理 …… 211
庄科水库项目 …… 212
农水会战 …… 212
林　业 …… 212
概况 …… 212
三年增绿 …… 213
“三争”工作 …… 213
林业产业 …… 213
森林资源管护 …… 213
林业改革创新 …… 213
国有一千二林场（自然保护区一千二保护站） …… 214
王庄沙区林场 …… 214
概况 …… 214
绿化提升工程 …… 214
林业产业 …… 214
林木管护、森林抚育 …… 215
助农脱贫与驻村帮扶 …… 215
“两学一做”学习教育 …… 215
生态文明建设 …… 215
畜牧业 …… 215
概况 …… 215
疫病防治 …… 216
执法检疫监管 …… 216
畜牧业项目建设 …… 216
海洋与渔业 …… 216
概况 …… 216
海洋渔业重点项目 …… 217
海洋生态环境保护 …… 217
海洋安全体系建设 …… 217
现代渔业发展 …… 217
渔业科技服务 …… 217
利津特色水产品 …… 217
农业机械 …… 220
概况 …… 220
农机购置补贴 …… 220
农机报废更新 …… 220
耕地深松 …… 220
农机培训 …… 221
农机监理 …… 221
农机合作社建设 …… 221
农机技术培训 …… 221
农业广播学校 …… 221
新型职业农民培育 …… 221
“点对点”培训 …… 221
本专科学历教育 …… 222

工　业

综　述 …… 224
概况 …… 224
创新发展 …… 224
绿色发展 …… 224
电子商务 …… 224
转型升级 …… 224
企业培训 …… 225
企业改制 …… 225
龙头骨干企业 …… 225
电　业 …… 227
概况 …… 227
电网建设 …… 227
营销服务 …… 227
企业管理 …… 227
党建和企业文化建设 …… 228
盐　业 …… 228
概况 …… 228
业务工作 …… 228
创新工作 …… 229
利津原盐 …… 229

商　贸

商　务 …… 232
商务综合执法 …… 232
外经贸业务 …… 232
商贸工作 …… 232

供销合作 …… 232
重建供销组织体系 …… 232
构建服务体系 …… 232
推进农村流通现代化 …… 232
农民合作社建设 …… 233
实施社村共建工程 …… 233
提供农民素质 …… 233
粮 食 …… 233
粮食收购 …… 233
粮食调控 …… 233
粮食项目建设 …… 234
粮食储备 …… 234
行业监管 …… 235
驻村帮扶 …… 235
烟 草 …… 235
概况 …… 235
卷烟销售 …… 235
专卖管理 …… 236
精益管理 …… 236
医药药材供应 …… 237
概况 …… 237
经营管理 …… 237
石油营销 …… 237
概况 …… 237
企业管理 …… 237
加油站安全管理 …… 237
非油品管理 …… 238
贸促会 …… 238
概况 …… 238
企业交流平台建设 …… 238
参加经贸活动 …… 238
企业培训 …… 239
“三争”工作 …… 239

对外开放

政务服务 …… 242
概况 …… 242
窗口管理 …… 242
提升效能 …… 242
政务服务平台建设 …… 242
基层便民服务中心建设 …… 243
招商引资 …… 243
概况 …… 243
招商引资工作机制 …… 243
招商宣传 …… 243
多元化招商 …… 243
专业招商 …… 244
“一站式”服务和限时办结 …… 244
“双招双利” …… 244
黄蓝两区建设 …… 244
概况 …… 244
重点项目推进 …… 244
“三争”工作 …… 245
调查研究 …… 245
融入京津冀协同发展 …… 245
“双招双引” …… 245
宣传工作 …… 246
旅 游 …… 246
概况 …… 246
项目建设 …… 246
开发乡村旅游 …… 246
旅游产品促销 …… 246
安全教育与行业管理 …… 247

城建 国土 环保

住房与城乡规划 …… 250
重点工程项目建设 …… 250
新型城镇化建设 …… 250
城市规划管理 …… 250
建筑业管理 …… 251
质量监督、检测管理 …… 252
房产管理 …… 253
村镇建设管理 …… 254
城市建设中心 …… 255
城建融资 …… 255
城建项目建设 …… 255

下派帮扶 …… 256

城市管理 …… 256

机构队伍 …… 256

拆违治乱专项行动 …… 256

市政设施建设 …… 256

市政公用服务 …… 256

整治城区“乱象” …… 257

国土资源管理 …… 257

机构队伍 …… 257

土地利用规划 …… 257

建设用地管理 …… 257

地籍与不动产登记管理 …… 257

测绘管理 …… 258

土地执法监察 …… 258

土地经营 …… 258

耕地保护 …… 258

土地开发整理 …… 258

矿产资源管理 …… 258

环境保护 …… 258

机构概况 …… 258

水气污染整治 …… 259

环境管理 …… 259

环境综合治理 …… 259

环保宣传 …… 259

环境监测 …… 260

驻村帮扶 …… 260

交通　信息　邮政

交　通 …… 262

工程建设 …… 262

农村公路防护工程 …… 262

农村公路建设养护 …… 262

交通运输市场管理 …… 262

交通安全 …… 262

公　路 …… 263

重点项目协调服务 …… 263

公路养护 …… 263

路政管理 …… 263

平安公路建设 …… 264

精神文明建设 …… 264

电子政务 …… 264

概况 …… 264

诚信利津网站建设 …… 264

配置领导桌面视频终端 …… 265

政府网站普查 …… 265

下派帮扶 …… 265

政府网站的维护管理 …… 265

中国联通 …… 265

概况 …… 265

业务经营 …… 266

信息化建设 …… 266

服务建设 …… 266

党建工作 …… 266

中国移动 …… 267

基础设施建设 …… 267

业务经营 …… 267

移动通信服务 …… 267

企业管理 …… 267

中国电信 …… 268

概况 …… 268

基础网络建设 …… 268

完善服务 …… 268

员工培训 …… 268

广电网络 …… 268

概况 …… 268

企业创新管理 …… 268

网络工程建设 …… 269

服务大众 …… 269

经营创收 …… 269

企业文化 …… 269

邮　政 …… 270

机构概况 …… 270

党报党刊征订 …… 270

投递服务 …… 270

便民服务 …… 270

服务三农 …… 270

人力资源管理 …… 270

安全管理 …………………………………… 270

财政 税务

财 政……………………………………………… 272
财政收支概况 …………………………… 272
争取上级支持 …………………………… 272
财源建设 ………………………………… 272
保障重点支出 …………………………… 272
财政改革 ………………………………… 273
财政管理 ………………………………… 273
国家税务……………………………………………… 273
概况 ……………………………………… 273
组织收入 ………………………………… 273
主要业务 ………………………………… 273
税收征管体制改革 ……………………… 273
国税文化 ………………………………… 274
地方税务……………………………………………… 274
概况 ……………………………………… 274
税收征管 ………………………………… 274
纳税服务 ………………………………… 275
助企与扶村 ……………………………… 275
党建与队伍建设 ………………………… 275

金融 保险

金融工作……………………………………………… 278
概况 ……………………………………… 278
金融体系进一步完善 …………………… 278
信贷投放继续扩大 ……………………… 278
企业直接融资稳步推进 ………………… 278
金融环境持续优化 ……………………… 278
企业资金风险防控 ……………………… 279
人民银行……………………………………………… 279
概况 ……………………………………… 279
支持利津经济 …………………………… 279
农村金融服务 …………………………… 279
贯彻落实稳健货币政策 ………………… 280
维护金融稳定 …………………………… 280
制度建设与管理 ………………………… 280
调查研究 ………………………………… 280
农业银行……………………………………………… 280
概况 ……………………………………… 280
业务经营 ………………………………… 281
服务三农 ………………………………… 281
“双基”管理 …………………………… 282
农业发展银行………………………………………… 282
概况 ……………………………………… 282
业务工作 ………………………………… 282
建设银行……………………………………………… 283
概况 ……………………………………… 283
企业贷款 ………………………………… 283
个人信贷 ………………………………… 283
客户服务 ………………………………… 283
农村商业银行………………………………………… 283
概况 ……………………………………… 283
服务县域经济 …………………………… 284
信贷业务 ………………………………… 284
普惠金融建设 …………………………… 284
工商银行……………………………………………… 285
概况 ……………………………………… 285
业务发展 ………………………………… 285
内控管理 ………………………………… 285
企业文化建设 …………………………… 285
东营银行……………………………………………… 285
概况 ……………………………………… 285
业务工作 ………………………………… 286
党建与精神文明建设 …………………… 286
青岛银行……………………………………………… 286
概况 ……………………………………… 286
业务开展 ………………………………… 286
参与社会公益事业 ……………………… 286
邮储银行……………………………………………… 287
概况 ……………………………………… 287
网点设置与业务 ………………………… 287
信贷业务 ………………………………… 287
团队建设 ………………………………… 287
舜丰村镇银行………………………………………… 287

概况 …… 287
拓展业务 …… 287
惠民活动 …… 288

人寿保险 …… 288
概况 …… 288
经营范围与险种 …… 288
业务开展 …… 288
理赔情况 …… 289

财产保险 …… 289
概况 …… 289
服务“三农” …… 289
业务发展 …… 289

教育　体育　科技

教　育 …… 292
概况 …… 292
学前教育 …… 292
义务教育 …… 292
普通高中教育 …… 292
职业教育 …… 292
教育综合改革 …… 294
教师队伍建设 …… 294
体育工作 …… 294
校园安全管理 …… 294
党风行风建设 …… 295
教育重点工程 …… 295

体　育 …… 296
概况 …… 296
群众体育 …… 296
竞技体育 …… 296
健身设施建设 …… 296
学校体育 …… 296
体育队伍 …… 297
体育彩票 …… 297

科　技 …… 307
概况 …… 307
科技项目管理 …… 307
产学研结合 …… 307
实施“渤海粮仓”工程 …… 308
知识产权 …… 308
地震工作 …… 308

科　协 …… 308
青少年科普 …… 308
科普惠农 …… 309
社区科普 …… 309
科技扶贫 …… 309
科技奖励和学术交流 …… 309

气　象 …… 310
气象业务及现代化建设 …… 310
气候概况 …… 310

文化　广电　卫生与计生

文化艺术 …… 314
历史文化展示工程 …… 314
文物普查 …… 314
重点文物保护 …… 314
农家书屋建设 …… 314
电影放映 …… 314
文化活动 …… 315
专项整治 …… 315
文化产品 …… 315

广播电视 …… 316
概况 …… 316
党建文化建设 …… 316
栏目创作 …… 316
策划大型活动 …… 316
下派帮扶 …… 317

卫生和计划生育 …… 317
人员与机构编制 …… 317
医药卫生体制改革 …… 317
基层卫生工作 …… 318
计划生育服务与管理 …… 318
卫生监督执法 …… 319
中医药建设工作 …… 320
爱国卫生工作 …… 320

疾病防控 …… 320

机构与职责 …… 320
疫情报告 …… 321
艾滋病防治 …… 321
结核病防治 …… 321
布鲁氏菌病防治 …… 322
慢性病防控 …… 322
免疫规划 …… 322
健康教育和病媒生物防制 …… 322
公共卫生监测 …… 322
妇幼保健 …… 323
免费孕前优生健康检查项目 …… 323
免费优生监护项目 …… 323
农村 35–64 岁妇女宫颈癌乳腺癌筛查 …… 323
残疾儿童康复项目 …… 323
儿童系统化管理 …… 323
机关育龄妇女查体 …… 323
新华书店 …… 323
概况 …… 323
图书发行 …… 323
送书下乡 …… 323
教材征订与发行 …… 324
校园书店建设 …… 324
图书发行队伍建设 …… 324

黄　河

黄河河务 …… 326
防凌防汛 …… 326
引黄供水 …… 326
工程管理 …… 326
工程建设 …… 326
水政执法 …… 326
科技创新 …… 326
党建与精神文明建设 …… 326
黄河水文 …… 327
测报工作 …… 327
凌汛测报 …… 327
汛期水文测报 …… 327
安全生产 …… 327

社会事业

民　政 …… 330
社会救助体系建设 …… 330
惠民政策落实 …… 330
双拥优抚安置 …… 331
防灾救灾 …… 331
社会专项事务 …… 331
人力资源与社会保障 …… 332
就业工作 …… 332
社会保障工作 …… 332
机关事业单位人事管理 …… 333
基层平台建设和一体化运行 …… 333
老龄事业 …… 333
概况 …… 333
养老保障工作 …… 333
老年文化建设 …… 334
老有所为 …… 334
敬老月庆祝活动 …… 334
老年人权益保障 …… 334
活动开展 …… 334
百岁老人 …… 335

乡镇（街道）城市社区

利津经济开发区（凤凰城街道） …… 338
概况 …… 338
农业生产 …… 338
文教卫生 …… 338
重点工程建设 …… 338
重点项目建设 …… 339
民生实事 …… 339
行政村概况 …… 340
利津街道 …… 343
概况 …… 343
农业生产 …… 343
文教卫生 …… 343
工业、个体私营企业 …… 344

社区建设 …… 344
行政村概况 …… 344
北宋镇 …… 349
概况 …… 349
农业生产 …… 349
文教卫生 …… 349
三年增绿工程 …… 349
黄河滩区特色农业 …… 349
创建省级文明镇 …… 350
利兴黄河浮桥扩建 …… 350
行政村概况 …… 350
盐窝镇 …… 353
概况 …… 353
农业生产 …… 353
文教卫生 …… 353
工业、个体私营企业 …… 353
打造特色农业产业带 …… 354
新型城镇化建设 …… 354
加快发展社会事业 …… 354
行政村概况 …… 354
陈庄镇 …… 364
概况 …… 364
农业生产 …… 364
文教卫生 …… 364
产业转型升级 …… 365
镇区建设 …… 365
富民工程 …… 365
行政村概况 …… 365
汀罗镇 …… 374
概况 …… 374
农业生产 …… 374
文教卫生 …… 374
民生工程 …… 374
重点工业项目 …… 374
重点农业项目 …… 375
汀罗名品 …… 375
行政村概况 …… 376
明集乡 …… 382
概况 …… 382
农业生产 …… 382
文教卫生 …… 382
中小企业创业园 …… 382
东营港疏港铁路储运中心 …… 383
发展生态高效种植业 …… 383
行政村概况 …… 383
刁口乡 …… 386
概况 …… 386
农业生产 …… 386
文教卫生 …… 386
滨海新区重点项目建设 …… 386
滨海新区基础设施建设 …… 386
现代渔业 …… 386
民生工程 …… 387
行政村概况 …… 387
城市社区建设 …… 387
机构队伍 …… 387
社区保障服务 …… 387
社区文化服务 …… 388
社区平安服务 …… 388
社区养老服务 …… 388
社区为民服务 …… 388
社区概况 …… 388

人　物

现任县级领导干部 …… 392
中国共产党利津县委员会 …… 392
利津县人大常委会 …… 395
利津县人民政府 …… 397
政协利津县委员会 …… 399
中共利津县纪律检查委员会 …… 401
利津县人武部 …… 402
其他县级干部 …… 402
离任县级领导干部 …… 404
2016 年度受省部级表彰的先进单位 …… 409
2016 年度受省部级表彰的先进人物 …… 409
2016 年度受市厅级表彰的先进单位 …… 410
2016 年度受市厅级表彰的先进人物 …… 413

政策法规

中共利津县委文件选目 …… 418
政策和规范性文件选辑 …… 421
中共利津县委　利津县人民政府
关于扶贫脱贫攻坚的实施方案 …… 421
中共利津县委关于在全县开展“勇于担当，敢于作为”大讨论活动的实施方案 …… 426
中共利津县委　利津县人民政府
关于深化科技体制改革加快创新发展的实施意见 …… 428

索引 …… 433

Contents

Special Records

Comrade Cheng Qiulin's Report at the Thirteenth Party Congress of the County ………… 002
The Government Work Report ………………… 012
Speech by Comrade Cheng Qiulin at the County Economic Work Conference ………………… 021
Speech by Comrade Zhang Xiaobin at the County Economic Work Conference ………………… 028

Chronicle of Events

January ………………………………………… 038
February ………………………………………… 038
March ………………………………………… 039
April ………………………………………… 040
May ………………………………………… 041
June ………………………………………… 042
July ………………………………………… 042
August ………………………………………… 043
September ………………………………………… 044
October ………………………………………… 044
November ………………………………………… 045
December ………………………………………… 046

General Situation of Lijin County

Layout and Population ………………………… 050
Natural Environment ………………………… 050
Natural Resource ………………………………… 051
Review of National Economic and Social Development in 2016 ………………………… 051
Organizations and Leaders ………………… 056

Communist Party of China Lijin County Committee

Important Meeting of CPC Lijin County Committee ………………………………………………… 064
Lijin County Committee Office ………… 065
Deepen the Reform of Policy and Research ………………………………………………… 067
Work on Taiwan ………………………………… 067
Organization ………………………………… 068
Propaganda Work ………………………………… 073
United Front Work ………………………… 076
Work of the CPC Working Committee of Lijin County ………………………………… 078
Letters and Calls Work …………………… 080
Archives Work ………………………………… 082
Old Cadres' Work ………………………………… 084
CPC History Research …………………… 086
CPC School in Lijin ………………………… 087
Institutions and Positions ………………… 088

Standing Committee of Lijin People's Congress

Institutional Team ………………………………… 092

The Seventeenth Session of the Fifth Lijin People's Congress ………… 092
Standing Committee Meetings of Lijin People's Congress ………… 092
General Election of the People's Congress … 093
Lawful Supervision ………… 093
Human Resources ………… 094
Pay an Inspection Visit ………… 094
Work Evaluation ………… 094
Special Inquiry ………… 094
The Township People's Congress Work … 094
Representatives' work ………… 094
Execution of Representatives' Proposals 095
Propaganda Work & Work of Letters and Calls ………… 095
Old Cadres' Work ………… 095
The Work Report of the Standing Committee of Lijin People's Congress ………… 096

Lijin County People's Government

The Executive Meetings of the County Government ………… 104
County Government Special Meetings … 122
County Government Office Work ………… 130
Governing in Accordance with law …… 132
Supervision Work ………… 133
The People's Life Hotline ………… 133
Oil Area Work ………… 135
Office Management ………… 136
History & Local Records Work ………… 137

Lijin County Committee of CPPCC

Institutional Team ………… 140
The Eighth Session of the Fifth CPPCC Lijin County Committee ………… 140
CPPCC Standing Committee Meetings … 140
The Proposal Work ………… 140
Research Inspection ………… 141
Foreign Affairs and Overseas Chinese Affairs ………… 142
Study, Publicity and Literature and History Work ………… 142
The Confidential Work & Supervision ………… 142
The Work Report of the Ninth Standing Committee of Chinese People's Political Consultative Committee of Lijin County ………… 143

Discipline Inspection Committee of the CPC in Lijin County

Important Meetings and Activities of Discipline Inspection Supervision Committee …… 152
The Discipline Inspection and Supervision ………… 153
The Public Opinion Information Center… 155
Report of Lijin County Committee for Discipline Inspection Work to the Thirteenth Communist Party of Chinese Lijin County Congress ………… 156

Social Organizations

Federation of Trade Unions of Lijin Country ………… 164
Communist Youth League of Lijin County ………… 165
Women's Federation of Lijin County …… 169
Lijin County Association of the Disabled People ………… 170
Industry and Commerce Federation of Lijin County ………… 172
Federation of Literary and Art Circles … 173
Red Cross Society of Lijin County ………… 174

Political and Legal Affairs, Military

Political and Legal Affairs ······ 178
Trial ······ 180
Attorney ······ 182
Public Order ······ 183
Public Security Traffic Management ······ 184
Judicial administration ······ 186
People's Armed Forces ······ 187
Armed Police ······ 189
Border Defense ······ 191

Comprehensive Economical Administration

Development and Reform ······ 194
Market Administration ······ 195
Price Administration ······ 198
Safety ······ 199
Inspection & Supervision ······ 201
Auditing ······ 202
Statistics ······ 204
Survey ······ 205

Agriculture

Summary ······ 208
Comprehensive Agricultural Development ··· 209
Water Conservancy ······ 211
Forestry ······ 212
Forest Farm in Wang Zhuang Sand Area ······ 214
Animal Husbandry ······ 215
Ocean and Fishery ······ 216
Agriculture Machinery ······ 220
Agriculture Broadcasting School ······ 221

Industry

Summary ······ 224
Power Industry ······ 227
Salt Industry ······ 228

Commercial Trade

Business ······ 232
Supply and Marketing Cooperative Commerce ······ 232
Foodstuff ······ 233
Tobacco Buisness ······ 235
Medical Supplies ······ 237
Petroleum Marketing ······ 237
The China Council for the Promotion of International Trade (CCPIT) in Lijin ··· 238

Opening-up & Investments

Administrative Services ······ 242
Investment & Business ······ 243
"The Yellow and Blue " District Construction ······ 244
Tourism ······ 246

Construction, Administrative of Land and Environmental Protection

Housing and Urban Planning ······ 250
Urban Development and Construction ······ 255
Municipal Management ······ 256
Administration of Land ······ 257
Environmental Protection ······ 258

Transportation, E-governance and Post

Transportation ······ 262
Road ······ 263
E-governance ······ 264
China Unicom ······ 265
China Mobile ······ 267

China Telecom ······ 268
Radio and Television Network ······ 268
Post Service ······ 270

Financial and Tax Affairs

Finances ······ 272
State Tax ······ 273
Local Tax ······ 274

Banking and Insurance

Financial Work ······ 278
Lijin Country Branch of People's Bank of China ······ 279
Lijin Country Branch of Agriculture Bank of China ······ 280
Lijin Country Branch of Agriculture Development Bank of China ······ 282
Lijin Country Branch of Construction Bank of China ······ 283
Rural Commercial Bank ······ 283
Industrial and Commercial Bank of China in Lijin Country ······ 285
Dongying Bank of Lijin Country ······ 285
Bank of Qingdao ······ 286
Postal Savings Bank of China in Lijin ······ 287
Shun Feng Village Bank ······ 287
Life Insurance ······ 288
Property Insurance ······ 289

Education, Sport, Science and Technology

Education ······ 292
Sport ······ 296
Science and Technology ······ 307
Science and Technology Association ······ 308
Meteorological Technology ······ 310

Culture, Communication and Health and Family Planning

Culture and Arts ······ 314
Broadcast and Television ······ 316
Health and Family Planning ······ 317
Disease Control and Prevention ······ 320
Women and Child Hygiene ······ 323
Xinhua Bookstore ······ 323

Yellow River

Administrative Affairs for the Yellow River ······ 326
Hydrology Observation for the Yellow River ······ 327

Social Undertakings

Civil Administration ······ 330
Human Resources and Social Security ······ 332
Work for the Aged ······ 333

Township and City Management Committee

The Economic Development Zone (Phoenix Street) ······ 338
Lijin Street ······ 343
Beisong Tone ······ 349
Yanwo Town ······ 353
Chenzhuang Town ······ 364
Tingluo Town ······ 374
Mingji Town ······ 382
Diaokou Town ······ 386
Urban community construction ······ 387

People

······ 392

Policy, Laws and Regulations

······ 418

特　　载

Special Records

解放思想　变革图强
为建设美丽幸福新利津而奋斗

——在中国共产党利津县第十三次代表大会上的报告

(2017年1月20日)

成　秋　林

这次大会的主要任务是：回顾总结县十二次党代会以来的工作，研究部署今后五年的目标任务，选举产生新一届县委和县纪委，动员各级党组织和广大党员干部群众，解放思想，变革图强，为建设美丽幸福新利津而奋斗。

一、县十二次党代会以来的工作回顾

县十二次党代会以来的五年，是全县上下积极应对挑战、经受重大考验、奋力开拓前行的五年。五年来，在中央和省委、市委的坚强领导下，县委团结带领广大党员干部群众，迎难而上，负重奋进，完成了县十二次党代会确定的目标任务，各方面工作取得显著成绩。

五年来，我们全力扩投入、稳增长，经济实力跃上新台阶。面对严峻复杂的经济形势，我们科学研判、沉着应对，用足用活市委、市政府支持利津加快科学发展的各项政策，狠抓项目建设和招商引资，经济实力加快膨胀，运行质量和效益明显提升。累计完成全社会固定资产投资820.1亿元，是上个五年的2.1倍。2016年，预计实现地区生产总值258.5亿元，年均增长10.9%；规模以上工业主营业务收入1626.8亿元，年均增长16.1%；公共财政预算收入12.9亿元，年均增长16%；社会消费品零售总额33.1亿元，年均增长9.2%；进出口总额80.5亿元，年均增长27.9%。

五年来，我们着力调结构、促转型，产业发展迈出新步伐。大力推进工业强县、农业固县、民营活县、生态立县，三次产业结构由14：55：31调整为9.6：51.3：39.1。着力优化产业布局，设立了滨海新区、中小企业创业园2个工业园区，开发区在全省排名前移10个位次，滨海新区成为全市重点保留的三大化工园区之一，循环经济产业园被评为“山东省城市矿产示范园区”，形成了南部高端产业发展极、北部蓝色经济增长极、中部经济隆起带“两极一带”生产力布局。着力推动产业转型升级，扎实推进“三评级一评价”，停产、取缔、搬迁化工企业58家，石化产业被认定为省级产业集群，高新技术产业产值占规模以上工业总产值的比重达到17%；启动沿黄滩区开发建设，新增新型农业经营主体562家、“三品一标”认证50个，被评为全国蔬菜标准化示范县；新发展物流企业18家，新创建3A级旅游景区2处、国家级水利风景区1处，新建电商产业示范园区3处，被评为全省首批工业电商示范县。着力推动企业做大做强，“四上企业”发展到266家，利华益集团成为全国首批获得“两资质一配额”的地方石化企业、荣获省长质量奖和省政府管理创新奖。

五年来，我们坚持打基础、促统筹，城乡建设呈现新面貌。新型城镇化有序推进，城镇化率达到

35.2%。启动南部生态新区，改造老旧片区12处，新增住宅面积65.3万平方米；建设新型农村社区12处，完成投资20.7亿元，陈庄镇和盐窝镇双双入选全国重点镇、全市试点强镇。德大铁路、济东高速、荣乌高速至县城连接线、滨海新区疏港公路竣工通车，新建和改造农村公路977公里，被评为全省村级公路网化示范县；新建输变电站7座，新增输配电线路617公里，供电能力翻了一番；陈北水库建成投用，新增节水灌溉面积9.4万亩，建成高标准基本农田31.6万亩。城市公共安全、水气污染治理、乡村文明建设“三大专项行动”深入开展，城乡环卫实现市场化运营，拆违治乱初见成效，“三年增绿”顺利开局，林木覆盖率达到16%，被评为全省城乡环卫一体化全覆盖县、全省乡村文明行动示范县。

五年来，我们致力惠民生、促和谐，社会建设取得新成效。每年办好一批民生实事，财政用于民生事业的投入超过100亿元。多渠道增加就业和居民收入，城乡居民人均可支配收入分别达到32700元、14800元，年均增长8.8%、10.9%。脱贫攻坚完成阶段性任务，省定贫困村和贫困户全部脱贫。城乡居民低保标准分别提高2640元、2500元，居民医疗、基础养老金财政补助标准分别提高310元、85元，城乡居民医保实现一体化运行。实施学前教育三年行动计划、“全面改薄”等工程，新建和改扩建校舍12.6万平方米，普通中小学办学条件标准化建设通过省级验收，被认定为国家义务教育发展基本均衡县。推进医药卫生体制改革，药品“零差率”销售、“先诊疗后结算”等制度有效落实，中心医院综合病房楼竣工，顺利通过省级卫生县城复审。实施文化惠民工程，被评为省级文明县、全省“四德”工程建设示范县、山东省戏剧之乡。加强社会治理，“六五”普法圆满完成，实施看守所迁建、民生热线综合服务平台建设等工程，建立了覆盖城乡的视频监控网络和综治工作网络，刑事案件发案数下降23.9%，入选全省社会信用体系建设综合性试点示范县，被评为全省法治创建先进县、全省无邪教创建示范县。

五年来，我们主动抓改革、促创新，发展活力实现新提升。推进简政放权，编制县级行政权力清单、政府部门责任清单、行政审批中介服务收费项目清单，清理取消非行政许可审批事项，取消和免征行政事业性收费118项。建设“一站式”政务服务大厅，成立全市首家中小企业服务中心，“先照后证”“五证合一”等政策落地见效，新增各类市场主体11351家、注册资本100.8亿元。发展普惠金融，新增各类金融机构16家，各项存款余额177亿元、贷款余额153亿元，分别比2011年底增加103亿元、87亿元；7家企业在场外交易市场挂牌，1家企业成功登陆“新三板”，直接融资实现破题。农村土地承包经营权确权登记颁证工作完成，土地流转面积达到24万亩。各项强农惠农政策全面落实，发放各类财政涉农补贴资金4.5亿元。加大科技创新力度，新增市级科技型企业24家，市级以上科技创新平台达到60个。

五年来，我们从严抓纪律、转作风，党的建设开创新局面。深入学习贯彻党的十八大及十八届三中、四中、五中、六中全会精神，深入学习贯彻习近平总书记系列重要讲话精神，党的群众路线教育实践活动、“三严三实”专题教育、“两学一做”学习教育取得扎实成效，全面从严治党主体责任、意识形态工作责任制得到有效落实。加强党的基层组织建设，启动实施“红色引擎”示范工程，新建和改造农村党群服务中心51处，整治软弱涣散基层党组织162个，市直和县直部门实施帮扶项目1201个，集体收入过5万元的村达到86%。加强干部队伍建设，建立“三位一体”干部考核评价体系，选派980名干部到基层一线和上级部门接受锻炼，干部超职数配备、兼职取酬等问题得到有效整治，干部能上能下、个人事项报告等制度得到有效落实。严格落实八项规定，驰而不息纠治“四风”，以“零容忍”态度正风肃纪，建立述廉述责、巡察等制度，开展“小金库”、工程招投标等专项整治，查处违纪违法案件282件，给予党纪政纪处分290人。

上述成绩的取得，是中央和省委、市委坚强领导的结果，是社会各界鼎力支持的结果，是全县各级党组织、广大党员干部和人民群众同心同德、艰苦奋斗的结果。在此，我代表中共利津县委，向所有关心、支持和参与利津建设发展的同志们、朋友们表示衷心的感谢！

在肯定成绩的同时，我们也清醒地看到问题和不足：经济总量小、骨干企业少、高新技术企业少、产业层次低；财政支撑能力弱，县城和小城镇功能不完善，道路、水利等基础设施承载力差；安全、环保压力加大，城中村和棚户区改造任务艰巨，教育、卫生等民生事业欠账较多；少数干部怕担风险、怕担责任、推诿扯皮、效率低下，部分基层党组织软弱涣散、战斗力不强。对此，我们一定要高度重视，采取有力措施，认真加以解决。

二、今后五年工作的指导思想和目标任务

今后五年，是全面完成“十三五”规划、接续实施“十四五”规划的关键五年，是全面建成小康社会、开启现代化建设新征程的关键五年，是引领经济发展新常态、践行新发展理念的关键五年。

全县工作的指导思想是：以马克思列宁主义、毛泽东思想、邓小平理论、“三个代表”重要思想、科学发展观为指导，深入贯彻习近平总书记系列重要讲话精神，统筹推进“五位一体”总体布局和协调推进“四个全面”战略布局，全面落实新发展理念，着力激发改革、开放、创新、创业新动能，着力构建新型工业化、农业现代化、新型城镇化、全域绿色化新格局，着力提高经济总量和发展质量，着力保障和改善民生，着力推动全面从严治党，与全市同步全面建成小康社会，建设美丽幸福新利津。

建设美丽幸福新利津，打造具有利津特色的经济强县、园林城市、美丽乡村、幸福家园，是立足我县经济社会发展新阶段提出的奋斗目标，是引领全县上下共同努力的美好愿景。主要目标是：

——**经济综合实力明显增强**。转方式调结构取得积极成效，现代产业体系基本形成，自主创新能力明显增强，发展速度高于全市平均水平。到2021年，地区生产总值年均增长7.5%左右，规模以上工业主营业务收入年均增长8%左右，全社会固定资产投资年均增长11%左右，公共财政预算收入年均增长6%左右。

——**人民生活水平明显提高**。社会就业更加充分，社会保障体系更加完善，居民人均可支配收入年均增长8%左右；城乡基础设施更加完善，公共服务体系更加健全，教育、卫生、文化等社会事业加快发展；平安利津建设取得重大进展，群众满意度进一步提高。

——**人居生态环境明显改善**。生产生活方式绿色低碳水平不断上升，能源资源利用效率大幅提高，单位地区生产总值能耗、主要污染物排放量等约束性任务目标全面完成，水、土和大气质量持续改善，创建为省级园林城市、节水型城市和适宜人居城市，特色城镇和美丽乡村建设迈上新水平。

——**社会文明程度明显提升**。社会主义核心价值观和中国梦更加深入人心，“凤德”利津、文明利津、诚信利津、法治利津建设深入推进，人民群众的思想道德素质、科学文化素质、健康素质明显提高。

建设美丽幸福新利津，我县具备诸多优势。从政策优势看，市委、市政府支持利津加快科学发展和我县被列为省财政直管县两大利好政策，为跨越赶超提供了重大机遇。从区位优势看，我县地处京津冀协同发展区、环渤海地区合作发展区、黄河三角洲高效生态经济区、山东半岛蓝色经济区和东滨城镇密集区“五区”叠加的重要位置，特别是东北紧邻东营港和东营石化产业基地、西南直达省会城市群，为承接央企产业转移、发展临港产业带来得天独厚的优势。从交通优势看，德大铁路、黄大铁路、疏港铁路、济东高铁、京沪高铁二线和环渤海高铁等6条铁路，荣乌高速、济东高速和疏港高速等3条高速公路，孤阳路、永莘路、沾青路、德州路西延、河广大道、沿海高等级公路等7条干线公路，将构成四通八达的对外交通体系，为利津跨越赶超带来源源不断的人流、物流、信息流。从资源优势看，74公里的黄河不仅能够满足工农业和城市发展所需的水资源，而且孕育了17万亩的黄河滩区，为发展沿黄生态观光旅游农业，打造具有黄河特色的生态城市，创造了无与伦比的条件；59公里海岸线、38万亩滩涂、45万亩未利用地，特别是28万亩国有未利用地，为发展海洋经济和工业经济开辟了广阔的发展空间。更为重要的是，经过多年积累和磨砺，锻造了一支富有远见、勇于开拓的企业家

队伍，一支爱岗敬业、业务精湛的专业技术人才队伍，一支为民、务实、清廉的干部职工队伍，为利津跨越赶超提供了丰富的人力资源。从后发优势看，我县落后产能少，资源、环境约束小，财政、金融风险小，经济发展回旋余地大，具备弯道超车的基础和条件。我们一定要解放思想、提振信心，抢抓机遇、后发赶超，努力将机遇转化为优势，将优势转化为现实的生产力。

各位代表、同志们，利津因黄河而生、倚黄河而建、由黄河而兴，黄河汇集百川、携水裹沙、绵延万里汇聚渤海之滨，孕育了东津大地；四面八方的移民在这里开疆拓土，创造了辉煌成就，造就了利津人民开放包容的胸怀，这种文化已深深植根于利津人民的基因之中。利津又称“凤凰城”，回顾利津的发展史，就是一部凤凰涅槃的历史，尽管历尽沧桑、几经废兴，但再大的困难都没能压垮利津人民。这种变革图强、涅槃重生的传统，已经成为利津的精神图腾，必将激励全县人民开创更加壮美的未来。当前，我县正处于加快发展、跨越赶超的关键时期，必须大力弘扬开放包容的“黄河文化”和变革图强的“凤凰精神”，激励全县上下振奋精神、迎难而上、顽强拼搏，落后面前不泄气、困难面前不退缩、竞争面前不言败，集全县之智、聚全县之力，把建设美丽幸福新利津的宏伟事业不断推向前进！

三、激发经济发展新动能，强化建设美丽幸福新利津的动力支撑

新常态下，经济发展面临的宏观环境、历史方位、增长模式正在发生深刻变化。我们必须顺应这些新变化，从改革、开放、创新、创业四个方面激发新动能，为建设美丽幸福新利津持续注入新动力。

（一）坚持改革牵动，持续释放发展红利。统筹推进经济、政治、文化、社会、生态和党的建设等各领域的改革，突出抓好供给侧结构性改革，认真落实“三去一降一补”五大任务。去产能方面，铺开“四评级一评价”工作，通过取缔关闭、破产清算、兼并重组等方式，处置一批安全环保无保障、自我修复无能力的小化工，为优质企业发展腾出空间；去库存方面，与城镇化建设、棚户区改造、保障性住房结合起来，有效消化房地产库存；去杠杆方面，引导企业积极对接资本市场，通过上市挂牌、发行债券、私募股权等方式，提高直接融资比重，降低企业杠杆率；降成本方面，重点抓好“放管服”改革，继续清理行政审批事项，规范涉企行政事业性收费和中介服务费用，实行企业登记全程电子化，提高政府审批效率，降低企业运行成本；补短板方面，推进投融资体制改革，运用“两行”贷款、基金、债券、PPP、股权融资等方式，多渠道增加基础设施和公共服务投入。抓住国有企业混合所有制改革的机遇，引导和支持本土企业拿出优质资产，与央企、国企开展资本合作。推进农业供给侧结构性改革，在稳定农村土地承包关系的基础上，落实承包土地“三权分置”办法，深化农村产权制度改革，狠抓农产品标准化生产、品牌创建、质量安全监管，增强绿色有机农产品供给能力。

（二）坚持开放带动，广泛聚集发展要素。坚持把招商引资作为开放发展的主抓手，以产业园区为载体，以主导产业和战略性新兴产业为主攻方向，瞄准世界500强、大型国企、百强民企和行业领军企业，着力引进一批补链强链型项目、龙头引领型项目、高新技术型项目，加快形成规模较大、优势突出的骨干产业集群。认真研究国家和省市“十三五”规划及新经济政策体系，调动一切力量，向上争取项目、资金和政策。把外经贸摆上更加重要的位置，支持企业扩大重要能源资源、先进技术、关键设备和核心零部件进口，推动纺织服装、农副产品加工、装备制造、化工新材料等产品出口，进出口总额年均增长10%左右。积极发展跨境电商、外贸综合服务平台、市场采购贸易等新业态，培育新的外贸增长点。

（三）坚持创新驱动，不断增强发展后劲。坚持以科技创新带动全面创新，以培育高新技术企业、发展高新技术产业为重点，构建以企业为主体、以市场为导向、产学研相结合的科技创新体系，高新技术产业产值占规模以上工业产值的比重达到23%以上。支持骨干企业创办技术开发中心，推动主导产业组建技术创新联盟，推进科技孵化器、加速器、众创空间建设，促进创新平台更多更好发展。强化企业创新主体地位，支持企业开展产学研合作，引

进国际一流的技术装备，加快技术升级、设备更新、工艺改造。围绕新能源、新材料、新医药、新装备、新信息，引进实施一批高新技术项目，培植发展战略性新兴产业。加大招才引智力度，引进培养一批紧缺型、科技型、实用型高层次人才和高水平创新创业团队，以人才带项目促创新。

（四）*坚持创业拉动，全面激活发展活力*。坚持因地制宜、因人而宜，鼓励全县上下宜工则工、宜农则农、宜商则商，既在种植养殖、商贸流通、餐饮娱乐等传统行业“掘金”，又瞄准生态旅游、电子商务、健康养老等新兴业态“淘宝”，新增各类市场主体1万户以上。认真落实各级扶持大众创业、促进民间投资的政策，细化完善配套措施，在要素配置、手续办理等方面，为创业主体提供便利和优惠。大力发展能人经济，鼓励各领域能人带头上项目、办企业，实现“使用一个能人、搞好一个产业、带动一方发展”的效应。加大对本土企业家的扶持力度，实施企业家梯队培育工程，培养5名以上功勋企业家、10名以上优秀企业家、20名以上创新成长型企业家、50名以上创业企业家后备军。教育引导广大干部增强事业心和责任感，围绕发展干事业、服务创业促发展，争当创业先锋。大张旗鼓地表彰奖励创业典型，引导全县上下对标先进、开拓奋进，形成“百姓创家业、能人办企业、企业创大业、干部干事业”的生动局面。

四、围绕构建发展新格局，明确建设美丽幸福新利津的主攻方向

建设美丽幸福新利津，必须聚焦短板、抓住关键，着力推进新型工业化、农业现代化、新型城镇化、全域绿色化，以重点突破带动全局发展。

（一）*着力推进新型工业化*。把新型工业化作为核心战略，坚持园区化布局、产业化招商、集群化发展，迅速壮大工业经济实力。

一是加快发展工业园区。坚持优势互补、错位发展，依托“两区两园”，提升完善基础设施，加大产业招商力度，提高项目入区率、园区开发率和产业配套率。开发区要着力拉长化工新材料、新医药等产业链条，发展装备制造、农副产品深加工、生产性服务业和生活性服务业，规划发展工业邻里中心，打造产城融合示范区、转型升级先行区。滨海新区要主动对接东营港，发展新材料、精细化工、先进制造、仓储物流等临港产业，争取进入国家级临港石化产业基地。循环经济产业园要拉伸主导产业链条，促进多层次加工增值，创建省级循环经济示范园区。中小企业创业园要与开发区搞好对接，明确定位，完善规划，推进建设铁路储运中心，尽快拉开发展框架。

二是全力培育产业集群。围绕产业引项目、围绕项目育产业，集中推动石化、装备制造、农副产品加工、资源再生利用、新医药、纺织服装等产业集群化发展。石化产业要以化工新材料和精细化工为发展方向，支持利华益集团打造千亿级炼化精细一体化石化产业基地，鼓励县内企业围绕利华益集团石化产业链配套项目，支持滨海新区建设化工新材料生产基地，着力提升油头、壮大化身、拉长化尾。装备制造产业要着力发展新能源和石油装备制造，围绕国内空白产品和特种非标产品，培育一批“专、精、特、新”装备制造企业，由点到线、由线向面快速膨胀。农副产品加工产业要大力发展精深加工，着力引进实施一批畜禽屠宰及深加工、果蔬加工、水产品深加工项目，拓展加工领域，提高加工转化率。资源再生利用产业要大力发展城市矿产资源再生利用，打造链条完备、闭合循环的产业体系。新医药产业要以现代中药、生物医药、海洋医药为重点，着力培育一批拥有自主知识产权的医药企业，打造国内领先的现代中药新药产业基地。纺织服装产业要向价值链高端发展，积极承接发达地区纺织服装产业转移，着力增加终端产品比重，打造高端纺织产业基地。

三是做大做强骨干企业。大力实施骨干企业培育工程，每年筛选一批企业进行重点扶持，通过引进先进技术和装备，对现有骨干企业进行一轮高水平技术改造，培育产值过千亿元企业1家、过百亿元企业5家、过50亿元企业12家。引导企业以市场需求为导向，开展增品种、提品质、创品牌专项行动，实施技术改造、工艺流程改造和装备智能化升级，促进信息化与工业化融合发展，推动企业转型升级、做大做强。要把企业家作为利津最宝贵的

财富，构建“亲”“清”政商关系，在全社会营造尊重企业家、支持企业家、保护企业家的浓厚氛围。广大企业家要树立高远境界，奋力开拓新事业，积极回报社会关爱，主动承担起扩大就业、安全环保、依法纳税等社会责任。

（二）着力推进农业现代化。以提高农业供给质量为主攻方向，用现代手段装备农业，用现代科技改造农业，用现代方式经营农业，增强农业综合生产能力。

一是加强农业基础设施建设，强化现代农业发展支撑。以农田水利设施建设为重点，实施平原水库、河道拦蓄、节水灌溉、涝洼地治理等工程，新增节水灌溉面积5.2万亩，治理涝洼片5万亩，疏浚治理主要河道，农田有效灌溉面积达到90%以上。编制土地整治规划，实施农业综合开发、高标准农田建设、基本农田整理、耕地质量提升等工程，提高土地产出效率。

二是调整优化农业产业结构，打造现代农业生产基地。按照稳粮棉、优果蔬、强牧渔的发展方向，调整优化农业内部结构，打造优势农产品生产基地。积极推广节水、节肥、节药等新技术新机具，打造绿色高产高效粮棉基地。着力发展设施农业和精致农业，打造绿色优质果蔬生产基地。加快发展大型现代畜牧园区、大中型现代牧场和家庭生态牧场，重点抓好肉羊全产业链优化升级，创建省级畜牧业绿色发展示范县。推进“海上粮仓”和“上农下渔”建设，编制实施渔港经济发展规划，打造品质渔业生产基地。积极创建省级农产品出口示范县和农产品质量安全县，推进农产品标准化生产，规划建设一批集中连片的现代农业园区，推行土地入股、托管、流转和生产协作等模式，促进农业规模化集约化发展。按照“绿色长城、产业廊道、休闲水岸”的定位，规划建设沿黄特色农业发展带，健全工作机制，搞好顶层设计，加强区域协调，通过引进现代企业、扶持大户典型、培育地标产品，带动滩区群众发展特色农业和生态旅游，打造集防洪防汛、特色农业、休闲观光、文化旅游于一体的特色产业发展带。

三是壮大新型农业经营主体，构建现代农业经营机制。坚持用工业化理念发展农业，培育农业企业、家庭农场、专业大户、农民合作社等新型农业经营主体，建立完善“企业＋合作社＋基地＋农场＋农户”的利益共同体，构建以重点企业为龙头、农户家庭经营为基础、合作与联合为纽带、社会化服务为支撑的立体式复合型现代农业经营体系。推进一乡一业、一村一品、村企互动，实现原料生产、加工物流、市场营销等一二三产业融合发展，让产业链增值收益更多留在本地、留给农民。加强农产品质量安全监管，健全检验检疫、病虫害防治体系，推广现代农业科技成果，推进供销系统为农服务中心建设，打造从生产资料购入到农产品销售“一条龙”服务体系。

（三）着力推进新型城镇化。突出生态秀美、宜居宜业，建设园林城市、特色城镇、美丽乡村，实现以城带乡、城乡联动、一体发展。

一是完善提升城乡规划。加强城市发展战略研究，遵循现代城市发展规律，进一步明确城市发展的目标定位、空间结构、功能布局、产业方向，增强城市发展的战略性、全局性、前瞻性。委托国内一流机构和一流团队，着眼到2030年发展，高水平调整修编城市总体规划，加快完善控制性详细规划，统筹编制各类专项规划，推进“多规合一”，实现城市控规全覆盖。突出黄河风貌和凤凰文化特色，延续历史文脉，传承文化基因，建设人文城市。加快推进城市设计，突出做好重要区段、重要片区城市设计，提升城市品质，实现城市设计全覆盖。统筹城乡各类发展规划，统筹安排城镇体系规划、城镇总体规划、新农村发展规划、生产力布局规划和公共服务规划，统筹城镇布局、社区布局、产业布局、基础设施布局和公共服务布局，推进城乡规划一体化。严格依法执行规划，健全规划审批、公示、督察机制，强化规划巡查执法，深入推进拆违治乱、公路铁路沿线环境综合治理，对违法建设“零容忍”，维护规划的法定性、权威性和严肃性。

二是积极创建园林城市。城市的核心是人。要更加注重路网优化，注重园林绿化，注重功能提升，注重质量安全，打造宜居宜业的生态型园林城市。围绕疏解对外交通，加快实施南二路西延、孤阳路绕城段改线、永莘路绕城段改线等工程，争取实施德州路西延工程，争取搬迁大桥收费站，彻底解决过境车辆对城区交通造成的安全和拥堵问题。结合调整修编城市总体规划，重构城区路网框架，改造破损路，打通断头路，畅通微循环，提升城市交通功能。统筹推进地下综合管廊建设，健全完善给水、排水、排污、强电、弱电、供热、燃气等市政公用设施，加强便民服务设施建设，提升城市综合配套功能。推进拆墙透绿、还绿于民，提升道路绿化、丰富绿化层次，建设街头游园、城市绿道，加强庭院绿化、小区绿化，逐步提升人居环境质量，城市绿地率和绿化覆盖率分别达到31%、36%。坚持旧城改造和新区建设并行，完成棚户区、城中村改造，推进南部生态新区开发，提升城市宜居宜业功能，吸引农村转移劳动力进城居住。转变城市建设理念，推行连片规划、成片开发，提升居住小区品质，提高综合配套功能，杜绝“插花建设”“零星建设”。

三是着力打造特色城镇。根据历史传承、自然风貌、交通区位、产业基础等实际情况，明确城镇定位，完善城镇规划，建设有活力有魅力的特色城镇。坚持以产兴城、产城融合，抓好陈庄、盐窝2个全国重点镇建设，支持陈庄镇建设县域副中心，鼓励乡镇差异化发展，构建一业为主、多元发展的产业体系，打造具有特色产业支撑的工业强镇、商贸重镇、旅游名镇。加强城镇基础设施建设，完善城镇功能，提升承载能力，推进人口向城镇集中、居住向社区集中、产业向园区集中。

四是加快建设美丽乡村。遵循乡村发展规律，坚持因地制宜、分类指导，鼓励建设新型农村社区，有效保护传统特色村庄，积极引导迁村并点、撤村并居，有序整治空心村。合理布局新型农村社区服务中心，推动公共服务向农村延伸。推进美丽乡村标准化建设，深化“三清、四改、四通、五化”工程，开展宜居村庄、旅游示范村、美丽庭院等创建活动，新创建省级美丽乡村200个以上，把广大农村建设成为具有乡土味道、田园特色的美好家园。

五是加强城乡基础设施建设。全力支持黄大铁路、疏港铁路、济东高铁、京沪高铁二线、环渤海高铁建设，支持河广大道、沿海高等级公路建设，实施利沾路升级等县乡路建设工程，构建互联互通、进出顺畅的综合交通体系。建设庄科水库，实施陈北水库配套等水利工程，增强供水保障能力。搞好2条特高压直流输电工程协调服务，实施输变电站建设及线路优化工程，提高供电可靠性。引进外部气源，逐步实现村村通燃气。

（四）着力推进全域绿色化。坚定不移推进生态立县，创建国家级循环经济示范县、省级绿化模范县，使东津大地绿色常在、清水常流、空气常新、繁星常见。

一是狠抓增绿治污，改善生态环境质量。大力实施“三年增绿”工程，建设沿黄生态林带、道路和水系绿色通道以及环城林、环镇林、环村林、环企林，建设湿地公园，实施海岸带整治修复工程，新增造林面积9.5万亩，林木覆盖率达到20%。开展“蓝天碧水净土”行动，狠抓水气土污染治理，推进大气污染联防联治，实施骨干河道整治、污水处理厂建设、雨污分流综合治理等工程，狠抓工业污染场地治理，加强农业面源污染防治，推动环境质量持续好转。

二是倡树绿色理念，改进生产生活方式。推动存量经济绿色化改造、增量经济绿色化构建，实施“两区两园”循环化改造，推进节能减排降耗，杜绝新上高污染、高耗能项目，力争50%以上的重点企业实现清洁生产。倡导绿色生活理念，发展绿色采购、绿色交通、绿色建筑，推动形成节约低碳、文明健康的生活方式。

三是发展现代服务业，构建绿色产业体系。结合疏港铁路，规划建设铁路物流园，提升完善仓储物流，拓展保税物流、金融物流等新业态，繁荣活跃现代物流业。发展电子商务，建设电子商务运营中心、电子商务示范园区，创建全国电子商务进农村示范县。发展普惠金融，支持引进金融机构，深化政银企结合，加大对实体经济的支持力度。推进企业资产证券化，鼓励企业发债和上市，提高直接融资比重。发展文化旅游业，深入挖掘龙水凤城、东津古渡等资源内涵，加强创意策划，搞好市场营销，稳步开发实施，讲好利津故事。提升完善商贸、餐饮、家政等服务业，鼓励发展科技研发、文化创意、信息咨询、教育培训、会议展览等新兴服务业，增强县域经济发展活力。

四是强化激励约束，健全生态文明制度。严格实行能源和水资源消耗、建设用地等总量和强度双控行动，落实生态环境损害赔偿和责任追究制度，从严管控和打击各类环境违法行为。严格落实自然资源资产和环境责任离任审计，增强各级领导干部保护环境的思想自觉和行动自觉。

五、着力保障和改善民生，让人民群众共享美丽幸福新利津的建设成果

坚持以人民为中心的施政理念，加大保障和改善民生力度，每年实施一批民生实事，使改革发展更具“人情味”，让百姓过上更好的日子。

（一）大力发展社会事业，使百姓更有幸福感。实施幼儿园标准化建设，完成薄弱学校改造，搬迁建设二中和职业中专，下大力提高教职工队伍整体素质，下大力提高教育教学质量，努力办好人民满意的教育。深化医药卫生体制改革，支持中心医院创建三级乙等医院，推动乡镇（街道）卫生院改造升级，加强社区卫生服务中心建设，提升村级医疗卫生服务功能，创建省级健康促进县和国家级卫生县城。实施文化惠民提升工程，深化历史文化展示工作，建成县文化艺术中心，发挥乡镇文化站、村综合文化服务中心功能，基本形成覆盖城乡的公共文化服务体系。广泛开展文明创建，深化诚信利津建设，弘扬社会主义核心价值观，合力创建“凤德”利津。做好体育、红十字、青少年、妇女儿童、双拥共建、离退休干部等工作。

（二）持续增加居民收入，使百姓更有殷实感。实施更加积极的就业政策，加强技能培训和就业援助，鼓励高校毕业生回乡就业创业，统筹推进退役人员、农村妇女、城镇失业和就业困难人员等群体就业，城镇登记失业率控制在2%以内。健全工资正常增长机制和支付保障机制，实现居民收入与经济发展同步增长，让老百姓“钱袋子”鼓起来。坚持因人施策、精准扶持，完善扶贫工作长效机制，推动扶贫线与低保线“两线合一”，抓好因病致贫、因病返贫等重点人员脱贫工作，强化政策“兜底”保障，动态消除贫困人口，不让一名群众在奔小康的道路上掉队。

（三）健全社会保障体系，使百姓更有获得感。实施全民参保登记计划，实现法定人员全覆盖。改革医保付费方式，促进异地就医即时结算，推动医疗保险和生育保险合并实施，提高大病医疗保障水平。统筹城乡救助体系，建立健全“一门受理、协同办理”救助机制，提高城乡低保、农村五保、老年人生活补助水平，逐步拓展以扶老、助残、救孤、济困为重点的社会福利保障范围，动员社会力量发展慈善事业，确保群众遇急有助、遇困有帮。开展应对人口老龄化行动，规划建设社会养老综合服务中心、老年医疗护理中心等养老服务设施，鼓励发展社会养老产业，推动医养深度结合，形成多层次养老服务体系。完善住房保障体系，加强保障性住房建设和农村危房改造，让困难群众住有所居。

（四）积极创新社会管理，使百姓更有安全感。把依法治县融入经济社会发展全过程，加强法治政府建设，深化司法体制改革，扎实开展“七五”普法，增强全民法治意识。牢固树立安全发展理念，健全防灾减灾救灾体系，实施食品药品放心工程，创建省级食品安全先进县，深入开展城市公共安全专项行动，铁腕抓好安全生产工作，坚决防止发生影响重大的安全事故，切实维护人民群众生命财产安全。完善社会矛盾纠纷排查化解机制，畅通群众诉求受理渠道，落实重大决策社会稳定风险评估制度，扎实做好新形势下的群众工作，最大限度地把矛盾纠纷化解在基层和萌芽状态。完善社会治安立体化防控体系，加强油区治安综合治理，加大打霸、治痞、禁毒力度，严惩各类违法犯罪行为，维护社会公平正义，促进社会和谐稳定。

六、扎实推进全面从严治党，为建设美丽幸福新利津提供坚强保证

建设美丽幸福新利津，核心在人，关键在党。必须认真落实全面从严治党主体责任，真管真严、敢管敢严、长管长严，营造风清气正的政治生态，凝聚干事创业的强大合力。

（一）加强思想政治建设，夯实理想信念的坚实根基。牢牢把握思想建党这个首要任务，深入学习习近平总书记系列重要讲话精神，及时用党的最

新理论成果武装头脑，不断增强“四个意识”、坚定“四个自信”。始终在思想上政治上行动上同以习近平同志为核心的党中央保持高度一致，坚决维护党中央权威，坚决执行上级决策部署，确保政令畅通、令行禁止。严格落实党委意识形态工作责任制，加强对各类意识形态阵地的管理，牢牢把握意识形态工作的领导权和话语权。加强和规范党内政治生活，严格执行民主集中制，认真落实“三会一课”、民主生活会等组织生活制度，积极开展批评和自我批评，保障党员民主权利。各级领导干部要以身作则、率先垂范，广大党员要主动接受教育、净化灵魂，以更好的状态投身利津建设发展。

（二）加强基层组织建设，构筑全面过硬的战斗堡垒。健全基层党建述职评议、书记抓党建项目等制度，层层传导压力，有效落实责任。树立“大抓基层”的工作导向，深入实施强基固本行动，加强机关党建工作，探索大党委领导下的社区治理体系，抓好“两新”组织党的建设，打造以工作区党总支为主体的“区域性党群服务中心”，实现党的工作全覆盖。深化“红色引擎”示范工程，扩大村级集体收入“破壳”成果，整顿软弱涣散基层党组织，强化基层党组织服务功能。运用“互联网＋党建”思维，不断提升基层党建信息化水平。认真做好党员发展和教育管理工作，重点抓好基层党组织书记教育培训，改进入党积极分子选拔机制，稳妥推进村干部经济责任审计，开展不合格党员处置工作。健全党内关怀帮扶机制，深化党建联系点、下派帮扶、“第一书记”等工作，逐步提高村级组织经费和村干部报酬待遇，整改提升村级活动场所，为基层干部开展工作、服务群众创造必要条件。各级领导干部要多接地气、常听民声，把基层问题掌握准、解决好，让群众感受到实实在在的变化。

（三）加强干部队伍建设，锻造为民执政的骨干团队。把好干部标准贯穿干部队伍建设全过程，打造好班子，带出好队伍。坚持用实践检验干部、凭实绩使用干部、靠时间识别干部，突出重要工作、重点项目、位次变化、向上争取等情况，不看总量看速度、不看基础看进步、不看条件看变化，完善干部考核评价体系。将考核评价结果与干部评先树优、选拔任用相挂钩，推进干部能上能下，让想干的有舞台、实干的能出头、不干的被淘汰，真正把干事创业的导向树起来、立得牢。健全干部轮岗锻炼机制，选派优秀干部参与重要工作和重点项目推进，让更多干部在经济建设主阵地、项目推进最前沿、攻坚克难第一线，经受锻炼、积累经验、增长才干。探索建立保护干部、激励担当的容错纠错防错机制，为担当者担当、为负责者负责、为干事者撑腰，让各级干部放开胆子、撸起袖子、甩开膀子干工作。广大党员干部要增强事业心和责任感，大兴学习之风、研究之风，把工作当成事业来追求、当作学问来研究，做到干一行、爱一行、专一行；要强化位次意识，放眼全市、全省乃至全国找准定位，条条块块争先进，方方面面创一流；要着力提高执行能力，推行工作项目化、项目责任化、责任一体化，定下目标就坚决全面兑现，领到任务就夜以继日推进，以快节奏高效率满负荷的工作，推动我们的事业天天有进步、年年有变化。

（四）加强党风廉政建设，永葆清正廉洁的政治本色。认真落实党风廉政建设“两个责任”，严格执行廉洁自律准则、纪律处分条例、党内问责条例等党规党纪，加强党内监督，推进标本兼治。加大预防腐败工作力度，加强廉政警示教育和廉政文化建设，引导党员干部受警醒、知敬畏、明底线；加强预防腐败体制机制建设，围绕工程招投标、公共资源管理等重点领域，扎紧制度“笼子”；加强关键岗位人员特别是“一把手”监督管理，扎实开展巡察工作，认真落实八项规定，驰而不息纠治“为官不为”“庸懒散奢”“四风”等行为，促进作风建设长效化常态化。坚持有腐必反、有贪必肃，支持纪检监察机关依纪依法监督执纪问责，发现一起、查处一起，保持惩治腐败的高压态势。广大党员干部特别是领导干部要强化底线思维，始终把纪律和规矩挺在前面，严格要求自己，树立正确的世界观人生观价值观，保持正确的政绩观权力观事业观，培养健康生活情趣，纯洁朋友圈和社交圈，管好亲属和身边工作人员，发挥党员领导干部的表率作用。

建设美丽幸福新利津，需要群策群力、共同奋斗。县委要切实加强自身建设，统揽全局、协调各方，支持人大及其常委会依法行使职权，支持政府及其部门按照职责权限放手工作，支持县政协履行政治协商、民主监督和参政议政职能，支持法院、检察院独立公正行使职权，发挥群团组织和社会组织作用，推进油地军民融合发展，把一切智慧和力量汇集在建设美丽幸福新利津的蓝图下，凝聚起众志成城、共创伟业的强大合力。

各位代表、同志们，上下同欲者胜，风雨同舟者兴。让我们紧密团结在以习近平同志为核心的党中央周围，在中央和省委、市委的坚强领导下，解放思想、变革图强，不忘初心、继续前进，为提前全面建成小康社会，建设美丽幸福新利津而努力奋斗！

政府工作报告

——在利津县第十八届人民代表大会第一次会议上

（2017 年 2 月 7 日）

张　晓　彬

一、过去五年工作回顾

县十七届人大一次会议以来，全县上下在市委、市政府和县委的正确领导下，紧紧围绕科学跨越发展总体目标，主动适应经济发展新常态，全力做好稳增长、促改革、调结构、惠民生、防风险各项工作，经济和社会各项事业发展取得显著成效。

（一）综合实力再上新台阶。预计 2016 年，全县实现地区生产总值 263.6 亿元，是 2011 年的 1.5 倍；公共财政预算收入 12.9 亿元，比 2011 年翻了一番多。投资、消费和出口协调拉动能力增强，对外贸易逆势上扬，全年完成进出口总额 84.6 亿元，是 2011 年的 3.6 倍，年均增长 29.6%。金融支撑保障能力增强，本外币存、贷款余额分别达到 177 亿元和 153.2 亿元，是 2011 年的 2.4 倍和 2.3 倍。城乡居民人均可支配收入分别达到 32787 元、14751 元，年均分别增长 8.9%、10.9%。全县“四上”企业发展到 266 家，市级以上农业龙头企业达到 50 家，利华益集团主营业务收入突破 500 亿元，再次入闱中国企业 500 强、山东企业百强。镇域经济加快发展，2 个乡镇街道公共财政预算收入突破亿元大关，陈庄镇、盐窝镇入选全国重点镇、全市试点强镇。

（二）产业转调迈出新步伐。三次产业结构调整到 10.7∶50.9∶38.4。工业转型升级取得积极进展。收回整合存量建设用地、未利用地 10.1 万亩，规划建设了利津滨海新区、利津中小企业创业园，每年都筛选确定一批重点项目进区入园，集中精力抓好推进落实，加快骨干企业集聚、主导产业升级，规模以上工业主营业务收入达到 1638.5 亿元，高新技术产业产值占比提高到 17%。农业结构调整扎实推进。五年建成标准化养殖小区 32 个、特色种植示范基地 4.9 万亩、名优水产品养殖基地 3 万亩，新增“三品一标”认证农产品 50 个。围绕构建“南北畅通、东西贯通”的灌排体系，连续组织开展大规模农水会战，治理涝洼耕地 6.3 万亩，实施农业节水项目 9 个，耕种收综合机械化水平提高到 83.5%，建成了全省最大的机采棉基地。现代服务业加快发展。沿黄旅游开发稳步推进，商贸、物流、餐饮业发展提档升级，电子商务新业态快速成长，服务业发展实现规模与比重“双提升”。

（三）城乡面貌发生新变化。城镇建设改造步伐加快。启动了 4.5 平方公里的南部生态新区开发，稳步推进 12 处老旧片区改造、12 处新型农村社区建设，县城区面积扩展到 27 平方公里，城镇化率提高到 35.2%。五年实施重点市政工程 73 项，建设改造城区道路 25.3 公里，城市供热、供气、绿化、雨污分排等设施日趋完善，两次通过省级卫生县城复评。生态建设成效明显。连续三年开展环境整治提升活动，实施节能降耗、治污减排工程 99 项，2478 辆黄标车全部淘汰，5 条市控以上河流水质稳定达标，二氧化硫等污染物浓度持续下降。启动实施“三网”绿化工程、“三年增绿”计划，建设了王庄沙区林场，五年新增造林 9.5 万亩，林木覆盖率提高到 16%。乡村文明行动深入开展。建立了城乡环卫市场化、一体化保洁机制，建设了 19 个典型示范片区，全力推进农村旱厕改造、移风易俗、村庄“五化”等重点工作，被评为省级文明县、乡村文明行动示范县。市县4批共247个下派工作组，五年协调投入帮扶资金3.1亿元，有效促进了农村生产生活条件改善。

（四）改革开放释放新活力。完成新一轮政府机构改革，稳妥推进事业单位分类改革，机关事业单位养老保险制度改革顺利实施，县乡机关公务员职务与职级并行制度全面落实。“先照后证”“三证合一、一照一码”等商事制度改革全面推开，五年新增市场主体1.1万家。扎实推进农村产权、财税、投融资等领域改革，政府预算体系和透明预算制度基本建立，“营改增”等税制改革和支出管理制度改革扎实推进，公务用车制度改革顺利实施；引进设立金融机构16家，企业直接融资实现新突破。扎实抓好金融风险防范化解，县域金融环境持续优化。全面启动“双招双引”工作，对接高校科研院所95个，成功引进高层次人才26名，促成产学研合作项目36个；强力推进招商引资，五年引进投资过亿元项目100个，完成固定资产投资110亿元。大力推进科技创新，制定出台了“1+4”综合扶持政策，深入实施产学研结合“五个一”工程，创建市级以上科技创新平台60家，技术创新联盟3家。

（五）社会事业取得新进步。坚持教育优先发展战略，开工建设中小学校舍24处，新建改造幼儿园50处，教育综合投入达到4.2亿元，顺利通过国家义务教育发展基本均衡县验收。医药卫生体制改革稳步推进，中心医院综合病房楼竣工投用，二孩政策全面落实，卫生计生服务水平不断提高。扎实推进国家公共文化服务体系示范区创建，基层文化服务设施不断完善，“乡村记忆”工程实施走在全省前列。就业形势保持稳定，城乡低保实现应保尽保，老年人、残疾人救助标准不断提高。3次调整居民基础养老金发放标准，连续12年提高企业离退休人员待遇，新增保障性住房2541套，城乡居民医保实现一体化运行。25个省定贫困村实现脱贫退出。国防动员工作扎实开展，连续被命名为省级双拥模范县。法治利津、平安利津建设深入推进，信访、生产安全、食品药品安全工作得到新加强。民族宗教、妇女儿童、人民防空、应急管理等工作取得新成绩，粮食、统计、物价、体育、史志、慈善、红十字等事业实现新发展。

（六）政府效能实现新提升。扎实开展党的群众路线教育实践活动、“三严三实”专题教育和“两学一做”学习教育，坚决贯彻落实中央八项规定精神，驰而不息整治“四风”和不严不实问题，政府系统作风加快转变。稳步推进“放管服”各项改革，梳理公开权力清单3836项、具体责任事项1220项，全面清理规范中介服务，取消非行政许可审批事项，营商环境持续优化。完善县乡村三级便民服务体系，建设了网上审批服务大厅，启用了新的政务服务中心，大力推进“两集中两到位”改革，70%以上的审批事项实现集中办理、并联审批。全面推进政务公开和政府信息公开，自觉接受人大法律监督、政协民主监督和社会公众监督，人大代表建议和政协委员提案办结和基本办结的占到90%以上。组建了公共资源交易中心，加强对重点领域、关键环节的监督监察，党风廉政建设和反腐败斗争深入推进，“庸懒散奢”治理得到全面加强。

各位代表，回顾过去五年的政府工作，能够在复杂环境中攻坚克难、加快发展，得益于市委、市政府和县委的正确领导，得益于支持利津加快科学发展意见的深入实施，离不开县人大、县政协的监督支持，归功于全县30万干部群众的团结奋斗。在此，我代表县人民政府，向给予政府工作大力支持的人大代表、政协委员，向全县广大干部群众，向所有关心支持利津发展的社会各界朋友，表示衷心的感谢并致以崇高的敬意！

在总结成绩的同时，我们也清醒地认识到，全县发展还面临不少困难，政府工作还存在一些问题。主要是：经济综合实力弱、财政保障能力差的状况尚未得到根本改观，骨干企业偏少，工业经济支撑带动能力不足；科技创新能力偏弱，发展动力转换较慢，投资拉动效应减缓，转方式调结构任务艰巨，稳增长防风险压力较大；城乡规划建设管理工作有待加强，公共服务和社会管理存在薄弱环节，民生保障与群众期待还有差距；政府职能转变尚不到位，作风建设成果还不牢固，营商环境需要进一步优化。对此，我们一定坚持问题导向，采取得力措施，认真整改落实，决不让矛盾累积，决不让困难阻挡。

二、今后五年工作目标

各位代表，县第十三次党代会绘就了利津未来发展的宏伟蓝图，开启了决胜全面小康、加快建设美丽幸福新利津的征程，为政府工作指明了方向。未来五年，我们肩负着重大责任。利津正处在工业化的加速期、城镇化的扩张期、信息化的推进期，是抢抓机遇、加快发展的关键阶段。百舸争流，不进则退。面对周边县区你追我赶的竞争态势，利津要变革图强、跨越提升，这五年的工作成效至关重要、影响深远。未来五年，我们面临着严峻挑战。经济下行压力持续加大，新旧增长方式交替，新老产业体系并存，各类矛盾互相交织，不确定不稳定因素增多，特别是对现阶段的利津来说，膨胀总量和加快转型的需求同样迫切，刚性支出增加和收入增速放缓的压力同时存在，全县发展将经受一系列严峻考验。未来五年，我们拥有着良好机遇。黄河三角洲高效生态经济区、山东半岛蓝色经济区、京津冀协同发展、环渤海地区合作发展“四大国家战略”深入推进，支持利津加快科学发展列入全市“十三五”规划，国家和省、市各项扶持政策叠加交汇，给我们带来了更多红利。未来五年，我们具备了诸多优势。连续加大基础设施投入，城镇园区承载能力快速提升，交通区位优势日益彰显；持续推进招商引资、大抓项目建设，主导产业带动能力进一步增强，企业家队伍不断壮大。更为重要的是，通过多年的实践锻炼，我们积累了稳增长、促转调的宝贵经验，培养造就了一支敢担当、善作为的干部队伍。相信只要全县上下凝心聚力、攻坚克难，我们一定能够跑好决胜全面小康这一接力棒，一定能够在新起点上实现新跨越、取得新胜利！

落实县第十三次党代会精神，结合我县“十三五”规划，今后五年政府工作的总体要求是：高举中国特色社会主义伟大旗帜，深入贯彻习近平总书记系列重要讲话精神，紧紧围绕“五位一体”总体布局和“四个全面”战略布局，牢固树立和贯彻落实五大发展理念，着力激发改革、开放、创新、创业新动能，着力构建新型工业化、农业现代化、新型城镇化、全域绿色化新格局，着力开创社会事业发展、社会治理创新、民生保障工作新局面，确保与全市同步全面建成小康社会，加快建设美丽幸福新利津。

发展目标。经济保持中高速增长，产业向中高端迈进，地区生产总值年均增长7.5%左右；城乡一体化发展步伐加快，常住人口城镇化率明显提高，“两区两园”基础设施更加完善，城乡互动、产城融合、统筹发展的局面基本形成；生态文明建设取得显著成效，节能减排约束性指标全面完成，林木覆盖率达到20%以上；重要领域和关键环节改革取得重大进展，一批制约经济社会发展的深层次问题得到有效解决，基本形成引领供给侧结构性改革的体制机制；人民群众获得感持续增强，居民人均可支配收入年均增长8%以上，城镇登记失业率控制在2%以内，文化教育、医疗卫生、社会保障等公共服务体系更加健全。

做好今后五年的工作，必须全面落实创新、协调、绿色、开放、共享五大发展理念。这是“十三五”乃至更长时期经济社会发展的基本遵循。我们要把创新作为发展的第一动力、协调作为发展的内在需求、绿色作为发展的必要条件、开放作为发展的必由之路、共享作为发展的本质要求，用新的发展理念破解难题、增强动力、厚植优势，不断开拓发展的新境界。必须紧紧围绕建设美丽幸福新利津这一奋斗目标。在深入调研、充分论证的基础上，县第十三次党代会提出了建设美丽幸福新利津的奋斗目标，这是协调推进“四个全面”战略布局、落实五大发展理念的本质要求，是全县干部群众的热切期盼和福祉所在，更是新一届政府义不容辞的责任。今后五年，政府所有工作都要围绕这个目标、聚焦这个目标，把目标细化为一项项具体任务、一个个重点项目，把各项任务分解到部门、落实到岗位，全民动员、全速推进，一步步把目标变为现实。必须全力推进新型工业化、农业现代化、新型城镇化、全域绿色化四项重点任务。要把新型工业化作为经济发展的核心战略，全力突破大项目、培育大企业、建设大园区，加快打造主业突出、特色鲜明、竞争力强的现代产业体系；要把农业现代化作为决胜全面小康的基础性工程，在完善农业基础设施上持续下功夫，在构建现代农业经营机制上继续搞创新，在调整优化农业产业结构上奋力求突破；要把新型城镇化作为支撑发展的重要载体，用规划引领，靠管理提升，加快园林城市、特色城镇、美丽乡村和重大基础设施建设，着力构建功能互补、城乡互动的新型城镇体系；要把全域绿色化作为发展的基本要求，抓住增绿、治污、节能、减排、降耗五个主要方面，大力实施生态建设工程，持续开展专项整治提升行动，让利津的天更蓝、地更绿、水更清，城乡环境更加优美宜居。

各位代表，利津因黄河而生、倚黄河而建、由黄河而兴，黄河的孕育滋养，造就了利津人民开放包容的胸怀；利津古称“凤凰城”，千百年来凤凰涅槃重生的精神，赋予了我们坚定的自信和力量。我们要大力弘扬开放包容的黄河文化，主动对接落实“四大国家战略”，全面融入区域一体发展，靠双招双引的推进、基础设施的完善、产业布局的优化，厚植发展优势，提升开放水平；我们要大力弘扬变革图强的凤凰精神，在全面深化改革上持续发力，在推进创新创业上狠下功夫，以开阔的思维、务实的作风、有力的举措，不断把美丽幸福新利津建设推向前进。

三、2017 年的重点工作

今年是新一届政府的开局之年，也是实施“十三五”规划承上启下的关键一年。做好今年的工作，影响深远、意义重大。根据县委关于经济社会发展的总体部署，今年主要预期目标是：地区生产总值增长 7.5%，公共财政预算收入增长 5%，全社会固定资产投资增长 11%，社会消费品零售总额增长 8%，外贸进出口总额、实际利用外资保持适度增长，城乡居民人均可支配收入分别增长 7.5%、8.5%，全面完成市政府下达的节能减排任务。围绕实现上述目标，主要抓好五个方面的工作。

（一）狠抓项目促转调，打造利津经济升级版。突出供给侧结构性改革这条主线，坚持优存量和扩增量并举，从供给和消费两侧发力，认真落实“去、降、补”各项任务，加快推动三次产业转型升级，努力保持经济平稳增长。

推动工业实现内涵式发展。运用市场化机制，瞄准中高端目标，聚焦县域六大工业主导产业，坚持一业一企一策，全力抓好对标提升。石化产业，以“油头化尾”发展新格局为导向，突出抓好利华益集团聚碳酸酯、乙二醇等 14 个重点项目建设，加快向下延伸产业链条，推进有机化工领域高端产品开发。把产品质量纳入评级内容，扩面开展化工企业“四评级一评价”工作，推动落后产能退出，加快僵尸企业出清。装备制造产业，重点围绕发展“专、精、特、新”设备制造，支持骨干企业实施技改扩能，鼓励市场主体创新营销方式，加快从生产制造向“生产 + 服务”转变，推动产业链向前后两端延伸。资源再生利用、农副产品加工、新医药、纺织服装等产业，要统筹抓好后续项目储备、在建项目推进，持续膨胀产业规模，努力提升产业素质。充分发挥企业在转型升级中的主体作用，支持骨干企业创名牌、树名标，鼓励中小企业搞协作、搞配套，推动工业主导产业提质增效。认真抓好企业家培训培养，进一步提高企业经营管理人员素质，提升企业战略规划、资本运营和现代化管理的能力。

加快农业供给侧结构性改革。坚持用工业化、现代化的理念经营农业，用水利化、机械化的设施装备农业，努力提高农业供给质量。调好调优农业产业结构。按照粮经饲统筹、种养加一体的思路，抓好 6 处农业示范园区、5 处种养基地建设，提升 10 万亩“海洋牧场”和“上农下渔”发展水平。按照“绿色长城、产业廊道、休闲水岸”的定位，着手编制沿黄农业发展规划，加快推进黄河滩区开发，培育壮大优质瓜菜、生态林果、无公害大米等特色品牌，年内新增“三品一标”认证 9 个以上。规范发展肉牛肉羊产业，加快完善肉禽养殖产业链条，支持农作物秸秆“过腹还田”，积极争创省级畜牧业绿色发展示范县。做大做强农业经营主体。实施农业龙头企业提升工程，支持现有企业扩大种养规模、搞好加工增值，引导工商资本发展设施农业、建设标准园区，年内销售收入过亿元龙头企业达到 12 家以上。实施新型农业经营主体发展工程，抓好新型职业农民培训，年内新增农民专业合作示范社 30 家、家庭农场 30 家，土地适度规模经营比例达到 35% 以上。依托各类农业经营主体，推广土地托管、联耕联种联收，提升为农服务水平。建好管好农业基础设施。实施农田水利工程18项，清淤干渠74.5公里，有效改善偏远地段灌溉条件。落实粮食安全责任制，实施藏粮于地、藏粮于技战略，推广农机深松等技术，建设高标准农田2.6万亩，提质改造基本农田4.1万亩。健全完善农业基础设施管护长效机制，确保稳定持续发挥效益。

提升现代服务业规模和质态。推进生产性服务业与工业加速融合，实现生活性服务业与消费紧密互动，年内服务业增加值、税收占比均提高1个百分点以上。抓好物流园区规划布局，依托铁路、公路物流潜力，积极对接周边大型企业货运需求，加快推进铁路物流园区建设。实施凤凰城滨河休闲旅游区配套工程，完善道路、绿化等基础设施，一体推进黄河外滩、綦家嘴农业采摘观光园建设。抓好电子商务运营中心建设，提升7个电商交易平台、5处电商示范园带动能力，丰富企业产品营销渠道，打造2.0模式电商示范村50个。积极运用“互联网+”改造传统商贸餐饮业。加大金融机构招引力度，规范发展民间融资机构，提升金融普惠程度和服务实体经济能力。对接蚂蚁金服“千县万亿”计划，推进新型农村合作金融试点，大力发展新兴金融业态。严厉打击恶意逃废银行债务、非法集资等行为，防范和化解各类金融风险，维护好来之不易的良好金融生态环境。大力发展健康养老、教育培训、家政服务等生活性服务业。多渠道化解房地产库存。

（二）激发内力聚合力，培育经济发展新动能。坚持启动内力与借助外力相结合，围绕瓶颈障碍推进改革创新，立足产业实际开展双招双引，全面增强发展的动力、活力、内生力。

全面深化各项改革。用好用活供给侧结构性改革政策，完成17家企业规范化公司制改制，支持引导企业上市融资，通过直接融资去杠杆，利用兼并重组去产能。深入推进财税体制改革，加强全口径预算管理，严控政府债务规模，预决算信息公开实现全覆盖。抓好综合涉税信息平台建设，完善多部门联合办税机制，堵塞征管漏洞。推进农村产权交易平台建设，加快农村集体产权制度改革，完善农民土地承包权、宅基地使用权、集体收益分配权有偿转让机制，促进“三权分置”、实现有序流转。抓好教育领域综合改革，完善校长、教师县管校聘机制，实行校长职级制改革；推进小班化教学、集团化办学，实施校长教师交流轮岗制度，进一步深化中小学生德育综合改革。深入推进医药卫生体制改革，逐步健全公立医院法人治理结构、完善绩效管理制度，理顺基层卫生计生队伍管理工作机制。深化供销社综合改革。

持续提升双向开放水平。坚持对内开放和对外开放并举，引进来和走出去并重，推动开放向结构优化、领域拓展、效益提升转变。把招商引资作为“一号工程”，建立健全“一把手”亲自抓主动抓、任期内滚动考核等机制，持续加压升温，持续扩大战果。立足区位、资源、产业优势，推行专业化、常态化招商，构建市场化、多元化招商格局，努力实现精准谋划、精准对接、精准招商，确保年内引进过亿元项目20个以上，到位外来投资22亿元以上。认真贯彻国家产业政策，严格市场准入标准，切实强化项目投资强度、产出效率、亩均税收控制，围绕产业链、价值链、财税链进行选商引资，进一步提高招商项目含金量。认真落实稳定外贸增长的政策措施，拓宽利用外资渠道，培育外向型企业，扩大对外贸易规模。帮助利华益集团、三阳纺织等企业争取原油、棉花等产品进口配额，支持骨干企业拿出优质资产和项目，面向国内外知名集团寻求合资合作，拓宽对外发展空间。

广泛开展创新创业行动。完善创新创业服务体系，构建有利于大众创业的体制机制，营造有助于万众创新的环境氛围。大力推进科技创新，鼓励企业建立研发机构，加强产学研合作，构建技术创新联盟，推动跨领域、跨行业协同创新，年内新增市级以上科技创新平台5家，全社会研发投入增长9.2%以上。全面深化与6所农业高校、科研院所的合作，实施农业良种工程、盐碱地综合改良、耐盐碱植物选育等重点课题，建设10万亩的省级粮食作物生产加工科技园区。以“两区两园”为主要载体，围绕产业链部署创新链、人才链，推动“人才+基地+项目”配套联动，吸引更多高层次人才到利津创新创业。落实放宽注册资本限制等政策措施，大力推行“五证合一、一照一码”，巩固和扩大商事制度改革成果，激发全社会创新创业热情，年内新增市场主体2000家以上。加快推进中国政品网电商创业园建设，完善陈庄镇市级创业孵化基地配套，抓好云商村淘互联网特色小镇、云谷电商服务中心等平台搭建，打造完善的创业服务支持体系。

（三）优化布局促统筹，加快推进新型城镇化。坚持规划引领、基础先行，推进产城融合、城乡互动，加快实现城镇和基础设施一体化建设，城乡产业发展一体化布局。

协调推进城乡规划建设管理。高标准完善城乡规划。按照“多规合一、衔接融合”的要求，启动新一轮县城总体规划修编，完善综合交通、地下管廊、海绵城市等专项规划，优化主城区、开发区、南部生态新区控制性详细规划。完成小城镇总体规划、控制性详细规划的修编报批工作。大力度推进城乡建设。全面启动园林城市创建工作，完善城市功能，提升城市品味。加快推进南部生态新区开发，重点抓好4条区内道路、素波河东段水系、小月湖周边景观建设，完善4条道路的绿化配套，着力打造精品工程、亮点组团。稳步推进中部老旧片区改造，全面完成津城佳苑居住区、津元广场商贸城建设。实施城区公共设施完善工程9项、小城镇基础设施配套工程13项，完成大桥路、三里河水系的改造提升。抓好棚户区、城中村、镇边村改造，推进6处农村社区建设。加强城市精细化管理。按照“重心下移、属地管理、权责一致”的原则，理清县、乡、村三级职责，理顺巡查、处置、处罚工作流程，构建“管理全覆盖、责任无盲区”的大城管格局。加快数字化城管平台建设，巩固深化“九大乱象”治理，继续推进拆违治乱，营造整洁优美、文明有序的城市环境。

统筹抓好城乡基础设施建设。围绕提升交通区位优势，扎实做好黄大铁路建设协调服务工作，完成疏港铁路利津段征地拆迁任务，协助做好河广大道、国道220改线工程前期工作。全面完成省道316改线及配套管网建设，启动实施东滨路、利沾路维修改造，优化完善县域路网结构。围绕强化水利能源保障，加快庄科水库规划建设，配套完善城乡供水管网，推动陈北水厂并网运营。配合做好2条特高压直流线路建设，实施褚家220千伏输变电工程，优化提升城乡供电线路98.8公里，加快建设坚强智能电网。围绕完善农村基础设施，大力开展美丽乡村建设，改造农村公路79公里、农村旱厕2.2万户，提升172个村的“五化”水平，推动农村生活设施由“村村通”向“户户通”转变；优化完善城乡环卫一体化运营机制，全面完成铁路公路沿线环境整治任务，建设美丽乡村示范村80个。

全面优化城乡产业空间布局。按照集聚、集群、集约发展的要求，推动项目到园区落地、产业向园区集中，打造“两区两园支撑、区域联动融合”的发展格局。利津经济开发区要立足产城融合示范区、转型升级先行区定位，加快有机化工新材料、装备制造项目的引进建设，抓好道路、雨污分排等基础设施的完善，辐射带动北宋镇、利津街道一体发展。利津滨海新区要围绕打造临港石化产业基地，加快完善道路、消防、燃气等配套设施，抓好总投资110.9亿元的13个重点项目建设，主动融入东营北部港区一体发展。利津循环经济产业园要围绕完善基础配套、延伸产业链条，对4条道路进行维修改造，对污水处理厂进行改造提升，推动重点项目尽快投产达效，增强对盐窝镇、汀罗镇的辐射带动能力。利津中小企业创业园要围绕扩大规模增强实力，持续完善路网、管网、电网等设施，加强现代物流、农副产品加工等项目的招引，重点抓好疏港铁路储运中心的规划建设。支持各乡镇街道立足实际，建设各类农业园、商贸园、观光园，提升产业集中、商品集散和人口集聚水平。

（四）狠抓生态不放松，构筑绿色发展新格局。坚持保护、治理、修复三措并举，集中力量推进实施一批增绿治污项目，坚决守住生态保护红线、环境质量底线、资源消耗上限。

打好生态建设主动仗。围绕提前一年完成三年增绿计划，自我加压、自提标准，再掀植树造林、绿化家园热潮，年内新增造林4.2万亩。一是推进环城、环镇、环村“三环”绿化。抓好县城南部、西部、北部3处防护林建设，在4个乡镇街道建设环镇林，实施50个村庄绿化，着力打造集中连片的造林绿化示范区、示范村。二是推进路域、水系、农田林网“三网”绿化。高标准完成济东高速绿化，抓好4片农田林网建设，提升12条公路、8条水系绿化水平。三是推进沿黄、沿海“两带”绿化。在黄河大堤新筑台田淤背19.2公里，建设沿海防护林基干林带5公里。四是推进森林公园、湿地公园“两园”建设。抓好王庄省级森林公园、东津湿地公园修复提升，新增湿地保护面积3000亩。注重加强海洋生态保护，加快海洋生态文化科普园建设，完成挑河以东海岸带整治修复工程，整治修复护岸2.9公里。

打赢污染整治攻坚战。认真贯彻国家水气土污染防治“三个十条”，集中开展专项整治行动，持续改善城乡环境质量。重拳治理大气污染。全力抓好3个重点区域、13家重点企业异味治理，实现挥发性有机物整治重点企业全覆盖；深入实施“工业绿动力”计划，加快推进散煤治理和天然气“村村通”工程，全部完成2家燃煤电厂、城区第二热源锅炉超低排放改造。切实加强水环境治理。全面推行“河长制”，实施重点河流“治用保”工程2项，突出抓好太平河综合治理，确保市控以上河流水质稳定达标。进一步完善城区雨污分流管网，加快推进农村污水处理设施建设，提高城镇污水收集率。狠抓土壤污染防治。以耕地为重点，有序开展场地环境调查、风险评估和治理修复工作。探索实施垃圾分类试点，抓好畜禽规模养殖区域划定，推进种养业废弃物资源化利用、无害化处置，加大农业面源污染防治力度。健全完善环保督查巡视制度，严厉打击环境违法行为，公开曝光环境违法案件。

打出节能降耗组合拳。着力推进重点领域节能，抓好10个节能示范、综合利用项目推进，完成4家企业清洁生产审核，坚决关停取缔小化工、土炼铝等项目，淘汰落后生产设备30台套。支持陈庄镇加快园区循环化改造，争创省级循环经济示范园区。抓好民用建筑、公共机构节能监督，逐步深化价格领域改革，在居民用水、用电和天然气方面，推行阶梯式计价，激励全县人民节能节水，树牢绿色低碳的生活理念。着力推进土地节约集约利用。科学规划城镇“三区四线”，加强土地用途管制，优化土地供给结构，抓好闲置低效用地分类处置，巩固省级国土资源节约集约模范县创建成果。着力推进节约用水。严格落实用水总量控制、用水效率控制和水功能区限制纳污“三条红线”，大力推广高效节水技术，努力建设节水型城市。

（五）坚持共享惠民生，增强人民群众获得感。贯彻共享发展理念，落实县乡政府职责，着力建设一批民生项目，办好一批民生实事，解决一批民生难题，努力让人民群众更有获得感。

均等化加强基本公共服务。推动义务教育向高位优质均衡发展。投资1.3亿元，抓好5处农村中小学改造，新建校舍5.2万平方米，配齐配全信息化教学设施，妥善解决好“大班额”问题。扎实推进第二期学前教育三年行动计划，抓好农村幼儿园标准化建设，提升学前教育普惠水平。投资6.5亿元，实施利津二中、职业中专迁建工程，有效改善高中段学校办学条件。尽快实现校车公司化运营。提高公共卫生服务水平。支持县中心医院争创三级乙等综合医院。完善分级诊疗、双向转诊制度，优化“医联体”运行机制，推动医疗资源向基层、农村流动。推进国医堂项目建设，在8处卫生机构打造中医药专科，在140处村卫生室推广中医适宜技术，促进中医药事业发展。深入实施文化惠民工程，加快文化艺术中心项目施工，同步推进图书馆、档案馆、文化馆、方志馆建设。抓好村级综合性文化服务中心建设，积极推进国家公共文化服务体系示范区创建。落实社保降费、援企稳岗政策，帮助高校毕业生、就业困难人员、农村劳动力稳定就业，新增城镇就业2500人，转移农村劳动力8500人。切实加强思想道德建设，扎实开展各类文明创建活动，确保顺利通过省级文明县复审。做好国防教育、双拥共建工作，密切军政军民关系。推动计划生育、民族宗教、外事侨务、档案史志、妇女儿童、体育、慈善、红十字等事业全面发展。

广覆盖完善保障救助体系。实施社会保险全民参保计划，落实被征地农民参加基本养老保险政策，健全完善城乡居民、城镇职工大病保险制度。完成2处老旧小区、150户农村危房改造任务，新增保障性住房600套以上。提高最低生活保障补贴救助标准，城市低保对象提高到每人每月 570 元，农村低保对象提高到每人每年 4500 元，农村五保供养对象提高到每人每年 8000 元。启动“大救助”信息平台建设，建立“一门受理、协同办理”的“救急难”工作机制，提高县乡两级救助窗口服务能力，让困难群众求助方便、受助及时。推动医疗卫生与养老服务业融合发展，加快社会福利中心和健民老年康复中心项目建设，新增养老服务床位 230 张。启动全国残疾预防综合实验区创建试点，完成残疾人康复托养中心建设。提高 70—74 周岁老年人生活救助金、百岁老人长寿补贴标准，为全县享受生活救助老年人购买意外伤害保险。扎实推进精准扶贫、精准脱贫，组织实施产业扶贫项目 14 个，整合扶贫资金 5000 万元以上，持续抓好低保兜底、社保扶贫，确保年内实现市定标准贫困人口全面脱贫。

*深层次抓好社会治理创新。*坚守安全生产底线。持续推进执法监管“三个转变”、基层基础“三个到位”，巩固和深化网格化、实名制管理机制，压紧靠实党政领导、属地管理、行业监管、企业主体“四个责任”。深入推进安全风险防控、隐患排查治理“两个体系”建设，全力抓好危化品、道路交通、消防安全、建筑施工、特种设备等重点领域治理，加大隐患排查整改力度，全面提高事故防范能力。扎实推进平安利津建设。健全完善公共安全视频监控系统，全面打响三年禁毒人民战争，严厉打击强装强卸、强揽工程等霸痞势力，严密防范和惩治违法犯罪活动。扎实做好新形势下的信访工作，引导群众依法理性反映诉求。落实“四个最严”要求，健全食品安全治理体系，完善基层市场监管执法装备，加强食品生产经营单位监管，启动省级食品安全先进县创建工作。购置完善检验检测中心仪器设施，提升农副产品检验检测能力。加强防灾减灾能力建设，抓好应急教育培训、装备配备和预案演练，提高突发事件应对处置能力。

四、加强政府自身建设

各位代表，新目标开启新征程，新常态激励新作为。我们要按照为民、务实、清廉的要求，扎实推进依法行政、科学理政，始终坚持高效施政、从严治政，加快建设人民满意的现代政府。

*（一）坚持依法行政，建设法治政府。*认真落实法治政府建设实施方案，严格按照法定权限和程序行使权力、履行职责，善于运用法治思维和法治方式推动发展、化解矛盾。健全完善公众参与、专家论证、风险评估、合法性审查制度，确保决策科学、程序正当、过程公开。加快推进公共法律服务实体平台、热线平台、网络平台建设，落实“谁执法谁普法”责任制，扎实开展“七五”普法宣传教育，提高全体政府工作人员的法治意识和法治能力。加强和改进行政复议、行政应诉工作，探索扩大综合执法试点范围，严格规范行政执法行为。自觉接受人大的法律监督、政协的民主监督，坚决执行人大及其常委会的决议、决定，主动落实重大事项向人大报告、向政协通报制度，扎实做好人大代表意见、建议和政协委员提案办理工作。

*（二）倡树担当有为，建设责任政府。*认真落实行政权力清单和责任清单制度，不断深化“放管服”改革，切实加强事中事后监管，做到“法定职责必须为、法无授权不可为”。始终坚持问题导向，不回避矛盾，不畏惧困难，工作从群众最需要的地方做起，作风从基层最不满意的地方改起，全力突破制约利津发展的瓶颈障碍，妥善解决群众关注的热点难点问题。不断强化目标管理，层层落实抓发展、惠民生、保稳定的责任制，加强对五大发展理念、供给侧结构性改革等重大问题、重点任务的研究把握，把上级部署与利津实际紧密结合，创造性谋划好、落实好各项工作推进的“路线图”和“时间表”。全体政府工作人员要始终保持开拓进取、奋发有为的精神状态，勇于担当，积极作为，在建设美丽幸福新利津的实践中争排头、当表率。

*（三）加快转变作风，建设高效政府。*把抓落实作为政府工作的生命线，把转作风作为一项长期性的战略任务，沉下心思谋事，扑下身子做事，让问题解决在基层、任务完成在一线。重大工程项目设立指挥部，重点难点问题成立工作组，把所有目标项目化、每个项目责任化、每项责任考核化，实体运作，挂图作战，全力推进。大力发扬钉钉子精神，抓住打基础、利长远不放松，坚持补短板、惠民生不动摇，在求真务实上持续用力、狠下功夫，努力

创造经得起历史检验的业绩。继续推进行政审批“两集中两到位”改革，精简审批事项，简化办事程序，优化工作流程。加强政务督查和效能监察，严肃查处不作为、慢作为等行为，深度治理“中梗阻”“下梗阻”等现象，确保各项工作有部署、有落实，各项决策落地生根、取得实效。

（四）恪守纪律规矩，建设清廉政府。坚守政治纪律和政治规矩，认真贯彻《关于新形势下党内政治生活的若干准则》和《中国共产党党内监督条例》，严格落实党风廉政建设主体责任，全面加强政府系统党的建设。围绕实现决策、执行、管理、服务、结果“五公开”，深入推进政务公开和各领域办事公开，突出抓好公共资源配置、重大项目实施等政府信息公开，提高政府工作透明度。推动公共资源交易中心投入运营，健全公共资金、国有资产、国有资源和领导干部履行经济责任审计全覆盖制度，加强对重点领域、关键环节的监督，把权力的制度围栏扎得更紧更牢。持之以恒贯彻中央八项规定精神，严肃财经纪律，严格财务管理，严控“三公”经费和一般性支出。按照无禁区、全覆盖、零容忍的要求，始终保持惩治腐败的高压态势，努力营造不敢腐、不能腐、不想腐的政治氛围。

各位代表！全面建成小康社会，我们责无旁贷；建设美丽幸福新利津，尤须砥砺奋进。让我们紧密团结起来，在中共利津县委的坚强领导下，解放思想，变革图强，不断把利津各项事业推向前进，以优异成绩迎接党的十九大胜利召开！

成秋林同志
在全县经济工作会议上的讲话

(2017年1月17日)

经县委、县政府研究决定，今天上午召开这次会议，主要是深入学习贯彻中央和省市经济工作会议精神，总结我县2016年经济工作，分析当前形势，安排部署2017年工作任务。刚才，晓彬县长作了重要讲话，重点突出，思路清晰，可操作性强，请大家务必抓好贯彻落实。下面，我讲四点意见。

一、进一步提振加快发展的精气神

中央和省市经济工作会议精神已书面印发给大家，要深入抓好贯彻落实，将全县上下思想和行动统一到中央和省市决策部署上来。

（一）切实增强发展意识。发展不足是我县最大的问题。主要表现在：一是骨干企业少。全县141家规模以上工业企业中，大型企业只有利华益集团一家，中型企业仅有9家，其它大都是小型企业。小型企业的标准是什么？主营业务收入低于2000万元，从业人员低于300人。二是产业层次低。石油化工一业独大，占全县工业总量的近70%，而且大多是小型化工企业。全县高新技术产业产值占规模以上工业总产值的比重仅为17%，高新技术企业仅有3家，企业创新能力普遍较弱。三是财政压力大。财源少而小，全县上缴地方税收过千万的企业仅有10家。财政收支矛盾突出，去年全县公共财政预算收入完成12.88亿元，其中80%以上用于人员经费支出，是典型的吃饭财政，无法满足保工资、保运转、保民生的要求。四是民生欠账多。因为财力有限，很多民生问题得不到及时有效地解决。农田水利设施、乡村道路建设相对滞后；城市道路破损严重，市政设施老化，园林绿化档次偏低，棚户区和城中村数量较多，城市功能严重落后；中心医院床位少，二中和职业中专不达标，薄弱学校、“大班额”问题还没有解决。这些问题都是发展中出现的问题，最终还要靠发展来解决。我们要切实增强发展意识，始终盯住发展不放松，用发展来解决问题，把利津的事业大跨度推向前进。

（二）切实增强忧患意识。透视自身问题不少，环视周边差距更大。可以说，前有标兵遥遥领先，后有追兵步步紧逼，竞争压力巨大。诸城、章丘等经济发达地区发展锐气不减，无棣、沾化等原来相对落后地区势头更劲，市内兄弟县区当仁不让。去年上半年，诸城、无棣公共财政预算收入同比分别增长13.9%、10.1%，分别比我县高出7个和3.2个百分点；章丘、沾化固定资产投资同比分别增长36.9%、12.1%，而我县却下降了36.2%。2011—2015年5年间，我县公共财政预算收入累计完成48亿元，广饶、垦利分别是我县的3.5倍、1.8倍，分别高出118.7亿元和38.6亿元；我县累计完成固定资产投资803.5亿元，广饶是我们的3.3倍，比我们高1842亿元，这1842亿投进去就是规模、就是速度、就是财政收入；垦利是我们的2倍，比我们高775亿元。这些数据表明，我县不但经济总量较小，增速也没有绝对优势。看不到差距是最大的差距，意识不到危机是最大的危机。我们要勇于跳出利津、敢于直面差距，知耻而后勇、知不足而奋起，只争朝夕抓发展、奋起直追促跨越，努力在困境中杀出一条血路、开拓一片新天地。

（三）切实增强位次意识。位次不仅仅是一个排序问题，它还代表着贡献和付出，影响着人们的精神面貌。近年来，我县各项工作取得了一定成绩，干部群众付出了很大努力，但在全市综合考核中却屡屡“垫底”，影响了全县上下的士气。我们要看到，位次的落后不是全面的落后，我县也有一些工作走在了全市、全省乃至全国的前列。像我们的一幼，在全国有很高的知名度，多次在中国幼儿园园长大会、中国学前教育年会等重大场合作过典型交流，全国各地的幼儿园园长和教师都来观摩学习。县看守所，连续55年实现监所安全无事故，民警队伍无违法违纪伤亡情况，先后荣获全国标兵看守所、全国一级看守所等称号。利华益集团，位列中国企业500强第267位，是全国大中型工业企业自主创新能力10强，是全国首批获得“两资质一配额”的地方石化企业，先后荣获省长质量奖和省政府管理创新奖。进出口方面，我县去年的进出口总额比上年增长204.9%，其中出口增长32.8%，均名列全市前茅。这些不仅为我县赢得了荣誉，更鼓舞了士气、提振了信心。我们要大力弘扬这种不甘落后、争先进位的精神，鼓励全县上下树立更高追求，确立更高目标，瞄准全市、全省乃至全国的标杆，创大业、争位次、当先进。

（四）切实增强机遇意识。我们尽管面临着许多困难和挑战，但机遇和优势也前所未有。党的十八大以来，中央作出了经济发展进入新常态的重大判断，探索形成了以新发展理念为指导、以供给侧结构性改革为主线的新经济政策体系，新理念新思路新战略深入人心，新方式新结构新动力开始形成，为我们做好经济工作提供了坚强保证。省委、省政府将我县列为财政直管县，市委、市政府作出支持利津加快科学发展的决策部署，为我县跨越赶超提供了重大政策机遇。我县地处京津冀协同发展区、环渤海地区合作发展区、黄河三角洲高效生态经济区、山东半岛蓝色经济区和东滨城镇密集区“五区”叠加位置，特别是东北紧邻东营港和东营石化产业基地、西南直达省会城市群，为承接央企产业转移、发展临港产业和城市经济带来得天独厚的优势。德大铁路、黄大铁路、疏港铁路、济东高铁、京沪高铁二线和环渤海高铁6条铁路，荣乌高速、济东高速和疏港高速3条高速公路，孤阳路、永莘路、沾青路、德州路西延、河广大道、沿海高等级公路等7条干线公路穿境而过，构成了四通八达的对外交通体系，将为我县带来源源不断的人流、物流、信息流。这种区位、交通优势，在全市也是首屈一指，是我们的潜力和优势。我们还有丰富的土地、海洋、石油、淡水、盐卤等资源优势。更重要的是拥有落后产能少、污染企业少、金融风险小、经济发展回旋余地大等后发优势，具备了跨越赶超的基础和条件。机遇在手不等于胜券在握。面对千载难逢的机遇，是弯道超车、跨越崛起，还是错失良机、留下遗憾，关键在能不能抢先一步抓住机遇、高人一筹用好机遇。要加强与市委、市政府和市直有关部门的对接，争取市委、市政府进一步支持利津加快发展。要主动对接融入“五区”，积极承接京津地区产业转移，主动与央企联姻发展混合所有制经济。混合所有制改革，对我们来说是一个千载难逢的机遇。地方要善于解放思想，拿出最有实力的企业、最好的资产与他们对接合作。要主动对接东营港，发挥疏港铁路、济东高速的作用，规划建设铁路物流园区和铁路储运中心，快速提升滨海新区配套功能，努力打造新的经济增长极。这段时间明集乡工作做的非常主动，主动与市里有关领导和部门对接，工作推进得很理想，各级各部门都要拿出这个劲头来。

二、牢牢把握经济工作的几个重大问题

今年全县经济工作的总体思路是：认真贯彻落实党的十八大和十八届三中、四中、五中、六中全会精神，深入学习贯彻习近平总书记系列重要讲话精神，按照“五位一体”总体布局和“四个全面”战略布局，坚持稳中求进工作总基调，以新发展理念为引领，以提高发展质量和效益为中心，以推进供给侧结构性改革为主线，着力稳增长调结构、打基础强支撑、抓改革增活力、惠民生促和谐，推动经济社会平稳健康发展，以优异成绩迎接党的十九大胜利召开。具体工作中，要牢牢把握以下几个重大问题：

（一）牢牢把握稳中求进这个工作总基调。稳中求进，稳是大局，进是目的。只有政策稳、预期稳、社会稳，发展形势才能稳，才能积聚更多“进”的能量；只有积极进、主动进、持续进，才能不断提

高发展质量和效益，为稳增长、促发展奠定更加坚实的基础。对我县来说，突出“稳”并不是无所作为，要在“稳”的基础上，更加注重“进”。尤其是发展速度方面，要在保证发展质量的前提下，积极进取、尽力而为，不设障、不限速、能搞多快就搞多快，迅速膨胀经济总量，确保与兄弟县区的差距不再扩大，并争取逐年缩小。这次县乡班子换届，部分成员特别是主要领导变动较大，但是，“十三五”规划不能变，上届班子作出的重要决策不能变，重点项目和民生实事不能变。各级各部门要保持战略定力，接续推进，做到一张蓝图绘到底、一届接着一届干、一锤接着一锤敲，努力创造经得起实践、群众和历史检验的业绩。

（二）突出供给侧结构性改革这条主线。推进供给侧结构性改革，是中央作出的重大决策部署，是调整经济结构、转变发展方式的治本之策。年龄较大的同志应该都记得，在物资匮乏的时代，常提的口号是“发展经济、保障供给”。那个时候，群众需求旺盛，商品供不应求，只要生产出来就有人买。现在的情况不同了，很多商品生产出来卖不出去，表面看是产能过剩所致，实际是产业结构不优、有效供给不足。比如，出境购物、“海淘”购物盛行一时，从珠宝首饰、名牌服饰等，到电饭煲、马桶盖、洋奶粉等日用品，大把的钞票都让外国人赚了去，这说明我国的供给结构出了问题。我县也存在供给质量和效率不高的问题，比如农副产品大都还是初级加工，肉羊产业基本没有形成链条，大都卖了活羊；很多高端消费都跑到了东营、滨州甚至垦利，我们的一些优质生源去了东营、油田甚至昌乐，我们的一些医疗跑到了东营、油田、滨州，还有不少在利津工作的人到东营、滨州买房，有相当一部分年青人刚刚结婚就在东营买房子。深层次的问题是城市功能不完善，就业、医疗、教育、文化等有效供给不足。大家要以拖不起、等不起的态度，大力推进供给侧结构性改革，早转型早主动，早升级早受益。对我县优势产业，要逐一研究改革措施，推动向中高端迈进。要继续深化“三去一降一补”，把供给侧结构性改革从工业领域扩展到农业和服务业领域，从简单的去杠杆扩展到振兴实体经济，从房地产去库存调整扩展到提升城市功能，推动经济持续健康发展。

（三）突出培育发展新动能这个核心任务。创新是引领和支撑经济发展的核心动力，也是我县经济发展的严重短板。改革开放38年，我们仅培育出3家高新技术企业，高新技术产业产值占规模以上工业产值的比重只有17%，东营开发区比重超过50%。我县不是没有创新能力，比如医药行业的创新能力，在全市也是比较强的。要深入实施创新驱动战略，以培育高新技术企业、发展高新技术产业为重点，加快构建以企业为主体、以市场为导向、产学研相结合的科技创新体系。要切实强化企业创新主体地位，支持企业开展产学研结合，培育自主品牌，打造创新领军型企业；加大小微企业培育力度，支持开展各类创新活动，促其加快成长为高新技术企业。要像重视招商引资一样重视招才引智，切实加大科技型人才培育引进力度。组织、人事、科技等部门要认真研究政策，拿出务实举措，引进一个是一个。要研究政策措施，鼓励利津籍高校毕业生回乡工作和创业，逐步打造利津人才洼地。要大力推进科技创新平台建设，支持青岛农业大学黄河三角洲研究院建设，推动省级“盐碱地粮食作物生产加工”农业科技园建设，鼓励企业与知名高校院所联合建立研发机构，创新科技成果孵化模式，加快建设科技孵化器、加速器、创新空间等平台，推动新技术、新产业、新业态、新模式蓬勃发展。

（四）强化基础设施建设这个战略支撑。目前，影响我县开放开发的主要瓶颈是基础设施建设滞后，尤其对外通道制约比较突出，未来几年正是我们破解这一难题的最佳时期。对黄大铁路、疏港铁路、河广大道、G220改线等跨区域通道工程，要主动对接，搞好协调服务；对京沪高铁二线、环渤海高铁和高等级公路、德州路西延等重大通道工程，要提前介入，积极沟通，争取对我县最有利的设计；对S315、S316改线、利沾路改造、庄科水库等重点工程，要倒排工期，加快推进，确保按期完成任务。

三、紧紧扭住经济发展重点不放松

（一）做强工业。工业是县域经济的脊梁，是富民、强县、壮财政的基础。抓投入、上项目是工业发展的生命线。我们要紧紧抓住项目建设这个“牛鼻子”，调动一切力量、集聚一切要素，大上项目、上大项目、上好项目，迅速提升工业经济规模和质量。一要围绕现有企业上项目。经济发达地区都有一批大企业、强企业作支撑。垦利区培育了4家山东百强企业、2家中国民营百强，2014年就入围了全国工业百强县。我们必须在现有企业膨胀上狠下功夫，大力实施骨干企业成长计划，每年筛选一批企业进行重点扶持，实行领导干部联系企业和驻企联络员制度，帮助企业做好土地、融资、手续办理、技术引进等工作，定期组织产学研结合、银企结合、企业家观摩交流、企业家培训，促进企业尽快成长壮大。经过5年努力，力争培育产值过千亿元企业1家、过百亿元企业5家、过50亿元企业12家。今年，要重点抓好利华益集团投资18亿元的聚碳酸酯和投资19.6亿元的乙二醇、汇宇公司投资24.5亿元的特种耐火材料、广悦公司投资35.7亿元的烯烃芳烃、道一公司投资15亿元的新材料等17个重点项目，实行县级领导包靠，加大协调推进力度，及时解决影响项目落地、开工的具体问题，力争早开工、早投产、早见效。要着眼未来三年发展，认真谋划一批打基础管长远的大项目好项目，建立完善重点项目储备库，形成竣工一批、建设一批、储备一批、谋划一批的良性循环。企业家是企业发展的决定因素。广大企业家要向徐云亭同志学习，大力发扬创新精神和工匠精神，志存高远、永不止步，努力创建一流品牌、打造百年企业。全县上下务必要统一思想，牢固树立“企业最重要、企业家最光荣”的理念，善待企业，善待企业家，为他们创造良好的发展环境。二要围绕招商引资上项目。在培育本土企业的同时，要进一步加大产业招商的力度，以产业园区为载体，以主导产业和战略性新兴产业为主攻方向，瞄准世界500强、大型国企、百强民企和行业领军企业，着力引进一批补链强链型项目、龙头引领型项目、高新技术型项目。尤其要抓住京津产业转移和国有企业混合所有制改革的机遇，有针对性地开展招商引资，将领导精力、优势兵力推向招商一线，确保年内新引进过亿元项目20个以上、到位固定资产投资22亿元以上。各乡镇（街道）党政主要负责人要合理分工，其中一人主抓招商，经济工作部门一把手要拿出主要精力抓招商，招商局要制定专门考核办法，实行目标管理，严格兑现奖惩。三要围绕科技创新上项目。自主研发是创新，引进技术、引进装备也是创新。利华益集团近年来新上的项目，主要是引进国际领先的工艺技术，与其合作的美国GE、陶氏化学、英国戴维等，都是世界500强。一大早乳业引进的瑞典利乐钻A3和TBA19生产线、台湾豪阳铁罐生产线，都是国际上最先进的。要总结推广利华益集团、一大早乳业的好经验，利用3年左右的时间，对现有骨干企业通过引进先进技术装备，进行一轮高水平技术改造，今年完成技改投入75亿元以上。要围绕新能源、新材料、新医药、新装备、新信息等新兴产业，实施一批高科技项目，加快培育壮大高新技术产业。四要围绕园区开发上项目。园区是利津最大的优势。可以说，谁拥有空间，谁就能赢得项目；谁拥有园区，谁就能赢得未来。我们要建好园区，做好一切准备，迎接即将到来的红利。我县园区建设的重点是“两区两园”，住建、国土要调整好城镇、土地规划，有关乡镇（街道）要搞好园区的配套，提高园区承载能力。

（二）做优农业。农业是全面建成小康社会的重要基础，是增加农民收入的主要来源，未来农业蕴藏着巨大的发展潜力。一要扎实组织农水会战，夯实农业发展基础。对三年增绿、水利设施建设、高标准农田建设、基本农田整理等重点工程，各乡镇和有关责任部门要高度重视，抓好推进实施。二要调整优化农业结构，发展特色优势产业。从我县农业布局来讲，主要分三大块，一是主体黄灌区，主要走一乡一业、一村一品的路子，各乡镇（街道）各打各的优势仗，如盐窝的蔬菜等。二是74公里黄河滩区，尤其是城区这块，是非常大的资源。黄河滩区要打造成沿黄农业产业带。初步定位是要建设“绿色长城、产业廊道、休闲水岸”。绿色长城，县城紧靠黄河建设，首先要考虑防洪能力和城市安全，根治黄河水患，我们要依托黄河把生态防护林进一步提升完善，让其成为真正的绿色屏障。产业廊道，主要是发展特色林果、特色蔬菜、规模化种植。休闲水岸，是把产业发展和观光、采摘、旅游等结合起来。要成立领导机构，完善工作机制，搞好顶层设计，加强区域协调，逐步打造集高效农业、休闲观光、文化旅游于一体的特色农业产业带。三是北部沿海，目标是要建设海上粮仓、海洋牧场。三要创新农业经营模式，提高农业经营收益。坚持用工业化理念发展农业，支持农业龙头企业新上一批精深加工项目，规范发展农民合作社、家庭农场、专业大户等新型农业经营主体，引导和支持企业、合作社、农场、农户紧密联系起来，建立利益共同体，带动农民进入产业链经营。要规范完善农村产权交易市场运行管理，促进土地有序流转，发展多种形式的规模经营。要加强农产品品牌建设，做好“三品一标”认证工作，谋划几个农产品区域公共品牌，搞好品牌设计，强化宣传推介，提高我县农产品的知名度和附加值。

（三）做美城市。城市是聚集生产生活要素的最大平台，体现一个地方的发展水平和精神风貌。近年来，利津县城的面貌有了很大改善，但问题也不容忽视，特别是城市规划执行随意性大、功能分区不明晰、违法建设查处不力。县委、县政府决定，从现在起，创建省级园林城市、节水型城市和适宜人居城市，以此为总抓手，推动城市规划建设管理全面上水平。第一，要提升城市规划。要加强城市发展战略研究，进一步明确城市发展的目标定位、空间结构、功能布局、产业方向，增强城市发展的战略性、全局性、前瞻性。要聘请一流专家团队，着眼到2030年发展，高水平调整修编城市总体规划，加快完善控制性详细规划，统筹编制各类专项规划。要加快推进城市设计，突出做好重要区段、重要片区城市设计，提升城市品质，争取利用两年时间实现控规全覆盖，城市设计全覆盖。第二，提升城市功能。城市建设要突出“人”的核心，着力做好补短板、强功能的文章。一是突出交通功能。要通过疏解对外交通、重构城区路网、改造破损路、打通断头路、改善微循环，进一步完善城区交通功能。疏解对外交通，南二路西延构成我县南外环，德州路西延构成我县北外环，S315改线构成我县西外环和S316改线，这4条道路建设刻不容缓。重构城区路网，在疏解的同时，结合修编新一轮城市总体规划，进一步优化交通组织。改造破损路，城区道路要有计划地进行改造，提高道路通行速度。打通断头路，改善微循环，使内部的交通更加合理、顺畅。二是突出宜居功能。要围绕创建园林城市，搞好拆墙透绿、道路绿化、街头绿地、庭院绿化、市政设施建设，增强城市综合配套能力，让人在县城居住更舒适、方便。要积极稳妥推进城中村改造、棚户区改造，成熟一片改造一片，争取利用三年时间完成旧城改造任务。三是突出宜业功能。要大力发展生产性服务业和生活性服务业，加强CBD、孵化器、加速器、众创空间等平台建设，大力发展培训、教育、健康、中介等第三产业，吸引农村剩余劳动力到城区就业和居住。四是突出教育功能。我们优质生源流失比较严重，县一中要进一步加强学校管理，着力提升办学质量。同时，县政府安排财政盘子的时候，要集中体现对民生的倾斜，千方百计保障二中和职业中专建设工程顺利推进。五是突出健康功能。县中心医院欠账很大，要解放思想、做大做强，用3年时间创建三级乙等医院，强化城市健康功能。六是突出绿化功能。要加强公共文化设施建设，搞好建筑小品、文化廊道、街头游园建设，丰富群众文化生活。第三，提升城市管理水平。要转变城市管理方式，努力实现精细化、规范化和常态化管理，城管部门要认真研究，拿出管用有效的办法来，争取尽快见到明显成效。要深入开展拆违治乱专项行动，扎实组织铁路和干线公路沿线环境综合治理，对各类违法建设坚持“零容忍”，坚决依法处置到位，这要作为检验城管部门、乡镇政府执行能力的重要内容。

（四）做实民生。一要搞好“基本民生”。前段时间，我们研究确定了12个方面26项民生实事。相关领导和部门要一件一件抓推进，一项一项抓落实。脱贫攻坚是一项重大政治任务，也是全面建成小康社会最基本的要求。各级要紧盯脱贫目标，加大扶贫力度，统筹政策、项目、资金，深化专项扶贫、行业扶贫、社会扶贫，确保今年全面完成脱贫攻坚任务。二要解决“热点民生”。围绕群众关心的热点难点问题，采取强有力措施，认真加以解决。

要下大气力实施水气土污染整治专项行动，加快推进太平河治理、散煤清洁化治理，有序开展土壤污染治理与修复，加快农村污水处理设施建设，推动环境质量持续好转。三要坚守“底线民生”。当前，我们面临着复杂多变的形势、经济下行的压力、艰巨繁重的任务。越是在这种情况下，越要强化底线思维，安全生产、信访维稳等“红线”决不能破，给今后发展留“包袱”的事情决不能办。要高度重视安全生产，严格落实属地管理责任、部门监管责任、企业主体责任，健全完善安全风险管控和隐患排查“两个体系”，继续保持打非治违的高压态势，坚决遏制安全生产事故发生，切实维护人民群众生命财产安全。从今年开始，省政府对各市建立安全生产巡察制度，同时实行安全生产一票否决。只要发生一起重大安全事故，就对安全生产一票否决，如果安全生产否决了，那我们的全部工作都否决了，所以我们在座的每一位都要意识到自己肩上的分量，管好各自领域的安全生产。对春节期间的安全生产工作，市委、市府两办专门印发了通知，作出了具体安排，要切实抓好贯彻落实。隐患就是事故，各位分管领导、各行业主管部门要按照各自分工，结合各自实际，集中力量下去查隐患、改隐患，确保春节期间和“两会”期间安全稳定。

四、着力加强党对经济工作的领导

第一，提高领导经济工作的素质能力。一要加强学习研究。要认真学习领会习近平总书记系列重要讲话精神和党中央治国理政新理念新思想新战略，提高运用科学理论认识问题、解决问题的能力。要加强实践锻炼，在实践中把握发展规律，提高专业素养，努力成为做好经济工作的行家里手。政策既是发展导向，更是发展要素。当前，各地都在积极争取上级政策、资金、项目支持，关键看谁更用心、更主动、更努力。各级各部门要加强政策研究，开动脑筋，多想办法，盯上靠上做工作，努力争取更多更大支持。二要善于把握全局。面对同样的困难，谁能率先打破僵局，谁就能掌握发展主动权。我们要树立全局思维、战略思维，辩证看待当前形势，善于在复杂环境中准确判断形势，善于在风险考验前清醒把握方向，自觉把本地、本部门的工作放到发展大势中去思考，坚定信心、积极应对，因势利导、趋利避害，采取有力有效措施，迅速打开工作局面。三要讲究方式方法。要善于统筹谋划，学会“弹钢琴”，正确处理好当前与长远、重点与一般、统与分、急与缓的关系，运用“典型引路、以点带面、整体推进”的办法，干出亮点、创出经验。解决问题特别是复杂问题，要善于运用法治的思维、改革的办法、市场的手段，对问题不掩盖、不回避、不推脱，在解决一个个问题中把事业推向前进。

第二，树立鼓励干事创业的鲜明导向。一要树立正确的选人用人导向。用人导向是最根本的导向。用好一个人，激励一大片；用错一个人，打击一大片。要规范选人用人机制，紧扣想干事、敢干事这两个关键点，注重在经济前沿、基层一线、急难险重工作中锻炼和选拔干部，对那些理想信念坚定、对党忠诚老实、尽职尽责、实绩突出的干部，那些埋头苦干、不搞形式主义、不做表面文章的干部，那些坚持原则、敢抓敢管、不怕得罪人的干部，那些胸怀坦荡、正派做人、不拉关系走门子的干部，一定要用好用到位。对那些政治上不过硬、大是大非面前立场不坚定的干部，对为官不为、不敢担当的干部，对漠视群众疾苦、侵害群众利益的干部，对作风上我行我素、损害党的形象的干部坚决不用。二要尽快建立容错纠错机制。要认真贯彻落实习近平总书记“三个区分开来”的要求，把干部在推进改革中因缺乏经验、先行先试出现的失误和错误，同明知故犯的违纪违法行为区分开来；把上级尚无明确限制的探索性试验中的失误和错误，同上级明令禁止后依然我行我素的违纪违法行为区分开来；把为推动发展的无意过失，同为谋取私利的违纪违法行为区分开来，保护那些作风正派又敢作敢为、锐意进取的干部，最大限度调动广大干部的积极性、主动性和创造性。要坚持“尽责免责、失责追责”，建立健全党员干部干事创业容错纠错制度体系，旗帜鲜明地为担当者担当、为负责者负责、为干事者撑腰，让各级干部放下包袱、轻装上阵、奋发有为干好工作。三要从严管理干部。要从小事抓起、从细节抓起，深入贯彻中央八项规定精神，持之以恒纠治四风，常态化开展不担当不作为问题整治，引导各级干部心无旁骛干事业、聚精会神抓发展。要严肃党内政治生活，严格执行党内监督条例，打造良好政治生态。要大力弘扬清正廉洁之风，以零容忍态度惩治腐败，不断把党风廉政建设和反腐败斗争推向深入。

第三，大力弘扬狠抓落实的优良作风。一个地方的发展，干部是决定性力量，作风是关键性因素。各级干部一定要以对党的事业高度负责的精神转作风、抓落实，竭尽全力推动赶超跨越。一要强化责任抓落实。严格实行目标责任制，工作项目化、项目责任化、责任一体化，将各项目标任务层层分解，落实到县级领导、责任部门、协助单位和责任人，明确投资方案、完成时限和标准要求，确保有人抓、能落实。整体推进情况实行“月调度、季检查、半年观摩、年终考核”制度，每季度分行业对重点项目推进情况进行现场观摩和点评，坚持定期与不定期、常规与突击督查结合起来，多角度、多层次地督查责任落实情况和工作进展情况。二要强化考核抓落实。改进考核评价办法，不看总量看速度，不看基础看进步，不看条件看变化，充分调动各级干部的积极性。严格兑现奖惩，把考核结果与干部评先树优、选拔任用挂钩，对在全市考核中争先进位的，在全市、全省、全国创出先进典型的，对在全县发展中作出突出贡献的，要大张旗鼓的表彰奖励，该提拔的提拔，该重用的重用。对工作年年不见起色、迟迟打不开局面、无所作为的干部，要果断予以调整。三要务实担当抓落实。全县广大干部要以科学务实的态度谋划发展，以攻坚克难的精神推进落实，以无所畏惧的姿态应对困难挑战，在发展中展现我们的担当。对于一个班子、一名干部来讲，是不是做到了敢于担当，关键看行动、看成效，看担负的工作在全市各县区中的排名前进了没有，看重要工作、重点项目、民生实事推进的怎么样，看向上争取项目、资金、政策落实的怎么样。干工作虎头蛇尾是抓落实的大忌。对作出的决策、部署的任务、实施的项目，必须说了算、定了干、干就干好，决不允许半途而废。现在有的干部对交办的事情、遇到的问题，当面拍胸脯表态，事后却迟迟不动，这不是一个简单的工作问题，而是对组织忠诚不忠诚、做人老实不老实的问题。四要凝聚合力抓落实。县委将充分发挥总揽全局、协调各方的领导核心作用，从更高的层次上领导和指导经济工作，把方向、定思路、抓大事；政府作为经济工作的具体组织者、推动者、实践者，要集中精力、专心致志抓落实；人大、政协、纪委以及各部门要立足自身职能，提供各种保障。县几大班子领导要统一整合、打破分工，不分一二线、没有前后台，带动全县上下共同抓落实。各级领导干部既要挂帅、又要出征，身先士卒、靠前指挥，夙夜在公、忘我奉献，一件一件抓落实，抓一件成一件，一步一个脚印地把我们的事业推向前进。

同志们，新的一年开启新的征程，新的起点昭示新的希望。让我们更加紧密地团结在以习近平同志为核心的党中央周围，在市委、市政府的坚强领导下，提振信心，奋发有为，甩开膀子快步走，撸起袖子加油干，奋力开创利津经济发展的新局面，以优异成绩迎接党的十九大胜利召开！

张晓彬同志
在全县经济工作会议上的讲话

（2017年1月17日）

今天这次会议，既是2016年经济工作的总结会，更是2017年经济工作的誓师会。待会，成书记还要作重要讲话，对今年全县经济工作进行总体安排和全面部署，这就需要我们全县上下把思想和行动高度统一到县委的决策部署和要求上来，以踏石留印、抓铁有痕的态度和决心，不折不扣地抓好贯彻落实。下面，我先就去年全县经济工作情况和今年经济工作的具体任务，讲几点意见。

一、客观总结去年经济工作，坚定发展信心

刚刚过去的2016年，是实施“十三五”规划的开局之年，也是经济下行压力持续加大、全县经济社会发展遭遇巨大困难的一年。全县上下在市委、市政府和县委的坚强领导下，主动作为，攻坚克难，全县经济在逆境中实现了平稳发展。

（一）经济发展保持稳定。面对严峻复杂的宏观经济形势和巨大的下行压力，我们牢牢把握稳中求进的工作总基调，加强形势分析研判，狠抓重点工程项目，力促产业转型升级，各项经济运行指标总体平稳、稳中向好。初步统计，2016年全县实现生产总值258.5亿元，公共财政预算收入12.9亿元，工业总产值1657亿元，完成固定资产投资135亿元，社会消费品零售总额33.09亿元，进出口总额达到80.5亿元。

（二）产业结构更加合理。加大“去、降、补”力度，三次产业结构调整为9.6：51.3：39.1。强力推进化工产业转型升级，131家企业全部完成“三评级一评价”，淘汰落后化工产能370万吨，在全省树立了促进化工产业转型升级的“利津标杆”。加快发展现代服务业，77家企业完成非主营业务剥离，1家企业被认定为省级星级物流企业；建立跨境电商平台3家，引进京东、乐村淘等知名电商企业41家，被评为山东省工业电商示范县。加强科技创新能力建设，新争创省级工程实验室1家、省级科技创新平台3家、市级工程实验室6家，新增高新技术企业2家。大力推进农业现代化，市级以上龙头企业发展到50家，市级现代农业示范区28家，规范发展国家级示范社2家、省级示范社19家。

（三）城乡面貌明显改善。加大城市改造力度，县城区改造提升老旧住宅小区1个、棚户区3个，新增绿化4.2万平方米，公共设施进一步配套完善。南部生态新区建设加快推进。扎实开展拆违治乱专项行动，拆除违法建筑37.2万平方米，拆除大型立柱广告牌368块。实施新型农村社区续建项目7个，完成投资2.66亿元。8个乡镇街道全部实现燃气“镇镇通”。济东高速竣工通车，农村公路安全生命防护工程投入使用，群众安全方便出行条件明显改善。深入实施乡村文明建设，累计清理路域、河道沟渠、林带2100余公里，完成农村旱厕改造3316户，实施农村污水处理项目12个，新增乡村文明典型示范村122个。加强农田水利设施建设，田间灌溉体系进一步完善，河道行洪排涝能力显著提升。

（四）生态安全保障有力。深入实施三年增绿计划，新造林2.2万亩，王庄沙区林场成为全市唯一的国家木材战略储备林基地。持续推进水气污染整治，全面推行环境监管网格化，实施水气污染治理工程12项，环境空气质量改善4.2%，市控以上

河流水质稳定达标，基本消除劣五类水质。褚官河湿地、挑河以东海岸带整治修复二期工程顺利竣工。组织16家企业开展节能技改和合同能源管理体系建设，全县工业固体废物综合利用率达到95%以上。切实抓好安全生产工作，加快建设安全生产风险分级管控和隐患排查治理“两个体系”，深入推进打非治违，扎实开展“大快严”集中行动，安全生产形势保持了持续稳定。

（五）改革创新步伐加快。启动了经济体制改革等8个领域183项改革，顺利完成77项。继续削减行政权力事项，调整行政权力事项21项，取消103项。市场监管领域综合执法改革顺利完成，“三证合一、一照一码”全面推开，新增各类市场主体3434户。“三争”工作成效显著。11家规模以上企业完成规范化公司制改制。加快金融改革创新，新引进金融机构4家，中阳碳素公司成功在“新三板”挂牌，4家企业上市工作顺利推进；集中开展了打击恶意逃废金融机构债务和打击非法追债专项行动，县域金融环境持续优化。深化农村产权制度改革，建立了农村产权交易大厅，流转土地20余万亩。

（六）民生改善成效显著。城镇新增就业3674人，城镇登记失业率为2%；城镇居民人均可支配收入32700元，农村居民人均可支配收入14800元，分别增长7.6%和8.2%；城乡低保分别增长到每人每月550元、每人每年4120元。扶贫开发实现脱贫1193户、2876人，省定标准贫困人口全部脱贫、贫困村全部摘帽。顺利通过国家义务教育发展基本均衡县评估和省级卫生县城复审，大班额问题化解工作稳步推进，第二期学前教育三年行动计划有序实施。县中心医院综合病房楼竣工启用，分级诊疗体系加快建立。国家公共文化服务体系示范区创建顺利推进，县文化艺术中心开工建设，文化惠民工程取得良好成效。

过去的一年，我们在宏观经济下行、投资下滑、安全环保约束趋紧的情况下，取得了好于预期的成绩。这是各乡镇街道、各部门领导班子努力工作、拼搏进取的结果，是全县广大干部群众同心协力、共克时艰的结果，是全县广大企业迎难而上、积极作为的结果。实践充分证明，只要我们全县上下、社会各界继续团结一心，创业实干，咬定目标不动摇，加快发展不懈怠，就一定能够化危为机、攻坚克难，在新起点上取得新的更大胜利。

二、明确2017年的工作目标，聚精会神抓落实

根据全市经济工作会议精神和县委的总体安排，今年全县经济工作的主要目标初步确定为：全县生产总值增长7.5%左右，公共财政预算收入增长5%，全社会固定资产投资增长11%，社会消费品零售总额增长8%，进出口总额、实际利用外资保持适度增长，城镇和农村居民人均可支配收入分别增长7.5%、8.5%。

在具体工作中，我们要按照稳中求进的工作总基调和县委的总体要求，坚持工作项目化、项目责任化、责任一体化，以我县确定的126项重点工程项目和民生实事为总抓手，集中精力抓推进、抓攻坚、抓落实，确保各项任务目标按期圆满实现。一要严格责任落实。建立县级领导包靠、责任单位主抓、具体责任人落实的责任体系，明确年度目标和节点要求，全力加快推进。各责任领导，要及时研究解决项目实施过程中遇到的困难和问题；各责任单位、责任人，要制定好项目推进方案，明确时间和任务进度，全程跟进落实。二要快速高效推进。各项工作都要全面提速，尽快落实项目立项、设计、安评、环评等前期工作，3月底前各路都要有一批重点项目集中开工，实现项目建设首季“开门红”。同时要严把安全、质量和廉政关，把每一项工程项目办成安全工程、精品工程、廉洁工程。三要强化督导考核。县督查局要每月对重要工作、重点工程项目的形象进度、投资进度进行通报，需要整改的事项要明确责任、挂牌督办、限期解决。要创新督导调度机制，各县级领导要把分管领域重点工程项目牢牢抓在手上，进行跟踪调度；县委、县政府建立“季度检查、半年观摩、年终总评”的调度推进机制，定期问效。四要凝聚工作合力。不管是上级安排的重点任务还是县内确定的工程项目和民生实事，都要建立项目审批和服务“绿色通道”，实行联审联批，提供“一站式”服务。需要报请上级主管部门的审批项目，坚持谁主管、谁协调、谁负责，

一抓到底，直到办结。所有部门单位都要密切配合，为各项工程建设创造良好条件。

习总书记在新年贺词中讲了两句话："天上不会掉馅饼，撸起袖子加油干。"成书记也一再强调抓落实的问题。提出"落实就是能力，实干就是水平"。导向很明确，我们利津县要实现建设美丽幸福新利津的奋斗目标，就是要求我们全县上下在新的一年里铺下身子，勇于担当，埋头苦干，狠抓落实。这方面就要求我们抓现场、抓项目。抓现场就是各级干部少坐办公室，多到工地去、到企业去、到现场去。在现场发现问题、解决问题。抓项目，就是把所有重点工作分解为若干个不同的项目，实施项目化管理，过程化控制。把县委县政府部署的各项工作认真落到实处。另外，抓落实更要勇于担当。县里确定的重点项目工程在审批推进上，向上提报审批的，业务部门一把手是直接责任人，要亲自抓、亲自协调调度；在一些受政策约束的疑难问题上，各部门要极力配合，勇于担当，不允许遇到问题绕着走，或者拖着不办。关键时刻见担当。

三、强载体增动能，厚植发展优势

（一）做优"两区两园"载体。要结合经济发展步入新常态和全面推进供给侧结构性改革的新形势，科学把握"两区两园"的建设与发展。总体上，要加强基础设施的配套，提升园区承载能力；个体上，要注重发挥各自优势，找准定位、错位发展，集中精力把特色优势产业做大做强，提升园区竞争力。利津经济开发区。已具备较好基础，要继续肩负起经济发展龙头的重任，重点突破化工、先进制造业等产业，力争今年工业产值突破1200亿元。特别要大力支持利华益集团的"裂变"发展，千方百计服务好项目建设，加快打造千亿级炼化一体化基地。同时要抓好外部空间的拓展、内部空间的挖潜，优化发展格局，满足大项目落地的需要、满足产城融合的需要、满足承接主城区功能的需要。利津滨海新区。已被列为全市重点保留的三大化工园区之一，面临重大发展机遇。要注重与东营港开发区的产业配套、互补、融合关系，确定最优的产业定位，完善产业规划，拉伸产业链条，着力引进主导产业链上的关键项目。要注重在园区内打造主体产业区、主导产业链，为主导产业布局留足空间，避免"插花"建设。同时要抓好消防、燃气、路网等设施的配套，积极争取建设对接东营港的公共管廊，培植新的发展优势。陈庄循环经济产业园。一方面要厚植资源再生利用和循环经济特色优势，另一方面要加快现有低端化工企业的转型升级步伐，甚至要淘汰转产一批。陈庄循环经济产业园未列入全市重点保留的化工园区，但现有资源再生利用产业又大多以化工为主，发展受限的问题亟需解决。要加大对上协调力度，争取市里把含有化工过程的"城市矿产"综合利用项目与石油化工类项目区别对待，为资源再生利用产业的发展争取更多的空间，这项工作，以陈庄镇为主，经信、发改、安监、环保等部门要全力配合。明集中小企业创业园。要在完善园区发展框架的基础上，考虑依托现有骨干企业搞产业链延伸，形成自己的特色产业。要发挥区位优势，加快铁路储运中心规划建设，为工业项目提供物流便利条件，为招商引资提供物流环境支持。其他乡镇街道，要注重与"两区两园"配套互补，大力引进培育相关配套产业，因地制宜打造自己的特色产业区、特色产业链。

（二）做强交通体系支撑。交通体系对发展的支撑和促进作用至关重要。在立体化、便捷化交通体系打造上，要不吝投入、超前建设。公路方面。市政府确定的南二路西延、河广大道两条市域骨干道路，年内都要开工，要全力配合，抓好沿线清迁；国道220城区段大修及综合配套工程，省道310（小广子到陈庄段）中修改造工程，要在保证质量的前提下，尽可能缩短工期，减少施工对区域交通的不利影响。省道316改建及大桥收费站迁建工程，要加强与各方面的协调，抓紧向前推进。利沾路改造工程，要加快推进前期工作，年底前要完成路基桥涵建设。罗八块路重建工程，年前要竣工通车。153公里的农村公路安保工程，要争取在10月份以前完成。客运总站建设，要加快主体内外装和广场配套工程进度，确保上半年建成启用。铁路方面。黄大铁路，要继续做好协调服务工作，尽快完成剩余拆迁任务，力争年底达到铺轨条件；东营港疏港铁路，要全力推进清点核量、征地拆迁工作，抓好沿线管控，维护好施工秩序。

（三）**强化投资拉动**。现阶段，投资仍是拉动全县经济发展的主要动能。要牢牢抓住投资不放手，以投资的稳增长，促进整个经济稳增长、产业结构优化升级。一是大力推进招商引资。尽管当前面临投资欲望降低、环境约束加剧等现实困难，但招商引资这个经济工作的重要抓手不能放松。今年的招商任务是，引进过亿元项目20个、到位外来投资22亿元。要进一步完善招商体制，创新招商方式，加快引进一批大项目、好项目。各级领导同志要在招商上投入更多时间和精力，亲自洽谈落实项目，亲自协调解决招商难题。二是激励企业投资"裂变"。现有企业投资，享受招商引资政策，重大投资项目还可以"一事一议"拿政策、定措施。各经济主管部门、乡镇街道要加强与企业的沟通，主动了解企业投资意愿，跟进抓好引导和服务。三是鼓励大众投资创业。因地制宜、因人而宜，鼓励各领域能人带头上项目、办企业，带动社会投资，确保年内新增市场主体2000家以上。四是抓好"三争"促投资。仅去年以来，国家和省、市就出台了多项关于扩投资、稳增长的扶持政策，各单位都要加强政策研究，明确政策支持重点和方向，有针对性地编报项目，争取支持。发改部门，要牵头跟紧全市支持利津跨越发展政策的争取和落实；财政部门，要认真研究和把握财政"省直管县"政策，跑上去争取最大支持；各县级领导，要加强分管领域"三争"工作的调度；县黄蓝办要抓好统计、调度和通报工作。

（四）**激发改革创新动能**。科技创新方面。要支持大企业瞄准国际一流高校院所的力量，瞄准行业乃至国际顶尖企业开展自主创新；引导中小企业深化产学研结合，朝着"专、精、特、新"方向发展。要全面落实各级创新驱动发展优惠政策，帮助企业搞好创新平台建设，充分调动企业研发创新的积极性。今年要新培育高新技术企业2家以上、创建省级以上创新平台5个以上。金融创新方面。当前要着力破解中小企业"过桥"资金筹措难、银行贷款接续难的问题，县金融办要组织银行、企业加强研究，探索有效管用的方法途径。同时要抓好金融风险的防范、化解工作，严厉打击恶意逃废银行债务行为，维护好我县来之不易的良好金融生态环境。银行和企业发展是相辅相成、目标一致的。各银行在进行有效风险管控的情况下，要努力支持利津中小企业的发展，特别是多发放项目贷款，多举雪中送炭之事。只有通过扩大业务总量的方式来对冲不良贷款，才是最有效最双赢的办法。这方面应该向农商行学习。企业也要做到抱团发展，诚实守信，营造良好金融环境。财税体制改革方面。国家和省里将围绕财政事权和支出责任划分，制定出台财税改革方案，财税部门要认真研究，把握改革方向，积极向上争取支持。要在大力开源节流的基础上，认真做好政府融资工作，做大做强融资平台，满足重点项目建设投资需要，并积极探索成本低、效率高的融资路子。要进一步强化政府债务管理，严格举债审批程序，有效防范和控制财政风险。

四、转方式调结构，打造现代产业体系

（一）**推进工业转型升级**。新阶段的工业发展，我们要注重把握供给侧结构性改革方向，由原来的注重规模扩张向"提质与增量并重"转变。主导产业集群培育方面，要以石油化工、装备制造、农副产品加工、资源再生利用、新医药、纺织服装等6个主导产业为重点，找准行业链条缺失环节，做好"建链、补链、强链"文章，加快形成产业完整度、集中度和关联度较高的特色优势产业集群，力争年内6个主导产业集群产值突破1700亿元。要注重发挥进出口对企业生产发展、管理提升的促进和带动作用，积极引导和激励企业开拓国际市场，利用国际资源，加强对外合作，扩大进出口规模。骨干企业培育方面，要制定和落实培育计划，促进企业"小升规、规改股、股上市"梯次发展，今年要完成规范化公司制改制企业15家以上，新增认定规模以上企业要达到10家以上。同时，要进一步完善领导干部联系重点企业和成长型企业制度，整合资源，帮助企业解决困难、加快发展。企业人才队伍建设方面，要编制实施好全县企业家队伍建设三年培训计划，丰富培训形式，增强培训实效，全面提升企业家素质能力，激励和支持企业家干事创业，在全社会带动形成尊重企业、尊重企业家的浓厚氛围。要建立健全工业企业"建标、对标、追标、创

标”机制，远学国际国内知名企业、近学利华益集团，通过对标挖潜培养人才队伍、提升管理层次和水平。前期，省里出台了《关于加快推进工业创新发展转型升级提质增效的实施意见》。这方面，经信局要抓紧牵头研究我县《关于加快工业创新发展转型升级提质增效的具体实施意见》，重点围绕一企一册、突出创新链引领、产业链延伸、财税连回报“三链融合”，加快推进发展动能由要素驱动为主导向创新驱动为主导转变，产业分工由价值链中低端向中高端转移，从加强企业家队伍建设、实施品牌强县战略、加快企业技术创新、抓好规模企业精细化管理、培植壮大主导产业和骨干企业、推动制造业与互联网融合发展、培养引进工业创新人才、强化政策支撑与扶持服务等方面入手，研究具体实施意见，明晰各部门责任，以便于工作把握和遵循。

（二）提升农业现代化水平。要深入推进农业供给侧结构性改革，统筹农村一二三产业融合发展，不断提高农业全产业链收益，促进农民持续增收。一是加快推动农业特色化发展。要借助供给侧结构性改革的倒逼动力，按照“一村一品”“多村一品”的发展思路，积极开发传统特色和引进培育新型种养业，引入“互联网＋”和旅游开发理念，把特色推介出去，把消费终端引进来，拓展农产品营销渠道和增值空间。沿黄特色农业项目，要加强系统性规划，因地制宜抓好产业园区的布点、建设，以点成线，由线扩面，积极打造特色农业产业带和休闲旅游走廊。“海洋牧场”建设，要大力推广深水网箱、鲈鱼陆海接力养殖等先进模式，打造一批海珍品养殖示范区。今年的4处标准化蔬菜示范基地、5处标准化畜禽养殖示范场和5处高效渔业示范片区，都要做出特色，干出亮点。二是积极构建链条式经营模式。要继续扶持壮大农业龙头企业，大力发展新型农民专业合作组织，积极推进供销事业发展，健全完善龙头企业、销售企业与合作社、家庭农场、农户的利益联结机制，带动更多的农民进入产业链经营。在此基础上，再推动链条横向膨胀，龙头企业建园区，专业合作组织扩规模、上层次，促进农户向产业工人转变，逐步推进农业生产规模化、现代化。今年重点抓好3家市级龙头企业、7家新型农民合作示范社的扶持培育工作。三是大力实施品牌创建战略。要牢固树立“以质取胜”“品牌制胜”的理念，依托农业龙头企业和新型经营主体，聚合、壮大特色产业和优势产业，推进农村产品标准化、绿色化生产经营，创出品牌，提升竞争优势。同时，要以创建“省级农产品质量安全县”“全省畜牧业绿色发展示范县”为抓手，加快建立“产品可查询、质量可追溯”的信息管理体系，打造放心品牌。四是强化农业基础设施建设和为农服务保障工作。已经确定的太平河综合治理工程、王庄灌区配套改造和田间水利工程、汀罗镇应急水源工程和北张提水泵站工程，以及3.7万亩农业开发和土地整理项目，今冬明春要加快实施，争取尽快投用、不误农时。庄科水库建设，要加快推进土地征迁和手续办理工作，确保9月份前开工建设。黄河“十三五”防洪工程，今年要完成堤防加固、土地征收和移民迁占工作。三年增绿计划，要突出抓好环城、环镇、环村“三环绿化”，济东高速绿化和东滨路绿化提升等工程，争取4月中旬超额完成造林任务，继续在全市争先创优。同时，要深化与海洋大学、青岛农业大学等高校院所的合作，加快提升农业科技水平，促进农业结构的调整和农产品的提质增效；抓好农村金融、土地流转等方面的为农服务体系建设，积极为农业规模化发展、产业化运营创造良好条件。

（三）加快现代服务业发展。现代物流业，重点依托交通区位优势，在科学论证的基础上，争取市里的支持，加快规划建设铁路物流园区，打造现代物流发展新平台。要依托县粮食储备库、植谷粮食仓储项目、在建的安泰公司粮油仓储物流项目，以及现有的棉花仓储物流项目，着力提升大宗农产品物流的信息化、标准化、智能化、集约化水平，提高整体运行效率和效益。电商产业，要加快筹建全县电子商务运营中心，支持3家双创园区提升承载能力和运营水平，培育“2.0模式”电商示范村50个，拓展京东、乐村淘等电商平台业务范围，带动农产品和工业品网上营销，提升电子商务对工农业发展的直接拉动作用。文化旅游业，重点是持续推进凤凰城滨河休闲旅游区的打造，今年要打通黄河栈桥到綦家特色农业观光园的游路，改善黄河外滩环境，配套完善相关设施，向争创国家AAAA级景区的目标迈进。同时要大力培育休闲农业、乡村度假等乡村旅游新业态。健康养老产业，要积极推进社区养老服务社会化，扩大购买居家养老服务覆盖面；大力推广医养结合的养老服务新模式，鼓励和支持新型养老社区建设。

五、以争创“省级园林城市”为引领，提升城镇化水平

（一）积极创建“省级园林城市”。 创建省级园林城市，是县委、县政府着眼于全市创建国家生态园林城市大局，立足于解决县城绿化水平低、生态脆弱等问题，作出的一项重大决策。城管、住建等部门要对照“省级园林城市”标准，抓紧拿出规划设计，排出建设和改造时序，尽快组织实施。这方面，成书记在多次会议上分析的十分透彻。城市面貌关系到一个地方的形象，也是各类生产要素集聚的载体。相关部门一定要认真研究，把我们“凤凰古城”历史悠久的优势充分释放出来，把“黄河河畔”这个土城特色充分彰显出来。从规划、建设、管理各个环节入手、精心打造城市品牌。关于当前县城的规划建设，一是城市规划要高标准、高境界。新一轮的县城总规修编，要聘请一流团队和专家担纲，为今后城市的发展提供科学蓝图。要加快实施城市总体规划与土地规划“两规合一”，积极推进“多规合一”，实现各类规划在用地和空间上无缝衔接。同时要进一步优化主城区、南部生态新区和建制镇等区域控规，保持控规全覆盖。二是城市设计要有特色、有亮点。宏观设计上，要把我们沿黄地域特色与历史文化特色很好地结合起来，增加城市设计的人文气息；微观设计上，要强化精品意识，使每一项建筑作品的设计，都蕴含利津元素、彰显利津特色。市里要求，各县区的城市设计要在2018年前全部完成，实现城市设计的全覆盖，住建部门要及早行动，委托高水平规划机构编制城市设计导则，分层次全面编制城市设计。三是城市开发要组团式、综合推进。南部生态新区的建设，今年已确定实施博闻路、怀仁路及支路、小月湖、素波河东段水系等工程，先期把东部的组团配套完善起来。旧城改造方面，在扎实推进棚户区和城中村改造的同时，要本着“成熟一片、改造一片”的思路，实施组团开发、建设城市综合体。

（二）强化城市精细化管理和拆违治乱工作。 城市管理方面，要借鉴市里的做法，抓紧研究符合我县城市实际的管理标准，健全完善城市管理制度，为实施城市精细化管理提供标准依据和制度保障。同时要加快推进“智慧城市”管理平台的建设，设计上要规划全面、一步到位，建设上可以先从“数字城管平台”等急需急用的模块做起，先期实现城市管理的智能化、机械化、网格化、市场化。拆违治乱方面，今年要继续加大力度，依法消减存量，严控违建增量，对新增违建零容忍，坚决查处顶风而上的违建行为。要着力在抓长远上下功夫，健全完善拆违控违长效机制，积极争创无违建县区、镇街。今年市里对加快推进铁路公路沿线环境综合治理提出了新的更高要求，各乡镇街道要对照任务，挂图作战，确保4月底前全部销号，年底前完成改造提升；县督查局、县拆违办要定期进行督查通报。

（三）抓好特色小城镇和美丽乡村建设。 各乡镇街道要抓住上级支持新型城镇化综合试点、特色小镇建设等政策机遇，立足实际、培育特色，完善设施、做优环境，吸引人口集聚、产业集中，加快特色小城镇的打造。特别是陈庄、盐窝两个全国重点镇，要争取列入第二批全省新型城镇化综合试点。美丽乡村建设是新农村建设的升级版，也是省、市抓的重点工作之一，必须不折不扣地落实任务、做好工作，力争干出亮点、走在前面。21580户农村无害化厕所改造任务、190户农村危房改造任务、220个村30108户的燃气村村通建设任务、农村污水集中处理设施建设任务，各乡镇街道要抓紧组织实施，严格按计划推进。散煤清洁化治理工程，经信部门要统筹抓好任务分解落实和业务指导，整合上级扶持资金，积极争取社会化投资，齐心协力把任务落实好、完成好。

六、保障改善民生，加强社会建设

一是努力扩大就业。 要全力开展创业促就业工程，实施好新一轮大学生创业引领计划、“农民工三项三年计划”，落实创业带动就业补贴和小额担保贷款贴息政策，提高返乡农民工、高校毕业生、

城镇失业人员等创业积极性，统筹抓好各个重点群体的就业工作。二是完善社会保障体系。实施全民参保计划，推动实现法定人员全面覆盖。要健全完善“8+1+3”社会救助制度体系和“一门受理、协同办理”机制，创新社会救助信息共享机制，织牢基本民生保障的安全网。要稳妥推进机关事业单位养老保险制度改革，落实被征地农民养老保险政策，深化医疗保险付费方式改革，建立职工大病保险制度。三是打好脱贫攻坚战。要加快推进扶贫开发项目建设，各乡镇街道光伏扶贫项目要尽快并网发电、实现效益，建立扶贫基金；要统筹实施好扶贫开发项目，推动扶贫工作由“输血”向“造血”转变。要进一步强化教育救助、医疗救助、慈善救助、残疾贫困人口救助、低保救助、住房救助六大“兜底”保障，实现农村低保与扶贫线“两线合一”，确保年内市定标准贫困人口全部脱贫。四是大力发展社会事业。切实抓好教育重点工程建设，县二中迁建工程要加快推进施工图纸设计，争取6月份开工；县职业中专迁建工程要提前开展初步规划设计，办理用地手续，争取6月份开工。两处学校的建设要突出规划设计的前瞻性，严把工程质量，努力建设“百年校园”。要统筹做好大班额问题化解工作，保证义务教育学校年内全部化解到位。要切实加强教育教学管理和改革，培育名师名校。要继续深化医药卫生体制改革，推进公立医院改革，整合基层卫生计生资源，提升公共卫生服务水平，争创“省级健康促进县”。县中心医院要加快创建三级乙等医院。要进一步加强计划生育服务工作，努力提高出生人口素质。要扎实做好国家公共文化服务体系示范区创建工作，年内完成县文化艺术中心主体施工，多措并举实现村级文化服务中心达标建设。要加强食品安全监管，实施食品安全保障工程和农副产品安全检测提升工程，争创“省级食品安全先进县”。严格落实粮食安全责任制，确保粮食安全。要全面推进平安利津建设，创新完善立体化防控体系，优化动态巡防机制，增强网络安全管控能力，加强信访工作和油区治安综合整治，确保社会秩序持续稳定。

七、狠抓环保安全，改善发展环境

治理污染、保护环境，事关人民群众健康和可持续发展，是最大的民心工程、民生工程。要继续深入开展水气土污染整治专项行动，采取最坚决措施，切实解决群众关心的突出环境问题。要加强水环境治理，全面推行河长制，以市控以上河流整治为重点，综合施策，不断提高“三率”，加快推进污水管网配套和雨污管网分流改造、人工湿地水质净化工程、农村面源污染防治等重点工作，确保河流水质全部稳定达到5类标准。大气污染治理，要突出抓好PM2.5和挥发性有机物防治，完善污染物自动在线监控系统，抓好县城北部、陈庄镇、利津县与河口区交界处3个重点区域异味治理，年内所有产生挥发性有机物的企业要完成治理任务；实施“工业绿动力计划”，加强散煤燃烧控制，6月底前完成对利华益集团利津热电公司、力能热电公司、县城市供热公司6台燃煤锅炉的超低排放改造，同时要抓好城市面源污染防治，落实“抑尘、控车”等综合措施，持续开展加油站清理整顿和油品质量专项检查。要深入实施土壤污染防治行动计划，以耕地为重点，有序开展土壤污染治理与修复。要强化危险废物规范化管理，实施畜禽养殖废弃物无害化处理，防止滋生污染。实施挑河以东海岸带整治修复三期工程，建设海洋生态文化科普园，加强海洋生态保护。近几年环保工程投入很大，但有的设施不正常运行，甚至偷排偷放，要严格环保执法监管，加大突击检查力度，发动群众举报，公开处理一批违法案件，让违法者付出代价。

安全生产责任重于泰山。要深化安全生产“网格化”管理，全面落实属地管理责任、部门监管责任和企业主体责任，健全完善公共安全责任体系。深入推进安全风险管控和隐患排查治理“两个体系”建设，深化危化品、道路交通、消防安全、建筑施工、特种设备、“九小场所”等重点领域综合治理，加大隐患排查整改力度，全面提高事故防范能力。加强安全监管执法，继续保持打非治违的高压态势，严厉打击各类非法违法行为。近期，要重点抓好涉油领域打非治违集中行动和烟花爆竹安全专项检查，确保不出问题。1月11日，市政府安委会巡查组向我县反馈了162项专项巡查发现的问题。县安委会办公室要进行分类梳理、逐条挂账，制定整改责任清单，把整改任务分解到责任部门。各责任单位逐一对账“销号”，能够立即整改的，要即知即改、立行立改；需要一段时间来整改的，要做到整改措施、责任、资金、时限和预案“五到位”。同时，要把整改落实与健全完善长效机制结合起来，从制度、机制层面上查缺补漏、补齐短板，切实把工作抓在经常、严在日常，确保全县安全生产形势持续稳定。

同志们，今年经济工作形势依然严峻，任务十分繁重。我们一定要在县委的坚强领导下，继续解放思想，高度统一思想，以只争朝夕、时不我待的责任感和紧迫感，全力以赴抓落实，凝心聚力促发展，保质保量完成今年经济社会发展的各项目标任务，为加快建设美丽幸福新利津做出应有贡献。

大　事　记

Chronicle of Events

1月

8日，“农商一号”农资电子商务平台登陆利津县。

13日，政协第八届利津县委员会第五次会议召开，县政协主席李燕作工作报告。

14日，利津县第十七届人民代表大会第五次会议召开。县委副书记、县长燕振诚作《政府工作报告》。

18日，全县召开落实中央经济工作会议精神座谈会，传达学习中央经济工作会议精神，研究部署全县贯彻落实工作。县委书记、县人大常委会主任杜振波出席会议并讲话。

19日，全县拆违治乱暨建筑市场“打霸治痞”专项行动动员会议召开。会议部署开展“拆违治乱”和建筑市场“打霸治痞”两个专项行动。县委书记、县人大常委会主任杜振波出席会议并讲话。县委副书记、县长燕振诚主持会议。县委副书记邵红双、县政协主席李燕、县人大常委会第一副主任陈永民等各大班子领导出席会议。

同日，市政府副秘书长李辉到利津县检查提高安全环保水平促进化工产业转型升级工作。县委副书记、县长燕振诚，县委常委、副县长、组织部长、统战部长张和森，副县长姜华陪同。

20日，2016年山东省暨东营市文化科技卫生“三下乡”活动在陈庄镇启动。省委宣传部副部长刘致福，中国书协副主席、省文联副主席、省书协主席顾亚龙，市委常委、宣传部长贾瑞霭，县委副书记、县长燕振诚，县委常委、宣传部长张凌燕出席启动仪式。

21日，市委副书记郑建军到陈庄镇调研督导安全生产、信访稳定、乡村文明建设以及驻村帮扶等工作。现场察看陈庄污水处理厂、东营万兴仓储有限公司的安全生产情况，察看治一西村、新韩六村、新韩五村、新韩四村、辛东村的乡村文明建设情况，到辛庄工作区综治联管中心实地了解基层信访稳定情况，到基层联系点辛西村走访慰问困难党员和困难群众，并召开座谈会。县委副书记、县长燕振诚，县委副书记邵红双等陪同。

同日，中阳碳素股份有限公司“新三板”挂牌敲钟仪式在北京全国中小企业股份转让系统公司举行。

26日，全县老干部情况通报会召开。会议通报2015年全县经济社会发展情况和2016年工作安排，听取意见建议，并向全县离退休老干部致以新春祝福。县委书记、县人大常委会主任杜振波出席会议并作情况通报，县委副书记邵红双主持会议。

同日，市委常委、组织部长朱开国带领市委组织部班子成员到基层联系点、市委组织部帮扶村北宋镇后宫村调研，并走访慰问老党员和困难群众。

29日，全县安全生产工作会议召开。县委书记、县人大常委会主任杜振波出席会议并讲话。县委常委、宣传部长张凌燕，县委常委、副县长、组织部长、统战部长张和森，县委常委、副县长秦安忠，县委常委、政法委书记贾学坤，副县长郭乃利、姜华、师辉、胡伟出席会议。

30日，全市首个农民工工会在北宋镇五庄村成立。县政协副主席，县总工会主席徐忠华出席成立仪式并讲话。

2月

1日，县委书记、县人大常委会主任杜振波，县委副书记邵红双等各大班子领导亲切走访慰问市县驻地官兵、军休干部和石油大学师生。

3日，市政协主席吕雪萍到利津县走访慰问劳动模范、军休干部、老党员和困难群众。县委书记、县人大常委会主任杜振波，县政协主席李燕等陪同。

同日，市委常委、东营军分

区政委何学民到利津经济开发区、凤凰城街道督导检查安全生产工作,到法国液化空气（东营）有限公司、百联化工有限公司等企业进行实地检查，听取工作汇报，对做好安全生产工作提出要求。县委副书记、县长燕振诚，副县长姜华，县人武部部长宫一忠陪同。

8日，县委书记、县人大常委会主任杜振波带领各大班子领导到县公交公司、县广播电视台、康宝生物科技有限公司、利津百货大楼、县供电公司和利津粮食储备库等地，亲切看望节日值班人员，为他们送去新春祝福。

同日，县委副书记、县长燕振诚等各大班子领导到县自来水公司、县中心医院、利华益集团、康洁环卫公司、利津派出所和县看守所等地，亲切看望节日坚守岗位的工作人员。

14日，县委书记、县人大常委会主任杜振波到县扶贫开发领导小组办公室调研。

24日，全市就业创业扶贫工作现场会暨中国政品网启动仪式在利津县举行。省人力资源和社会保障厅副厅长夏鲁青，副市长杨梦斌，县委书记、县人大常委会主任杜振波，县委副书记、县长燕振诚，县委常委、副县长、组织部长、统战部长张和森出席启动仪式。夏鲁青、杨梦斌、杜振波、燕振诚共同启动中国政品网。

25日，全县2016年工作会议召开。县委书记、县人大常委会主任杜振波主持会议并讲话。县委副书记、县长燕振诚，县委副书记邵红双，县人大常委会第一副主任陈永民等出席会议。

同日，中国共产党利津县第十二届纪律检查委员会第七次全体会议召开。会议传达贯彻习近平总书记重要讲话和十八届中央纪委第六次全会、省纪委十届七次全会、市纪委五届七次全会精神，总结2015年全县纪律检查工作，部署2016年任务，县委常委、县纪委书记王广兴代表县纪委常委会作题为《坚持全面从严治党，聚焦监督执纪问责，坚定不移推进党风廉政建设和反腐败斗争》的工作报告。

28日，国务院参事、中国生殖健康产业协会副会长马力，中国生殖健康产业协会副会长李艳秋到利津县调研基层卫生预防保健服务体系建设情况，省计划生育协会副会长李养珍，市计生协会副会长贾密林，县委副书记邵红双陪同调研。

3月

1日，全市贸促工作会议在利津县召开。会议学习贯彻全省贸促工作会议精神，总结2015年工作，安排部署2016年任务，推动全市贸促工作转型升级、加快发展。省人大城环委副主任、市贸促会名誉会长周燕明，市贸促会会长李慧芬，县委副书记、县长燕振诚，副县长师辉出席会议。

2日，利津县青年企业家协会2015年年会暨第三届理事会换届会议召开。县委书记、县人大常委会主任杜振波出席会议并讲话，副县长师辉主持会议。

4日，副市长杨同柱到利津县调研“三年增绿”工作。到陈庄镇济东高速绿化工程现场进行实地调研，听取工作汇报。县委副书记、县长燕振诚，县委副书记邵红双，副县长郭乃利及市县有关部门负责同志陪同调研。

7日，全县扶贫开发工作调度会议召开。县委书记、县人大常委会主任杜振波出席会议并讲话，县委副书记邵红双主持会议，县委常委、市直驻利津下派工作队队长薄纯全，副县长姜华出席会议。

9日，市委副书记、市长赵豪志到利津县调研“三年增绿”工程建设情况，视察疏港高速和济东高速绿化工程现场，听取情况汇报。副市长杨同柱，县委副书记、县长燕振诚，县委副书记邵红双，副县长郭乃利及市县有关部门负责同志陪同调研。

11日，市委副书记、市长

赵豪志到利津县调研经济社会发展情况，先后到黄大铁路（利津段）建设工程和省道315、316改线工程，南部生态新区建设工程、滨河社区、利三路中段综合改造工程、中国政品网电商创业园暨县级物流配送中心、利津污水处理厂再生水利用工程、山东康宝生化科技有限公司蔗糖深加工二期项目、凤凰城街道中心学校进行实地调研，听取工作汇报，县委书记、县人大常委会主任杜振波，县委副书记、县长燕振诚等陪同调研。

12日，“青春绿色行动·增绿美丽东营”主题植树活动暨利津县“小手拉大手 共筑碧水蓝天”行动启动，团市委书记张成仙，县委书记、县人大常委会主任杜振波，东营日报社工会主席岳翠峰出席活动，副县长郭乃利主持启动仪式。

15日，“金源”杯全县首届农机手电视大赛开赛。市农机办主任王武军、副县长郭乃利出席开赛仪式并致辞。

16日，市政协主席陈泽浦、副主席生钦勇到利津县调研经济社会发展情况和政协工作。先后到东营一大早乳业有限公司、陈庄镇三年增绿工程、山东康宝生化科技有限公司、凤凰城街道中心学校、利津博物馆、南部生态新区等地进行实地调研，听取情况汇报。县委书记、县人大常委会主任杜振波，县委副书记、县长燕振诚，县委副书记邵红双，县政协主席李燕，副主席宋学民、徐忠华等陪同调研。

17日，县委书记、县人大常委会主任杜振波到凤凰城街道督导检查安全生产工作。

同日，县委副书记、县长燕振诚，县委副书记邵红双，副县长郭乃利检查督导“三年增绿”工程建设情况。

22日，县委书记与创业青年面对面现场调研座谈会召开。县委书记、县人大常委会主任杜振波出席活动并讲话，副县长胡伟主持座谈会。

23日，全市“三年增绿”工作现场会议在利津县召开。会议期间，市委副书记、市长赵豪志，副市长杨同柱带领全体与会人员观摩陈庄镇济东高速绿化工程、疏港高速绿化工程、明集乡褚官河绿化工程、德大铁路绿化工程北宋镇示范段等重点绿化工程项目建设情况，听取情况汇报。县委书记、县人大常委会主任杜振波，县委副书记、县长燕振诚，副县长郭乃利参加会议。

同日，省国税局副局长孙德仁到利津县调研深化国地税征管体制改革工作。市国税局局长张伟，县委书记、县人大常委会主任杜振波，县委副书记、县长燕振诚，副县长姜华陪同调研。

25日，县委副书记、县长燕振诚到陈庄镇督导检查安全生产工作。

30日，国家发改委调研督查组到利华益集团调研督查进口原油使用情况。中国石化联合会副秘书长孙伟善带队进行调研督查。县委书记、县人大常委会主任杜振波，副县长姜华，利华益集团董事长兼首席执行官徐云亭陪同。

30日—4月2日，县委副书记、县长燕振诚率团赴浙江省金华市浦江县、绍兴市上虞区、杭州市萧山区考察学习拆违治乱工作。县政协主席李燕、县人大常委会第一副主任陈永民等参加学习考察。

31日，县委副书记邵红双调研全县农村巾帼创业工程和女性素质提升工程实施情况。

4月

6日，市委书记、市人大常委会主任申长友到利津县调研经济运行、基层党建和脱贫攻坚工作。市委常委、秘书长张庆华，县委书记、县人大常委会主任杜振波，县委副书记、县长燕振诚等陪同调研。

8日，利津县2016年重点项目集中开工仪式举行。36个重点项目集中开工。

同日，全市“精准扶贫，巾帼先行”专项行动现场推进会议在利津县召开。市委副书记、政法委书记郑建军出席会议并讲话，副市长刘美华主持会议。市妇联主席张敏，县委书记、县人大常委会主任杜振波，县委副书记邵红双，县委常委、市直驻利津下派工作队队长薄纯全参加会议。

11日，全市少数民族“扶贫攻坚、民品先行”活动启动仪式在利津县举行。

12日，县委书记、县人大常委会主任杜振波到县纪委监察局机关调研党风廉政建设和反腐败工作。

14日，市委常委、市纪委书记岳德川到利津县调研落实党风廉政建设“两个责任”情况。先后到明集乡北张村、县国税局、地税局进行调研，县人大常委会主任杜振波，县委常委、县纪委书记王广兴等陪同调研。

15日，县委书记、县人大常委会主任杜振波到县委党校调研。

18日，县委书记、县人大常委会主任杜振波到凤凰城街道督导检查安全生产工作。到百联化工有限公司、海德新材料有限公司、万通石化利津十七加油中心、绿洲醇集团、三木装饰材料有限公司进行实地检查，听取情况汇报。

20日，副市长李俊峰到利津县调研外贸进出口工作。

21日，省政协副主席郭爱玲到利津县考察黄河沿岸历史文化遗产保护情况。市政协副主席生钦勇，县委书记、县人大常委会主任杜振波，县委副书记邵红双，县政协主席李燕，副县长胡伟，县政协副主席宋学民等陪同。

22日，山东省2016年工业电商百县行启动会议暨利津县电子商务产业示范园开园仪式举行。

26日，全县“两学一做”学习教育工作座谈会召开，学习贯彻习近平总书记关于开展“两学一做”学习教育的重要指示精神，对全县“两学一做”学习教育工作进行安排部署。县委书记、县人大常委会主任杜振波出席会议并讲话，县委副书记、县长燕振诚主持会议，县委副书记邵红双传达《习近平总书记关于开展“两学一做”学习教育的重要指示精神》。

同日，县委书记、县人大常委会主任杜振波到省定贫困村联系点盐窝镇陈村调研扶贫开发工作。

27日，全市水气污染整治专项行动现场推进会议与会人员到利津县观摩。市委副书记、市长赵豪志，市委常委、副市长张润国，县委书记、县人大常委会主任杜振波，县委副书记、县长燕振诚，副县长姜华出席观摩活动。

同日，副市长杨同柱到利津县调研农业生产工作。

28日，县委书记、县人大常委会主任杜振波调研全县重点工程项目建设情况。

29日，市委副书记、市长赵豪志，市委常委、副市长张润国到利津县视察德州路西延项目推进情况。县委书记、县人大常委会主任杜振波，县委副书记、县长燕振诚等陪同。

同日，全县庆祝“五一”暨先模表彰大会召开。

5月

3日，县委书记、县人大常委会主任杜振波到县委“两学一做”指导协调小组办公室、县城市管理和行政执法局调研“两学一做”学习教育开展情况。

6日，县委书记、县人大常委会主任杜振波调研全县农村巾帼创业工程开展情况。

12日，省关工委常务副主任张秉德，副主任宋继峰到利津县调研关心下一代工作。先后到县党史国史馆、凤凰城实验学校、津苑社区等地进行实地调研，听取情况汇报。市关工委常务副主任张秀香、曹连杰，县委副书记、县长燕振诚，县委常委、副县长、组织部长、统战部长张和森，县关工委主任高振国等陪同。

17日，市委书记、市人大常委会主任申长友到利津县调研督导“两学一做”学习教育和经济运行情况。市委常委、秘书长张庆华，市委常委、组织部长朱开国，县委副书记、县长燕振诚，县委副书记邵红双，县委常委、组织部长许明德参加调研。

18日，青岛银行利津支行举行开业仪式。

18日—19日，全省县及县以下历史文化展示工程经验交流会在利津县召开。

21日，县委副书记、县长燕振诚到利津街道后宋村调研督导“两学一做”学习教育，并为利津街道党政班子成员、各村党支部书记、后宋村全体党员上党课。

24日，副市长刘美华到利津县调研督导医改工作。

27日—28日，省督导组到利津县督导检查“全面改薄”工作。省政府督学、全国中小学督导评估专家孟昭君，市政府办公室副主任王德岳，市教育局局长梁海伟，县委副书记邵红双，副县长胡伟参加汇报会。

6月

1日，县领导燕振诚、李燕、胡伟等到明集乡中心幼儿园和中心小学走访慰问，向孩子们表示节日祝贺，向广大少年儿童工作者表示亲切慰问。

4日，全县举行“两学一做”学习教育专题辅导报告会。省委党校副校长、新闻发言人、硕士生导师，省廉政建设研究中心副主任孙黎海教授作题为《按照全面从严治党要求，抓好“两学一做”学习教育》的专题辅导报告。

5日，“渤海粮仓”科技示范工程山东项目区现场观摩与项目推进交流会与会人员到利津县观摩。

9日，市扶贫开发领导小组暨现场推进会议在利津县召开，调度全市扶贫开发工作情况，交流经验、查找问题，安排部署下步工作。

同日，县委书记、县人大常委会主任杜振波会见到利华益集团访问的日本旭化成株式会社常务执行董事竹本常夫一行。

16日，利津县老年大学庆祝建校20周年联欢会举行。

21日，县委副书记、县长燕振诚督导检查省级卫生县城复审筹备工作。

22日，副市长杨同柱到利津县视察风雹灾情。先后到盐窝镇郭东村和青边村，实地查看农作物受灾情况，听取汇报，对救灾工作提出要求。

同日，位于利津县境内的黄大铁路跨黄河特大桥顺利完成落梁，标志着黄河最下游的铁路大桥主体完工。

25日，山东亿阳化工科技有限公司210万吨／年清洁油品联产烯烃及配套项目合作签约仪式举行。

27日，全县庆祝建党95周年“勇于担当，敢于作为”主题报告会举行。

28日，市委常委、市纪委书记岳德川到利津县明集乡为党员干部作题为《坚持“四有标准，做合格的基层党员干部》的“两学一做”学习教育党课辅导报告。

同日，副市长杨同柱到利津县调研连片村庄绿化，农业产业结构调整和防汛工作。

7月

2日，山东植谷粮油储备利津有限公司执行小麦最低收购价启动仪式举行。省粮食局局长杨丽丽，副局长李伟，市委常委、常务副市长田青云，县委副书记、县长燕振诚，副县长胡伟出席启动仪式。

5日，市委副书记、市长赵豪志，市委常委、副市长张润国带领全市城市生态环境建设年和水气污染整治专项行动现场调度会议与会人员到利津县观摩。

18日，2016年东营市油地军黄河防汛联合演习在利津县举行。市人大常委会副主任张传胜，副市长杨同柱，东营军分区司令员姜延秀，县委副书记、县长燕振诚，县委常委、县人武部政委郭舒明，副县长姜华参加活动。

19日，市科学发展现场观摩会与会人员到利津县观摩。市委书记、市人大常委会主任申长友，市委副书记、市长赵豪志，市委副书记郑建军，市政协主席陈泽浦，市人大常委会党组副书记、副主任李金昆，县委书记、县人大常委会主任杜振波，县委副书记、县长燕振诚等参加观摩。

21日，县委副书记、县长燕振诚、副县长郭乃利一行视察全县防汛工作。到马新河治理工程、褚官河、太平河、黄河防汛物资仓库、黄河滩区进行视察，听取工作汇报。

26日，市政协主席陈泽浦到利津县走访慰问优抚对象。

同日，副市长杨梦斌到刁口乡、汀罗镇督导检查安全生产工作，并为基层党员讲“两学一做”学习教育党课。

28日，县委书记、县人大常委会主任杜振波检查全县防汛工作。先后到张滩段黄河防汛物资储备库、永莘路太平河桥、荣乌高速连接线马新河桥、胜利油田水库等地，现场检查防汛工作情况，听取汇报，对下步工作提出要求。

30日，县委书记、县人大常委会主任杜振波到凤凰城街道督导检查安全生产工作。

8月

1日，县委书记、县人大常委会主任杜振波督导迎接省级卫生县城复审工作。

2日，全县领导干部教育警示大会召开，贯彻落实全市领导干部警示教育大会精神，通报近年来发生在身边的违纪违法案件，对各级领导干部开展深刻的警示教育。

4日，全市宣传文化工作创新年活动现场推进会议与会人员到利津县观摩。

5日，县委书记、县人大常委会主任杜振波为盐窝镇陈村党员讲党课。陈村全体党员及盐窝镇北二工作区全体村党支部书记参加活动。

8日，县委书记、县人大常委会主任杜振波到利津南部生态新区调研。

10日—11日，省林业厅党组书记、副厅长董书华到利津县调研国有林场改革工作。市林业局局长李道明、县委副书记邵红双、副县长郭乃利陪同调研。

11日，中国共产党利津县第十二届委员会第九次全体会议召开。

同日，全县召开“双招双引”工作推进会议，安排部署招商引资和招才引智工作。

12日，县委书记、县人大常委会主任杜振波到利津滨海新区调研。

16日，省司法厅巡视员吴溪清到利津县调研法律援助工作。市司法局局长郑少锋，县委书记、县人大常委会主任杜振波，县委常委、政法委书记贾学坤参加调研。

同日，市公安局局长朱晨曦到利津县督导检查道路交通安全工作。

17日，市委常委、组织部

长朱开国到汀罗镇调研“两学一做”学习教育和基层党建工作。

18日，市委常委、胜利石油管理局党委副书记、副局长许卫华到利津县调研法治油区建设工作。

25日，市委常委、东营军分区政委何学民到利津经济开发区、凤凰城街道检查安全生产工作。

30日，全市新型农民学校扶贫开发培训现场观摩暨推进会议在利津县召开。

9月

3日，山东中阳碳素股份有限公司投资交流会在上海举行。县委书记、县人大常委会主任杜振波出席交流会并致辞。

5日，黄河水利委员会副主任赵勇到利津县调研黄河下游“十三五”防洪工程（利津段）工程建设情况。山东黄河河务局局长张俊峰，市委副书记、政法委书记郑建军，县委副书记、县长燕振诚，副县长郭乃利及市县河务部门负责同志陪同调研。

8日，省政协视察组到利津县视察基层文化发展情况。

9日，县委副书记、县长燕振诚，县人大常委会第一副主任陈永民，副县长胡伟，县政协副主席薄传民到县职教中心和利津街道中心学校走访慰问一线教职员工和“四有”好教师代表，向广大教育工作者送去节日的问候和祝福。

13日，县委书记、县人大常委会主任杜振波到省定贫困村联系点盐窝镇陈村调研精准扶贫工作。

14日，县委书记、县人大常委会主任杜振波到北宋镇、汀罗镇、利津经济开发区、凤凰城街道调研。

20日，县委副书记、县长燕振诚调研督导全县重点工程项目建设情况。先后到东营华浩化工有限公司20万吨／年高等级化工溶剂项目、东营圣亚生态能源科技有限公司6000万立方／年生物燃气项目、东营华致化学新材料有限公司1.2万吨／年环保新材料项目、省道316改线工程、县文化艺术中心等重点工程项目现场进行视察，听取汇报。

22日，全县乡镇领导班子换届工作会议召开。

26日，全县迎接省级卫生县城复审工作会议召开，对创城复审工作进行再动员、再部署，动员全县各级集中精力、狠抓落实，扎实做好各项复审迎检工作。

同日，全县第三次农业普查综合试点培训会议召开，标志着全县农业普查县级综合试点工作正式启动。

同日，“初心向善、崇德行远”2016年“感动利津”道德模范颁奖晚会举行。

29日，市委副书记、政法委书记郑建军到陈庄镇督导安全生产工作。先后到盛起化工公司、韩垣社区建筑工地、金色摇篮幼儿园等地，实地检查各单位安全生产措施落实情况，听取汇报。县委书记、县人大常委会主任杜振波，县委常委、副县长张和森陪同。

30日，全县各界干部群众举行公祭烈士活动，深切缅怀革命先烈的丰功伟绩，弘扬先烈的崇高精神。县委书记、县人大常委会主任杜振波，县委副书记、县长燕振诚，县人大常委会第一副主任陈永民等县各大班子领导参加公祭活动。副县长姜华主持公祭仪式。

10月

9日，全县举行“学习贯彻五大发展理念”专题辅导报告会。中央党校经济学部副主任、博士生导师曹立教授应邀作题为《以发展理念变革确保如期全面建成小康社会》的专题辅导报告。

12日，全省粮食安全工程建设现场观摩会议与会人员到利津县观摩。省粮食局局长杨丽丽带队参加观摩活动。

13日，全市农村巾帼创业工程现场推进会议在利津县召开。县委书记、县人大常委会主任杜振波出席会议并致辞，市妇联主席段秀林讲话，市妇联副主席马玉钏主持会议。副县长胡伟出席会议。

14日，全县选举委员会第一次会议召开。会议审议通过《利津县选举委员会关于利津县人民代表大会代表选举日的决定》《利津县选举委员会关于县人大换届选举工作的实施方案)》《利津县选举委员会关于设立选举工作指导组的通知》，讨论通过《关于2016年县、乡人大换届选举宣传教育工作意见》。

18日，县委书记、县人大常委会主任杜振波到部分乡镇街道调研经济社会发展情况。先后到陈庄镇、盐窝镇、利津街道，现场视察结构调整、项目建设、社会发展、民生改善、干部作风、基层党建等各方面情况，听取工作汇报，对下步工作提出要求。县委副书记邵红双、副县长张成刚参加调研。

21日，全省机采棉现场会在利津县召开。省农机局局长卜祥联，县委副书记、县长燕振诚，副县长郭乃利出席会议。

22日，县委副书记、县长燕振诚率团参加第六届黄河三角洲国际生态农业博览会。

25日，省委农村工作领导小组副组长王军民到利津县调研农业供给侧结构性改革、美丽乡村建设和城乡一体化发展工作。市委书记、市人大常委会主任申长友，市委常委、秘书长、东营港经济开发区党工委书记张庆华，县委书记、县人大常委会主任杜振波，县委副书记邵红双等陪同调研。

27日，国务院安委会巡查组到利津县巡查安全生产工作。市委副书记、市长赵豪志，副市长杨梦斌，县委书记、县人大常委会主任杜振波陪同检查。

29日，中国石化联合会光采网利津运营中心启动仪式暨石化装备招商会议举行。中国石化联合会供应商工作委员会秘书长李铁，县委书记、县人大常委会主任杜振波出席仪式并为中国石化联合会光采网利津运营中心揭牌。

11月

1日，县委书记、县人大常委会主任杜振波专题调研城市供暖准备工作。先后到力能热电厂、利华益电厂余热利用项目和第二热源厂进行调研，听取汇报。县委常委、副县长秦安忠参加调研。

2日，全县金融工作座谈会召开。县委书记、县人大常委会主任杜振波主持会议并讲话，县委常委、副县长张和森出席会议。

3日，国家林业局发展规划与资金管理司司长闫振、国家财政部农业司副司长凡科军到王庄沙区生态林场调研国家木材战略储备林建设情况。

8日，恒丰银行东营利津支行开业暨政银合作签约仪式举行。

12日，全县举办“中国梦•劳动美”首届职工摄影展。

15日，以国家督学梁国仕为组长，中小学教育督导评估专家田刚、李高岩、谭曙光为成员的专家督导组，到利津县督导检查义务教育均衡发展工作。县委书记、县人大常委会主任杜振波，副县长胡伟等出席汇报会并陪同。

16日，全县举办“创享青春成就未来”首届青年创新创业大赛。

17日，副市长王吉能率督查组到利津县督查旅游厕所建设情况。县委书记、县人大常委会杜振波，县委常委、副县长张和森，副县长师辉及有关部门负责同志出席会议。

24 日，县委书记、县人大常委会主任杜振波到凤凰城街道督导检查安全生产工作。

25 日，国家原油加工企业使用进口原油专项督查组到利华益集团督查工作。县委书记、县人大常委会主任杜振波，县委副书记、县长燕振诚及省、市、县有关部门负责同志陪同参加督查。

28 日，中国共产党利津县第十二届委员会第十次全体会议召开。会议审议通过《关于召开中国共产党利津县第十三次代表大会的决议》，决定于 2017 年 1 月在利津县城召开中国共产党利津县第十三次代表大会。

29 日，县委书记、县人大常委会主任杜振波、县委副书记邵红双督导调研全县重点工程项目建设情况。

30 日，县委书记、县人大常委会主任杜振波到陈庄镇调研。先后到利津安泰粮油仓储物流项目、老岭村拆迁项目、东营国安废润滑油再生后尾油环保综合利用项目、东营华浩化工 20 万吨／年高等级化工溶剂项目、陈庄镇污染水处理厂二期建设项目调研，听取汇报。

12月

2 日，县委书记、县人大常委会主任杜振波到盐窝镇陈村调研。

8 日，利津县养老服务协会正式成立。利津县养老服务协会是由利津县从事养老服务的机构、与养老服务相关的企事业单位、社会组织等自愿组成、实行养老服务业自律管理的全县性、非营利性、专业性的社会团体。

10 日，全县领导干部会议召开，宣布利津县委、县政府主要领导同志职务调整的决定。市委副书记、市委政法委书记郑建军出席会议并讲话。市委组织部常务副部长李廷华主持会议并宣读省委、市委的任免决定。经省委研究决定：成秋林同志任中共利津县委书记，杜振波同志不再担任中共利津县委书记职务；经市委研究决定：成秋林同志任中共利津县委党校校长，张晓彬同志任中共利津县委副书记、利津县人民政府县长。杜振波同志不再担任利津县人大常委会主任、中共利津县委党校校长职务。燕振诚同志不再担任中共利津县委副书记、利津县人民政府县长职务。

12 日，市人大常委会副主任张传胜到利津县调研督导县乡人大换届选举工作。

13 日，县委书记成秋林到利华益集团、利津经济开发区和凤凰城街道调研。

15 日，副省长赵润田到利津县调研现代农业发展情况。先后到陈庄镇新发循环牧业示范区、一大早乳业有限公司、美丽乡村示范村堐西村，济东高速明集段绿化工程、利津博物馆等地进行视察，听取汇报。市委书记、市人大常委会主任申长友，县委书记成秋林，县委副书记、县政府党组书记张晓彬，副县长郭乃利及省、市有关部门负责同志参加调研。

同日，中国共产党利津县第十二届委员会第十一次全体会议举行。

同日，全县人大代表选举日。县领导和广大选民分别在各自选区参加投票，选举产生新一届人大代表。

20 日，县委书记成秋林到陈庄镇调研。先后到新韩四村基层党建示范点、东营华浩化工有限公司 20 万吨／年高等级化工溶剂项目、东营国安再生资源开发有限公司废润滑油再生后尾油环保综合利用项目、陈庄镇污水处理厂二期建设项目、山东宏坤科技能源有限公司成品油储存项目、利津安泰粮油仓储物流项目、韩垣社区建设项目、金源物流中国政品网电商创业园等地进行视察，听取汇报。

同日，县委副书记、县政府

党组书记张晓彬调研全县教育事业发展情况。先后到利津一中、实验一校、实验二校、职业中专、实验二幼等学校进行调研，了解各学校基础设施建设、师资队伍建设、教育教学工作及存在的困难和问题。

21日， 县委书记成秋林调研城建交通等基础设施建设项目。先后到新合张滩安置房项目，县文化艺术中心建设项目，省道316改线及客运总站建设项目，四矿、夜市街拆违治乱项目、利三路中段区域综合改造项目、环海污水处理厂、西关桥摊点疏导区进行视察，听取汇报。

22日， 县委书记成秋林到县政务服务中心、民生热线服务中心和社保服务大厅调研。

同日， 县委书记成秋林调研教育卫生工作。

同日， 省政府消防考核组到利津县考核消防工作。省人力资源社会保障厅副厅长周春艳、省公安消防总队参谋长黄迁亮带队考核。县委副书记、代县长张晓彬和市、县有关部门负责同志陪同。

23日， 县委书记成秋林到明集乡、利津街道、盐窝镇、汀罗镇和北宋镇调研。

同日， 县委副书记、代县长张晓彬到汀罗镇、陈庄镇和利津滨海新区调研。

28日， 济南至东营高速公路正式通车。济东高速公路西起济阳县谢家北，东至利津县皂坝头西，与东营疏港高速相接，全长162公里，双向四车道，设计时速120公里／小时。其中，东营市境内路长37.254公里，设有盐窝、利津北两处收费站，以及盐窝服务区，东营和全县市民群众可通过收费站和其他高速转至济东高速出行。

30日， 全县经济社会发展务虚会议召开，县委书记成秋林主持会议并作重要讲话。县委副书记、代县长张晓彬对政府工作提出要求。县委副书记邵红双，县政协主席李燕，县人大常委会第一副主任陈永民等各大班子领导出席会议。

同日， 县委副书记、代县长张晓彬，县人大常委会第一副主任陈永民、副县长刘海峰等看望财税金融干部职工。

31日， 县委副书记、代县长张晓彬到北宋镇和县公安局调研。

同日， 利津县中心医院综合病房楼启用暨1.5T核磁共振开机仪式举行。副县长胡伟出席仪式并宣布利津县中心医院综合病房楼暨1.5T核磁共振正式启用。

县情概况

General Situation of Lijin County

建置区划

【历史概况】 利津县历史悠久。早在周秦时代县境西南部是古陆地，属齐国。汉代属千乘郡漯沃县、蓼城县地。东汉后黄河在此域地入海，随着黄河三角洲的形成和发展，域地不断向渤海湾扩延。隋代建永利镇，属蒲台县。唐宋属渤海县永利镇。金代明昌三年十二月（1193年1月）升镇为县，因邑有东津码头，故称为“利津”，属山东东路滨州刺史郡。元明时属山东济南府滨州。清代、民国时期属山东武定府（今惠民县城）。利津因河海而兴，“利津内控黄河，外锁海运要津”，逐渐形成水陆码头和商贸重镇，史称“小天津”。清末，组织义和团开展反帝爱国运动，后被山东巡抚袁世凯血腥镇压。民国时期，先后有“吃大户”“反验地契”、告贪（县）官斗争和响应“五四”反帝爱国游行示威、宣传演讲、罢课罢市、组织“红枪会”抵抗官匪等。1941年建立抗日革命政权。1944年8月18日，解放全县。抗日战争和解放战争期间，利津儿女先后在莱芜战役、泰安战役、济南战役、淮海战役等许多著名战场以及渡江南下开辟解放区运动中荣立战功，做出应有贡献。新中国成立后属惠民专署。1958年11月，沾化、利津并县称沾化县，属淄博专署。1961年恢复利津县建制，仍属惠民专署。1983年10月15日成立东营市划为市辖县，同时原罗家公社的4个自然村和原六合公社划归新建的河口区。

【地理位置】 黄河尾闾利津县位于山东省东北部，渤海西南岸，黄河近口段左侧。地跨东经118°07′～118°54′，北纬37°22′～38°12′。东依黄河，东北濒临渤海，东与垦利县、东营区为邻，南与博兴县隔河相望，西与滨州市滨城区、沾化区接壤，北与河口区相交。县境呈西南至东北向狭长带状，南北长102.5公里，东西宽8.525公里，总面积1665.6平方公里。

【行政区划】 2016年，利津县辖4镇2乡2个街道和1个省级经济开发区，即北宋镇、盐窝镇、陈庄镇、汀罗镇、明集乡、刁口乡、凤凰城街道、利津街道、利津经济开发区。全县共有513个村（居）委会。境内有济南军区黄河三角洲生产基地（简称“济军生产基地”）的部分连队。

【区位交通】 辽阔的黄河冲积平原，位置优越。永馆路、永莘路、220国道、荣乌高速公路穿境而过，辛河路、滨港路纵贯南北，3座黄河公路大桥、5座黄河浮桥变黄河天堑为通途，交通便利。由东营海港向北直达东北三省；向西北进入205国道畅达京津塘；向东跨过黄河公路大桥迈入胜利油田中心基地、东营西城区，并可驰入东青高速公路，直达省会济南和青岛、烟台、威海、日照等地，西北距首都北京420公里，东距东营飞机场不足50公里、距东营火车站不足20公里，黄大铁路、德龙烟铁路、济东高速穿过县境。综合运输网络配套，水、电、讯设施完善，投资软环境优良，具备一流的开发和建设环境。

【民族】 2016年底，全县共有21个民族，其中汉族人口占99.95%，少数民族20个，共179人，占总人口的0.05%，分布在县城区和8个乡镇（街道）。其中土家族33人，彝族25人，满族15人，苗族22人，壮族10人，蒙古族、白族、回族、土族、锡伯族、布依族、哈尼族，傣族、朝鲜族等74人。

自然环境

【地质】 县境地处华北断坳济阳凹陷之东部，境内广为第四系掩盖，无基岩初露。第四系之下发育有太古界、寒武系、奥陶系、朱罗－白垩系和第三系。陈家庄凸起，横陈县境中部，大致呈东西向分布，其南北分布属东营凹陷和沾化凹陷，滨县凸起的东段也伸入境内。境域内断裂构造发育，活动强度大，并具有阶段性特点。境内岩浆活动不甚发育。

【地貌】 全境地势向东北倾斜，西南高，东北低，近黄河处高，远黄河处低。西南端地面平均海拔11.5米，东北端沿海滩涂地面平均海拔2米，自然比降为1/11000。最高点为海拔14.3米，位于北宋镇的三岔、高家两村。境地虽系平原，但由于历史上黄河决口频繁，既受洪水反复冲切，又有淤积套叠，故形成岗、坡、洼相间的复杂微地貌。河滩高地面积228278亩，占总面积的9.1%；缓岗面积198438亩，占总面积的7.9%；浅平洼地面积645720亩，占总面积的25.8%；微斜平地面积1197003.7亩，占总面积的47.9%；海滩地面积228961亩，占总面积的9.3%，其中属潮间带的滩涂22.8万亩。

【气候】 2016年平均气温14.2℃，较常年偏高1.0℃，较上年偏高0.1℃。年极端最低气温为-18.9℃，出现在1月24日；极端最高气温36.9℃，出现在7月30日。降水量634.4毫米，较常年偏多103.8毫米，比上年偏少111.9毫米。全年出现暴雨3天，日最大降水量68.9毫米（8月25日）。年内，降水分布不均匀，8月份降水显著多于往年。日照时数2482.7小时，较常年偏少11.5%（264.4小时），较上年偏多188.4小时。除2、3月和9月光照偏多，其它光照均偏少，光照明显不足，对作物生长发育成熟有不利影响。

【河流】 黄河为境内唯一自然河流，自西南向东北沿东县界径流，上界起自北宋镇董王村，桩号90+000，经北宋镇、利津街道、盐窝镇、陈庄镇至西河口（即罗家屋子旧址）折向东北，过垦利县地入海，境内流程74公里。

全县共有人工排水河7条，控制排水总面积1236.7平方公里，分别是：褚官河，全长31.7公里，由潮河入海；太平河，全长40公里，由潮河入海；马新河，境内段15.44公里，进河口区入海；沾利河，境内段29.1公里，进河口区入海；挑河，全长32.62公里，进河口区入海；草桥沟西干流，全长28.04公里，入草桥沟；草桥沟，全长26公里，进河口区入海。

【海域】 利津海岸线西起老挑河口，东至五河口，全长59公里，10米等深线以内的浅海面积约200万亩。浅海底泥质粉砂占77.8%，沙质粉砂占22.2%。近海在黄河作用下，含盐度低，有机质多，饵料丰富，适宜多种鱼繁殖、回游。滩涂面积近23万亩，属潮间带，有多种介贝类动物。

自然资源

【土地】 土地资源广阔，可利用土地190多万亩，耕地面积80多万亩，天然草场和人工草场40多万亩，近百万亩土地有待于开发利用。

【淡水】 黄河水是利津县主要水源，历年平均入境流量423.1亿立方米。黄河水质良好，氢离子浓度在88.3PH值之间，总硬度在36度之间，矿化度小于1克/升。2016年共计引水2.54亿立方米。

【矿产】 境内有石油、盐、贝壳等矿物资源。利津地下油气资源富积，境内已打油气井3300多口，是胜利油田的主产区之一。

【生物】 境内的国家级自然保护区生活着丹顶鹤、白天鹅等珍禽，生长着苇、蒲、茅、柽柳、黄蓿菜等野生植物和枸杞、茵陈、益母草、车前子、白蒺藜、羊角透骨草等中药材200多种，与黄河口日出、夕照、黄河入海等自然景观一起，形成了新、野、奇的旅游特色。

【浅海】 县境海岸线长59公里，潮间带38万亩，滩涂宽阔。由于地处黄河入海口，海水中有机质多，卤水资源丰富，鱼、虾、蟹、贝类资源丰富，素有“百鱼之乡”“黄金海岸”和“东方对虾故乡”之美称。

2016年全县国民经济与社会发展综述

【概述】 **经济发展企稳向好。**初步核算，全县实现地区生产总值2635869万元，按可比价格计算，比上年增长7.6%。其中，第一产业增加值280708万元，增长3.9%；第二产业增加值1342555万元，增长8.0%；第三产业增加值1012606万元，增长8.1%。

三次产业结构由上年的10.8：52.6：36.6调整为10.7：50.9：38.4。全社会用电量204318万千瓦时，增长32.7%，其中工业用电量176471万千瓦时，增长38.7%。消费价格涨势平稳。2016年，全县居民消费价格总水平上升1.7个百分点。从全年来看，物价增长幅度呈平稳态势，1—4季度同比增长分别为2.3%、1.8%、1.6%、1.7%。八大类别呈现“五升三降”态势。其中食品烟酒类增长4.3%，教育文化和娱乐类上涨3.3%，衣着类上涨1.8%，生活用品及服务类上涨1.1%，其他用品和服务类上涨1.0%；医疗保健类下降0.6%，居住类下降0.4%，交通和通信类下降0.1%。

【农林牧渔业】 2016年实现农林牧渔业总产值634039万元，按可比价格计算，比上年增长4.1%。其中，农业总产值261985万元，增长3.5%；林业总产值1772万元，增长9.3%；牧业总产值179421万元，增长9.2%；渔业总产值114549万元，增长5.5%，农林牧渔服务业总产值76312万元，增长1.9%。实现农林牧渔业增加值312829万元，比上年增长3.7%。其中，农业增加值159034万元，增长3.4%；林业增加值546万元，增长9.2%；牧业增加值71067万元，增长8.9%；渔业增加值50061万元，增长5.3%；农林牧渔服务业增加值32121万元，增长1.8%。

粮食生产再获丰收。农作物总播种面积为1389661亩，增长5.8%。其中粮食作物播种面积546262亩，增长11.9%。粮食总产量204355.3吨，增长5.3%。棉花播种面积370364亩，下降28.3%。棉花总产量（皮棉）28234吨，下降19.0%。蔬菜播种面积67538亩，下降22.6%。蔬菜总产量267520.3吨，下降21.2%。瓜类播种面积43601亩，下降6.8%。瓜类总产量116763.3吨，下降3.1%。

林业生产发展较快。2016年共造林22140亩，完成年度计划的111%。其中，防护林21420亩，经济林465亩，用材林255亩。年末防护林面积193164亩，增长10.6%；经济林面积76095亩，增长0.6%；用材林面积38565亩，增长0.7%。森林面积307824亩，增长6.7%。森林覆盖率达16%。

畜牧业生产发展放缓。年末猪存栏7.9万头，下降32.8%。牛存栏1.2万头，下降75.7%。羊存栏58.2万只，增长31.0%。家禽存栏666.8万只，增长13.6%。奶牛存栏599头，增长5.1%。全年猪出栏12.3万头，下降 24.3%。牛出栏1.3万头，下降69.3%。羊出栏117.3万只，增长178.8%。家禽出栏2271.3万只，增长42.7%。肉蛋奶总产量97773吨，下降3.7%。其中肉类总产量50149吨，增长6.8%；奶类总产量110吨，下降66.6%；禽蛋总产量47514吨，下降12.4%。

渔业生产稳定增长。2016年全县水产养殖面积25.2万亩，比上年增长4.1%。其中海水养殖面积19.0万亩；淡水养殖面积6.2万亩。水产品产量9.5万吨，比去年增长5.4%。其中淡水养殖2.8万吨，海洋捕捞1.2万吨，海水养殖5.5万吨。年末拥有机动渔船108艘。总吨位1119总吨，同比持平；功率1739千瓦，同比持平。

农业生产机械化水平提升。2016年末，全县农业机械总动力47.5万千瓦。拖拉机保有量10682台，其中大中型拖拉机2954台。全年完成机耕面积104.3万亩，机械播种面积97.5万亩，机收面积56.9万亩，其中小麦联合收获面积30.3万亩，全县农业生产机械作业率达到82.5%以上。落实农机购置补贴1399万元。

【工业】 工业生产平稳增长。2016年规模以上工业实现总产值16577903万元，比上年增长9.5%。规模以上工业增加值增长8.1%。实现主营业务收入16385164万元，同比增长0.2%；实现利润770514万元，同比增长2.6%；实现利税1471549万元，同比下降2.8%。（参见《主要工业产品产量》）

主要工业产品产量

产品名称	计量单位	产品产量	增长（%）
原油加工量	吨	3693593	28.8
发电量	万千瓦小时	58824	58.7

饲料	吨	214363	−24.7
精制食用植物油	吨	56499	−36.7
石油沥青	吨	3715	−99.5
白酒	千升	75679	1.2
中成药	吨	2461	1.2
汽油	吨	443450	−29.2
柴油	吨	1128665	−6.7
纱	吨	80213	−13.3
乳制品	吨	513459	1.2
布	万米	4227	5.4
大米	吨	44934	−82.7
液化石油气	吨	517239	176.1

【固定资产投资和建筑业】 *固定资产投资低位运行。*2016年完成规模以上固定资产投资1345849万元，同比下降21.6%。分产业看，第一产业投资53755万元，同比增长12.1%；第二产业投资807204万元，同比下降25.0%；第三产业完成投资484890万元，同比下降17.9%。分建设性质看，新建投资820995万元，同比下降37.3%；扩建投资158954万元，同比增长8.5%；改建和技术改造投资190503万元，增长16.1%。

*房地产投资增势良好。*全县房地产开发完成投资153769万元，同比增长64.3%。商品房施工面积73.0万平方米，增长29.7%。房屋竣工面积41.6万平方米，增长49.1%。房屋销售面积31.4万平方米，增长86.9%。商品房销售额127180万元，增长90.1%。

*建筑业发展平稳增长。*全县资质以内建筑施工企业完成建筑业总产值65144万元，增长8.9%。其中，建筑工程产值64743万元，增长25.5 %。签订合同额99413万元，增长16.5%；完成建筑业竣工产值54359万元，增长11.9%。

【国内外贸易】 *消费品市场平稳运行。*2016年，全县社会消费品零售总额实现331974万元，增长0.4%。其中限额以上企业及个体户实现零售额174445万元，下降5.6%。分区域看，城镇消费品市场实现零售额248265万元，增长0.5%；乡村消费品市场实现零售额83709万元，增长0.2%。分行业看，批发业实现零售额60280万元，增长0.9%；零售业实现零售额198057万元，增长0.2%；住宿业实现零售额1910万元，增长0.4%；餐饮业实现零售额71727万元，增长0.5%。

*对外贸易大幅增长。*实现外贸进出口总额84.6亿元，增长220.2%。其中，进口总额75.7亿元，增长280.6%；出口总额8.9亿元，增长39.5%。实际到账外资210万美元。

【运输、邮电、旅游】 *交通运输业稳定发展。*2016年末全县通车公路里程1826.4公里，其中，干线公路里程200.8公里，农村公路1625.6公里。在干线公路中，国道77.7公里，省道123.1公里。在农村公路中，县道110.3公里，乡道374.4公里，村道963.8公里，专用公路177.1公里。

*邮电通信业平稳发展。*2016年全县邮政业务总量1964万元，增长24.7%。电信综合业务总收入15107万元，增长1.4%。年末全县固定电话用户1.3万户，下降12.3%；移动电话用户25.4万户，增长1.3%；互联网用户4.5万户，增长10.8%。

*旅游业发展迅速。*全县现有省级旅游强乡镇1个，省级旅游特色村5个。旅游景区2处，其中AAA级景区2处。省级农业旅游示范点2处，省级工业旅游示范点1处，省级精品采摘园4家。星级饭店1家，其中三星级饭店1家。好客人家星级农家乐2家，中国金牌乡村农家乐2家。年末有旅行社4家，旅行社门市部4家。全年接待游客45万人次，增长22.9%。实现旅游收入2.8亿元，增长27.0%。

【财政、金融】 财政综合实力进一步增强。2016年，实现公共财政预算收入128771万元，比去年增长3.0%。其中税收收入84742万元，增长3.3%。乡镇实现公共财政预算收入38893万元，比上年下降 5.2%；县本级实现公共财政预算收入 89878 万元，比上年增长 7.0%。全县实现公共财政预算支出 226487 万元，下降 2.7%。其中，科学技术支出 1770 万元，下降 4.2%；教育支出 61496 万元，下降 6.4%；文化体育与传媒支出 2717 万元，下降 17.3%；医疗卫生与计划生育支出 28490 万元，下降 5.3%；社会保障和就业支出 28981 万元，增长 30.5%；住房保障支出 4005 万元，增长 84.1%；节能环保支出 5516 万元，下降 20.9%；农林水事务支出 35327 万元，下降 15.5%。实现国地两税税收收入 195090 万元，增长 3.0%。其中国税收入 135484 万元，增长 7.3%；地税收入 59606 万元，下降 5.7%。

金融市场运行稳健。2016 年末，金融机构本外币各项存款余额（不含工商银行）1706209 万元，比年初增加 471687 万元，增长 38.2%。本外币各项贷款余额（不含工商银行）1250913 万元，比年初增加 30467 万元，增长 2.5%。全县金融机构人民币各项存款余额（不含工商银行）1455696 万元，比年初增加 274796 万元，增长 23.3%。人民币各项贷款余额（不含工商银行）1231253 万元，比年初增加 13084 万元，增长 1.1%。其中，住户贷款余额 227838 万元，较年初增加 24436 万元，增长 12.0%；非金融企业及机关团体贷款余额 1003415 万元，较年初减少 11352 万元，下降 1.1%。

保险业持续健康发展。全年实现保费收入（中国人寿保险公司、中国人民财产保险公司）14340 万元，增长 2.5%。其中，财产险保费收入 6780 万元，增长 4.8%；人身险保费收入 7560 万元，增长 0.5%。全年赔付额 4829 万元，增长 1.0%。其中，财产险赔付额 4391 万元，下降 1.3%；人身险赔付额 438 万元，增长 32.0%。

【城市建设】 城市基础设施建设步伐加快。实施了水库北路城区供热管网东延工程，建设供热管线 1800 米，解决了张滩、新河社区供暖问题。实施城区雨污分流综合整治工程，铺设雨水管线 2900 米，维修更换、疏通管线 6100 米。实施了津六路裸露土地绿化工程、津一路与滨港路交叉路口绿化工程和利二路、滨港路等裸露土地的绿化补植，更换种植土 8000 立方米，种植乔木和常绿树 2683 棵，花灌木 8164 棵，地被和花卉 893300 棵，实现裸露地土绿化覆盖 4.2 万平方米。实施公厕改造提升工程，创立公厕联盟，将 21 个单位内部厕所纳入了公厕联盟。对城区 6 座公厕实施了改造提升，新建公厕 7 座，并将公厕的保洁管养纳入城区环卫保洁工作中。配齐配全城乡环卫工人 1264 人，清（转）运车 57 辆，垃圾桶 13345 个，完成城乡垃圾收运处置 66335 吨。2016 年末，全县集中供热能力（热水）116 兆瓦，供热面积 202 万平方米。供水能力 13 万吨／日。天然气供气总量 2589 万立方米。污水处理能力 6 万吨／日。垃圾处理能力 200 吨／日。

拆违治乱取得阶段性成果。排查出违建 13.2 万平方米，其中县城区 6.7 万平方米。拆除新增违建 32 处、面积 3765 平方米。彻底整治了滨南采油四矿、三里市场和黄家市场等区域道路两侧板房混乱堆放，任意侵占公共空间等三十年来的“老大难”问题。取缔流动摊点、占道经营。组织开展近 40 余次集中治理，共清理占道经营流动商贩 1500 余次、店外经营商户 1200 余家，城市井然有序。

【科技、人才】 **科技创新能力不断提升**。2016 年，向国家、省、市科技主管部门筛选推介科技项目，成功立项 5 项，其中省级 2 项，市级 3 项，争取无偿扶持资金 430 万元。组织大东联等 7 项国家、省、市项目顺利通过省科技厅验收。完善 2016 年度“渤海粮仓”工程建设方案，在汀罗镇召开了“全省‘渤海粮仓’科技示范工程项目现场观摩会”。山东三木装饰材料有限公司成功通过了国家知识产权管理体系认证，成为我县第一家通过国家知识产权管理体系认证的企业。全县申请专利 138 件，其中发明专利 18 件。为全县 7 家企业 23 项授权专利发放了专利申请补助，补助资金 2.3 万元。

大力培育高新技术企业。2016 年，列入高新统计范围的企业 29 家，全县实现高新产值 276.5 亿元，同比下降 0.9%，占规模以上工业总产值的 16.7%。

人才队伍建设成效明显。成立了县高层次人才发展促进会，吸纳 79 名各界优秀人才成为会员；创新开展招商引资与招才引智“双招双引”工作，建立起高层次人才、利津籍在外高层次人才等8个基础数据库；引进中科院“百人计划”专家王春河博士等35名专家学者来我县开展技术研发，推动投资15亿元的SPB系列产品项目成功落户；大力实施“高技能人才培养开发计划”，培养命名9家县级高技能人才创新工作室，其中2家创新工作室被评为“市级创新工作室”；完善平台载体，提升高层次人才承载力，全县市级以上人才平台载体达44家，其中省级以上15家，今年新增省级企业技术中心1家，市级企业技术中心4家，市级工程实验室2家。

【教育、文化、卫生、体育事业】 **教育事业稳步发展**。2016年，全县有普通高中学校2处，专任教师477人，在校生6300人。职业学校1处，专任教师114人，在校生2645人。职业学校毕业生就业率90%，高中阶段普及率96%。九年一贯制学校9处，初中5处，小学16处。初中阶段专任教师1193人，在校生11221人。小学阶段专任教师985人，在校生9870人。初中、小学在校生巩固率分别达到99.6%、100%。幼儿园45处，专任教师628人，在园幼儿6067人，学前三年幼儿入园率达98.6%。全县现有省级十佳幼儿园2处，省级实验、示范幼儿园11处，市级教育现代化幼儿园15处，省级规范化学校4处，省级教学示范学校6处，省级重点职业学校1处，市级规范化学校26处，市级现代化学校13处。

文化事业与文化产业繁荣发展。年末，全县有文化馆1个，图书馆1个，博物馆1个。县图书馆全年新增书架12副、电子图书10万册、纸质图书4200册，馆藏纸质图书达到8.6万册，年借阅图书3.2万册，容量达50万册电子图书的“利津县数字图书馆”开通运行。博物馆全年接待省、市、县各级领导2000余人次，接待社会各界6万余人次，全程讲解300余场。县文化馆被评为国家县级一级文化馆。广播电台1座，广播发射台1座，广播综合人口覆盖率达100%。文化活动蓬勃开展。组织举办“利津县2016年民间文艺展演”“春满凤凰城”乡村剧场优秀剧目展演、庄户剧团优秀剧目展演、欢乐大家唱大型群众文化活动11场；开展“活力利津·幸福迎新”迎春群众文化活动8场，“精品荟萃贺新春送戏下乡”戏曲巡演活动18场；组织举办“欢乐黄河口·美丽中国梦”暨2016年“舞动凤凰城·唱响新利津”广场群众文化活动48场、“2016年利津县少儿现场书画大赛”2场；承办2016年东营市“群文之星”才艺大赛“器乐之星”预赛专场；在“东营市2016年闹元宵民间文艺调演”活动中获得一等奖和优秀组织奖，“黄河口之春”全市社会文艺团体汇演二等奖和组织奖。

文化产品成果丰硕。创作了优秀文艺作品吕剧《秧歌情》，小品《假不乱真》《情人节的礼物》，情景音乐剧《阳光乐章》等作品。隆清波创作的国画作品《佳日有约》入选“我爱丹青”第二届全国中国画展，李艳红剪纸作品《乐土》，获中国传统工艺（剪纸）大赛铜奖。在第六届东营市“黄河口文艺奖”评奖中，隆情波的国画作品《情》获美术类二等奖、刘敏的《古韵东津》获民间文艺二等奖，吕剧《秧歌情》获戏剧类三等奖、王延华的《霸王卸甲》获音乐类二等奖，舞蹈《竹马灯》获民间文艺类三等奖。王延华获山东省红梅大赛一等奖，王莹、马莲获山东省红梅大赛二等奖。

医疗卫生事业稳步发展。2016年末共有县级医院2所，乡镇卫生院8所，病床850张。卫生技术人员1408人，其中执业医师及助理执业医师687人，注册护士642人。加强预防接种工作，儿童建卡建证率100%，持证接种率100%，免疫接种率99.16%，麻疹免疫率99.65%。婴儿出生死亡率3.51‰，住院分娩率100%。认真落实新生儿疾病筛查和听力筛查，加强孕产妇及儿童系统化管理工作，孕产妇管理率达96%，新生儿入保率达99%。建立城乡居民电子健康档案27.22万人份，建档率为91.11%。

体育事业取得新进步。成立了利津县体育总会，新增羽毛球、自行车和攀岩3个县级单项协会。举办了体育志愿者指导健身活动、健步行活动、马拉松热身赛及第七届全民健身运动会田径、乒乓球等12项赛事；组队参加了东营市老年人健身气功表演赛、黄河口（东营）国际马拉松比赛、健身操比赛、广场舞比赛等15项市级比赛，参加了山东省社会体育指导员技能展示大赛、省第六届全民健身运动会门球比赛等3项省级比赛，荣获“山东省第六届全民健身运动会先进单位”荣誉称号。组织举办全县青少年联赛田径、乒乓球、羽毛球等5项比赛；组队参加了东营市“万达广场杯”轮滑、青少年篮球等8项市级比赛，选派宋锦雯、毕熙阅2名队员作为东营市代表队队员参加了省乒乓球锦标赛分获团体二、三名。

【环境与安全生产】 *生态环境继续改善*。环境空气PM2.5平均浓度0.071mg/Nm³；PM10平均浓度0.135 mg/Nm³，同比改善17.6%。二氧化硫平均浓度0.058 mg/Nm³，同比改善2.12mg/L；二氧化氮平均浓度0.042 mg/Nm³，同比改善12.4%。全县地表水4条河流11个断面CODcr平均浓度33.5mg/L，同比改善1.47mg/L。

安全生产事故持续下降。全年共发生各类安全事故8起、死亡8人，事故起数同比上升50.0%，死亡人数同比下降50.0%，杜绝了较大以上生产安全事故的发生，全县安全生产形势持续平稳。亿元GDP生产安全事故死亡率0.049。

森林资源保护更加完善。王庄沙区林场、国有一千二林场被确定为全省首批生态林场和国有林场改革试点，王庄沙区林场成为全市唯一的国家木材战略储备林基地。对一千二林场湿地引蓄黄河水30万立方米，满足了迁徙鸟类栖息觅食及湿地生物多样性用水需要。推进东津省级湿地公园建设，疏通沟渠3.2公里、开挖水面50公顷。建设桥梁5座，设巡护道路6条。

【居民生活与社会保障】 *城乡居民生活质量稳步提高*。2016年，全体居民人均可支配收入20719元，比上年增长8.2%；人均消费性支出12794元，增长10.9%。城镇居民人均可支配收入32787元，增长7.8%；人均消费性支出17355元，增长6.8%。农村居民人均可支配收入14751元，增长7.9%；人均消费性支出10538元，增长14.1%。

就业形势稳定。2016年，全县城镇新增就业4666人，其中失业再就业人员1273人。新增农村劳动力转移就业8520人次。企业最低职工工资调整为1710元／月。城镇登记失业率为2.4%。

社会保障水平不断提升。2016年，全县养老（机关和企业）保险参保人数36403人，其中机关养老保险7981人，企业养老保险28422人。职工医疗保险参保人数26024人。城乡居民医疗保险参保人数246057人。失业保险参保人数21156人。工伤保险参保人数22670人。生育保险参保人数13703人。城镇职工基本养老保险基金征缴收入39710万元，其中机关养老保险17902万元，企业养老保险21808万元。城镇职工基本医疗保险基金征缴收入9485万元。失业保险基金征缴收入1048万元。工伤保险基金征缴收入698万元。生育保险基金征缴收入482万元。农村养老保险参保人数163995人，征缴农村养老保险基金3165万元。

社会福利事业和救助工作不断发展。2016年，全县农村低保每人每年提高到4120元，城市低保每人每月提高到550元，累计发放城乡低保资金3378.5万元。五保集中供养每人每年提高到7300元，五保供养经费265万元。社区治理和服务创新能力显著增强。全县已建成农村社区47个，农村社区综合服务中心覆盖率达到95%。建成农村幸福院51处，城镇各种日间照料中心4个；得到最低生活保障救济人数9445人。

组织机构与负责人

（截至2016年底）

一、县级领导班子

【中共利津县委员会】

书　记　成秋林

副书记　张晓彬（女）

　　　　邵红双（女）

常　委　张和森

　　　　王广兴

　　　　贾学坤

　　　　郭舒明

薄纯全
许明德
尹晓凤

【利津县人民代表大会常务委员会】

主　任　杜振波
副主任　陈永民（正县）
刘立清
王建安
李俊德

【利津县人民政府】

代县长　张晓彬（女）
副县长　张和森
郭乃利
师　辉
胡　伟
党组成员　王泽武　王永明　刘海峰

【政协利津县委员会】

主　席　李　燕（女）
副主席　刘建民
崔文凯
薄传民
徐中华
岳春先

【中共利津县纪律检查委员会】

书　记　王广兴
常务副书记　刘建东

【人武部】

部　长　宫一忠
政治委员　郭舒明

二、利津县人民法院、利津县人民检察院

【利津县人民法院】

院　长　徐　峰

【利津县人民检察院】

代检察长　王　霞（女）

三、县纪委（县监察局）派驻纪检组（监察室）

【中共利津县纪委（利津县监察局）派驻第一纪检组（监察室）】

书　记（主任）　牟增国

【中共利津县纪委（利津县监察局）派驻第二纪检组（监察室）】

书　记（主任）　陈志远

【中共利津县纪委（利津县监察局）派驻第三纪检组（监察室）】

书　记（主任）　陈崇峰

【中共利津县纪委（利津县监察局）派驻第四纪检组（监察室）】

书　记（主任）　刘朝阳

【中共利津县纪委（利津县监察局）派驻第五纪检组（监察室）】

书　记（主任）　王　永

四、县委工作机构及部门管理机构

【中共利津县委办公室】

主　任　薄纯全
常务副主任　李建林

【中共利津县委组织部】

部　长　许明德
常务副部长　崔志刚

【中共利津县委宣传部】

部　长　尹晓凤（女）
常务副部长　牟卫田

【中共利津县委统战部】
部　长　许明德
常务副部长　李向东

【县委台湾工作办公室】
主　任　林友民

【中共利津县委政法委员会】
书　记　贾学坤
常务副书记　张连湖

【中共利津县委老干部局】
局　长　李先军

【利津县机构编制委员会办公室】
主　任　乌建伟

【中共利津县委县直机关工作委员会】
书　记　周玉平

【利津县扶贫领导小组办公室】
主　任　刘庆芝（女）

【中共利津县委党校】
校　长　成秋林
常务副校长　牛吉山（副县）

【中共利津县委、利津县人民政府督查局】
局　长　曹玉民

【中共利津县委、利津县人民政府信访局】
局　长　王卫华

【利津县档案馆（档案局）】
局　长　杨爱文

【中共利津县委党史研究室】
主　任　郭忠瑞

五、社会团体

【利津县总工会】
主　席　徐中华
常务副主席　黄　昕

【共青团利津县委员会】
书　记　任传玉（女）

【利津县妇女联合会】
主　席　刘月英（女）

【利津县残疾人联合会执行理事会】
理事长　张之祥

【利津县科学技术协会】
主　席　郭学军

【利津县文学艺术界联合会】
主　席　郭玉才

【利津县工商业联合会】
主　席　崔文凯
常务副主席　苟希锋

【利津县红十字会】
会　长　郭乃利
常务副会长　王明斌

【利津县计划生育协会】
会　长　胡　伟
常务副会长　王云泉

六、利津县人大机关、政协机关

【利津县人大机关】
办公室主任　李　民

【利津县政协机关】
办公室主任　袁文明

七、县政府工作部门、部门管理机构、派出机构

【利津县人民政府办公室】
主　任　赵　琦

【利津县电子政务中心】
主　任　岳明良

【利津县发展和改革局】
局　长　陈其文

【利津县物价管理办公室】
主　任　薄惠清（正科）

【利津县城市建设重点项目管理中心】
主　任　陈亦云

【利津县经济和信息化局】
局　长　陈建设

【利津县安全生产监督管理局】
局　长　郭新平

【利津县教育局】
局　长　毕宜军

【利津县科学技术局】
局　长　扈长青

【利津县公安局】
局　长　王永明
政委、党委副书记　韩卫东

【利津县民政局】
局　长　李逢昌

【利津县司法局】
局　长　赵翠花（女）

【利津县财政局】
局　长　王凤云

【利津县农业综合开发办公室】
主　任　孙嘉祯

【利津县人力资源和社会保障局】
局　长　王德亮

【利津县国土资源局】
局　长　崔新亮

【利津县住房和城乡规划建设局】
局　长　徐光照

【利津县交通运输局】
局　长　盖新民

【利津县水利局】
局　长　崔秉鸿（女）

【利津县农业局】
局　长　牟心田

【利津县农业机械管理局】
局　长　李同增

【利津县商务局】
局　长　毕剑钧

【利津县文化广电新闻出版局】
局　长　张泽国

【利津县卫生和计划生育局（利津县中医药管理局）】
局　长　季谢美（女）

【利津县审计局】
局　长　刘明臣

【利津县环境保护局】
局　长　李维国

【利津县统计局】
局　长　毕宜升

【利津县城市管理和行政执法局】
局　长　刘旭晨

【利津县市场监督管理局】
局　长　张向阳

【利津县城区管委会】
主　任　王　蕾（女）

【利津县供销合作社联合社】
理事会主任　寇育钦
监事会主任　岳春先

【利津县政务服务中心管理办公室】
主　任　李金亮

八、县政府直属事业单位

【利津县林业局】
局　长　顾国岭

【利津县畜牧局】
局　长　薄传民

【利津县海洋与渔业局】
局　长　王金山

【利津县粮食局】
书　记　孙健博
局　长　高卫国

【利津县油区工作委员会】
主　任　张　顺

【利津县地方史志编纂委员会办公室】
主　任　李俊三

【利津县老龄工作委员会办公室】
主　任　张黎明

【利津县旅游局】
局　长　马　峰

【利津县招商局】
局　长　韩卫东

【利津县广播电视台】
台　长　韩祥波

【利津县金融工作办公室】
主　任　刘学仁

【利津县县级机关事务管理局】
局　长　石建国

【利津县推进黄河三角洲高效生态经济区建设委员会办公室】
主　任　董永生

【利津县王庄沙区林场建设管理办公室】
主　任　陈志峰（副县）

【利津县检验检测中心】
主　任　陈来华

【利津县民生热线综合服务中心】
主　任　王东岭

九、省市属部门、企业

【武警利津中队】
中队长　张言英

【刁口边防派出所】
教导员　张 勇

【国家统计局利津调查队】
队　长　刘茂奎

【县国税局】
局　长　杨 强

【县地税局】
局 长　耿考勇

【县公路局】
局　长　生墨海

【县盐务局】（县盐业公司）
局 长　孙乃东

【县邮政局】（县邮政公司）
总经理　刘景军

【县气象局】
局　长　王青利

【利津河务局】
副局长（主持工作）　付新兴

【中国工商银行利津县支行】
行　长　曹秀山

【中国人民银行利津县支行】
行　长　王学亮

【中国银行业监督管理委员会东营银监局利津办事处】
主　任　解　明

【农业银行利津县支行】
行　长　郭　伟

【建设银行利津支行】
行　长　周　淼

【农业发展银行利津县支行】
行　长　王天凌

【山东利津农村商业银行股份有限公司】
董事长　项在兴
书　记　项在兴（兼）
行　长　李英军

【东营银行利津支行】
行　长　袁　刚

【青岛银行利津县支行】
行　长　赵海军

【邮政储蓄银行利津县支行】
行　长　刘贝贝

【山东利津舜丰银行股份有限公司】
董事长　赵　佳
行　长　庄向波

【中国人民财产保险股份有限公司利津支公司】
经　理　张继先

【中国人寿保险公司利津县支公司】
经　理　颜景稳

【中华联合财产保险股份有限公司利津支公司】
经　理　王丽君（女）

【山东广电网络有限公司利津分公司】
经　理　李福永

【中国电信股份有限公司利津分公司】
总经理　郭　震

【中国移动通信集团山东有限公司利津分公司】
经　理　安　鹏

【中国联合网络通信有限公司利津县分公司】
总经理　张维成

【县供电公司】
总经理　盖林农

【利津水文站】
站　长　张　利

【县新华书店】
经　理　石振江

【东营烟草有限公司利津分公司】（烟草专卖局）
经理、局长　梅仲海

【石油公司】
书记、经理　王玉海

【东营市医药药材采购供应站利津经营部】
主　任　闫俊杰

十、乡镇、街道、经济开发区

【北宋镇】
党委书记　陈建军
党委副书记、镇长　陈善泽

【盐窝镇】
党委书记　牛建民
党委副书记、镇长　赵炳兰（女）

【陈庄镇】
党委书记　陈国栋
党委副书记、镇长　张志峰

【汀罗镇】
党委书记　王乃梅（女）
党委副书记、镇长　李　明

【明集乡】
党委书记　张俊发
党委副书记、乡长　赵宝光

【利津滨海新区（刁口乡）】
党工委书记、滨海新区主任　王新生（副县）
党工委副书记、乡长　毕延峰

【利津经济开发区（凤凰城街道）】
党工委书记、管委会主任　王乃全（副县）
党工委副书记、办事处主任、管委会副主任　扈大强

【利津街道】
党工委书记　张光军
党工委副书记、办事处主任　季宗勇

（本鉴收录2016年底，县级领导班子及办公室、县直各部门单位、乡镇街道的机构名称和负责人名单，由县委组织部提供；县境内垂直管理单位的机构名称和负责人名单，由其单位提供。）

中国共产党
利津县委员会

Communist Party of China
Lijin County Committee

县委重要会议

【拆违治乱暨“打霸治痞”专项会议】 1月19日在利津宾馆迎宾楼第一会议室召开全县拆违治乱暨建筑市场“打霸治痞”专项行动动员会议，通过现场直播的形式举行，中心会场设在利津宾馆，各乡镇街道、县直部门单位设立分会场。县委常委，县人大常委会副主任，副县长，县政协主席、副主席，县法院院长、县检察院检察长；各乡镇（街道）党（工）委书记、乡镇长（办事处主任）；县直各部门、单位主要负责同志以及县公安局、县城管局、县住建局、县国土局、县水利局、县公路局领导班子成员与会。会议主要是深入贯彻上级对加强城市规划建设管理的有关要求，部署开展“拆违治乱”和建筑市场“打霸治痞”两个专项行动，动员全县上下统一思想、主动担当、形成合力，大打一场攻坚战、持久战，为全县经济社会发展提供良好环境和坚实保障。县委书记、县人大常委会主任杜振波作动员报告。

【2016年全县工作会议】 2月25日在利津宾馆迎宾楼第一会议室召开2016年全县工作会议，通过现场直播的形式举行，中心会场设在利津宾馆，各乡镇街道、县直部门单位设立分会场。县委常委，县人大常委会副主任，副县长，县政协主席、副主席，县法院院长、县检察院检察长；各乡镇（街道）党（工）委书记、乡镇长（办事处主任）；县直各部门、单位主要负责同志以及30家县内企业代表与会。会议贯彻落实上级一系列会议精神，总结工作，分析形势，部署任务，动员全县上下迅速行动，狠抓落实，全力做好2016年各项工作。县委书记、县人大常委会主任杜振波讲话。

【“两学一做”专题辅导会】 6月4日在县博物馆二楼报告厅召开“两学一做”学习教育专题辅导报告会。县委常委，县人大常委会副主任，副县长，县政协主席、副主席，县法院院长，县检察院检察长；各乡镇（街道）、县直各部门单位（名单附后）科级以上党员干部与会。山东省委党校副校长、新闻发言人、硕士生导师，省廉政建设研究中心副主任孙黎海教授应邀作题为《按照全面从严治党要求，抓好“两学一做”学习教育》的专题辅导报告，重点对“两学一做”的基本要求、全面从严治党的历史背景、全面从严治党的理论内涵、全面从严治党的具体部署等问题作全面系统阐述。

【县委十二届九次全体会议】 8月11日在利津宾馆迎宾楼第一会议室召开县委十二届九次全体会议。县委委员、候补委员；不是县委委员、候补委员的县人大常委会党员副主任，副县长、县政府党组成员，县政协党员副主席，县检察院检察长；县纪委常委、各派驻纪检组书记；各乡镇（街道）党（工）委书记、乡镇长（办事处主任）；部分县直部门、单位党组（党委）书记；部分县第十二次党代会基层代表（10名）；部分科技创新型企业主要负责人（10名）与会。全会深入学习贯彻习近平总书记系列重要讲话和省委十届十四次全会、市委五届九次全会精神，认真贯彻落实上级关于科技创新的决策部署，紧密结合利津县实际，进一步明确推进科技创新的思路和举措，动员各方面力量深入实施创新驱动发展战略，全面提升科技实力和创新能力，为建设富裕文明生态和谐新利津提供有力支撑。全会审议通过《关于深化科技体制改革加快创新发展的实施意见》和《中共利津县委工作规则》。

【全县“双招双引”推进会议】 8月11日在利津宾馆迎宾楼第一会议室召开全县“双招双引”工作推进会议。县委委员、候补委员；不是县委委员、候补委员的县人大常委会党员副主任，副县长、县政府党组成员，县政协党员副主席，县检察院检察长；县纪委常委、各派驻纪检组书记；各乡镇（街道）党（工）委书记、乡镇长（办事处主任）；部分县直部门、单位党组（党委）书记；部分县第十二次党代会基层代表（10名）；部分科技创新型企业主要负责人（10名）及20家县内重点企业负责人与会。会议安排部署招商引资和招才引智工作，动员全县上下进一步提高认识，强化责任，迅速掀起“双招双引”工作热潮，开创全县经济社会发展新局面。县委书记、县人大常委会主任杜振波讲话。

【县委全委（扩大）会议】 10月28日在利津宾馆迎宾楼第一会议室召开县委全委（扩大）会议。在利津县工作的五届市委委员、候补委员和市纪委委员；在职副县级以上干部；不在上述范围的县委委员、候补委员；县纪委副书记；乡镇（街道）党政正职；县委工作部门和县政府组成部门主要负责人；部分县民主党派、工商联主要负责人、无党派代表人士与会。会议听取领导班子工作总结和领导干部述职述廉报告并进行民主测评和民主评议。

【学习贯彻党的十八届六中全会精神报告会】 11月17日在县老年大学一楼报告厅举行东营市宣讲团学习贯彻党的十八届六中全会精神报告会，县委常委，县人大常委会副主任，副县长，县政协主席、副主席，县法院院长，县检察院检察长；正县级老干部和上届以来退下来的副县级老干部；各乡镇（街道）党（工）委书记、乡镇长（办事处主任）；县直各部门、单位主要负责同志；县纪委、县委组织部、县委宣传部副科级以上干部；县委宣讲团成员与会。市委宣讲团成员、市委党校经济学教研室主任张志国围绕“新形势下全面从严治党的重大部署”这一主题，从深刻阐述党的十八届六中全会的重大意义、全面加强和规范党内政治生活、全面落实党内监督责任三个方面，全面深入宣讲全会精神。

【收看中央宣讲团报告会】 11月8日在利津宾馆迎宾楼第一会议室设分会场收听收看中央宣讲团党的十八届六中全会精神报告会。县委常委，县人大常委会副主任，副县长，县政协主席、副主席，县法院院长、县检察院检察长；县直各部门单位主要负责人（单位名单附后）与会；各乡镇（街道）、县直各部门单位自行组织收听收看。中央宣讲团成员、中宣部常务副部长黄坤明紧紧围绕习近平总书记在党的十八届六中全会上的重要讲话和全会审议通过的《关于新形势下党内政治生活的若干准则》《中国共产党党内监督条例》，从深刻认识十八届六中全会的重大意义，深刻认识明确习近平总书记核心地位的重大意义，深刻领会新形势下加强和规范党内政治生活的基本精神，深刻领会新形势下加强党内监督的基本要求，深刻领会突出抓好领导干部特别是高级干部这个“关键少数”五个方面作深刻阐述和详细解读。

【县委十二届十次全体会议】 11月28日在利津宾馆迎宾楼第一会议室召开县委十二届十次全体会议。县委委员、候补委员；县纪委常委与会。会议审议通过《关于召开中国共产党利津县第十三次代表大会的决议》，决定于2017年1月在利津县城召开中国共产党利津县第十三次代表大会。全会号召，全县各级党组织和全体共产党员高举中国特色社会主义理论伟大旗帜，深入贯彻习近平总书记系列重要讲话精神，带领全县人民万众一心、锐意进取，努力开创各项工作的新局面，以优异成绩迎接县十三次党代会的召开。

【全县领导干部会议】 12月10日在利津宾馆迎宾楼第一会议室召开全县领导干部会议。县委常委，县人大常委会副主任，副县长，县政协主席、副主席，县法院院长，县检察院检察长；各乡镇（街道）党（工）委书记、乡镇长（办事处主任）；县直各部门单位主要负责人与会。市委副书记、市委政法委书记郑建军出席会议并讲话。市委组织部常务副部长李廷华主持会议并宣读省委、市委对利津县委、县政府主要领导同志职务调整的任免决定。

县委办公室工作

【以文辅政，服务决策】 在文字综合方面，全年共起草、把关、审定各类讲话、汇报材料、署名文章等各类文稿450余篇。在政策研究方面，围绕决策参考，推动研究成果融入到讲话文件中。

抓好调研和文字综合的结合，致力在调研的基础上形成领导讲话和重要文件。撰写的《关于优化城区义务教育资源的调查研究》，引起县委领导重视，并批示有关部门研究落实。在信息工作方面，全年编发《利津信息》90余期，先后向省市报送信息300余条，先后被采用各类稿件70余篇，被评为2016年度全省党委系统信息工作先进单位。在《东营日报》刊发新闻稿件20余篇，在《山东通讯》《东营通讯》等刊物上发表稿件70余篇。在公文处理方面，收发上级文件2000余份，起草各类材料300余个，其中县委及县委办公室规范性文件147个；县委常委会议筹备服务方面，共筹备召开县委常委会议30次，审核议题材料70个。在深化改革方面，筹备召开8次县委全面深化改革领导小组会议，审议通过23项改革文件，《东营市利津县“乡村剧场”建设试点案例》被省委改革情况交流、市委改革动态专刊采用。

【事务服务，保障运转】 值班联络方面，建立健全值班预警、应急速报、责任追究等体制机制，准确做好来文、来电的接收、记录和传递工作，确保县委机关有序运转，下达各类通知400余个，组织召开大小会议110余个，筹备县领导走访、调研、观摩等活动80余个。机要保密工作方面，机要工作方面，电报办理高质高效，顺利完成装备升级扩容，被评为“全市密码工作先进单位”。保密工作方面，加强涉密人员审查工作，圆满完成省市保密自查自评督导工作。

【督促检查、推进落实】 严格规范批示件办理登记、督办反馈和整理归档流程，明确承办单位、责任人和办结时限，实行专人盯办、及时反馈、定期汇总，全年办结专项督办事项50余件，按时限要求办复率达到100%。

【服务社会、促进和谐】 切实做好“诚信利津”微信公众平台的维护和更新工作，定期发布媒体评论、经验做法、诚信知识、诚信故事等方面的内容。加大诚信建设宣传力度，先后在“信用山东”“大众网东营频道”等媒体平台上发表《四轮驱动全力打造“信用利津”》《利津县推进食品药品行业信用建设》《利津县“三项举措”助推卫生领域信用建设》等多篇稿件，广泛宣传诚信建设情况，营造守信光荣、失信可耻的浓厚氛围。全力抓好招商引资工作，截至年底，有在建项目1个、在谈项目3个。扎实做好下派帮扶工作，投资130余万元，建设生产道路920余米、生活道路2550余米；投资12万元，完成旱厕改造100户，改善帮扶村生产生活条件。

【干部队伍建设】 **强化组织领导，全面落实党风廉政建设责任制。**办公室主要负责同志亲自抓、负总责，定期听取党风廉政建设和反腐败工作情况汇报，研究部署工作；班子其他成员和各局室负责同志切实担负起分管领域党风廉政建设责任，形成办公室统一领导、局室各负其责、层层落实的良好局面。**规范决策行为，不断激发工作活力。**对办公室人员岗位调整、资金使用、后备干部推荐等重要事项，按照“集体领导、民主集中、个别酝酿、会议决定”的原则，决策前，深入调查研究，广泛征求干部职工的意见和建议；决策中，让每名班子成员充分发挥意见，畅所欲言；决策后，及时公开，增强工作透明度，提高科学决策、民主决策水平。**深入开展办公室“两学一做”学习教育。**制定实施学习教育方案和工作配档表，组织党员干部集中学习40次、专题集中研讨7次，学习会议讲话、文件精神和理论文章116篇，观看教育片22部。组织开展重温入党誓词、手抄党章、诵读经典、“包村联户”“下基层、接地气、强党性”等活动，举办支部书记讲党课、支部班子成员讲党课、普通党员讲微党课、党员标兵讲党课等活动，评选“党员先锋岗”8个、“党员标兵”18人，增强党员党的意识和党性修养。同时，设立党员活动室，建立党员学习微信群，先后整理归档学习教育档案资料50余册，取得良好的学习教育效果。**发挥带头作用，树立领导干部良好形象。**办公室班子成员带头执行廉洁自律各项规定，严以律己，以身作则，秉公办事，带头发扬艰苦奋斗的优良作风，认真执行公务用车、公务接待等方面的制度规定，真正把厉行节约反对浪费的要求落到实处。班子成员带头管住管好自己的家属、子女和身边工作人员，时时处处维护县委机关的形象和权威，为办公室干部职工作出表率。

（李建林　赵鲁闽）

政策研究与深化改革

【调查研究】 立足全县发展大局，紧贴县委中心工作，始终把文稿服务作为决策参谋的重要抓手，积极主动为县委战略决策和工作部署服务。进一步健全完善县委常委调查研究工作机制，县委常委每人确定1—2个重点调研课题，扎实开展调查研究，为依法科学民主决策奠定坚实基础。县委政研室牵头，县委办综合室、文秘室、信息室工作人员全员参与，主动开展调查研究，2016年共完成重点调研课题4个，其中《借鉴外地先进经验，全力打造诚信利津－关于推进“诚信利津”建设的思考》获得全省党委政研系统优秀调研成果三等奖。整合各级各部门资源，构建政策信息搜集、分析网络，要求全县各级各部门特别是深化改革部门单位、经济综合部门定期上报政策研究和调查研究成果，对事关全县改革及经济社会发展的热点、难点问题开展联合调研，凝聚起推动工作的合力。

【督查落实】 统筹协调。先后8次召开县委全面深化改革领导小组会议，审议通过23项改革文件，听取11次改革工作汇报。谋划部署。出台县委全面深化改革领导小组2016年《工作要点》《工作台账》，确定经济体制改革等8个领域47个方面183项改革任务。年中，出台《利津县2016年重点改革事项》，确定32项重点改革任务，着力攻坚突破。督察落实。所有改革任务纳入台账管理，划定时间节点，定期对账盘点、挂账督察。县委全面深化改革领导小组定期听取8个专项小组汇报，全年下发督察通知15次，进行实地督察5次，各专项小组、各牵头单位平均每个季度召开1次调度会议，推进改革任务落地。制定出台《利津县全面深化改革督察工作实施办法（试行）》《提请县委全面深化改革领导小组会议审议的改革方案报审办法（试行）》，确保全面深化改革工作实现规范化、制度化。积极配合市委改革办督察组、文化体制改革督察组对利津县加强社会主义协商民主建设、国家公共文化服务体系示范区创建工作进行专项督察。调研指导。围绕全面深化改革的重点问题、难点问题和工作中的倾向性问题，集中开展调查研究，及时研究破解影响制约改革的深层次矛盾和问题，有力促进全县深化改革工作开展。信息宣传。围绕各项改革工作亮点、重点，积极宣传重大改革成果，被省、市采用的改革案例、信息、新闻宣传稿件200余篇。其中，《东营市利津县“乡村剧场”建设试点案例》被省委改革情况交流、市委改革动态专刊采用。

（李建林　赵鲁闽）

对台工作

【对台交流】 热情接待台胞回乡探亲考察。全年共接待台胞韩泽民、夏云台、刘瑞玉等3批10人次，并与台胞进行座谈，深入交换意见，鼓励台胞多带领亲朋好友到利津看看，多宣传大陆的对台政策，为两岸进一步的交流、联络与发展作出贡献。积极组织台属入岛探亲交流。全年共组织3批8名台属赴台探亲，向台湾亲属介绍利津的经济社会发展情况和家乡的发展变化，加强利津县台胞台属之间的沟通和友谊。积极组织外出参观学习。4月，组织台办工作人员及台属联谊会部分班子成员到日照东港区参观学习，实地考察日照永裕球体制造有限公司、日照岚桥富凯木业有限公司等两家企业，详细了解企业生产、运行及发展情况，并与企业负责人进行密切交谈。在县台办积极推荐下，利津县第三实验幼儿园被中国关心下一代工作委员会确定为“海峡两岸家庭教育协作示范基地”，为东营市唯一一处获此殊荣的幼儿园。

【服务台胞台属台企】 积极开展台资、台属企业调研活动。定期到台资、台属企业调研，及时

1月27日，县台办召开台商、台属座谈会

了解企业生产经营情况，帮助企业解决发展过程中遇到的困难和问题。全年，县台办共到台资、台属企业座谈调研26人次，解决困难和问题10余个。组织有关人员到利津晨龙工贸有限责任公司调研，详细了解其产品生产及销售情况，并为其产品销售台湾做好服务工作。**加强台属联谊会建设**。指导县台属联谊会成立党支部，选举产生5人组成的第一届支部委员会。组织县台属联谊会召开会员中期大会，对县台属联谊会第一届理事会班子成员进行部分调整，增选1名副会长、2名副秘书长及常务理事，并指导县台属联谊会领导班子进行分工。组织召开台商、台属座谈会，向台商台属广泛征求意见建议。慰问12户困难台属，向全县台胞、台属、台商发送新春慰问信。县委常委、组织部长、统战部长许明德等一行4人到县台属联谊会走访调研，察看县台属联谊会办公室和活动室，并与台属联谊会会长、副会长等进行座谈。**继续开展困难台属结对帮扶活动**。在2015年帮扶12户的基础上，2016年对全县台属又进行再次调查摸底，最终确定13户困难台属，由县台办全体人员、县台属联谊会班子成员一对一结对帮扶，进行实地走访，了解每户实际情况，并分别制定帮扶措施进行帮扶，经过帮扶，13户困难台属逐步脱贫，生产生活均有大的好转。**积极支持台属参政议政**。充分利用台属联谊会这一平台，利用会议讨论、撰写交流体会等多种形式，对政治自觉性强，思维敏捷，群众威信高，与台湾亲属保持密切联系的台属进行重点培养，提高他们的参政议政能力。在县人大、县政协换届之际，分别向县人大推荐2名台属人大代表候选人，向县政协推荐2名台属政协委员候选人，一名台属当选为县人大代表，一名台属被推荐为县政协委员并当选为政协常委。

【对台宣传】 **积极做好信息报送工作**。积极向有关杂志、报纸、网站报送对台工作信息，全年，共在中国台湾网、华夏经纬网、山东省台办等网站发表信息100余篇，在《海峡时空》发表信息2篇。**县台办网站改版升级**。根据县台办网站的有关情况，对台办网站进行改版升级（重新申请域名，并在工信部正式备案），截至年底，网站正式开通运行，为利津涉台宣传增添新的途径。**举办对台法律法规知识讲座**。围绕两岸形势和对台工作任务发展变化，8月份邀请涉台专家对50余名台属骨干进行为期1天的业务培训学习，使台属对两岸形势有了更为准确的理解。

（李鹏翔）

组织工作

【党组织状况】 截至2016年底，全县共有基层党（工）委22个，其中乡镇（街道）党（工）委8个，党总支23个，党支部1077个。全县共有党员19758名，其中预备党员284名，女党员3515名，少数民族10名，在职职工党员6524名，离退休党员2430名。从入党时间划分，新中国成立前入党的70名，新中国成立后19688名；其中1949年10月以前入党的70名，占党员总数的0.35%，1949年10月至1966年4月入党的746名，占党员总数的3.78%，1966年5月至1976年10月入党的3135名，占15.87%；1976年以后入党的158073名，占80%。

【"两学一做"学习教育】 **周密安排部署，从顶层设计上下功夫。**先后召开由全县基层党组织书记参加的"两学一做"学习教育推进会议3次、分类分领域调度会议4次，通过层层传导，压紧压实各级党组织抓教育、受教育主体责任；建立县级领导联系点制度，县委常委、党员副县长经常听取情况、提出要求，带头参加集体学习、带头到支部讲党课、带头深入一线调研，指导分管部门单位抓好学习教育，带动全县学习教育深入开展；创新设置，分类督导。按照县领导分工划分12个县直督导组和3个乡镇（街道）督导组，实现各督导组抓学习教育与抓日常工作的紧密结合，为学习教育开展提供坚强保障。**坚持从严从实，从高标高质上下功夫。**强化纪律意识，落实好三个"不允许"要求，确保学习教育覆盖每一名党员；突出问题导向，确保整改成效。先后在全县开展"32条不合格情形"问题查摆和"负面清单"大讨论活动，让广大党员对照"镜子"查问题，确保问题找得实、查得准，每个党支部都查摆列举"负面清单"，制定"不能为"行为规范，为党员亮明底线、划出红线；开展集中学习，确保学习效果。先后开展理想信念大讲坛、"七一"重要讲话、"五大发展理念"、十八届六中全会精神等集中研讨4次，政治学习、研讨交流常态化日益形成，学习质量不断提高。**创新学做形式，从载体搭建上下功夫。**实施以创建党建品牌、建设过硬支部、评选明星书记和党员标兵为主要内容的"红色引擎"示范工程，一年来，共创建党建品牌12个，评选明星书记50名、过硬支部200个、党员标兵2172名；深入开展"下基层、接地气、强党性"活动，对全县512个村、10个医院、10个企业、5个社区、7个县直学校党支部进行结对联系，全县1000余名干部深入到基层宣传党的政策，了解基层情况，密切与人民群众的联系；先后邀请中央党校经济学部副主任、教授、博士生导师曹立，省委党校副校长孙黎海，省委党校党史教研部主任王立新等专家来利津县授课，进一步开阔广大党员的眼界，提升理论水平。**建立健全机制，从严督实导上下功夫。**推行全程记实和痕迹化管理制度，要求各基层党组织建立学习教育全程记实本，对学习教育每个环节、每个步骤全部留存文字、图片资料；实行督导列席制度，县领导到联系点、督导组到督导部门以列席方式参与集中研讨或学习交流，把督促指导贯穿学习教育全过程；建立倒逼推进机制。由15个督导组牵头，定期对学习教育开展集中督导、打分排名，对排名后两位的部门单位进行专题会议调度。一年来，开展集中督导3次，调度后进单位36个；灵活运用随机抽查、定期通报制度。采取不打招呼、随机抽查的方式，对全县各级各部门单位学习教育开展情况进行督查，对发现的突出问题进行通报，督促整改，累计抽查176个村党组织和85个县直部门单位党组织，印发抽查情况通报7期。**强化舆论宣传，从氛围营造上下功夫。**开展微型党课宣讲，将讲党课范围由领导干部向普通党员延伸，全县共组织微党课3000余次，推选优秀微党课21篇，拍摄优秀微党课展播15期；开展优秀党课评选，全县共评选优秀党课文稿200余篇，其中，30篇优秀党课汇编成册，印发到各基层党支部；组织参加电视知识竞赛活动，从全县各基层党（工）委中选树优秀选手参加全市"两学一做"学习教育电视知识竞赛，获得全市第二名的好成绩；积极与《大众日报》《东营日报》等媒体沟通，对利津县"党员标兵"事迹等学习教育特色亮点工作挖掘总结，以系列形式进行专题报道。市学习教育《工作动态》对利津县实施"红色引擎"示范工程的做法以专刊形式予以印发，在全市范围内学习交流。

【县乡班子换届】 **压实领导责任，准确把握政策要求，切实强化换届选举组织领导。**把准确掌握换届政策作为抓好换届选举工作的基础，全面梳理政策清单，认真学习换届政策要求。成立县乡领导班子换届工作领导小组，起草《关于认真做好乡镇领导班子换届工作的通知》并报市委组织部审核把关。多次召开县委常委会议，专题研究部署县乡领导班子换届工作。召开全县乡镇领导班子换届工作会议，对乡镇换届工作进行安排部署并集中开展换届专题培训。制定《乡镇领导班子换届考察工作方案》，对考察程序等作出明确规定。8个乡镇（街道）全部建立责任清单，制定具体落实措施，层层传递压力，层层压实责任。按照市委统一部署安排，提前收集编印本届任期内工作总结、述职述廉报告、各类领导干部名册等相关材料，协调商定考察程序、办公环境、进度安排等事宜，配合市委做好到我县谈话调研听取意见、会议推进及二次谈话听取意见、补选推荐等县级领导班子换届考察工作。**严格依法依规，坚持高标准严要求，始终确保换届选举工作质量**。统筹推进面上换届考察工作。从纪检、组织、人事等部门抽调政治素质高、综合能力强的精干力量，组成4个考察组，分赴8个乡镇（街道），先后开展谈话调研听取意见、会议推荐及二次谈话听取意见、深入考察共三轮换届考察工作。结合对干部日常情况的全面了解，在深入分析研判的基础上，酝酿提出乡镇（街道）领导班子配备初步建议人选；认真开展“三类人员”进乡镇领导班子工作。严格按照干部选任规定，对乡镇事业编制人员、优秀村干部、大学生村官报名资格进行审核把关，严格按照公开比选、体检、深入考察、提名公示、会议选举等程序，确定6名“三类人员”进入乡镇领导班子人选；扎实做好县乡人大代表提名推荐考察审查工作。加强与县人大等部门沟通，从县纪检、组织、统战等职能部门单位中，抽调专门人员成立8个考察组，通过实地考察、查阅资料、联合审查等形式，对人大代表侯选人初步人选考察审查，确保人大代表质量。**严肃换届纪律，强化风气监督责任，着力打造换届选举清朗环境**。严格落实监督责任，以“零容忍”态度严肃换届纪律，确保换届工作健康有序推进。印发《严肃换届风气工作落实方案》及工作配档表，围绕落实责任、加强教育、严厉查处、强化督查等4个方面，细化28项具体措施，保障工作平稳进行。按照县委、县委书记、县委副书记、纪委书记、组织部长等五大责任主体，制定责任清单，明确34个具体责任事项。严格落实“四必谈”要求，县委书记、纪委书记和组织部长分别与县四大班子成员、县管干部、重点岗位和负责换届工作人员等163人开展谈心谈话，进一步筑牢思想防线。建立快速查核工作机制，制定《关于违反换届纪律问题快查快办工作方案》，从县纪检、组织、检察等部门抽调12名同志，成立1个专项查核组和2个换届风气巡回督查组，确保换届纪律“无死角”监督。换届期间，实行“12380”举报电话24小时专人值守，时刻保持举报平台畅通无阻，及时受理违反换届纪律问题的举报，坚决做到“即时受理、即时处理”。广泛动员发动，全方位立体式宣传，积极营造换届选举舆论氛围。坚持教育在先、警示在先，结合“两学一做”学习教育，开展严肃换届纪律专题教育、警示教育和宣传教育。坚持县四大班子成员带头学习换届纪律，集中观看警示教育片《镜鉴》，集体学习《严肃换届纪律文件选编》。将换届纪律列入县委党校各大主体班次培训重要内容，累计培训学员250余人次。突出抓好重点群体教育培训，印制“九严禁”换届纪律提醒卡1000余份，向县级干部、县直部门单位主要负责人、乡镇（街道）党政领导班子成员和参与换届人员发放。利用县电视台、县政府门户网站、利津党建网、微信公众号等载体平台，向社会公布“九严禁”换届纪律，让广大干部群众充分知晓。各乡镇（街道）组织集中学习、利用电子屏幕、展板等多种形式，确保换届纪律入心入脑。强化网络宣传管理，建立一支16人的网宣员队伍，全网段全天候做好换届期间网络舆情监测防控，确保网络舆情第一时间发现、第一时间报告、第一时间处理，积极营造良好的社会舆论环境。

【干部队伍建设】 **坚持凭实绩用干部，积极倡树正确用人导向**。严格贯彻落实《干部任用条例》，制定出台《科级干部选拔任用工作规程》，严格执行酝酿动议、民主推荐、考察、讨论决定等程序，做到坚持原则不动摇、执行标准不走样、履行程序不变通。坚持好干部“20字”

方针，坚持把政治上靠得住、工作上有本事、作风上过得硬、人民群众信得过的优秀干部推荐上来。同时，注重围绕履行岗位职责、完成急难险重任务、关键时刻表现、对待个人名利等方面考察干部的“德”，坚持把是否坚持原则、勇于担当、敢于负责作为干部考察的一项重要内容进行重点了解，倡树良好用人导向。按照中央和省、市委的要求，制定出台《利津县领导干部能上能下实施办法（试行）》，在全县努力营造能者上、庸者下、劣者汰的干事创业氛围。**深化运用“三位一体”干部考核评价体系**。2016年，集中开展第三轮无任用考察，全面掌握领导班子和领导干部日常表现。组织2015年度工作业绩申报并量化计分，纳入年度考核重要组成部分。在2015年度考核中继续推行网络测评，组织全县6311名干部职工，对全县领导班子和领导干部进行测评。考核体系打破传统考察测评方式的瓶颈，便于全方位、立体式考核评价干部，为班子建设和干部使用提供科学依据。**全面推行全程纪实和信息公开制度**。在干部选拔任用过程中，对新提任科级干部、公开选拔、非领导职务转任同级领导职务的，以及平级转任新的重要领导职务的等都纳入全程纪实范围，对干部推荐考察中形成的各种文书档案全部纳入纪实范围，为用人失察失误责任追究提供准确依据。实行预告制、反馈制、公示制，即时公开干部推荐考察有关情况并及时反馈，切实提高干部选任公信度。

【干部监督】 **圆满完成干部人事档案专项审核工作**。按照上级要求，于5月份启动全县干部人事档案专项审核工作，截至年底，档案审核反馈全部完成，为下步干部选用提供信息基础。同时，加快干部档案数字化建设，指导督促县人社局、县教育局尽快完成转包，年内建设数字化档案系统。**规范清理领导干部在企业兼职（任职）**。按照上级有关要求，对涉及单位下发《关于进一步做好领导干部在企业兼职（任职）清理规范工作的通知》，督促各部门单位认真开展清理规范工作并实行日报告制度。**进一步畅通信访举报渠道**。完善来信、来访、手机短信、举报电话、举报网站“五位一体”信访举报体系，第一时间调查处理信访举报，及时向有关部门和个人做好反馈，结案率实现100%。

【干部教育培训】 **坚持在基层一线培养锻炼干部**。按照县委“注重在重点项目、重要工作和关键时刻培养锻炼使用干部”及《关于在重点工程（项目）等建设中培养锻炼使用干部的实施意见》精神要求，继续选拔综合素质高、发展潜力大、有培养前途的优秀干部到重点工程项目、下派帮扶、信访一线进行锻炼，做到干部锻炼在一线、干事在一线、选拔在一线。强化干部经常性考核，并适当分配后备干部和优秀等次干部推荐名额。一年来，共选调一线挂职干部58名。**不断加大干部教育培训力度**。依托县委党校等培训阵地，精心设计培训内容，采取工程项目一线实地教学、赴高校培训、到发达地区考察学习等形式，多渠道培养干部，构建多层次、多元化干部教育培训新格局。一年来，共举办各类培训班、轮训班、进修班、短训班19期，培训各级各类干部2429人次，13个部门单位组织285名干部赴高校参加培训。

【人才工作】 **注重抓好体制机制建设，提升党管人才工作水平**。出台《人才工作目标责任制分工意见》，修订完善人才工作目标责任制考核办法；成立县高层次人才发展促进会，吸纳79名各界优秀人才成为会员，成为利津县集聚优秀人才、推动人才沟通交流和联系服务的重要平台。**注重抓好“双招双引”工作，提升县域发展核心竞争力**。成立县级层面工作领导小组，下设招才引智、招商引资、督查考核办公室，整体统筹推进。组织开展全县范围内的“大调研”，采集到958名高层次人才和61个对接高校科研院所的信息，排查到需破解难题67个、提升需求62项，建立起高层次人才、利津籍在外高层次人才等8个基础数据库。**实行台账管理**。建立专家人才（团队）、平台载体建设、招商引资项目三类工作台账，并在各部门单位对接报送162个“双招双引”项目的基础上，筛选确定全县重点项目48个，引进中科院“百人计划”专家王春河博士等26名专家学者来利津县开展技术研发，推动投资15亿元的SPB系列产品（电子化学品基础性新材料）项目成功落户。**注重抓好人才培养扶持，提升人才队伍建设水平。**实施“农村实用人才振兴工程”，成立首批省级农业科技园，积极推进农村实用人才培训和农业科技推广，创新开展农村实用人才各类培训；实施“高技能人才培养开发计划”，培养命名9家县级高技能人才创新工作室，其中崔风庆等2家创新工作室被评为“市级创新工作室”；加强专业技能人才队伍建设，举办汽车驾驶等10余个工种（项目）的技能竞赛，带动1.7万余人参与技能练兵；继续抓好“百千万”文化培训、女性素质提升、团干部素质提升等“特色人才培养工程”。

【下派帮扶工作】 积极开展县直第十批下派帮扶工作，共选派76个单位、94名下派干部到村开展帮扶工作，对省定贫困村和贫困人口相对集中村全部选派帮扶工作组。按照“六个精准”要求，充分整合帮扶部门单位行业职能，借力助推扶贫脱贫攻坚，先后开展土地开发整理、农业科技入户、医疗卫生服务、残疾人奔康技能培训等帮扶项目，进行村庄改造、文化广场建设、硬化公路、供水及电网改造等基础设施建设，贫困村村容村貌得到有效改变。截至年底，市县各帮扶工作组共实施各类项目319个，折合资金5930.4万元。积极转变机关干部作风，以“单位包村、党员联户”工作为载体，不断提升干部联系群众、为民服务的能力。派出单位与帮扶村、党员干部与贫困户一对一“结对子、认穷亲”，广泛开展“送政策、送项目、献爱心”活动，市县136个单位与帮扶村全部结成对子，实现帮扶村贫困户结对帮扶全覆盖。

【基层组织建设】 **抓队伍强素质，切实强化党员队伍建设。**严把党员“入口”。进一步完善党员发展“三步公选、民主择优”机制，2016年新发展党员276名，前三季度择优确定入党积极分子372名；开展党员组织关系集中排查，对全县10名失联党员，按自行脱党予以除名。联合相关职能部门，对全县党员进行违法违纪排查清理；规范党费收缴管理。指导各基层党（工）委就2008年以来党费收缴情况，开展专项检查并集中补交；推进信息化建设。针对不同领域、不同类型党员需求特点，运用“互联网+”和“大数据”思维，创新实施党员教育“七个一”工程。**固本源强基础，力促基层组织晋档升级。**着眼于建设服务型基层党组织，大力开展乡镇（街道）工作区党群服务中心建设，推动工作重心下沉，服务职能下移。全县科学设置工作区34个，配备工作人员208人。总投资5000余万元，新改扩建工作区党群服务中心33处、村级活动场所76处。规划建设党群服务中心3.1万平方米，提升工作区服务能力，解决村级活动场所狭小破旧问题；扎实开展软弱涣散村党组织整顿，建立县乡领导班子成员联系包靠制度，依托“第一书记”对40个软弱涣散村组织进行深入摸排分析，压实责任，强力推进。建立完善村“两委”干部值班坐班制度，积极筹措资金解决村级组织无钱办事难题，2016年县财政转移支付1000余万元用于补助村级服务经费。继续抓好“三务”公开、村级重大事务预告制票决制，扎实推进村干部经济责任审计，推动村级组织民主管理。严格发展党员工作，消化3年以上不发展党员村49个。规划建设“党建在线”管理服务平台，进一步摸清基层党组织家底，摸清党员底数，夯实科学化、信息化管理基础。开展基层党组织按期换届情况专项检查，对基层党委、党总支、党支部按期换届情况逐一排查，集中利用一个半月的时间，指导123个未按期换届的县乡机关党组织全部完成换届选举。**重统筹补短板，全面提升各领域党建工作水平。**城市社区党建方面，着力构建“城区党工委、社区党委、区域党总支、网格党支部、楼栋党小组”城市社区大党委工作架构和区域联动运行体系；选举成立社区党委5个、区域党总支10个、网格党支部25个、楼栋党小组153个；为108

个县直部门单位确定共驻共建社区；组织2890名在职党员进社区报到；落实年终社区和驻区单位双向述职评议制度。“两新组织”党建方面，提出党建工作区域化、组织架构系统化、党务干部职业化、服务阵地实体化、作用形象显性化、日常管理信息化、经费保障制度化“七化”任务；成立8个乡镇（街道）综合党委，共排查非公企业275家，成立党组织128个，覆盖非公企业221家；社会组织95家，成立党组织43个，覆盖社会组织64家；选派党建指导员370名。机关党建方面，深入开展县乡机关基层组织规范提升活动，实施机关党建与机关文化融合推进示范工程，发挥党建统领作用，引领机关作风和风气转变。首批35个县直机关党组织创建工作有序推进，涌现出一批叫得响、效果好的机关党建文化品牌。

【新型农民培训】 在广泛调研摸底的基础上，对全年各类培训任务量化分解，优化培训内容，改进培训方式，提升培训质量。充分发挥10处市级新型农民培训教育示范基地及15处“新型农民电商之家”的作用，满足群众个性化需求，累计开展“点对点”、高层次及模块化等各类培训1800余期，培训6万余人次。同时，把扶贫开发培训作为一项政治任务来抓，开展土元养殖、蚂蚱养殖、庭院食用菌、家政服务等扶贫专项培训132期、培训3600余人次，帮助200余户贫困户实现脱贫。作为省电大农村“两委”成员专科学历教育招生试点单位，积极做好服务保障，组织开展好考前培训和入学考试工作，2016年，新招收中专及以上学员176名。其中，108名学员被成功录取。做好新型农民创业基金小额担保贷款申报工作，全年共发放创业基金贴息贷款4865万元，扶持487户创业。

（张爱国　丁金龙）

宣传工作

【意识形态工作】 **完善工作机制。**按照中央、省、市关于意识形态工作的要求，制定出台《利津县党委（党组）意识形态工作责任制实施细则》，召开全县党委（党组）意识形态工作责任制座谈会，明确各级党委（党组）的具体职责，增强各级党组织抓意识形态的责任感使命感。县委常委会专门听取意识形态工作情况汇报，对全县意识形态工作开展进行研究部署。**加强督导调度。**召开全县学习贯彻习近平总书记在党的新闻舆论工作座谈会上的重要讲话精神专题会议，传达贯彻全市专题会议精神和杜振波书记重要批示精神，就利津县加强和改进新闻舆论工作进行安排部署，切实把导向要求落到实处。县广播电视台严格落实编辑、部门负责人、总编三级审看制度，不断加强新闻从业人员教育管理，确保舆论宣传安全有序。开展文化市场专项整治行动，严厉查处网吧、KTV、书店等文化市场违法犯罪行为，对1家无证经营KTV场所、1家销售盗版教材书店、4家违规经营网吧进行依法查处，有效净化社会文化环境。**凝聚工作合力。**《实施细则》出台后，全县各级各部门对意识形态工作的重视程度不断加强，基本形成党委统一领导、党政齐抓共管、宣传部门组织协调、有关部门分工负责的工作格局。阵地意识进一步增强，一些讲座或讲坛的组织方，事前主动报告，县委宣传部对其审核把关。

【理论武装工作】 **不断加强党委（党组）中心组学习。**召开全县党委（党组）中心组学习座谈会，对全县党委（党组）中心组学习进行安排部署。印发《2016年全县干部理论学习安排》和《利津县委中心组2016年学习安排意见》，明确学习重点、学习形式，督导各级各部门制定理论学习方案，完善理论学习制度，深化理论武装实效。结合“两学一做”学习教育，制定县委中心组“两学一做”学习教育安排表，年内，组织服务县委中心组集中学习27次，举办“两学一做”专场报告会等大型辅导报告会4场。**把学习宣传贯彻习近平总书记系列重要讲话作为理论武装的重中之重。**结合“两学一做”学习教育开展，组织《习近平总书记系列重要讲话读本（2016版）》征订学习工作，做到全县党员人手一本。**推进党的最新理**

论成果学习普及。召开全县文艺暨哲学社会科学工作座谈会，研究部署全县哲学社会科学工作。成立由道德模范、优秀基层党组织和优秀党员代表组成的利津县“两学一做”宣讲团，深入农村、社区开展形式多样的宣讲活动8场。组织东营市宣讲团学习贯彻党的十八届六中全会精神（利津专场）报告会，成立县委学习贯彻党的十八届六中全会精神宣讲团，深入8个乡镇街道开展宣讲。借助微信公众号、政务微博等平台，对群众关心关注的理论热点答疑释惑。深入开展“勇于担当，敢于作为”大讨论活动，组织“勇于担当，敢于作为”主题演讲比赛和报告会，为加快发展统一思想、凝聚共识。**夯实意识形态工作责任制**。制定出台《利津县党委（党组）意识形态工作责任制实施细则》，召开全县党委（党组）意识形态工作责任制座谈会，明确各级党委（党组）的具体职责，增强各级党组织抓意识形态的责任感使命感。县委常委会专门听取意识形态工作情况汇报，对全县意识形态工作开展进行研究部署。县委宣传部被评为2015—2016年度全省理论教育工作先进单位，县政研会被评为全省优秀政研会。

陈庄镇魏希英家庭获第一届全国文明家庭称号

【新闻宣传工作】 **加强主题宣传**。紧紧围绕“两学一做”学习教育、招商引资、园区经济、拆违治乱、扶贫攻坚、三年增绿、三大专项行动等中心工作鼓与呼，根据全县不同时期工作重点开设专题专栏，深入采访报道，营造建设富裕文明生态和谐新利津的浓厚氛围。**进一步加大外宣力度**。立足利津县经济、民生、生态、文化等优势宣传资源，找准节点，选好角度，采写大批高质量新闻稿件在市级以上媒体刊发。全年在《人民日报》《农民日报》等中央级报刊发稿27篇，在《山东侨报》等境外媒体发稿108篇，在《大众日报》发稿30篇，在《大众日报·东营新闻》发稿52篇，在《东营日报》发稿790篇。广播电视宣传在全省县级台中名列前茅。**加强舆论引导**。精心组织策划主题宣传、典型宣传、形势宣传、成就宣传，一年来，围绕各级重要会议、重大活动、重大部署加强网络宣传，积极向上的网络文化进一步壮大。进一步完善网上舆情监看机制、网络预警研判机制、网络舆情应对和处置机制、联席会议机制、网络舆情突发事件联动应急机制等五项网络管理机制，加强日常舆情监控特别是重大突发事件和敏感时期网上舆情监控工作，网络舆情应对能力进一步提升。对微信公众号“利津发布”进行改版，设置“走进利津”“便民服务”和“往期回顾”等三个板块，开设“本地动态”“学习时间”“利津文化”“生活百科”“家风建设”“推荐悦读”等多个栏目。截至年底，利津县初步构建起“利津发布”政务微博、微信公众号和山东手机报利津专刊的政务新媒体矩阵。做好舆情研判与应对工作，营造清朗网络空间。

【精神文明工作】 **加强部门合作，巩固省级文明县创建成果**。开展2015年省级文明县补测工作，结合省级卫生城复审，推进实施公共环境、集贸市场、城中村及城乡结合部、社区单位、建筑工地、窗口单位、城区车辆乱停乱放、重点行业（“三小”“五小”）、病媒生物防治等9大领域专项整治行动。利用电视、广播、网络、广告牌等多种载体，宣传文明常识、发起公益倡议，巩固提升省级文明县创建成果。**强化宣传引导，深入推进公民思想道德建设**。发放社会主义核心价值观宣传品1万余份。开展2016年“感动利津”道德模范评选活动，连续4年成功开展“感动利津”道德模范评选，评选出40位道德模范，在全县上下掀起爱模范、学模范、争当模范的热潮。积极向上级推荐各类典型人物，魏希英家庭被评为“全国文明家庭”、任兰民被评为全市第四届道德模范，几年来，利津县有7人获全市道德模范荣誉称号，3人获“东营最美人物”荣誉称号。**突出典型带动，打造秀美宜居新农村**。扎实开展移风易俗，制定下发《关于加强农村红白理事会建设促进移风易俗的意见》《在农村实行移风易俗重大事务公示制的通知》《优秀红白理事会评选方案》等文件。开展移风易俗示范村评选，推进移风易俗重大事项网上、网下公示，截至年底，全县所有村庄都建有移风易俗重大事项公示栏。在下半年全省红白理事会农村群众电话满意度调查中，利津县列全省第7名，全市第1名。**拓展活动载体，创新推动家风建设**。制定出台《立家规 传家训 树家风主题活动实施方案》，重点打造微信平台活动“主阵地”，通过“文明利津”“利津发布”两个微信公众号，开展网上网下互动，共收到各类投稿500余封，覆盖人群达2000余人，微信总阅读量达到3万余人次，总点赞数1.8万余个，影响广泛。**丰富活动内容，夯实未成年人思想道德建设**。抓住重要时间节点，深化“我的中国梦”主题教育实践活动，组织清明祭英烈、六一“学习和争做美德少年”、七一“童心向党”等活动，引导未成年人确立爱国、诚信、孝敬、节俭等道德规范。

【文化建设工作】 **群众性文化活动精彩纷呈**。大力实施文化惠民工程，组织“东营市2016年百团千场乐万家”社会文艺团体巡演530场，“精品集萃贺新春”文化下乡优秀文艺作品巡演18场。开展“春满凤凰城”元宵节系列活动，举办“春满凤凰城”乡村剧场优秀剧目展演、庄户剧团优秀剧目展演、欢乐大家唱、2016民间文艺展演11场。举办“欢乐黄河口 美丽中国梦”广场群众文化演出48场。2016年山东省暨东营市文化科技三下乡活动启动仪式在利津县举行。**大力实施文艺下基层活动**。组织书法、美术、摄影、作家、音舞等各领域文艺家开展采风创作16次，组织全县“文艺扶贫助力小康”志愿服务活动。举办“看变化、聚合力、促发展”系列活动之“成长的记忆”书美摄影综合展。通过系列活动开展，进一步提高利津县文学艺术作品数量和质量，全县创作精品力作50余篇（首）。在第六届黄河口文艺奖评选中，利津县各门类共16件作品获奖，在全市各县区中名列榜首。**加快文化设施建设**。对照国家级公共文化服务体系示范区创建标准，查缺补漏，积极推进县文化艺术中心建设，对乡镇（街道）文化站、村（社区）综合文化服务中心等文化设施进一步完善提升，建成乡村剧场60处。县文化馆完善建设戏剧排练厅等功能室，开通“利津县文化馆”网站，被评为国家县级一级文化馆。县图书馆乡镇分馆全部建成投入并配套完备图书集群管理系统，实现全县范围内图书统借统还，容量达50万册电子图书的“利津县数字图书馆”开通运行。推进历史文化展示工程，建设历史文化展馆9个。5月18—19日，全省县及县以下历史文化展示工程经验交流会在利津县召开。

【机关党建工作】 把开展“两学一做”学习教育作为重大政治任务来抓，准确把握“基础在学、关键在做”“带着问题学、针对问题改”“抓在日常、严在经常”等要求，每周五下午定期开展集中学习，不断创新学习方式。党支部书记带头为党员干部上党课、带头参加学习研讨、带头查摆整改问题、带头抓调研督导、带头参加党支部的组织生活会，以上率下、明责传压；其他班子成员积极参加学习教育，有力有效地落实学习教育各项任务。始终贯彻从严从实要求，高标准开展3个专题5次集中学习研讨，先后到县检察院、县国税局、县油区办等单位参观考察，到市廉政教育中心、陈庄镇、汀罗镇历史文化展室接受教育，增强党员干部的思想自觉，筑牢思想防线。围绕做合格党员、建设过硬支部这个目标，细化工作推进措施，选举产生新的支部班子。推进机关党建与文化融合发展，健全完善“三会一课”制度，高标准召开民主生活会。针对查摆的问题形成“回头看”工作报告，着力解决文化活动不接地气、精神文明建设搞“面子”工程等问题。帮助所包村配套完善基础设施，发展乡村旅游。把开展学习教育与做好本职工作结合起来，与加强干部队伍建设结合起来，有力推动宣传思想文化工作的开展。

（顾 辉）

统战工作

【政治统战】 **推进政党协商的制度化、规范化、程序化建设。**认真贯彻落实《中共利津县委关于加强社会主义协商民主建设的实施意见》，协助县委制定《中共利津县2016年度同县无党派人士政治协商计划》。**积极健全完善会议协商形式。**召开无党派人士专题协商座谈会，就2016年全县政府工作、经济形势和经济工作等内容征求意见。召开全县党风廉政建设和反腐败工作党外人士情况通报会，征求对做好新形势下反腐倡廉工作的意见建议17条次。召开专题调研工作座谈会，反馈党外人士参政议政专题调研成果采纳落实情况。全年共组织召开党外人士情况通报会、专题协商会、征求意见会议6次。**继续深化在无党派人士中开展中国特色社会主义实践活动。**组织开展各类主题“建诤言献良策”活动，全年共征求非公经济人士、民族宗教界人士、台属侨眷、党外知识子和政协委员的建设性意见建议20余条，经整理归纳后报县委、县政府和相关部门。

【经济统战】 **认真学习传达贯彻习总书记重要讲话精神。**帮助非公有制经济人士准确把握中央和省委有关重大决策部署，引导广大非公有制经济人士认清形势，提振信心，加深对于“两个毫不动摇”“三个没有变”，以及“亲”“清”新型政商关系等讲话精神的理解和认识。**全力引导会员企业参与扶贫开发。**组织5家会员企业及与企业结成帮扶对子的2个贫困村书记参加东营市工商联组织的“百企帮百村”精准扶贫启动仪式，向全县70余家会员企业发放《利津县工商业联合会“百企帮百村”脱贫攻坚行动倡议书》，号召会员企业积极行动起来参与扶贫行动，11家会员企业与11个省定贫困村结成帮扶对子开展帮扶活动。**搭建有效平台提升服务水平。**先后与县人行等九家金融机构负责人进行座谈，共同探讨为企业解决融资难的问题，并一同深入到14家企业进行实地查看，力促银企对接，截至年底，达成意向贷款协议10家。积极探索维权新模式，组建县工商联会员服务中心，切实维护会员企业的合法权益。

【人才统战】 **议政建言更上新台阶。**积极推行县级领导联系党外代表人士“六项制度”，即走访慰问制度、谈心日制度、学习交流制度、约请谈话制度、跟踪服务制度、述职汇报制度。全年，组织县级领导走访慰问、约请谈话党外代表人士活动5次，为党外代表人士议政建言创造良好的环境和条件。**教育培养激发新活力。**将党外人才培养纳入《2016年利津县人才工作目标责任制分工意见》。会同组织部门做好对党外干部的跟踪管理，建立党外代表人士年报制度，推动县直部门11名党外干部轮岗交流。开展社会主义核心价值观理论班2期，推荐3名党外干部参加全市党外科级干部理论进修班。**推荐选拔实现新提高。**通过结合年度考核及平时班子考察，在项目一线、维稳一线、重点岗位、重点领域发现党外后备干部，建立党外干部后备库。本年度2名新提拔党外副科级干部到乡镇进行挂职锻炼，2名党外干部担任县直部门正职，4名党外干部得到轮岗交流，实现党外干部培养使用新突破。

【社会统战】 **全面贯彻落实党的民族政策。**协助制定出台《县委、县政府关于加强和改进新形势下民族工作的实施意见》。成功协调处置1起涉及民族因素

4月11日，全市少数民族“扶贫攻坚 民品先行”启动仪式在利津举行

的矛盾纠纷事件。9月份组织开展民族团结进步宣传月活动，积极营造民族团结的浓厚氛围。组织三阳纺织公司、津苑社区迎接全市民族团结进步创建“互观互检”活动，推动民族团结进步事业健康发展。全年帮助三阳纺织公司争取民品贷款贴息2000多万元，有效地促进企业快速发展，三阳纺织有限公司被评为全国民品百强企业，山东省四强。**全力维护宗教领域和谐稳定**。深入学习全国和省市宗教工作会议精神，组织召开全县宗教工作座谈会，对做好新形势下的宗教工作进行安排部署。组织对利津县5处基督教活动场所的安全工作进行大排查，对发现的问题提出整改意见；认真做好春节和市“两会”期间等重大节日宗教领域不稳定因素排查调处工作任务，积极抵御邪教渗透。组织开展全县宗教信仰普查、民间信仰情况调研普查、伊斯兰教工作调研，开展宗教领域非法出版物和有害网络信息专项治理行动。组织引导县基督教三自爱国运动委员会开展“奉献爱心、助力扶贫”活动。**全方位做好少数民族精准扶贫工作**。4月11日，全市少数民族“扶贫攻坚 民品先行”活动启动仪式在利津三阳纺织有限公司举行。省民委副主任左亭、副市长王吉能出席仪式并讲话。对利津县省定的少数民族贫困家庭和市定少数民族贫困家庭的情况进行详细统计，建立少数民族贫困户数据库，2户省市定标准的少数民族贫困户分别获得2万元扶持资金，新上创业快餐店项目和安装光伏发电项目，实现稳步脱贫。

【基础统战】 **深入调研查摆不足**。成立由统战部牵头、各统战单位协调配合的调研小组，明确责任按照市委统战部下发的67条调研检查内容逐条对照，查找问题不足，列出任务和问题清单，制定具体措施，逐项推进落实。**强化问题导向推动政策落实**。认真落实中央和省、市、县委关于党外代表人士安排使用的各项政策规定。推动调整统战工作领导小组，健全大统战格局。推动把统一战线理论政策纳入党校学科建设和教学内容。**落实会议精神凝聚强大合力**。积极传达省委统战工作领导小组调研检查组在东营市“贯彻落实中央、省委统一战线系列重大决策部署调研检查工作座谈会”上的讲话精神，切实增强责任意识，坚持问题导向，不断创新工作机制。

【县政协换届保障有力】 **超前谋划，确定新一届政协规模和界别设置**。结合形势发展，组织人员对利津县政治协商规模需求进行调研，经向县委请示，同意调整利津县新一届县政协委员规模由130名增加到170名。同时，增设无党派人士界别，有效保证党外政协委员数量。**强化比例要求，制定换届方案**。统战部会同组织部在充分征求政协党组的意见建议后报县委制定《利津县政协换届人事安排实施方案》，确定党内、党外政协委员比例要求，严肃换届纪律，严把换届风气关、人事关和程序关。**开展非公经济人士综合评价**。召开全县非公有制经济代表人士综合评价会议，成立全县非公有制经济代表人士综合评价领导小组，由统战部牵头，联合组织部、卫计局等15个部门单位对拟作政治安排或拟推荐为重要评选表彰人选的非公有制经济代表人士进行综合评价。全年，对市县两级人大和政协换届、市工商联换届中的64名非公经济人士候选人进行综合评价，有效确保换届质量，防止“带病提名”“带病当选”，为换届工作提供坚强的组织保障。

（张建辉　付荣升）

机关党工委工作

【概况】 县机关党工委所属县直党委2个，党总支17个，党支部141个，党员3070名。2016年，党工委以贯彻落实全面从严治党要求为主线，以开展“两学一做”学习教育为契机，以建设学习型、服务型、创新型党组织为目标，牢牢把握“服务中心、建设队伍”核心任务，以“抓学习教育、促素质提升，抓规范化建设、促基础夯实，抓载体平台、促作用发挥”为工作重点，努力推进全县机关党建工作科学化、制度化、规范化水平不断提升，有力推动全县经济社会各项事业发展。

【提升党员队伍素质】 **“两学一做”学习教育。**党工委按照县委统一部署和要求，积极推动县直机关各级党组织开展以“学党章党规、学系列讲话，做合格党员”为主要内容的“两学一做”学习教育。组织开展“书党章，写党规，强党性”书法征集、党章党规知识电视竞赛等活动，并特邀胜利油田党校副校长蔡军田教授来利津县作专题辅导报告，通过多样的活动更好地丰富学习

12月7日，举办县直机关党员代表会议

教育形式，促进全县“两学一做”学习教育深入开展。**突出抓好理想信念教育。**始终将加强党员干部理想信念和道德教育纳入党员干部思想政治教育之中，积极开展各种形式的党性锻炼活动，在县直集中开展重温入党誓词、参观党性教育基地等党性锻炼教育活动，进一步增强道路自信、理论自信、制度自信和文化自信，坚定机关党员的共产主义理想和中国特色社会主义信念，更好地把思想行动统一到以习近平同志为核心的党中央要求和县委、县政府的决策部署上来。**创建学习型组织。**利用“两学一做”学习教育的开展，继续深化拓展以机关党员参与为主体的“支部讲坛”活动，集中开展“微型党课”、党员教育电视片制作工作，23个基层党组织制作各类专题“微型党课”12部、党员教育电视片14部，其中“微型党课”获三等奖2部，党员教育电视片获一等奖4部、二等奖2部、三等奖3部、优秀奖5部，有效丰富学习形式，强化党员学习教育效果，机关党员队伍整体素质得到全面提升。

【夯实组织基础】 **基层班子建设。**全年新成立党总支、支部10个，改选调整基层党组织22个，考察审批党（总）支部书记、副书记、委员81名，组织83个党（总）支部进行集中换届。**发展党员工作。**全年分3批对151名申请入党的同志采取“三步公选、民主择优”的选拔方式，择优确定55名同志为入党积极分子培养考察对象。对培养成熟的27名入党积极分子进行全面政审、考察，并于11月组织新发展27名党员进行入党宣誓。及时审批到期转正预备党员34名，为基层党组织充实了新生力量。**实施“机关书记项目”。**按照“一支部一特色”的工作思路，突出抓重点、重点抓，创新实施“机关党组织书记项目”。共接受基

层党组织申报“书记项目”89个，进一步推动党建第一责任人职责的落实。**实施“红色引擎”工程**。坚持高标准、严要求，梯次推进“党建品牌”和“过硬支部”建设。县国税局的“阳光国税 幸福家园”、县广播电视台的“导向 力量”等12个党建服务品牌建设完成，充分发挥党建品牌的示范、引导、激励和规范效应。结合县直机关党组织实际，印发《关于县直机关党组织创建“过硬支部”的实施意见》，分解细化创建标准，重点对班子建设、组织建设、党员队伍建设、制度建设、保障运行进行规范，经申报、考核，评选确定首批29个基层党组织为“过硬支部”。**实施“党建与文化融合”工程**。印发《关于县直机关党组织实施机关党建与机关文化融合推进工程的实施方案》，确定以2017年12月底为时间结点3个批次的创建名单，分批完成县直机关党组织机关党建与机关文化融合创建任务。首批30个党组织创建工作有序推进，涌现出“崇真求实 秉公持正”“黄河卫士 福润利津”“铸警魂 保平安”等机关党建文化品牌。充分发挥机关党建与机关文化双向引领作用，不断夯实县直党组织战斗堡垒基础。**党员进社区活动**。全面落实党员双重管理要求，深入开展服务基层、服务群众的各种实践活动。春节前集中开展“党员进社区，春联送祝福”活动，为社区居民现场书写春联1000余幅。6月份结合全县迎接省级卫生城复审工作，集中开展“机关党组织与社区共建”活动，通过开展健康教育宣传、卫生集中清理、购置灭鼠灭蚊蝇药具等，有力推动全县卫生城市建设工作的提升。**机关党员管理**。认真开展党员组织关系集中排查工作，以支部为单位对县直机关3061名党员进行信息核查、采集工作，对遗失《入党志愿书》等党员档案材料的38名党员进行统计，及时上报申领，排查清理近6年的党组织关系转接情况，对未收到回执的516人次进行核查确认，确保其党组织关系落实，进一步规范组织管理。通过组织所辖基层党组织进行党内统计工作、参建“党建在线”管理平台，全面掌握基层信息，积极探索推进党员科学化、电子化管理模式。全年共完成496人次的组织关系接转工作。6月份集中开展党费自查自纠，对机关党务干部和党费管理人员开展专项学习培训，进一步增强党性观念和自觉交纳党费意识。严格落实上级关于党费收缴的整改要求，对2008年4月至2016年6月份以来的党费收缴工作开展专项检查，共补缴党费1992412.3元。2016年度（含补交）共收缴党费3366692.50元。

【机关精神文明建设】 **大力推进绿色生态建设**。落实“三年增绿”工作要求，配合县林业局牵头组织县直机关干部职工积极开展植树造林活动。探索建立县直部门单位网格化造林机制，在全县乡镇街道建立县直机关生态造林示范区7个，落实造林任务、管护目标、监管责任，为推动“三年增绿”工作开展、建设绿色生态利津起到很好的示范带动作用。同时，积极督导县直各部门单位加强落实美国白蛾防治工作，切实确保造林绿化成果。**积极开展各种机关活动**。5月份联合县委宣传部，集中组织举办全县“勇于担当，敢于作为”大讨论演讲比赛，各基层党组织涌跃报名参加，通过身边人讲身边事，进一步激发全县干部职工的干事创业热情，营造起勇于担当、积极作为的工作氛围。“七一”前夕，通过外请专家作报告、举办知识竞赛、走访慰问困难党员群众等形式，引导县直各级党组织积极开展形式多样的建党95周年庆祝活动。

【廉政教育】 **严格落实党规党纪，强化规矩意识**。严格落实党风廉政建设主体责任和监督责任，突出主责主业、聚焦中心任务，健全机制，深入推进党务公开、政务公开。把纪律和规矩挺在前面，把贯彻《关于新形势下党内政治生活的若干准则》和《中国共产党党内监督条例》作为落实全面从严治党要求和党风廉政建设责任的重要抓手，督促党组织和党员干部遵守政治纪律和政治规矩，强化执纪问责，让守纪律、讲规矩成为党员干部的行为习惯。**加强反腐倡廉教育，营造廉政氛围**。严格落实党委意识形态工作责任制，把反腐倡廉教育作为党员教育培训的重要内容，与理想信念和宗旨教育、政德教育等有机结合，不断提高党员干部的廉洁自律意识，着力营造不敢腐、不能腐、不想腐的政治氛围。通过组织机关党员参观县廉政教育基地、开展党章党规知识竞赛等活动，加强党风党纪、廉政法规、廉洁自律教育和警示教育，筑牢拒腐防变的思想防线，努力营造“能干事、干成事、不出事”的良好环境。

【发挥工委职能作用】 **加强对群团组织的领导**。积极领导协调工青妇等群团组织开展工作，发挥桥梁和纽带作用。4月底，与县总工会联合举办县直机关庆“五一”、迎“五四”拔河比赛，县直22个部门单位的300余名党员干部职工报名参加，进一步增强干部职工的凝聚力、向心力，带动全县干部职工形成团结拼搏、奋发向上的精神风貌。**做好综治、计划生育工作**。落实综治工作要求，在做好本单位综治、信访工作的同时，积极做好对县直机关广大党员的普法宣传教育。按照计生工作要求，定期组织育龄妇女开展健康查体，参加计生讲座，不断加大县直机关计生政策法规的宣传教育力度，有力带动和促进全县计生工作的健康开展。**牵头做好“两代表”换届选举工作**。积极参与人大换届工作，牵头指导县直机关选举，严格按照规范要求依法依规完成投票选举，成功选出县人大代表18名，确定市人大代表候选人13名。认真组织开展利津县县直机关出席利津县第十三次党代会代表候选人初步人选的酝酿推荐工作，通过征求所属基层党组织3066名正式党员的意见、召开党工委会议酝酿讨论，确定预备人选120名。在党工委党员代表会议上，以无记名投票的方式选举产生县直机关党工委出席中国共产党利津县第十三次代表大会代表88名。**做好联系帮扶工作**。充分发挥部门职能，扎实开展各种形式的帮扶工作。4月份第十批下派帮扶工作启动以来，班子成员先后走访村内党员群众70余人次，建立民情档案，并以此为依据为群众办实事、办好事。全年投入帮扶资金12万元（自筹6万，协调6万）为联系村安装路灯、整理土地660亩，解决乡亲们盼望多年的夜间照明、土地整理问题。为村文化大院捐赠图书500册、配备音响一套、办公家具10余件（5000元），举办家政、科技等培训班5期，积极为徐集村广大群众开辟就业渠道。

（郑皓月）

信访工作

【概况】 信访局内设接访股、办信股和信访接待中心。2016年底职工14人，其中局长1人，正科级信访督查专员1人，副局长2人，副科级信访督查专员1人，副主任科员2人。2016年，县信访局紧紧围绕县委、县政府的决策部署，建立健全信访工作责任制，着力完善领导干部公开接访制度，推动矛盾纠纷排查化解常态化管理，积极构建一体化大信访格局，全力打造阳光信访、责任信访、法治信访。全年共接待来县上访272起2265人次，同比起数上升14.8%、人次下降15.7%。到市上访34起290人次，起数上升6.3%、人次下降26.6%；去省上访32起72人次，分别下降15.8%、50.7%。涉法涉诉进京非正常上访1起1人次(上年9起9人次)，为保持全县大局持续稳定做出积极贡献。

【工作举措】

以无非访县创建为抓手，狠抓秩序规范。(1)强化工作安排。根据省、市要求，制定无非访县创建工作方案，并向县委常委会议作专题汇报。组织召开无非访县创建动员会议，提出具体工作要求和问责措施，乡镇（街道）及重点县直部门签订“责任状”，压实工作责任。(2) 强化宣传引导。把5月份确定为“依法信访集中宣传月”、12月份确定为“《山东省信访条例》实施一周年集中宣传月”，采取咨询台、明白纸、宣传车、条幅等形式进行广泛宣传，在凤凰广场、银座商城利津店大屏幕滚动播放非访受打击的典型案例。在信访接待过程中，向重点人员宣传渗透利津县因非访追究刑事责任情况。(3) 强化驻京值班。从信访、公安、乡镇（街道）选派5名责任

5 月 19 日，县信访局召开利津县网上信访受理平台开通新闻发布会。

心强、信访工作经验丰富的同志在京驻守值班，严密防控，严防死守。2016 年度全县有涉法涉诉非访 1 起 1 人次，取得优异成绩。

以综合考核指标为重点，狠抓基层基础。(1) 从“量的降低”转变为“质的提升”。对市委、市政府综合考核的 3 大项 6 小项指标，进行动态分析，找出与指标相关联的环节和事项，靠上做弱势项目的提升，信访部门及时受理率、对信访部门满意率均为 100%，得分情况较上年有大的提高。(2) 从“走访为主”转变为“网上优先”。实行网上信访“三个一律”制度，即：一律以“联席会议办公室”名义交办，一律呈报分管县领导，一律抄送责任单位主要领导。由于及时办理、高位交办，逐步形成网上信访优于走访的导向，网上信访占总量的 52%，实现国家、省、市信访局提出的网上信访“主渠道”工作目标。(3) 从“事后化解”转变为“事前预防”。强化队伍建设，经过推荐、笔试、面试、考察四个环节的选拔，在城区、乡镇（街道）以及 512 个村选聘信访信息员 587 名，形成县乡村“三级联动”的信访工作网络。据初步统计，通过这一“网络”排查化解不稳定因素 500 多个。

以案件化解为核心，狠抓提质增效。(1) 提升就地化解率。县信访局对“三个无争议”（反映的问题无争议、提出的诉求无争议、依据的事实无争议）的来县上访，通过现场接访、联合会办等方式，第一时间、第一地点接待处理，减少交转量。2016 年现场协调处理案件达到 79.4%，化解案件达到 61%。(2) 提升积案结服率。对信访积案，逐案落实包案领导、责任单位和具体责任人，因人因地因事制宜，分类实施化解。截至 11 月底，全县 18 件信访积案（其中市领导包案 8 件，市信访局交办 17 件，市领导包案与市局交办交叉重叠 7 件）办结率、结服率均达到 100%。(3) 提升案件听证率。成立由律师、人大代表、政协委员、退休干部等 32 人组成的“信访事项评议人才库”。根据信访工作需要，有针对性地邀请“人才库”成员，通过听证会等形式，对信访案件“把脉会诊”。共召开听证会 27 次，信访工作效能大大提高。

以敏感时期安保为载体，狠抓稳定安全。(1) 强化重点人员稳控，筑牢第一道防线。全国“两会”、十八届六中全会期间，将重点群体骨干和重点个体，一一列出单子，安排责任单位 24 小时关注行踪、靠上工作，部分采取上门谈心、结对帮扶等措施进行感化。(2) 实行公开接访，筑牢第二道防线。根据上级要求，每天一名县领导坐班接访，直接协调重点疑难信访问题，把信访群众吸附在县级以下。(3) 充实驻京值班力量，筑牢最后一道防线。在带队县领导的指挥下，组成信访局牵头，公安局、有关乡镇（街道）参与共 10 人左右的工作组，与长期驻京值班人员会和，开展外围查控、敏感部位巡逻等工作，及时劝返进京上访人员，防止形成落地危害。各敏感期利津县均实现“零登记”，为维护稳定安全做出积极贡献。

【创新工作】

开展《山东省信访条例》宣传月活动。县信访局于 5 月、12 月在全县分别集中开展依法信访集中宣传月、《山东省信访条例》实施一周年集中学习宣传活动。通过做好日常宣传、印发宣传材料、组织上街宣传、利用新闻媒体和网络加强宣传，教育引导全县广大干部群众增强法治观念和责任意识，坚持依法按政策办事，规范信访工作行为，提高依法行政能力。**狠抓全县信访工作基层基础建设。**县信访局大力加强全县信访工作基层基础建设，2016 年，在城区、乡镇（街道）以及 512 个村选聘信访信息员 587 名，形成县乡村“三级联动”的信访工作网络，规划投资 500 余万元建筑面积 1821 平方米的县综治工作中心于 9 月底动工建设。**借助“互联网 +”，提升服务水平。**县信访局积极探索“互联网 + 信访”工作模式，着力打造网络信访主渠道。5 月 19 日，召开利津县网上信访受理平台开通新闻发布会，全面推行网上信访，降低了群众信访成本，实现了“让群众少跑腿，让数据多跑路”和公开透明的目的。**开展信访积案攻坚化解活动。**利津县 3 月 16 日印发《关于开展信访积案集中攻坚化解活动的实施方案》，成立化解信访积案工作领导小组，县级领导亲自包案，综合运用法律、政策、经济、行政等手段，严格按照“属地管理、分级负责、谁主管、谁负责”的原则，对信访积案进行全面排查和筛查，摸清底数，建立工作台账，制定化解方案，细化化解措施，确定化解时限。截至 12 月份，利津县 17 件信访积案全部分解到位。**利用第三方监督评议机制化解信访积案。**为创新信访工作方式方法，建立第三方监督和评议机制，检验信访积案化解成果，维护信访人合法权益，推动信访积案案结事了和息诉息访，根据《山东省信访条例》《山东省信访事项复查复核办法》《山东省信访事项听证办法》，县信访局探索实施第三方监督评议信访积案机制。县信访局从专家库中随机抽取 9 名专家组成会审评议团，对符合会审条件的信访积案进行会审。评议团综合分析和客观评价后，提出会审评议结论，作为信访积案是否结案的重要依据，有力维护群众合法权益。**加强领导干部公开接访工作。**为进一步密切党和政府与人民群众的联系，切实维护群众的合法权益，促进信访问题及时就地解决，推动领导干部公开接访工作规范化、制度化，县信访局印发《关于加强领导干部公开接访工作的通知》，领导干部公开接访包括定期赴乡镇（街道）公开接访、定点接访和带案下访。重点解决群众反映强烈的农村土地征用、城镇房屋拆迁、企业改制、民间借贷与高息融资、涉法涉诉等方面的信访突出问题；组织和协调各方面力量攻难点、破难题，着力化解时间跨度长、处理难度大，案情复杂、久拖未决的信访积案。**加强重点敏感时期信访维稳工作。**县信访局采取加大全县信访隐患排查化解力度、实行县领导干部公开接访、加强信访重点人员维稳工作、加强驻京值班工作等措施，使得 2016 年北京“两会”等重点敏感时期，全县信访形势平稳可控，未发生一起非访事件。3 月 14 日，县委书记杜振波批示“我县进京值班同志工作得力，很有成效，提出表扬！”

（赵吉武　毕海村）

档案工作

【档案编印和展览】 1. 编辑印刷《记录利津—重要档案文献 2016 卷》，该书详细记载全县 2015 年重要会议、重大活动、对外交流、重点工程、民生实事、大事记、重要文件等。2. 举办“富裕文明生态和谐新利津展览”，同时出版《记录利津—十二五发展成就实录》一书。包括数字变化看利津、工业强县谱新篇、园区经济见成效等 16 个部分，向全县人民展示利津县“十二五”以来全县政治、经济、文化、社会发展取得的巨大成绩。3. 编辑出版《记录利津—重要书画档案》，全书收录馆藏的利津县境内和本县籍外地工作、外籍在本县工作的 61 位书画家的国画、书法、油画、剪纸等 154 幅作品。4. 举办“故乡情·薄万秋、李玉泉、李勇士中国画作品展”，并编辑印刷《故乡情·薄万秋、李玉泉、李勇士中国画展作品集》一书，包括薄万秋、李玉泉、李勇士三位利津籍艺术家精心创作的精美作品 70 余幅，对提升利津县书画艺术创作水平、丰富群众精神文化生活都将起到积极的推动作用。

【档案科学规范化管理】 加强

档案法制宣传。开展以“档案与民生”为主题的系列宣传活动。到北岭乡中心学校组织开展“档案走进校园”活动和在全县开展“档案与民生”征文活动。**开展档案执法检查和专项考核**。7月19日至7月22日，联合县政府法制办成立联合执法检查组，对县统计局等13个单位开展档案行政执法检查，并对档案执法检查结果以书面形式进行反馈，有效提高全县机关档案工作管理水平。另外对全县档案工作进行专项考核，11月中旬至年底，利用一个多月时间对各乡镇（街道）、县直各部门单位的档案工作采取现场查看、实地评分的办法进行专项考核，将考核结果进行通报并提交县督查局。**积极推进档案工作科学化管理测评**。下发《关于做好2016年全县档案工作科学化管理测评的通知》，举办全县档案工作科学化管理测评培训班，经过相关单位认真准备和市、县档案局指导，县法院1个单位、利津一中等2个单位分别通过全省档案工作科学化管理示范单位、先进单位测评。**做好档案业务培训和指导工作**。召开全县机关档案工作暨业务培训会议，指导帮助县府办、县商业银行等10多个单位整理档案5000余件。

10月13日—19日，县档案局在利津凤凰广场举办“富裕文明生态和谐新利津展览”

【档案数字化】 **积极开展馆室一体化和馆藏档案数字化工作**。2016年，筹措资金26万元实施馆室一体化工作和对馆藏50.2万页档案进行数字化扫描以及著录目录4万条。通过招标购买山东尚德数字档案馆室一体化系统，下发《关于开通利津县数字档案馆室一体化系统的通知》，将2.58T档案扫描加工数据报送到省档案局泰安市灾备中心进行电子数据备份。**继续推进室藏档案数字化工作**。下发《关于做好2016年度全县室藏档案数字化的通知》，全县有31个单位对室藏档案数字化做出安排，完成6个单位14.5万页档案数字化扫描。**对农村土地确权档案进行数字化扫描**。完成农村土地确权档案数字化扫描20万页，将7.5万页数据挂接到查询系统上，实现农村土地确权档案网上查阅。

【档案资源建设】 **开展名人档案、家庭档案的征集活动**。下发《关于开展利津名人档案资料征集工作的通知》《关于开展我的家庭档案征集活动的通知》，发布征集名人档案、家庭档案的电视公告，对利津名人进行统计，征集到许华同、裴泽民等2人家庭档案393件，汀罗镇村民范志华捐赠的清朝、民国时期房屋、土地买卖契约5张以及1951年房产土地证明1份，丰富馆藏，为研究利津清代、民国时期民间房屋买卖提供凭证。**做好全县农村土地承包经营确权登记档案整理工作**。移交进馆全县7个乡镇（街道）450个村6.38万余件农村土地确权档案，组织人员按照“一户一档”的办法，统一标准，统一装订顺序，统一页码和目录，建立分户档案。

【档案的查阅利用】 针对机关工作人员、科级干部完善人事档案的查档高峰，提前对需要查阅的各年度各类档案进行熟悉并记录相应的全宗号、卷号，所有工作人员盯上靠上，采取库房调卷、机上查找等方式为查档者提供派遣证、调令、任免文件等材料。2016年，共调阅档案7600

余卷（件），复印材料3.5万页，为全县980名机关工作人员、科级干部完善人事档案提供服务。另外，还为部分单位、群众修志、工作查考、婚姻证明、调解纠纷等提供服务，得到群众高度称赞。从2015年档案利用效果中选出25例编写《利津县档案利用效果选编2015》。

（任向芳　李珊珊）

老干部情况通报会

老干部工作

【落实老干部待遇】 年初为离休干部订阅《老干部之家》和《老年教育》刊物，为离退休干部党支部订阅《党员干部之友》《支部生活》等党建刊物。以县离退休干部党工委、县委老干部局名义印发《县情通报》，每期2000余份，发放到离退休干部手中。2月，县委召开老干部情况通报会，将科级退休干部纳入参会范围，县委主要领导通报全县政治经济和社会发展情况。4月，出台《关于抓好退休干部党员“两学一做”学习教育的通知》，召开乡镇（街道）老干部工作办公室主任座谈会，对做好退休干部党员“两学一做”学习教育进行安排部署。5月，邀请胜利日报社记者作传统文化知识讲座。6月，邀请市委党校党史党建教研室主任李寿峰教授作“两学一做”学习教育辅导报告。9月，邀请市委党校政治理论研究室主任徐三朋教授为全县离退休干部、老年大学学员作深入学习“四个全面”战略布局辅导报告。重阳节期间组织老干部健康查体，为老干部认真制定查体套餐，提高查体标准。10月，组织副县级以上实职离退休、内退干部及18级以上离休干部参观视察全县重点工程项目，让老干部了解全县经济社会发展情况。11月，邀请县委党校教师为老年学员作十八届六中全会精神辅导报告。邀请心理咨询师为老年学员作心理健康知识讲座。12月，为全县1548名退休干部党员免费订阅《老干部之家》。通过系列活动让广大老干部始终保持政治坚定、思想常新、理想永存，与县委、县政府保持高度一致。

【老干部党支部建设】 *发挥离退休干部党工委职能作用*。对全县离退休干部党支部进行调查摸底，采取单建、联建、组建、挂靠原单位等方式，科学合理设置党组织。*开展离退休干部党支部固定学习活动日活动*。印发《离退休干部党支部固定学习活动日活动实施方案》，在各基层老干部党支部推行离退休干部党员“固定活动日”制度，明确每月9日固定开展组织生活。以党工委名义为每名离退休干部党员统一印发活动记录本，开展集中学习、党性锻炼、志愿服务等活动，加强离退休干部党员教育管理，促进离退休干部党支部组织生活规范化。*探索老年大学党建工作模式*。将老年大学学员中167名党员划分为21个临时党支部，采取“公推直选”的方式产生党支部书记和委员。由临时党支部负责组织学员开展组织活动。10月份，利津县离退休干部党支部工作先进经验在全市老干部工作政策培训班上作交流发言。

【文化养老建设】 *开展丰富多彩的文化活动*。在凤凰广场举办“纪念建党95周年暨长征胜利80周年”老年大学专场文艺晚会，参加津苑社区第四届艺术节，举办老年大学专场和戏曲专场两场晚会。*加强社团组织建*

设。积极发挥老年大学艺术团、书画摄影学会及五老志愿者作用，多次组织到军休所、老年公寓、乡镇、社区慰问演出，到东潘村开展“写春联、送祝福”活动，发挥老同志余热。**加强校园文化建设**。在老年大学校园专门设立车辆停放区，在校园楼道、门厅、教室制作文明用语、名言警句、尊老敬老用语展板和宣传牌，建设“书画摄影文化长廊”，展示老年学员书画摄影作品。与县直机关党工委联合开展“手抄党章”活动，与县司法局、县粮食局分别以普法宣传和廉政文化为主题举办书画摄影展。邀请利津籍画家薄万秋、李玉泉、李勇士到老年大学举办“故乡情”中国画展，并进行书画创作交流活动。10月份，老年大学艺术团被评为全省优秀老干部文艺团队。

【老年文化体育活动】 **积极开展特色办学**。开设13门学科22个教学班，新开设葫芦丝班、交谊舞班，从市老年大学邀请名家来县老年大学授课。组织400余名老年学员健康查体，建立健康档案。成功举办第一学期期末汇报演出。邀请专家学者到老年大学讲授公共课，先后举办汉语拼音培训班、金融知识讲座、心理知识讲座等，大大提升办学吸引力。**举办老年大学建校20周年系列校庆活动**。举办庆祝建校20周年文艺演出，老干部戏曲专场晚会。联合县电视台制作《利津县老年大学辉煌20周年专题片》，印制书画摄影画册，全方位展现老年大学建校以来的办学成果，提升办学影响力。**加强基础设施建设**。为声乐班购置钢琴、音响，为摄影班设立专门教室，安装投影仪，为戏曲班安装演出舞台，购置演出服装、器乐道具等，为每个教室配备烧水壶，让老年学员喝上矿泉水，大大提升办学档次。**大力发展基层老年教育**。深入开展帮扶支教活动，津苑社区分校、滨河社区分校先后被评为市级示范校，12月份，店子村老年学校被评为市级老年学校，奖励资金2万元。

【老有所为】 印发《关于在全县离退休干部中深入开展“为建设富裕文明生态和谐新利津增添正能量”活动的通知》，通过开展学习、教育、宣传、展示活动，引导广大离退休干部唱响主旋律、传播好声音。**组织引导老同志展示阳光心态**。开展“纵比知足、横比知福”“说说我的养老观”活动，正面引导老同志以阳光的心态教育和带动子女、亲友、邻居等身边的人崇德向善，弘扬新风。**组织引导老同志体验美好生活**。组织老干部参观视察重点工程项目建设，让他们通过亲身经历提出意见建议。召开老干部座谈会，向他们通报经济和社会发展情况，引导他们在经济社会发展的不同领域建言献策，当好参谋助手。**组织引导老同志畅谈发展变化**。组织开展“金秋正能量—五老志愿者在行动”活动。以县“五老”志愿者协会为依托，组织老同志围绕扶贫助困、社会稳定、文化活动、关心下一代等领域，开展系列丰富多彩的志愿服务活动，争当校外辅导员、民情联络员和社会宣传员。**开展主题征文活动**。在全县老干部中开展“不忘初心—我的入党故事”以及“我看利津发展变化”主题征文，老干部们踊跃参加，共收集到作品50多篇。

【关心下一代】 **深化党史国史教育，实施“励志铸魂”工程，努力提升青少年思想品德教育水平**。开展“读长征故事，学长征精神，做红色传人”主题演讲比赛。在全省青少年纪念中国共产党成立95周年、红军长征胜利80周年书画大赛中，利津县参赛作品荣获2个一等奖，12个二等奖，6个三等奖。继续深化“五个统一”党史国史教育品牌。5月12日，省关工委常务副主任张秉德，省关工委副主任宋继峰等省、市关工委领导到利津县调研，利津县党史国史教育工作得到上级领导的充分肯定。“关爱明天”宣讲团被评为全市“五老”志愿者先进集体，先进事迹先后被《东营日报》、东营电视台刊播。**多措并举推进全县青少年普法教育工作**。投资2万元为中小学生购买发放普法教育读本、挂图、普法影像视频等1600余套。全县有市级法制教育基地3处。全市“关爱明天，普法先行”青少年普法教育活动演讲比赛，利津县2人获得二等奖，1人获得三等奖。全市青少年“关爱明天，普法先行”主题征文比赛。利津县有40篇优秀征文参加比赛。**“春苗营养厨房”项目健康有序运转**。全市召开“春苗营养厨房”管理人员培训班，陈庄镇中学作典型发言。11月份，利津县召开“春苗营养厨房”项目交流会。2016年全市考核中，利津县6所学校定为A级，8所学校定为B级，2所学校定为C级，市级补助资金69.6万元拨付到位，县政府配套资金162.4万元。**积极推进“四点半学校”建设**。积极打造县第一实验学校等7所“四点半学校”试点。加强基层关工委组织建设。县“五老”志愿者队伍素质明显提升。在全县新招募近300人的“五老”志愿者，根据志愿意向划分8个志愿小组，“五老”志愿者队伍的进一步壮大，提升了利津县“五老”志愿者队伍素质，为下一步更好的开展志愿服务青少年活动提供了人才支撑。

（韩建军　单芬芳）

党史研究

【出版《中共利津县委纪事（2016卷）》】 2016年，县委党史研究室改革创新，加大栏目的编撰力度，征集大量反映利津县各级党组织在经济、文化、社会，以及党的建设和生态文明建设中取得的新成就新经验的图片。记述和总结利津县各级党组织的执政实践、执政成绩和执政经验，努力提高办刊质量，全面提高服务水平。此书于12月中旬由东营市新闻出版局批准出版发行。

【出版《利津党史集粹》】 该书主要收录的是新中国成立前利津地方党史资料，随着时间的推移和对历史的进一步考证，这部分资料或多或少的存在着不足或谬误，对其做进一步的修正则显得尤为迫切和必要。为了给后人留下经得起推敲，可资借鉴的党史资料，2016年，县委党史研究室对《利津党史集粹》做了进一步的编辑补充校对，此书于12月中旬由市新闻出版局批准出版发行。

【挖掘党史资料】 自2015年12月开始，县委党史研究室通过调查走访相关人员，充分挖掘、搜集和整理，使利津县的党史资料更加丰富。1.对1945年春夏之交日军在利津县南部最后一次“扫荡”情况进行深入采访，挖掘出“赵家驴咬死鬼子兵”的传奇故事，采访事件当事人85岁高龄的冯秀英老人，撰写出纪实文学《末日的疯狂》一文。2.采访王屋村87岁老人王瑞祥，卜庙村86岁老人索廷芬，挖掘出抗战时期一批有价值的史料。考察打渔张黄河截流水利工程遗址。3.通过对盐窝镇退休老教师的采访搜集到“双庙子”惨案这一重要历史事件。4.采访邱少云战友明集乡张曰孔老人，记录下那段不平凡的经历。5.2016年在《东津文艺》“党史纵横”专栏发表文章11篇。

【启动《改革开放实录（东营卷）》利津课题资料征编工作】 《改革开放实录》是中央和省市县各级确定的一项重大课题。这项课题以开创和发展中国特色社会主义时间段历史为研究对象和范围，着重对改革开放以来全县各级党组织和广大人民群众在推进经济建设、政治建设、文化建设、社会建设、生态文明建设和党的建设的历程和经验的研究。经过认真研究，平衡，利津县决定完成5个专题的撰写工作，截至年底，《改革开放以来利津县精神文明建设的历程、成就及经验》《改革开放以来支持利津科学发展的历程、成就及经验》等4个专题修改完成。

【“口述历史”征编】 按照上级安排，县委党史研究室对新中国成立以来至改革开放初期历任县委书记、县长进行摸排，计有县委书记、县长各12名。草拟《利津县“社会主义建设时期党委书记口述历史”》征编工作请示和《利津县“社会主义建设时期党委书记口述历史”》征编工作方案，县委书记杜振波对这项工作作了批示。截至年底，完成资料查阅阶段的工作。并编制包括任职时间、最高职务、离退前职务、任职期间重大事件等信息的《社会主义建设时期县委书记任职情况统计表》，拟定《采访提纲》，为下一步的采访通联工作打好基础。

【征编工作】 对省市县委业务

部门安排的工作任务，县委党史研究室及时调度，严格把关质量，按时完成《中共山东年鉴(2016年卷)》《中共东营市委纪事（2016年卷)》有关利津县资料的上报工作，共撰写稿件18篇，约3万字；严格按照党史纪事季记年编制度上报党史重大事件和重要资料，充分发挥好党史工作各项制度和机制的作用。

（刘明霞　高荣国）

党校教育

【概况】 2016年，利津县委党校共举办各类培训班15个、20期，外出宣讲45场次，培训各级各类干部5367人；完成省委党校重点课题2项、市委党校重点课题2项、县委党校重点课题1项、校级调研专题8项；发表理论文章、信息10余篇；出版《利津社会科学》4期、专刊2期。

【干部培训】 **丰富完善培训内容。**要求所有教师每人每年至少准备2个，年内推出新授课专题36个，突出党的理论教育和党性修养，强化十八届三中、四中、五中、六中全会精神，习总书记系列重要讲话、中国梦、社会主义核心价值观等内容的培训，使培训内容得到丰富完善。**全面提升授课水平。**全部授课专题都严格按照主体班次教学标准，撰写制作详实教案和电子课件。利用2周时间全体教师相互说课、听课、评课、议课，提升备课质量。**继续实施精品课工程。**在2016年科级干部理论进修班等班次中，发放教学质量评估表，由学员对每名教师授课质量进行打分，在此基础上开展精品课评选，在全体教师中形成比学赶超浓厚氛围。**推进“科研进课堂”。**先后把《领导干部要提高保密意识》《完善社会保障制度，促进社会公平合理》等专课题，搬上讲坛列为专题课讲授，提升教学效果。**实施“树名师工程”。**着力培养素质强、业务精、作风好的知名教师，打响教师品牌。依据年度精品课评选情况，成立名师推选领导小组，推树1—2名名师，在年度考核评优予以优先，以此激励教师不断上进，争优创优。**丰富完善“开门办学”。**采取“异地办学”方式，先后2次到浙江大学开展异地办学。采取“请进教”方式，邀请市委党校、县委组织部等部门单位的20余位专家、领导到党校授课。**完善“三段式”教学法。**结合教学实际，在主体班次教学中进一步完善“理论学习＋实践考察＋交流总结”的三段式教学法，形成干部教育培训新格局。

【科研工作】 **实施课题带动战略。**年内完成省委党校调研课题《深化户籍制度改革问题研究》《新时期基层领导干部作风建设难题破解》2项，市委党校课题《新常态下利津县区域竞争力提升研究》《利津县水资源利用状况研究》2项，县委党校重点课题《利津县农村基层党组织建设情况研究—以盐窝镇盐西村为例》1项，课题数量创历年来新高。**围绕中心开展专题调研。**围绕利津县经济社会发展热点难点问题展开全面深入调研，完成《利津县农业园区建设的调查与思考》《关于提升我县产业竞争力的对策研究》《利津县小微企业发展现状的调查思考》《推进利津县品牌商标建设的调查与思考》《利津县社区矫正工作的调查与思考》《利津县农村独生子女家庭养老问题调查》《关于利津县精准扶贫工作的调查与思考》等专题调研报告8项。**充分发挥社科院职能作用。**对校刊《利津社会科学》从封面设计、栏目设置、印刷质量等多方面进行完善提高。刊物可读性不断加强，2016年共出版6期，刊登各部门单位调研成果60余篇，发行1200余册。较好的反映利津社会经济发展的热点、难点问题

【自身建设】 **完善各项规章制度。**为进一步提高管理水平和工作效率，2016年结合“两学一做”学习教育，对相关规章制度进行修订完善，为建立以工作实绩为核心的量化考核指标体系奠定坚实基础。**加强教师培训力度。**通过参加专业培训、参加学术交流活动等形式，丰富教师知识储备。全年先后组织40余人次参加吉林大学素质能力提升培训和东营市委党校承办的山东行政学院“送教下基层”培训，教师队伍的业务素质得到提高。**增强后勤保障能力。**投入42000

余元实施校园绿化工程，对南北路两侧的苗木进行更新，对中心花池等绿化带进行补植。投入15000余元实施供电及照明设施更新检修改造工程，更换配电盘1台、电缆70余米、路灯4盏，并对供电线路检修防护、对供电器件进行更换。投入80余万元实施学员公寓楼、餐厅楼修缮工程，对学员公寓楼的门窗进行更换、供暖设施进行改造、外墙进行保温和粉刷、楼顶进行防水，对餐厅楼外墙进行粉刷、楼顶进行防水。投入17余万元实施办公楼修缮工程，对内墙、外墙重新进行粉刷，对楼顶进行局部防水，对办公楼内供暖设施进行改造。投入2万余元，对部分办公桌椅进行更换。

（高兴隆　巴述明）

机构与编制

【概况】 利津县机构编制委员会办公室，内设综合室、机构编制室、监督检查室、审改办4个职能科室，下设事业单位监督管理局1个正科级事业单位和行政管理科学研究所1个副科级事业单位。行政编制总额9人，事业编制总额12人。2016年底，共有在职干部职工16人。年内，县编办共发表信息185篇，其中《东营日报》3篇，中央、省、市34篇；报送调研文章20篇，发表2篇，获奖5篇。

【转变政府职能】 1．继续做好上级取消下放行政审批事项的承接落实工作，对县级行政审批事项目录进行修订，共保留行政审批事项273项。2．动态调整权力清单，两批次调整县级权力清单，共涉及县级权力清单事项436项，其中，新增行政权力事项108项，重新公布行政权力事项222项，取消行政权力事项106项。3．积极推进行政权力事项赋码工作，对全县行政权力事项进行重新赋码。4．全面推行“双随机一公开”，加快建立健全“随机抽取检查对象、随机选派执法检查人员”的“双随机”抽查机制，建立“两库一单”。5．编制乡镇（街道）权责清单，共纳入涉及各乡镇、街道权责事项634项，并向社会公布。

8月29日，召开县政府工作部门“三定”规定修订工作会议

【规范行政审批】 1．继续推行行政审批“两集中、两到位”，重新编制行政审批业务手册和服务指南，探索建立行政审批评价制度。2．会同县政府法制办、县财政局、县物价办、县政务办，对县级行政审批中介服务收费项目清单进行修订，将原有的27项减至18项，其中，保留14项，取消13项，新增4项。3．联合县政务办，组建“中介超市”，截至年底，有涉及发改、国土、住建等9个部门的55家中介机构入驻“中介超市”。4．联合县发改局对相关职能部门及工业园区进行实地调研，印发区域化评估评审实施方案，明确职责分工，确定区域化评估评审的区域和评估评审事项清单，稳步推进工作落实。

【重点领域改革】 1．围绕城市管理、环境保护等10个领域深入乡镇（街道）、县直部门对2014—2016年行政执法情况进行专题调研。同时，按照精简统一、管理效能原则，结合此次综合行政执法改革，在其他乡镇（街道）新设综合执法办公室，为党政工作机构，副科级，实现综合执法机构“全覆盖”。2．推动从事生产经营类事业单位转企改制工作。经省、市编办审核后，全县共确定6个生产经营类事业单位。截至年底，县财政局印发从事生产经营类事业单位转企改制工作方案。

【机构编制管理】 1. 有序推进政府工作部门"三定"方案修订工作。8月29日，召开全县政府部门"三定"规定修订工作会议，对"三定"规定修订工作进行安排部署。2. 认真做好实名制数据月度报送工作。3. 推进信息系统业务网上办理，进行实名制公示。4. 继续执行机关事业单位"三核一发"工资联审制度。5. 健全股级干部职数使用核准制度，规范编制使用程序，全年开具入编、退编卡418人、235人。6. 会同县人社局、民政局合理制定2016年公务员招考计划、2016年事业单位招聘计划和2016年度事业单位退役士兵安置计划。7. 做好政府购买服务范围审核工作，进一步规范政府购买服务范围的审核程序。8. 扎实开展机构编制专项检查、跟踪问效和评估工作。9. 围绕全县中心工作，适时对部分机关事业单位的机构编制事项进行调整。

【事业单位监管】 1. 圆满完成2015年度事业单位年度报告公开及证书更换工作。2. 全面完成党政群机关统一社会信用代码赋码及证书发放工作。3. 组织开展事业单位法人培训工作，共发放结业证书236张。4. 扎实开展事业单位绩效考核工作，全面推开"双随机一公开"、事业单位法人异常信息管理等工作。5. 完成中文域名续费及网站挂标工作。

（赵丙彦　王南南）

利津县人大常委会

Communist Party of China
Lijin County Committee

机构队伍

2016年底，利津县人民代表大会常务委员会有主任1人，副主任5人（不驻会1人）；有委员18人，其中驻会委员5人，不驻会委员13人。县人大常委会机关设办公室、法制工作委员会、财经工作委员会、教科文卫工作委员会、人事代表工作委员会、预算工作委员会、城市建设与环境保护工作委员会、农业与农村工作委员会8个正科级办事机构，老干部服务中心1个正科级事业单位，机关服务中心为股级事业单位，归口办公室管理。

县十七届人民代表大会第五次会议

2016年1月14日—15日，利津县第十七届人民代表大会第五次会议在利津宾馆召开。会议听取审议县政府工作报告；听取审议县法院工作报告；听取审议县检察院工作报告；审议县政府关于利津县2015年国民经济和社会发展计划执行情况与2016年国民经济和社会发展计划草案的报告（书面印发）；审查、批准利津县2015年国民经济和社会发展计划执行情况与2016年国民经济和社会发展计划；审议县政府关于利津县2015年财政预算执行情况和2016年财政预算草案的报告（书面印发）；审查、批准利津县2015年县级财政预算执行情况和2016年县级财政预算；审议县政府关于县十七届人大四次会议以来代表建议、批评、意见办理情况的报告（书面印发）；听取审议县人大常委会工作报告；表彰优秀人大代表、优秀人大代表建议和代表建议办理先进单位；补选县十七届人大常委会委员。

人大常委会会议

【县十七届人大常委会第三十四次会议】 1月7日召开。会议听取审议代表资格审查委员会关于代表资格审查情况的报告，审议表决关于召开县十七届人大五次会议的决定，审议表决县十七届人大五次会议有关事宜，审议表决县人大常委会关于表彰优秀人大代表、优秀人大代表建议和代表建议办理先进单位的决定，审议表决县人大常委会2016年工作要点。

【县十七届人大常委会第三十五次会议】 1月27日召开。会议补选市七届人大代表。

【县十七届人大常委会第三十六次会议】 3月29日召开。会议听取审议县政府关于安全生产责任体系建设和落实情况的报告；听取审议县检察院关于查办和预防职务犯罪工作情况的报告；表决关于调整利津县人民代表大会及其常务委员会办事机构和工作机构的决定；表决人事任免事项。新任命人员向宪法进行宣誓。

【县十七届人大常委会第三十七次会议】 5月31日召开。会议书面审议县检察院关于县十七届人大常委会第36次会议审议意见办理情况的报告；听取审议县政府关于2015年县级全口径财政决算的报告；听取县政府关于2015年县级财政预算执行和其他财政收支情况的审计工作报告，审查2015年县级财政决算并作出相应决议；听取审议县法院关于行政审判工作情况的报告；表决人事任免事项。

【县十七届人大常委会第三十八次会议】 6月21日召开。会议审议表决关于批准设立城市发展基金的决议。

【县十七届人大常委会第三十九次会议】 7月29日召开。会议听取审议县政府、县法院关于县十七届人大常委会第37次会议审议意见办理情况的汇报；听取审议县政府关于2016年上半年国民经济和社会发展计划执行情况的报告；听取审议县政府关于2016年上半年全口径财政预算执行情况的报告；听取审议县政府关于2016年利津县地方政府债务限额及县级预算调整方案的报告并作出相应决议；听取审议县政府关于沿黄滩区现代农业示范园区规划建设情况的报告；审议关于在全县公民中开展法治宣传教育的第七个五年规划并作出决议；审议利津县

2016—2020年依法治县规划并作出决议；听取审议县人大常委会代表资格审查委员会关于代表资格审查情况的报告。

【县十七届人大常委会第四十次会议】 8月12日召开。会议表决各项人事任免事项。

【县十七届人大常委会第四十一次会议】 8月29日召开。会议审议表决关于批准利津县人民政府对部分重点项目实施政府购买服务的决议。

【县十七届人大常委会第四十二次会议】 9月28日召开。会议听取审议县政府关于全县化工产业转型升级情况和关于全县立体化治安防控体系建设情况的报告；审议表决利津县人民代表大会常务委员会《关于县乡人民代表大会换届选举的决定》《关于2016年县乡两级人民代表大会换届选举工作安排意见》《关于利津县选举委员会组成人员的决定》《关于乡镇选举委员会组成人员的决定》，表决人事任免事项。

【县十七届人大常委会第四十三次会议】 10月31日召开。会议听取审议县司法局、商务局、环境保护局、统计局、城市管理和行政执法局、海洋与渔业局、农业银行、农村商业银行等8个被评议部门单位整改情况的汇报，并对整改情况进行票决。

7月12日，利津人大常委会组织城乡社会保障体系专题询问会议

【县十七届人大常委会第四十四次会议】 11月29日召开。会议听取审议县政府关于2015年度县级预算执行和其他财政收支审计查出问题整改处理情况的汇报，听取审议县政府关于安全生产责任体系建设和落实工作审议意见办理情况的汇报，并进行票决。

【县十七届人大常委会第四十五次会议】 12月21日召开。会议表决人事任免，听取县选举委员会关于人大换届选举工作的报告，听取审议县人大常委会代表资格审查委员会关于县十八届人大代表资格的审查报告，听取审议县政府关于2016年县级财政预算调整方案（草案）的报告及利津县解决城镇普通中小学大班额政府购买服务资金列入县级财政预算的报告并作出相应决议。

人大换届选举

9月28日到12月15日，县选举委员会统一部署，精心组织，周密安排。通过建立机构，加强领导，全面动员发动；划分选区，分配代表名额，进行选民登记；依法提名推荐和协商确定代表候选人；投票选举等流程，加上全县换届选举工作人员认真工作，广大选民积极参与，顺利完成全县人大换届选举工作。共选出县十八届人大代表177人。其中政党团体推荐的159人，选民联名推荐的18人。

执法检查

4月，县人大常委会组成执法检查组对《中华人民共和国劳动法》在全县的实施情况进行执法检查。4月12日，执法检查组到县人力资源和社会保障局进行前期调研，听取人社局关于劳动法实施情况汇报，召开由10名企业经营者和职工代表参加的座谈会。4月19日下午，执法检查组进行现场执法检查。检查组在重点查看利华益集团、凤凰城街道便民服务大厅、三阳纺织、津博化工、中国政品网电商创业园、社保服务大厅等6个现场的基础上，在县政务中心召开由执法检查组成员、分管副县长及相关部门负责人参加的座谈会。听取县政府及有关职能部门关于劳动法实施情况的汇报，进行审议发言，并对以后的工作提出要求。

人事任免

坚持党管干部原则与人大依法行使任免权相结合，严格依照法定程序，坚持任前法律考试、大会供职、投票表决、颁发任命书等程序，任免国家机关工作人员79人次。坚持任命与监督相结合，通过多种形式强化任后监督，发现问题及时提醒、督促整改，确保人大任命的干部珍惜好党和人民赋予的权力，忠于职守，依法行政。

视察工作

县人大常委会分别于5月18日、8月30日对全县三年增绿工程实施情况进行集中视察，对县十七届人大五次会议期间代表所提部分意见建议办理情况进行视察，10月25日对全县重点工程、重点项目及民生实事进展情况进行视察。通过积极开展集中视察活动、召开分组调度会议、与县政府分管县长和建议办理单位主要负责人面对面研究办理情况、部门主要负责人面复办理情况、办理情况通报和调查问询等方式，有效推进各项工作顺利开展。

工作评议

县人大常委会按照依法办事、民主公开、客观公正、讲求实效的原则，自8月13日起，以人大代表为主体，对县司法局、县商务局、县环境保护局、县统计局、县城市管理和行政执法局、县海洋与渔业局、中国农业银行利津县支行、山东利津农村商业银行股份有限公司8个部门单位进行工作评议。10月31日，县十七届人大常委会第四十三次会议听取审议8个被评议部门单位整改情况的汇报，与会的20名县人大常委会组成人员就整改情况进行票决，结果及时通报政府，作为综合考核、评价部门的依据。真正通过工作评议达到评树正气、推进工作的目的。

专题询问

2016年，利津县人大常委会围绕城乡社会保障体系建设工作这个目标任务，对社会保险、社会救助和福利、保障性住房等政策的落实情况、存在问题及今后改进的措施等方面内容进行专题询问。为做好相关准备工作，利津县人大常委会成立3个调查组，并于6月12日起到各乡镇（街道）开展调查研究，通过到乡镇（街道）联系代表、群众，到部门听取汇报、召开座谈会等方式，征求社会各界和人民群众对全县城乡社会保障体系建设工作的意见建议，掌握大量的第一手资料，形成专题询问问题提纲。7月12日利津县人大常委会召开专题询问会议，县委常委、县政府副县长张和森同志代表县政府作汇报，介绍城乡社会保障体系建设的有关情况，明确存在问题和下一步的改进措施。13名县人大常委会组成人员、县人大代表从不同侧面、不同角度就城乡社会保障工作进行询问。县人社局、民政局、卫计局、住建局、教育局5个部门代表县政府一一应询，实现良好互动，增进问答双方的理解和支持，促进全覆盖、保基本、多层次、可持续城乡居民社会保障体系的健康有效运行。

乡镇人大工作

密切同基层人大的联系，加强工作指导，支持乡镇（街道）人大依法行使职权。开展乡镇（街道）人大和代表小组规范化建设观摩评比活动，对乡镇（街道）人大工作进行全面考核，召开人大工作会议交流经验做法，对4个人大工作先进乡镇(街道)和6名先进个人进行表彰，促进基层人大建设再上新水平。

代表工作

3月3日至4日，举办为期2天的代表履职培训班，就十八届五中全会、依法行政及电商知识进行培训，并组织代表就相关履职知识进行集中学习交流，收到良好效果。坚持邀请代表列席人大常委会会议和参加视察调研、执法检查、工作评议、专题询问等活动，不断提高代表对人大常委会工作的参与度。开展市、县人大代表向人大常委会和选民述职活动，进一步密切人大代表与原选举单位及群众的联系。定期不定期组织代表小组组长座谈会、分片区分类别代表座谈会，及时通报全县经济社会发展和人大工作情况，广泛征求人大代表的意见和建议。鼓励代表为民代言，积极建言献策，为政府确定民生实事提出意见建议。组织开展“代表活动月”活动，引导代表既要按照法定职责行使好代表权力，又要立足本职争创一流，展示代表风采。采取“自下而上、上下结合”的方式，开展评先树优活动，评选出优秀人大代表12名、优秀代表建议12件、代表建议办理先进单位10个，充分发挥引导激励作用，激发代表履职热情。

代表建议办理

完善代表建议精心提出、整理筛选、及时转交、分工督办、表彰激励“五步建议办理”工作机制，提高工作质量，努力使代表议案建议更多地转化为促进经济社会发展的成果。对人大代表自县十七届人大五次会议以来提出的69件建议，人大常委会召开专题会议进行集中转交，县人大常委会、县政府相继出台文件，将建议办理责任落实到县政府各副县长、有关部门单位，人大常委会各副主任、各委室分工进行督导。一年来，通过积极开展集中视察、召开分组调度会议、与县政府分管县长和建议办理单位主要负责人面对面研究办理情况、单位主要负责人面复办理情况、办理情况通报和调查问询等方式，有效推进代表建议的办理落实，办结和基本办结、列入计划办理的分别达到62.3%、37.7%，解决了一批群众高度关注，涉及工业、农业、水利、城建以及环境治理、文化体育、教育卫生、社会保障、交通安全、城市管理等方面的重要问题。

宣传信访工作

通过《利津人大》、人大网站等载体，总结报道人大工作的新动态、新成果以及代表履职尽责的先进事迹，切实增强宣传实效。及时总结整理工作经验和成功做法，切实加大对外宣传力度，上半年在市级及以上新闻媒体发表稿件100余篇，充分宣传利津人大的工作，展现人大代表的风采，为人大工作的开展提供了舆论支持，10月，县人大常委会被省人大常委会办公厅授予2016年度《人民权利报》宣传工作先进单位称号。

3月，按照中央和省、市、县委《关于加强县乡人大工作和建设的意见》的要求，经县委同意，县人大常委会设置县人大常委会办公室信访室（副科级），编制2人，主任、工作人员各1名，负责县人大常委会信访接待工作。8月，县人大常委会办公室信访室主任调整到位。对人民来信来访实行专人负责，切实帮助上访群众解决困难和问题。一年来，共处理群众来信12件，接待群众来访36人次，有效维护了人民群众的合法权益，促进了社会和谐稳定。

老干部工作

坚持和完善老干部工作制度，注重发挥老干部作用，及时通报县委县政府重大工作部署和常委会工作情况，听取老干部的意见建议，重视和发挥老干部在经济社会发展中的重要作用。

（赵清平　胡义欢）

利津县人民代表大会常务委员会工作报告

——在利津县第十八届人民代表大会第一次会议上

（2017年2月8日）

陈　永　民

各位代表：

我受利津县第十七届人民代表大会常务委员会的委托，向大会报告工作，请予审议，并请列席会议的同志提出意见。

过去五年工作回顾

过去的五年，是我县经济社会发展取得重大进展的五年，也是利津人大工作取得显著成绩的五年。五年来，在中共利津县委的坚强领导下，县十七届人大常委会紧紧依靠人大代表，围绕全县工作大局，依法履职，开拓创新，积极作为，圆满完成了本届人大常委会的历史使命和各项任务，为推进全县经济社会发展和民主法治建设作出了应有的贡献。

一、坚持党的领导，牢牢把握人大工作的政治方向

五年来，人大常委会始终坚持党的领导、人民当家作主与依法治县有机统一，认真履行法定职权，扎实做好本职工作，保障和促进了县委重大战略部署的有效落实。

（一）严守党的政治规矩更加坚定自觉。深入开展党的群众路线教育、“三严三实”专题教育、“两学一做”学习教育，严格执行中央八项规定，与以习近平同志为核心的党中央保持高度一致。准确把握工作定位，积极服务发展大局，监督、支持、服务互为一体，自觉做到人大工作与党委中心工作相一致、与全县工作大局相协调、与人民群众根本利益相统一。自觉维护县委的领导核心地位，认真执行请示报告制度，开展重要工作和重要活动，对重大问题作出决议、决定，都事先征得县委同意，自觉将人大工作置于党的领导之下。根据县委统一安排，人大常委会各位副主任在省级文明县创建、重点工程项目建设、拆违治乱、扶贫攻坚、招商引资等重点工作中担当重任，积极作为，较好地完成了各项工作任务。旗帜鲜明地把党的领导贯穿于人大换届选举工作始终，切实加强对换届选举工作的组织领导和全过程监督，依法依规，从严从实，保障了人大换届选举工作的圆满成功，县乡两级政权建设得到切实加强。本届任期中，县委非常重视和加强对人大工作的领导，定期听取人大工作汇报，先后两次出台关于加强人大工作和建设的实施意见，及时研究解决影响人大工作的实际问题，保证了人大工作有效开展。

（二）讨论决定重大事项更加务实有效。坚持同县委中心工作合拍、与发展要求同步的原则，抓住事关发展和全局的问题依法行使重大事项决定权，五年来依法作出决议决定36项，将县委重要战略决策、重大工作部署，通过法定程序变为全县人民的共同意志。高度关注“十三五”规划纲要编制，及时听取审议了县政府规划编制情况的报告，就规划编制的主要目标、产业布局、重点战略等提出了审议意见，为人代会审议批准规划奠定

了基础。依法认真开展全口径预算审查工作，设立了预算工作委员会，审议通过了《关于加强预算决算审查监督的决定》《关于预算审查前听取县人大代表和社会各界建议的若干规定》，建立起工作部门预先审查、专门委员会初步审查和人大常委会会议集中审查的有效衔接机制，保证了预算审查监督的规范性和严肃性。认真行使财政决算和预算调整的审查批准权，定期听取审议上年度预算执行和审计工作情况的报告，作出批准财政决算的决定；根据政府提报的预算调整方案，适时依法审查作出批准预算调整的决定；针对政府提出的融资方案，及时审查作出批准决议，有效解决政府投资项目建设资金不足的问题。加强对地方性债务的评估和管理，依法批准政府债务限额，有效控制政府债务风险。将法治宣传教育和依法治县规划的审查批准列入年度工作要点，在听取专项工作报告的基础上，作出了《关于在全县公民中开展法治宣传教育第七个五年规划（2016—2020年）的决议》和《关于〈利津县2016—2020年依法治县规划〉的决议》，要求县政府全面宣传贯彻中国特色社会主义法律体系，深入开展法治实践活动，为推进依法治县进程奠定了坚实基础。隆重开展了授予“利津人民奖章”荣誉称号活动，按照公开公正、严格标准、优中选优的原则，通过宽范围、大视角、“两上两下”的广泛推荐，经过严格考察把关，作出了授予王海峰等4名同志“利津人民奖章”荣誉称号的决定，大力弘扬利津精神，进一步在全县营造起了建功立业、推进发展的浓厚氛围。

（三）行使人事任免职权更加规范到位。坚持党管干部与人大依法任免相统一的原则，做到既保证党委意图的实现，又充分体现发扬民主，届内共任免国家机关工作人员223人次。推行了任前法律知识考试制度，促进干部带头学法、守法、用法。实行了法检“两院”提请任命人员任前考察制度，认真组织民主测评，广泛征求各方面意见，力求做到熟悉情况、知人善任。完善到会供职、投票表决和颁发任命书等制度，注重增强被任命干部的法律意识、公仆意识和责任意识。实施了新就职人员向宪法宣誓制度，激励和教育国家机关工作人员忠于宪法、遵守宪法。注重对干部的任后监督，把评议部门工作作为推动被任命人员认真履职的一项重要举措，届内先后4次对31个部门单位开展了工作评议，切实做到监督人与监督事的有机结合，确保了人大任命的干部珍惜党和人民赋予的权力，忠于职守，依法行政。

二、把握监督重点，着力增强监督工作实效

五年来，人大常委会牢固树立依法监督、科学监督的理念，共召开人大常委会会议46次，听取审议“一府两院”工作报告90个，开展视察、执法检查23次，组织专题调研95次，专题询问2次，有力促进了“一府两院”依法行政、公正司法，为实现全县经济社会健康快速发展起到了重要的推动作用。

（一）加强对经济工作的监督，促进区域经济健康发展。坚持以服务科学发展为第一要务，紧扣经济建设中心，主动融入全县发展大局，坚定不移地推进科学跨越发展。围绕保障经济工作平稳运行，每年年中听取审议国民经济和社会发展计划执行情况的报告，督促政府及有关部门认真实施计划，确保人代会确定的年度发展目标顺利完成；对经济发展环境建设、政务服务、社会信用体系建设、交通基础设施建设、安全生产、科学技术等方面工作实施重点监督，县政府通过优化经济发展环境、积极培育市场发展主体、完善基础设施建设、增强企业科技创新能力等举措，推进了发展环境、发展条件的持续改善；密切关注宏观经济运行态势和全县经济社会发展重点工作实施情况，每年都组织市县两级人大代表、人大机关离退休老干部集中视察重点工程、重点项目，对政府投资项目进行专题调研，及时提出意见建议，促进了各项目标任务的圆满完成。围绕促进财政工作提质增效，每年听取和审议上半年财政预算执行情况的报告，要求政府优化财政收支结构，落实各项法定支出的增长要求，推进财政工作有效运转；实行了审计整改情况向人大常委会报告制度，加强对审计查出问题整改情况的跟

踪监督，确保了财政资金的合法有效使用。围绕“工业强县”战略实施，重点关注“一个产业集群、三大产业基地”、招商引资和园区经济、利津滨海新区、化工产业转型升级等方面工作，支持县政府突出工业、突破项目，着力壮大园区经济，抓好骨干企业培育，加快了“两极一带”生产力布局的形成；瞄准全县规模以上工业企业、中小企业发展过程中面临的突出问题，督促县政府帮助企业破解融资、用地、人才等方面的制约瓶颈，设立了产业扶持基金、中小企业扶持基金，出台了一系列扶持政策，促进了企业健康发展。强化对“三农”工作的监督，围绕农业发展基础，听取审议了农田水利基础设施建设、农村生产生活条件改善、生态城乡建设和城乡环境综合整治等情况的报告，支持县政府持续加大农业投入，完善基础设施，注重生态农业建设，优化农村环境，落实支农惠农政策，进一步夯实了农业发展基础；围绕加快推进现代农业发展，听取审议了高效生态农业建设、“三年增绿”工程建设、引导农村土地经营权有序流转及适度规模经营、沿黄滩区现代农业示范园区规划建设、《农产品质量安全法》贯彻实施等情况的报告，提出要牢牢把握农业基础地位，进一步完善农业产业规划，重视发展现代高效农业，扶持发展农业合作社、家庭农场等新型经营主体，初步构建起了集约化、专业化、组织化、社会化相结合的新型农业经营体系和众多现代农业示范园区。加强对服务业的监督，针对服务业日益凸显的重要地位及我县服务业发展相对滞后的现实，听取审议了县政府关于服务业发展情况的报告，支持县政府加强规划引领、强化政策引导，促进了现代服务业的发展；对旅游工作开展了专题调研，建议以旅游发展带动转调，把旅游业作为加快服务业发展的重点工作实施突破；两次听取审议和专题调研金融工作情况，建议县政府积极引进金融分支机构，不断完善政银企联动机制，大力优化金融环境，实现了全县信贷总量较大幅度增长和金融环境的改善，为全县经济发展提供了有力保障。

（二）加强对民生工作的监督，力促社会事业全面进步。着眼于推动解决人民群众最关心最直接最现实的利益问题，将每年承诺的民生实事列入监督重点，全程监督、全力支持，督促县政府切实把实事办好。着眼于提升教育卫生领域公共服务水平，就教育办学条件标准化工程建设、职业教育等方面工作听取审议了工作报告，提出了进一步增加教育投入、整合教育资源、统筹城乡教育发展等建议，促进了教育教学条件不断改善，群众普遍关心的中小学大班额、城乡教育资源不均衡以及职业教育规划布局发展、师资设备配备等方面存在的问题逐步得到解决；高度关注全县医药卫生体制改革推进情况，对公立医院改革、公共卫生服务体系建设、全县城乡居民医疗保险情况进行重点监督，提出了有针对性的意见建议，县政府积极办理，建设改造基层医疗卫生机构30余处，县中心医院综合病房楼即将投用，药品“零差价”和国家基本药物制度有效落实，“先诊疗后结算”、建立居民健康档案等15项惠民措施顺利实施，群众“看病难、看病贵”问题得到有效缓解。连续三年听取社会治安工作情况的报告，将立体化治安防控体系建设工作列为监督重点，要求县政府完善社会治安防控体系，深入开展严打整治行动，加快科技强警步伐，切实增强了人民群众的安全感。就群众高度关注的大气污染防治、社会保障工作开展专题询问，督促县政府从加强源头管控、重点领域治理、健全防治工作机制、依法查处环境违法犯罪行为等方面强化大气污染防治，为加快建设天空更加蔚蓝、空气更加清新的“生态之城”保驾护航；从加强基金征缴、优化医疗资源配置、完善社会救助机制等方面改进社会保障工作，促进了整体保障水平的不断提升。对公共文化服务体系建设、社会救助、就业工作、城乡环卫一体化、老年人权益保障工作等进行有效监督，解决了一些群众迫切需要解决的问题，让人民群众普遍有了更多的获得感。

（三）加强对法治工作的监督，推进民主法治建设进程。始终关注社会公平正义，认真贯彻依法治国方略的新理念、新要求，积极监督和支持法治利津建设。注重加强对政府依法行政工作的监督，先后组织对农业法、畜牧法、环境保护法、水法、土地管理法、安全生产法、消费者权益保护法、人口和计划生育法、劳动法等9部法律法规实施情况进行了执法检查，督促县政府加快建立行为规范、运转协调、公正透明、廉洁高效的行政管理体制，进一步规范了执法主体的行政行为，推动了相关法律的贯彻实施。制定出台了《规范性文件备案审查办法》，落实专人负责，完善工作程序，对政府报送的规范性文件进行了严格审查，有效维护了法律尊严和法制统一。高度关注“两院”工作，每年听取“两院”司法工作情况汇报，听取审议了县法院关于审判监督、行政审判和县检察院关于刑事检察、法律监督、查办和预防职务犯罪工作情况的报告，加强对县法院实施刑事诉讼法、行政诉讼法、民法和县检察院实施民事诉讼法、刑法情况的监督，以看得见摸得着感受得到的公平正义体现司法水平和司法公信力的提升；组织开展法官、检察官向人大常委会述职活动，督促法官、检察官进一步明确职责，依法履职，树立良好司法工作者形象；积极开展人民陪审员述职培训、人大常委会组成人员和人大代表旁听评议法院庭审活动，切实加强司法监督，推进“两院”工作的深入开展。落实专门机构和工作人员，认真贯彻《信访条例》，坚持主任、副主任亲自接访和重要信件主任阅批制度，五年来共处理群众来信131件，接待群众来访649人次，为维护社会和谐稳定发挥了重要作用。把普法宣传作为提高全民法律素质、实施依法治国基本方略的重要途径，听取审议了县政府“六五”普法及依法治县工作情况的报告，支持县政府完善保障机制，拓展宣传形式，扎实做好普法和依法治理工作；加大宪法宣传力度，维护宪法权威，组织人大常委会组成人员、“一府两院”及其组成部门领导干部向宪法宣誓，举办宪法知识讲座，开展广场集中宣传活动，大力营造学法、懂法、守法、用法的良好氛围，增强了全社会弘扬法治的积极性和自觉性。

在履行监督职能的过程中，人大常委会不断强化监督手段，改进和完善方式方法，主要呈现出五个特点：一是更加注重刚性监督。选取大气污染防治、社会保障工作创新性地开展了专题询问，人大代表现场直接询问，应询部门面对面回答，真正做到不回避矛盾，不掩饰问题，坚持问题导向，加快了问题解决，人大监督更有“辣味”。二是更加注重持续监督。聚焦经济发展环境、医药卫生体制改革、社会治安等问题，连续几年将其列为工作重点，通过会议审议、专题调研等方式加大监督力度，确保事关经济发展大局和群众高度关注的问题逐步得到改善和解决；改进建议办理机制，坚持将当年未能解决的人大代表建议列入下一年度再次督办，确保让人大代表满意，让广大群众受益。三是更加注重问效监督。制定了《利津县人大常委会审议意见办理情况票决办法》，选取重要议题，对审议意见办理情况进行票决，推动了常委会审议意见的有效落实，确保监督成果落到实处。四是更加注重深度监督。为做好规范性文件备案审查和预算审查工作，探索设立了法律专家咨询团和预算监督联络员，人大监督更专业、更深入、更科学。五是更加注重社会监督。邀请人大代表列席人大常委会会议和视察调研、建议督办等工作，开展议题审议、工作评议、专题询问等工作坚持广泛征求社会各界和被服务对象的意见，增强了人大监督工作的透明度和社会参与度。

三、突出代表主体地位，充分发挥代表作用

人大常委会围绕支持和保障代表依法履行职责，夯实代表工作基础，完善代表工作机制，创新代表活动方式，着力提高代表活动质量，代表主体作用得到进一步发挥。

（一）强化人大代表履职服务保障。认真抓好人大代表的学习培训，建立健全人大常委会、乡镇街道人大（工委）、代表小组三个层面的学习培训制度，通过开展人大代表履职培训、邀请专家讲座、组织外出集中学习等方式，有效提高了代表的履职能力；通过寄送文件资料、赠阅报刊杂志、畅通人大网站信息渠道等方式，积极为代表知情知政、依法履职创造条件。切实加强代表活动阵地建设，通过开展“规范化建设年”“乡镇街道人大规范化建设观摩评比”等活动，从乡镇街道人大办公室、代表小组活动室两个层面，强化硬件配备，全部达到了有组织、有场所、有制度、有计划、有活动、有档案的“六有”要求；更加注重制度、档案方面的规范，建立健全乡镇街道人大工作制度，明确工作职责及工作程序，促进乡镇街道人大办公室、代表小组活动室更加规范；在此基础上建立了代表工作站，代表履职环境得到了改善，群众反映社情民意渠道得到了拓展。深入开展人大代表向选民述职活动，每年都组织一定数量的市、县人大代表向县人大常委会和选民述职，基本实现了人大代表届内述职一遍；制定了《代表履职评价暂行办法》，建立了“代表履职评价系统”，对代表基本信息、代表履职情况进行管理，年底根据评价结果开展评先树优，在人代会上实施表彰奖励，并通过制作“代表风采”电视宣传片等方式进行广泛宣传，有效发挥了激励引导作用。

（二）规范人大代表建议办理工作。以实现代表满意为目标，将督办代表建议作为为民解忧的重要载体，建立了代表建议精心提出、整理筛选、及时转交、分工督办、表彰激励“五步建议办理”工作机制，推动代表建议办理工作从答复型向落实型转变。每年10月份部署征集代表建议，经初步筛选后与县政府及有关部门搞好衔接，力争列入下一年度重点工程项目，并及时反馈给代表，在人代会期间正式提出。下年初，召开专题会议进行集中转交，县人大常委会、县政府相继出台文件，将建议办理责任落实到县政府各副县长、有关部门单位，人大常委会各副主任、各委室分工进行督导。日常通过集中视察、召开分组调度会议、与县政府分管县长和建议办理单位主要负责人面对面研究办理情况等方式，推进代表建议的办理落实；每年底，评选出优秀代表建议、代表建议承办先进单位，进行表彰奖励，激发代表高质量提出建议和承办单位认真办理建议的热情。五年来，人大代表提出涉及工业、农业、水利、城建、交通以及民生保障等方面的建议310件，面复率100%，办结和基本办结的达90%以上，重点解决了一大批事关全县经济发展特别是与人民群众生产生活息息相关的民生问题，赢得了人大代表和群众的赞誉。

（三）精心组织人大代表活动。有效发挥县人大常委会、乡镇街道人大、代表小组三方面作用，组织代表参加议题审议、视察调研、执法检查、工作评议、专题询问、建议督办、票决等活动，不断提高代表对人大工作的参与度。坚持人大常委会组成人员联系代表、代表联系选民制度，促进人大常委会组成人员与人大代表、人大代表与选民的联系；每年7月份的“代表活动月”，集中开展人大常委会组成人员走访代表、代表联系选民活动，向代表通报全县经济社会发展情况、人大常委会工作情况等，征求代表们的意见建议；指导各乡镇街道人大开展专项视察、评议乡镇街道部门工作等活动，积极发挥代表作用。采取定期不定期召开分片区、分类别的人大代表座谈会，及时通报县委县政府全局性、阶段性工作部署和重点工程项目、重要工作进展情况；了解人大代表对经济社会发展的看法、关注的社会矛盾、关心的社会热点难点问题、需要政府帮助解决的困难等，全面掌握全县经济社会发展动态和社情民意。

五年来，全县各级人大代表牢记重托，准确定位，为民代言、为民建言；主动融入全县经济社会发展大局，立足本职，建功立业，争创一流，充分展示了人大代表的风采。

四、加强自身建设，努力提高履职能力和水平

适应新形势、新任务带来的新要求，高度重视和全面加强自身建设，推进了人大常委会及人大机关的思想建设、制度完善和素质能力提高。

（一）作风建设持续深化。坚持人大常委会专题讲座、机关集体学习制度，积极学习政治理论、法律法规及人大业务知识，不断提高依法履职能力和水平。扎实开展调查研究，坚持科学选题，精心组织，深入一线了解情况，找准问题所在，提出有针对性的意见和建议，形成有深度、有价值的专题调查报告。启动实施了审议意见票决制，对人大常委会审议意见办理情况实施票决，推动了审议意见的有效落实。认真贯彻执行民主集中制，坚持依法集体行使职权，讨论决定重大事项，提升了科学决策、民主决策的水平。

（二）组织建设全面加强。认真落实中央及各级党委关于加强县乡人大工作和建设的意见，配齐理顺了人大常委会工作机构，强化了人员配备；设立了法制、财政经济、教育科学文化卫生、城乡建设环境保护、农业与农村5个人大专门委员会，充实配备了人员，完善了工作机制；配齐配强乡镇街道人大工作机构和人员，极大地激发了乡镇街道人大干部的工作热情，促进了基层人大作用的发挥。

（三）制度建设扎实推进。坚持把制度建设作为基础性工作常抓不懈，修订完善人大常委会议事规则、讨论决定重大事项规定等人大常委会工作制度26项，文件办理、会议办理等工作程序25项，会议服务、接待、学习制度等机关工作制度25项，乡镇人民代表大会工作职权等乡镇街道人大工作制度29项，全部编印成册，强化执行。本届以来，人大各项工作做到了有章可循、有规可依，形成了一整套体现地方国家权力机关特点、涵盖人大常委会运行各个方面的制度体系，人大工作的制度化、规范化水平进一步提升。

（四）机关建设不断优化。坚持以服务为宗旨，加强人大机关建设，优化干部队伍结构，参谋助手和服务保障作用得到有效发挥。大力弘扬创先争优精神，机关党建、招商引资、驻村帮扶等工作有效开展。发扬人大优良传统，对老干部在政治上关心、生活上关照，为老干部老有所乐、老有所为创造了良好条件，充分发挥了老干部在经济社会发展中不可替代的重要作用。注重办好县人大网站、《利津人大》杂志，积极宣传法律法规、人大制度和人大工作，不断提高宪法法律的社会普及率，扩大人大工作的社会影响力。强化对外宣传联系，主动向上级人大汇报工作，加强与其它县区人大的联系，强化对基层人大工作的指导，进一步增强了人大工作合力。

各位代表，五年的工作实践，使我们深深的体会到：做好人大工作、推进地方民主法治建设，必须自觉地坚持和依靠党的领导，紧贴县委的中心工作，人大工作才能保持正确的政治方向，国家权力机关的职能作用才能充分发挥；必须牢固树立法治理念，严格依法按程序办事，做到既不失职，又不越权，认真行使好人大的法定职权；必须以服务群众为宗旨，时刻把群众的利益放在心上，通过各种方式努力为群众办实事、解难题，让人民群众充分享受改革发展成果，把人民赋予的权力真正用来为人民谋利益；必须处处尊重代表，事事依靠代表，充分发挥代表主体作用，永葆人大工作的生机与活力；必须依法正确处理人大与“一府两院”的关系，自觉做到在监督中体现支持，从支持的愿望出发实施监督，确保国家机关围绕共同目标，形成发展合力；必须把推动科学发展作为依法履职的重中之重，始终做到一切为了发展，事事突出发展，以创新的思维推进各项工作，用促进发展的成果来检验和衡量人大工作成效。

各位代表，五年来，人大常委会认真履行宪法和法律赋予的职权，各项工作都有了新的进展。这是县委正确领导的结果，是全体人大代表和人大常委会组成人员辛勤工作的结果，是县人民政府、人民法院、人民检察院和各乡镇街道人大积极配合的结果，也是全县人民和社会各界大力支持的结果。在此，我谨代表县十七届人大常委会，向大家表示崇高的敬意和衷心的感谢！

五年来，人大常委会的工作取得了一定成绩，但我们也清醒地认识到，与宪法法律的要求，与党和人民的期望，与经济社会发展的形势相比，还存在着差距和不足，主要表现在：有些职权的行使还不够到位，增强监督实效的方式方法需要继续改进，代表履职能力仍需提高，常委会自身建设仍需加强，这些问题要在今后工作中认真研究，加以解决。

对今后人大工作的建议

各位代表，县十七届人大常委会圆满完成了历史使命，新一届人大常委会即将选举产生。新形势新任务要求人大常委会要在县委的正确领导下，以维护人民群众的切身利益为根本，以加强社会主义民主法治建设为重点，不断提高依法履职的能力和水平，努力开创全县人大工作新局面。

一、坚持服务全县大局，在做好人大工作上有新境界。刚刚闭幕的县第十三次党代会，回顾了过去5年的光辉历程，对今后5年的经济社会发展作出了决策部署。新的征程、新的目标、新的任务，对人大工作提出了新的更高要求。要切实增强做好新时期人大工作的使命感和责任感，紧贴县委决策部署依法履职。要认真履行决定权，就重大事项适时作出决议决定，保障和促进全县经济社会又好又快发展。要坚决贯彻县委意图，认真行使人事任免权，注重任后监督，为加快发展提供坚强的组织保障。

二、依法行使监督职能，在监督工作上有新成效。要围绕推动创新、协调、绿色、开放、共享发展，加强对行政机关、审判机关和检察机关的工作监督，促进依法行政、公正司法。加强对国民经济和社会发展计划实施的监督，支持政府破解发展难题，提高经济发展质量和效益。加强对预算决算的审查监督，强化对审计查出问题整改落实情况的监督，促进政府建立健全公共财政体系，有效保障全县经济发展和服务民生，有效控制政府财政风险。有计划地听取审议“一府两院”专项工作报告，组织开展好视察、调查和执法检查活动。加强对法律法规实施情况的监督，更加注重发挥法治在社会管理中的重要作用，维护宪法法律的尊严与权威。继续开展专题询问、部门评议等工作，推动解决民生热点问题，促进“一府两院”不断改进工作。积极探索监督事项跟踪督办和办理问效机制，确保监督事项推进有力、落地有声。

三、加强和改进代表工作，在发挥代表作用上有新作为。以《代表法》为依据，不断加强和改进代表工作，规范、保障和支持代表依法履行职责。建立培训常态机制，加强对代表的履职培训，不断增强代表的素质和能力。完善代表联络机制，密切人大常委会与代表、代表与群众的联系。健全完善代表履职登记、代表向选民述职等制度，健全激励约束机制，规范代表退出机制，增强代表履职积极性。不断强化代表小组、代表工作站建设，切实增强代表工作实效。丰富闭会期间的代表活动，有效发挥代表作用。进一步完善代表建议办理机制，建立健全建议办理奖惩机制，努力提高建议办理实效。

四、全面加强自身建设，在履职能力上有新提高。加强人大常委会组成人员履职管理，注重理论学习，重视调查研究，提升科学决策能力。加强专门委员会和工作委员会建设，积极探索有效方式，充分发挥职能作用。加强机关建设，提高干部队伍的整体素质和工作能力。加强宣传工作，打造人大宣传工作新亮点。加强联系指导，推动乡镇街道人大建设再上新水平。

各位代表，回顾过去成绩显著，展望未来任重道远。我们坚信，在中共利津县委的坚强领导下，在全县人民和广大代表的大力支持下，新一届人大及其常委会一定能够肩负起历史的重任和人民的重托，更好地履行宪法和法律赋予的各项职权，开拓创新，积极作为，扎实工作，为加快建设美丽幸福新利津作出新的更大的贡献！

利津县人民政府

Lijin County People's Government

县政府常务会议

第 17—53 次

1 月 4 日，县长燕振诚主持召开第 17—53 次县政府常务会议，研究政府工作报告、国民经济和社会发展计划、2015 年财政预算执行和 2016 年财政预算草案等事宜。一、听取县政府办公室关于 2016 年政府工作报告起草情况的汇报。会议确定，《政府工作报告》由县政府办公室根据会议讨论意见，作进一步修改完善后，提交县委常委会议审议。二、听取县发展和改革局关于 2016 年主要经济指标预期情况分析、2015 年国民经济和社会发展计划执行预计情况与 2016 年国民经济和社会发展计划（草案）的汇报。会议原则同意县发展和改革局提出的 2015 年国民经济和社会发展计划执行预计情况与 2016 年国民经济和社会发展计划（草案）。会议确定，由县发展和改革局根据会议讨论意见，作进一步修改完善后，提交县委常委会议研究。三、听取县财政局关于全县 2015 年县级财政收支情况、2015 年财政预算执行情况和 2016 年财政预算草案的汇报。会议原则同意县财政局提出的 2015 年财政预算执行情况和 2016 年财政预算草案。会议确定，由县财政局根据会议讨论意见，作进一步修改完善后，提交县委常委会议研究。

第 17—54 次

2 月 2 日，县长燕振诚主持召开第 17—54 次县政府常务会议，研究企业家人才队伍建设、工业经济转型升级、财政切块资金管理暂行办法、行政事业单位财务管理、外贸稳增长、2015 年度招商引资考核、2016 年度招商引资意见、向县农商行学习等事宜，对当前工作进行安排部署。一、听取县经济和信息化局关于加强企业家人才队伍建设实施意见的汇报。会议原则同意县经济和信息化局提出的意见，确定由县经济和信息化局根据会议讨论意见作进一步修改完善后，按程序提交县委常委会议研究。会议强调，加强企业家队伍建设，是我县深入推进“工业强县”战略、迅速补齐工业“短板”的现实需要，对推动利津经济社会快速健康发展具有重要意义。会议要求，要建立灵活实用的激励引导机制，提升企业家人才队伍建设实效，进一步推动企业膨胀规模、转型升级，促进县域经济科学跨越发展。二、听取县经济和信息化局关于 2015 年度工业经济转型升级情况的汇报。会议原则同意县经济和信息化局提出的意见，确定由县经济和信息化局根据会议讨论意见作进一步修改完善后，按程序提交县委常委会议研究。会议要求，要在严格遵守上级关于表彰奖励有关规定的前提下，本着诚信原则，按照利发〔2015〕7 号文件精神，激励企业科学发展；对在安全生产、环保、诚信等方面存在违法违规问题的企业，一律不得纳入奖励范围；要根据上级的新要求和我县发展的新情况，及早研究下一步激励引导企业发展的意见。三、听取县财政局关于利津县财政切块资金管理暂行办法的汇报。会议原则同意该办法，确定由县财政局根据会议讨论意见作进一步修改完善后，按程序发布实施。会议要求，该办法施行后，要严格按照规定程序，进一步加强和规范财政专项切块资金管理，保证资金安全高效使用。四、听取县财政局关于进一步加强行政事业单位财务管理的意见的汇报。会议原则同意县财政局提出的意见，确定由县财政局根据会议讨论意见作进一步修改完善后，按程序发布实施。会议要求，各行政事业单位要严格按照规定要求，加强和规范财务管理，财政、审计等部门要切实加强对行政事业单位财务工作的监督管理，及时纠正财务违规问题，进一步规范财经秩序。五、听取县商务局关于外贸稳增长有关情况的汇报。会议原则同意县商务局提出的意见，确定由县商务局根据会议讨论意见作进一步修改完善后，按程序提交县委常委会议研究。六、听取县招商局关于 2015 年度全县招商引资考核情况的汇报。会议原则同意县招商局提出的意见，确定由县招商局根据会议讨论意见作进一步修改完善后，按程序提交县委常委会议研究。会议要求，对 2015 年招商引资考核情况进行如实通报，激励先进，鞭策后进，在全社会营造重视招商引资工作的浓厚氛围。七、听取县招商局关于2016年度全县招商引资工作意见的汇报。会议原则同意县招商局提出的意见，确定由县招商局根据会议讨论意见作进一步修改完善后，按程序提交县委常委会议研究。会议强调，要把招商引资工作作为推动利津经济科学跨越发展的重要手段，持之以恒地抓在手上，围绕“两极一带”生产力布局，按照产业链发展的思路，着力引进投资规模大、科技含量高、带动能力强的大项目、好项目。同时，要充分利用沿海资源优势，抓好浅海养殖招商，带动浅海养殖产业链延伸发展，进一步促进群众就业增收。八、听取县金融办关于向县农商行学习建议的汇报。会议原则同意县金融办提出的意见，确定由县政府办公室、县金融办根据会议讨论意见作进一步修改完善后，按程序提交县委常委会议研究。九、会议对当前工作进行安排部署。会议指出，2016年春节临近，认真做好当前各项工作，为全年工作开好头、起好步，具有十分重要的意义。会议要求，(一) 做好访贫问苦工作。要高度关注弱势群体，扎实安排好扶贫济困工作，保证困难群众、优抚对象的正常生产生活。(二) 维护社会和谐稳定。各级各部门要密切关注信访突出问题，进一步强化社会矛盾纠纷的排查化解；要高度重视安全生产工作，抓好企业生产、烟花爆竹、道路交通等重要领域、重点环节安全监管，全力维护社会和谐稳定。(三) 抓好2016年重点工程项目和民生实事的推进落实。要明确建设任务，加快推进手续办理等前期工作，确保各项工程项目按进度完成。(四) 做好节日应急值守。各级各部门要认真实行领导带班、值班制度，严格遵守工作纪律，及时有效地防范和应对突发事件。(五) 切实加强廉政建设。各级领导干部要切实增强廉洁意识，自觉贯彻落实廉洁自律各项规定，坚决抵制歪风邪气，树立良好的个人形象。

第17—55次

2月14日，县长燕振诚主持召开第17—55次县政府常务会议，研究2015年度全县综合考核工作等事宜，对近期工作进行安排部署。一、听取县督查局关于2015年度全县综合考核工作情况的汇报。会议原则同意县督查局提出的意见，确定由县督查局提交县委常委会议研究。会议要求，督查、组织、人社等部门，要认真研究上级相关政策和其他地区可行的考核奖惩办法，不断健全完善激励机制，更好地激发全县上下干事创业的热情，推动各项工作任务有效落实、创先争优。二、会议对近期工作进行安排部署。会议指出，2016年春节假期已经过去，天气逐渐转暖，政府机关要迅速打消“年气”，以饱满的热情、昂扬的斗志投入到工作中，为顺利完成全年目标任务起好头、开好局、打好基础。会议要求，(一) 要继续推行工作项目化、项目责任化，明确今年重点工程项目、民生实事的具体责任单位、责任人，制定路线图，排出时间表，以最大的力度推动责任落实，以最快的速度推进工作落实，确保各项年度重点工作任务全面完成。(二) 要加快推进农水会战，确保各项工程按计划竣工投用；要提前谋划、组织春灌工作，引导广大群众主动参与，对准备充分的乡镇街道优先调水灌溉，切实提高春灌实效；要稳步实施三年增绿计划，不折不扣的完成年度建设任务。(三) 要全力抓好招商引资工作，对当前掌握的招商线索进行认真梳理研究，条件成熟的要尽快推进落实，投资意愿较强的要努力争取，努力在提高项目质量、扩大有效投资上实现新突破。(四) 要认真筹备全县工作会议，按照“三严三实”要求，把政府承担的各项工作部署好、分解好，既做到系统全面，也要重点突出，努力推动各项事业共同发展、重点工作实现突破。(五) 要加强经济运行调度，密切关注企业资金链问题，及时有效防范各类风险，确保经济健康发展。(六) 要高度关注社会稳定，切实加强生产安全、环境保护监管和社会治安管控，扎实做好“两会”期间的安保工作，维护安定和谐的良好局面。

第17—56次

2月29日，县长燕振诚主持召开第17—56次县政府常务会议，研究农村改厕、全省深化住房制度改革贯彻落实、义务教育均衡发展评估验收、重点工程项目手续办理、春节前后安全巡查、化工企业评级评价、全市经信工作会议精神贯彻落实、政府投资项目管理、全省财政工作会议精神贯彻落实等事宜，对当前工作进行安排部署。一、听取县住房和城乡规划建设局关于利津县农村改厕实施方案的汇报。会议原则同意县住房和城乡规划建设局提出的意见。会议要求，（一）广泛发动群众。要做好舆论宣传引导，本着自愿的原则，动员群众主动参与农村改厕工作，在全社会营造良好的氛围。（二）强化资金保障。要用好省、市奖补资金，县财政按照平均每户300元进行奖补，同时要加大工作经费投入，为农村改厕工作开展提供有力保障。（三）坚持务实节约。要因地制宜选择合理的改厕模式，在保证施工质量的前提下节约使用资金，最大程度地提高资金使用效益。二、听取县住房和城乡规划建设局关于贯彻全省深化住房制度改革有关事项的汇报。会议原则同意县住房和城乡规划建设局提出的意见。会议强调，要高度重视深化住房制度改革工作，把思想和行动统一到上级部署要求上来，认真分析研究我县实际情况，进一步落实责任、细化措施，抓紧开展前期工作，确保各项任务顺利推进。三、听取县教育局关于全县义务教育均衡发展评估验收情况的汇报。会议指出，近年来，我县坚持教育优先发展的战略不动摇，在县财政比较困难的情况下，不断加大投入力度，教育办学条件显著改善。义务教育均衡发展工作是省、市安排的一项重要任务，各乡镇街道、有关部门必须高度重视，提高思想认识，强化工作措施，确保通过义务教育发展基本均衡县验收。会议要求，（一）经费投入方面，财政部门要整合各级用于教育事业发展的资金，进一步加大投入力度，确保资金投入达到义务教育发展基本均衡县标准。（二）校舍建设、运动场地提升及教育设施设备配备方面，各乡镇街道作为责任主体，要加快建设进度，确保办学条件全面达标。（三）师资队伍建设方面，教育局、编办、人社局等有关部门要抓紧研究，制定方案，进一步优化教师结构，解决师资结构性短缺的问题。（四）县督查局要把义务教育均衡发展工作列入专项督查，督促各部门单位加大工作力度，按时完成任务。四、听取县发展和改革局关于全县重点工程项目手续办理情况汇报。会议原则同意县发展和改革局提出的意见，确定由县发展和改革局根据会议讨论意见作进一步修改完善后，按程序提交县委常委会议研究。会议强调，现阶段是利津实现跨越发展的关键时期，必须把重点工程项目建设作为一切工作中纲举目张的重要抓手，紧紧抓在手上，各有关部门单位要敢于担当、勇于负责，积极发挥职能优势，主动搞好协调服务，加快推进项目手续办理，确保重点工程项目顺利实施。五、听取县安监局关于春节前后安全巡查情况及下一步建议的汇报。会议原则同意县安监局提出的意见，确定由县安监局根据会议讨论意见作进一步修改完善后，按程序提交县委常委会议研究。会议要求，（一）加强安监队伍建设。编办、人社局等有关部门单位要认真研究，配齐、配强县乡安监力量，切实提高安全生产监管水平和执法能力。（二）加大安监经费投入。要按照上级要求，配备必需的办公设备和执法装备，进一步提高基层监督检查工作保障水平。（三）加强安全生产的规范化、制度化建设。要坚决落实企业主体责任和网格化监管责任，安监部门进一步完善安全生产监管的规章制度，建立安全生产监管的长效机制，确保各项工作落到实处。（四）加大工作督导力度。要进一步提高涉企检查实效，充分调动企业自查整改的积极性。要对各乡镇街道、行业部门监管责任落实情况进行定期督导检查，同时对重大隐患、突出问题实行跟踪督查，确保隐患问题及时整改到位。六、听取县经济和信息化局关于全县化工企业评级评价工作情况的汇报。会议指出，前期我县化工企业评级评价工作推进较快、效果较好，各有关部门必须再接再厉，进一步提高思想认识，把各阶段任务落实到位，真正走在全市前列。会议要求，对评为“优”等和“中”等的企业，要实行动态化管理，督促企业整改存在的问题，对整改到位的企业加大扶持力度，整改不到位的列为“差”等企业；对评为“差”等且限期整改不到位的企业，对安全环保不达标、社会贡献率低的“僵尸”企业，要采取断然措施，坚决予以淘汰；同时要高度关注企业资金链状况，有效防范金融风险，维护金融环境稳定。七、听取县经济和信息化局关于全市经信工作会议精神及我县贯彻落实意见的汇报。会议原则同意县经济和信息化局提出的意见。会议要求，各有关部门要全力抓好经济运行，加快推进重点项目建设，快速补齐我县的工业“短板”；要注重工业化和信息化的融合发展，加快推进电商产业园建设和交易平台建设，推动“互联网＋工业”创新发展；要加强对生产性物流企业的培育，进一步壮大企业规模，推动生产性物流服务业加快发展。八、听取县财政局关于进一步加强政府投资项目管理有关事项的汇报。会议原则同意县财政局提出的意见。会议要求，(一)要切实加强政府投资项目监管，严格项目预算管理和投资变更管理，切实提高财政资金使用效益。(二)要严格政府投资项目其他费用管理，对情况特殊的政府投资项目，可采取“一事一议”方式确定服务机构及费用。(三)要牢固树立过“紧日子”的思想，用有限的资金多做一些打基础、利长远、惠民生的事，推动利津经济社会实现跨越发展。九、听取县财政局王乃全同志关于全省财政工作会议精神及我县贯彻落实意见的汇报。会议原则同意县财政局提出的意见。会议要求，要密切关注财政经济运行形势，广开增收渠道，挖掘增收潜力，压减一般性支出，加大政策性资金争取力度，加快推进财税改革，努力提高财政运行质量和效率。十、会议对全国“两会”期间信访维稳工作进行安排部署。会议要求，各县级领导干部要认真落实信访维稳责任，严格执行公开接访制度和信访包案制度，高度重视分管部门、行业领域的问题，对一些不稳定因素要深入排查摸底，及时跟进处理，积极稳妥化解。要高度重视津源担保公司信访问题的化解工作，成立工作组，金融办、法院、检察院、公安局、司法局等职能部门参与，帮助津源担保公司推进有关工作；要积极稳妥地回笼资金，严厉打击恶意逃费债务行为，保证股东的合法利益。同时要加强对干部职工的宣传引导，推动津源担保公司有关问题得到有效解决。

第 17—57 次

3 月 21 日，县长燕振诚主持召开第 17—57 次县政府常务会议，研究污水处理费征收使用管理、全市统计工作会议精神贯彻落实、行政审批事项调整、殡葬费补贴制度改革、有关工作人员职务任免等事宜。一、听取县城市管理和行政执法局关于污水处理费征收使用管理办法的汇报。会议原则通过该《办法》，确定由县城市管理和行政执法局根据会议提出的意见作进一步修改完善后，按程序发布实施。会议要求，要切实强化《办法》的严肃性和职责部门的执行力，确保污水处理费应收尽收、依法管理、规范使用。二、听取县统计局关于全市统计工作会议精神传达和我县贯彻落实情况的汇报。会议原则同意县统计局提出的意见。会议要求，要高度重视统计工作，科学把握统计工作面临的新形势、新任务和新要求，坚持创新引领、深化改革、依法统计，不断提高统计数据质量、统计分析研究和预测预判水平，更好地服从和服务于全县经济社会发展大局；要不断加强统计工作，充实、稳定和优化统计工作队伍，扎实开展五星级统计站和示范统计站创建，为统计工作开展提供必要的人力、物力和财力支撑，努力推动统计工作实现新突破、开创新局面。三、听取县编办关于 2016 年第一批取消、调整行政审批事项暨贯彻全市政府职能转变工作调度会议精神有关问题的汇报。会议原则同意县编办提出的意见。会议要求，各有关部门、单位要及时做好行政审批事项的取消、调整工作，更新流程图、业务手册和服务指南，并依法向社会公开，主动接受社会监督；要加强事中事后监管，适时开展行政审批制度改革督导检查，促进政府管理服务水平持续提升，推动政府职能转变不断迈向深入。四、听取县民政局关于在城乡居民中实行基本殡葬费补贴制度的汇报。会议同意县民政局提出的意见，确定由县民政局、县政府办公室联合行文发布实施。

五、听取县人力资源和社会保障局关于提请任免王涛等工作人员职务的汇报。会议同意县人力资源和社会保障局根据中共利津县委利任〔2016〕8号、9号、19号任免通知提出的意见，任免工作由县人力资源和社会保障局、县政府办公室按程序办理。

第17—58次

4月11日，县长燕振诚主持召开第17—58次县政府常务会议，研究禁毒、便民市场建设、省级卫生县城复审、健康促进县创建、公共资源交易中心筹建、山东滨源化学公司项目重启、建购职工住房审计问题整改、优抚对象相关政策调整、机关事业单位养老保险收支等事宜。一、听取县公安局关于全市禁毒工作调度会议精神及我县贯彻落实意见的汇报。会议指出，禁毒工作事关国家安全、事关社会稳定、事关百姓福祉，意义重大，影响深远。各级各有关部门要充分认清我县禁毒工作面临的严峻形势，坚定不移地抓好禁毒工作，坚持集中力量重拳整治，始终保持打击毒品犯罪的高压态势。会议原则同意县公安局提出的意见。会议要求，各级各有关部门要高度重视禁毒工作，严格落实禁毒责任，切实强化禁毒措施，全方位加大整治力度，确保挂牌整治期间不再出现新的问题；要与正在开展的打非治违行动有机结合起来，认真排查吸毒、贩毒、制毒人员情况，加强制毒化学品企业管理，摸清底数，建立台账，有效落实各项管控措施；要进一步加大宣传教育力度，扩大覆盖面，提高针对性，增强警示性，广泛动员群众参与禁毒工作，不断增强全民识毒防毒拒毒的意识和能力；要健全完善禁毒保障机制，充实禁毒队伍力量，增设禁毒工作站所，加大禁毒经费投入，保障禁毒工作不断向纵深推进。二、听取县城市管理和行政执法局关于便民市场建设实施方案的汇报。会议原则同意该《实施方案》。会议确定，（一）建立便民市场建设联席会议制度，由张和森副县长牵头，县政府有关职责部门和相关街道办事处共同参与，限期完成便民市场建设工作。（二）三里、枣园市场改造由利津街道办事处具体负责，县住房和城乡规划建设局、县城市管理和行政执法局协助规划设计，县财政按照投资额的三分之一进行奖补；西关桥临时便民小市场、临时摊贩集中点改造建设由县城市管理和行政执法局具体负责，投资由县财政全额负担；利龙市场等其他集贸市场改造，由县城市管理和行政执法局牵头调研论证，提出改造方案，抓好整改落实；县审计局负责对各项建设改造工程进行跟踪审计。会议要求，各市场管理主体责任单位要根据市场实际情况，依法依规建立健全市场管理长效机制，切实解决市场和临时摊点管理难、秩序乱等问题。三、听取县卫生和计划生育局关于迎接省级卫生县城复审有关情况的汇报。会议原则同意《利津县迎接省级卫生县城复审工作方案》，确定由县卫生和计划生育局根据会议讨论意见作进一步修改完善后，按程序提交县委常委会议研究。会议要求，要组织专业力量，按照省级卫生县城复审标准，对县城区进行评估，全面摸清现状，有的放矢的开展复审准备工作；要严格落实责任，明确完成时限，将各项工作任务分解到具体职责部门、责任人和时间节点，并由县督查局配合搞好督查，确保各项工作扎实推进。四、听取县卫生和计划生育局季谢美同志关于创建全省健康促进县有关情况的汇报。会议原则同意《利津县创建全省健康促进县实施方案》，确定由县卫生和计划生育局根据会议讨论意见作进一步修改完善后，按程序印发实施。会议要求，各级各有关部门要高度重视创建工作，按照《实施方案》有关要求，扎实做好各项创建工作；县卫生和计划生育局要切实发挥好牵头抓总作用，指导督促各职责部门落实责任，推动各项创建工作有序推进。五、听取县政务服务中心管理办公室关于县公共资源交易中心筹建情况的汇报。会议原则同意县政务服务中心管理办公室提出的意见。会议要求，各有关部门、单位要根据工作职责，加快协助办理消防手续，推进相关工程施工，争取县公共资源交易中心尽快投入使用；要妥善做好工作人员遴选工作，合理控制工作人员数量，保证满足县公共资源交易中心工作的需要。六、听取刁口乡党委负责人关于山东滨源化学有限公司间苯二胺、间苯二酚项目重启建议的汇报。会议原则同意刁口乡政府提出的意见。会议要求，各有关职能部门要在依法依规的前提下，积极协助刁口乡政府推进项目重启工作，妥善解决相关遗留问题，最大程度地挽回事故损失。七、听取县住房和城乡规划建设局关于建构职工住房审计问题整改工作有关问题的汇报。会议原则同意县住房和城乡规划建设局提出的意见。会议确定，（一）此次审计发现的县直部门单位利用国有划拨土地建设，且尚未办理土地性质变更、完善用地手续的职工住房，根据职工住房实际建设情况合理确定用地面积和规划建设指标，土地性质变更为居住用地，县住房和城乡规划建设局负责出具建设用地规划设计条件；县国土资源局不再对违规用地行为进行处罚，并按照划拨土地使用权人申请办理协议出让的程序完善用地手续，出让价格按照职工住房动工时的市场价格评估确定；城市基础设施配套费按建设时期批复的标准执行。其他县直部门、单位在国有划拨土地已经建成的职工住房，今后需要办理土地性质变更、完善用地手续的，一律参照上述办法办理，不再进行专题研究。（二）县中心医院、县第二中学、县第二实验学校的用地面积和规划建设指标，根据各单位职工住房实际建设情况分别确定。其中：在国有划拨土地上建设的，县中心医院4栋职工住房用地面积分别为2095.45平方米、1788.4平方米、2095.45平方米、1788.4平方米，用地性质由医疗卫生用地变更为居住用地，容积率均为1.01—4.11，土地出让价格为121.66万元；县第二中学职工住房用地面积为5404.81平方米，用地性质由教育用地变更为居住用地，容积率为1.01—1.31，土地出让价格为42.36万元；县第二实验学校职工住房用地面积为1271.26平方米，用地性质由科教用地变更为居住用地，容积率为1.01—2.9，土地出让价格为20.14万元；上述3个单位购房职工依法补交土地出让金及相关税费后，凭已办理的土地使用证、单位与购房户按市场价签订的购买合同，及税务部门办理的完税证明，办理房屋确权登记手续。在集体土地上建设的县第二中学职工住房，先由县国土资源局对其违规用地行为依法进行处罚，并按照教育用地的性质上报省政府实施土地征收；征收完成后，县住房和城乡规划建设局按照教育用地性质出具建设用地规划设计条件，县国土资源局将土地依法划拨，然后再按照第一条确定的国有划拨土地处置方式变更土地性质、完善用地手续，出让单价与上述确定的县第二中学国有划拨土地办理协议出让单价一致。（三）将津苑小区剩余一宗12877.79平方米国有建设用地的用地性质由居住用地变更为商业用地，容积率为不大于2.5，建筑密度为不大于25%，绿地率为不小于35%；县住房和城乡规划建设局负责为该宗土地出具建设用地规划设计条件，县国土资源局将该宗土地公开出让，出让收入全额上缴县财政，用于偿还津苑小区建设资金。八、听取县民政局薄新强同志关于部分优抚对象相关政策调整的汇报。会议原则同意县民政局提出的意见。会议确定，（一）自2016年4月1日起，破产企业复退军人中的对越参战人员生活补助标准调整为每人每月1400元，志愿兵、残疾军人生活补助标准调整为每人每月1300元。（二）原县化肥厂残疾军人李明礼、陈跃亮、陈振山、左凤利自2016年2月1日起，享受破产企业复退残疾军人生活补助政策；县人力资源和社会保障局按按照相关社保政策，为上述4名残疾军人办理社会保险。（三）自2016年1月1日起，农村烈士遗属抚恤金标准调整为每人每年19120元，农村因公牺牲军人遗属抚恤金标准调整为每人每年16410元，农村病故军人遗属抚恤金标准调整为每人每年15440元。九、听取县财政局关于机关事业单位养老金支付有关问题的汇报。会议同意县财政局提出的意见。会议确定，（一）《关于确定机关事业单位养老保险缴费工资及待遇统筹项目的通知》（鲁人社办发〔2015〕78号）规定的“统筹内项目”，在养老保险基金中支付发放；(二）鲁人社办发〔2015〕78号文件规定的“统筹外项目”，行政机关和财政拨款单位人员（含遗属、一次性死亡人员）所需资金由县、乡财政分级负担，已退休且原用人单位已破产、无存续事业单位人员所需资金由县财政兜底，离休人员所需资金由县、乡财政分级负担；财政补贴、经费自理单位中已退休人员及遗属所需资金，单纯财政补贴单位根据预算负担比例负担，财政拨款、补贴双重单位由财政负担70%，经费自理单位由单位自行负担。十、听取县财政局关于调整我县公立医院人员经费补助形式的汇报。会议同意县财政局提出的意见，确定县中心医院人员经费财政补助比例调整为56%，县二院人员经费财政补助比例调整为59%，医疗设备更新配置所需资金通过“一事一议”方式解决。

第17—59次

5月3日，县长燕振诚在县政府常务会议室主持召开第17—59次县政府常务会议，研究全市消防工作视频会议贯彻落实、强化道路交通管理、燃气下乡“镇镇通”、城区公厕及环卫工人歇脚点建设管理、津源担保公司股权转让、有关工作人员处理等事宜。一、听取县消防大队关于全市消防工作视频会议精神及我县贯彻落实意见的汇报。会议指出，消防工作是政府履行公共管理、社会服务职责的重要内容，关系到经济社会发展稳定大局，是一项重要的“民生工程”，各级各部门必须高度重视，采取有力措施，确保消防安全。会议原则同意县消防大队提出的意见。会议确定，（一）健全理顺市政消防栓维护管理机制，消防栓建设由县水利局牵头负责，消防栓管理维护由县城市管理和行政执法局牵头负责，破坏、挪用、妨害使用或者擅自拆除、迁移、停用公共消防设施的行为由县消防大队牵头处理；(二）对供销大厦、利津宾馆、凤凰公园人防工程、蓝海禧华酒店管理有限公司火灾隐患实行挂牌督办，由消防主管部门牵头，项目投资主体负责，行业主管部门参与，限期整改落实；(三）近期召开会议，对全县消防安全工作进行安排部署。会议要求，(一）要按照查缺补漏的基本原则，合理编制消防事业发展规划，将各乡镇街道、各行业领域全部纳入、有效衔接，为消防基础设施建设谋好篇、布好局；(二）要依法理清责任，严格落实责任，各级各部门要认真履行职责，切实承担起肩负的工作任务，按规定、按要求推进消防工作落实；(三）要深入开展火灾隐患“大严快”集中行动，特别是抓好学校、养老机构等人员密集场所的隐患排查整治，确保年底前各类消防安全隐患全部整治到位。二、听取县交通管理大队关于进一步强化道路交通管理工作的汇报。会议原则同意县交通管理大队提出的意见。会议要求，（一）要加强突出问题治理，扎实推进公路安全生命防护工程，加快修缮危旧道路、桥梁，科学增设减速、警示设施，努力保障道路、行人安全；强化县城区道路交通秩序管理，加大重点区域管控力度，有效解决车辆乱停乱放问题；规范危化品运输车辆停放秩序，特别是利华益集团、津博化工、宜坤化工等化工企业周边区域车辆停放秩序，相关乡镇街道及责任单位要通过划定集中停放区域等方式，引导危化品运输车辆科学合理停放。(二）要加强道路交通安全人防、物防、技防建设，构建全方位、多层次的安全防护体系。(三）要高度重视学生道路交通安全工作，加强针对学生及学生家长的安全教育，加大对不文明行为的曝光力度，督促学生及学生家长遵守交通规则、养成良好习惯。(四）要建立道路交通安全联合执法机制，由交通管理部门牵头，交通运输、城市管理、公路等部门共同参与，整合执法力量，提高执法频次，加大查处力度，形成打击危害道路交通安全行为的高压态势。三、听取县城市管理和行政执法局关于燃气下乡“镇镇通”实施方案的汇报。会议原则同意该《实施方案》。会议要求，要依法依规推进实施燃气下乡“镇镇通”工程，确保手续齐全、程序合法、质量合格，按计划完成建设任务；要依法确定各类费用缴费标准、缴费单位，确保民生工程建设真正做到惠民、利民。四、听取县城市管理和行政执法局关于城区公厕及环卫工人歇脚点建设管理实施方案的汇报。会议原则同意该《实施方案》。会议要求，城市管理和行政执法部门要建立健全公厕及歇脚点长效管理维护机制，强化日常监管，真正做到方便群众、方便环卫工人，促进城市品位提升。五、听取县金融办关于津源担保股东股权转让的汇报。会议原则同意县金融办提出的意见，确定由利津县天源油区工程有限公司收购东营津源担保有限责任公司部分股权，股权转让手续在县金融办的监督下依法办理。六、听取县监察局关于有关工作人员处理意见的汇报。会议同意县监察局提出的给予张乃银开除公职处分和解除郭友泉同志行政撤职处分的报告，由县监察局按有关规定办理。

第 17—60 次

5 月 30 日，县长燕振诚主持召开第 17—60 次县政府常务会议，研究环保督察、拆违治乱专项行动、户外广告专项整治、创城复审环境综合整治、老年乡村医生生活补助、全市外贸运行调度工作会议贯彻落实等事宜。一、听取县环保局关于迎接中央环保督察准备工作方案的汇报。会议原则同意县环保局提出的意见。会议要求，（一）各级各有关部门要高度重视环保工作，将其放在更加突出的位置，严格落实各项政策法规，确保环境保护职责全面落实到位。（二）各环境保护职责单位要认真开展督察准备工作，全面梳理与环境保护工作相关的文件资料，进行系统化规范完善、归档备案，进一步提升环境保护工作的组织化、标准化水平。（三）要扎实开展环境保护重点难点问题整治工作，针对信访投诉事项、治理工程实施、违规项目清理整顿等工作开展“回头看”活动，依法依规、按计划推进工作落实，严防“死灰复燃”“久拖不结”。二、听取县城市管理和行政执法局关于全县拆违治乱专项行动开展情况和户外广告专项整治实施方案的汇报。会议指出，随着拆违治乱专项行动的深入开展，各种深层次矛盾逐渐暴露，责任单位重视程度低、领导干部责任心不强、工作落实推诿扯皮等问题表现十分突出，必须下大气力、用硬措施，严厉推动责任落实，全力推进行动开展。会议原则同意县城市管理和行政执法局关于深化拆违治乱专项行动提出的意见和《利津县户外广告专项整治实施方案》。会议要求，（一）各级各有关部门务必强化责任意识、大局意识，按照任务分工严格履责、积极作为、密切配合，切实凝聚起强大的工作合力，营造出强大的攻坚声势，确保真正做到齐抓共管、令行禁止。（二）要进一步加大调度问责力度，重点抓好不作为、慢作为单位的督促整改，对存在违建行为的党员干部要严肃问责，对违规违法建筑要坚决拆除，加快扭转拆违治乱的被动局面，彻底打消各方面对拆违治乱专项行动的质疑。三、听取县城市管理和行政执法局关于创城复审环境综合整治行动实施方案的汇报。会议原则同意该《实施方案》。会议要求，要进一步充实卫生县城复审指挥部工作力量，加强经费保障，强化组织领导，集中力量开展城区环境综合治理工作；要大力推行精细化管理模式，逐步建立健全长效管理机制，不断提升城市管理水平；要抓好舆论引导，坚持正面宣传与负面曝光相结合，提高广大市民的城市意识，营造良好的社会氛围。

四、听取县卫生和计划生育局季谢美同志关于老年乡村医生生活补助政策有关情况的汇报。会议原则同意县卫生和计划生育局提出的意见，通过《关于进一步加强乡村医生队伍建设的实施意见》和《关于解决老年乡村医生生活补助问题的实施意见》。会议要求，要进一步完善村卫生室和乡村医生绩效管理制度，充分调动乡村医生的工作积极性，不断提高村卫生室的服务运行效率。五、听取县商务局关于全市外贸运行调度工作会议精神及我县贯彻落实意见的汇报。会议原则同意县商务局提出的意见。会议要求，各级各有关部门要进一步强化战略意识，认真研究利用上级相关政策，积极创造良好发展环境，为外贸经济增长打好基础，为利津长远发展谋好篇、布好局。

第 17—62 次

7 月 11 日，县长燕振诚主持召开第 17—62 次县政府常务会议，研究省级卫生县城复审、省级出口农产品质量安全示范区创建、安全生产领域违规建设项目处置、全市规模企业规范化公司制改制工作会议贯彻落实、扶贫小额信贷、校园专职保安配备、全市被征地农民养老保险工作会议贯彻落实、有关工作人员职务任免等事宜。一、听取县迎接省级卫生县城复审工作指挥部关于复审迎检亟需解决问题的汇报。会议原则同意县复审指挥部提出的意见。会议要求，(一) 各责任单位要高度重视卫生县城复审工作，按照既定分工切实抓好落实，保证不折不扣的完成各项工作任务，顺利通过本轮复审；(二) 要加大财政保障力度，合理确定建设、改造内容，确保资金发挥最大效益、环境创设符合复审标准；(三) 要加快重点项目建设进度，精简项目建设手续，提高办事效率，确保按规定时限完成建设任务；(四) 要完善督导问责机制，县复审指挥部要制定复审责任清单，列明工作事项、责任单位、责任人，每周进行督查通报，及时问效问责。二、听取县农业局关于利津县创建省级出口农产品质量安全示范区工作的汇报。会议原则同意县农业局提出的意见和《实施方案》，确定《实施方案》按程序以县政府办公室文件印发实施。会议要求，要尽快筹建创建工作机构，分解落实工作任务，加快推进创建工作，推动全县农产品质量整体提升。三、听取县发展和改革局关于全县安全生产领域违规建设项目处置工作实施方案的汇报。会议原则同意县发展和改革局提出的意见。会议要求，各级各有关部门要从促进县域经济长远发展的大局出发，积极抢抓本次机遇，尽快帮助各类经营主体完善安全生产及其他领域相关手续，推动企业健康规范运行；要按时完成违规建设项目处置工作，迅速扭转我县违规建设项目屡禁不止、屡打不绝的状况。四、听取县经济和信息化局关于全市规模企业规范化公司制改制工作会议精神及贯彻落实意见的汇报。会议指出，改制是企业长远发展的内在要求，是企业做大做强的必由之路，各级各有关部门，特别是广大企业一定要充分认识改制的重要意义，采取有效措施，深入推动落实。会议原则同意县经济和信息化局提出的意见。会议要求，(一) 要强化宣传引导，把企业改制可以明晰产权关系、改善企业融资结构、提升企业管理水平、促进企业转型升级等作用宣传讲解到位，帮助企业增强资本意识和改制决心，营造良好的工作氛围；(二) 要强化政策支持，用足用好用活各级鼓励企业规范化公司制改制的政策，在财政、税费、金融等方面给予强有力的支持，确保政策全部落实到企业，为企业发展扫除障碍、解决困难；(三) 要强化组织领导，严格落实全县规模企业规范化公司改制工作联席会议制度，县经济和信息化局牵头抓总，各级各有关部门分头推进，齐心协力推动企业改制顺利开展；(四) 要积极推进现代企业制度建设，通过规范化公司制改制，推动各企业实现产权清晰、财务规范、股权结构优化、治理结构完善、历史遗留问题有效化解，为今后企业上市、挂牌等发展打下坚实基础。五、听取县扶贫办关于利津县扶贫小额信贷工作实施办法（暂行）的汇报。会议指出，扶贫开发事关全面建成小康社会，事关增进人民福祉，是当前的重大政治任务。开展金融扶贫是增加扶贫投入的重要手段，对于打赢脱贫攻坚战具有重大意义。会议原则通过该《实施办法（暂行）》，确定由县扶贫办、县法制办、县政府办公室根据会议讨论意见作进一步修改完善后，按程序发布实施。会议要求，(一) 要进一步提高县乡财政对扶贫贷款发放的支撑和抗风险能力，拓展筹资渠道，扩大信贷规模，最大程度的惠及贫困户和扶贫帮扶经营主体；(二) 金融单位要积极创新金融扶贫产品，下沉服务重心，延伸服务网络，优化服务方式，不断提高扶贫服务的可及性和质量。六、听取县教育局关于增配校园专职保安人员的汇报。会议原则同意县教育局提出的意见。会议确定，(一) 2016 年秋季开学前，县直学校、幼儿园增配专职保安员 28 名，乡镇街道学校、幼儿园增配专职保安员31名，新增专职保安员委托专业保安公司统一招录、按需分配，并将原有保安员全部纳入专业保安公司统一管理。（二）专职保安员待遇按照2010年招聘保安人员经费标准确定，乡镇街道专职保安员经费由所在乡镇街道财政承担，县直校园专职保安员经费由县财政承担。会议要求，（一）各级各有关部门要高度重视校园安保工作，严格按照《关于印发〈中小学幼儿园安全防范工作规范（试行）〉的通知》（公治〔2015〕168号）有关规定，及时足额配备专职保安员，严格准入退出，加强专业培训，确保人防作用有效发挥；（二）要对校园安保情况进行全面排查、规范整改，尽快完成校园安全提升工程，进一步巩固提升校园物防、技防能力；（三）要加强师生安全教育，不断提升广大师生的安全防范意识和自救互救能力。七、听取县人力资源和社会保障局关于全市被征地农民养老保险工作会议精神及贯彻落实意见的汇报。会议原则同意县人力资源和社会保障局提出的意见。会议要求，各级各有关部门要高度重视被征地农民养老保险工作，摸准吃透上级政策和利津实际，准确核定被征地农民对象和保障标准，按期妥善完成工作任务。八、听取县人力资源和社会保障局关于提请任免尚凡斗等工作人员职务的汇报。会议同意县人力资源和社会保障局根据中共利津县委利任〔2016〕35号、36号任免通知提出的意见，任免工作由县人力资源和社会保障局、县政府办公室按程序办理。

第17—63次

7月25日，县长燕振诚主持召开第17—63次县政府常务会议，研究乡村文明建设、依法治县及法治宣传教育、县级行政权力调整、“党建在线”管理服务平台建设、残疾人补贴制度落实、扶贫开发、城区供水价格调整、市统计局上半年经济形势分析会议精神贯彻落实等事宜。一、听取县乡村文明建设专项行动领导小组办公室关于全县乡村文明建设工作情况的汇报。会议指出，乡村文明建设专项行动启动以来，各级各责任单位积极作为、扎实推进，取得了良好的阶段性成果，但在今年的工作中也暴露出一些问题，乡镇街道之间进展不够平衡，职责部门责任落实不够到位，乡村文明建设的力度还需进一步强化。会议原则同意县乡村文明建设专项行动领导小组办公室提出的意见。会议要求，各级各有关部门要进一步提高对乡村文明建设工作的重视程度，正视问题，积极履责，敢于作为，全面承担起相关公共区域的治理任务，坚决杜绝推脱、应付思想，坚定不移的推动各项工作落实，确保乡村文明建设取得更加扎实地成效。二、听取县司法局付连峰同志关于《利津县2016—2020年依法治县规划（草案）》《在全县公民中开展法治宣传教育的第七个五年规划（草案）》的汇报。会议原则同意两个《规划（草案）》，确定两个《规划（草案）》进一步征求县人大法制工作委员会的意见后，按程序提交县委常委会议研究。三、听取县编办关于2016年第二批动态调整县级行政权力清单暨修订行政审批中介服务收费项目清单有关问题的汇报。会议原则同意县编办提出的意见，确定按程序公布实施。会议要求，要认真做好两个“清单”的宣传教育工作，进一步增强公职人员的法治意识、权力意识和责任意识，推动各项工作职责规范履行；要加强对行政权力执行工作的督查指导，督促各职能部门严格履行职责，正确行使法律法规及相关政策赋予的行政权力；要严格按照《行政审批中介服务收费项目清单》规定的项目受理涉及中介服务的事项，对于违反规定要求申请人委托中介机构开展服务的，要对相关审批部门进行严肃问责。四、听取县委组织部关于建设利津“党建在线”管理服务平台建议方案的汇报。会议原则通过该《方案》。会议确定，“党建在线”管理服务平台采取“企业投资建设运营、政府购买服务”的方式建设，建设运营企业通过竞争性磋商招标确定，平台建设合作期为5年，建设、管理费用分年度列入县、乡财政预算予以保障。会议要求，要统筹整合现有的人力、物力资源，有效满足平台建设运行需要；要慎重遴选招标企业，充分引入竞争机制，确保引进技术过硬、服务高质、管理规范的企业投资建设服务平台；要严格财经纪律，切实组织好竞争性磋商招标，规范、集约、节约使用各项经费，发挥好建设、管理资金的最大效用。五、听取县民政局关于落实残疾人两项补贴制度的汇报。会议原则同意县民政局根据《关于全面建立困难残疾人生活补贴和重度残疾人护理补贴制度的实施意见》（东民〔2016〕17号）提出的意见。会议确定，（一）困难残疾人生活补贴对象为具有利津县户籍且享受低保待遇，持有一至四级残疾人证（第二代）的残疾人，补贴标准为：一级残疾人每人每月180元，二级残疾人每人每月150元，三、四级残疾人每人每月100元；（二）重度残疾人护理补贴对象为具有利津县户籍且残疾等级是一、二级的智力、精神、视力、肢体残疾人（多重残疾人按四项中单项最高等级确认），补贴标准为每人每月80元；（三）困难残疾人生活补贴标准、重度残疾人护理补贴标准自2016年1月1日起执行。六、听取县扶贫开发办公室关于立足全面扶贫做好当前扶贫开发工作的汇报。会议指出，我县扶贫工作面临着贫困人口多、扶贫任务重、财政保障能力相对较弱的现实困难，前期扶贫开发作了大量卓有成效的工作，但与其他县区相比还存在不少差距，主要表现在用力分散、后劲不足，特别是项目建设、企业帮扶等措施落实不到位，扶贫开发的任务还比较艰巨。会议原则同意县扶贫办提出的意见。会议要求，村级层面要结合金融贷款扶贫政策，加快推进光伏发电项目建设，夯实村级脱贫基础。乡级层面要根据扶贫规模，在规定期限内开工建设至少一处、总体经济效益相当的光伏发电项目，有效解决存量贫困户的脱贫保障；县扶贫办、县财政局要制定项目建设以奖代补政策，对按时完成建设任务的进行奖励，完不成的进行问责。各职能部门要严格落实扶贫相关政策，为脱贫攻坚提供强有力的政策保障；县工商联、县经信局要广泛动员企业开展扶贫帮扶，通过资金捐助、解决就业等多种方式参与扶贫，为脱贫攻坚贡献力量。要注重加强扶贫长效机制建设，发展培育长效扶贫项目，切实增强新返贫、新致贫贫困户的脱贫保障能力。七、听取县物价办关于调整城区供水价格的汇报。会议原则同意县物价局提出的调整方案一。会议确定，（一）将现行水价合并为居民生活、非居民生活和特种用水三类水价，三类用水水资源费征收标准统一为每立方米0.40元，居民生活用水污水处理费为每立方米0.85元，非居民和特种用水污水处理费统一为每立方米1.20元。（二）居民用水推行阶梯水价制度，原则上以住宅或供水企业安装的水表为单位（户），每户按4口人计算，每增加1人，年用水量基数增加36立方米。阶梯水量设置为三档，第一阶梯年用水量为144立方米（含）以内，每立方米水价2.95元；第二阶梯年用水量为144—288立方米(含)，每立方米水价3.80元；第三阶梯年用水量为288立方米以上，每立方米水价6.35元。不执行阶梯水价用户及非居民用户每立方米水价为3.05元。城市低保家庭实行居民生活用水价格优惠政策，每户年用水量在144立方米（含）以内的，只收取基本水价费用（每立方米1.70元）；超过144立方米年用水量的部分，按照普通居民用户性质执行水价政策。（三）非居民用水水价为每立方米4.40元。（四）特种用水水价为每立方米8.50元。会议要求，水价调整方案公布实施后，各有关部门要及时做好政策解释工作，正确引导公众舆论，确保水价调整平稳实施。八、听取县统计局关于市统计局半年经济形势分析会议精神及我县贯彻落实意见的汇报。会议指出，随着经济发展进入新常态和统计工作改革的不断深化，统计工作的复杂性、严肃性不断增强，助推经济社会发展的基础性作用也更加突出，各级各有关部门务必进一步增强做好统计工作的责任感和紧迫感，全力支持配合好统计工作开展。会议原则同意县统计局提出的意见。会议要求，县政府各位负责同志及主要职责部门，要进一步加大对经济社会发展重要指标性工作的分析调度，创新思维，完善措施，压实责任，努力实现各项经济社会事业平稳健康发展。要进一步夯实统计基层基础工作，制定出台加强基层统计工作的意见，配齐配强基层站所工作队伍，建立统计数据乡镇政府主要负责人审签制度；县督查局要适时对基层统计工作开展情况进行专项督查。要进一步增强统计方法的科学性，学习借鉴其他地区的新做法、新经验，主动灵活的适应新形势、新变化，不断提高统计数据质量和工作水平。

第 17—64 次

8 月 5 日，县长燕振诚主持召开第 17—64 次县政府常务会议，研究深化科技体制改革加快创新发展事宜。会议听取县科技局关于深化科技体制改革加快创新发展实施意见的汇报。会议原则同意该《实施意见》，确定由县科技局根据会议讨论意见作进一步修改完善后，按程序提交县委常委会议研究。会议要求，各级各有关部门要高度重视科技创新工作，立足利津发展实际，发挥好政府与市场的双重作用，稳妥推进科技体制改革，激发创新活力，引进创新人才，突出企业技术创新主体地位，夯实自主创新物质基础，为加快创新发展提供保障、增强动力、创优环境。

第 17—65 次

8 月 22 日，县长燕振诚主持召开第 17—65 次县政府常务会议，研究城市管理、农村生活污水处理、城乡环卫一体化、融入京津冀协同发展、人民警察警衔补贴调整、有关工作人员职务任免、有关工作人员处分解除等事宜。一、听取县城市管理和行政执法局关于成立城市管理委员会和城市管理联合执法办法（试行）的汇报。会议原则同意县城市管理和行政执法局提出的成立城市管理委员会的意见，通过《利津县城市管理联合执法办法（试行)》，确定成立城市管理委员会事宜提交县委常委会议作进一步研究讨论。二、听取县城市管理和行政执法局关于农村生活污水处理实施方案的汇报。会议原则通过该《实施方案》，确定由县城市管理和行政执法局根据会议讨论意见、结合全县实际对《实施方案》作进一步修改完善后，按程序印发实施。会议要求，要优先抓好城中村、城郊村、乡镇政府驻地和农村集中居住区等区域的生活污水处理工作，依托现有基础设施，综合考虑水环境治理情况，循序渐进地推进农村生活污水处理工作，确保按时完成任务。三、听取县城市管理和行政执法局关于城乡环卫一体化工作安排方案的汇报。会议原则同意将县城区和全县农村区域（刁口乡除外，实行单独招标）作为一个标段进行招标，中标方负责招标范围内的城乡环卫一体化工作，招标托管期为一年。会议确定，（一）各乡镇街道参与对中标托管保洁公司的考核监管，乡镇街道与本辖区的保洁公司站所共同接受考核，并根据考核情况确定资金奖补数额；（二）国省道、河道等公共区域实行双重管理，以属地管理为主，垂直管理为辅，并将乡镇街道与主管部门一并纳入考核监管、实行奖惩。四、听取县黄蓝办关于加快融入京津冀协同发展战略实施方案的汇报。会议原则同意县黄蓝办提出的意见，通过《关于加快融入京津冀协同发展战略的实施方案》，确定由县黄蓝办根据会议讨论意见作进一步修改完善后，按程序提交县委常委会议研究。会议要求，各级各有关部门要高度重视融入京津冀协同发展工作，从战略和全局的角度出发紧紧抓在手上，认真研究，抢抓机遇，努力在融入中承接产业、完善功能，为县域经济社会发展注入新的生机和活力。五、听取县人力资源和社会保障局关于调整人民警察警衔津贴标准的汇报。会议原则同意县人力资源和社会保障局根据《人力资源社会保障部财政部关于调整人民警察警衔津贴标准的通知》（人社部发〔2016〕11 号）提出的意见，确定警衔津贴新标准自 2016 年 8 月起执行，并将警衔津贴纳入计算住房补贴的基数，2015 年 1 月至 2016 年 7 月警衔津贴可根据实际情况进行适当补发。六、听取县人力资源和社会保障局关于提请任免有关工作人员职务的汇报。会议同意县人力资源和社会保障局根据中共利津县委利任〔2016〕39 号、47 号、48 号任免通知提出的意见，任免工作由县人力资源和社会保障局、县政府办公室按程序办理。七、听取县监察局关于解除有关工作人员处分的汇报。会议同意县监察局提出的解除李先锋同志记过处分的报告，确定由县监察局按有关规定办理。

第 17—66 次

9 月 12 日，县长燕振诚主持召开第 17—66 次县政府常务会议，研究公共资源交易中心建设、县直机关差旅费管理、慈善救助、明晟投资开发公司组建、公务用车改革等事宜。一、听取县政务服务中心管理办公室关于县公共资源交易中心建设的汇报。会议原则同意县政务服务中心管理办公室提出的意见。会议指出，组建县公共资源交易中心，对政府投资、政府采购、产权交易等进行集中管理、严格监督，既是上级的部署要求，也是加强党风廉政建设的重要举措，各级各有关部门要高度重视、加快推进，确保按时投入使用。会议要求，（一）尽快完善相关配套设施。交易中心筹建后续推进工作中，不管涉及哪个部门单位，都要无条件支持配合，分管副县长负责抓好调度，妥善解决好消防、水电等设施配套和系统对接问题。（二）完善交易中心运行规程。要按照“管办分离”的原则，依据国家有关法律、法规和政策，建立健全各项规章制度，进一步完善运行机制，夯实各职能部门的主体责任，理顺监管和服务的关系。（三）组织好交易中心试运行。要本着积极稳妥的原则，分期分批组织交易项目进场，逐步实现各类公共资源项目的统一进场。二、听取县财政局关于《利津县县直机关差旅费管理暂行办法》的汇报。会议原则通过该《暂行办法》，确定由县法制办把关后，县财政局按程序印发实施。三、听取县民政局关于开展 2016 年“扶贫济困、情暖万家”慈善救助的汇报。会议原则同意县民政局提出的意见，通过《利津县“扶贫济困、情暖万家”慈善救助实施方案》。会议要求，要切实做好政策宣传工作，把慈善救助活动的目的、内容和时限等宣传到位，为活动开展营造良好舆论氛围和群众基础。四、听取明集乡政府关于成立利津县明晟投资开发公司的汇报。会议原则同意明集乡政府提出的意见，确定由明集乡政府牵头负责投资开发公司组建工作。会议要求，要严格按照法律、法规和上级要求，做好公司组建、运营、管理等工作，确保实现规范运作、管理严格；要安排专业人员负责，把各项政策研究透、弄明白，确保发挥出投资公司服务、推进发展的作用。五、听取县车改领导小组办公室关于利津县公务用车改革有关情况的汇报。会议要求，（一）加强保留机要通信和应急用车调度管理。要按照“统分结合、利于工作、降低成本”的原则，灵活、动态处理好集中调配和派驻使用的关系，宜统则统，宜分则分，确保满足工作开展需要。（二）建立完善公务用车派驻使用管理制度。对工作人员较多、用车频繁的部门单位，要向县车改领导小组办公室写出申请，经批准后采取派驻使用的形式提供用车保障。各派驻使用公车单位要建立完善的管理制度，规范使用程序，确保用车符合规定。（三）进一步加强司勤人员管理。对在编司勤人员，要以本单位管理为主，未经人事部门批准转岗的，必须尽快安排返岗，优先满足本单位司勤工作需要。（四）严肃车改工作纪律。要对所有参加车改单位非在编司勤人员进行清理，全部按规定解除劳动关系。由县督查局牵头，监察、审计、财政、人社等部门组成联合督查组，对非在编司勤人员清理情况进行督查，严肃查处违规违纪行为，确保车改有关政策落实到位。（五）集中调配车辆要根据工作需要合理配备，司勤人员可以劳务派遣的形式公开招聘，优先聘用已与原服务车改单位解除劳动关系的非在编司勤人员，尚未解除劳动关系的不允许参加招聘。

第 17—67 次

10 月 11 日，县长燕振诚主持召开第 17—67 次县政府常务会议，研究违法建筑分类处置、国家公共文化服务体系示范区创建、落实老电影放映员生活补助、全市安全生产专项巡查动员会议贯彻落实、金街投资开发公司组建、全市品牌建设暨企业家队伍建设工作会议贯彻落实、人口和计划生育、2016 年度综合考核办法修订等事宜。一、听取县拆违治乱专项行动领导小组办公室关于利津县违法建筑分类处置意见的的汇报。会议原则同意该《意见》，确定由县拆违治乱专项行动领导小组办公室、县法制办根据会议提出的意见作进一步修改完善后，按程序印发实施。

二、听取县文广新局关于国家公共文化服务体系示范区创建、落实老电影放映员生活补助的汇报。会议原则同意县文广新局提出的意见，确定老电影放映员生活补助按照上级规定的补助标准和发放时限落实。会议要求，国家公共文化服务体系示范区创建工作要做好结合文章，按照上级要求和发展趋势，科学谋划、超前实施一批重点文化建设项目，加强乡镇之间、村居之间、文化活动之间的协作互联，打造亮点线路和示范片区，实现文化资源的有效整合、高效利用；要注重工作实效，基层文化设施建设规模、标准要符合群众文化生活需求，增强实用性、便利性，严禁贪大求洋、铺张浪费；财政部门要按照上级有关规定配套必要的创建经费，并纳入预算管理。三、听取县安监局关于全市安全生产专项巡查会议精神及贯彻落实意见的汇报。会议原则同意县安监局提出的意见，确定近期召开安全生产专项巡查动员会议进行专题部署。会议要求，各级各有关部门要高度重视安全生产专项巡查工作，精心准备，全力配合，查缺补漏，严格整改，努力推动安全生产工作水平不断提升。四、听取利津街道办事处关于成立利津金街投资开发有限公司的汇报。会议原则同意利津街道办事处提出的意见，确定由利津街道办事处牵头负责投资开发公司组建工作。会议要求，要合理确定公司注册资本，今后可根据公司发展状况逐步增加注册资本，保障公司规模与街道经济社会发展需求相适应；要严格按照法律、法规和上级要求，制定好公司的合同章程，预留好备用资金，确保实现规范运作、管理严格、风险可控；要加强国有资产管理，不断优化公司股份结构，逐步撤出县政府所持有的股份，合理控制政府负债，防止寅吃卯粮；要认真研究各项政策，扎实做好公司的运营管理，确保公司发挥好服务、推进发展的作用。五、听取县经济和信息化局关于全市品牌建设暨企业家队伍建设工作会议落实情况的汇报。会议原则同意县经济和信息化局提出的意见。会议要求，各级各有关部门要高度重视品牌和企业家队伍建设工作，抓紧抓实培养壮大企业这一关键，加强经济运行评估监测，强化完善企业帮扶机制，全力打造高效一流的营商环境，营造关心支持服务企业家的良好氛围，为推动经济发展、品牌创建、企业家成长提供强大动力。六、听取县卫生计生局关于人口和计划生育工作有关情况的汇报。会议充分肯定近年来全县计划生育工作取得的成绩，原则同意县卫生计生局提出的意见，确定由县卫生计生局提交县委常委会议研究。会议要求，各级各有关部门要认真贯彻落实全市计划生育工作会议精神，准确把握中央和省、市决策部署，正确认识新时期人口计生工作的形势任务，加快推进计划生育工作转型发展；要严格落实人口计生责任，坚持目标管理责任制和“一票否决”制度，加强组织领导，完善考核办法，强化督导检查，稳妥实施全面两孩政策，推动计划生育工作稳定健康发展。七、听取县督查局关于2016年度综合考核办法修订情况的汇报。会议原则同意县督查局提出的意见，确定由县督查局根据会议讨论意见作进一步修改完善后，按程序提交县委常委会议研究。八、会议对近期工作进行安排部署。会议指出，各项重点工作进入收尾阶段，扎实做好当前工作，谋划明年目标任务，对于明年工作开好头、起好步具有重要意义。会议要求，（一）要抓紧谋划明年的工作盘子，论证一批关系长远发展的重点工程、项目和民生实事，为下一届政府工作开展出好谋、划好策。（二）要抓好财政收入组织工作，加大“三争”工作力度，做好开源节流文章，为各项工作开展提供充足的财力支撑。

第 17—68 次

10月21日，县长燕振诚主持召开第17—68次县政府常务会议，研究提高居民及退休人员养老金标准、昊翔投资开发公司组建、新型农村合作金融试点、煤炭清洁高效利用和散煤治理、法治政府建设、三年增绿今冬明春集中会战、2017年重点工程项目等事宜。一、听取县人力资源和社会保障局关于提高居民基本养老保险基础养老金标准和调整机关事业单位退休人员基本养老金的汇报。会议原则同意县人力资源和社会保障局提出的意见。会议确定，（一）根据《关于提高居民基本养老保险基础养老金标准的通知》（东人社字〔2016〕142号）规定，将居民基本养老保险基础养老金标准由每人每月130元调整为每人每月145元，自2016年7月1日起执行。（二）机关事业单位退休人员基本养老金按照政策规定，采取定额调整、挂钩调整和适当倾斜相结合的办法予以调整，所需资金分别由机关事业单位基本养老保险基金或原列支渠道解决，自2016年1月1日起执行。二、听取汀罗镇关于成立昊翔投资开发公司的汇报。会议原则同意汀罗镇政府提出的意见，确定由汀罗镇政府牵头负责投资开发公司组建工作。会议要求，要严格按照法律、法规和上级要求，安排专业人员负责公司运营，并制定好公司的合同章程，加强国有资产监管，确保公司规范运作、管理严格、风险可控，发挥好服务促进地方发展的作用。三、听取县金融办关于全市新型农村合作金融试点工作会议精神及我县贯彻落实意见的汇报。会议原则同意县金融办提出的意见。会议确定，县财政对经引导规范达到有关规定要求，并获得资格认定书开展业务的试点合作社，给予5万元的开办经费补助。会议要求，金融、市场监管、农业、供销等部门要本着“试点先行、稳妥推进”的原则，合理制定扶持措施，严格准入条件，严抓日常监管，共同做好业务指导、风险防控等工作，确保各项试点工作取得扎实成效。四、听取县经济和信息化局关于全市煤炭清洁高效利用和散煤治理工作会议精神及我县贯彻落实意见的汇报。会议原则同意县经济和信息化局提出的意见。会议要求，要通盘考虑煤炭清洁高效利用和散煤治理工作，加快落实试点任务，稳妥推进达标改造，统筹谋划清洁能源利用，努力实现节能、环保、安全共赢发展。五、听取县法制办关于《利津县法治政府建设实施方案（2016—2020年）》的汇报。会议原则同意县法制办提出的意见，确定由县法制办按程序提交县委常委会议研究。会议要求，各级各有关部门和执法人员要高度重视法治政府建设工作，切实增强法治意识，坚持学法、懂法、用法，不断提高依法行政能力，推动政府活动全面纳入法治轨道。六、听取县林业局关于全市三年增绿今冬明春集中会战动员大会精神及我县贯彻落实意见的汇报。会议原则同意县林业局提出的意见。会议要求，（一）增绿摆布和规模要与土地利用、城市建设、乡镇建设规划搞好结合，保证绿化符合总体规划、达到防护标准。（二）绿化方式要按照节约务实、适地适树的原则，合理确定绿化植被，保证成活率和绿化效果。（三）绿化管护要坚持政府主导与市场化运作相结合，以乡镇街道管理、承包户经营为主，确保管护到位、兼顾效益。（四）财政部门要合理安排资金投入，充分发挥财政资金效用；合理确定围镇林补贴方式，进行一次性奖补，最大限度减轻乡镇财政负担；要明确政策性贷款的使用和还款主体，保障资金合理使用、债务合理分担。（五）水利、交通、公路等职能部门要彻底搞好水系、路域绿化，建立长效管护机制；住建部门要对县城各小区绿化情况进行检查，对不符合建设规划的全面清理整改。七、听取县发展和改革局关于2017年重点工程项目筛选论证情况的汇报。会议要求，（一）产业类项目凡是符合国家产业政策的，特别是主导产业的重要链条项目要尽可能的纳入，加快壮大工业实力；服务业项目要重点发展现代服务业，特别是生产性服务业和新兴服务业，努力提升服务业发展层次和潜力；农业类项目要重点筛选推动农业现代化发展的项目，促进农业转型升级、做大做强。（二）基础设施项目中，凡省、市在我县布局的重点工程要全部纳入，进行重点调度推进；同时，要着眼利津长远发展，论证实施一批交通、水利、能源项目，提升发展的承载力；（三）事关民生的项目，凡上级安排部署的，必须按要求全部落实到位，要进一步征求民政、人社等涉及民生保障部门的意见，能够纳入的全部纳入。（四）各分管副县长、各乡镇街道要根据会议讨论意见，对重点工程、项目和民生实事作进一步的筛选论证，由县发展和改革局汇总整理后，再提交县政府常务会议研究。

第 17—69 次

11 月 7 日，受县长燕振诚委托，县委常委、常务副县长张和森在县政府常务会议室主持召开第 17—69 次县政府常务会议，研究退役士兵安置、精神文明奖发放、供给侧结构性改革、2017 年重点工程项目等事宜。一、听取县民政局关于全县退役士兵安置工作情况的汇报。会议原则同意县民政局提出的意见。会议要求，民政、人武等部门要严格按照有关规定组织开展文化考试、档案考核工作，做好新政策解释工作；编制、人社部门要综合考虑县直单位工作需要、企业用工需求、退役士兵意愿等因素，合理确定退役士兵安置岗位；监察部门要对安置工作进行全程监督，严肃纪律，严格程序，确保安置工作公平、公开、公正，顺利开展。二、听取县财政局关于 2016 年发放职工精神文明奖有关情况的汇报。会议原则同意县财政局提出的意见，确定 2016 年职工精神文明奖按照 2016 年 1 月份实发工资扣除乡镇增发津补贴、特殊岗位津贴以及教育、卫生基本工资提高 10% 部分的 1.5 倍执行（2016 年新录用人员按实发工资 × 发放倍数 ÷12× 上班月数）。发放精神文明奖所需资金义务教育学校（含乡镇义务教育学校）部分由县财政负担，其他所需资金原则上由本单位自行负担。三、听取县发展和改革局关于深入推进供给侧结构性改革实施意见编制情况的汇报。会议要求，县发展和改革局要进一步征求各职能部门和分管县领导的意见，论证各项任务、措施的可操作性，根据会议讨论和征求的意见对《实施意见》修订完善后，按程序提交县委全面深化改革领导小组会议研究。四、听取县发展和改革局关于 2017 年重点工程项目筛选论证情况的汇报。会议要求，（一）要进一步论证项目的投资强度、实施周期和可行性，完善项目建设方案和部门衔接机制，确保确定的项目能够顺利实施；（二）要按照会议提出的意见，做好未纳入本次汇报的项目的论证工作，能够纳入的要全部纳入；（三）要加快论证速度，区分好上级下达任务、县级重点任务和部门计划任务，由各牵头单位组织开展系统内论证，牵头单位论证后再报各分管副县长对分管领域项目进行论证，本周末县重点项目办全部汇总后报县政府审核，适时提交县委常委会议研究。五、会议安排强调了安全生产工作。会议指出，当前正值国务院安委会安全巡查和全市安全生产专项巡查期间，安全生产监管工作扎实与否面临着直接考验，特别是近日发生的广饶“11·4”重型货车侧翻事故，更是给我们敲醒了警钟，安全生产工作一刻也不能放松。会议要求，各位副县长要加强对分管部门的督导，强化部门日常监管，督促加大违法行为查处力度，确保做到安全监管全覆盖、无缝隙；督查局、安监局要抓好对各职能单位和管理属地监管职责履行情况的督查，督促监管职责的落实，确保安全生产职责全部落实到位。

第 17—70 次

11 月 28 日，县长燕振诚主持召开第 17—70 次县政府常务会议，研究交通安全管理员配备、公路铁路沿线环境综合治理、全省第三次农业普查工作电视会议贯彻落实、粮食安全责任制落实、利津县油气技术开发公司组建、通源投资开发公司组建、利津县田园投资开发有限公司变更等事宜。一、听取县公安局交通管理大队关于乡镇交通管理员队伍建设工作的汇报。会议原则同意县交通管理大队提出的意见。会议确定，（一）按照上级规定标准足额配备交通管理员，招录工作由县交管大队牵头负责、县人力资源和社会保障局协助配合，确保年底前全部配备到位。（二）招聘交通管理员由交通管理大队会同乡镇街道共同管理使用，所需经费由县财政、县交通管理大队、乡镇街道按照 4:3:3 的比例负担。会议要求，乡镇交通管理员聘用工作要参照招录人民警察的政治条件、身体条件及相应的文化程度执行，面向社会公开招聘，对具有辅警等相应工作经历的要优先考虑，确保招聘人员政治合格、素质过硬、能力过关；要建立健全规范管理的规章制度，确保交通管理作用得到依法充分发挥。二、听取县拆违治乱专项行动领导小组办公室关于公路铁路沿线环境综合治理工作的汇报。会议原则同意县拆违治乱专项行动领导小组办公室提出的意见。会议确定，（一）公路铁路沿线环境综合治理的总体规划设计由县拆违治乱专项行动领导小组办公室牵头负责，要按照全面达到上级要求标准、充分结合乡镇街道实际的基本原则研究制定。（二）拆违治乱工作按照属地管理原则，以乡镇街道为主，城管、铁路、交通、公路等相关部门全力配合、共同推进。（三）改造绿化工作由乡镇街道具体负责，相关业务部门负责做好督导考核工作，并对该项工作实行以奖代补，具体政策参照三年增绿奖补政策执行；改造绿化所需资金结合三年增绿工作筹集。（四）近期召开全县动员会议，部署公路铁路沿线环境综合治理工作。三、听取县农普办关于全省第三次农业普查工作电视会议精神及我县贯彻落实意见的汇报。会议原则同意县农普办提出的意见。会议要求，要强化组织领导，特别是换届期间人员有调动、调整的要及时补充，确保组织到位、人员到位；要坚持依法普查，充分做好前期准备工作，坚决杜绝违法行为，有效防止瞒报、漏报等现象的发生；要加强经费保障，按标准足额配备相关经费，保障普查工作顺利开展。四、听取县粮食局关于《贯彻落实粮食安全责任制实施意见》的汇报。会议原则通过该《意见》，确定由县粮食局根据会议提出意见作进一步修改完善后，按程序印发实施。五、听取县油工委关于成立利津县油气技术开发有限公司的汇报。会议原则同意县油工委提出的意见，确定由县油工委按法定程序组建油气技术开发有限公司。会议要求，各级各有关部门要认真研究新形势下的资本运营工作，注重选用培养熟悉资本运营的人才，促进县属国有资产的保值增值。六、听取北宋镇政府关于成立利津通源投资开发有限公司的汇报。会议原则同意北宋镇政府提出的意见，确定由北宋镇政府牵头负责投资开发有限公司组建工作。会议要求，要严格按照法律、法规和上级要求，制定好公司的合同章程，确保实现规范运作、管理严格；要认真研究各项政策，扎实做好公司的运营管理，合理确定融资规模和期限，确保公司发挥好服务、推进发展的作用。七、听取盐窝镇政府赵炳兰同志关于变更利津县田园投资开发有限公司有关情况的汇报。会议原则同意盐窝镇政府提出的意见，确定由盐窝镇政府负责，依法变更公司债权债务、制定公司合同章程，尽快发挥出服务发展的作用。会议要求，各成立投资开发公司的乡镇街道，要切实加强公司管理，及时向县政府报备公司债务和重大决策情况；县国资办要加强对各投资开发公司的监管，确保各公司运营合规、风险可控；要抓好县级投融资平台管理运营，积极挖掘国有资产增值潜力，放大国有资产效益。

第 17—71 次

12 月 20 日，县委副书记、县政府党组书记张晓彬在县政府常务会议室主持召开第 17—71 次县政府常务会议，研究县政府部分领导同志工作分工、县政府领导工作补位制度等事宜。一、会议研究县政府部分领导同志工作分工。会议确定，张晓彬同志主持县政府全面工作，分管编制、监察、财政、审计方面的工作。王泽武同志负责公安、司法、信访、住房和城乡规划建设、交通运输、城市管理、油区、油地结合、人民防空、公路、住房公积金管理等方面的工作。分管县公安局、县司法局、县住房和城乡规划建设局、县交通运输局、县城市管理和行政执法局、县油区工作委员会、县城市建设重点项目管理中心。联系东营市公路管理局利津公路局、东营市住房公积金管理中心利津县管理部。刘海峰同志负责科技、民政、环保、老龄、城市社区、残疾人、军民关系、税务、保险、邮政、通信等方面的工作。协助县长负责财政、审计方面的工作。分管县科学技术局、县民政局、县财政局、县审计局、县环境保护局、县老龄工作委员会办公室、县城市社区建设办公室、县残疾人联合会。联系县国家税务局、县地方税务局、县邮政局及驻利津保险、通讯机构。宋湘安同志负责协调处理县城南部生态新区建设指挥部的工作。其他领导同志工作分工不变。二、会议研究县政府领导工作补位制度。会议确定，县委副书记、县政府党组书记张晓彬外出期间，由张和森副县长负责县政府工作；县政府领导张和森与师辉、郭乃利与刘海峰、胡伟与王泽武结为互相补位的对子，一位县政府领导外出期间，由结为对子的县政府领导进行补位。会议要求，互相补位的县政府领导要加强交流和协调，外出前后及时沟通衔接，保持好工作的连续性。县政府领导外出期间，县政府办公室及分管部门要及时主动地向工作补位的县政府领导请示汇报有关工作，确保工作正常开展。互相补位的县政府领导一般不应同时外出；出现同时外出时，由其他领导同志进行工作补位。三、会议对近期工作进行安排。会议指出，当前正值年末岁尾，各项工作头绪多、任务重、时间紧，县政府各位领导及各级各部门单位必须以高度的政治自觉，切实抓好承担的各项任务，力争全年工作取得更好效果。

会议要求，新任的领导同志要沉下去到分管单位、到基层开展调研，尽快熟悉分管领域的工作；其他领导同志要保持工作定力，继续抓好分管工作，各路工作都要努力干出亮点、干出典型，同时要确保整体工作不误事、不漏事。当前，一是要对今年的工作进行全面梳理，按照市里要求，结合县里实际，加快谋划论证明年工作，为新一届政府工作布局奠定基础；二是要大力推行项目化工作法，明确具体责任单位、责任人和目标时限，县政府领导每周也要总结一次工作、谋划下周工作任务，努力提升政府工作效率；三是要加强对上、对外和内部的沟通联系，积极争取上级支持、外部支援，强化领导同志之间、部门单位之间的协作配合，形成工作合力；四是要稳妥处置信访问题，县政府各位领导、各责任单位要根据职责分工，继续抓好所负责的信访事项处置工作，深入研究，综合施策，依法处理，确保社会大局持续稳定。

第 17—72 次

12 月 26 日，副县长、代县长张晓彬主持召开第 17—72 次县政府常务会议，研究美丽乡村建设、畜禽养殖区域划定、环境保护责任落实、市安委会全体成员会议贯彻落实、津源担保公司信访问题化解等事宜。一、听取县乡村文明建设领导小组办公室董永生同志关于深入推进美丽乡村建设的实施意见的汇报。会议指出，美丽乡村建设是新农村建设的升级版，既是上级党委政府部署的任务，也寄托着人民群众对美好生活的憧憬，既是一项政治任务，也是一件民生实事。对此，各级各有关部门要高度重视，认真抓好工作落实，确保取得扎实成效。会议原则同意县乡村文明建设领导小组办公室提出的意见，确定由乡村文明办根据会议讨论意见对《实施意见》作进一步修改完善后，按程序提交县委常委会议研究。会议要求，（一）各乡镇街道、有关单位要根据《实施意见》和自身实际，认真谋划、分解承担的建设任务，排出路线图，列出时间表，紧张有序地推进美丽乡村建设；要牢固树立精品意识，积极打造亮点品牌。（二）要充分做好结合文章，工作布局和谋划上，要与三年增绿、旅游开发、移风易俗等工作搞好结合；工作落实和推进上，要与驻村帮扶、争取上级扶持搞好结合，努力形成工作合力。（三）各相关职能部门要搞好工作指导和督查，研究落实好奖补政策，支持推动乡镇街道加快美丽乡村建设。二、听取县畜牧局关于《利津县畜禽养殖区域划定方案》的汇报。会议指出，科学划定畜禽养殖区域，既是依法行政的必然要求，也符合人民群众对良好生活环境的需求，对于促进畜牧业健康发展、减少畜禽养殖污染具有重要意义。会议原则同意县畜牧局提出的意见，确定《方案》由县畜牧局根据会议讨论意见作进一步修改完善，经县政府法制办把关后，按程序印发实施。会议要求，（一）县畜牧局要做好牵头抓总工作，仔细摸清畜禽养殖底数，研究制定配套实施细则，为“三区”划定后的清理整治工作奠定基础。（二）要坚持疏堵结合、循序渐进的工作原则，禁止禁养区出现增量，逐步清理现有存量，严格规范限养区，合理规划适养区，实现违规养殖区域的稳步转移、逐步规范，推动养殖产业健康发展、转型升级。（三）要认真做好政策解释工作，搞好宣传引导，争取群众的最大支持；对于群众反映强烈的违规养殖问题，要及时整治、强化监管，严防问题反弹。三、听取县环境保护局关于全县各级党委、政府及有关部门环境保护职责的汇报。会议原则同意县环境保护局提出的意见，确定由县环境保护局根据会议讨论意见作进一步修改完善后，按程序提报县委印发实施。会议要求，各级各有关部门要认真研究各自承担的环境保护职责，开展对照检查，完善工作措施，切实提高环境保护工作水平。四、听取县安监局关于市安委会全体成员（扩大）会议精神及我县贯彻落实意见的汇报。会议原则同意县安监局提出的意见。会议要求，（一）要尽快对县安委会成员进行调整，乡镇街道也要根据换届进展及时将分管人员调整到位，确保安全生产管理工作不间断、不留空档。（二）各副县长近期要召开专门会议，对分管领域的安全生产管理工作作进一步的调度部署。（三）要迅速制定涉油领域打非治违集中行动实施方案，深入开展冬季安全大检查活动，及时消除安全隐患。（四）要进一步修订完善安全管理的规章制度，强化安监工作人力物力财力保障，切实提高安监执法工作的执行力。五、听取津源担保公司资金风险化解工作组关于津源担保公司信访问题化解进展情况的汇报。会议原则同意津源担保公司资金风险化解工作组提出的意见。会议要求，要牢固树立法治意识，依法处置津源担保公司信访问题，运用法治思维推进信访问题的化解；要统一思想认识，认真做好涉及人员的解释引导工作，防止信访问题再次升级。

县政府专题会议

2016 年，县政府召开专题会议 19 次。

〔2016〕第 1 号

2 月 29 日，副县长胡伟主持召开会议，专题研究利津县正和化工有限责任公司职工信访问题处置事宜。会议指出，妥善处置正和化工有限责任公司职工信访问题，对于保障职工合法权益、促进企业长远发展、维护社会稳定都具有重要意义。经会议协调，正和化工有限责任公司与兴海石油化工有限责任公司、兴海石油化工有限责任公司与山东津博化工有限责任公司董事长刘福堂达成合作协议，确定各有关企业、责任人在积极推进合作事宜、实现各方利益最大化的同时，尽快解决正和化工有限责任公司职工信访问题。会议商定，（一）东营市兴海石油化工有限责任公司与利津县正和化工有限责任公司在协商一致的基础上，依法开展天然气生产经营合作；3 月 2 日前，东营市兴海石油化工有限责任公司借予利津县正和化工有限责任公司 1100 万元，作为利津县正和化工有限责任公司兑付应负担的同意解除劳动关系职工的补偿及股金转让的资金使用；利津县正和化工有限责任公司使用借款期间，允许东营市兴海石油化工有限责任公司无偿使用其厂区一定年限，县政府相关职能部门负责维护厂区良好的生产经营秩序。（二）鉴于利津县正和化工有限责任公司暂时未取得天然气经营许可，由利津县正和化工有限责任公司协调东营市兴海石油化工有限责任公司租赁山东津博化工有限责任公司董事长刘福堂所持有的太波热（东营）有限责任公司陈庄分公司经营权，租赁期限为 10 年，租赁价格由双方协商确定。租赁期间，太波热（东营）有限责任公司陈庄分公司发生转让时，东营市兴海石油化工有限责任公司享有优先购买权，购买价格不高于 400 万元，届时由县政府出面进行协调，山东津博化工有限责任公司董事长刘福堂、利津县正和化工有限责任公司也负有相应的协调责任。同时，利津县正和化工有限责任公司应当尽快办理燃气经营许可手续，并同意东营市兴海石油化工有限责任公司申报建设 1 处 CNG 加气母站，申报期间政府有关部门积极帮助协调相关事宜。（三）县政府负责协调资金 300 万元（与利津县正和化工有限责任公司借款 1100 万元合并使用），用于利津县正和化工有限责任公司职工解除劳动关系和股金转让，该项资金暂由陈庄镇政府垫支（以支持困难企业名义），县财政待利津县正和化工有限责任公司职工兑付事宜完毕后，再补给陈庄镇政府。（四）东营市兴海石油化工有限责任公司借予利津县正和化工有限责任公司的1100万元及陈庄镇政府垫支的300万元（共计1400万元），一并转入利津县城市资产运营有限责任公司账户，专门用于利津县正和化工有限责任公司部分职工解除劳动关系和转让股金事宜。兑付资金接受审计部门的专题审计。（五）利津县正和化工有限责任公司职工解除劳动关系及转让股金工作由县经济和信息化局牵头组织实施，全程参与兑付工作，确保按政策全部兑付到位。对于未同意解除劳动关系的正和化工有限责任公司职工的信访问题，县经济和信息化局、县信访局和利津县正和化工有限责任公司要认真研究化解措施，及时做好政策解释，切实维护好相关人员的合法权益。会议要求，各职能部门要认真履行职责，协助各相关企业完善相关手续，维护良好的生产经营秩序，推动信访问题有序、妥善化解。

〔2016〕**第2号**

3月16日，副县长师辉召开会议，专题研究县质监局办公区域资产划转县检验检测中心有关事宜。县质监局办公区域位于县城津二路328号，占地面积4724平方米，院内现有综合办公楼一处，面积1821.74平方米；南部二层附楼一处，面积364.4平方米；另有多处其他地上附属物（具体以证载内容及面积为准）。会议指出，检验检测能力提升是利津县一项重要工作，已列入2016年全县民生实事。目前，县检验检测中心实验场所严重不足，制约检验检测工作的正常开展，且存在一定的安全隐患，需要尽快解决实验场所问题。经会议研究，报县政府主要领导同意，确定将县质监局办公区域资产整体划转县检验检测中心，以解决检验检测中心实验场所问题。会议要求，县财政、国土、住建、机关事务管理、检验检测中心等部门单位，要积极配合，做好资产划转相关事宜；县检验检测中心要做好划转后国有资产的管理、使用和维护工作，确保国有资产不流失。会议强调，各有关部门要高度重视，通力协作，既要严格程序，又要提高效率，认真扎实做好资产划转工作，为利津县检验检测体系建设提供有力保障。

〔2016〕**第3号**

3月21日，受县委书记杜振波、县长燕振诚委托，副县长胡伟主持召开会议，专题研究非法经营疫苗处置工作。会议指出，非法经营疫苗案件持续时间长、社会覆盖面广、危害程度深，直接影响人民群众的身体健康和生命安全。规范高效处置该案件，对于保障群众合法权益、维护社会和谐稳定、规范医药购销秩序都具有十分重大的意义，对此，必须采取强有力的工作措施，积极稳妥推进。会议确定，（一）成立非法经营疫苗处置工作领导小组，领导小组下设治安维稳组、舆论宣传组、综合执法组、协调保障组和综合医疗组，各工作组具体负责各项协调处置工作。（二）县教育局、县妇联、县疾控中心、县食品药品监督管理局等单位要对在校学生、在园幼儿接种疫苗情况进行全面调查，做好相应的解释疏导工作。（二）县食品药品监督管理局、县公安局、县卫生计生局、县疾控中心等单位要对所有疑似非法疫苗的流入流出渠道、涉及人员、涉及金额和参与过疫苗购进、运输、接种的人员等进行全面调查，及时采取有效措施进行管控，为开展各项处置工作打牢基础。（三）县卫生计生局、县食品药品监督管理局要对当前县内所有医用药物的购销管用情况进行全面检查整改，坚决堵塞可能影响医用产品质量的漏洞。（四）县委宣传部、县公安局、县广播电视台等单位要密切关注舆论动向，制止虚假信息传播，适时发布处置信息，确保舆情稳定。（五）县卫生计生局、县中心医院、县二院要组织专家，及时对疑似因接种非法疫苗引起不良反应的患者进行鉴定治疗，切实保证受害者得到及时有效救治。（六）县委政法委、县信访局、县公安局等单位要认真做好信访人员及出现过激行为人员的稳控工作，坚持疏导为主、打击为辅，坚决防止发生大规模群体性聚集和打砸抢事件。

会议要求，各有关部门、单位要高度重视、迅速行动，安排专人负责，对所有线索、疑点都要认真对待、详细排查，确保在第一时间进行有效处置；要密切配合、及时沟通，坚持一切服从工作，掌握的各类信息要及时报告转告，需要其他部门介入或协助的，相应部门要立即响应；要严格履责、令行禁止，县监察局要对各项工作开展进行督办，对不愿作为、不敢担当、不遵守纪律的单位和个人进行严厉问责，督促各项工作及时开展、有效落实。

〔2016〕 **第 4 号**

3 月 28 日，县委副书记、县长燕振诚主持召开会议，专题研究调整设立利津县乡村文明建设专项行动领导小组办公室有关事宜。会议指出，开展乡村文明建设专项行动，是市委、市政府持续改善农村人居环境，提升农民群众生活水平和农村社会文明程度实施的重要民心工程，必须深入贯彻落实市委、市政府决策部署，强化措施，真抓实干，加快实施。会议确定，调整设立利津县乡村文明建设专项行动领导小组办公室，办公地点设在原物价局办公楼，秦安忠同志兼任办公室主任，董永生同志兼任办公室常务副主任，抽调部分人员集中办公；办公室下设综合组、城乡环卫及污水处理指导组、村容村貌监管指导组、公共环境卫生监管指导组、乡村精神文明创建指导组、督查考核组六个工作组，具体负责乡村文明建设专项行动的组织协调、推进落实和督导指导。会议要求，一要做好结合文章。把乡村文明建设专项行动与实施“三年增绿”计划、省级卫生城复评等活动搞好结合，进一步提高工作实效。二要强化管理。乡村文明建设专项行动领导小组办公室尤其是综合组要抽调精干人员，集中办公，严格考勤。被抽调人员不再参与原单位工作，年终在乡村文明建设专项行动领导小组办公室进行考核，并作为承担全县重点工作任务的人员，适度提高其年度考核优秀等次的比例，工作实绩突出的，优先推荐提拔重用。三是强化保障。各级各有关部门要积极服从和服务于全县乡村文明建设专项行动工作大局，在人员抽调、工作落实、指导服务等方面主动作为，密切协作；县财政要为乡村文明建设专项行动领导小组办公室提供必要的经费保障，确保各项工作顺利开展。

〔2016〕 **第 5 号**

4 月 25 日，县委副书记、县长燕振诚主持召开会议，专题研究实施国道 220 利津河桥抢修工程施工临时通行便道工程有关事宜。会议指出，国道 220 是利津县境内贯穿东西的一条交通运输主干线，4 月 16 日因利津河桥桥梁维修实施路段封闭施工，封闭施工以来，路段拥堵严重，过往车辆沿线穿村而过，人流物流密集混杂，交通安全隐患突出，群众反映十分强烈，必须采取措施尽快解决，确保群众出行安全。会议确定，由县交通运输局牵头负责，立即组织实施国道 220 利津河桥临时通行便道建设工程，力争 4 月 28 日前竣工通车。工程资金由县财政先行垫付，县公路局待相关工程资金到位后及时偿还。项目迁占工作，由北宋镇政府负责，尽快组织实施。会议要求，要强化交通秩序维护，严禁任何单位、任何组织和个人在公路沿线私自设卡收费，一经发现严厉打击。县公安局、北宋镇、凤凰街道办事处等要加强对沿线村庄的管控，坚决制止、彻底杜绝沿线设卡收费行为。要加强交通安全管理，严格按照规定要求进一步完善沿线安全警示、指示标志等安全设施，认真落实建设施工安全和后续通行管理安全等管控措施，确保交通安全。要强化协调配合，县财政局要提供资金保障，做好资金使用跟踪审计工作。县林业局、水利局、公路局等有关部门单位要周密部署，迅速行动，特别在手续办理上要开辟绿色通道，急事急办、特事特办，加快各项手续办理，确保工程建设顺利推进。

〔2016〕 **第 6 号**

5 月 5 日，副县长胡伟主持召开会议，专题研究校舍改扩建项目土地、规划建设等手续办理工作。会议指出，解决普通中小学大班额问题、改造薄弱学校是省、市部署的两项重要工作，是推动教育优质均衡发展的重要举措。各级各有关部门务必高度重视，列入重要议事日程，认真研究解决工作中遇到的手续办理问题，加快推进项目实施。会议确定，（一）根据郭树清省长讲话精神和省国土资源厅意见，解决大班额问题、改造薄弱学校涉及的在原校址实施的校舍改扩建、新建项目，一律不再办理用地手续。（二）解决大班额问题、改造薄弱学校校舍项目立项、规划建设许可等手续办理不再以提供“国有土地使用证”作为前置条件，直接办理相关手续。（三）认真落实省教育厅、发展改革委、财政厅、人社厅、住建厅5部门《关于全面改善山东省贫困地区义务教育薄弱学校基本办学条件的实施意见》（鲁教基发〔2014〕2号），校舍建设项目涉及的行政事业性收费和政府性基金予以免收；涉及的经营服务性收费，在经营服务双方协商一致的基础上予以减收或免收。会议要求，发展改革、教育、财政、住建、国土、消防等有关部门要强化大局意识、责任意识，积极主动地帮助有关学校做好手续办理工作，确保各项校舍建设工程尽快启动实施。

〔2016〕**第7号**

3月28日，副县长胡伟主持召开会议，专题研究城南片区学校建设事宜。会议指出，随着城镇化的不断发展，以及生育政策的调整，未来县城区生源数量将快速增加，县城区现有学校将难以满足适龄儿童就学需求，急需在县城区规划建设一处九年一贯制学校。会议确定，在城南片区建设一处九年一贯制学校，学校计划容纳小学教学班40个、1800名学生，容纳初中教学班48个、2200名学生。会议要求，县教育局要加快规划论证，县住建局做好建设规划的调整完善工作，县国土局尽快推进土地手续办理工作，力争学校建设工程尽快启动实施。

〔2016〕**第8号**

6月6日，燕振诚县长召开会议，分别就利北海堤（刁口渔港码头段）及庄科水库（暂定名）建设推进两项议题进行专题研究。一、会议听取县水利局关于利北海堤（刁口渔港码头段）设计方案、推进方案的汇报。会议指出，利北海堤（刁口渔港码头段）工程的建设，可有效提高利北地区海潮等灾害防御能力，对于今后利津滨海新区开发建设和保障利北地区人民群众生命财产安全具有重要意义，各级各有关部门、单位要高度重视，全力抓好该项工程建设。会议确定，（一）县水利局负责组织设计单位对工程设计方案进行进一步修改，力求设计方案最优，确保工程质量；（二）县发改局要牵头做好工程投资中央资金的争取工作和项目立项的协调推进工作，各有关部门、单位要立足各自职能，开拓思路、创新办法，积极推进各项前期工作，提高审批效率，为项目早日开工建设创造良好条件；（三）县财政局要与县水利局配合，做好与政策性银行的对接，办理项目贷款，确保工程资金需求；（四）刁口乡政府负责做好工程迁占工作。二、会议听取县水利局关于庄科水库（暂定名）设计方案及推进方案的汇报。会议指出，长期以来，城南水库一直作为利津县城区及周边农村的饮用水水源地，随着县域经济的发展和县城区规模的不断扩张，特别是城南片区规划建设的快速发展，城南水库已经不适合继续作为饮用水水源地。水源地保障能力不足，直接影响利津县经济社会发展的承载能力，也成为制约利津县经济社会发展的瓶颈因素，寻求城南水库的替代水源地已迫在眉睫。因此，庄科水库（暂定名）的建设十分必要。会议原则同意县水利局提出的意见。会议要求，（一）要综合考虑政策门槛、审批条件等因素，科学布局水库、沉砂池、引水渠等设施，合理规划配套水厂及管网建设，对设计方案进行进一步优化，争取发挥工程最大效用，并加快推进工程设计招投标；（二）利津街道办事处负责工程迁占工作，要积极稳妥、实事求是、加快推进，切实保障群众利益；（三）各有关部门、单位要切实将该工程摆上重要位置，密切配合，加快推进，力争今年秋冬农水会战期间组织实施，明年7月份能够投入使用；（四）县国土资源局要抓紧搞好庄科水库（暂定名）的土地规划调整及用地手续办理等工作。会议强调，各级各有关部门、单位都要立足长远，着眼全局，统筹考虑今后的平原水库建设，在土地规划等调整时，预留相应规划区域，为平原水库建设留足建设用地，彻底破除利津县水源地建设不足的问题，进一步提高全县供水保障能力。

〔2016〕 第 9 号

7 月 27 日，县委常委、副县长张和森主持召开会议，专题研究东营昊庆化工有限公司安全隐患处置的有关问题。会议认为，自 4 月份以来，东营昊庆化工有限公司法定代表人任立朕因故失联，滨州市、广饶县等多家企业多次派人到该公司追债，为避免发生哄抢而造成群体性事件或安全事故，北宋镇安排工作人员在该公司进行 24 小时值守，起到很好的维稳作用。前期，北宋镇邀请专家进行安全生产检查，发现该公司多处安全隐患，特别是该公司存储大量石脑油（化工轻油），在高温天气下极易挥发，与空气可形成爆炸性混合物，遇明火、高热能引起燃烧爆炸，存在重大安全隐患，必须立即全面整改。会议确定，（一）北宋镇要尽快对该公司存储的石脑油（化工轻油）进行变现处置，严格竞价程序，并函告对该公司保全的利津县人民法院、临淄区人民法院，说明利害关系，邀请其参与石脑油的变现处置。（二）县安监局、消防大队要主动配合北宋镇，安排专家对该公司再进行一次全面检查，对查出的其他安全隐患，进行全面整改，彻底消除不安定因素。（三）县公安局、北宋镇要继续加强对该公司的日常值守，避免发生哄抢而造成群体性事件或安全事故。会议要求，北宋镇要尽快着手东营昊庆化工有限公司存储石脑油（化工轻油）的变现处置工作，对其他安全隐患进行全面整改，把风险降到最低。县安监局、消防大队、公安局等部门单位要各司其职，全力配合，共同推进东营昊庆化工有限公司安全隐患处置。

〔2016〕 第 10 号

8 月 9 日，县委常委、副县长张和森主持召开山东圣亚集团航空航天材料钛合金项目推进会议。会上听取县发展和改革局、科技局、经济开发区、山东圣亚集团有关工作情况的汇报，就项目规划选址、立项审批、用地调整等工作进行安排部署。会议认为，山东圣亚集团航空航天材料钛合金项目技术属国际领先技术，有广阔的市场前景。县委、县政府高度重视山东圣亚集团航空航天材料钛合金项目建设，拟将其列入全县重点工程项目，各有关部门单位要积极予以配合支持。会议确定，（一）成立由县委常委、副县长张和森为组长，利津经济开发区、发展和改革局、科技局、国土资源局、住房和城乡规划建设局局、招商局等部门单位主要负责人组成的协调服务小组，全面负责项目推进工作。（二）县发展和改革局作为项目推进牵头部门，负责总体协调推进，与利津经济开发区配合帮助企业尽快编制完成钛铝合金新材料产业园规划。（三）县招商局配合企业与南京理工大学陈光教授做好对接，尽快就合作、投资事宜开展洽谈磋商。（四）县住房和城乡规划建设局、国土局、利津经济开发区帮助企业做好项目选址工作，抓紧开展项目落地前期工作。会议要求，利津经济开发区、发展和改革局、科技局、国土资源局、住房和城乡规划建设局、招商局等部门要各司其职，全力配合，共同帮助山东圣亚集团尽快推进航空航天材料钛合金项目落地建设，为推进全县产业结构调整，壮大县域工业经济做出应有贡献。

〔2016〕 第 11 号

8 月 29 日，县委常委、副县长张和森主持召开会议，专门研究 220 千伏陈庄变电站地上附着物处置问题。会议指出，2013 年以来，为优化全县电网布局，解决县域北部企业、居民用电紧张的问题，国网东营供电公司依据城市总体规划和利津县需求，自行投资，在陈庄镇政府驻地以北、草洼子村以西建设 220 千伏陈庄变电站（占地 8335.52 平方米），并于 2015 年 8 月建设完成，投产送电。该变电站的投产运营，切实解决利津县北部区域经济发展电力方面的制约瓶颈，优化电网结构，为企业和居民生产生活提供电力保障。会议确定，本着尊重历史、支持公共事业发展的原则，待该变电站所占用土地完成划拨手续后，将原有变电站用房等地上附着物产权全部无偿返还给国网东营供电公司。

〔2016〕 第 12 号

8 月 31 日，县委常委、副县长秦安忠，县委常委、政法委书记贾学坤主持召开会议，专题研究加快县综治工作中心建设事宜。会议指出，加快综治工作中心建设，既是落实上级综治、信访、司法行政工作的必然要求，也是维护社会公共安全与稳定的有效举措。县委、县政府高度重视，前期专题研究，确定启动县综治工作中心项目（拆除群众来访接待中心，在原址建设主体二层钢结构建筑，建筑面积约1850平方米，建成后一并搭建联合接访、综治工作、司法调解综合服务中心）。必须强化措施加快推进，确保早日发挥功效。会议确定，在不违反规定的情况下，缩短审批周期，提高办事效率，加快建设进度，确保2016年9月上旬开始运行，2017年1月1日正式入住。会议要求，县委政法委、县信访局要发挥牵头抓总的作用，定期调度各项手续办理情况，协调处理有关事项，安排得力人员具体盯靠，确保各项工作高效运行、有序开展。其他部门单位要密切配合、通力协作，安排1名班子成员具体分管，主动与县委政法委、县信访局对接，按照总体进度要求，倒排工期、积极行动，确保县综治工作中心建设保质保量、按期完成。

〔2016〕**第13号**

9月19日，副县长胡伟主持召开会议，专题研究怡中苑院内土地使用及县一中实验楼、信息楼消防验收等问题。会议指出，尽快明确怡中苑院内土地归属、使用权利，对于化解历史遗留问题，建立良好的管理、使用秩序具有重要意义；完成县一中实验楼、信息楼消防验收，是保障学校正常教学需求的必然要求。会议确定，（一）关于怡中苑院内土地归属及交叉使用问题。县一中原有建筑及5号、6号楼停车场等占用的凌上置业2492平方米土地由县一中继续使用，归属权为凌上置业；同意凌上置业占用县一中1号、3号楼南侧869平方米土地建设停车场，土地归属权为县一中；由县国土资源局负责勘明县一中与凌上置业土地四至界限、绘制现状图，双方各留存一份备查；遇有土地规划、建设规划调整及基础设施改造、建设等事宜，土地使用权服从土地归属权。（二）关于县一中实验楼、信息楼消防验收问题。根据项目实施前安排，实验楼、信息楼建设项目前期手续（立项、地质勘探、水土保持、环评、图纸设计、图纸审查、招投标等）办理及桩基工程施工由凌上置业负责完成；建设工程及配套工程施工由县一中负责监管。鉴于因凌上置业未按规定向消防部门提报施工图纸进行审核，导致实验楼、信息楼不能进行验收，为此确定由县消防大队牵头负责，会同凌上置业、县一中制定整改方案，报请市消防支队重新进行审核；凌上置业负责完善验收相关资料和消防后续整改工程，消防整改产生的费用列入工程预算。会议要求，各有关单位要切实增强责任感紧迫感，积极采取有效措施，从快抓好各自任务落实，全力推动问题整改和手续办理，确保怡中苑秩序井然、县一中新建校舍尽快投用。

〔2016〕**第15号**

11月1日，副县长胡伟主持召开会议，专题研究利津县40MW高效畜牧光伏发电一体化产业园区项目有关问题。会议指出，2015年12月10日县政府与弘光公司签订《利津县40MW高效畜牧光伏发电一体化产业园区项目投资合作框架协议》，根据协议约定，县政府负责“地上附着物及青苗补偿”“完成土地租赁相关手续后，甲方保证征用的土地和租赁的土地及时以净地交给乙方使用，并承诺提供无附着物、无进场障碍等项目开工建设所需的条件”“甲方不得擅自解除合同或以任何理由影响该协议的执行。否则，乙方有权拒付承包费并不承担违约责任。由此给乙方造成的一切损失，由甲方承担赔偿责任。”但由于国土资源部等部委《关于支持新产业新业态发展促进大众创业万众创新用地的意见》（文件下发时，协议已开始部分履行）对发展光伏产业用地标准进行调整，导致县政府无法按协议约定完成使用土地手续办理，给弘光公司造成一定损失，根据协议约定，县政府有义务承担赔偿责任。会议确定，县政府负责协调解决因项目未能实施对弘光公司造成的损失，包括青苗补偿、地上附属物迁移费用318500元，土地租赁费用420000元，项目申请（可行性研究）报告编制费用 7500 元，共计 746000 元。会议要求，县国土局、县财政局、县发改局要尽快制定补偿方案、筹集赔偿资金，按协议约定化解弘光公司损失。盐窝镇政府要配合做好相关善后事宜，按照协议有关约定保障土地外租村民和弘光公司合法权益。

〔2016〕 第 16 号

根据县政府主要领导安排，县委常委、副县长秦安忠主持召开会议，专题研究东营润源环保服务有限公司写字楼、利津源通水务有限公司写字楼等工程推进工作有关事宜。会议听取移交领导小组成员单位 3 月 25 日调度会议安排事项落实情况，分析目前存在的突出问题。截至目前，利津源通水务有限公司写字楼、东营润源环保服务有限公司写字楼楼体工程安全检测工作全部完成。东营润源环保服务有限公司写字楼的工程审计工作已经完成，利津源通水务有限公司写字楼审计工作遇到些问题仍需至少 1 个月的时间才能完成。县供电公司就设计变更工作已两次征求原设计单位意见。前期县城市建设重点项目管理中心与山东益达建设有限公司进行 5 次施工合同履行事宜对接，未取得实质性进展。会议确定，本着尊重历史、面对现实、便于实施、加快推进的原则，依法依规推进各项工作，确保各方利益得到保障，工程建设尽快启动。（一）东营润源环保服务有限公司写字楼工程建设推进事宜，由县领导小组办公室具体负责，项目建设完成后依法办理转让手续。施工合同协商对接工作，以县环保局为主体，县城市建设重点项目管理中心全程参与，以东营润源环保服务有限公司名义与原施工单位山东益达建设有限公司进行协商对接。县城发公司具体组织整个转让工作的洽谈会商，制定转让协议，尽快促成与县供电公司的协议签署。县供电公司负责提供行业功能用房标准，配合设计单位做好东营润源环保服务有限公司写字楼设计变更工作。10 月底前，县城发公司、县供电公司负责各自筹资 500 万元，为工程建设提供保障。（二）利津源通水务有限公司写字楼工程，参照上述模式进行。施工合同协商对接工作，以县水利局为主体，县城市建设重点项目管理中心全程参与，以利津源通水务有限公司名义与原施工单位山东鲁建工程集团有限公司进行协商对接。工程审计工作，由县审计局负责，县水利局配合，尽快完成。（三）消防手续办理，以县住房和城乡规划建设局、县交通运输局、县水利局、县环保局为主体，县消防大队配合，积极推进办理。会议要求，按照县领导小组的既定工作要求，自 10 月 18 日开始各项工作全部进入实体化运作，日常调度组织工作由县领导小组办公室主任陈亦云同志负责，环保、水利等各成员单位要主动服从领导小组的工作安排，加快推进实施，力争东营润源环保服务有限公司在建写字楼尽快恢复施工。领导小组办公室要切实发挥好牵头抓总的作用，倒排工期，列出计划安排，统筹协调解决各项问题。县城发公司要强化资金、人员等要素保障，加快账务处理、协议制定等工作推进，确保项目顺利进行。县财政局负责指导做好相关的财税测算、政策研究，确定好具体财务管理方式；配合做好相关国有资产的划拨工作。县住房和城乡规划建设局负责协助完善相关建设手续，抓好安全质量检测。县国土资源局负责做好相关的土地、房产的不动产手续办理工作。各级各有关部门单位要切实增强大局意识和责任意识，周密部署，密切配合，依法依规推进实施，确保各项工作经得起各级审查和检验。

〔2016〕 第 17 号

11 月 25 日，胡伟副县长主持召开会议，专题研究正和化工职工反映的养老保险、医疗保险、计生关系、档案管理等问题。会议指出，由于市场及多种原因，正和化工公司 2014 年底停止生产经营，2015 年 7 月底停发工资、停缴社会保险，造成大量职工信访维护权益；随着时间的推移，因停产、停缴保险给职工及其家属生活、社会管理工作造成一定影响，为此急需加快研究解决职工提出的相关问题，保障好职工权益，推动正和化工公司职工信访问题的顺利化解。会议确定，（一）正和化工公司职工和已解除劳动关系职工的亲属参加城镇居民医疗保险，统一到县城市社区建设办公室办理；2017年度城镇居民医疗保险统一到陈庄镇人保所的缴纳，由陈庄镇收齐后移交县城市社区建设办公室；今后的城镇居民医疗保险统一到县城市社区建设办公室缴纳。（二）正和化工职工社会保险（包含企业及个人承担部分）暂由职工本人缴纳，待企业清算破产后，依法予以兑付；已解除劳动关系的职工依照有关政策，按灵活就业人员的标准缴纳社会保险。（三）正和化工育龄女职工及已解除劳动关系的育龄妇女生育关系按照户籍所在地管理的原则，由县城市社区建设办公室统一管理。（四）正和化工公司职工及已解除劳动关系职工的档案全部移交县人力资源和社会保障局管理。会议要求，各级各有关部门要高度重视正和化工公司职工信访问题，积极认真的做好资料移交、手续办理、计生服务等工作，同时统筹做好组织关系移交等工作，确保职工反映的各项问题得到合理快速解决。

〔2016〕**第18号**

11月24日，县委常委、副县长秦安忠主持召开会议，专题研究非法接送学生车辆治理工作。会议指出，非法接送学生车辆绝大多数存在安全隐患，严重威胁乘车学生的人身安全。11月23日，市交安委专门向利津县下达《关于对接送学生车辆交通安全隐患整改的通知》，通报利津县辖区内涉嫌非法营运的35辆“黑校车”，并且校园周边也存在较多安全隐患，这表明利津县在校车及校园周边安全管理方面还有存在不少问题。对此，各级各有关部门务必引起高度重视，按照责任分工切实抓好治理工作。会议确定，（一）由县安委会办公室牵头，由县交管大队、县交通运输局具体负责，对已排查发现的涉嫌非法营运车辆，责令暂停接送学生行为，立即开展调查取证工作，约谈相关乡镇、学校及车辆负责人；经核查确实不存在非法营运行为的，由县安委会办公室下达允许接送学生的通知，并责令车主严格按照交通法律法规接送学生，禁止违规拼车。（二）迅速开展一次接送学生车辆排查活动，全面掌握接送学生车辆的相关信息，严格规范接送学生行为。（三）教育、公安、交管、交通、城市管理部门要进一步加大道路和学校周边环境安全治理，特别是加强实验一校、实验二校、陈庄镇中学周边环境治理和交通疏导，严厉打击各类危害学生、校园安全的行为，有效消除各类安全隐患；同时，要根据安全巡查规律，加快构建多方位的巡查工作机制，不断强化安全巡查工作能力、提高巡查效率。（四）县安委会办公室要按照上级通知要求，牵头组织督导各单位加快推进整改工作，认真调查陈庄镇中学周边非法营运校车大量出现的原因，对涉及的监管单位、监管人员和“黑校车”人员进行查处问责。（五）县教育局、县交通局要根据学生集中上放学时段特点，研究制定公交车接送学生方案，积极为保障学生安全创造条件。（六）县教育局要联合县交管大队、县交通运输局，针对学生及其家长广泛开展拒绝乘坐非法营运车辆安全教育，提高安全防范意识；要公开举报电话，接受、鼓励群众举报非法营运行为。会议要求，各级各部门要进一步明确职责，加强监管，确保本次治理工作取得扎实成效；要进一步深入调研，摸清未享受校车服务、确有乘车需求的学生底数，制定有效措施，完善运行机制，充实校车数量，扎实做好清理整治和保障运行工作，为广大学生提供优良的校车服务，坚决杜绝校车安全事故发生。

〔2016〕**第19号**

12月2日，副县长胡伟主持召开会议，专题研究利津县正和化工有限责任公司第二批解除劳动关系职工补偿兑付事宜。会议指出，继第一批解除劳动关系职工兑付工作顺利完成后，又有82名职工要求与利津县正和化工有限责任公司（以下简称“正和化工公司”）解除劳动关系、转让股权，为妥善处置正和化工公司职工信访问题，保障职工合法权益，维护社会稳定，必须按照既定政策尽快完成第二批解除劳动关系职工的补偿兑付工作。会议确定，（一）县政府负责协调资金700万元，用于正和化工公司职工解除劳动关系和股金转让，该项资金暂由陈庄镇政府垫支（以支持困难企业名义），县财政待正和化工公司职工兑付事宜完毕后，再补给陈庄镇政府。（二）陈庄镇政府垫支的700万元资金，转入利津县城市资产运营有限责任公司账户，专门用于正和化工公司职工解除劳动关系和转让股金事宜。兑付资金接受审计部门的专题审计。（三）正和化工公司职工解除劳动关系及转让股金工作由县经济和信息化局牵头组织实施，全程参与兑付工作，确保按政策全部兑付到位。（四）对于未同意解除劳动关系的职工权益保障问题，待正和化工公司实施破产后依法予以解决；县处置工作领导小组办公室要及时做好相关政策解释工作，消除职工疑惑。会议要求，各有关单位要认真履行职责，尽快办理相关手续、兑付资金，推动信访问题的有序、妥善化解。

县政府办公室工作

【扎实开展“两学一做”学习教育】 加强学习教育，增强践行“两学一做”的自觉性。始终将学习教育贯彻专题教育工作的全过程，深入学习贯彻党的十八届三中、四中、五中、六中全会精神和习近平总书记系列重要讲话精神，将其作为学习必学内容，领导班子带头静下心来，严格遵守学习纪律，引导办公室全体干部职工反复研读，领会精神实质，掌握核心要义，增强同党中央保持高度一致的自觉性和坚定性。加强党性锻炼，深化服务意识。深入开展“下基层、接地气、强党性”活动，积极到北张村等联系村入户走访，面对面征求群组织全体干部职工到明集乡北张村众意见建议，参加并指导村党支部召开专题组织生活会，帮助解决困难问题多项，锤炼党性，拉近干群关系，促进社会和谐。注重加强廉政宣传教育，先后实地参观市反腐倡廉教育基地、县检察院预防职务犯罪警示基地，开展全体人员廉政党课教育活动。坚持问题导向，突出解决各项整改问题。按照“两学一做”专题教育要求，认真做好专题党课、学习研讨、问题查摆等各个环节，班子成员带头讲党课，带头开展学习研讨，围绕四个专题开展4次集中研讨，达到相互触动、共同提高的目的；坚持查边查边改、即知即改，结合开展“两学一做”学习教育工作，班子共确定整改事项4项、班子成员确定52项，全部建立整改台账，班子整改完成3项，班子成员完成50项，其余1月底前全体完成整改。“三严三实”专题教育工作中所有查摆出的问题，全部整改完成。

【以文辅政】 强化调研工作。注重吃透上情，了解外情，围绕全县经济社会发展重点课题和领导关注、群众关心的热点难点问题开展调研。形成《关于全县化工产业转型升级的调查分析》等10余篇优秀调研成果。加强信息工作，提高信息“耳目”作用。完善信息采集机制，规范简报管理，努力增强信息、简报的针对性和实效性，积极报送对领导有参考作用、对面上有指导作用、对基层有借鉴作用的信息，提升办公室整体信息工作水平。截至年底，共编发各类信息60期，上报信息472条，上级采用信息182条。全面提高公文办理水平。严格落实市县公文管理规定，严格审批把关程序，进一步把好文件政治关、政策关、法律关、文字关、格式关，倡导简练文风，力求言简意赅、准确简洁、精悍实用，提高公文质量。更加重视讲话效果，讲话文稿力求贴合实际、言之有物，避免空话套话，达到统一思想、提高认识、推进工作的效果。全年累计起草领导讲话、汇报材料200余篇，80多万字，印发规范性文件173份。

【综合协调服务工作】 注重从重点环节入手，主动协调配合，不断加大统筹协调力度，把各项事务统筹好，把各类资源整合好，把各种关系处理好，形成工作合力，为县政府开展工作提供有力保障。对外发挥协调推进作用。主动加强与县几大班子办公部门的联络协调，及时交流情况、沟通信息、衔接工作，确保全县重点工程和民生实事项目建设、招商引资项目建设等重点工作顺利推进，圆满完成省市领导调研、市县科学发展观摩等多项重大活动。同时，组织落实人大建议、政协委员提案，当面回复率、代表委员满意率均达100%。对内协调发挥枢纽作用。一方面，对上及时请示汇报，准确把握各项重要部署，精心搞好领导之间的工作衔接和活动安排。对下做好上情下达、下情上报，使领导全面掌握工作进展情况、政策执行效果和基层反映的实际问题。另一方面，按照“有序运转、无缝连接”的要求，加强工作补位，细化岗位职责，规范运转程序，确保办文、办会、办事高效有序，各项工作有条不紊。全年累计组织参与协调各类会议百余个，接转上级部门和县内公务来文千余份。

【后勤保障工作】 进一步改进管理服务方式，办公区绿化、美化、亮化工作得到加强，供水、供电、供暖、供气等设施高效运转。全力推进节约型机关建设，及时维修改造节能设施，车辆管理坚持安全行驶与节油降耗并重，全年实现安全行车百万公里，水、电、办公耗材等经费实现同比下降。安全保卫坚持“安全第一，预防为主，综合治理”，加强人员管理，强化物防技防，完善群防群治，及时消除各种安全隐患。值班应急方面。进一步健全完善突发事件预警体系和快速反应机制，坚持24小时值班制度，做到快速反应、有效应对，协助好县领导处置各类突发事件。

【包村扶贫工作】 突出党建引领，夯实帮扶基础。基层党组织是联系群众的桥梁纽带，党支部的战斗力如何，直接关系着全村发展的快慢。作为驻村工作组，一头连着政府、一头联系着群众，引导村班子抓好党建显得尤其重要。工作中，把推进服务型党组织建设放在首位，着力强班子、带队伍、促规范，提高帮扶村党组织的凝聚力、向心力。2016年，突出对村级场所改造提升，投资一万高标准制作党员监督台2块，粉刷文化大院党建宣传漫画标语5幅。投资2万元，在文化大院建设乡村大舞台1处。强化区域帮扶，增强帮扶实效。按照“以村带乡、以点带面”的工作思路，注重资源的交叉利用、互补互促，规划实施几项惠民利民工程，放大帮扶效果，增强辐射带动能力。一方面，帮助完善农业基础设施。规划35亩蔬菜瓜果大棚基地，建设20个低温蔬菜大棚。另一方面，帮助搭建新农村建设平台。积极协调电力部门，投资40万元，规划1.5亩，建设45千瓦光伏太阳能发电项目。推进精准扶贫，突出帮扶重点。立足省定贫困村的实际，把扶贫攻坚作为工作重点，紧密结合村情户情，积极为群众寻找致富路子。争取旅游专项帮扶资金10万元，帮助村内群众发展乡村旅游。投资10万元在蔬菜瓜果基地建设游客服务中心，配套停车场等基础设施。做好困难群众帮扶，免费为村内60岁以上的老人进行健康查体，加强对弱势群体的关爱，努力改善他们的生活水平和质量。重视人民来信来访，坚持主动作为。一年来，积极协助县政府领导协调有关部门解决群众反映的26件信访诉求问题。

【人防工作】 成立“利津县人防工程质量监督站”，同时加挂“利津县人防工程执法大队”的牌子，编制3人，重点负责全县人防工程质量监督工作。制定出台《加强城镇规划区内新建民用建筑防空地下室并联审批管理规定》，将防空地下室建设项目审批作为报建联审的前置手续，纳入城镇建设审批流程，凡未办理人防手续的项目，住建部门不得发放规划、施工许可证，消防部门不予核发消防许可手续，部门配合、多方联动，促进人防执法工作有效开展。所有报建人防工程均经核实资料无误，现场勘查属实后办理审批手续。“双招双引”工作成效显著，超额完成全年任务，积极推进山东广悦化工有限公司二期项目、山东悦能化工有限公司18万m^3燃料油仓储物流项目，续建120万吨碳素及余热综合利用、5万吨／年特种耐火材料项目、20万吨／年高等级化工溶剂项目，截至年底，工程进展顺利。

【班子建设】 加强反腐倡廉建设。始终把党风廉政工作摆在办公室工作的重要位置，严格落实党风廉政建设“两个责任”要求，扎实推进班子成员向纪委述廉工作，为所有科级干部建立廉政档案，同时加强对各业务室、单位干部职工的教育、管理和监督，规范财务管理制度，有效防止不廉洁行为的发生。强化中央八项规定精神执行力度。在住房、乘车、接待、考察等方面严守标准、不搞特殊，带头厉行节约，过紧日子，从严控制各项开支。坚持从严管理干部，认真落实《领导干部不担当不作为责任追究暂行办法》，进一步加强机关管理。执行民主集中制。重大问题集体讨论决定，日常工作各负其责，班子成员之间坦诚相见，团结协调，相互支持，相互信任，相互补台，真正做到一个目标一条心，一个声音一股劲。

（任方磊）

法治工作

【健全依法决策程序】 印发《关于深入推进重大决策社会稳定风险评估机制建设的意见的通知》和《关于组织推荐利津县重大决策社会稳定风险评估专家库人选的通知》，组建重大决策社会稳定风险评估工作专家库，为全县重大决策社会稳定风险评估工作开展提供决策咨询和技术支撑。组织专家召开高中学校选址规划社会稳定风险评估座谈会，召开城区居民阶梯水价改革听证会、城市供暖价格调整听证会，在县政府网站向社会征求对利津县文化艺术中心建设方案、新建高中选址方案，充分保障社会对政府重大决策的参与。完善法制机构负责人列席政府常务会议并对决策事项进行法制审查制度，有效保障决策的科学性，提高决策的执行力。充分发挥政府法律顾问作用，将法律顾问经费纳入全县财政预算，选聘10名律师专家进入政府法律顾问专家库，并指导全县各级各部门单位聘任法律顾问。2016年，法律顾问在重大项目建设、招商引资、土地征收等重大决策方面发挥了积极作用，代理全县各级各部门行政复议、行政诉讼案件52件，审核把关政府合同30余件，参与政府涉法事务、为政府决策提供法律意见100余条。

【完善文件管理机制】 严格规范性文件起草程序。进一步健全规范性文件制定程序，实现由部门主导起草工作向政府法制机构统一负责立项、征求意见、协调争议、合法性审查转变。2016年，全县共出台规范性文件4件，所有文件的草案、正式文本都在县政府网站进行公布。严格落实规范性文件“三统一”制度及备案审查制度。近年来，全县出台的规范性文件全部实行统一登记、统一编号、统一发布，并按照备案制度的要求全部向市法制办及县人大常委会办公室进行备案登记，备案率达100%。强化规范性文件管理。严格执行规范性文件“立改废”制度，对自1983年建县以来县政府出台的规范性文件进行全面清理。截至年底，全县2012年1月1日以后制定的规范性文件全部废止、修订完成，进一步优化了经济发展环境。

【深化行政执法体制改革】 强化行政执法主体管理，对照相关法律规定和部门“三定方案”对各执法部门的法律性质、执法依据、执法类别，对全县行政执法进行进一步的清理规范，确定全县行政执法主体72个。优化行政执法队伍，严格落实“持证上岗、亮证执法”制度，严把行政执法人员入口关和审验关，2016年集中为486名执法人员办理了行政执法证，依法注销证件35个，确保行政执法队伍结构的整体优化。规范行政执法行为，印发《关于转发东营市行政执法全过程记录实施办法的通知》，指导各执法部门制定本系统内部执法记录制度，杜绝执法人员执法不规范行为，规避因执法缺乏证据支持而败诉的现象。强化行政执法监督。严格落实《利津县依法行政考核办法》，完善年度考核和日常监督检查相结合的工作机制。年底都对各执法部门当年度的行政处罚、行政许可案卷进行集中评审，对发现的问题都以县政府文件的形式向全县进行通报。

【深化行政复议体制改革】 充分发挥行政复议解决纠纷的主渠道作用。建立利津县行政复议委员会，印发《利津县行政复议联络员制度》《利津县行政复议权利义务告知制度》等14项工作制度，行政复议的运行程序进一步规范、复议纠错功能进一步加强。2016年，全县共受理行政复议案件14件，维持原具体行政行为4件、占比28.57%，依法纠错9件、纠错率为71.43%。积极提升行政应诉水平。印发《利津县行政机关负责人出庭应诉制度》《利津县行政诉讼败诉报告制度》，全县各级行政应诉能力进一步提升。2016年全县各级参与行政应诉案件32件经过诉讼，行政机关负责人出庭应诉10件、法律顾问参与诉讼32件。强化行政复议纠错及行政诉讼败诉报告。2016年，全县各级行政机关行政复议被纠错案件为7件、行政诉讼败诉案件为5件，按照要求各部门全部向县政府提交行政诉讼败诉报告及行政复议纠错情况报告，分管县长在报告上分别作批示，行政机关执法行为得到进一步规范。

（任方磊）

督查工作

【创新督查方式】 **严格督办程序，打造“规范督查”。**突出工作系统化，对所有督查事项全部实行台账管理，并细化分解立项、归口督办、办结反馈、整理归档运转流程，进一步完善任务分解、动态督导、执行反馈、结果运用“四段式”督查机制。**注重办理时效，打造“效率督查”。**重点抓好阶段性事项督办工作，实行清单式管理、销号式督查，实施领导交办、登记备案、实地督查、签字确认、及时反馈“五步工作法”，并建立督查事项落实情况即时反馈单制度，提高督查工作时效性。**坚持督考一体，打造“权威督查”。**运用好考核指挥棒，完善以督量考、以考促督的督考结合体制机制。适应形势发展变化，进一步修订乡镇（街道）和县直部门综合考核办法，合理分解考核指标，分类设置、同类竞争、主次分明，力求最大限度保证考核评价合理性、科学性。**加强队伍建设，打造“有为督查”。**严格正风肃纪，健全规章制度，加强机关文化建设，教育全体人员牢固树立“有为才能生威，有为才能固位”的工作理念和“扎实、担当、规矩、奉献”的价值理念，勇于成为县委、县政府工作督查的特派员、政策决策的宣讲员、落实成效的评判员。

【全局性工作督查】 **对市、县确定的重点工作、重大事项进行督查。**先后对全市经济工作会议和市政府工作报告确定事项、市委市政府民生实事、全市重点工作任务进行立项督查，定期对立项督查事项进行督查，形成《督查专报》及《督查通报》，按时向市委、市政府汇报各项工作进展情况，并及时在全县范围内通报进展情况。截至年底，向市委、市政府上报《督查专报》32期，下发《督查通报》47期。**做好县级领导和乡镇（街道）每月主要工作情况及下月工作计划的通报工作。**根据《中共利津县委关于印发〈县委常委扩大（工作调度）会议工作制度〉的通知》《县委办公室、县政府办公室关于印发〈乡镇（街道）工作调度会议制度〉的通知》要求，每月县委常委扩大（工作调度）会议和乡镇（街道）工作调度会议完成后，及时整理汇总并印发《县级领导每月主要工作情况及下月工作计划的通报》《乡镇（街道）每月主要工作情况及下月工作计划的通报》两个通报。截至年底，印发通报22期。**抓好县区党政主要负责同志项目招商和推进工作情况周报工作。**根据市委督查室要求，每两周形成一期工作周报，2016年，上报周报26期。**开展重点工作督查推进月活动。**为促进重点工作落实，县督查局于4—6月份开展重点工作督查推进月活动，对“三年增绿”、精准扶贫、拆违治乱、安全生产、义务教育均衡发展、黄河滩区开发7项工作到牵头单位进行专项督查，并上报领导专报5期。

【阶段性工作督查】 **“安全生产”打非治违督检。**重点对网格化实名制、档案规范化管理及打非治违行动等进行督导检查，主要采取查看现场、查阅资料、询问等形式进行督导检查，发现问题现场解决。通过督导检查，使利津县乡镇网格化实名制管理落到实处，2015年至2016年的“安全生产”档案资料实现规范化管理，建立网格员到企业巡查制度，同时企业的“安全生产”档案资料管理也更加规范有序。**公车改革非在编人员安置督查。**

9月份，对县直26年部门（单位）的“公车改革非在编人员安置情况”进行深入细致的督查，督查情况如实向县领导提供《领导参阅》，为领导决策提供科学依据。**积极做好其他督查工作**，如省级文明县创建、禁毒工作督查、水气污染治理、创建义务教育均衡县工作等。

【代表建议、委员提案、热点难点问题督查】 **做好人大代表建议、政协委员提案的督查办理工作**。全年共接收县人大代表意见和建议64起，县政协委员提案70起，市人大代表建议11起，市政协委员提案15起，内容涉及社会经济、科教文卫、群众生活、公路交通、城镇建设及其他多个方面，根据市、县领导的批复意见，及时下发到有关承办乡镇街道、部门单位，严格按照法律程序运作。**做好领导批示件的办理工作**。市县主要领导批示件大多关系改革开放发展稳定的大局和人民群众的切身利益，县督查局及时跟踪督促协调，及时反馈督查结果。截至年底，办理市县领导批示件60期，上报督查专报45期。

【考核工作】 **修订完善科学发展综合考核办法**。参照省、市考核办法，结合利津县实际，进一步完善利津县2016年度科学发展综合考核办法。新修订的考核办法更加科学合理，有力地激发了全县各级各部门努力工作、争先进位的积极性。**对县直部门、单位重点工作进行项目化管理**。进一步明确各单位重点工作的完成内容及完成时限，将重点工作落实到具体责任人，建立起较为科学的绩效考核评价体系。**加强对承担市考核任务部门、单位的调度**。筹备召开两次2016年度市对利津县科学发展考核调度会，深刻分析利津县在市科学发展考核中的优劣势，找出薄弱环节，动员相关职能部门查缺补漏，积极向上汇报沟通，争取考核取得好成绩。

（张建春　张建平）

民生热线

【机构队伍】 县民生热线综合服务中心，为县政府直属正科级事业单位，核定编制6人，配备主任1人、副主任2人、专业技术人员3人，加挂利津县县长公开电话办公室牌子。2016年，中心在职干部职工6人，其中，主任1人、副主任2人、专业技术人员3人，配备公益性岗位接线员11人，开通坐席总数达到8台（班长坐席1台、电话坐席6台、网上民声专职坐席1台）。7月，县民生热线获得省级“巾帼文明岗”荣誉称号。同时，年底启动省级“青年文明号”创建工作，进一步树立了务实、高效、为民的党委政府窗口形象。

【民生诉求的办理】 2016年，县民生热线综合服务中心累计受理群众诉求20225件。其中，民生热线电话受理18111件（含市民生热线转办事项11820件）、网上民声留言受理2076件（含市政府门户网站转办留言64件）、受理省（市）长信箱交办事项38件。对热线电话受理中，中心直接办理11921件，占电话受理总量的65.82%；转交有关网络成员单位办理6190件，占电话受理总量的34.18%。加强电话回访工作，全年累计进行电话回访超过1.2万件。受理事项反馈率和到期办结率均达到100%。同时，强化督办落实。变“交办落实”为“跟踪落实”，转办事项办理时限内及时跟踪办理进程、掌握办理结点、督促办理进度。严格树立群众诉求“零”停留意识，提高办理时效性。加强群众诉求办理过程中的政策研究，吃透政策精神，找准切入点，有针对性地开展督办工作。2016年，通过现场督办、电话督办、专项督办等方式共督办热点难点事项78件，民生热线全部办结事项群众总体满意率达到97%以上。2016年度，县民生热线综合服务中心群众来电受理办理工作在全市民生热线业务评比中获得第一名。

【群众来电梳理分析机制】 中心不断强化信息参谋职能，每半月进行梳理汇总，形成一期《民声快报》，报县委各常委、县政府各副县长。机制建立以来，累计印发《民声快报》60余期，梳理分析重点群众诉求700余条，重点问题解决率达到100%。各县级领导先后作出批示40余次。

12 月 22 日，县委书记成秋林到县民生热线综合服务中心调研

【党员干部接听电话活动】 2016 年，县民生热线综合服务中心坚持“全员办热线”的服务理念，在全市各县区民生热线系统中率先建立“党员干部接听电话制度”，中心党员干部定期走进受理大厅，当起话务员，直接受理群众来电。该项工作自 4 月启动以来，累计开展活动 33 次，先后直接受理群众来电 58 件次，全部问题办结率达到 100%，办结事项群众满意、基本满意率达到 100%，有效促进了群众民生诉求的解决。

【联系帮扶】 4 月初联系帮扶汀罗镇龙王庙村以来，积极开展文明和美村庄创建活动，突出抓好村庄绿化、净化工作，切实改变农村村容村貌。开展春季植树绿化活动，共植树 3000 株，总投资 2 万元。完成旱厕改造工程 61 户，基本覆盖村内常住农户。

（王东岭　孙龙龙）

油区工作

【油区秩序维护】 *广泛宣传，营造氛围*。采取出动宣传车、张贴标语、发放明白纸、悬挂过街横幅等形式，深入油区村庄、油田矿队进行宣传，开展“油区私拉乱接油田电气专项行动”和“严厉打击打孔盗油、非法收油百日行动”等多次专项行动的大型宣传活动，油地联合出动宣传车 200 余车次，涉及全县所有乡镇街道油区村庄，悬挂宣传标语 760 条，发放法律法规宣传页 30000 余份。*严密措施，加强防范*。稽查大队各中队稽查队员全员在岗，全天候不间断巡护辖区内的油田井场和输油气管道，一年来，累计出动稽查车辆 1600 余车次，参加巡护队员 5000 余人次，查获盗油车 9 辆，没收袋子原油 180 袋，清理窃电点 7 处、窃气点 36 处，收缴私接气管线 15000 余米。*油地携手，联防联治*。以全市开展的油区治安综合整治等专项行动为载体，积极配合市稽查支队、油田综治办、县有关执法部门，针对涉油违法行为，定期开展一系列油区治安秩序整治活动。严格执行每月 8 日、18 日、28 日油地双方联合巡查制度，对辖区内的突出问题和重点混乱区域进行“拉网式”排查摸底，针对排查的情况，油地相关部门联合开展私拉乱接油田水电气集中清理整治行动和严厉打击打孔盗油、非法收油点集中整治百日行动，共取缔非法收油点 11 处，进一步规范油区治安秩序。

【服务油田开发建设】 推行油区管理分片包干负责，按照县境内油田单位生产作业分布情况，将油区工作划分为 3 大片区，每个片区明确 1 名主任包靠、1 组人员跟踪服务，片区内油田单位的作业手续办理、工农纠纷调处等所有涉油事项全部打包，做到油田开发建设到哪里，油区服务队伍就跟到哪里，为油田生产、开发建设保驾护航。各片区每月组织召开一次油地联席会议，汇总全县油区工农矛盾纠纷情况，对当年存在和历史遗留工农矛盾纠纷全面排查，建立工作台帐，明确责任人、解决时限，全年调处工农矛盾纠纷近 100 起。严格执行油田生产临时占地款、青赔款统一结算制度，确保专款专用，兑付油田各类赔偿资金共计 7061 万元，办理《油田施工作业核准证》341 份，确保油田生产开发的顺利进行。

12 月 5 日，召开物探施工协调会议

【涉及油田设施动迁】 由专人负责与各工程项目建设指挥部密切联系，对区域整体规划、各工程项目施工进度等详细了解、熟悉掌握，涉及油田设施搬迁改造的，及时与油田各级沟通，施工过程中盯靠在一线，调处各类工农矛盾纠纷。一年来，共协调油田动迁油水单井管线设施 24 处 3000 余米，确保相关重点工程项目顺利实施。

【油地合作共建】 以油地创建生态文明和谐油区乡镇（街道）工作为契机，加强同油田单位的沟通协调，搭建油地合作共建的桥梁纽带，在事关油地生产和群众生活的道路、水利、供气、供暖等方面，按照设施联建、利益共享的原则，油地双方新开工建设油地共建路等基础设施，全年油田投入共建资金 2000 余万元实施油地共建路 5 条 19.2 公里，庄科社区路配套工程、前关水库改造、罗八路重修三个项目均获得油田单位审批。

【油气管道安全隐患整治】 按照省市油气管道隐患整治工作部署安排，全年计划完成整改 117 处，截至年底，完成 121 处，超额完成年度任务。具体工作中，按照责任全覆盖、隐患全排查、整治全到位的要求，以盐窝为界划分南北两大片区，每个片区明确 1 名副主任负责、相关部门负责同志参与，对落实的隐患点，均按照“一处一案”要求，逐一制定整改方案，分级提请省、市、县挂牌督办，挂账销号。推进上，综合分析油地双方利益，按照“油地投入成本最小、社会价值最大”的原则分类施治。对可采取防护措施的，技术手段整改；技改论证不行、可拆除的，直接拆除；拆除消除不了的，论证改线；整改条件不成熟的，严格管控措施，停产、停输，确保安全。同时，明确管道沿线巡防管控责任，凡隐患排查确认后新产生的违章占压，一律由占压所属乡镇街道、部门单位负责拆除到位。油地定期召开联席会议，定期互通工作进展，及时会商研究推进难题，召开油地协调会、现场会 18 次，消除新占压隐患 3 处。

【下派帮扶】 自 4 月份帮扶盐窝镇联一村以来，实施三年增绿、文化大院建设、光伏发电等共建项目，为该村累计协调帮扶物料资金折合近 40 万元。

（陈锡庆　张继奎）

机关事务管理

【公车改革】 2016 年初开始，利津县机关事务管理局立足职能，扎实做好全县公务用车改革数据测算等工作。6 月底，公务用车改革启动后，县机关事务管理局按期完成各单位车改方案审定工作，确定全县参改车辆。6 月 31 日，协调督导各单位如期完成涉改车辆封存工作。车辆封存后，成立车辆服务中心作为过渡方案，9 月份，经县政府常委会同意，确定为“统分结合”模式，即“集中调配与派驻使用相结合”。由县机关事务管理局根据各参改单位申请，确定县直 36 个单位派驻 57 辆分散使用，剩余 11 辆集中调配，为不派驻车辆的单位提供服务。车辆派驻工作于 10 月 9 日全部完成。车辆派驻完成后，从剩余车辆中挑选车况较好的车辆，政策范围内充实一线执法车辆和急需车辆单位，对确定拍卖处置的车辆，督促各单位办理手续，截至年底，全县各单位车辆处置工作全部完成。

【办公用房管理】 保持办公用房整治高压态势，防止问题反弹。按照“相对集中、节约资源、方便群众”的原则，结合城区规划，积极探索“集中办公、集约利用”，以实现办公用房资源效益最大化。对于单位腾退的办公用房，部分运用市场化运作方式，通过出租、拍卖，实现国有资产保值增值；部分转作居家养老、社区服务、群众活动中心场所，提升全县民生服务水平。

【机关事务管理】 **国有房地产维修管护**。一年来，按照县政府需要和消防验收要求，认真做好利津宾馆相关配套改建工作。针对宾馆建设年代久远、资料管理不完善等历史遗留问题，县机关事务局通过多方寻访资料、广泛开展市场调研，为工程施工扫清障碍。在工程开始后，积极做好施工方、宾馆、消防队的施工协调，在保证工程质量和进度的前提下，确保维修、营业两不误。协助县政务中心做好县公共资源交易中心的入驻启用工作。根据县政府安排，在完成县政府视频会议室基础改建的基础上，持续跟进视频设备的方案确定和设备采购工作。**后勤服务保障**。引入绩效管理、量化考核办法，加强对金凤凰大厦、青年公寓、老年活动中心综合楼设施、设备的维修和保养，对于关键性大型设备，制定详细维护计划，进行预防性维修，制定应对突发故障的应急预案，确保设施、设备的安全运行；抓好质量目标考核，对物业服务公司建立定期、不定期检查制度和投诉监督制度，提升物业公司服务水平。

【节约型机关建设】 1. 以节能宣传周活动为契机，创新宣传形式，通过电视、报纸、滚动电子屏、发送短信等形式开展一系列活动，共发放倡议书、宣传材料2000余份，发送短信2000余条，范围从一般党政机关扩大到乡镇、农村。2. 认真部署开展能源资源消耗统计工作。在依托“山东省公共机构能源资源消耗统计系统”实现能耗统计全覆盖的基础上，充分利用网络平台的监测分析功能，对各单位上报的各项统计数据进行审核，确保数据的真实性和准确性。3. 做好公共机构名录库工作。按照“横向到边、纵向到底”的要求建立公共机构名录库，针对各个单位上报的基础数据，进行审核验收，对统计范围不全、不合格的信息发回重填，确保调查信息的准确性，全县共统计公共机构包括垂直管理部门在内300个单位部门。

【公务接待管理】 2016年，与县财政局、招商局等部门联合出台《利津县党政机关国内公务接待实施细则》，增强制度的规范性和指导性。同时，多次与纪委等部门组织联合督查组，通过查阅账目等形式对全县各单位公务接待情况进行实地检查，对于发现的苗头性问题，下发整改通知单，督促限期整改。

【政府采购询价】 2016年政府采购询价总额3015905.5元，节支率10%。

（张培良　张影影）

史志工作

【概况】 2016年，《利津年鉴2014》获全国地方志优秀成果（年鉴类）一等奖；《利津年鉴2016》获得山东省优秀年鉴特等年鉴；《利津县中小学生地方教材》获山东省优秀史志成果奖、东营市第二十五次社会科学优秀成果奖；《李神仙传奇》获得黄河口文艺奖、东营市第二十五次社会科学优秀成果奖。

【年鉴编纂】 《利津年鉴2016》7月底出版，该书是利津县编辑出版的第24部综合年鉴，全面展示2015年利津县政治、经济、文化和社会生活等各方面情况，反映全县经济社会发展的新进展、新情况、新经验。该书在2015卷的基础上，增加全书二维码，利津县情网二维码，顺应“互联网+”潮流。

【基层修志】 县史志办认真做好部门志、乡镇志、村志的业务指导、督促、审核把关等工作，落实“三审”制度，严格审批程序，确保志书质量。2016年，全县编修出版基层志3部，分别为《利津县国有一千二林场志》

《汀罗镇志》《利津县职业中等专业学校志》，在编的基层志书包括《利津县开发区（凤凰城街道）志》《利津县人大年鉴（2011—2016）》《利津县北宋镇志》等。

【旧志整理】 2015年起，聘请县史志办原副主任、副编审孙明钦先生进行新一轮的旧志整理工作。2016年12月，《利津县旧志集成》（包括清康熙十二年纂修的《利津县新志》、清乾隆二十三年纂修的《利津县志续编》、清乾隆三十五年纂修的《利津县志补》、光绪九年纂修的《利津县志》和民国24年纂修的《利津县续志》）由线装书局出版。

【信息化建设】 1．进一步完善利津县情网站，丰富县情资料。2015年11月再次改版以来，录入《利津县志》《利津年鉴》《利津县中小学生地方教材》等200万余字，照片近200幅。2．积极向省情网、市情网等媒体报送史志信息，向省、市级以上媒体报送信息34条。被省史志办评为“2016年山东省情网优秀供稿单位”，市史志办一号文通报表彰。

【方志馆建设】 利津县方志馆作为县文化艺术中心建设项目一部分进行建设。县文化艺术中心建设项目计划用地36827平方米，规划总建筑面积15758平米，计划投资6000万元，年底，完成工程投招标，2018年投入使用。

（王曰华　谭希杰）

政协利津县委员会

Lijin County Committee of CPPCC

机构队伍

政协第八届利津县委员会常设机构有办公室、经济科技委员会、提案委员会、学习教育文化卫生委员会、文史资料委员会、台港澳侨外事委员会、委员联络工作委员会、机关服务中心。有驻会领导干部和工作人员23人，其中副科级以上干部11人。各乡镇（街道）政协委员联络室主任、副主任，属乡镇编制。

政协第八届利津县委员会第五次会议

1月13日至1月14日，县政协八届五次会议召开。会议听取并审议通过李燕主席所作的八届县政协常委会工作报告和崔文凯副主席所作的八届县政协常委会提案工作报告，审议通过政协第八届利津县委员会2016年协商工作计划，审议通过提案审查报告和八届五次会议决议，对优秀政协委员、优秀提案、提案办理先进单位进行表彰。与会委员列席县人大十七届五次会议，听取并讨论《政府工作报告》及其他报告。县委书记、县人大常委会主任杜振波在闭幕会上作重要讲话。县委、县人大、县政府、县纪委、县人武部的领导同志，县政协往届主席，县人大原主任、第一副主任应邀出席开幕会和闭幕会并在主席台就座。县直有关部门、单位负责人，政协机关离退休、内退科级干部、住利津市政协委员列席会议。

政协常委会议

【县政协八届二十一次常委会议】 1月14日召开。县政协主席李燕，副主席刘建民、宋学民、崔文凯、薄传民、徐忠华、岳春先出席会议，宋学民主持会议。会议听取各界别小组关于县政协常委会工作报告、提案工作报告和政府工作报告讨论情况的汇报，审议通过县政协八届四次会议决议（草案）。

【县政协八届二十二次常委会议】 4月8日召开。县政协主席李燕主持会议并讲话，县政协副主席刘建民、宋学民、崔文凯、薄传民、徐忠华、岳春先出席会议。会议传达学习省政协十一届十九次常委会议精神，审议通过政协利津县委员会2016年工作要点，听取县政府关于全县现代职业教育发展情况的通报，10名市、县政协委员围绕协商主题作会议发言。

【县政协八届二十三次常委会议】 7月22日召开。县政协主席李燕主持会议并讲话。副县长姜华通报上半年全县经济社会发展情况和工业企业转型升级情况。县政协副主席刘建民、宋学民、崔文凯、徐忠华、岳春先出席会议。

【县政协八届二十四次常委会议】 9月21日召开。重点对科学实施农村土地流转进行专题协商。县政协主席李燕主持会议并讲话，副县长胡伟，县政协副主席刘建民、宋学民、崔文凯、薄传民、徐忠华、岳春先及八届县政协常委会组成人员出席会议。会上，胡伟通报全县土地流转工作情况；部分委员和联络室主任就科学实施土地流转作交流发言；会议还审议通过有关人事任免事项。

【县政协八届二十五次常委会议】 1月22日召开。县政协主席李燕主持会议并讲话。县委常委、副县长张和森，县委常委、统战部长胡伟，县政协副主席刘建民、宋学民、崔文凯、薄传民、岳春先出席会议。会议听取县政府关于《政府工作报告》起草情况的说明；听取县委统战部关于九届县政协委员人选建议名单的说明；审议通过《关于表彰2016年度优秀政协委员、优秀提案、提案办理先进单位的决定》；审议通过关于召开县政协九届一次会议有关事宜。

提案工作

县政协八届五次会议以来，全体政协委员、政协各参加单位和各专门委员会，紧紧围绕县委、县政府中心工作和人民群众普遍关注的问题，认真履行职责，积极建言献策。一年来，共收到委员提案88件，经审查，立案70件，其中：经济建设方面13件，城市建设管理方面30件，科教文卫方面13件，民生和社会保障方面14件。未予立案的，作为委员来信交有关单位参考。

调研视察工作

3月16日，市政协主席陈泽浦、市政协副主席生钦勇一行到利津县调研经济社会发展情况和政协工作。在县委书记、县人大常委会主任杜振波，县委副书记、县长燕振诚，县委副书记邵红双，县政协主席李燕，县政协副主席宋学民、徐忠华等领导陪同下，陈泽浦一行先后到东营一大早乳业有限公司、陈庄镇三年增绿工程、山东康宝生化科技有限公司、凤凰城街道中心学校、利津博物馆、南部生态新区等地进行实地调研，听取有关情况汇报。

4月21日下午，省政协副主席郭爱玲率团到利津县就黄河沿岸历史文化遗产保护情况进行考察。在市政协副主席生钦勇，县委书记、县人大常委会主任杜振波，县委副书记邵红双，县政协主席李燕，副县长胡伟，县政协副主席宋学民等陪同下，郭爱玲一行到利津水文站和利津博物馆进行实地察看，听取专题汇报，详细了解利津县黄河工程的历史文化、保护管理以及开发利用等情况。

4月22日，县政协主席李燕到省定贫困村联系点明集乡北张村调研扶贫开发工作。期间，李燕认真听取明集乡北张村关于精准扶贫工作的情况汇报，并深入到部分贫困户家中，与他们亲切交谈，详细询问家庭经济收入和当前存在的困难，鼓励帮扶对象坚定脱贫信心。

2016年9月8日，省政协视察组到利津县调研基层文化建设

8月17日，县政协副主席崔文凯、薄传民、徐忠华一行到刁口乡联系企业调研并走访政协委员。期间，崔文凯、薄传民、徐忠华一行先后到污水处理厂、山东汇宇新材料、广悦化工、东营美利达新型材料科技有限公司、滨海新区创业大厦项目建设现场实地调研，听取相关情况汇报。

9月1日，市政协副主席王景春一行到利津县督查省委、市委政协工作会议精神贯彻落实情况。会上，王景春认真听取县委副书记邵红双、县政协主席李燕分别代表县委和县政协作的情况汇报，对利津县贯彻落实省委、市委政协工作会议精神情况给予肯定。期间，王景春一行分别到国安化工公司、陈庄镇政协委员联络室和陈中村历史文化展馆等地进行视察。县委常委、宣传部长张凌燕，县政协副主席徐忠华、岳春先参加活动。

9月8日，省政协视察组到利津县视察基层文化发展情况。省政协常委、科教文卫体委员会副主任、山东艺术学院院长张志民；省政协常委、科教文卫体委员会副主任、山东电视台原党组书记魏绍水；省政协委员、科教文卫体委员会驻会副主任蒋永涛带领调研组进行视察。在县委书记、县人大常委会主任杜振波等领导陪同下，视察组一行到陈庄镇历史文化展馆、陈庄镇涯西村历史文化展馆、汀罗镇前关村历史文化展馆视察基层文化发展情况，听取有关工作汇报。副县长胡伟，县政协副主席薄传民参加视察活动。

10月10日，市委党校县处级领导干部进修班学员到利津县观摩。在县委书记、县人大常委会主任杜振波，县政协主席李燕，县政协副主席薄传民等领导陪同下，学员们深入到利华益集团、山东康宝生化科技有限公司、山东龙翔实业有限公司、山东一大早乳业有限公司、利津客运总站建设工程、凤凰城街道中心学校、利津博物馆、南部生态新区、黄河外滩公园等重点企业、重点工程、重点项目进行现场观摩，听取有关情况介绍。

10 月 28 日，河南省范县政协副主席刘波一行到利津县考察学习城乡环卫一体化工作情况。县政协副主席薄传民及有关部门负责同志陪同考察。考察组先后参观陈庄镇村庄连片治理、城区公厕、津五路三位一体中转站。刘波一行对利津县城乡环卫一体化工作给予高度评价，表示要认真学习借鉴利津经验，结合范县实际，积极探索创新，全面加快范县城乡环卫一体化步伐。

外事与侨务工作

积极协助县委、县政府做好民族宗教、侨务和对台工作，通过开展走访慰问、中秋座谈会等活动，密切与“三胞”眷属的联系，加强同各人民团体、工商联、非党知识分子和非公有制经济代表人士的团结联谊工作。加强同社会各界人士的联系，积极参加研讨交流、联谊交友活动，营造出民主协商、平等议事、宽松和谐、生动活泼的政治氛围。

学习宣传文史工作

注重政协委员理论学习和履职能力培养，围绕学习贯彻中共十八大、十八届三中、四中、五中、六中全会精神、习近平总书记系列重要讲话和市委、县委工作会议精神，深化政协委员学习教育，把握履职方向。依托“政协讲坛”，不断提升政协委员服务大局的境界和能力。邀请山东大学教授作专题辅导报告，开阔广大政协委员的知识视野。精心创作编发 10 期《利津政协》会刊，在《联合日报》等市级以上媒体刊发《利津县政协大力加强协商民主建设》等多篇稿件，扩大利津政协的知名度和影响力。充分发挥文史资料“存史、资政、团结、育人”的功能，深入挖掘、宣传、推介利津文化，编纂出版《人文凤凰城》，让更多乡愁记忆留得下、记得住，增强全县各界的文化自豪感。

会议督查机要工作

机关工作和机要工作健康有序，在历年来无泄密事件发生的基础上，加强工作督查，重点就县委、县政府的重要会议、重大部署和县政协全面工作，特别是重点工作落实情况进行督查，并及时形成督查报告报县委及有关部门、单位。

（王景波　郭秀泉）

中国人民政治协商会议
第八届利津县委员会常务委员会工作报告

——在政协第九届利津县委员会第一次会议上

(2017年2月6日)

李 燕

各位委员、同志们：

我代表政协第八届利津县委员会常务委员会，向大会报告工作，请予审议，并请列席会议的同志提出意见。

五年工作回顾

政协第八届利津县委员会任期的五年，是全县上下积极应对挑战、奋力开拓前行的五年，是政协事业实现创新发展的五年。五年来，在中共利津县委的正确领导下，在县人大、县政府及社会各界的大力支持下，县政协牢牢把握团结和民主两大主题，紧紧围绕全县中心工作，团结带领全体政协委员，在服务大局中拓宽新思路，在助推发展中实现新作为，在促进和谐中展现新风貌，聚力打造“责任、有为、文化、活力”政协，为加快利津科学发展发出了好声音、增添了正能量、做出了新贡献。

一、主动献计出力，服务发展大局

务求实效，协商建言支持发展。加快利津发展是全县30万人民的共同心愿。县政协紧扣发展主题，采取全体会议总体协商、常委会议专题协商的方式，针对事关全县经济社会发展的重大问题开展协商议政。举行县政协全体会议5次，组织委员就我县“十三五”规划、“一府两院”工作、城市规划、工业经济、园区建设等重大问题，进行认真协商讨论。县委、县政府领导同志积极参加委员联组讨论，共谋发展大计。按照“开展一次会议、研究一个议题、推进一项工作”的思路，先后召开县政协常委会议25次，将常委视察和会议协商有机结合，坚持县政府及职能部门情况通报制度，连续5年听取县政府关于全县经济社会发展情况的通报，并围绕工业、农业、社会民生、生态建设等重点工作，提出了60多件协商建议和建议案，得到县政府及相关职能部门的高度重视和认真采纳。

跟踪问政，调研视察促进发展。重点工程、重点项目和民生实事是推动全县经济社会发展的重要载体。县政协每年都开展形式多样的调研视察活动，组织委员深入项目建设现场，看进度、查问题、找对策，有针对性地提出意见建议，助推项目建设，有力促进了各项重点工程、民生事实的顺利实施。围绕经济下行压力加大、中小企业融资难等影响和制约我县转型发展的突出问题，连续两年将工业企业发展作为协商调研的重点课题，组织委员赴全国工业绿色转型试点城市江苏镇江、建湖等地考察，深入我县工业园区和有关企业走访座谈，在充分协商交流的基础上，形成了5篇专题协商报告。关注农业发展，围绕推进农村土地流转深入开展协商调研，组织委员赴土地流转先进地区青州市、沂南县、江苏灌南县考察学习，并召开专题协商会议，提出了加快推进农业标准化进程、科学实施农村土地流转、促进农业产业化经营等建议，为县委、县政府科学决策、加快现代农业发展提供了重要参考。

主动融入，参与中心助推发展。全力支持和参与经济建设是政协义不容辞的责任和使命。县政协积极投入中心工作，以强烈的责任意识抓好联系重点项目和企业、“双招双引”等重要工作。五年来，政协领导班子成员分别担任部分重点工程、重点项目指挥和副指挥，协助县委、县政府实施了南部生态新区、利三路中段、利北水库、滨海新区等多项重点工程，推进了汇宇新材料、博凯化工、广悦化工等20多个重点工业项目，为加快项目建设做出了贡献。发挥政协智力密集、联系广泛的优势，大力宣传我县优越的发展环境和巨大的发展潜力，发动委员参与招商引资、招才引智工作。引导和鼓励广大委员胸怀大局、心系发展，积极投入到大众创业、万众创新的热潮中，在本职岗位上担当作为，在经济发展中建功立业。各位企业家委员自觉发挥表率作用，着力转变企业发展方式，以创新促创业、以转型促跨越，用实际行动助推了全县经济社会发展。五年来，12家规模以上委员企业，新建扩建项目15个，总投资近80亿元。

二、坚持以人为本，致力民生改善

深入调查研究，多谋利民之策。坚持把履职为民作为工作的着力点，积极协助党委政府解决社会民生问题。五年来，县政协先后开展了职业教育、教育标准化、养老服务业、卫生体制改革、民间融资借贷、食品药品安全监管等24次专项调研视察活动，涵盖了教育、养老、卫生、住房等民生问题。围绕养老服务业发展这个广泛关注的社会热点，组织委员实地视察了我县养老服务机构，赴滨州市滨城区等地考察学习，在多方征求意见建议的基础上，形成了关于加快我县养老服务业发展的调研报告，县委、县政府高度重视并采纳相关建议，扩建了集养老、医疗、保健为一体的养老服务中心。为保障群众舌尖上的安全，组织开展了食品药品安全监管专题调研，经过深入调研提出了加强食品监管设施建设、整合食品药品监管机构等建议，县委、县政府积极采纳，将食品药品检验检测中心建设列为重点民生项目。

广泛反映民意，多建利民之言。发挥社情民意信息直通车作用，为党政决策谏言服务，是政协的一项重要任务。县政协研究修订了《反映社情民意信息工作实施办法》，建立健全信息“精准点题”制度，完善信息收集程序和量化考核机制，加大重点信息约稿和调研性信息征集力度。选聘20名市、县政协委员为特邀信息员，确定40个职能部门作为信息直报点，8个乡镇（街道）分别组建了信息专报队伍，形成了立体式、全方位的信息采集网络。五年来，广大委员和信息报送单位围绕群众关心关注的民生问题，共上报社情民意信息1000余篇，向市政协报送850篇，328篇被省、市政协采用。其中，关于有效治理雾霾问题、发展黄河口民俗文化、完善社会救助体系等56篇信息，被省政协转报全国政协，真正让上层领导了解基层声音，解决群众反映的热点难点问题。

真情服务群众，多办利民之事。注重发挥界别优势，鼓励委员积极参与公益事业，为群众解难题、为基层办实事、为社会做贡献。县政协组织医药卫生界委员开展“健康下基层”活动，先后深入企业乡村提供医疗诊断160余人次；组织农业、科技、文化等界别委员广泛开展法律咨询、科普和文化下乡活动10次；引导经济界、工商联界委员积极参与捐资助学、扶贫济困等慈善活动，累计捐款30万元，资助150人。县政协机关在全县驻村帮扶、教育帮扶、“下基层、接地气、强党性”和“联户扶贫”等工作中发挥表率作用，先后协调资金350万元为凤凰城街道大田村、东魏村、明集乡东望参村修建公路、建设文化广场等基础设施；为所帮扶学校明集乡中心学校购置教学设备、整修体育场地，提升教育标准化水平；组织机关干部与贫困家庭结对子、搞帮扶，定期走访慰问，帮助他们解决困难和问题，赢得了基层群众普遍好评。

三、关注生态文明，共建美好家园

持续关注城乡规划建设。建设美好家园是广大群众的期盼和梦想。县政协高度关注城乡规划建设，实施了城市规划建设、新型城镇化建设、园区建设等专题调研。围绕城市规划建设，召开专题协商会议，提出了城市建设要避免短期行为、城市规划建设要以人为本保障民生等对策建议，为县委、县政府科学实施城市规划建设提供了参考依据。围绕新型城镇化建设，组织专题议政会议，广大委员畅所欲言、集思广益，提出了尊重民意循序渐进发展新型农村社区、逐步实现城乡公共服务一体化等20多条具有前瞻性、可操作性的对策建议，得到县政府及相关单位的采纳落实。为促进“两区两园”建设、助推县域经济发展，多次组织委员深入利津经济开发区、循环经济产业园、滨海新区和中小企业创业园进行调研视察，提出的加强园区规划建设、提高项目承载能力等意见建议受到县委、县政府高度重视。

不断聚焦生态环境改善。生态环境建设关系国计民生，始终牵动着广大委员的心。县政协组织相关领域委员对水气环境现状进行调研，通过进企业、访群众、发问卷、搞座谈，召开主席会议认真研究讨论，形成了关于我县城区水气环境保护情况的调研报告，提出了加强执法力量提升水气环境监测能力、加快企业节能减排转型升级、科学规划园区防止“化工围城”等30多条意见建议。广大委员纷纷以协商发言、报送提案、反映社情民意信息等方式，为改善生态环境把脉会诊、建言出招，形成了关于治理污染净化城区空气、加强褚官河环境治理等提案建议。县委、县政府对这些报告、提案建议高度重视，实施环保项目清理整顿专项行动，我县水气环境得到明显改善。特别是为加强饮用水安全保障，确保群众喝上“放心水”，县委、县政府采纳关于建设居民替代饮水源的提案，高标准规划了庄科水库，并确定于今年9月份前开工建设。

全力助推城乡文明建设。县委、县政府高度重视城乡文明建设，以争创全省文明县为总抓手，加强城乡环境综合整治，积极推进生态文明建设。在全省文明县创建中，县政协多次开展专项视察活动，引导广大委员为文明县创建献策支招，提出了加强诚信体系建设、推行城区网格化管理、规划建设城市公厕、整合道路停车资源、在城区增设垃圾桶等一系列切实可行的提案建议，均得到县委、县政府采纳落实，为促进创建工作开展、巩固创建成果起到了积极作用。同时，为更好地推进乡村文明建设，县政协组织委员先后对全县80多个村进行了实地视察，并召开专题座谈会征求意见，提出了持续开展农村环境综合整治、改善农村生活环境等50多条意见建议，受到县政府和有关部门高度关注。

四、加强文化交流，注重团结联谊

深入挖掘宣传利津文化。利津有着820多年悠久历史，文化底蕴深厚、文化资源丰富。县政协充分发挥文史工作“存史、资政、团结、育人”功能，深入挖掘、广泛宣传利津文化，编纂出版文史资料专辑《人文凤凰城》《利津乡村记忆》，让更多乡愁记忆留得下、记得住，增强了全县各界的文化自豪感。同时，积极发挥文化辅政作用，先后组织2次文化旅游业调研协商活动，经外出学习、多方调研、深入座谈，就进一步繁荣利津文化、打造特色文化旅游、建立多元化投融资机制等，积极向县委、县政府献计献策。鼓励委员为推动文化建设报提案、提建议，关于繁荣发展黄河口文化、加强保护和传承非物质文化遗产、完善城区文化设施等30多件意见建议被决策采纳。

切实做好团结联谊工作。充分发挥政协统一战线组织团结联谊功能，积极开展对外联谊和友好交往，着力营造团结民主的和谐氛围。县政协积极配合全国政协和省、市政协就黄河沿岸历史文化保护、基层文化发展、基础教育综合改革、海洋经济等课题开展调研视察，全面宣传推介利津经验，积极向上建言献策，为促进利津经济和文化教育事业发展争取政策支持。密切同其他县区政协的联络联谊，与广饶县政协、河北省枣强县政协实现了互访交流。五年来，共接待上级及兄弟县区政协520多人次。加强与工商联等人民团体及各界人士的联络沟通，高度重视界别、团体提出的提案和建议，充分尊重委员民主权利，为社会各界人士发表意见、议政建言搭建了和谐宽松的平台。扎实推进外事工作，积极开展走访慰问、座谈活动，密切与“三胞”眷属联系，为他们知情明政、投资兴业创造条件。

着力塑造政协良好形象。政协宣传工作是党的宣传工作和人民政协事业的重要组成部分。县政协不断拓宽工作思路，利用各级新闻媒体传播政协声音、展示委员风采、广泛宣传利津。认真总结经验做法，“专题协商走出履职新路”“落实委员提案提升群众‘幸福指数’”“让天蓝水清城美村洁成为‘新常态’”等350余篇新闻稿件在市级及以上媒体刊发，实现了《联合日报》头版头条的新突破，为政协事业发展营造了良好的外部环境和舆论氛围。坚持贴近委员、贴近基层、贴近生活，创办刊发了10期《利津政协》会刊。在县电视台开辟“委员风采”栏目，播出了40多位政协委员履职尽责、敬业奉献的生动事迹。连续四年被市政协评为全市政协宣传工作先进单位，有12件新闻作品评为宣传人民政协好新闻奖。2015年，被省政协表彰为“全省政协宣传工作先进集体”。

五、积极探索创新，推进工作实践

发挥委员作用，协商民主建设开拓新路。人民政协在协商民主建设中发挥着重要渠道作用。县政协着力创新载体，拓宽思路，制定实施了年度协商工作计划，全面推进专题协商、对口协商、界别协商和提案办理协商。协商中，采取走出去学、沉下去看、坐下来谈等形式，通过深入学习外地经验，充分结合我县实际，有针对性地提出协商建议，提高了协商成效。深入开展常委会议专题协商，组织了推进现代职业教育发展等7次专题协商会议；注重发挥专委会优势，先后就全县电子商务发展、推广医养结合养老模式与相关部门进行对口协商；扎实开展沿黄特色农业、城区教育资源优化配置等界别协商和提案办理协商。近年来，开展协商活动12次，参与委员160余人次，组织赴江苏、河北等地学习考察9次，形成协商报告8篇。

加强督办落实，提案办理工作成效显著。提案是委员履职尽责的重要抓手和有效形式。县政协从加强提案质量、提升办理水平上下功夫，积极拓宽提案办理形式，每年都召开提案集中交办会，县委副书记、县政府常务副县长出席会议并强调意见，部分提案办理单位作表态发言，为加强提案办理工作奠定了坚实基础。坚持重点提案主席督办制度，筛选部分提案作为重点提案，由主席、副主席督办，深入开展提案办理“回头看”活动，有力提升了提案办理质量和实效。八届县政协以来，共立案提案393件，在县政府和有关单位的大力推动下，312件提案得到办理落实或列入计划逐步落实。创新实施“提案前置”工作法，在委员中广泛开展提案预案征集，先后有37条意见建议纳入了县委、县政府重点项目和民生实事，特别是2015年筛选的14条建议列入了全县“十三五”规划。

加强制度建设，委派民主监督实现破题。民主监督工作是政协的一项重要职能。县政协积极探索实施委派民主监督员工作，先后选派56名县政协委员担任民主监督员，运用专题听政、视察、协商座谈、民主评议等多种方式，对全县36个职能部门实施民主监督。制定出台《实施意见》，设立“民主监督日”，寓监督于理解、支持和服务之中，融入履行职能的全过程，提升了民主监督工作的科学化、规范化水平。针对民主监督工作中发现的问题，形成了92件民主监督建议书，并及时反馈给受派单位，推动整改落实，有力促进了受派单位的政风行风建设。

六、改进工作作风，提升履职能力

着力推动学习教育经常化。委员素质的提升是加强政协履职能力的关键。县政协坚持把学习作为一项重要政治责任，采取自学与集中学相结合、走出去学与请进来教相结合、学习理论与调研实践相结合的方式，组织委员全面学习中共十八大、十八届三中、四中、五中、六中全会和习近平总书记系列重要讲话精神，深入学习省、市、县有关重

要会议和文件精神，进一步提升了广大委员的思想境界和理论水平。搭建学习载体，举办8期“政协讲坛”，围绕改革与发展、新常态下的经济形势、提案和社情民意信息撰写等重点内容，先后邀请省政协、省委党校、山东大学等专家教授作专题辅导培训，让广大委员增长了学识、拓宽了视野。

着力促进履职能力现代化。履职能力建设是确保政协事业创新发展的基石。县政协始终把制度建设作为规范履职行为、促进工作落实的重要抓手，制定实施《常委会工作规则》《专门委员会通则》以及专题调研视察、提案督查办理等制度。加强委员教育管理，修订完善《委员管理办法》《关于委员履职考核工作的实施意见》，建立委员履职档案，将委员参加会议、活动、上报提案信息等情况记录在案，为健全委员能进能出、合理流动机制奠定了基础。注重激发委员履职热情，先后表彰优秀政协委员50人，优秀提案25件、提案办理先进单位23个，反映社情民意信息工作先进个人20人、先进单位13个。不断加强和改进联系委员工作，扎实推进基层政协组织建设，成立了县政协委员联络工作委员会和乡镇（街道）政协委员联络室。深入开展联系走访委员活动，引导委员为推进全县经济社会发展吹热风、鼓实劲、献良策。积极探索工作网络化新模式，创办利津政协网站，开发网上提案、社情民意信息、委员履职管理、政协手机微信公众号等系统，提升了政协工作信息化水平。

着力实现机关建设规范化。政协工作成效很大程度上取决于机关建设水平。县政协以全力打造务实型、创新型、服务型、效能型机关为目标，以转变作风、提振精神为重点，建立了工作项目化运行和责任落实机制，对重要任务、活动制定详细方案，定期召开主席会议听取汇报、督促落实，进一步提升了工作科学化、规范化、制度化水平。扎实开展党的群众路线教育活动、“三严三实”专题教育和“两学一做”学习教育，有力提升了机关干部的党性观念和宗旨意识，让讲规矩、守纪律内化于心、外化于行，营造了风清气正、心齐气顺的良好环境。深入开展机关文化建设，大力加强机关老干部工作，积极参与市、县文体比赛、联谊交流等活动。2016年，县政协机关被评选为“省级文明单位”。

各位委员，八届县政协的工作成绩来之不易，这些成绩是中共利津县委坚强领导和上级政协正确指导的结果，是县人大、县政府及社会各界大力支持和密切配合的结果，也是政协各参加单位和广大政协委员团结奋斗的结果。在此，我代表八届县政协常委会向所有关心、支持政协工作的各位领导、同志们表示衷心的感谢并致以崇高的敬意！

各位委员，在肯定成绩的同时，我们也清醒地看到，对照新形势、新要求，八届县政协在履职过程中还存在一些薄弱环节。主要体现在政协界别优势和作用尚未得到充分体现，政协民主监督职能发挥还不够深入，政协工作制度化、规范化、程序化建设仍需加强，政协机关工作中的创新能力和服务水平有待进一步提高等。这些问题，需要在今后工作中高度重视，努力加以完善和改进。

工作体会

回顾过去的五年，我们有很多难忘的画面和回忆，也有很多值得总结的经验和体会：

一、始终坚持党的领导是推进政协事业发展的根本保证

五年来，县委高度重视、大力支持政协工作，召开专题会议研究部署政协工作，给政协出题目、交任务、压担子，及时帮助解决政协工作中的困难和问题，为政协履职尽责搭建了广阔舞台。党政领导积极参加政协会议，对政协协商调研报告、重要提案、社情民意信息等认真批阅，促进了政协履职成果转化落实，推动了政协事业创新发展。县政协认真贯彻落实中共中央和省、市、县委关于政协工作的方针政策，切实把县委的决策部署体现到政协工作的各个方面，确保政协工作与全县中心工作同步和拍、协调一致。实践证明，只有坚持党委领导，争取社会各界的支持，政协工作才能有良好的发展环境，政协事业才能蒸蒸日上、欣欣向荣。

二、服务发展大局是推进政协事业发展的重要原则

五年来，县政协紧扣党政工作大局，选准履行职能的结合点、切入点和着力点，把工作重心放在事关全局、影响长远的重大问题研究上，放在社会关注的热点难点问题的反映上，提出富有综合性、针对性、前瞻性的意见建议，为党政决策提供参考依据。发挥政协职能优势，主动参与中心工作，积极维护大局、服务中心、推动发展，在项目建设、招商引资、改善民生和维护稳定等方面做出了贡献。实践证明，只要我们始终围绕中心善谋实干，紧贴发展履行职能，就一定能够推动政协工作不断前进。

三、坚持群众路线是推进政协事业发展的必然要求

五年来，县政协始终坚持党的群众路线，把实现好维护好人民群众的根本利益作为政协工作的出发点和落脚点。把履职为民的思想贯穿到调研、协商、视察、提案等政协工作的全过程，真诚倾听群众呼声，真情关心群众疾苦，真实反映群众愿望，一大批涉及群众切身利益的问题得到有效解决。鼓励支持委员参与社会公益事业，积极为群众做好事、办实事，得到了广大群众和社会各界的普遍好评。实践证明，只有勤下基层、多接地气，真心实意地关注民生、关心群众，坚持情为民所系、言为民所建、智为民所用，人民政协为人民的根本宗旨才能得到真正体现。

四、加强创新实践是推进政协事业发展的不竭动力

五年来，县政协牢牢把握时代脉搏，大力弘扬创新理念，始终以“求新、求实、求精、求深”的工作态度，积极探索履行职能的新途径、新方法，在拓宽协商民主形式、加强委员履职管理、改进民主监督方式、创新提案办理机制、畅通反映社情民意渠道等方面推出一系列创新举措，打造了许多政协工作新亮点。实践证明，只有勇于实践，善于开拓，敢于创新，政协工作才能不断激发新的活力，政协事业才能永葆蓬勃生机。

五、弘扬优良作风是推进政协事业发展的必要保障

五年来，县政协大力加强委员队伍建设，定期开设“政协讲坛”，赴先进地区学习考察，组织评先树优活动，建立履职档案，完善动态管理机制，提高了委员素质，激发了履职活力。扎实推进机关建设，深入贯彻中央八项规定精神，倡导求实务实作风，切实做到改进调查研究、改进会风文风、改进接待工作、改进机关管理工作、改进联系委员工作，营造了团结和谐、崇尚实干的良好环境。实践证明，只有引导广大委员和政协工作者不断增强责任感、使命感，勇于担当、埋头实干，提高素质能力，弘扬优良作风，才能凝聚起推动政协事业发展的强大合力。

今后工作建议

今后的五年，是全面建成小康社会、开启现代化建设新征程的关键五年，也将是我县政协事业继往开来、大有可为的五年。新一届县政协要全面贯彻中共十八大和十八届三中、四中、五中、六中全会精神，深入贯彻习近平总书记系列重要讲话精神，紧紧围绕我县第十三次党代会提出的各项目标任务，以服务全县中心工作为重要职责，进一步增强政治意识、大局意识、核心意识、看齐意识，深入开展政治协商、科学实施民主监督、扎实推进参政议政，为改革发展献策，为社会和谐尽责，为民生福祉出力，在建设美丽幸福新利津的征程中谱写崭新篇章。

一、强化学习研究，切实提升思想理论水平

学习是提高履职能力、推动事业发展的基础和保障。不断适应新形势新任务新要求，通过创新学习形式，丰富学习内容，增强学习效果，着力提高履职能力和参政议政水平。紧跟时代前进脉搏，结合利津发展实际，深入思考和研究我县改革发展中的重要问题，以高质量的建言用好政协的话语权，扩大政协的影响力。加强政协理论研究，深入分析情况，把握内在规律，努力实现政协工作科学化、规范化，为更好地咨政建言、协商议政提供思想保证和智力支撑。

二、强化发展意识，不断增进共识凝聚合力

服务发展、促进发展是政协

工作的第一要务。把服务全县发展大局摆在更加突出的位置，紧紧围绕县委、县政府中心工作，积极谋划履行职能的新思路，勇于开辟发挥作用的新渠道，大胆探索服务发展的新举措，为加快经济社会发展做出更大贡献。发挥政协委员代表性强、影响力大的优势，广泛宣传我县改革发展中取得的新成就，把发展的气氛营造得更浓，把社会各界的意志、智慧和力量凝聚得更紧。立足政协人才荟萃的特点，抓住改革发展中的重点领域和关键环节，从事关全局的高度思考问题，善谋发展良策，多建务实之言，打造一批有思路、有分量、有价值的履职成果，努力在推动利津发展中发出政协好声音。

三、强化群众观念，着力促进社会公平正义

为群众代言、为民生服务是政协的重要职责和光荣使命。进一步强化群众观念，把保障和改善民生贯穿于履行职能的各个方面，按照党政所需、群众所盼、政协所能的原则，关注社会民生,主动服务群众。围绕教育、就业、住房、社会保障、医疗卫生和生态环境等全县社会民生问题，多献富民安民之策，多办利民惠民之事。倡导和组织广大委员走进基层、深入群众，采取调研视察、报送提案、反映社情民意信息等履职方式，为解决民生问题建诤言、出实力。进一步做好新形势下群众工作，畅通群众利益诉求表达渠道，通过充分协商、集思广益、增进共识，更好地促进社会公平正义、和谐稳定。

四、强化履职成效，全面提高协商议政水平

履行好政治协商、民主监督、参政议政三大职能，是政协发挥作用、体现作为的关键。紧紧围绕经济发展的新常态、加强协商民主建设的新形势，履行好政协职能，在围绕中心、服务大局中彰显特色，在发挥优势、全面履职中提升质量。健全政治协商制度，选择事关全县政治、经济、文化、社会以及生态建设的重要课题，制定协商计划，确定协商内容，健全完善多层次协商议政格局；注重民主监督实效，充分利用提案、视察、反映社情民意信息、委派监督等有效形式，促进党委政府各项决策部署得到落实，广大群众普遍关注问题得到解决；提升参政议政水平，围绕促进经济转型和创新发展模式，认真思考，深入调研，推出一批有深度、有影响、高水平、高质量的调研成果和协商建议，为党政科学民主决策发挥积极作用。

五、强化责任担当，努力加强自身建设

加强和改进自身建设，需要持之以恒、常抓不懈。健全常委会工作机制，提升常委会议议事质量，提高新形势下常委会领导政协工作的能力。加强委员队伍建设，健全委员联络机制，提升委员履职质量，强化委员培训管理，充分发挥委员在本职工作中的带头作用、政协工作中的主体作用、界别群众中的代表作用。广大委员要牢固树立责任意识和大局观念，努力提高综合素质，做到懂政协、会协商、善议政，守纪律、讲规矩、重品行，既做履职建言的行家，又做遵纪守法的模范。加强政协机关思想、组织、作风和制度建设，弘扬新风正气，敢于担当作为，让心中有党、心中有民、心中有责、心中有戒的观念在机关蔚然成风。加强对乡镇（街道）政协工作的领导，规范工作机制，搭建交流平台，全力推进基层政协事业创新发展。

各位委员、同志们，团结凝聚力量，民主成就伟业。回顾过去，我们为八届县政协的工作感到欣慰和自豪；展望未来，我们对九届县政协事业的发展充满信心和期待。让我们紧密团结在以习近平同志为核心的党中央周围，在新一届中共利津县委的坚强领导下，实干创业，变革图强，不忘初心，继续前进，为实现政协事业新发展、建设美丽幸福新利津而努力奋斗！

中共利津县
纪律检查委员会

Discipline Inspection Committee
of the CPC in Lijin County

重要会议及活动

1月18日，召开全县纪检监察工作会议，学习贯彻十八届中央纪委十八届六次全会、省纪委十届七次全会和县委十二届八次全会精神。

1月26日，省、市纪委检查组到利津县检查执纪审查涉案款物管理工作，给予充分肯定。

2月，开展《中国共产党廉洁自律准则》《中国共产党纪律处分条例》主题宣讲月活动，组织集中宣讲53场，受教育党员干部15000名。

2月25日，召开县纪委十二届七次全体会议，贯彻落实上级纪委全会精神，安排部署2016年党风廉政建设和反腐败工作。

3月17日至18日，县纪委机关、派驻纪检组一行19人到河北省保定市蠡县考察学习。考察报告得到县委主要领导肯定。

3月21日，举办全县纪检监察系统急救知识培训班，60名执纪审查人员全部考取救护员证书，提高了应对突发事件的能力。

3月29日，县委常委、县纪委书记王广兴以"加强农村基层党风廉政建设"为题，给全县基层党组织书记上党课。

4月12日，县委书记、县人大常委会主任杜振波到县纪委机关专题调研。

4月14日，市委常委、市纪委书记岳德川到利津县调研党风廉政建设"两个责任"落实情况。

4月19日，印发《县纪委监察局机关2016年党风廉政建设和反腐败工作重点任务分工意见》，将县纪委全会安排部署细化分解为53项具体工作，并研究确定12项创新工作；印发《关于加强学习型机关建设的意见》，营造纪检监察机关好学上进的浓厚学习氛围。

4月29日，召开"两学一做"学习教育座谈会，启动纪检监察系统"两学一做"学习教育。

5月，开展"手抄党章100天"活动，强化党章观念，唤醒党员意识，扎实推进"两学一做"学习教育。

5月，黄河栈桥廉政文化走廊建成投入使用，利津县再添廉政教育新平台。

5月5日，市纪委宣传部、党风政风监督室在明集乡召开农廉试点工作宣传座谈会。

5月18日，召开廉政巡察工作会议，启动2016年廉政巡察。

5月23日—6月5日，分两期在浙江大学举办纪检监察干部综合能力提升培训班。

5月30日，县编委印发《关于中共利津县纪委（监察局）机关机构编制等问题的通知》，内设机构调整工作完成，监督执纪力量进一步增强。

6月2日，"四风"问题随手拍监督平台上线运行，进一步畅通监督举报渠道。

6月7日，县委常委、县纪委书记王广兴到明集乡讲党课。

6月28日，与县委组织部、县委宣传部、县直机关党工委、县广电台共同举办纪念建党95周年暨"两学一做"学习教育党章党规知识电视竞赛，以实际行动向建党95周年献礼。

6月29日，举办纪检监察系统"庆七一"主题党日活动。

7月13日，召开县级党政班子成员向县纪委全委会述廉述责会议，落实"一岗双责"，压实全面从严治党主体责任。

7月15日，召开全县纪检监察干部监督工作会议，强化内部监督，严防"灯下黑"。

8月2日，全县领导干部警示教育大会召开，坚持警钟长鸣，防微杜渐。

8月，组织全县892名科级党员干部和纪检监察党员干部参加德廉和党风党纪知识学习测试，让"学党章、守党纪、做表率"蔚然成风。

9月2日，在明集乡召开全县农村基层党风廉政建设工作现场会议。印发《关于推行农村基层党风廉政常态化建设工作的指导意见（试行）》，推动农村基层党风廉政建设制度化、规范化。

9月5日，泰安市泰山区纪委到利津县考察执纪审查谈话点建设工作。

10月29日，举办干部职工家庭趣味运动会，丰富文化生活，共筑和谐幸福家庭。

10月，组织全县党员干部

分批次到市廉政教育中心参观学习，加强党性党风党纪教育，严明纪律、立起规矩。

11月21日，组织县级党员领导干部集中观看《国企“蛀虫”厚黑哲学酿就覆灭之路》，主要领导同志带头撰写心得体会。

11月22日，印发《2016年度利津县党风廉政建设考核办法》，对全县党风廉政建设工作开展监督检查。

11月，县纪委监察局党员活动室建成使用，党建活动有了新阵地。

12月6日，县委常委、县纪委书记王广兴到明集乡王王村宣讲十八届六中全会精神。

12月6日，原创微信《公务接待：15条红线不能碰！》上线，组织县直部门单位和各乡镇（街道）开展公务接待规定集中学习，分4个检查组进行督导检查。

12月30日，举办县纪委监察局“庆元旦”健步行活动。

纪检　监察

【狠抓“两个责任”落实】 2016年，县纪委建议并协助县委制定全面从严治党主体责任清单，把33项全面从严治党责任落实到7名分管县领导和有关部门单位；制定县纪委、派驻机构和乡镇纪委监督责任清单，把监督责任落细、落小、落到实处。严把干部选拔任用“党风廉政意见回复”关，实事求是评价干部廉洁情况。县委、县政府高度重视党

4月14日，市委常委、市纪委书记岳德川（右二）到利津县调研党风廉政建设“两个责任”落实情况。

风廉政建设和反腐败工作，县委书记杜振波到县纪委实地调研指导，县委常委会、县政府常务会议等研究党风廉政建设事项7次。县委、县政府主要领导落实“四个亲自”要求，领导和支持县纪委大胆开展执纪审查工作，先后就党风廉政建设和反腐败工作签批21次，签批重要信访件、重要案件8件。扎实开展县级党政班子成员向县纪委全委会述廉述责工作。召开领导干部警示教育大会，通报典型违纪违法案件，严肃开展警示教育，引导各级领导干部深刻汲取教训，筑牢拒腐防变防线。

【关心关爱干部成长】 坚持教育预防在先的理念。县纪委加强《准则》《条例》宣传教育，年内组织集中宣讲53场。举办纪念建党95周年暨“两学一做”学习教育党章党规知识电视竞赛，组织开展德廉和党风党纪知识测试，增强党员干部廉政意识。加强廉政载体建设。在县直机关集中办公区域利一路建设廉政文化一条街，在县黄河外滩景区建设黄河栈桥廉政文化走廊，选取3个村打造廉政文化一条街，在中央纪委和省市纪委网站发稿66篇，形成浓厚的廉政教育氛围。发挥“新媒体”在廉政教育方面作用。以“互联网+”理念，建设县纪委网站、廉政提醒短信系统、“清风利津”微信公众号“三位一体”廉政教育平台，开通“四风”问题随手拍手机APP,共发送廉政短信6万余条，推送微信61期、184条。每逢重要节假日节点，针对突出问题或普遍存在的现象，及时编发短信微信进行教育提醒，比如，“五一”前夕，编发“吃请问清谁请客，乘车看清谁家车，不贪不占最平安”；针对规范公务接待，编发“公务接待15条红线不能碰”“公职人员不得参加20类饭局”；针对换届，编发“换届选举，这些基层党员干部已栽

跟头”，等等。让党员干部不断强化廉洁自律意识、安全防范意识和能力，自觉抵制各种不正之风，体现对干部的关心和关爱。2016年，无一名科级干部受处分。

【把握运用“四种形态”】 县纪委“严”字当头治标，保持执纪审查力度不减、节奏不变，持续强化“不敢腐”的震慑作用，全年共受理信访举报110件，其中上级转办36件、本级受理74件；立案76件，同比上升11.8%，结案74件，同比上升8.8%；给予党纪政纪处分92人，同比上升18.7%。改进执纪审查方式，坚持以“六项纪律”为尺子，贯穿信访受理、线索处置、谈话函询、执纪审查和案件审理等各个环节。把好信访举报入口，认真做好省纪委信访双向承诺联系点工作。制定谈话函询办法，对党员干部出现的苗头性和倾向性问题，及时谈话提醒，防止小错酿成大错，组织诫勉谈话6人、谈话函询4人。召开反腐败协调工作座谈会，规范问题线索通报移送程序，公检法机关和安监、国土等部门单位移送线索38件。严把案件质量关，认真开展处分决定执行情况检查，充分履行案件审理职能，提高办理重大、疑难案件的工作效率。坚持把安全放在首要位置，管好用好执纪审查谈话点，对信访接待场所进行提升改造，举办全县纪检监察系统急救知识培训班。1月26日，省市纪委检查组对利津县涉案款物管理工作进行检查，给予充分肯定。

【深入纠正“四风”】 县纪委通过印发通知、转发各级违反中央八项规定精神典型问题通报、发送廉政短信等形式，多提醒、多打预防针，做到警钟长鸣。加大监督检查的密度和力度，紧盯节假节点，开展集中行动，共组织明察暗访9次，发现问题线索16件，查处6起，给予党政纪处分6人。针对重点问题开展专项行动，对各级各部门单位内部接待场所、外出学习考察培训和车改后公车管理使用情况进行专项检查，组织全县各部门单位对通讯补贴发放情况进行自查自纠。加强国有投资领域党风廉政建设，对全县15家国有(投资)企业和企业性质的事业单位实行台账式管理。积极做好换届巡察督导工作，与县委组织部联合制定印发《关于加强乡镇换届风气监督的实施方案》，县纪委书记同65名党员领导干部进行换届前廉政谈话，早提醒、早预防。以各派驻纪检组为主体，扎实开展巡察工作，重点巡察10个县直部门单位、10个基层站所和10个村履行党风廉政建设责任和落实各项惠民政策等情况，发现问题149个，逐个反馈并督促整改。

【回应社会关切】 县纪委认真开展加强农村基层党风廉政建设试点工作，及时总结推广村干部经济责任审计、“五笔联签”“第三方”记账、“清风陈庄”监督平台、落实经济待遇激发村级党组织纪检委员发挥作用等经验做法。组织召开全县加强农村基层党风廉政建设试点工作总结现场会，印发利津县《关于推行农村基层党风廉政常态化建设的指导意见（试行）》，督促各乡镇（街道）制定加强农村基层党风廉政建设制度汇编及微权力规范运行流程图，推动农廉常态化建设。坚决查处侵害群众利益的不正之风和腐败问题。制定《关于开展督导乡镇（街道）集中整治和查处侵害群众利益的不正之风和腐败问题工作方案》，明确4名班子成员每人联系2个乡镇（街道），集中梳理排查问题线索，共初核侵害群众利益的不正之风和腐败问题线索54件，结案12件，及时通报曝光典型案例，印发侵害群众利益的不正之风和腐败问题的通报3期，较好地发挥了震慑作用。

【纪律检查体制改革】 县纪委全面落实省、市纪委要求，按时完成内设机构调整工作，增加行政编制10名，编制总数达到32名，内设机构总数由9个调整为8个。调整后，纪检监察室和其他监督执纪机构人员编制达到21名，占机关行政编制总数的65%，其中，纪检监察室人员编制达到11名，占机关行政编制总数的34%，执纪监督力量得到全面加强。1名常委交流到系统外任职，内部新提拔县纪委常委2名、副科级干部5名，其中，提拔1名副科级干部交流到系统外任职，遴选工作人员6名，班子配备和干部队伍结构进一步优化。强化对乡镇(街道)纪(工)委的领导，研究确定乡镇纪委设委员5名，其中书记、副书记、专职委员各1名，兼职委员2名，选优配强乡镇纪委班子。落实两个提名考察办法，扩大选人用人视野，严格审核把关，会同县委组织部选优配强有关乡镇纪委书记和派驻纪检组副组长，把政治强、作风硬、德才兼备、敢于担当的干部选拔进纪检监察系统。

【自身建设】 县纪委牢固树立“打铁还需自身硬”的理念，努力在建设忠诚、干净、担当纪检监察机关和队伍上下功夫。以“踏石留印、抓铁有痕”的决心和勇气，以落实机关全面从严治党主体责任为总抓手，狠抓纪检机关干部队伍建设，打造纪检铁军。扎实开展“两学一做”学习教育，建设党员活动室和网上党支部，以坚强有力、卓有成效的党建带动各项工作落实。大力加强班子建设，增强“四种意识”，叫响“向我看齐”的口号，为全县纪检监察干部做出样子，当好表率。全面修订完善《工作制度汇编》，强化机关工作规范化，靠制度管人管事。提高纪检干部队伍业务素质，制定《关于加强学习型机关建设的意见》，组织机关和派驻组全体干部到河北蠡县考察学习，组织65名纪检干部到浙江大学进行综合能力提升培训，组织参加中央纪委和省市纪委业务培训70人次，选派5名执纪一线人员到省市纪委帮助办案、学习提高。自觉接受监督，切实防止“灯下黑”，对2名不适合从事纪检工作的干部进行调整。倡导积极向上的工作、学习和生活理念，成立篮球、跑步、阅读等兴趣小组，组织开展文化体育活动，丰富干部业务生活，提升干部队伍凝聚力和战斗力。

廉政舆情信息中心

5月30日，利津县机构编制委员会印发《关于中共利津县纪委（监察局）机关机构编制等问题的通知》，同意利津县廉政舆情监察中心更名为利津县廉政舆情信息中心，不再加挂县政府纠正部门和行业不正之风办公室牌子，主要职责任务调整为：负责受理互联网关于党员干部违纪违法信息的举报；负责党风廉政建设和反腐败网络舆情信息的研判和处置；承办县纪委（监察局）交办的其他工作。其他机构编制事项不变。2016年，县廉政舆情信息中心紧紧围绕县委、县政府中心工作，坚持将排民忧、解民忧作为工作出发点和落脚点，督促县广电台办好“行风热线”栏目，全年累计播出45期，答复、解决问题11个。深化投诉受理，共受理群众投诉31件，办结率100%。

（吕美玲）

中共利津县纪律检查委员会向中国共产党利津县第十三次代表大会的工作报告

（2017年1月20日）

王 广 兴

各位代表、同志们：

我受中共利津县纪律检查委员会委托，向大会报告工作，请审议。

一、过去五年工作回顾

过去五年，全县各级纪检监察组织在县委和市纪委的坚强领导下，深入学习习近平总书记系列重要讲话精神，认真贯彻中央、中央纪委关于全面从严治党的战略部署，全面履行党章赋予的职责，聚焦主责主业，强化监督执纪问责，推动党风廉政建设和反腐败斗争深入开展，为利津科学跨越发展提供了坚强纪律保障。

（一）全面压实“两个责任”，齐抓共管局面逐步形成。县委认真落实全面从严治党主体责任，对严明纪律、正风反腐旗帜鲜明、态度坚决，实施坚强有力领导。县委常委会每年多次召开专题会议，传达学习中央、省委和市委关于全面从严治党的指示精神，研究部署党风廉政建设和反腐败工作；开展县委权力公开运行试点，强化了对权力运行的监督制约；研究制定落实全面从严治党主体责任和纪委监督责任有关意见，把“两个责任”分解成26项具体职责，逐项落实到党委（党组）领导班子、主要领导、班子成员和纪委；制定全面从严治党主体责任清单，把33项全面从严治党责任落实到7名分管县领导和有关部门单位；严肃开展警示教育，召开领导干部警示教育大会，通报典型违纪违法案件，引导各级领导干部深刻汲取教训，筑牢拒腐防变防线。县委主要领导及班子成员认真落实“四个亲自”和“一岗双责”要求，带头签订责任清单，讲廉政党课，开展廉政谈话，落实巡察整改任务。县人大常委会党组、县政府党组、县政协党组按照县委统一部署，切实履行党风廉政建设责任制，当好本系统本单位管党治党的领导者、执行者、推动者。作为党内监督的专责机关，县纪委立足于充分发挥全面从严治党监督职能，细化监督责任，制定了县乡两级监督责任清单，把43项监督责任落细、落小、落到实处。积极探索加强党内监督的有效形式，在全市率先试点县级党政班子成员向县纪委全委会述廉述责工作，组织县级党政班子成员、乡镇（街道）党政正职和县直部门单位主要负责人向县纪委全会述廉述责125人次，达到了红脸出汗、排毒祛病的效果。充分发挥派驻纪检组“探头”作用，扎实开展巡察，发现问题157项，立案22件。积极协助县委组织开展党风廉政建设责任制落实情况专项检查，督促明确职责、落实责任。坚持“一案双查”，先后对11名落实“两个责任”不力的党员领导干部进行了问责追究，通过追责问责，督促各级党组织和党员领导干部切实履行责任。

（二）持之以恒纠正“四风”，党风政风持续好转。以永远在路上的恒心和韧劲，狠抓中央八项规定精神落实，采取集中检查、明察暗访、群众举报与专项检查相结合的方式，对公车私用、公款旅游、滥发津贴补贴和违规公务接待等违规违纪行为进行重点监督和查处。紧盯“四风”问题的新形式、新动向，先后开展了会员卡专项清退、超标准配备公务用车集中清理和机关单位内部接待场所专项检查，组织了“小金库”、工程招投标和财政专项资金管理使用“三个专项整治”工作；加强国有投资领域党风廉政建设，对全县15家国有（投资）企业和企业性质的事业单位实行台账式管理；对领导干部操办婚丧喜庆事宜、报告个人有关事项等进行了规范强调，建立了科级干部廉政档案；开通“四风”问题随手拍举报系统，畅通投诉举报渠道。坚持纠“四风”和树新风并举，通过印发通知、转发通报、推送微信、发送廉政短信等形式，多提醒、多打预防针，编印发放了《农村基层干部违纪违法典型案例汇编》和《违反中央八项规定精神典型案例汇编》，做到警钟长鸣。2012年以来，全县查处违反中央八项规定精神问题39起，给予党政纪处分21人，公开通报曝光17人。

（三）强化执纪审查，惩治腐败始终保持高压态势。“严”字当头治标，保持执纪审查力度不减、节奏不变，持续强化“不敢腐”的震慑作用。2012年以来，共受理信访举报960件，立案282件，结案267件，处分党员干部290人，移送司法机关6人。积极探索实践监督执纪“四种形态”，改进执纪审查方式，制定谈话函询办法，对各种苗头性问题早发现早处置，维护党员干部合法权益，为受到错告、诬告的党员干部澄清是非，保护了党员干部干事创业的积极性。认真做好省纪委信访双向承诺联系点工作，实行县纪委班子成员公开接访和联系乡镇信访工作制度，对群众反映强烈的突出问题优先查办，确保各类案件得到快速高质量调查处理。加强反腐败协作配合，进一步规范问题线索通报和移送程序，加强执纪审查和查办案件的过程协作，公检法和审计等机关移送问题线索96件。创新实行乡镇（街道）区域化交叉办案制度，从各级各部门单位遴选150名干部，组建了“办案人才库”和“陪护人才库”，增强了执纪审查工作力量。严把案件质量关，认真开展处分决定执行情况检查，充分履行案件审理职能，创新实行了案件助审员制度，不断提高办理重大、疑难案件的工作效率，在全市纪检监察优质案件评选中，我县2起案件被评为优质案件。坚持把安全放在首要位置，建设了执纪审查谈话点，对信访接待场所进行了提升改造，提高了信访安全保障。五年来，没有发生任何执纪审查安全事故。

（四）坚持挺纪在前，党员干部纪律规矩意识不断增强。强化教育预防，把教育提醒、咬耳扯袖放在重要位置，着力在运用第一种形态上下功夫，筑牢保护干部健康成长“防护墙”。先后开展“恪守从政道德、保持党的纯洁性”教育活动、“清风利津·廉政巡讲”和《准则》《条例》主题宣讲月活动，举办纪念建党95周年暨“两学一做”学习教育党章党规知识电视竞赛，在2014年东营市廉政法规电视知识竞赛中获全市第一名。组织全县党员干部分期分批参加德廉和党风党纪知识测试，增强党员干部廉洁意识。充分发挥“新媒体”在加强党员干部廉政教育方面的作用，建设开通了县纪委监察局网站、“清风利津”微信公众号和廉政短信平台，实时更新廉政要闻，通报典型案例，唤醒广大党员干部的党章意识、纪律意识，共发送提醒短信18万余条，推送微信82期。深入开展廉政文化“六进”活动，开展了“家庭助廉”和“青春倡廉·清风利津”廉政文化进校园活动，举办了廉政书画和文学、漫画及摄影作品大赛，组织了《儿行千里》关爱教育专场演出，创建省级廉政文化“进家庭”示范点1处、市级反腐倡廉教育基地和廉政文化示范点11个。加强廉政载体建设，与县检察院联合建设了利津县廉政教育基地，在北宋镇菜于村建设了农村党员干部警示教育基地，在县直机关集中办公区域利一路建设廉政文化一条街，在县黄河外滩景区建设黄河栈桥廉政文化走廊，及时更新准则条例等党规党纪，通过润物无声的熏陶教育，提升党员干部守纪律、讲规矩的自觉性。

（五）坚决整治侵害群众利益的不正之风，农村基层党风廉政建设基础进一步夯实。深入研究基层腐败问题的特点和规律，严肃整治和查处群众身边的不正之风和腐败问题，重点查处和纠正发生在群众身边的优亲厚友、盘剥克扣、虚报冒领、强占掠夺、贪污挪用、收受贿赂等问题。2015年开展专项行动以来，共梳理问题线索130件，处理97人，党政纪处分84人，挽回经济损失137.43万元，较好地发挥了震慑作用，提升了群众对党风廉政建设和反腐败工作的满意度。积极推进全面从严治党向农村基层延伸，研究制定《关于加强农村基层党风廉政建设工作的实施意见》，明确各乡镇（街道）党（工）委和有关部门单位在农村基层党风廉政建设工作中的职责任务，理顺工作机制。督促有关部门单位和乡镇（街道）扎实开展清产核资工作，健全完善了“三资”管理制度，形成了底数清晰、权属明确、经营高效、管理民主、监督有力的农村“三资”管理体制和运行机制。扎实开展加强农村基层党风廉政建设试点工作，推动实施了村干部经济责任审计工作，制定出台了《关于推行农村基层党风廉政常态化建设工作的指导意见（试行）》，督促各乡镇（街道）制定了微权力运行流程图、廉洁从政有关制度汇编，推动农村基层党风廉政建设常态化。

（六）着力深化改革，自身建设不断加强。扎实推进纪律检查体制改革，认真贯彻落实“各级纪委书记、副书记的提名和考察以上级纪委会同组织部门为主”的精神，制定《乡镇（街道）纪（工）委书记、副书记提名考察办法（试行）》《县纪委派驻纪检组组长、副组长提名考察办法（试行）》两个提名考察办法，县纪委会同县委组织部选优配强了乡镇（街道）纪（工）委和派驻纪检组书记、副书记。全面落实省、市纪委要求，按时完成内设机构调整工作，执纪监督力量得到全面加强。积极深化“三转”，规范清理牵头和参与的议事协调机构，退出79个，保留13个，强化派驻机构统一管理，实现了派驻纪检组和乡镇（街道）纪（工）委干部专职专干。落实机关党建主体责任，扎实开展党的群众路线教育实践活动、“三严三实”专题教育和“两学一做”学习教育，围绕打造“忠诚卫士，清廉利津”党建品牌，建设了党员活动室和网上党支部，全面提升机关党建水平。加强机关规范化建设，研究制定了《关于加强学习型机关建设的意见》《关于加强自身建设的决定》，健全完善机关规章制度，编印了制度汇编，靠制度管人管事，保证了机关运行制度化、程序化、科学化。实施全员培训工程，通过组织外出考察学习、开展业务培训、选派干部到上级纪委挂职锻炼等方式，进一步提高了纪检监察干部综合素质。倡导积极向上的工作、学习和生活理念，成立篮球、跑步、阅读等6个兴趣小组，建立常态化活动机制，组织开展篮球比赛、演讲比赛等文体活动，让严肃认真的工作与健康快乐生活成为常态，提升了干部队伍凝聚力和战斗力。

以上成绩的取得，得益于县委和市纪委的坚强领导，得益于各级党组织认真落实主体责任，得益于社会各界人士参与支持、民主监督，得益于全县纪检监察干部忠诚履职、勇于担当。在此，我代表县第十二届纪律检查委员会，向大家表示衷心的感谢！

肯定成绩的同时，我们应清醒地认识到，全面从严治党永远在路上，党风廉政建设和反腐败工作还存在一些不容忽视的问题，与县委要求和群众期盼尚有差距。主要表现在：一是有的党组织管党治党责任意识不强，不愿监督、不敢监督、抵制监督等现象不同程度存在，有的对把纪律和规矩挺在前面、实践“四种形态”认识不到位，对党员干部的日常教育监督抓得不紧。二是有的党员干部纪律意识淡薄，不收敛、不收手，顶风违纪问题时有发生，“四风”问题禁而不绝，体制机制还不健全。三是农村基层党风廉政建设基础薄弱，侵害群众利益的不正之风和腐败问题仍然存在，一些干部在脱贫攻坚、征地拆迁、民生工程等方面不公开不公正、吃拿卡要、优亲厚友，直接影响党群干群关系。四是面对新形势新任务新要求，一些纪检监察干部学习不够、能力不足、创新不强、作风不实。这些问题，我们必须高度重视，下大力气加以解决。

二、过去五年的工作体会

（一）必须强化担当意识，

扛起管党治党政治责任。党要管党、从严治党，是党的事业无往而不胜的根本保证。党内监督是全党的任务，主体责任在各级党委。全县各级党组织始终把全面从严治党的主体责任抓在手上、扛在肩上，以上率下、作出榜样，形成齐抓共管的良好局面。实践证明，只有压实主体责任，层层传导压力，层层抓好落实，才能把全面从严治党这一最大的政治任务抓紧抓好，才能推动管党治党从“宽松软”转向“严紧硬”。

（二）必须坚定政治定力，保持惩治腐败高压态势。全面从严治党永远在路上。五年来，县纪委带领全县纪检监察组织始终保持清醒的政治头脑，坚持惩前毖后、治病救人的方针，顶住压力，执纪必严、违纪必究，执纪审查总量大幅上升，维护了纪律权威，形成了有力震慑。实践证明，形势决定任务，态度决定成败，必须始终把准确把握形势放在第一位，扭住目标不放松，以顽强的毅力和不屈的韧劲，持续深入推进党风廉政建设和反腐败斗争。

（三）必须坚持挺纪在前，把住党员干部行为底线。破法者必先破纪。五年来，县纪委带领全县纪检监察组织切实转变执纪审查工作理念，正确把握“树木”和“森林”的关系，紧紧扭住运用“第一种形态”不放松，精准运用“第二至四种形态”，坚持抓早抓小、防微杜渐，探索践行监督执纪“四种形态”的有效途径。实践证明，只有以党章党规党纪为准绳，以“六项纪律”为尺子，用纪律衡量党员干部行为，守住纪律底线，发现苗头及时提醒，触犯纪律立即处理，才能真正把纪律立起来、严起来、执行到位。

（四）必须紧紧依靠群众，筑牢正风反腐钢铁长城。民心是最大的政治，正义是最强的力量。人民群众最痛恨腐败现象。五年来，我们坚持“老虎”“苍蝇”一起打，持之以恒纠正“四风”，既坚决查处党员领导干部违纪违法案件，又切实解决发生在群众身边的不正之风和腐败问题，扎实开展专项整治，赢得了群众的支持和赞扬。实践证明，只有广泛集聚群众智慧，畅通群众参与渠道，及时回应社会关切，切实维护群众利益，党风廉政建设和反腐败工作才能取信于民，才能始终得到最广大人民群众的拥护和支持。

（五）必须勇于探索实践，深化体制机制改革创新。改革创新是时代精神的核心，是深入推进包括党风廉政建设在内的党的各项建设的强大动力。五年来，我们按照上级部署，坚持问题导向，面对困难从不畏缩，面对挑战迎难而上，党风廉政建设和反腐败工作在实践中探索、在创新中提高，始终保持了旺盛的生命力。实践证明，只有坚持与时俱进，及时总结推广工作中的有效做法和新鲜经验，更加注重实践创新、理论创新、制度创新、工作创新，才能使党风廉政建设和反腐败工作始终保持旺盛的生机与活力。

三、今后五年工作安排

今后五年，全县党风廉政建设和反腐败工作的总体要求是：全面贯彻落实党的十八大、十八届中央历次全会和中央纪委历次全会精神，深入学习贯彻习近平总书记系列重要讲话精神，紧紧围绕统筹推进“五位一体”总体布局和协调推进“四个全面”战略布局，始终坚持县委和市纪委的坚强领导，以不忘初心、继续前进的精神状态，保持坚强政治定力，推进标本兼治，强化监督执纪问责，坚持把纪律和规矩挺在前面，深化实践监督执纪“四种形态”，深入落实中央八项规定精神，坚定不移纠正“四风”、惩治腐败，推进体制机制创新，推动监察体制改革，严格执行监督执纪工作规则，坚持党建统领，加强领导班子和干部队伍建设，用担当诠释忠诚，为实现县第十三次党代会确定的各项目标任务提供坚强的纪律保障。

（一）认真学习贯彻党的十八届六中全会精神，切实担负起全面从严治党的政治责任。党的十八届六中全会深刻分析全面从严治党面临的形势和任务，系统总结近年来特别是党的十八大以来全面从严治党的理论和实践，就新形势下加强党的建设作出新的重大部署，充分体现了以习近平同志为核心的党中央坚定不移推进全面从严治党的坚强决心和历史担当，是我们开创全面从严治党新局面、推进党和国家各项事业的科学指南和行动纲领。全县各级党组织和广大党员干部要充分认识十八届六中全会的重大意义，认真学习、深刻领会，切实把思想和行动统一到全会精神上来，把力量凝聚到全会确定的各项任务上来。各级纪检监察组织要找准在全面从严治党中的职责定位，忠诚履行党章赋予的职责，进一步加强纪律建设、执纪审查、作风建设，监督检查党组织和党员干部遵守党章党规党纪、贯彻执行党的路线方针政策和县委重大决策部署的情况。督促各级党组织履行主体责任，层层传导压力，层层“签字背书”，强化日常督查，严格考核奖惩，严肃问责追究。要认真贯彻执行《中国共产党问责条例》，坚持有责必问、问责必严，对执行党的路线方针政策不力、管党治党主体责任缺失、监督责任缺位、给党的事业造成严重损害，“四风”和腐败问题多发频发，选人用人失察、任用干部连续出问题，巡视、巡察整改不落实的，严肃追究责任。

（二）驰而不息纠正“四风”，不断巩固深化作风建设成果。纠正“四风”是全面从严治党的切入点。正风肃纪之难，难在防止反弹。从查处的案件看，个别党员干部“四风”病根未除、病源还在，仍停留在“不敢”阶段，远没有做到“不能”“不想”，必须持之以恒，坚持加压用力。要紧盯年节假期，一个节点一个节点坚守，扭住公款送礼、公款吃喝、公款旅游、出入私人会所等不正之风，抓早抓小、落实落细，坚决防止反弹回潮。密切注意不正之风的新动向新表现，紧紧依靠群众，运用科技手段，畅通监督渠道，采取联合检查、交叉互查等措施，对群众举报必查必核，及时发现和查处隐形变异的“四风”问题，加大通报曝光力度，持续释放越往后执纪越严、处理越重的强烈信号。要围绕用制度管权、管事、管人，建立健全作风建设长效机制，不断巩固深化成果，把落实中央八项规定精神和省委实施办法、市委县委实施意见常态化、长效化。要充分挖掘我县优秀文化资源，开展形式多样的教育活动，推动党风民风向善向上，营造风清气正的政治生态。

（三）坚持抓早抓小抓预防，深化实践监督执纪“四种形态”。监督执纪“四种形态”是把纪律和规矩挺在前面思想的细化延展，既契合全面从严治党的迫切要求又具有现实操作性，为挺纪在前提供了制度载体和机制保障。实践“四种形态”，主责在党委。各级党组织要本着对党的事业和党的干部负责的态度，增强责任担当，敢于善于运用“四种形态”，把功夫下在平时，使党员、干部时时处处感受到纪律的严格约束。实践“四种形态”，纪委的责任不是轻了、而是更重了，执纪的力度不是小了、而是更大了。各级纪检监察组织要深刻领会从严治党、依规治党的内涵，深化对党章赋予纪委职责的认识。要紧紧扭住运用“第一种形态”不放松，切实转变执纪监督工作理念，树立正确的政绩观，不以查办大案要案论英雄，坚持抓早抓小、防微杜渐，防止小错酿大祸，把更多精力、更大功夫放在“咬耳扯袖、红脸出汗”上，努力使之成为常态。要把实践监督执纪“四种形态”贯穿于执纪审查全过程，从全局考虑和把握处置问题，既依纪依规、严格执纪，以“六项纪律”的尺子丈量涉案人的违纪行为；又注重从实际出发，积极探索运用谈话函询方式开展审查取证工作，积极稳妥地处理涉案违纪干部，分别适用不同形态提出处理意见，把严管厚爱具体体现到执纪审查工作中。

（四）加大执纪审查力度，持续保持惩治腐败高压态势。全面从严治党仍然任重道远，必须持续保持高压态势，力度不减、节奏不变，既严肃查处违纪问题严重的党员领导干部，又严肃查处损害群众利益的“微腐败”，坚决减少腐败存量，遏制增量。突出惩治重点，从严查处党的十八大后不收敛、不收手，问题严重、群众反映强烈，现在重要岗位可能还要提拔使用的党员领导干部。重点查处在扶贫中虚报冒领、截留私分、挥霍浪费问题；超标准超范围向群众筹资筹劳、摊派费用，违规收缴群众款物或处罚群众，克扣群众财物、拖欠群众钱款等突出问题；

集体“三资”管理、土地征收和惠农等领域强占掠夺、贪污挪用问题。严肃处理在办理涉及群众事务时吃拿卡要，甚至欺压群众的违纪行为。坚持问题导向，定期梳理问题线索，定期曝光违纪问题，以实际成效取信于民，推动全面从严治党向基层延伸，让群众看得到、体会得到、享受得到全面从严治党的成果。要着力突出执纪特点，准确把握“树木”和“森林”的关系，坚持用“六项纪律”来对照和衡量问题线索，积极发挥思想政治工作在执纪审查中的优势作用，提升运用“四种形态”“五类方式”处置问题线索的能力。在保证质量的前提下，快查快审快结，节约审查资源，提高审查效率。要严明审查纪律，加强对各个环节的管理和监督，严格落实纪律审查安全规定，加强涉案资料和款物管理，保障被审查人员合法权益，坚决守住不发生事故的底线。

（五）加强对权力运行的监督制约，织密织牢监督之网。认真贯彻《中国共产党党内监督条例》，落实党中央统一领导、党委（党组）全面监督、纪律检查机关专责监督、党的工作部门职能监督、党的基层组织日常监督、党员民主监督的党内监督体系要求，建立健全规章制度，形成全方位、立体化监督格局。各级党委（党组）要切实担负起党内监督主体责任，书记认真履行第一责任人职责，党委常委会委员（党组成员）和党委委员要在职责范围内履行监督职责；党的工作部门要加强职责范围内党组织和领导干部遵守党章党规党纪、贯彻执行党的路线方针政策情况的监督检查，协助党委加强党风建设和组织协调反腐败工作。要认真贯彻落实《中共利津县委关于建立巡察制度的实施意见》，扎实推进巡察工作，创新体制机制、组织制度和方式方法，突出政治巡察，着力发现问题、形成震慑。要加强对党员领导干部特别是“一把手”的监督，严格执行领导干部报告个人有关事项、重要情况通报和报告、述廉述责、约谈提醒、诫勉谈话、经济责任审计等制度，建立健全领导干部插手干预重大事项记录制度。加强对干部的日常管理监督，掌握干部的思想、工作、作风、生活状况，加强对党员领导干部廉政档案的动态管理。坚持党内监督和外部监督相结合，形成监督合力。

（六）切实加强自身建设，绝不辜负党和人民重托。信任不能代替监督。打铁还需自身硬。纪检监察机关要始终把队伍建设摆在头等重要位置，全面履行党建主体责任，建设有铁一般信仰、铁一般信念、铁一般纪律、铁一般担当的纪检监察队伍。要加强纪检监察系统领导班子建设，加强系统内外、上下干部交流，增强队伍生机活力。积极推进纪检监察机关内部体制改革，完善派驻工作机制，发挥监督作用。要加强机关党建和规范化建设，严格遵守《中国共产党纪律检查机关监督执纪工作规则（试行）》等党规党纪，细化工作程序和业务流程，完善重大事项报告、回避、保密制度，关心爱护纪检监察干部，为纪检监察干部履行职责创造条件、提供支持。广大纪检监察干部要坚持把政治理论学习作为重大政治任务，深入学习贯彻习近平总书记系列重要讲话精神，坚定政治立场，把准政治方向，树牢“四个意识”，带头守纪律、讲规矩。要强化政治理论和业务素质培训，着力提高纪检监察干部监督执纪问责的能力尤其是运用“四种形态”的能力，建设一支善于运用党章党规党纪开展纪律审查工作的专业队伍。要进一步完善内控机制，特别是强化对执纪审查权的监督，主动接受社会监督和群众监督，切实防止“灯下黑”。对执纪违纪、以案谋私乱作为的，发现一起、查处一起；对不作为、不善为的，要批评教育、组织调整，造成严重后果的要给予纪律处分，建设一支让党放心、人民信赖的队伍。

各位代表、同志们，县第十三次党代会为利津未来五年的发展描绘了宏伟蓝图。站在新的历史起点，面对新的机遇和挑战，纪检监察机关肩负的任务艰巨而光荣。让我们在新一届县委的坚强领导下，坚决贯彻中央和省委、市委、县委决策部署，坚定信念、绝对忠诚，牢记使命、勇于担当，坚定不移推进党风廉政建设和反腐败斗争，为加快建设美丽幸福新利津作出新的更大贡献！

社会团体

Social Organizations

工　会

【概况】 2016年，县总工会在市总工会和县委、县政府的正确领导下，深入学习贯彻党的十八大和十八届三中、四中、五中、六中全会和习近平总书记系列重要讲话精神，立足工会职能，紧紧围绕省总、市总安排的6项工作重点工作，圆满完成全年各项工作任务。全年新建基层工会19家，新入会职工3023人，其中新入会农民工2261人。不断深化“职工之家”建设，利津县国税局经济开发区税务分局工会小组荣获全省模范职工小家，4家基层工会被评为全市模范职工之家，4个工会小组（分会）被评为全市模范职工小家，2名工会主席被评为全市最贴心工会主席。2016年，县总工会先后荣获省城乡妇女岗位建功先进集体、东营市“安康杯”竞赛优秀组织单位、东营市第十一届职工职业技能竞赛优秀组织单位、全县管理目标考核进步奖等荣誉称号。2016年，投资110余万元，对县总工会之家进行装修改造，进一步提升服务职工群众水平。

【职工创新技能竞赛】 以班组为创新主体，以创建“工人先锋号”、劳模（高技能人才）创新工作室为抓手，组织广大职工积极参与创新竞赛活动。积极搭建职工技术创新成果展示平台，先后命名10家工人先锋号、6家劳模（高技能人才）创新工作室和6名金牌工人，评选表彰8项县级职工优秀技术创新成果。其中5项成果受到市级表彰，涌现出市级创新示范企业1家、创新能手1名、省级创新型班组1个。进一步深化职工技能竞赛活动，先后举办医疗卫生、电力工程、化学检验、维修电工、电焊工等10余个工种（项目）的县级技能竞赛，参赛职工达500余人次。选拔30名职工参加东营市第十一届职工职业技能竞赛，其中17名职工获奖，并包揽钳工、化学检验、化工总控、维修电工四个工种的一等奖，创历史最好成绩。

10月15日，县总工会领导到通用工种职业技能竞赛现场视察

【提高职工素质】 1.深化“中国梦·劳动美”主题教育活动，组织参加全市职工“中国梦·劳动美——颂歌献给党”职工合唱比赛，评选表彰10名首届利津“最美职工”。举办“中国梦·劳动美”利津县首届职工摄影展，参展作品400余幅，50幅作品参加市、省、国家摄影展评选，收到良好效果。2.积极开展创建“齐鲁文化大道”工作品牌活动，县农行等3家企业被评为东营市“齐鲁文化大道”建设先进单位。组织广大职工开展“写家书·传真情”征文活动，评选出35篇优秀家书进行表彰，并编印成册。3.职工书屋建设取得新成效，宜坤集团等5家企业被评为省级“职工书屋”自建示范点，山东龙翔实业公司等4家企业建成市级职工书屋。

【维护职工权益】 以县政府名义出台《关于完善县政府与县总工会联席会议制度的意见》，联合县工商联制定《关于在企业中建立工会与行政沟通协商机制的实施意见》，积极推动各级工会组织与行政建立沟通协商机制，为构建和谐劳动关系奠定坚实基础。2.下发《关于开展2016年度工资集体协商“春季要约行动”的通知》，聘请3名专职工资集体协商指导员，在全县8个乡镇（街道）成立工资集体协商指导站，深入基层督导指导企业开展工资集体协商工作。指导和帮助职工依法签订劳动合同，代表职工签订集体合同，督促企业依法规范劳务派遣用工，切实维护职工社会保障权益。

【开展“查保促”活动】 2016年，出台《全县深化“查身边隐患、保职工安全、促企业发展”活动实施方案》，召开全县深化“查保促”活动动员会议，联合安监、组织、宣传、教育、督查等部门共同推进活动开展，取得良好成效。举办全县工会深化“查保促”活动暨劳动保护知识培训班，培训骨干企业工会干部110余人，面向全县企业发放职工安全生产知识专题讲座光盘、全县工会“查保促”活动应知应会口袋书、《优秀班组安全管理经验工作法》、工会劳动保护监督检查员培训教材等2万余份，组织参加全国工会劳动保护监督检查知识竞赛，6名职工查改隐患工作受到市总工会奖励。继续开展“安康杯”竞赛，组织全县492家企业、1901个班组参与竞赛，涵盖职工37375人。利华益集团、县供电公司继续保持全国安康杯竞赛优胜单位称号。

【提升服务职工能力】 **深化工会“四季服务”活动。**参与举办2016年“春风行动”启动仪式暨春季用工洽谈会，为300余名农民工、下岗失业人员介绍就业；举办“关爱环卫工 夏日送清凉”活动，向城区315名环卫工人发放3万余元的防暑降温用品；实施助学扶智工程，为54名困难职工子女发放助学金7.1万元；开展“帮扶送教育”活动，为17名困难家庭学生送去价值5100元的学习用品；加大对困难职工帮扶力度和广度，对58名特困职工实施日常帮扶，元旦、春节期间，对25名患大病职工实施医疗救助，对298名困难职工进行走访慰问，全年累计为困难职工发放慰问金、面粉、食用油等共计34万余元。**稳步推进工会“惠员工程”。**2016年，共签约30家会员服务基地，全年共办理工会惠员卡11538张。**加强对劳模的管理和服务。**全年，为6名退休劳模办理享受荣誉津贴手续，组织全县98名劳模开展健康查体活动，组织14名劳模赴泰安、湖南、广西疗休。

【2016年市劳动模范名单】 在2016年度东营市劳动模范的评选中，利津县有7名同志当选，他们是：

姜婧，女，利华益集团股份有限公司化验员

薄其兰，女，中国建设银行股份有限公司利津支行网点主任

盖林农，男，利津县供电公司总经理

王鹏，男，利津县人民法院副院长

赵兰会，男，利津县第二实验幼儿园园长

袁兴明，男，利津县陈庄镇郭屋村党支部书记

韩志刚，男，盐窝镇南苏村支部委员、利津县盛泰冬枣合作社理事长

（任学英 扈翠吉）

共青团

【概况】 团县委内设组宣统战部、青年工农部、志愿者工作部、权益部、办公室，另设少先队事业发展中心。有专职团干部7人，其中书记1人，副书记2人，科员2人；少先队事业发展中心总辅导员1人，职员1人。全县有8个乡镇（街道）团（工）委，15个中学团委，11个县直单位团（工）委（总支），44个县直单位团支部，512个村级团支部。

【服务全县工作大局】 **深入实施“青春共筑城市公共安全”行动。**在各企业开展安全生产应急演练、安全技能比武等活动，1500余名青年职工的安全生产意识得到加强；开展消防安全、食品安全、交通安全等宣传活动33期，筑牢织密青少年安全防护网。**深入实施青春扶贫工程。**探索实施“青春扶贫＋光伏发电”模式，帮助19个贫困村及下派帮扶村安装实施分布式光伏并网发电项目，平均每年可帮助村集体增加收入约3万元；向上级争取到总价值26万元的图书，建立青春扶贫书屋18个，举办“光华讲堂”2期，精准帮扶困难青少年、助力智力扶贫。**深入**

实施青春绿色行动。在全县范围内组织开展主题植树活动，动员团员青年及志愿者820余人，累计植树4500余棵；在全县29所中小学校全面开展“小手拉大手，共筑碧水蓝天”环保教育活动198场，影响青少年19000余名。

【青少年思想引导】 利用重要契机和时间节点，深入进行中国特色社会主义宣传教育，开展“我的中国梦”“奋斗的青春最美丽”“读长征故事，学长征精神”等活动80余期，覆盖青少年41000余人次；利用重要时间节点，开展入队、入团等团队仪式教育活动，深化道德讲堂、小记者团、十八岁成人礼等教育活动成果，不断增强广大青少年的团队归属感；大力弘扬中华民族优秀传统文化，弘扬“崇文尚德，诚信利津”精神，倡导“全民健身、快乐生活”的生活理念，引导广大青少年树立新风正气；开展典型评选活动，评选青年典型60余人，开展“奋斗的青春最美丽”分享交流会6场，宣扬优秀事迹，带动青少年向优秀典型看齐，影响青少年2200余名。

【服务青年创新创业】 1. 开通绿色融资通道，强化金融服务保障。建立“青年创业金融服务站”5处，为创业青年解决贷款问题20余次，累计帮助创业青年取得小额贷款累计1100余万元；开展“青年创新创业座谈会”12期，宣传金融知识。2. 整合优质服务资源，打造广阔学习平台。组织“县委书记和创业青年面对面”等活动3期，帮助创业青年解决实际困难；举办“创业沙龙”10期、“创业之旅”2期，开拓青年创新创业眼界，提高青年创业能力。3. 建立多维宣传体系，营造浓厚创业氛围。成功举办利津县首届青年创新创业大赛，6个创业项目以项目讲解和现场问答的形式展示创业项目、弘扬创业精神，实现搭建平台、展示项目、促进交流的多赢局面；管好用好微信群、QQ群，通过微信公众平台推送青年创新创业项目30个，扩大项目宣传面，实现线上线下立体沟通服务。

11月16日，东营职业学院招生就业处处长张汝山（左九）、县委书记杜振波（左十一）、团市委书记张成仙（右九）出席利津县首届青年创新创业大赛

【服务青少年成长成才】 **实施青春关爱行动**。开展希望工程圆梦行动及希望之星公益成才计划，资助贫困大学生22名，发放助学金92750元；在全县设立青少年社会事务示范点1处、“萤火虫学堂”9处，为留守儿童提供亲情陪伴、学业辅导等关爱服务。**维护青少年合法权益**。实施“关爱青少年 温暖同行志愿服务”“关爱失亲家庭子女”等项目，服务青少年500余人；组织开展“青少年法制宣传月”、模拟法庭大赛等法制宣传教育系列活动，覆盖青少年2万余人，增强青少年法制观念。**大力弘扬志愿服务精神**。组织开展青年志愿服务进社区、“乡村文明行动”、爱心义诊等志愿服务活动30余场，弘扬志愿服务精神；支持县青年志愿者协会成功申请关爱留守儿童专项资金13万元，为65名留守儿童提供为期一年的系统化、项目化服务。

【基层团组织建设】 **加强团的基层组织建设和阵地建设**。积极打造“青年之声·利津”心互动平台和“青年之家”，搭建线上线下服务青年新平台，真正让青年学习有场所、活动有阵地、作用发挥有舞台。**加强团员发展管理**。制定下发《关于规范团员发展程序的意见》，规范团员发展的标准和要求；加强团员意识教育，开展好团课和入团积极分子培训班，进一步增强团员对团的认识度和认同感。**加强团的干部队伍建设**。通过党性锻炼日活动、青年讲坛活动，提高团队干部队伍的业务水平和综合素质，引导广大团干部坚定理想信念，勇于担当作为；先后举办“走进青年——团干部恳谈日”“机关专题开放日”等活动5期，与青年面对面交流，拉近共青团与青年之间的距离。

【优秀青年工作者】 （参见《利津县优秀青年工作者名单》等三表）

2016年度利津县优秀青年工作者名单

姓名	性别	职务
于树明	女	利津县中心医院内二科护士长
王文燕	女	利津县人社局专技办中级人力资源经济师
王新生	男	国网山东省电力公司利津县供电公司陈庄供电所营业员
刘冬云	女	利津县第一实验学校教师
刘令燕	女	利津县第二实验幼儿园副园长
刘剑峰	男	利津县油田物资稽查大队一中队队长
李长伟	男	利津县人民政府应急管理办公室主任
李志芳	女	利津县第二人民医院急诊护士
李金娜	女	利津县总工会科员
张森林	男	凤凰城街道南楼村书记助理
林乐芹	女	利津县农村商业银行城区支行综合柜员
杨明玉	女	利津街道东街村书记助理
赵国涛	男	利津县物价管理办公室价格成本调查队队长
赵炳艳	女	陈庄镇治河小学一级教师
胡新涛	男	利津黄河河务局工人
高　静	女	利津县文化馆科员
郭成民	男	利津县公安局刑事侦查大队技术中队
班洁彬	男	利津县国税局纳税服务科副科长
崔青山	男	利津县广播电视台新闻播音员
韩　滨	男	王庄沙区林场建设管理办公室综合科副科长

2016 年度“平安利津”建设优秀青年工作者名单

姓名	性别	职务
王　刚	男	利津县油田物资稽查大队三中队队长
王建波	男	利津县交通运输监察大队副大队长
王　磊	男	利津县人民检察院反贪局检察员
石　振	男	利津县城市管理和行政执法局一中队中队长
张兆军	男	利津县人民法院刑庭副庭长
张丽华	女	利津县司法局北宋司法所所长
赵　强	男	利津交警大队三中队民警
杨　娟	女	利津县地方税务局稽查科科员
胡明武	男	利津县公安局陈庄派出所副所长
栾吉升	男	利津县公安消防大队利津中队班长

2016 年度利津县优秀青年创业者名单

姓名	性别	职务
王士军	男	利津富亿木业有限公司总经理
刘非非	女	利津县非非家庭农场总经理
张荣新	男	东营市晖和新能源有限责任公司总经理
陈晓露	男	山东林博兴泰园林工程有限公司总经理
杨　鹏	男	东营众营文化传媒有限公司总经理
刘家富	男	东营鸿升工贸有限责任公司总经理
唐　强	男	山东利津黄河工程有限公司副总经理
高　超	男	华城电商教育培训中心总经理
陈金乐	男	东营市兴海石油化工有限责任公司总经理
裴玉海	男	东营胜东发电设备有限公司总经理

（于　蕾　张山泉）

妇联

【概况】 县妇联内设发展部、组宣部、权益儿童部、办公室，另设妇儿工委办公室。有专职妇女干部6人，其中主席1人，主任科员1人，副主席1人，科员1人；妇儿工委办主任1人，职员1人。全县有乡镇(街道)妇联(妇工委)8个，县直机关妇工委1个，县直部门单位妇委会87个，村妇联（妇代会）512个。乡镇(街道）妇联（妇工委）配有专职妇女干部8人。2016年，县妇联先后获得“山东省三八红旗集体”、全县2015年度目标管理考核优秀单位等荣誉称号。

【妇女组织建设】 *“两学一做”学习教育扎实有效*。领导班子成员讲党课5次，组织集中研讨6次，谈心谈话2次，按时组织集中学习及警示教育。组织开展县妇联党支部换届选举工作。建立健全机关规范化建设各项制度。开展党员标兵评选活动。班子成员开展2次大型“下基层、访妇情、办实事”调研活动，针对妇女群众意愿和要求，突破性协调各方面资源帮助解决。*村妇代会改建妇联工作全面启动*。根据省、市妇联在利津县试点开展村妇代会改建妇联工作要求，在明集乡董家村召开村（社区）妇代会改建妇联试点工作现场会暨明集乡董家村妇女第一次代表大会的基础上，指导各乡镇（街道）全面启动村妇代会改建妇联工作。*全省妇女儿童家园项目顺利建设*。积极争取省级妇女儿童家园项目资金7万元，建设妇女儿童家园一处，设在县城区管委会滨河社区。该家园是利津县建成的第五处省级妇女儿童家园。

4月8日，全市“精准扶贫 巾帼先行”现场推进会在利津县召开

【精准扶贫 巾帼先行】 按照全县脱贫攻坚工作的安排部署，制定“精准扶贫 巾帼先行”专项行动实施方案，围绕贫困妇女全部免费接受八大课题培训、有创业意愿妇女全部帮助选好项目、“两癌”贫困妇女全部得到救助、贫困儿童全部得到帮扶、音响设备全部配齐更新“五个全部”目标开展扶贫。年内，在25个省定贫困村举办家庭文化八大课题培训班216场次，受益妇女6000余人。通过配备广场舞音响和选聘广场舞讲师结对帮靠等形式，帮助25个贫困村全部跳起广场舞。征集编印发放妇女扶贫创业小项目汇编1000份，同步开展针对性培训观摩68场次，技术指导31次，新上项目2个，就业推荐23人。启动“代理妈妈”招募活动，263名建档立卡贫困儿童与240名“代理妈妈”结成爱心对子。争取县慈善资金10万元，对160名患“两癌”妇女、贫困妇女和贫困儿童开展资金救助。4月，全市“精准扶贫 巾帼先行”现场推进会在利津县召开，市委副书记郑建军、副市长刘美华参加会议，县妇联在会上介绍巾帼扶贫工作的具体做法。

【农村巾帼创业工程】 县妇联按照“项目观摩拉动、金融扶持推动、联盟结对带动、重点关注促动”的总体思路，在引领农村妇女积极投身经济发展等方面做了卓有成效的工作。年内，组织项目观摩123场次，参与妇女1282人，新上项目465个。引导创业妇女注册家庭农场27家、合作社4家。开展创业就业技能培训240场，受益妇女13464人，418名妇女实现就业。小额贷款工作有序推进，金融帮扶农村巾帼创业“2+3”行动成果累累，发放小额贴息贷款及优惠贷款617笔7135万元，争取省市巾帼创业贴息资金和示范项目奖励资金69万元，发放县级巾帼创业示范项目奖励资金6万元，创业工程成效显著，得到市妇联和县委、县政府领导的充分认可。5月6日，县委书记、分管副书记视察利津县农村巾帼创业工程，要求各职能部门加大对巾帼创业的关心支持力度，效果良好。10月13日，全市农村巾帼创业工程现场推进会在利津县召开，县委书记杜振波全程陪同并致辞，县政府副县长胡伟参加会议，县妇联作典型发言，利津工作经验得到市妇联领导的充分肯定。

【女性素质提升工程】 年内，举办女性素质提升课题培训635场，培训妇女17000余人。同时，创新培训形式，拓展农村广场舞服务功能，选聘“舞前半小时”培训草根讲师16名，开展“舞前半小时”短时培训263场次，受训妇女7000余人次。拍摄微电影《小宝妈的转变》，生动展现女性素质提升工程给妇女思想和生活带来的新变化，该影片获全县党员教育电视片评比一等奖。筹措资金30万元，为217个村捐赠广场舞音响，全县512个村全部配齐音响设备，同步聘任24名“广场舞”培训草根讲师开展“广场舞扫盲培带”活动，实现村村跳起广场舞的目标。9月，举办利津县广场舞联谊会成立仪式暨“文化助力 巾帼扶贫”广场舞比赛。10月，举办全县群众广场舞电视大赛。11月，县妇联下拨各乡镇（街道）广场舞培带费用及比赛经费共10万元。县妇联在2016年全市女性素质提升工程现场会上作典型发言。

【家庭文化建设】 围绕家庭教育、家庭文化、家庭文明创建，加大对优秀家庭及家庭角色的评树宣传力度，推荐陈庄镇陈北村魏希英家庭荣获“全国最美家庭”和“第一届全国文明家庭”称号，推报1名好婆婆，2名好媳妇入选全市第三届“最美人物”，推报高现芬等3户家庭参加省、市文明家庭评选。开展“利津好媳妇”评选活动，历时8个月共评选出“利津好媳妇”436名，好婆婆50名，最美家庭50户，其中“十佳利津好媳妇”10名，联合县摄影家协会对精选出的30名优秀“利津好媳妇”开展“感动瞬间”事迹展览，联合县电视台为“十佳利津好媳妇”拍摄专题片，在全县营造大力弘扬敬老爱老传统美德，营造温馨和睦的社会氛围。年底，印制1万份春联，开展“好家风 好家训”春联大派送活动，通过多种形式让家庭文明遍及每个角落。

【妇儿维权】 强化妇女儿童维权宣传。“三八”维权周期间，联合县法院、县司法局组织法律志愿者开展法律知识赶大集活动，印制宣传材料2000余份，提供法律咨询98次。同步开展“舞前半小时”法律维权知识宣传培训课题34场次，引导广大妇女和家庭学法、守法、用法，增强依法维权能力。扎实开展妇女“两癌”筛查摸底工作，将筛查出的、符合录入条件的“两癌”患病妇女全部纳入全国“两癌”免费筛查救助系统，为10名患者争取全国妇联贫困母亲“两癌”救助专项基金和东营市城乡“两癌”患病妇女救助金10万元，为30名贫困“两癌”妇女争取市慈善总会救助金9万元。积极推进“代理妈妈”招募工作，招募代理妈妈240名，与263名建档立卡贫困儿童完成结对工作，举行见面会3次。持续开展“让爱传递 共享阳光”贫困儿童关爱活动和“情牵妇女 关爱儿童”慈善救助活动，呼吁社会各界积极参与爱心救助工作。年内，共发放各类救助金58万元，救助贫困妇女儿童963人。

（付金娥）

残　联

【残疾人康复服务和教育就业工作】 1. 做好49名0–9岁肢体残疾儿童抢救性康复工作。2. 为40名贫困白内障患者免费实施复明手术。3. 实施“听力无障碍工程”，为全县持有残疾人证、有康复需求的65名听力残疾人免费佩戴助听器。4. 教育就业工作。认真开展扶残助学工程，为4名新入学残疾大学生补助学费18000元。大力实施“百千万

12 月 28 日，县残联党组书记、理事长张之祥（左二）为盐窝镇肖家村自主创业残疾人周永军送去轮椅、电脑

残疾人就业创业扶贫工程”，新建残疾人省级优秀基地 1 处，市级优秀基地 1 处，庭院经济 20 名、个体从业 9 名。积极开展城乡残疾人职业技能和实用技术培训工作，举办各类实用技术培训班 15 期，培训残疾人 574 人。对当年新申办盲人按摩店的 3 名视力残疾人每店给予 9900 元资助。5. 积极做好 2016 年度残疾人就业保障金征收工作。全年共征收保障金近 500 万元，比上年增长 16%。

【残疾人权益保障工作】 1. 做好残疾人信访工作，共处理市行风热线 6 条，县长公开热线 23 条，群众满意度均为 100%。接听群众来电来询百余次，接待群众来访 6 次，处结率为 100%。2. 为全县符合条件的 64 户残疾人家庭实施无障碍改造。3. 做好残疾人免费乘车卡办理和残疾人机动轮椅车燃油补贴发放工作。为 7 名残疾人办理免费乘车卡，为 76 名残疾人发放燃油补贴 2 万元。

【残疾人文化体育活动】 **扎实开展第二十六次“全国助残日”活动。**助残日期间，共走访残疾人服务机构 2 家，走访困难残疾人 30 户，帮助 20 户残疾人购置生产资料，累计发放款物折合现金 11 万元。**稳步推进残疾人文化体育工作。**组织 10 名残疾儿童参加东营市第七届特奥会，获优秀组织奖，组织 4 名残疾人选手参加“乘着歌声的翅膀——共享阳光·山东省第二届残疾人歌唱大赛”。

【残疾人扶贫工作】 **做好社会保障扶贫工作。**对 7300 名适合领取“两项补贴”的残疾人证进行信息审核；做好残疾人参加城乡居民医疗保险和社会养老保险工作；认真落实重度残疾人提前 5 年领取养老保险金政策，全年共为 47 人提前发放养老金。**做好精神、智力、重度肢体残疾人托养工作。**依托东营精神残疾人托养中心对符合条件的 50 名精神、智力重度残疾人实行集中托养。依托阳光大姐家政服务公司对生活自理能力差、经济困难的 24 名重度残疾人开展居家托养服务。

【下派帮扶工作】 2016 年，县残联下派一名同志到明集乡东一村参加帮扶工作。1. 投资 5 万元对年久失修的 4000 米渠道进行维修。2. 投资 4 万元对村文化大院进行里外翻新并制作展板、村牌。3. 投资 5000 元对村南街道进行各项绿化植树 1000 棵。4. 助残日期间，对部分残疾人投资 6000 元进行走访慰问。5. 扶持 2 名残疾人庭院经济共 6000 元；扶持省级自主创业标兵 1 名共 1 万元，市级残疾人致富能手 1 名共 5000 元。6. 投资 4 万元为特困户实施危房改造 17 间。7. 投资 2 万元安装高清监控摄像头 10 个。8. 投资 9000 元硬化村文化大院门口，高标准建设安装 2 块党建公示栏。9. 积极协调有关单位投资 45 万元在村东头修建生产路 1 条。10. 免费为 13 位老人安装助听器。11. 投资 2.5 万元购置书架 4 个，截至年底，有各类书籍 1000 册，并配备移动影库、扫码机等设备。

【残疾人基层组织建设】 1. 实施“强基育人”工程和“双百争创”活动。2. 扎实搞好残疾人基本服务需求状况专项调查，认真做好残疾人基础信息核查工作，共核查残疾人8058名，为开展入户调查奠定基础。3.规范《残疾人证》办理程序，为残疾人提供人性化无障碍的办证服务。4.建成13支助残志愿者队伍，广泛开展志愿者爱心助残、法律助残、基层党组织结对助残等活动。

【残疾人康复托养中心建设】 县残疾人康复托养中心建设被列为2014年全县十大民生工程。截至2016年底，工程完成，投入使用，仅精神残疾人就能在原来150个床位的基础上增加到300个，能给全市更多的残疾人提供托养安置，更好地服务于全市精神残疾人。

【创新工作】 1.积极作为，争取到“全国残疾预防综合试验区试点县”。在全国仅有100个县区，在山东省仅有的4个县区中，利津县是其中之一。每年为利津县残疾人争取中央、省、市下拨资金125万元。2.县残联和新华书店联合创办“利津新华盲人书屋”，在全市率先开启与新华书店联合扶持残疾人的工作模式，为全县盲人阅读、学习科技知识、自主创业等创设优越的基础条件。3.针对残疾人工作屡屡出现“中梗阻”的现象，依托省级残疾人基础组织建设活动，努力加强残疾人基层组织建设，开展“乡镇街基层残联五星级”评审活动。4.为扎实落实全县精准扶贫，县残联与县乐村淘电子商务有限公司合作，制定“聚焦农村，电商扶贫”实施方案，有针对性的实施精准扶贫，从残疾人开办的村镇小卖部中筛选出31户有代表性的人选，升级成为乐村淘线下体验店，并为他们免费制作牌匾，安装Wifi，购进农业生产资料样品。并进行上门培训，变“输血式”为“造血式”，让这部分人也能搭上国家扶贫开发的快车。5.上年新扶持盲人按摩店3处，上级残联给予每店扶持资金9900元。6.组织两名残疾人专职委员，代表东营市残联参加“山东省专职委员在线知识竞赛”，获得亚军。

（张　玲　于艳青）

工商联

【机构队伍】 县工商联（总商会）为正科级机构。党组设书记1人，党组成员1人。县工商联主席由县政协副主席兼任，设常务副主席1人，专职副主席1人，兼职副主席14人；设常务委员会委员50人、执行委员会委员108人。全县设有8个乡镇(街道)工商联分会（商会）、1个城区工商联分会（商会）、4个区域性商会、1个行业商会。

【扶贫工作】 县工商联制定《利津县工商联会员企业精准扶贫开发行动实施方案》并成立精准扶贫开发领导小组。向全县70余家会员企业发放《利津县工商业联合会“百企帮百村”脱贫攻坚行动倡议书》。发动10家会员企业与10个省定贫困村结成帮扶对子，开展帮扶行动。利华益集团股份有限公司投资68余万元帮扶明集乡王王村，其中28万元用来重新修建自来水管道，40万修建55千瓦光伏发电项目；安泰建筑筑路公司投资50万元，帮助后丰村实施光伏发电扶贫项目；一大早乳业公司投资10万元，帮助北张村建成13千瓦的光伏发电项目；山东津博化工有限公司投资8万元帮助盐窝镇东里村修建村公路；三阳纺织有限公司投资13万元帮助汀河三村建成15千瓦的光伏发电项目；山东中阳碳素股份有限公司为明集乡马四村提供5万元资金扶持；东营源通建筑工程有限公司为帮扶村提供6辆价值5000元的电动三轮车；龙翔实业有限公司为凤凰街道西李村5户贫困户每户提供5000元资金扶持；山东金源物流集团有限公司为帮扶贫困村提供7辆价值5000元的电动三轮车；利津县诚达电器有限公司为帮扶村贫困户提供1万元的扶贫资金支持。

【调查研究】 组织开展《2015年度全国工商联上规模民营企业调研》《2015年度全国工商联民营企业社会责任调研》《年轻一代非公经济人士工作情况》《2015年山东省民营企业经营情况调查》《2015年山东省民营企业投资情况》等项调研工作，并形成《利津县工商联年轻一代非公经济人士工作情况的报

8月10日，县工商联常务副主席苟希锋到汀罗镇调研扶贫工作

告》《利津县民营企业投资情况报告》等调研材料。开展全国工商联民营企业信息直报点工作，配合省工商联开展2015年“山东民营企业百强”“山东民营企业公益之星”“山东创新型民营企业”三项评选表彰活动，利津县利华益集团、宜坤化工有限公司、中阳碳素集团、三木公司等企业都参加评选。积极参加山东省工商联《关于做好2016年度全省工商联系统理论调研课题工作的通知》（鲁联发〔2016〕20号），积极申报调研课题，展现利津县工商联优秀的调研成果。

【会员培训】 6月，市工商联组织举办“民营企业健康发展大讲堂”，县工商联积极组织会员企业200余人参会。通过参加大讲堂的培训，使企业家正确认识经济形势，提升了民营企业的经营管理能力和抵御风险的能力，营造了企业互助发展的良好氛围。7月，由市工商联领导带队，在上海交通大学举办东营市民营企业家培训班。利津县工商联组织5名企业家代表参加培训，从而提高了全县民营企业家的思想境界、决策能力和管理水平，帮助大家学习和解决科学管理、投融资风险、创业创新等实际问题，促进相互之间沟通交流、取长补短、健康成长。11月，组织全县非公经济人士代表100余人参加市工商联组织的“民营企业健康发展大讲堂”活动，为企业家提供理论服务。

【非公党建工作】 组织专门力量对全县非公有制企业进行调查摸底，全面摸清非公企业党组织建立情况、党员队伍情况、生产经营状况，对未纳入台账的非公企业进行补录。以“双强六好”创建活动为抓手，围绕服务职工群众，开展党员公开承诺践诺等活动，积极培育良好的企业文化，凝聚职工干事创业的正能量，充分发挥党组织在职工群众中的政治核心作用；围绕提高企业决策的科学化、规范化、民主化水平，研究确定党组织发挥作用的途径，倡导企业树立正确的价值观和发展观，有力发挥党组织在企业发展中的政治引领作用。县工商联不断加大区域商会和行业商会的建设力度，依托利津县工商联陈庄商会、开发区商会、盐窝商会等商会党总支，不断加大商会党建工作，取得显著成效。截至年底，全县党内统计登记注册的非公有制企业共有331家，从业人员14109人，党员1117人。截至年底，331家非公企业共组建党组织204个，覆盖企业267家。其中，单独建立党组织的189个，联合建立党支部的15个（覆盖企业78家）。

（张希杰　王秀娟）

文联

【主题活动】 举办“看变化、聚合力、促发展”系列活动之“成长的记忆”美术书法摄影综合展。共展出作品120幅，集中展示利津县城市建设的巨大变化；开展“我眼中的家乡变化”征文评奖活动，收到来自全县各行各业稿件152篇，作品全方位描绘改革开放以来利津县经济社会取得的成就和城乡发生的巨大变化；与胜利诗词学会在王庄沙区林场联合举办“情系林场、绿韵流诗”之夏诗会，县作协和胜利诗词学会会员多次到王庄林场进行采风，创作大量赞美林场发展、歌颂林场建设者的优美诗句。与县总工会等部门联合举办“写家书，传亲情”征文活动，活动共征集家书91封。

【平台建设】 **重视《东津文艺》的编辑出版。**做好征稿、编辑、审阅等工作，力求每一期都以最清新的形象、最优美的文字、最丰富的内容呈现给读者。设立要闻综合、前沿、崇文尚德、诚信利津、书香利津、党史纵横、史海钩沉、艺苑春秋、乡土记忆、文学、东津墨韵、光影脉动等栏目，报纸的影响力和覆盖面进一步增大。立足于为广大文艺工作者展示才能和提升水平提供载体，设立多个版面对文学、美术、书法、摄影作品进行刊载，大力展示新人、新作、新绩，对培养利津县文艺人才、多出精品起到积极推动作用。

【人才培养】 通过培训提高文艺人才综合素质。2016年，先后邀请中国书协会员举办书法培训班5期，举办全县青年干部摄影培训班2期，举办张津城国画创作高研班6期，通过专家面对面指导，提升利津县文艺人才创作能力和水平。2名吕剧工作人员被选拔为东营市吕剧类优秀青年文艺人才，获得到高校访学进修1年的资格和资金扶持。选派四名书协会员参加全市职工书法培训班。通过开展写生、临摹、举办展览等活动提高文艺技能。举办利津县首届美术教师写生作品展，全县首届书法临帖展，《铁血英魂》陈乃起书画展、刘春泉书法作品展等名家展，推

3月4日，“成长的记忆”书画摄影作品展开幕，县委常委、宣传部长张凌燕（前中）参观展览。

动全县文艺创作水平的提高。组织举办陈庄镇、北宋镇摄影作品展，利用艺术书法讴歌利津县基层经济社会的发展变化。通过引导鼓励创作提高文艺人才的创作水平。2016年，积极组织引导各协会会员进行主题创作，多副作品在省市级以上展览中入选及获奖。在第六届黄河口文艺奖评选中，利津县各门类共16件作品获奖，名列全市各县区榜首。

【志愿服务活动】 年底，组织县书法家协会会员参加在陈庄镇举行的全省三下乡活动启动仪式，并与省、市书法家协会会员一起现场为群众书写春联。组织县书协、楹联协会会员为津苑社区居民和县武警中队官兵书写春联。组织摄影家协会到北宋镇敬老院开展义务拍摄活动，组织文艺志愿者到明集乡北张村开展以“文艺扶贫、助力小康”为主题的文艺志愿服务活动。

（崔　明　郭燕霞）

红十字会

【“博爱家园”项目】 该项目是东营市红十字会与各县区红十字会共同开展的综合性项目，以“博爱家园·幸福社区”为主题，以建设文明幸福社区为目标，围绕红十字“三救三献”核心业务，开展系列公益活动。利津县红十字会经积极申报，最终确定津苑社区为项目实施点。结合津苑社区实际，县红会开展系列活动，扎实推进“博爱家园”建设。**加大红十字传播力度，增加“家园”建设氛围。**在社区活动广场设立“博爱家园”专门展板，在博爱超市和社区卫生服务站挂红十字标识，加强红十字阵地建设；开展红十字主题宣传活动，发放红十字工作明白纸1000余份。**开展应急救护知识普及，提高居民自救互救水平。**打造社区应急救护宣传平台，设“救护培训电教室”并充实家庭急救培训

课件；设应急救护培训教室，挂应急救护师资简介，配模拟人、呼吸膜、急救包等学习器材，开展应急救护普及培训 2 期。**开展志愿服务活动，彰显红十字本色。**组建一支 31 人的志愿者队伍，为志愿者配备统一的红十字马甲，宣传红十字志愿者品牌；充分利用“博爱服务中心”平台，开展外出陪护、上门服务、居家陪护等志愿活动，真正使津苑社区刻上“博爱”标记；设便民服务点，根据社区居民生活需要，为津苑社区配备梯子、铁锹、雨鞋等便民工具。

【红十字博爱月活动】 4 月中旬在各“博爱超市”和红十字卫生服务站开展“寻找幸运志愿者、红十字与你同行”预热宣传活动，向公众宣传红十字运动、红十字核心业务、世界红十字日等知识，向社区居民发放有奖问卷 50 份，送出面粉、大米等奖品 12 份。5 月 8 日，组织志愿者 30 余人在县城枣园大集开展宣传活动，向群众发放造血干细胞捐献知识普及材料、小天使基金宣传彩页约 1000 份。与县广播电视台合作精心制作《红十字生命健康安全教育项目专题片》，于 5 月 5 日至 5 月 8 日在利津综艺频道五个时间段播出。5 月 26 日，在利津街道便民大厅，开展造血干细胞捐献血样采集活动，为 60 名造血干细胞捐献志愿者采集血样，并颁发荣誉证书和纪念品。2016 年，新增 4 例造血干细胞再动员，2 例造血干细胞高分辨，60 名造血干细胞捐献志愿者。

【应急救护】 **分系统做好救护员培训工作。**分别在纪检监察系统、教育系统和部分企业开展救护员培训，培训救护员 210 人。**大力开展救护知识普及工作。**利用“5.8”世界红十字日宣传活动及社区、敬老院等宣传、志愿活动，加大应急救护知识宣传普及，完成救护知识开班普及 10 场，宣传普及 16 场，共普及群众 16200 余人。**积极参加全市应急救护师资授课技能大赛。**县红十字会有应急救护师资 7 人，经认真筛选，上报 2 人参赛，两名师资在此次比赛中表现优异，分获二等奖、三等奖。通过这次大赛，学习市红会和其他县区师资授课技巧，锻炼师资队伍，全县应急救护师资授课水平得到进一步提升。

【人道救助】 春节期间走访服务对象 24 户、老年服务中心 3 个、东营市精神卫生中心 2 次，送去大米 70 袋、面粉 145 袋、食用油 20 桶、温暖箱 10 个、慰问金 1400 元。协调开展 2 次助学活动，为道口小学的学生捐助约 28000 元的款物，为明集乡 53 名贫困学生发放 26500 元“爱心助学金”。充分发挥曜阳养老项目实效，4 月份在颐寿老年养老服务中心举行曜阳养老项目 20 万元物资启用仪式，同时协助颐寿养老服务中心加入“智能化养老服务阳光行动”，充分发挥智能化养老服务平台资源链接作用，逐步建立起“养老机构、老人、子女、公益组织”等信息共享机制，解决养老机构经营困难、管理水平落后的问题。协助 6 名儿童申请“小天使基金”“天使阳光基金”救助。

【志愿服务】 3 月份组织召开志愿服务协调会，县红十字会与红十字博爱志愿服务队就 2016 年

4 月 19 日，曜阳养老服务项目物资启用仪式，市红十字会常务副会长李英慧（右三）为养老机构颁发救助物资

志愿者队伍建设和志愿活动开展达成初步志愿服务计划。志愿服务队对县红十字会的各项活动都积极响应，在“红十字博爱月”的宣传活动、造血干细胞捐献志愿者招募活动中积极参与，并且每个月定期走访一家敬老院，为老人打扫卫生、理发，不定期对孤寡老人走访慰问。6月份组织开展“圆梦六月，爱心助考”活动，为参加高考的考生、家长提供志愿服务。8月份，县红十字会带领志愿服务队的队员们来到盐窝镇敬老院开展志愿服务活动，给老人们送去价值近2000元的物资。志愿服务活动的开展是“人道、博爱、奉献”的红十字精神最直接的弘扬形式，红十字志愿者也是红十字运动传播的主要力量，截至2016年底，全县共有红十字志愿服务队伍7支，招募志愿者400余人。

【红十字青少年】 **组织防灾避险知识竞赛。**在利津一校、二校等5所学校组织全县6000名红十字青少年参加2016全国青少年红十字防灾避险知识竞赛，让青少年对防灾避险知识“过脑”“入心”，普遍提高全县青少年的防灾避险技能。利津县红十字会获2016全国青少年红十字防灾避险知识竞赛最佳组织奖三等奖。**联合开展校园地震救援演练。**5月12日，联合县教育局、县卫计局、县消防大队等单位在利津街道中心学校开展破坏性地震应急处置救援演练，增强青少年的安全意识。

（李茂友　薄艳芳）

法 治 武 装

Political and Legal Affairs, Military

法 治

【国家安全建设】 全力维护全县政治稳定。扎实开展政治安全基础调研，对全县重点部位、重点人员进行地毯式摸排，搜集储备大量基础数据资料，建立详细的工作台账。健全完善反恐维稳指挥机制，成立反恐维稳指挥部，修订完善18类预案，组织开展反恐处突演练，提升反恐应急处突能力。持续开展全天候武装巡逻工作，共出动警力5000余人次，圆满完成重大节日、文体活动及敏感时期安保任务100余场次，维护良好的社会秩序。在全县重新选聘专职人民调解员581名，组建7个县级行业性、专业性人民调解委员会，建立由132名调解专家组成的专业调解人才信息库，为综治维稳工作开展奠定了坚实的人才基础。优化矛盾纠纷预防化解机制，畅通诉求渠道，充分调动社会多方面的力量，切实做好社会矛盾纠纷的排查化解工作。全年共化解矛盾纠纷128件，涉及当事人296人次，涉及金额38.55万元，案件调解率100%，调处成功率96.3%，调解协议履行率100%。

【平安建设】

强力开展油区治安秩序整治。行动中坚持“边宣传，边治理”的原则，出动宣传车90辆，发放明白纸16000张，迅速提高了群众的知晓率和支持率。集中开展油区治安集中整治行动和百日行动，推动打击打孔盗油专项行动向纵深开展。全年共破获涉油涉气案件15起，打击处理违法犯罪嫌疑人18人，抓获上网逃犯2名，查扣涉油车辆9辆，取缔非法收油窝点11处，净化了油区环境，确保了油区治安秩序稳定。

10月14日，政法委书记贯学坤（中）到帮扶村陈庄镇庄东村调研

积极推进寄递物流安全秩序整治。利津县以开展“平安寄递”创建活动为抓手，以开展重点治理联合行动为重点，定期对全县寄递安全形势和存在的问题进行分析研判，截至年底，全县9家寄递企业全部按要求实现“三个100%”。即寄递企业揽件员安装APP系统软件，实现寄递物品开箱验视和寄递者实名登记100%目标；所有企业及时购置X光安检设备，确保寄递物品100%通过安检；在企业营业场所全部安装治安视频监控设施，并与110指挥平台联网运行，实现对企业寄递安全的实时监控和对信息的有效追溯。

深入开展涉毒违法犯罪专项整治行动。深入开展重点制毒物品大排查大整治和非法种植罂粟踏查铲除专项行动，查处未经许可备案非法买卖制毒物品行政案件2起，破获涉毒刑事案件7起，查获吸毒人员34人，强制隔离戒毒6人，有效打击了违法犯罪分子的嚣张气焰。12月16日，全市社区戒毒社区康复工作现场会在利津县陈庄镇召开。

持续开展交通安全整治行动。加强警种联动，大力推进道路交通隐患大排查集中行动，依法从严从重查处酒驾毒驾、超速超载、涉牌涉证等严重交通违法行为，全力保障全县道路安全畅通。全年共现场查处各类交通违法行为为4.2万余起，其中，万元罚单31笔、酒驾82起、醉驾21起、毒驾1起。侦破逃逸案件85起，侦破率95.5%，其中，死亡、伤人逃逸案件45起、侦破率100%。

【法治建设】 公正廉洁执法扎

实有效。县委政法委集中开展案件评查活动。政法各部门对评查出的执法问题，逐案分析原因，限期纠错整改。县法院坚持依法审判与能动司法相结合，充分发挥审判职能作用，助力县域经济社会发展。2016年，共受理各类案件3554件，审执结3570件，标的额7.96亿元。县检察院认真履行各项检察职责，努力维护社会和谐稳定。全年共审查批准逮捕83人；提起公诉217人；立查职务犯罪案件6人。县公安局突出“四项建设”，全年共立刑事案件365起，查处治安案件705起，刑事案件和治安案件发案率同比分别下降28.29%、29.85%。县司法局对社区矫正人员加强信息管理，实现资源实时查询和动态化查询。全年共接受社区矫正人员876人，在管287人，解除矫正589名，无脱管漏管现象，维护了社会和谐稳定。

涉法涉诉信访工作扎实有效。积极贯彻落实涉法涉诉信访制度改革，邀请律师参与涉法涉诉信访案件化解工作。做好五长联合接访工作。全年共组织五长联合接访8次，接待来访群众60人次，涉及11起案件，导入涉法涉诉信访问题处理程序1起。截至年底，处结3起。加大对以信访为名扰乱公共秩序的非访行为，先后对非访者徐增英和张齐斌作出判决。扎实做好做好承办单位工作督导、信息反馈等工作，不定期开展涉法涉诉信访大调研、定期进行重大涉法涉诉不稳定因素摸排化解。出台《利津县关于建立完善国家司法救助制度的实施办法（试行）》，实现利津县国家司法救助工作的法制化、规范化、程序化。全年共发放司法救助资金49.8万元，涉及32件案件，救助35人。

司法体制改革深入推进。利津县及时研究制定《利津县司法体制和社会治理体制专项改革工作要点》，确定6个方面34项改革事项，加强对相关部门的督导调度。各相关部门周密部署，细致工作，积极探索符合本地实际情况的新措施，各项改革工作逐步有序推进，取得一定成效。

肇事肇祸精神障碍患者救治救助工作扎实有效。积极探索建立肇事肇祸精神障碍患者强制医疗和有肇事肇祸倾向严重精神障碍患者救治救助工作机制，建立政府、社会、家庭“三位一体”的关怀帮扶体系，有效防止严重精神障碍患者肇事肇祸案件发生。截至2016年底，全县共949人办理精神残疾证，有10例重性精神障碍患者每年获得补助4000元，住院三个月；有80例精神障碍患者每年获得675元的药费补助。每名家庭困难的重性精神障碍患者均可免费获得抗精神疾病药物。

大力开展法治宣传工作。依托“法律垄上行”法制宣传品牌，全面做好“七五”普法和依法治理工作，在机关及行业窗口单位深入开展“读书学法，文明服务”活动；在农村深入开展新型农民学校法律法规“千场宣讲”“法治文明村居行”活动；在企业广泛开展“做学法守法好员工”活动；在学校开展“法治文明校园行”活动。

【基层基础建设】 **构筑视频监控“天罗地网”**。截至年底，全县共安装各类监控970余路，其中校园监控89路、治安监控143路、防控体系监控738路，与市公安局联网771路，在线549路，在线率71.21%。初步形成高效统一、覆盖城乡、全天候监控的社会治安视频监控网络。城乡社区网格化管理机制逐步健全。科学设置“四级网格”体系，全县农村设置网格680个，选配网格管理员1780名。城市社区设置网格67个，选配楼片长214名。出台《利津县城市社区工者聘用管理办法》，从资金保障工资福利、权益保障等各方面为网格化城市建设提供有利保障。加强信息平台建设。县政府投资近200万元，在城区建设集呼叫中心、门户网站、网格化管理于一体的“智慧社区”信息平台，城市社区管理服务水平得到有效提升。基层综治工作平台建设日趋规范。印发相关文件，就进一步加强基层综治工作平台建设、提高基层综治工作规范化水平作全面部署。截至年底，全县8个乡镇街道全部按照要求建成综治工作中心，设立综合协调工作室、矛盾调处工作室、治安综治工作室、群众诉求受理服务大厅。全县所有村庄都按照“六有”要求设立村级综治工作室，聘任1—2名社情监督员。高标准、规范化建设农村社区综治工作站（联管中心）25个，其中16个设立警务室，有效地预防和减少社会矛盾的发生。

政法宣传渠道实现多样化。充分利用传统媒体和新兴媒体对全县政法综治工作进行宣传报道，营造良好的社会舆论环境。在县广播电视台开设“法治凤凰城”栏目，截至年底，录制播出69期；在各级新闻媒体和信息专刊登播转发平安建设方面的信息稿件300余篇，扩大政法综治及平安建设工作的影响力和亲和力。同时，积极利用政法综治信息专网和长安网等新兴媒体拓宽政法综治和平安建设工作宣传渠道。强化正面宣传的同时，重视抓好负面报道的引导和控制，牢牢掌握舆论引导的主动权。

【政法队伍建设】 **强化政治过硬。**县政法各部门始终把思想政治建设放在第一位，带领政法干警不断加强学习，补足精神之钙，不断加强党性锻炼，固化思想之源。在政法系统内组织开展“三全”活动，在深入学习的基础上，集中开展“走基层一日体验活动”，委机关全体党员深入所帮扶村进行调研，通过专题研讨、入基层体验等形式，坚定不移地抓好党的科学理论武装，切实增强政治上的坚定性、行动上的自觉性，打造正规化的政法队伍。**强化业务过硬。**创新“筑盾”政法综治大讲堂工作机制，进一步完善以干警需求、工作需要为导向的教育培训机制，分系统、分批次，全面加强对政法维稳干部的教育培训力度。先后开展培训10场次，受训学员2000余人次，达到良好效果。通过演讲比赛、乒乓球比赛等活动的开展，调动广大干警的主动性和积极性，增强队伍的凝聚力和战斗力。通过开展岗位练兵、业务比武等活动，大力培养专家型人才、专门型人才和业务骨干，打造政治坚定、业务精良、善做善成的专业化政法队伍。**强化作风过硬。**在“三全”活动中，全体政法干警认真学习有关条例，真正把纪律和规矩挺在前面，做党纪党规的坚定执行者和捍卫者。领导干部以身作则、率先垂范，带头抓好纪律条例在本部门单位的贯彻执行。健全纪律作风状况经常性分析研判和对群众反映问题及时核查机制，发现苗头及时提醒。按照精细管理、精准监督的要求，分类建立干警权力清单制度，规范自由裁量权，运用大数据技术，对权力运行进行实时动态监督，实现队伍管理的现代化、科学化、精细化，打造职业化的政法综治队伍。

（张连湖　杨红艳）

法　院

【概况】 2016年，受理各类案件3554件，审执结3570件，标的额7.96亿元，同比分别上升11.52%、2.18%、21.16%。

【立案】 2016年，审查受理民商事案件2186件，刑事案件164件，行政案件29件，执行案件1086件。缓、减、免诉讼费7.80万元。

【刑事审判】 2016年，审结刑事案件178件218人，同比分别上升43.55%、15.34%，其中强制医疗案件2件，刑罚变更案件6件。审结刑事附带民事案件35件，调解率100%，标的额495.65万元。依法审理多次滋事、持械聚众打架、损坏他人财物的刘某等11人聚众斗殴、寻衅滋事、故意损害财物案，在社会上引起广泛影响的涉“假疫苗事件”的季泽军非法经营案，涉案金额350余万元的宋某非法吸收存款案等在辖区具有广泛影响的重大案件。

【民商事审判】 2016年，审结离婚、继承、抚养等家事纠纷370起，交通事故、人身财产损害赔偿等权属、侵权纠纷677件，审结追索劳动报酬、劳动争议等纠纷133件。陈庄法庭被省老龄委、省高级人民法院、省人民检察院、省公安厅联合授予“山东省老年人公益维权服务站”称号。顺利调解36件涉利津县磊泰新型建材有限责任公司拖欠工人工资案，有效保护劳动者的合法权益。审结买卖、建设工程等合同纠纷187件，依法妥善审理涉及金融借款、民间借贷、借款担保等案件636件。以调解方式妥善处理25件涉利津凤凰房地产开发有限公司商品房预售合同纠纷，未进入诉讼的124户业主亦参照调解方案化解。在审理涉东营昊庆石油化工有限公司有关案件时，及时向县委呈送涉案情况汇报，受到县委常委、政法委书记的批示肯定。

【行政审判】 2016年，依法审结各类行政诉讼案件32件，同比上升33.3%，审结行政非诉执行案件74件。诉讼案件包括政府信息公开、行政处罚、不履行法定职责、行政赔偿等11个类型，涉及的行政管理领域更加广泛。其中诉讼案件中判决行政机关败诉的占18.75%，驳回原告诉讼请求的占28.13%，不予立案或驳回原告起诉的占25%，原告撤诉的占29.03%，既有效保护当事人的合法权益，又促进行政机关依法行政，促进了法治社会建设。

【执行工作】 2016年，受理各类执行案件1086件，执结1062件，标的额2.66亿元，案件结收比达97.79%，实际执结率35.6%，同比上升11.3个百分点，终本率62.71%，同比下降12.1个百分点。认真落实上级法院关于基本解决执行难的部署要求，先后开展两次专项集中执行行动，执行干警出警60余次，拘留25人次，搜查2次，查封车辆3辆、厂房1处，张贴“老赖”名单榜、悬赏公告500余份，集中执结55件“硬骨头”案件。

【司法为民】 严格落实立案登记制改革，当场立案率达98.56%。重新规划改建诉讼服务中心，开通12368诉讼服务热线，对接最高法院视频接访平台，探索远程信访模式。关注弱势群体利益诉求，为确有困难的当事人减缓免诉讼费7.8万元，发放司法救助金11.53万元。升级门户网站，开通微信、微博，建设科技法庭，向当事人推送流程信息20余万条，网上公布裁判文书2393份，直播庭审35次，提供电子卷宗档案查询服务2089次，通过省级档案工作科学化管理示范单位验收。录制《法治凤凰城》等节目17期，定期举办公众开放日活动，增强审判工作辐射范围，传播法治正能量。在院机关和陈庄法庭成立诉调对接中心，同步融入诉讼服务中心建设。制订《关于完善多元化纠纷解决机制的实施方案》，成立人民调解员培训学校，举办人民调解员培训班2次。通过司法程序支持非诉调解组织工作，对70件涉利津信通油料加工有限公司确认人民调解协议效力案件，集中力量利用10天时间受理并依法确认。

【队伍建设】 扎实开展“两学一做”等学习教育活动，举行法官授职典礼和法官宣誓仪式，建设院史馆、廉政展室，增强法官职业尊荣感。铸造“守望天平”党建品牌，设置党员先锋岗，党建工作被确定为标准化建设示范点。实行周五“学习日”制度，建设“书香法院”，通过庭审观摩、优秀裁判文书评选、岗位标兵评选等活动，提高干警的职业素养和司法水平。对家事审判、交通事故、财产保全等同系列、同类型、同性质案件，实行类别化分案、专业化办理。认真开展法官员额制改革，首批28名法官入额工作顺利完成，员额数占全院干警的35%，进一步把优秀审判资源集中到审判一线。在

6月17日，省法院党组成员、纪检组长时耀华（左二）到利津法院视察指导工作

立、审、执等环节，向当事人随案发放监督卡，设立举报信箱、公布举报电话、开通举报网站，不定期对庭审、着装、公车使用等纪律情况进行督察并制发通报。省市法院领导及县委领导先后对县法院加强党风廉政建设，保持连续23年干警无违法违纪的做法作出重要批示，要求在全市法院、全县机关推广。

（尚凡明　盖敏敏）

检　察

10月26日，利津县检察院司法警察应急棍术在全国检察机关司法警察骨干培训班上汇报表演

【案件受理】 全年共受理提请批准逮捕案件119件137人，经审查批准逮捕75件83人，不批准逮捕率连续四年在30%以上；受理审查起诉案件156件202人，经审查提起公诉165件217人，依法成功办理利津“8·31”重大爆炸事故案、非法疫苗等重大复杂敏感案件，宋茂祥交通肇事案被评为全省检察机关优秀参与社会治理案件。深入推进多元化解矛盾纠纷工作，落实律师参与化解和代理信访案件、检察长主动约访等制度，妥善处理来信来访69件次，举报初核1件，司法救助5件5人，检察长主动约谈信访人8人。针对马延滨诈骗案后续问题，专门成立工作组，协调启动烂尾楼建设，成功平息148户群众上访。

【惩治和预防职务犯罪】 2016年，立查贪污贿赂案件4件4人，均为最高人民检察院指定管辖的长江航道工程局系列案件。截至年底，长江航道局原工程经营处处长白明（正处级）、长江南京航道工程局原副局长鄢洪青（副处级）案件均侦查终结移送审查起诉。工作中，针对该系列案件涉案人员众多，分布范围广，异地办案难度大，县检察院在上级院的领导下，兵分多路，行程近10万公里，到全国数十个地市开展调查取证工作。反渎职侵权工作，共立查案件2件2人，法院作出判决2件3人（含2015年案件），其中县政府办公室原党组副书记陈志远（正科级）滥用职权、受贿案，一审被判处有期徒刑三年六个月；东营胜利教育管理中心教育条件装备站站长赵领林（正科级）被判处有期徒刑一年六个月，盐窝镇中心卫生院防疫科主任张连庆涉嫌滥用职权，严重扰乱疫苗正常管理秩序一案，侦查终结移送审查起诉。深化职务犯罪预防工作，反腐倡廉教育基地接纳参观40余场次，深入油田、机关、乡村开展预防教育8场，撰写案件剖析、检察建议共6件，提供行贿犯罪档案查询607次。服务和保障县乡换届选举，出台实施意见，到乡镇（街道）开展警示教育，县委领导作出批示，受到市委领导的肯定。

【诉讼监督】 **侦查活动监督**。全年监督立案5件7人，监督撤案5件6人，追捕漏犯4人，追诉漏犯8人；改变侦查机关定性10件，书面监督纠正侦查活动违法8件。**刑事审判监督**。全年提请抗诉2件，一起缓刑期间又犯罪被判处缓刑的案件提请抗诉后，被告人依法被改判实刑；另一起案件发回重审，并开庭审理，改判数位居全市前列。**民事行政检察监督**。全年受理各类监督案件7件，其中，监督生效裁判案件3件、行政违法案件2件，向县环保局等行政单位发出检察建议3份，全部被采纳。**刑事执行检察监督**。全年办理羁押必要性审查9件10人，办理再犯罪案件3件5人，纠正刑罚执行和监管违法10件，开展减刑、假释、暂予监外执行、社区矫正专项检查6次，未发生任何安全责任事故和脱管漏管问题。

【检察干部队伍建设】 *思想政治工作成效显著*。扎实开展“两学一做”学习教育，组织学习党章党规、习近平总书记系列重要讲话36次，撰写体会文章、发言提纲600余份，评选党员标兵16人，党支部换届、补缴党费、清查党员关系等顺利完成，县检察院成为全县第一批过硬党支部、机关党建与机关文化融合创建单位和党建品牌创建单位，100余个县直部门单位400余人次到县检察院参观交流。*加强队伍专业化建设*。深入开展检察官教检察官，组织集中培训12场，17名院领导和业务骨干上台授课。成立“检苑聚英”沙龙，与公安民警对执法司法实践进行研讨，统一执法标准，提升队伍素质，有7人入选市级兼职教师库、拔尖人才库、办案（业务）能手库。按照“改革要搞好、队伍要稳定、工作要上去”目标要求，积极稳妥推进司法责任制改革，检察官遴选入额工作顺利完成。*工作规范化建设*。加强司法场所建设，对指定居所监视居住基地和办案工作区进行改造，得到高检院、省院警务部门肯定。加强制度建设，实现案件评查常态化，共开展集中评查2次，网上巡查12次，审查法律文书1125份，有效发挥内部监督制约作用。规范检委会议事规程，研究疑难案件和事项11次，提升了检委会讨论决策重大案件和有关检察业务工作重大问题的能力。规范日常管理，实现网上公文流转、印信、用车、耗材网上申请，建成领导日程、工作日志系统，有力推进队伍管理规范化、科学化。

（牛佳俐）

公　安

【概况】 2016年，县公安局先后有86名个人、21个集体受到县级以上表彰奖励。县局被市公安局表彰为2016年度全市优秀县级公安局，被省公安厅命名为“全省公安机关执法示范单位”，看守所被公安部评为“全国公安监管部门信息技术应用先进单位”“全国看守所‘五化建设’成绩突出单位”。9月上旬，市公安局委托市社情民意调查中心开展群众安全感和满意度电话访问调查，利津县的群众安全感和满意度分别达到94.35%、91.66%，均为全市第一。

【维稳工作】 排查矛盾纠纷59起，办结信访案件42起，积极参与创建“无非访县”活动。组织开展重大交通事故、危化品企业安全事故应急处突演练和“封城控边”实战演练，提升了快速反应能力和警种配合意识，锻炼了队伍。周密制定安保方案，积极掌握维稳新动向，圆满完成四级“两会”、传统节假日、国际马拉松赛、公路自行车赛、消夏系列演出以及C20、G20等重大节日、重要活动安保任务100余场次，维护了良好的社会秩序。

【严打整治】 深入开展打霸治痞、油区整治、禁毒斗争、打击“盗抢骗”及冬季破案百日会战等一系列专项打击整治行动，破获刑事案件356起，查处治安案件827起，打击处理各类违法犯罪人员770人，打掉犯罪团伙7个、成员37人，抓获网上逃犯62人，先后破获4起命案，成功侦破“5.06”骗取银行贷款案、“5.12”合同诈骗案和涉及全国6省多地的“2.17非法经营卷烟网络案件”。年底全市社区戒毒社区康复工作现场会在利津县召开，全面推介利津禁毒工作情况。

【防控体系建设】 持续抓好智能交通补点完善工作，累计投入资金390万余元，建设二级接警平台1处，安装智能监控设备32处，建成基于云计算技术的智能交通管控系统，设置查缉布控系统；为全县10家寄递物流企业新装视频监控15个，实现“无死角”“全天候”监控。深入开展“全警大巡防”活动，组织局机关民警参与巡逻，积极推进城区合成化巡防工作，武装巡逻、多警联勤联动常态化，组织开展30余次集中行动，共检查各类车辆1万余台次，盘查人员12000余人，处罚交通违法行

3月10日，全县公安工作会议召开

为2000余起，全县“两抢一盗”案件发案同比下降31.48%，社会治安形势持续向好。

【监管机制】 全面开展安全生产隐患大排查快整治严执法集中行动，纵深推进“大货车、低速车交通违法整治”“四大活动”等一系列专项行动，查处各类交通违法行为4.5万余起，侦破逃逸案件91起，其中死伤逃逸案侦破率100%，抓获犯罪嫌疑人136人，与新疆警方联手成功破获一起15年前肇事逃逸案，市局和县委主要领导均作出重要批示予以肯定，媒体同时广泛跟踪报道。开展消防安全检查，检查单位1173家次，督促整改火灾隐患1031处，49家消防安全重点单位和城区5个社区全部达标建成微型消防站。扎实开展缉枪治爆专项行动，强化易制爆、剧毒化学品等危爆物品安全监管，严格宾馆、酒店、洗浴、网吧等行业场所管理，排查整改安全隐患，没有发生大的事故。

【执法工作】 稳步推进刑事案件“两统一”工作，积极布建应用环境，不断完善配套机制，严格对接警综系统，顺利完成并全面运行执法办案闭环系统。建立案件管理中心，制定受立案工作制度，共分流警情5000余条，提出整改意见100余条，有效减少群众上访和诉讼案件的发生。聘请2位优秀律师担任法律顾问参与重要执法活动，提高依法科学决策水平。组织开展基层“早八点”应用推广、350M无线数字集群终端使用、档案管理、交通管理、禁毒管理以及执法办案闭环管理系统培训工作10余次，提高民警业务能力。购置一批单警装备、350兆对讲机和执法记录仪，集中配发给派出所和业务警种，配套购进执法记录仪采集系统，提升规范执法和防护能力。优化改版公安网站，开通“利津县公安局”官方微信、微博等窗口阵地，依托互联网等现代媒体，深化警务公开，及时回应社会关切问题。

【队伍建设】 结合“两学一做”学习教育，扎实开展“大排查、大整改、见实效”专项活动，建立周四集中学习日制度；集中观看《警钟》系列警示教育片，参加德廉和党风党纪知识测试，认真落实党风廉政建设的主体责任和监督责任，夯实领导干部“一岗双责”；不断丰富民警业余生活，投资20余万元建成的篮球场、门球场投入使用，受到民警和离退休干部的称赞；在篮球、乒乓球、拔河、游泳等赛事中屡获佳绩，增强队伍活力。严格执行职级并行制度，晋升副处级1人，副科级20人。同时积极争取党委政府的支持，8月份开始执行警衔津贴新标准，并将上级落实的政策逐步落实到位。

（张忠聚　邢　磊）

公安交通管理

【概况】 县公安局交通管理大队隶属于县公安局，系正科级行政单位，负责全县道路交通安全管理工作。内设办公室、财务装备室、综合管理中队、车辆管理所、事故处理中队、警务机动中队、一中队、二中队、三中队、四中队、五中队11个机构。现有在职人员48人，其中，民警37人、事业编4人、工勤7人，平均年龄39.5岁。管辖全县机动车9.4万余台，驾驶人7.4万余人，道路通车总里程1639.8公里。年内，1人被县委、县政府评为“感动利津”道德模范、3人被市局评为“双为”先进个人等称号，大队也多次受县委县政府通报表扬，被授予“下派帮扶工作优秀单位”“市级文明单位”等荣誉。

【“平安行·你我他”行动】 稳步推进“平安行·你我他”行动，并将其纳入县政府政务督查事项，每月通报排名；县政府及8个乡镇街道的主要负责同志出任交安委主任，将办公室全部设在政府，并定期召开会议、协调解决问题。县交安委办公室牵头抓总、协调推进，各成员单位依法履职、齐抓共管，建立完善日常工作指导和督促检查、隐患排查整改、交通安全公益宣传等制度机制。截至12月，共聘用乡镇交通管理员128人、劝导员585人，通过视频培训等形式举办“两员”交通安全常识培训6场次，450人次参加道路交通安全法规和交通安全管理知识学习培训，提升“两员”交通安全管理水平。

【交通事故处理】 完善交通事故定期分析、较大交通事故评析和周例会制度，从人、车、路等方面，全方位查找事故原因和薄弱环节并采取针对性措施。建立侦破交通肇事逃逸案件“协调配合、挂牌督办、领导包案”制度，推动轻微交通事故处理权限下放，实行轻微事故快速处理。完善行政、人民、司法和仲裁调解“四位一体”调解机制，进一步提高公信力。全年，全县发生一般以上道路交通事故1696起、死亡69人、受伤1343人、直接经济损失134.2万元，与上年同期相比，四项指标稳中有降。同时，组织开展缉捕网上逃犯专项攻坚行动，全部完成红色指令追逃任务。侦破逃逸案件91起、侦破率96.5%，其中，死亡、伤人逃逸案件49起、侦破率100%，并成功破获“2001.12.9”死亡肇事逃逸积案。

【专项整治活动】 纵深推进“大排查、快整治、严执法”“大货车、低速车交通违法整治”“大巡逻、大整治、大宣传、大劝导”等一系列专项行动，采取集中行动、交叉检查等形式，对酒驾毒驾、涉牌涉证、超员超载等严重交通违法行为，坚持零容忍、顶格处罚，重拳治违、铁拳治乱，进一步凝聚依法严管严治的理念共识。全年共现场查处各类交通违法行为4.5万余起，其中，万元罚单44笔、酒驾90起、醉驾26起、涉牌涉证376起、超员21起、超速11633起、超载260起、疲劳驾驶3675起、不按车道行驶10469起。

【交通安全监管】 强化重点企业源头监管。积极会同交通运输、安监部门，对“两客一危企业”交通安全隐患进行重点检查，对存在隐患的下达整改通知书，责令限期整改，并定期开展集中约谈。加强对重点驾驶人、重点车辆的监管。集中开展重点驾驶人集中清查行动，并进行面对面、点对点的安全教育，督促其处理交通违法；对“营转非”大客车、危化品运输车、校车等五类重点车开展车辆检验、报废、交通违法处理“三清零”活动，全年，办理机动车注册登记3365笔，注销登记2664笔，检审机动车22273台、驾驶人2176人，补（换）领牌证合格标志989笔、驾驶证9276笔，

“122”交通安全宣传

组织满分学习38场、639人。

【交通安全宣传】 2016年，实施“文明交通行动计划”“守护平安、幸福童年”“12.2交通安全日”等大型宣传活动。充分发挥交通安全宣教基地、交通安全宣讲团的作用，开办“法制凤凰城——交警在线”专栏；拓展农村地区交通安全宣传阵地，加强重点驾驶人群体宣传教育；健全热线、微博、短信三位一体服务机制和“警示提示、事故曝光、公益广告刊播”宣传机制。全年，共组织大型宣传活动12场次，组织“五进”宣讲活动315场次，悬挂各类宣传横幅90余条，印制、发放宣传画册、明白纸2.5万余份，在各级媒体、报刊播发宣传稿件1700余条。

（刘云龙　李炳俭）

司法行政

【机构队伍】 县司法局内设办公室、基层工作股、法制宣传教育股、社区矫正工作管理股4个职能股室，加挂利津县社区矫正管理局牌子，司法所加挂社区矫正管理所牌子。下属利津县公证处（副科级）、法律援助中心2个行政单位和“148”法律服务中心1个事业单位。有在职干部职工42人。

【启动“七五”普法规划】 2016年，经县十七届人大常委会第39次会议审议通过《关于在全县公民中开展法治宣传教育的第七个五年规划》和《利津县2016—2020年依法治县规划》，并分别作出决议；8月，县委常委会议审议通过“两个规划”；9月，县委、县政府召开全县“六五”普法总结暨“七五”普法启动工作会议，对“七五”普法工作情况进行安排部署，并出台《关于落实国家机关“谁执法谁普法”普法责任制的实施意见》《关于在全县开展以案释法工作的实施意见》《关于加强媒体公益普法宣传的指导意见》。推动“七五”普法宣传教育队伍建设，成立37人的普法讲师团和110人的普法志愿者队伍，深入乡村、社区、学校、企业开展法治宣传活动。

【法治宣传教育】 **国家工作人员学法用法**。每季度开展一次公职人员法治讲座，为县科级干部和500余名村支部书记进行授课；加强青少年法治教育，开展“大手拉小手”系列活动，印发《关于开展校园欺凌治理法治宣传教育活动的实施方案》，组织县“关爱明天宣讲团”的“五老”志愿者深入学校开展宣讲活动。结合新型农民学校“法律下乡”培训和村（城市社区）组织成员法治培训工作，开展法律知识培训，受教育群众达3000余人次。**加强法治文化阵地建设**。在机关、在学校、企业、社区、乡村、单位各层面分别打造2个以上“法律六进”示范典型，建设黄河外滩法治文化阵地，巩固提升“一场一廊一街一角”链条式法治文化阵地。**培育法治文化**。充分发挥“法治凤凰城”节目优势，制作法治类节目24期；联合老年大学开展法治书画作品评选活动，组织全县中学生开展法治手抄报比赛活动，参与作品达1500余份。

【维护社会稳定】 **创新开展人民调解工作**。建立矛盾纠纷预警、排查调处、应急处置、联动联调和奖惩等长效机制，构建以人民调解为基础的“大调解”工作格局，在全县重新选聘专职人民调解员581名，组建7个县级行业性、专业性人民调解委员会，建立由132名调解专家组成的专业调解人才信息库。2016年，全县人民调解组织共受理各类纠纷1595件。**规范社区矫正和安置帮教工作**。采取询问、座谈、签订责任书等形式，对全县社区矫正人员进行集中走访和脱管漏管专项检查活动，对重点社区矫正人员根据调查走访情况制定矫正个案，有针对性地对其矫正管理。2016年，全县共接收社区矫正人员169人，解除矫正189人，在管矫正人员288人。下达警告36人，社会调查评估44人。对全县810名安置帮教对象做到信息实时查询，对生活特别困难或患有大病的刑满释放人员，积极协调有关乡镇（街道）及民政部门，对其进行救助。

【公共法律服务体系建设】 **拓宽法律援助途径**。在8个乡镇（街

6月29日，全县健全完善综治网格化管理暨专职人民调解员选聘工作会议

道）全部建立公共法律服务工作站，在县直部门新建4个法律援助工作站，在300个村居悬挂“法律援助便民服务牌”。发放宣传品6000余份，解答各类咨询200余起。全年共办理各类案件307件，结案134件，发放办案补贴120件，整理卷宗123件，总受援人数352人。**提高公证质量及监管水平**。为利津县拆迁改造、村民集中居住和商品房公开拍卖、安置房分配等政府重点建设项目及县中心医院电子医疗系统升级办理公证业务和提供法律服务900件次，全年共办理各类公证事项973件。实现“零错证、零投诉、零上访”的“三零”工作目标。**律师服务经济社会发展能力明显提升**。2016年度，诚正勤律师所和津城律师所共承办民事案件、刑事案件、非诉讼案件318余件，积极承担法律援助义务，承办民事、刑事等各类法律援助案件60余件，为48家企事业单位担任法律顾问，解答法律咨询及代书4400余件。

【司法队伍建设】 **加强思想政治建设**。调整“两学一做”学习教育等18个工作领导小组，成立局老干部党支部，在1101室建立党员活动室，设立党员学习园地和党员监督平台，开展争创“党员先锋岗”、送学上门等活动。**推进信息化建设**。稳步推进法律服务中心、矛盾纠纷调处中心、法治宣传教育中心和特殊人群管理服务中心“四个中心”建设。设立23个农村（社区）司法行政工作室。在5个司法所建成法律援助视频平台，完成利津、凤凰城等6个司法所的“148”法律服务视频系统的安装，利用“12348”法律服务热线解答法律咨询2000余人次，其中来电1200余人次，来访800余人次。3.提升单位整体形象。开展各项公益活动，推进普法宣传、人民调解、社区矫正、法律援助、法律服务等司法行政职能进入社区，积极参与利三路中断区域综合改造、驻村帮扶、乡村文明建设等工作。

（崔秀国　赵　伟）

人民武装

【概况】 2016年，县人武部深入学习贯彻习主席改革强军重大战略思想和北部战区、军委国防动员部以及省军区党委扩大会议精神，积极适应新体制、新职能、新使命，按照“突出铸魂固本、主动看齐追随、强化战备训练、聚焦动员准备、持续正风肃纪、推进融合发展、守住安全底线、争创一流业绩”的思路，高标准抓好年度重点工作落实。11月中旬，北宋镇武装部圆满通过全市基层武装部达标考核，标志着全县10个基层武装部全部达标。达标考核过程中，利津县2个基层武装部荣获全市第一，4个单位获全市第二。

【思想政治建设】 **突出抓好习主席系列重要讲话精神学习**。始终坚持把学习贯彻习主席系列重要讲话精神，作为年度一项重要政治任务紧抓不放。以《习主席关于国防和军队建设重要论述》等书目为基本教材，把握“总布局”、贯彻“新理念”、突出“军事篇”、掌握“方法论”。深入学习贯彻党的十八届六中全会精神，组织干部职工原原本本学习全会公报，收听收看东营市委党校专家辅导授课。通过开展学用习主席系列重要讲话精神知识竞赛，组织征文展评，不断将学习教育引向深入，进一步增强全面从严治党的自觉性、紧迫感，强化“四个意识”。突出抓好以“两项重大教育”为主的思想政治教育。**扎实开展改革强军主题教育**。深入学习习主席改革强军重大战略思想，按照专题研讨、动员部署、集中学习、观看录像、讨论辨析、查摆问题6个步骤，引导干部职工更新思维理念、理清职能任务、凝聚思想意志。深入开展“两学一做”学习教育。引导全体党员在“两学”中增长才干，在“一做”中树立标杆。深入开展向身边典型学习活动，用身边典型引领人，用新风正气培育人，用正能量好声音凝聚人。**严肃开展肃清郭徐流毒影响专题教育**。在集体授课辅导的基础上，分别组织召开党小组会，紧紧围绕12个重大是非问题开展讨论辨析。部领导以普通党员的身份参加所在党小组的讨论。开展思想作风清理活动，深入分析肃清郭徐流毒影响、加强党风廉政建设形势，查找思想认识、组织推进和工作成效等方面的差距不足，对过去一个时期形成的思维定势、习惯做法逐条逐项研究辨析，剖析问题原因，制定对策措施。

【征兵工作】 县人武部按照“一专多能、一队多用”要求，把县民兵应急连重点编组在城区周围4个乡镇、街道，各民兵应急排重点编组本乡镇、街道机关人员、事业单位常住人员，确保人员在位率和出动率，2016年，省军区、军分区先后10次到县部检查工作，6次拉动民兵应急分队，均在规定的时间内到达指定集合地点，在位率达100%。注重把民兵专业技术分队训练向生产平台延伸，与利华益集团、三阳纺织等企业和县供电公司、自来水公司、消防大队等单位，开展防化救援、供热设施、电力设施、水力设施抢修和消防等专业技术训练，提高民兵专业技术分队的业务技能。积极做好省军区机关带直属分队野营拉练途经利津的各项保障工作，县民兵道路抢修分队受到省军区首长机关检阅，并给予高度赞扬。充分发挥民兵队伍亦兵亦民、社情熟、反应快的优势，积极参与平安利津和法治利津建设，在化解矛盾纠纷、处置突发性事件中发挥示范作用。截至年底，全县共600个民兵治安小组、532名民兵信息员，成为利津县维稳的骨干力量。不断研究破解新形势下征兵工作出现的新问题，狠抓依法廉洁征兵，推动征兵工作创新发展。几年来，面对征兵政策改革、兵员征集时间提前、大学生入伍指标提升和适龄青年入伍名额降低等不利因素，县人武部不等不靠，深入村居主动研究，面对面释疑解惑、多种手段全面宣传，坚持把优先征集大学生作为重点进行宣传，大力宣传大学生入伍优惠政策。圆满完成军分区赋予的年度兵员征集任务，人武部被表彰为“山东省征兵工作先进单位”。

【正规化建设】 认真贯彻落实军委国防动员部《部队管理工作若干问题暂行规定》，下力解决存在的突出问题和薄弱环节，不断提高正规化建设水平。**注重形势分析研判**。先后3次组织召开安全形势分析会，组织传达学习省军区下发的事故案件通报，举一反三，吸取教训，及时解决安全工作中存在的矛盾问题，有效

10月18日，东营军分区联合考核组到北宋镇检查基层武装部规范化建设情况

增强安全工作的预见性、主动性、针对性。**注重安全隐患排查整治**。围绕“人车枪弹密、水火电钱航、酒油黄赌毒、涉外涉地方”等3个管理重点实施综合治理，成立联合工作组，先后3次对营区安全管理工作落实情况进行检查，对存在的问题现场下发整改通知单、明确整改时限，适时组织“回头看”，切实摸清安全底数。**注重强化依法管理**。深入开展“学法规、用法规、守法规”和“百日安全竞赛”活动，通过组织集中辅导授课，观看警示录像，开展讨论交流，严格军容风纪，有效纠治有令不行、有禁不止、有法不依、执法不严等问题，确保人武部安全稳定。

【拥政爱民工作】 县人武部认真贯彻落实上级“真扶贫、扶真贫”工作要求，及时调整更换帮扶对象，重新选定省定贫困村——利津街道后宋村。先后9次组织人员进村入户调查摸底，征求意见建议，帮助帮扶村理清发展思路，协助制定“年度工作计划”“三年发展规划”和专项扶贫开发项目实施方案，确定以乡村旅游业带动农副业发展的生态援建思路。设立5万元的帮扶专项资金，根据帮扶需要研究资金投入事项。党员干部积极参与，共资助帮扶村7名家庭困难学生，走访慰问贫困户、困难老退伍军人12户，送去慰问金和慰问品，帮助解决实际困难。积极协调建议，将凤凰城街道西李村确定为军分区党委定点帮扶村，促成西李村进村道路修缮工程立项。县人武部精准扶贫事迹被《山东国防报》头版头条刊发。广泛开展为抗战老兵送“抗战胜利七十周年纪念章”、清明节祭扫革命烈士墓、烈士纪念日公祭革命烈士，为考取军校和国防生的考生家庭颁发“携笔从戎、无上光荣”荣誉牌，为部队人员送立功受奖喜报等系列活动，增强全县干部群众爱党、爱国、爱军的热情，在全社会营造拥军优属、崇尚荣誉的良好风尚。“八一”前夕，走访慰问全国拥军优属模范—魏希英，为其悬挂“关心国防最美家庭”牌匾。协调县中心医院组成专家义务巡诊组，对全县27名抗战老战士进行义务巡诊，受到驻地群众普遍欢迎。组织全县1.3万名民兵主动参加全省文明县创建活动，为利津县成功创建为全省文明县作出积极贡献。组织民兵预备役人员积极参与利津义工协会、利津志愿者协会的志愿服务活动，带头树“四德”，带头传播践行社会主义核心价值观，争优精神文明的建设者、传播者和维护者，以实际行动打造“崇文尚德、诚信利津”道德建设品德。

【军政军民关系】 注重把融洽军政军民关系作为应尽之责，与政法、民政、信访等部门建立协调机制和联合办公制度，及时处理、化解涉军案件和纠纷，密切党群干群和军政军民关系。积极开展法律拥军活动，依法维护军人军属合法权益。先后为军人军属提供法律咨询11件次，协助处理军人军属纠纷2件。积极参与慈善捐款、义务献血和植树造林等社会公益活动，每逢重大节日，坚持走访慰问老军属、老党员，把组织的温暖送到群众的心坎上，以实际行动践行党的群众路线。春节前夕，组织全县人武系统开展一次春节大走访活动，县人武部和各基层武装部结合送慰问信和立功受奖喜报，对全县60户家庭困难的军烈属和入伍新兵家属进行走访慰问，得到地方党委政府和干部群众的肯定和认可，产生了很好的社会效应。6月上旬，积极协调县政府、公安局、交通运输局共同完成26集团军某旅过境利津县道路疏通和安全警戒保障任务。2016年，全县共动用民兵应急分队和装备保障分队3支，265人，公安交警120人次，车辆65台次，进一步融洽了军政军民关系。积极参与东营市争创全国双拥模范城驻军驻警工作，细化分解创城工作实施方案，健全完善创城工作制度，协调和督导驻军驻警部队按步骤、分阶段、成系统、逐条落实新的《考评标准》和《东营市争创新一届全国双拥模范城实施方案》的要求，确保创城工作有序有力开展。

（李宏宇　王玉帅）

武装警察

【支部班子建设】 *党支部建设*。2016年，中队支部班子能够做到生活上互相关心、学习上互相帮助、工作上互相支持、思想上互相提醒，班子成员的自律意识、敬业精神、表率作用不断增强。党支部坚持民主集中制，按照“十六字”方针讨论决定重大问题，公道正派地处理和解决热点敏感问题，严格执行上级命令指示，支部“三个能力”不断增强，形成了较强的凝聚力和战斗力。**党员整体素质不断提高。**中队认真开展“两学一做”活动，加强党员理论学习，积极开展“日学党章”活动，严格按照标准搞好对照检查，使党员“照照镜子，找找不足”，并做出公开承诺，使党员时刻不忘自己的模范作用，不断增强事业心、责任感，树立以队为家思想，在党员队伍中逐步形成“有关怀、有友谊、有快乐、有希望、有干头”的良好氛围。**发挥群众组织的桥梁和助手作用。**中队团支部积极作为开展各类文化活动，不断丰富官兵文化生活，陶冶官兵情操。以军人委员会为平台，积极推动队务公开，发动官兵出主意、想办法、提建议，号召人人都参与到中队建设中来，不断加强和改进工作，加强对中队伙食、财务的民主监督，促进了部队建设。

【思想政治建设】 **抓好经常性思想教育。**2016年，中队针对新兵下队、勤务压力大、官兵心理思想易出波动的思想实际，组织历史使命、心理健康、人生观价值观、战斗精神等经常性思想教育。同时，精心开展主题教育，认真组织备课试讲，积极开展各项配合活动，营造浓厚氛围，号召官兵响应改革，投身改革。**加强风气建设。**认真开展尊干爱兵和大谈心活动，带领官兵深入查找自身存在的问题和不足，并积极开展各项暖心工程，努力让战士感受到中队大家庭带来的温暖。同时，加强中队风气建设。在涉及到官兵提升骨干培训、考学、入党等敏感事务中能够坚持公平、公开的原则，增强透明度，营造风清气正的内部环境。**严格落实预防工作制度。**加强对营区安全和防袭击建设，确保官兵人生安全。同时，做好一人一事思想工作，加强对重点人的排查力度，预防自杀问题发生，及时消除隐患苗头。中队将二楼以上所有窗户加装卡槽，每月进行安全检查，确保部队安全稳定。**为官兵提供成长成才平台。**通过开展“我喜欢的一句话”活动，让战士轮流在队前进行解读，锻炼官兵心理素质和语言表达能力，帮助战士成长成才。同时，中队认真组织“读书伴我成长”活动，积极培养官兵“床头一本书、每日三五页”的读书习惯，培养官兵内涵气质。

【正规化执勤】 **认真搞好勤务教育。**中队严格落实每月一堂勤务教育课的规定，组织官兵学习《执勤规定》等法规制度，认真剖析总部《典型执勤事例》中事故发生的原因、吸取的教训，强化忧勤自警意识，使官兵牢固树立“执勤问题不能原谅、不能作检查”的意识。**严格落实勤务制度。**支部每月专题分析执勤形势，认真排查执勤隐患，发现问题及时整改。**严格实施执勤奖惩。**中队认真落实上哨前检查、下哨后讲评、查看执勤录像、收集讲评执勤情况等制度。每日利用交班会等时机，组织干部骨干观看执勤录像，认真学习支队作战信息网执勤通报。坚持每月对表现好的哨兵进行表彰奖励，激发官兵完成执勤任务的积极性。经过一个时段的持续用力，中队执勤秩序更加规范。

【军事训练】 **进一步规范执勤秩序。**根据上级指示精神及中队实际，稳步开展三哨活动，扎实推进执勤专项整治活动及执勤安全教育整顿。狠抓专勤训练，执勤能力进一步加强，确保执勤目标绝对安全。**大抓军事训练。**以《军事训练与考核大纲》为依据，坚持每日一个小时体能训练，每月进行破纪录竞赛，全面加强力量、速度、耐力、柔韧、灵敏等基本素质训练。使总部下发的《军事训练八落实指示》得到很好的落实，全面提高官兵素质能力。同时，设立训练龙虎榜，营造“训练有功、训练有为”的浓厚氛围，促使官兵变“要我练”为“我要练”。**突出应急班建设。**按照“一专多能、一队多用”的标准，加强训法战法研究，突出实战化训练。中队立足现有条件，突出抓好处置突发事件、反恐战术、擒敌等科目训练，有效提高应急班反恐维稳致胜能力。

军事训练

【行政管理】 **着力强化按纲抓建意识**。通过组织学习新《纲要》及总队纲要培训，使官兵进一步明确建设标准，理清工作思路。以扎实开展“学法规、用法规、守法规”活动为抓手，培养官兵法治意识，促进经常性工作落实，中队建设基础进一步扎实。**狠抓精细化管理**。2016年，中队进一步加强精细化管理和依据条令进行规范化管理，严格落实一日生活制度，正规四个秩序，坚持严在平时，细在平时。纠治乱扔垃圾，乱丢烟头等不良习惯。**扎实搞好安全隐患排查治理**。严格落实《安全工作八个规范》要求，以安全防范重点工作推进表为抓手，持续开展“四无”正计时活动。积极开展安全教育、观看警示片、事例分析等活动。同时,严格落实安全制度。每日，利用晚点名对当天的安全工作情况进行讲评；每周，中队召开队务会进行小结；每月，召开党支部会议，深入分析当月的安全形势，针对问题研究制定整改措施。

【后勤管理】 在经费管理上，严格落实财务管理制度，坚持双主官签字，做到支部当家，集体理财。在伙食管理上，严格落实自助餐，食物验收等制度，杜绝“跑、冒、滴、漏”等不良现象的发生。在公用物资管理上，严格落实“三管责任制”。一年来，两名炊事员通过自学、培训等方式，显著提高了炊事技能，伙食水平稳步提升，官兵伙食满意率达到95%以上。

（牛志勇　胡凌云）

边　防

【党支部建设】 刁口边防派出所党支部注重加强自身建设，始终同上级党委保持一致。8月，党支部进行换届选举，党支部的凝聚力和战斗力得到增强。通过组织党员开展手抄党章、纪念长征胜利八十周年、学习十八届六中全会精神等活动，增强党员党性意识。8月26日，支部班子召开“两学一做”专题民主生活会，通过开展批评与自我批评，深入查找问题，推动支部建设。9月13日组织代表参加市边防支队第三次党员大会。2016年，刁口边防派出所党支部共召开支部委员会32次，支部党员大会5次。

【政治工作】 **坚持政治建警，增强四个意识**。开展“讲党性、迎考验”、改革强警主题教育、“两学一做”教育、学习维和官兵事迹、“戴党徽、亮身份、强党性”等活动，通过采取主官上党课、重温入党誓词、唱红歌等方式，增强官兵戍边思想根基。**坚持文化育警，构建和谐警营**。充实篮球架等文体娱乐器械，安装文化栏、电子屏。组织官兵参观红色遗址、烈士纪念日等活动，丰富官兵文化生活。2016年，刁口边防派出所在各级媒体、报刊发表《坚守在岗位上》《海上祭英烈》等文章12篇，发表政工信息40余篇，圆满完成宣传报道任务。**坚持廉政立警，筑牢思想防线**。组织人员参加党务督察培训，观看教育片、开展“廉政警示”教育学习活动10余次，树立纪律观念，改进工作作风。

【军事业务工作】 **开展岗位练兵活动，加强内部安全稳定**。强化经常性练兵机制，切实做到每周必训，确保训练质量。加强敏感时期、节点安全隐患的排查整改，积极与官兵谈心，开展处突演练，确保部队安全稳定。**开展各项专项行动，圆满完成保卫任务。**开展“固边”行动、油区清查、社会治安隐患排查、沿海船舶集中清查、禁毒整治等多个专项行动，圆满完成“两会”、G20、东营公路自行车等安全保卫任务。**加强基层基础工作，深入推进四项建设。**认真开展执法执勤专项教育整顿活动，学习法律知识，使民警熟练掌握闭环系统。规范台账填写，强化程序和证据意识，对执法场所进行整改。年内接处警34起，办理行政案件2起，刑事案件1起，刑事扣留1人；年审渔船102条、渔船民266人，组织渔船民教育3次，处罚船舶15艘。

（张　勇）

综合经济管理

Comprehensive Economical Administration

发展与改革

【概况】 利津县发展和改革局内设办公室、政策规划股、协调发展股和经济体制综合改革股4个职能股室，下属利津县铁路工作办公室和利津县重点项目办公室2个事业单位。人员总编制30人，其中行政编制14人（工勤编制2人），事业编制16人，现有在编工作人员27人。主要承担中长期规划的编制实施、年度计划的制定、经济运行的监测、项目的立项审批、重点项目的筛选论证、项目资金的争取、服务业发展、铁路建设协调服务、医药卫生体制改革、支持利津加快科学发展以及创业促进会等方面的工作。连续多年被评为目标管理考核突出贡献单位、“三争”工作先进单位。

【规划计划编制】 经县人代会审议，印发《利津县国民经济和社会发展第十三个五年规划纲要》，科学编制2016年度国民经济发展计划。定期组织有关部门分析研讨全县经济运行情况，及时提出对策建议，提交政府常务会、县委常委会研究。深入开展“党员干部沉下去、服务水平提上来”主题活动，围绕工业产业转型、战略性新兴产业发展、专项资金使用监管、固定资产投资等形成多篇调研报告，为县委县政府领导决策提供依据。

【“三争”工作】 充分发挥部门优势，积极向上争取政策、项目、资金。政策方面。争取到“全省创建社会信用体系建设试点示范城市”以及5个“国家农村产业融合发展试点示范村”，落实支持利津加快科学发展市级财政间歇资金1亿元，基础设施建设专项资金3000万元。“全省县域经济提升活动示范县”争取材料上报省发改委。项目方面。争取将圣亚年产6000万立方生物燃气项目列入2016年省重点建设项目，聚碳酸酯、省道316改线、文化艺术中心等4个项目列入市重点建设项目。为企业争取棉花进口配额13401吨、玉米进口配额201吨，进口原油350万吨。新认定隆源橡胶、利农菌业2家市级工程实验室，悦能燃料油仓储物流项目列入全省“十三五”军民融合重大工程项目。资金方面。共争取到位资金25627.8万元（不含支持利津科学发展资金），同比增长46.7%。其中，为韩垣社区安置房、津城佳苑居住区、尹王庄社区等3个项目争取国家专项建设基金1.31亿元，为圣亚生态能源生物燃气项目争取资金2556万元，为盐窝镇中心小学争取到中央资金500万元。

【重点工程项目】 共确定2016年度重点工程项目102个，总投资456亿元，年度投资计划156亿元。在日常推进上，成功举办春季项目集中开工仪式，组织项目手续办理培训会，建立项目带办制度，畅通行政审批“绿色通道”。针对项目推进中遇到的困难和问题，严格落实工作责任制，按照“一个项目、一套台账”的标准要求，实施精细化管理。先后组织召开调度会议7次、现场推进会议9次、督导会议12次，协调解决征地拆迁、安置补偿、手续办理等问题90余个，确保重点项目的顺利实施。筛选论证2017年度重点工程项目126个。

【审批服务】 牵头组织各职能部门对行政审批事项进行梳理，制定《利津县区域化评估评审工作实施方案》，将安全生产列入规划计划，严把项目安全准入关。牵头对安全生产领域150个违规项目进行处置，建议淘汰13个违规项目。在项目立项审批服务上，将项目审批纳入全省投资项目在线审批监管平台，积极推进项目审批在线受理、办理、监管“一条龙”服务。共审批项目183个，其中备案类136个，核准类5个，批复42个。同时，根据化工项目审批权限上收情况，帮助县内6家企业到市办理立项手续。

【深化改革】 制定2016年全县经济体制改革实施方案，将56项改革任务细化分解到各职能部门，并建立工作台账、统筹推进。其中，深化医药卫生体制改革工作成效显著，公务用车制度改革实施方案并获市车改办批复，通过积极向上争取，额外多保留12辆安全执法用车，确保

4 月 28 日，县委书记杜振波（中）到山东中阳碳素股份有限公司调研

正常业务开展，圆满完成年度公车改革任务。同时积极推进“双招双引”工作，借助西洽会、渝洽会、喀交会和西博会，不断加大对外宣传力度。牵头组织融入京津冀协同发展推介会。提报服务业领域泰山产业领军人才工程。与中国三峡新能源有限公司华东分公司、中核汇能有限公司和利津鑫诺新能源有限公司等三家公司签订《光伏发电项目开发协议》。引进在建项目 2 个，推进项目 2 个，在谈项目 2 个。

【铁路建设】 完善德大铁路站前广场公厕、污水处理等配套设施。针对客流量少的问题，通过县电视台、电台以及政府网等媒体进行宣传。完成黄大铁路大田村房屋拆迁安置、庄家村公墓搬迁、沿线部分畜禽舍拆迁工作，确保黄河铁路特大桥等工程的顺利实施。成立东营港疏港铁路利津段建设推进指挥部，起草土地征收实施方案，召开动员会议，部署征地拆迁工作。积极开展铁路物流园论证工作，通过座谈会、调查表等形式对全县货物运量情况进行调研，并形成运量调查报告，起草利津县铁路物流园情况分析。同时，为方便企业了解更多的铁路运输信息，组织县内企业注册中国铁路 95306 网。

【帮扶工作】 结合凤凰城街道丁坊村实际，制定帮扶方案，不断加大对特色产业的帮扶力度。2016 年，多方筹措资金 50 万余元，帮助丁坊村建设集文化大院、日间照料、西瓜批发市场管理中心为一体的活动中心。积极推进光伏扶贫工程，编制《利津县 2016 年光伏扶贫工程实施方案》，与中国三峡新能源有限公司华东分公司、中核汇能有限公司和利津鑫诺新能源有限公司等三家公司签订《光伏发电项目开发协议》。截至年底，有 64 户自然人、36 户非自然人分布式光伏项目并网发电。

【机关建设】 认真落实党建和党风廉政建设工作主体责任，深入开展“两学一做”学习教育，层层签订廉政责任状。投资 15 万元余元，高标准规划建设党员活动室，完善硬件建设。按照“两学一做”学习教育配档表，积极组织开展集中学习、座谈交流、专题研讨、党员标兵评选、过硬支部创建、廉政教育等活动，制作党建专题片、党员标兵专题片，有效提高机关党建水平，筑牢干部职工反腐倡廉的思想道德防线，营造起风清气正、比学赶超的浓厚氛围。

（杨桂华　穆建波）

市场管理

【机构】 7 月底，利津县整合工商行政管理局、食品药品监督管理局、质量技术监督局职能组建成立利津县市场监督管理局（加挂利津县食品药品监督管理局牌子），为县政府工作部门。内设 15 个职能股室：办公室、法制股（挂行政审批股牌子）、财务股、企业注册局（挂企业信用管理股牌子，副科级）、公平交易局（挂市场规范管理股、网络交易管理股牌子，副科级）、消费者权益保护股、商标广告管理股、食品安全综合协调股（挂食品安全应急管理股牌子）、食品生产监管股、餐饮服务食品监管股、保健食品化妆品监管股、药品医疗器械监管股（挂药械安全性监测管理股牌子)、产品质量监督管理股(挂认证股牌子)、标准化股、计量股;下设食品药品稽查大队(副科级)、质量技术监督稽查大队(副科级)、计量测试检定所、消费者投诉中心、个体私营经济服务中心5个事业单位,为县局所属财政拨款单位;在各乡镇、街道设立市场监督管理所(加挂食品药品监督管理所牌子),为县局派出机构,承担本辖区内市场监督管理工作。全局核定编制150人,2016年底,实有工作人员142名。

【行政审批提速】 认真落实上级放宽注册资本限制、先照后证、企业五证合一、个体工商户两证合一等政策,对重点行业严格依法把关,优化审批流程,实行"一表申报、一口办理",工商注册登记便利化程度不断提高,促进市场主体规模不断壮大。2016年,全县共新增各类市场主体3414户,同比增长28.44%,注册资金34.89亿元,同比增长39.06%。

【食品安全监管】 积极履行食品安全综合协调职能,印发《全县食品安全重点工作安排》,组织教育、公安、畜牧等部门开展联合执法检查,推动年内重点工作顺利开展。在食品生产环节,认真落实食品生产企业主体责任,建立小作坊生产报告承诺制度,完善获证企业"一企三档",围绕重点产品开展专项整治。在食品流通环节,积极推行一票通制度,建立食品可追溯制度,实行农贸市场驻场式监管,开展食用农产品快检工作。在餐饮服务环节,严格执行安全操作规范,认真落实餐饮单位量化分级管理、学校食堂季度检查制度、大型集体聚餐备案监督制度等,积极开展"食安山东"餐饮服务品牌创建活动。先后围绕重大节日、重点食品、重点环节开展各类专项整治17次,快检各类食品100批次,监督抽检各类食品545批次,查处各类食品安全违法违规案件63起,有力维护全县食品安全。

【药品医疗器械监管】 严格依法开展药械经营企业许可初审和药品经营许可证申办、变更、换发等现场验收工作,规范药械生产经营、使用行为,加强药品不良反应报告和监测,开展医疗器械"五整治"回头看等专项检查活动。全年共现场验收药品连锁药店1家2处门店,检查药品批发、零售企业300多家次,完成药品抽检127批次,查处药品医疗器械违法违规案件45起。同时,上报药品不良反应271例、新的严重的不良反应42例和医疗器械不良事件66例。

【特种设备监管】 以落实企业主体责任为主线,建立特种设备安全例会制度,认真做好特种设备的安装告知、注册登记,督促企业对到期设备及时申请检验。突出治理隐患排查,通过加强设备检验、日常监督检查和重点对象日常监管、加强隐患排查治理以及事故应急救援演练,深入开展液化石油气充装站、移动式压力容器专项整治、电梯安全大会战等专项行动,解决影响特种设备公共安全的突出问题和安全隐患。全年共接受特种设备安装告知95次,办理特种设备注册登记129次,下达监察指令书55份,消除事故隐患37处,查处案件3起,确保特种设备运行安全稳定。

【企业信用监管】 加强企业年报公示工作,发布企业年报提示公告,加大催报力度,2016年全县年报率达到95%。严格规范经营异常名录管理,对纳入经营异常名录的进行持续催报和提醒,先后指导96户企业、517户个体工商户、13户农民专业合作社按规定履行相关公示义务后,移出经营异常名录。扎实开展"双告知、双随机"抽查工作,全县共随机摇号抽查企业663户,通过抽查发现问题并列入经营异常名录29户,标注为经营异常状态11户,强化市场主体自律和社会监督。

【工业产品质量监管】 扎实开展质量安全风险排查,开展重点领域产品质量打假执法专项行动,实施生产企业、季节性生产企业抽检,检查企业115家次,完善企业质量安全诚信档案651份,督促指导企业限期整改各类隐患35项,查处产品质量、伪造产品产地等案件3起。强化工业产品生产许可和认证认可监管，检查许可证获证企业176家次，确保全县重点工业产品的质量安全。

【流通环节商品质量监管】 积极开展成品油、农资、电动车等重点商品质量监管，先后抽检各类样品240批次，查处销售不合格商品案件36起。认真开展流通领域服装类、建筑装饰材料类抽检工作，对2家检验不合格违法企业进行立案处理。加强商品交易市场管理，落实市场开办者责任，对存在的问题限期整改，规范商品市场交易秩序。网络监管全面展开，对山东工商网络监管平台上的网络主体进行主体建档，建档率100%，并通过网上电子取证方式办理网络虚假宣传案件1件。

【商标广告管理】 开展商标专用权侵权行为专项检查，查处1起销售侵犯注册商标专用权行为，没收侵权麦种108袋。把好广告市场准入关，先后办理户外广告登记22件。开展互联网金融广告及以投资理财名义从事金融活动风险专项整治行动，重点检查以投资理财名义从事金融广告行为，共排查出全县涉及理财的企业101家并建立台账。

【服务企业发展】 先后为77家企业办理动产抵押79件，帮助企业实现融资31.6亿元；指导申报省级“守合同、重信用”企业2家、市级2家，新申报国家级“守合同、重信用”企业1家并通过初审；积极开展标准化服务，做好164家800多种产品企业标准的备案、执行标准登记工作，帮助完成119家企业产品标准自我声明；深入企业开展计量器具和衡器检定服务，先后强制检定各种计量器具和电子汽车衡3000多台次，对重点用能企业能源计量器具开展检定服务，促进节能降耗。

【消费者权益保护】 以产品质量、消费者权益保护、食品用药安全等为重点，积极组织宣传咨询活动，深入乡村、学校等开展“点对点”培训，提高广大消费者维权意识。积极畅通消费者投诉渠道，依托12315、12331、12365等平台，实行“一口对外”受理消费纠纷和投诉，2016年共受理纠纷投诉135件并全部办结，为消费者挽回损失20万余元，维护消费者合法权益。

【品牌建设】 深入实施“品牌兴县”战略，制定下发《利津县市场监管局推进品牌建设战略五年规划》《利津县市场监管局推进品牌建设实施方案》，建立品牌建设储备库，实行有重点、有计划的培育和发展，把品牌建设任务落实到具体单位和人员。全年全县新增注册商标49件，首件地理标志证明商标“利津大米”相关材料上报国家工商总局。

【利津水煎包】 相传利津水煎包始于清代，扬名于民国年间，迄今有一百多年的历史。民国初期，在滨、蒲、利、海、阳、沾各县，提起地方名吃，人们总是说:“利津水煎包、蒲台面（条）、滨县名吃锅子饼”。早在清代光绪年间，利津县城和各大乡镇就有很多经营水煎包的专业户。利津水煎包为发面煎包，一般有荤素两种馅，包子下锅后，经煮、蒸、煎三道工序而成。利津水煎包的做法不太繁琐，先发其面，再剁其馅，捏成圆柱状的包子，置平锅一口，燃猛火一炉，水煎包口朝下搁置，灌入面糊水淹至水煎包顶端，盖上锅盖，此乃为水煎是也。翻个，至水渐干，锅底始有炸响，便改文火细烤，汤汁收尽之后，揭起锅盖，以细嘴油壶绕水煎包根底注入豆油、麻油，以油煎至起焦壳止。全程制作约十五分钟，起锅，搁置于圆盘之内。其制作过程都要经过煮、蒸、煎三个环节。煮：用平底铁锅，锅底擦油，将生包口朝下依次排列锅内，每锅50个左右，加热后，将调好的面浆水均匀浇入锅中（要漫过包子）大火细攻。蒸：当浆水只剩三分之一时，用长柄铲子将包子逐个翻转过来，盖上锅盖，文火细烧热蒸。煎：当浆水收尽时，用专用油壶沿包子间的缝隙注进豆油或香油，细火烧煎，看准火候，适时出锅。

（马登强　岳德朝）

物价管理

【加强价格调控】 加大价格监测力度。按时报送市级常规价格监测52期，市级“晒价格”信息52期，育肥羊特色商品价格12期，报送县政府价格信息15期。高质量完成价格常规监测周报52期、节日监测5期。8月，利津炼化有限公司被国家发改委设为国家级地炼油企业价格监测点。落实上级价格调控措施。按照上级统一部署，第一时间将成品油价格调整、基本药物制度的实施等文件精神传达到有关单位，并及时跟上监督检查。严格执行农副产品“绿色通道”政策和重大节假日免收小型客车通行费政策，责成利津黄河大桥公司对符合规定的车辆一律免费通行。落实房地产调控政策，实行商品房销售价格备案和明码标价制度，东营市润泽房地产、博远置业、金桥置业等各房地产企业都按照要求做到明码标价对外销售。

【推进价格改革】 在职责权限范围内审慎调整价格，稳定重要商品和市民服务价格，优化经济产业结构。重要商品价格的调整均按程序召开听证会，在电视台、政府网等媒体公布。1. 综合完成利津水务发展有限公司2013—2015年度城市供水成本监审工作，审核成本2834.03万元，核减非定价成本372.37万元。开展中邑天然气输配成本监审工作，按照相关法规对其上报的成本资料进行审核，测算定价成本。2. 依法组织各界代表召开城市供水价格改革听证会，7月31日按照程序制定和调整城市供水价格。3. 积极推进公立医院改革，实施药品零差率制度，加强监管监测，规范药品价格，确保改革有序进行。

11月16日，县物价办主任薄惠清（右一）到陈庄镇陈北村调研帮扶情况

【收费管理】 推行收费监管手段变革，加强行政事业性收费的事中事后监管。同步建立收费单位情况和其收支状况年度报告、收费台帐制度。通过“全国收费动态监管系统”平台，对2015年度73个行政事业单位，网上申报收费总额1.2亿元（其中涉企收费6635万元、涉农收费156万元、其他收费5299万元）进行及时有效监管。在做好年度收费情况报告、收费数据统计及分析工作的同时，逐步推进收费单位情况和其收支状况信息化管理，实现信息网上在线报告并及时向社会公开。

【价格监督】 节假日市场价格检查。2016年元旦、春节期间，历时一个月，县物价办进行了对生活必需品市场价格的巡查，共出动检查60人次，发放价格政策宣传材料500余份，并各大商铺和超市发放节日市场价格提醒告诫函40余份，严厉制止借节日之际囤积居奇、哄抬物价等不法行为。严格明码标价制度。3月份开展“明码标价月”检查活动，对县城驻地繁华路段、重点区域的81家零售服务网点进行规范检查，重点整治家具、眼镜、旅行社等行业的明码标价，倡导明码实价，明码标价率达到95%以上。畅通群众诉求渠道。充分发挥全国四级联网价格举报电话12358和“网上民声”“行风热线”的媒介作用，积极宣传价格政策、化解价格矛盾。2016年共收到举报咨询件80件，其中利津网上民声23件，县长公开电话44件，12358举报系统5件，电话举报8件。主要涉及物业收费、交通施救、医药卫生等方面，县物价办均按照规定时间及时进行办理和回复。

【价格服务】 提升价格认定服务水平。以涉案财物价格认定为重点，继续积极落实价格争议调解工作；按照上级部署，积极推进涉税财物价格认定工作，联合税务等四部门联合印发《关于贯彻落实〈山东省涉税财物价格认定办法〉的通知》，涉税财物价格认定工作实现破题。2016年，价格认证中心共受理行政、刑事等价格鉴证案件26起，标的总额61余万元，没有出现一例复核案件。开展农产品成本调查。根据国家、省、市部署按“一县三点九户”设立调查户40户，对7个种植品种、2个养殖品种开展常规调查、直报调查和专项调查，相继开展棉花、玉米等多项专题调研，为政府调整农业产业结构提供有力支持。强化价格信息服务。多渠道开展价格信息宣传，发布权威价格政策和物价信息，引导群众合理消费预期。2016年，县物价办干部深入企业、农村、社区、学校、医院及服务单位，发放“价格政策宣传手册”800份，解答咨询100多人次。深入开展重要民生商品“晒价格”活动，选择利津百货大楼、银座商城、利龙市场等三大商家为主要采价点，覆盖粮油、蔬菜等与居民生活密切相关的5大类20种商品，每周四在县电视台、县政府网站发布对比价格，促进商家的合理定价和有序竞争。

（左文倩）

安全生产管理

【安全事故情况】 2016年，全县共发生事故6起、死亡2人，事故起数同比下降32%，死亡人数同比上升86.6%，其中，死亡事故全部发生于道路交通领域，工矿商贸领域未发生安全死亡事故。（参见《2016年全县安全生产事故分行业统计表》）

2016年全县安全生产事故分行业统计表

行业	事故起数		死亡人数	
	2015年	比上年 ±%	2015年	比上年 ±%
道路交通	6	−32	2	−86.6
渔业船舶				
建筑业				
危险化学品				
其他				
合计	6	−32	2	−86.6

【安全监管责任落实】 全面落实党委政府领导责任。调整安全生产工作委员会，由党委、政府主要领导共同担任主任，对重点行业领域安全生产进行专项领导，同时建立县级领导联系督导安全生产工作制度，形成自上而下的“网格化”监管体系。2016年，县级领导干部累计督导基层安全生产62次，检查生产经营建设单位395家，排查隐患568项，起到以上率下、示范带动的作用。坚持“三个转变”，推动行业监管责任落实。在行业主管部门中推行监管范围由突出重点向全面覆盖转变、监管方式由间接调度向现场执法转变、监管档案由简单随意向完善规范转变的监管模式，督促行业监管部门实行全天候、不间断现场监督巡查，真正做到执法到一线、检查全覆盖、档案留存好。2016年，全县共检查生产经营单位9248家次，发现重大安全隐患45项，

挂牌督办 9 项，治安拘留 10 人，依法实施经济处罚 127 万元。**推行“三个到位”，压实属地管理责任。**成立乡镇（街道）安监站，落实编制和人员，基层安监专职人员增加到 52 人，加大资金投入，统一购置执法车辆 15 部，配齐执法记录仪、笔记本电脑、便携式打印机等执法装备，同时进一步健全完善乡镇（街道）、管区、村庄三级属地管理网格，建立起实名制监管名册，对辖区内生产经营单位进行日常巡查，全面实现人员、装备、责任落实“三个到位”。

【企业主体责任落实】 **扎实开展“两个体系”建设。**在全县推行安全生产风险分级管控和隐患排查治理“两个体系”建设，督促企业聘请安全专家，开展隐患自查自纠，全方位排查企业风险点，形成动态化的“一企一册”管理台账，并且全部录入市数字化监管平台，落实风险点责任部门、责任人和管控措施，对各类隐患和违规违章行为实行精准排查、精准治理。2016 年，全县共排查企业 426 家，自查自纠上报隐患 4629 项，发现企业风险点 3282 个，城乡公共领域安全生产风险源 164 个。**综合推进企业培训主体责任落实。**对照《安全生产培训主体责任清单》，督促企业制定安全生产培训计划，加大安全生产培训投入，对从业人员特别是新进厂人员严格落实厂级、车间、班组三级培训，全面提升员工综合安全素质。2016 年，全县编制《应知应会手册》780 余份，组织三级培训 1200 余场次。**加大执法力度，倒逼企业落实主体责任。**在全县开展“诊断式”查隐患活动，通过政府购买服务方式，重点排查治理各类安全隐患，对隐患整改不及时、安全生产管理不到位、主体责任落实不力的企业，采取停水、停电等强制措施，倒逼企业全面落实主体责任。年内，先后组织开展“大快严”集中行动、省市异地执法检查、企业量化考核、应急管理专项检查等活动，全县摸排各类生产经营单位 11253 个（企业 1692，个体 9348，事业单位 213），执法计划内企业实现全覆盖，排查整改安全隐患 26892 项，约谈企业主要负责人 12 名，停产整顿生产经营单位 35 家，立案 42 起。

【宣传教育培训】 以“安全责任，重在落实”为主题，进一步整合力量，创新形式、丰富内容，在全县大力开展知识宣教活动，形成立体式、全方位的宣传工作格局。**全面开展“农村安全宣传教育月”活动。**在全县范围内组织开展“农村安全宣传教育月”活动，通过部门集中宣传、乡镇进村宣讲、村居进户教育等方式，发放安全知识宣传挂图 8 万份，明白纸 3 万余份，安全宣传光盘 1000 套，永久性标语 2000 余条，全面增强农村居民安全知识和应急防范能力。**加强安全生产培训。**3 月份组织乡镇街道、部门单位、重点企业举办安全生产专题培训班 5 期，培训县乡监管人员和企业员工 800 人；5 月份举办企业“三岗人员”培训班 10 期，参训生产经营单位 350 家，培训各类从业人员 1800 人次；8 月份开展职业卫生培训班 10 期，培训各类职业卫生管理人员 1500 余人；借助新型农民学校，联合教育、交通、油工委等部门，开展安全知识下乡活动，累计开展 21 期，受教育群众达到 3000 余人。**开展“大快严”集中宣传。**针对“大快严”集中行动，发动全县各企事业单位通过集中悬挂横幅、发放资料、电视宣传等方式，积极营造“大快严”集中行动和企业主体责任专项执法检查氛围，全县发放宣传资料 1 万余份、市电视台播发 16 条乡镇党委书记和重点监管部门一把手专题宣传片。

【事故应急管理】 2016 年，以“安全生产月”活动为契机，深入开展应急宣传教育和预案演练活动，积极构建集管理、预防、救援、演练等于一体的安全生产长效机制。2016 年，先后组织危险化学品、烟花爆竹、非煤矿山、渔业、特种设备等重点行业领域安全生产应急演练 98 场次，投入演练人员 4200 人，投入装备 500 台，参加观摩演练人员 8500 人次，参加观摩企业 800 余家；加强区域应急救援队伍建设，依托县公安消防大队在陈庄镇新建应急消防站 1 处，依托大型企业新建专职应急消防队伍 5 支，辐射辖区内南北区域应急救援，进一步提升应急救援能力；突出危险化学品、烟花爆竹、非煤矿山、冶金建材等行业领域企业的预案评审和备案工作，指导督促企业结合本行业、本单位安全生产实际，制订出切合实际、具有较强针对性和操作性的安全生产应急预案。2016年，督促有关生产经营单位修订预案190份，重点监管企业应急救援预案备案率达到98%。

【隐患排查治理】 2016年，围绕城市公共安全专项行动，在开展“大快严”集中行动的基础上，扎实开展安全生产大检查，成立各类检查组124个，共排查生产经营单位9600余家次，排查隐患12856项。具体工作中，危化品领域，采取政府购买服务的方式，委托市外中介机构对全县危化品企业进行体检式检查，检查各类危化品企业129家，发现安全隐患2686项，下达隐患整改通知书86份；消防领域，检查易燃易爆危险场所、人员密集场所、“三合一”“多合一”场所836家次，发现火灾隐患或违法行为2314处，督促整改火灾隐患或违法行为2159处；道路交通领域，开展“大巡逻、大整治、大宣传、大劝导”活动，查处各类违法行为1300余起，查扣各类违法机动车8辆、查获报废车3台、行政拘留5人；废弃槽罐、储罐，废弃院落专项整治方面，全县排查废弃槽罐、储罐存放点93处，废弃院落53处，各类储罐318个，全部落实责任人，采取注水、蒸洗等安全措施。

【打非治违专项行动】 2016年，严格按照打非治违工作部署要求，组织公安、安监、环保、市场监管等11个部门和乡镇街道，集中开展以无证照、违反安全设施“三同时”、工艺淘汰落后等13项违法行为和化工转型升级“差评”企业处置为重点的打非治违专项行动，全面落实停产整顿、关闭取缔、上限处罚和严厉追责的“四个一律”执法措施，对排查出的非法销售成品油、土炼油、小化工等反复顽固场所进行集中打击取缔，成效显著。一年来，共出动执法人员560余人次，依法关闭不具备安全生产条件的单位42家，摸排隐患问题突出的非法违法生产经营单位56家，依法落实停产、停建、停电、停水等强制措施60余家次，强制拆除非法设备26台。同时加快非法违法项目手续办理，对全县摸排的150个手续不全项目，聘请中介机构，全部进行现场核查，对符合手续补办条件的137个项目，督促企业进行补办，对不能补办的13个项目，依法采取关停、转型等措施，截至年底，全部处置到位。

（刘 冰　杨同刚）

检验检测

【概况】 县检验检测中心属县政府直属正科级事业单位，实行财政补贴，核定编制20人，配备主任1人，副主任2人，其中管理人员5人，专业技术人员15人。中心内设办公室、综合业务室、食品药品检验室、农产品检验室、工业产品检验室5个股室。2016年底，在职在编干部职工14人，其中，主任1人，副主任2人，专业技术人员12人，管理岗位人员2人，另外，有公益岗5人。

【提升干部素质】 **完善内部管理体系**。组织6名内审员对实验室内部管理情况开展为期6天的内部审核，找出实验室管理方面存在的问题8个，制定整改措施，逐条整改到位。**开展异地比对实验，提高数据准确性**。中心与河口区检验检测中心开展6个食品、蔬菜样品涉及30个项目的检验能力比对实验；与青岛谱尼检测公司开展涉及酱油、黄豆酱、饮料、蛋糕4种产品中4个检验项目的比对实验。7月份，参加省农科院组织的水果桃中毒死蜱、氰戊菊酯2个农药残留项目的能力验证实验，报送结果均为满意数据。**加强人员业务学习**。组织实验室10名检验检测人员举行“业务知识”竞赛活动，平均得分都在85分以上。8月30日，中心派出5名食品检验技术骨干参加“东营市食品药品检验检测技能竞赛”，最终有4名参赛人员进入前10名（其中1人获得三等奖），并获得全市团体第二名、县区排名第一的优异成绩。

【检验检测】 **组织资质认证扩**

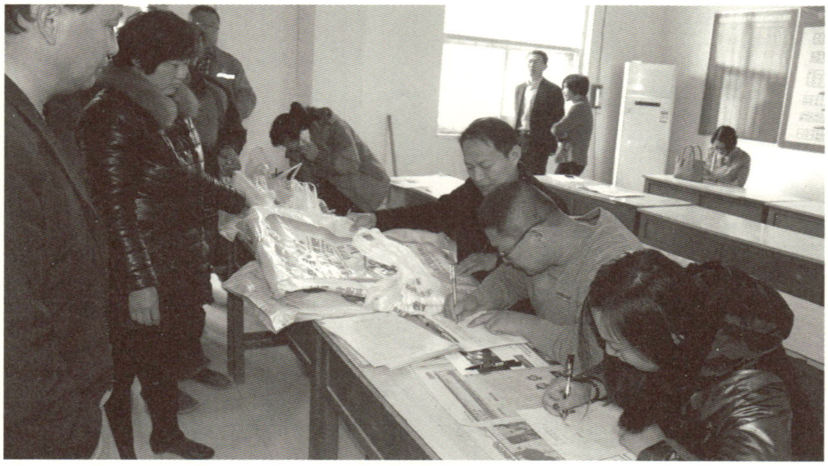

4月11日，县检验检测中心为帮扶村免费检测蔬菜化肥

项。组织实验室资质认证扩项工作，共新增209个产品中3302个参数，中心具备297个产品中4515个参数的检验检测能力。**样品检验检测**。编制完成《利津县2016年度产品质量监督抽检计划（县检验检测中心承担部分）》，确定全年检测任务905批次。全年接收企业、个人等社会委托检验样品302批次，出具检验报告302份，完成全年定检任务。年内，中心与米味香工贸有限公司等4家企业签订检验检测委托协议4份，为县内外食品企业培训化验员18名。

【驻村帮扶和精准扶贫】 1.协调资金用于驻村文化广场整修、修建柏油路2300米、购买树苗对村庄绿化等工程项目。另外，为所包村农民开展免费检测化肥、蔬菜服务，共接收肥料9批次、黄瓜5批次样品，为老百姓出具检验报告。2.发动5名党员干部认领凤凰街道4个村中的5个贫困户，通过调查摸准贫困户详细资料；11月份，为每户送去价值200元的面粉和食用油，并对每个家庭情况现状进行调研。

【创新性工作】 **开展居民生活饮用水水质监测**。8月29日至9月13日，县检验检测中心对县疾控中心送检的辖区26份生活饮用水进行水质监测，这是利津县首次开展的辖区水质质量安全调查。此次水样覆盖城区及全县8个乡镇街道，其中，城区6份，凤凰城街道4份，利津街道和陈庄镇各3份，北宋、盐窝、汀罗、明集、刁口各2份。检测的项目包含菌落总数、总大肠菌群等38项指标，其中，微生物指标4项、毒理学指标13项、感官性状和一般化学指标17项、消毒剂指标4项，结果显示，26份水样均属正常。9月23日，《黄河口晚刊》刊发《利津县开展居民生活饮用水水质监测》一文。**推进重点工程及国家试点项目工作**。将该项目与“农副产品安全检测提升工程”相结合一并实施推进，获得国家财政400万元的资金支持。10月份，完成70万元的实验室改造工程及230万元实验室设施设备购置项目招投标工作。截至年底，该项目进入全面施工阶段，计划2017年5月份基本完成。

（王寿杰　徐学廷）

审　计

【机构队伍】 县审计局内设办公室、法制股、财政金融审计股、行政事业审计股（社会保障审计股合署）、固定资产投资审计股，下设经济责任审计办公室。编制总额24人，其中行政编制13人，事业编制11人，实有25人。

【规范财政资金管理】 县审计局对2015年度县级预算执行和其他财政收支情况进行审计，共安排审计县财政局、公安局、交通局、经济开发区等4个单位，同时对地税局负责征管的12个纳税企业进行延伸审计。查出违规将应纳入国库核算的财政收入在财政专户核算，涉及金额1350.28万元；应缴未缴财政收入862.94万元；应退未退税款4.25万元；少征收当期税款134.15万元；往来款未及时清理；国库集中支付制度落实不严格等问题。代表县政府向县十七届人大常委会第三十七次会议作利津县2015年度县级预算执行和其他财政收支审计专题汇报。年底向县十七届人大常委会报告2015年度县本级预算执行和其他财政收支审计发现问题整改情况，审计整改工作报告票决获得全票满意。

【政府投资审计】 按照《利津县政府投资建设项目审计办法》的规定，对全县政府投资项目进行审计，审计力度不断加大，审计工作质量和效率一步提高。截至年底，完成项目9个，累计报送值13445.63万元，累计审定值11803.74万元，累计审减值1641.89万元，审减率为12.21%，审计发现施工单位多计工程造价1641.89万元，部分项目未进行公开招标涉及金额75.8万元未按进度拨款、资金管理不规范等问题。

【经济责任审计】 县审计局加强对权力制约和管理，坚持任中审计与离任审计、经济责任审计与其他审计相结合工作方式，将生态环境、机构设置、编制使用以及有关规定的执行情况纳入审计范围，进一步拓展和深化经济责任审计内容，促进依法行政、提高财政资金使用效益。2016年共完成10个单位主要负责人的任期经济责任审计，审计发现原始凭证单据不合规、财务管理不规范、工程建设项目管理不规范及固定资产入账不及时等问题，其中违规金额8296.28万元，管理不规范金额1577.81万元，有力促进领导干部树立起正确的权力观、政绩观，增强领导干部依法行政的意识。

【社保资金审计】 根据审计署安排，县审计局派出审计组完成2015年城镇保障性安居工程审计。审计发现安居工程任务管理方面存在城镇安居工程建设工程和农村危房改造工程未完成任务；资金管理和使用方面，汀罗镇安居保障工程存在违规使用农村危房改造资金及公款私存74.72万元；尹王庄社区改造项目未按规定履行基本建设审批手续；农村危房等级鉴定县级审批手续不规范；住房保障租赁补贴需求摸底调查不到位等问题。

【国家政策落实情况审计】 根据审计署方案和市局安排，对利津县2016年稳增长、促改革、调结构、惠民生、防风险政策措施落实情况进行跟踪审计，截至年底，开展并完成3个专题的审计，分别是加强社会救助政策落实情况跟踪审计、以创新支撑经济结构优化升级政策落实情况跟踪审计、对解决城镇普通中小学大班额问题专项审计调查审计。审计调查发现在扶贫工作中仍存在未将专项扶贫资金纳入中长期财政规划，项目变更实施内容未向上级部门审核备案等问题；山东绿洲醇食品有限公司的年产3万吨海参粘多糖功能性保健饮料项目未达到预期效益，山东旭瑞物流有限公司的年吞吐量100万吨物流贸易项目申报计划2015年10月前投产，截至审计日，该项目完工90%，企业创新能力不足等问题，并对有关问题提出整改建议。

【积极完成上级交办的其他工作】 1. 协助市局完成对利津县委办公室原主任王学春同志、利津县公安局原局长王炳芳同志、利津县纪委原书记王守业同志、利津县经济开发区原党工委书记韩春强同志离任经济责任审计工作。2. 完成省厅下发的省市县三级联动财政数字化审计疑点落实。3. 配合县住建局对利津县建购职工住房审计发现的问题情况进行整改。4. 开展明集乡主要负责人离任经济责任审计、自然资源资产审计（试点）、明集乡2015年度财政决算审计，开展对利津县县委组织部原部长张和森同志离任经济责任审计。

【下派帮扶和精准扶贫工作】 按照县委组织部要求安排一名驻村帮扶干部到北宋镇杨董村开展驻村帮扶工作。领导班子多次到帮扶村实地调研并召开座谈会商讨制定帮扶计划。协调投资11万元完成对杨董村南街及中心街排水沟改造工程；协调投资16万元完成南街道路硬化工程；预算协调投资32万元实施文化大院建设工程，该工程分为办公场所建设和文化广场建设，截至年底，办公场所建设完成。开展精准扶贫工作，由局领导带队进村入户对贫困户开展帮扶调研，落实“一对一”结对帮扶措施，将各贫困户基本情况、帮扶需求等材料报送县扶贫办。

（詹守娥　王　斌）

统　计

【概况】 县统计局内设办公室、业务股、综合股、法规股，下属事业单位3个，县社会经济调查队（副科级）、县统计计算站（股级）、县统计普查办公室（股级）。在编在岗干部职工27人。2016年，牢固树立“为经济社会科学发展服务是统计工作第一要务”的理念，不断夯实统计基础、规范机关建设、充分发挥统计的信息、咨询、监督职能，圆满完成各项目标任务。

【常规业务】 1.全面完成各项定期报表工作。严格按照农业、工业、固定资产投资、贸易、消费、房地产等20多个专业类别统计报表制度相关要求，按时做好227家联网直报单位上报数据的催报、审核和汇总，发布2015年利津县国民经济和社会发展统计公报。开展好1%人口抽样调查、规模以下工业调查、劳动力抽样调查、工业品价格调查等常规调查，各项调查任务均按时保质保量完成。高度重视基本单位名录库的更新与维护工作，按时按质圆满完成2016年全县名录库维护更新任务。认真做好“四上”企业的申报工作，2016年申报新增企业46家。2.始终将数据质量作为统计工作的根本来抓，制定下发《关于加强基层统计工作 提高数据质量的意见》，切实加强对基层统计工作的管理，从源头抓起提高数据质量。3.完善数据评估制度，各专业加大对企业上报数据的监控力度，除做到上报数据的即报即审、即报即查之外，还集中对大起大落、集体异动和大幅增长的企业进行书面和实地查询，提升统计数据的权威性和公信力。

【统计服务】 **创办《统计参阅》，强化参政服务。**以统计分析、调研文章、论文为主要形式，2016年共给县委、县政府报送《统计参阅》5期，得到县领导高度评价，县委、县政府主要领导和分管领导多次作出重要批示。**加强专题调研，确定2016年度十大调研课题。**制定局长带课题制度，强化精品意识，争取在理论和分析方法上有所创新，切实提高统计服务决策的能力与水平。**编辑出版《数说发展 服务决策——2014年—2015年统计分析汇编》。**收录全局干部职工的18篇优秀论文、分析，激发干部职工做好统计分析工作的积极性、主动性。**印发《统计手册》。**为县领导、部门、企业了解统计工作提供更快捷全面的资料查阅途径。**撰写统计分析和各类信息。**2016年，共发布各类分析、数据、动态、公告900余条，进一步提高全局干部撰写统计分析、统计信息的能力，更好地体现“用数据说话，为决策服务”。

【投资统计改革】 严格执行新投资统计制度，加强法人单位和投资项目“双入库”审核管理，切实做好非金融资产投资情况报表和5000万元及以上投资项目联网直报工作。加强投资项目进度监测工作。加强与发改局、经信局、住建局等部门沟通，广泛收集信息、掌握项目进展情况，及时将开工建设项目纳入统计范围，做到不重不漏、应统尽统。2016年通过名录申请新增项目13个，通过投资申请表新增项目15个。加强业务培训。采用集中培训和“点对点、面对

10月28日，三农普微电影《马二嫂普查记》拍摄现场

面”相结合的方式，先后进行四次业务培训，共计培训150余人次。

【第三次农业普查】 1. 严格“四落实”，落实普查机构、普查经费、普查工作人员、普查办公场所和设备。2. 强化“两员”培训，抓好培训的“小班化”“实战化”，涉及普查员、普查指导员1500余人。3. 创新三农普宣传方式。制作拉伸式三农普宣传笔12000支，印制三农普宣传挂历7万份、春联福字2000套。摄制宣传微电影《马二嫂普查记》，收到较好的宣传效果。4. 创新性提出农普“一线工作法”，即力量向普查一线倾斜、问题在普查一线发现、决策在普查一线形成、形象在普查一线树立。县农普办工作人员基本上下沉到一线，加强指导、督导。在清查摸底阶段工作中，开展数据质量大检查，结合部门数据、农资经营户、农机手等一线资料搞好评估，从源头上保证数据质量。5. 在入户登记阶段，要求普查员入户时，以“一户一画”的原则进行发放，并与普查对象（带画）合影，普查对象签名摁手印（入户调查“三重防伪”工作法），明确两员报酬与入户合影数量挂钩，确保入户率。

【基层规范化建设】 县政府出台《关于进一步加强全县统计基层基础工作的通知》《关于加强部门统计工作的通知》，细化、落实乡镇（街道）统计工作职责、任务和要求，提高基层统计工作的制度化、规范化和标准化水平。为调动乡镇基层统计工作人员的积极性，县统计局通过积极争取，提请县政府常务会议研究，并与县编办和县人力资源和社会保障局协调，由县人力资源和社会保障局行文公布乡镇（街道）8名统计站长，明确为正股级干部。联合县市场监管局、地税局、国税局，建立“企业相关数据共享制度”，对企业营业收入是否达到纳限标准进行准确界定，形成“四上企业纳限目录”，并发放到乡镇、街道，由其进行纳限资料的整理上报，解决过去仅仅依靠乡镇、街道搜集企业和项目信息，从而出现漏纳的问题，2016年共新增“四上”企业32家。

【统计信息化建设】 继续完善县局统计信息网络基础建设。对县统计局内部网进行升级改造，带宽由10M提高到20M，极大地提高了网络内部传输速度和视频会议的质量。投资6万元余元，更新笔记本、台式机等计算机设备。投资8万余元，为各乡镇、街道开通内网光纤专线，实现国家、省、市、县、乡五级联网，网络建设走在全市前列。

【依法行政】 制定利津县统计执法“双随机”抽查方案，由随机抽取的统计执法人员对随机抽取的统计检查对象进行执法检查和案件查处工作，对随机抽查中发现的统计违法行为，依法立案予以查处。2016年共执法检查企业9家，对有关企业进行约谈。加强《统计法》的宣传力度，引导检查对象自觉遵守统计法，提高统计执法效能，以“9•20”中国统计开放日、“12•4”法制宣传日为节点，开展“送统计下乡”活动。组织“统计法及农业普查知识竞赛”活动，广泛发动辖区内企事业单位、被调查企业、村委会等相关人员，形成有效答卷886份，参加人数在县区中名列前茅，有效宣传统计法制知识。

（董立峰　高　蕊）

调　查

【概况】 国家统计局利津调查队内设综合科、农村调查科和产业调查科3个职能科室，编制人员7人，2016年末在岗人员7人。2016年，利津调查队全部11项调查业务工作在山东调查队系统考核中有7项被评为“优秀”、3项被评为“良好”。

【调查数据】 **城乡居民可支配收入情况**：2016年城乡居民可支配收入增长平稳：城镇居民人均可支配收入32700元，同比增长7.6%；农村居民人均可支配收入14800元，同比增长8.2%；县全体居民人均可支配收入20700元，同比增长8.1%。**粮食生产情况**：2016年，全县粮食作物播种面积为54.6万亩，比上年增加5.8万亩，增长11.9%；粮食作物平均单产

374.1 公斤／亩，比上年减少 23.4 公斤／亩，降低 5.9%。其中，夏收粮食作物（主要指小麦）播种面积为 30.3 万亩，比上年增加 5.8 万亩，增长 23.6%；单产为 401.3 公斤／亩，比上年减少 3.1 公斤／亩，降低 0.8%；秋收粮食作物播种面积为 24.3 万亩，与上年持平；秋粮作物平均单产为 340.2 公斤／亩，比上年减少 50.3 公斤／亩，降低 12.9%；其中，玉米播种面积 23.0 万亩，比上年增加 0.5 万亩，增长 1.9%，玉米单产为 342.2 公斤／亩，比上年减少 52.9 公斤／亩，降低 13.4%。总体来看，2016 年全县夏秋粮食面积明显增加但单产较上年略有降低。

【调查工作】 2016 年，利津调查队圆满完成包括农作物面积产量调查、农村住户调查、畜禽监测调查、劳动力调查、中间消耗调查、服务业调查、价格调查等在内的各项常规调查任务；重点完成粮食面积产量调查、城乡一体化住户调查工作和县级畜禽监测调查工作；同时认真完成对地调查工作，在冬季不畏严寒完成对新国家调查点六个样本村的现场勘察工作，使用 PDA 设备对样本村内的 30 个样本地块进行边界重新调整和地块切割，并在年前将对地调查各项基础数据收集汇总录入 PDA 设备上报市队，是全省第一个完成对地调查工作的县级队。各项调查业务工作在系统内年终考核中，3 项业务被评为良好外，7 项业务被评为优秀，调查数据也得到各级领导的一致认可。

5 月 20 日，国家统计局利津调查队到明集乡谢家灶村调研小麦受灾情况

【信息服务】 **工作动态。**2016 年，全队共被总队采用 93 篇，国家局 1 篇，利津政府网 86 篇。充分发挥信息工作优势，信息服务得到全面提升。**调查分析。**2016 年，全队被总队采用 16 篇。刊印《调查快报》5 期，地方领导批示 3 篇。增强服务意识，分析信息被各级网、刊采用 146 篇，其中：国办 4 篇，省级 45 篇，市级 46 篇，县级 51 篇。**约稿调查。**完成总队约稿调查 3 次，撰写分析 3 篇，完成地方政府约稿调查 6 次，撰写分析 6 篇。4. 调研课题。参与系统内两个课题调研，主动组织人力，科学选择网点，积极完成分配的任务。

【创新工作】 **《齐鲁调查讲坛》讲座。**《齐鲁调查讲坛》2016 年第三讲，利津调查队主任科员刘汉民作题为《练好腿和嘴　用好手和本——基层调查的拓展与延伸》的讲座，王庆国副总对刘汉民的讲座给予高度评价。**学习交流。**国际统计局沾化、沂南调查队分别于 2 月、10 月份到利津队就调查工作进行互相学习、交流，取长补短，收到良好效果。

（刘　健　王　超）

农　　业

Agriculture

综　述

【调整产业结构】 2016年全县收获小麦面积36.4万亩，比2015年增加了2.4万亩，单产为448.52公斤／亩，总产16.33万吨，增产1.23万吨。收获玉米、大豆、水稻等秋粮面积59.9万亩，增加22.9万亩，秋粮总产26.8万吨，增产11.72万吨。收获棉花27.83万亩，比上年减少13.17万亩，预计皮棉单产73.8公斤，皮棉总产2.05万吨，分别增产20.88公斤、减少0.12万吨。蔬菜（含瓜类）种植总面积预计13.92万亩，产量55.19万吨。种植大豆1.8万亩，花生1.6万亩。

【农业科技服务】 2016年共举办各类培训班100余期，培训农民5800余人次，发放宣传资料2万余份。先后制定并下发《利津县小麦春季管理技术意见》《棉花备播和播种技术意见》、病虫预报等46期。采集土壤样品131个、水样27、菜样18个、农作物种子28个、分农时进行土壤墒情监测、养分监测、地下淋溶监测、种子价格监测等。全县专业化防治队伍已发展到45家，服务总人数630人，拥有大型施药机械40部、中小型机械700台套，病虫害防治能力3.5万亩／日。实施“双招双引”，引进高层次（实用）人才3名、创新创业人才1名、创新创业团队1个，招商引进SPB系列产品（电子化学品基础性新材料）项目1个。

【培育新型生产经营主体】 1.农业龙头企业稳步发展。全县农业企业发展到185家，其中县级以上龙头企业发展到85家（省级9家，市级41家），实施新建、续建产业化项目4个。2.合作示范社发展实现新的突破。深入实施专业合作社数量、质量“双提升”工程，新发展农民专业合作社60家，达到446家，规范发展国家级示范社2家，省级示范社19家、市级示范社43家，社员发展到1.98万人，带动农户4.45万户。3.家庭农场发展势头看好。备案家庭农场259家（新增67家），省级家庭农场示范场2家，市级家庭农场示范场35家。4.农业园区建设实现大突破。现代农业园区发展至70家，其中市级现代农业示范区23家，园区总面积达到21.4万亩。全县现代农业园区建设基本形成了功能多元、三产协同发展的良好发展格局。

【农产品监管】 1.狠抓农业投入品监管，着力净化生产源头。全县确定1家高毒农药定点，登记备案农资经营业户180家，告知农业投入品712种。2.狠抓农业综合执法，着力强化质量安全监督检查。共出动执法人员760人次，检查农资门店550店次，抽取肥料、农药等农业投入品样品54个，立案6起，受理投诉热线16起，有效维护了农民群众的合法权益。3.狠抓标准化基地建设，着力规范生产行为。4.加强基地产品上市前的质量检验检测。共配合省市县完成蔬菜样品检测490个批次，合格率达到99%以上。5.开展出口农产品质量安全示范区创建工作，构建质量安全可追溯体系。建立一个县级监控数据中心，在盐窝、毛坨等10处基层农产品质量安全监管站、农产品生产基地等设立农产品质量安全追溯点。以1处县级农资配送中心为依托，在利津街道、盐窝、陈庄建立4处农资配送网点，从源头上控制高毒农药的流入。

【实施品牌战略】 *无公害产品认证*。新认证无公害产品5个，产地面积1.2万亩；复查换证2个产品，全县无公害品牌达到61个，绿色产品17个，面积达到13.4万亩。津绿蔬菜农民专业合作社、绿康食用菌农民专业合作社、志强农作物种植专业合作社被评为市级标准化基地。*加大农产品推介力度*。圆满完成第十四届中国国际农产品交易会、第六届垦利农博会等展会参展工作，共组织东营市一大早乳业有限公司等20余家龙头企业和合作社参展；积极组织参与“东营市第二届十大名优农产品”评选工作，东营市三和油脂“食锦花”大豆油、东营市民兴食品有限公司“东富得”西兰花荣获“东营市十大名优农产品”称号。*“一村一品”示范村创建*。立足本地资源，综合考虑利津县区位优势、产业基础和市场条件等因素，积极发展具有竞争力的主导产业和特色产品，大力培育专业村镇，汀罗镇陈家屋子村及毛坨村获第四批省级“一村一品”示范村镇称号。

【农业扶持与农业保险】 争取到位小麦“一喷三防”、中央小麦重大病虫害统防统治、中央蝗虫统防统治、棉花目标价格补贴、基层农技推广补助、新型职业农民培育工程、水稻社会化服务项目、家庭农场扶持、合作社扶持、农业园区扶持、农业企业贴息、秸秆青贮、农作物良种示范工程等资金项目 23 项，争取到位资金 1.4793 亿元。政策性农业保险全面覆盖，2016 年小麦入保面积 35.18 万亩，棉花入保面积 27.3 万亩，玉米入保面积 53.3 万亩，各项灾害理赔金额 533.14 万元。

【重点项目建设和驻村帮扶】 制定出台《关于鼓励农村土地经营权有序流转加快发展农业适度规模经营的实施意见》，积极鼓励规范引导农户进行土地承包经营权的流转。出台《关于全面推进联耕联种工作的实施意见》，在全县粮食种植区推广联耕联种，大大提升了土地流转的规模和经济效益，解决零星土地传统种植难题。制定出台《关于加强农村集体“三资”管理专项整治工作的实施意见》。着力构建“管理规范、监督有力、运行高效、富有活力”的农村集体“三资”管理工作体系。与农业开发项目搞好对接，实施总投资 212.4 万元的利津县 120 吨南美白对虾养殖基地扩建项目。举办培训班 6 次，培训人员 270 余人次，并带领村两委成员和村民代表开展外出考察学习 2 次。投资 15 万元，帮助村内道路修建排水沟 2200 米。实施扶贫开发，新上投资 30 万元的光伏太阳能发电项目，并将收益建立扶贫专项基金。驻村帮扶汀罗镇陈家屋子。将村庄绿化工作与开展乡村文明活动搞好结合，实施产业帮扶，新注册成立陈家灌溉服务农民专业合作社，帮助农作种植合作社申报 2016 年度市级农民专业合作社扶持项目，并积极申报省级农民专业合作社示范社。

（李志堂　张乃芹）

农业综合开发

【概况】 县农业综合开发办公室坚持“集中连片、综合治理、产业拉动、基础增效”的开发原则，以项目编报、项目争取、项目建设、项目验收、项目管理为着力点，突出高标准农田建设重点，强化农业基础设施，积极扶持农业产业化经营。认真组织实施农业综合开发项目，促进了全县农业增效，农民增收，被评为 2016 年度全市农业综合开发工作绩效考核先进单位，列全市第一位。

【2015 年度项目的实施】 2015 年度全县共组织实施国家农业综合开发项目 6 个，总投资 2670.94 万元，其中市级以上财政资金 1947 元。主要包括：土地治理项目 3 个，即汀罗镇 1 万亩高标准农田建设项目、陈庄恒业绿洲家庭农场 0.15 万亩高标准农田建设项目和津丰源家庭农场 0.25 万亩高标准农田建设项目。产业化经营项目 3 个，即利津县年产 1000 万包食用菌菌包生产基地新建项目、利津县年产 750 万尾花鲈苗种繁育示范基地新建项目和利津县 300 吨设施蔬菜基质栽培扩建项目。截至年底，除利津县年产 1000 万包食用菌菌包生产基地新建项目申请终止另行提报项目外，其他 5 个项目均顺利通过市级验收，并已投产运营，持续发挥效益。

【2016 年度开发项目的编制】 按照上级要求安排，委托专业机构编制 2016 年度实施方案，及时上报省、市农发办，顺利通过专家评审，得到批复。共计实施 2016 年度农业综合开发项目 8 个，计划总投资 2831.4 万元，其中市级以上财政资金 2142 万元。主要包括：土地治理项目 3 个，分别为盐窝镇 0.5 万亩高标准农田建设项目、明集乡（王王片）0.3 万亩高标准农田建设项目和凤凰城街道（西李村片）0.35 万亩高标准农田建设项目；产业化经营财政补助项目 5 个，分别为东营市民兴食品有限公司年产 5000 吨出口蔬菜低温储藏保鲜库扩建项目、利津县毛坨绿色蔬菜农民专业合作社 380 吨

绿色蔬菜栽培扩建项目、利津县陈家屋子水产养殖农民专业合作社120吨南美白对虾养殖基地扩建项目、利津县綦家嘴果蔬农民专业合作社300吨优质蔬菜设施栽培新建项目和利津县陈庄国丰家庭农场1000亩洋葱精细化种植基地新建项目。所有项目已于2016年10月开工建设，预计2017年5月竣工验收。

【开发项目的准备】 根据国家、省、市农发办通知精神，在前期实地勘察、充分征求群众意见基础上，编写2017年度农业综合开发项目建议书，上报省市农发办。至2016年底，上报2017年度农业综合开发项目13个，估算总投资6460万元，其中市级以上财政资金5379万元。主要包括：土地治理项目4个，估算总投资4329万元，其中市级以上财政资金4329万元，即明集乡0.6万亩高标准农田建设项目、陈庄镇0.9万亩高标准农田建设项目、北宋镇0.85万亩高标准农田建设项目和北宋镇0.54万亩高标准农田建设项目；产业化经营项目9个，估算总投资2131万元，其中市级以上财政资金1050万元，主要包括龙头企业项目2个：即东营新发农牧科技有限公司申报的“东营市利津县400 吨／年鱼蟹混合养殖基地新建项目”；利津县双瀛水产苗种有限责任公司申报的“东营市利津县2000吨水产品低温储藏保鲜库新建项目”；农民专业合作社项目5个：即利津县

9月18日县政府与山东省花生研究所签订合作协议

皓宇粮食种植专业合作社申报的“东营市利津县160吨特色蔬菜设施栽培基地新建项目”、利津县良兴蔬菜农民专业合作社申报的“东营市利津县200吨无公害蔬菜设施栽培基地新建项目”、利津县綦家嘴果蔬农民专业合作社申报的“东营市利津县3000吨果蔬批发市场新建项目”、利津县志强农作物种植专业合作社申报的“东营市利津县1000万株绿色瓜菜育苗基地扩建项目”、利津毛坨淡水养殖农民专业合作社申报的“东营市利津县200吨优质淡水鱼养殖基地扩建项目”；家庭农场项目2个：即利津县陈庄恒业绿洲家庭农场申报的“东营市利津县220吨优质蔬菜设施栽培基地扩建项目”；利津县陈庄国丰家庭农场申报的“东营市利津县3000吨果蔬恒温保鲜库新建项目”。截至年底，批复2017年度第一批农业综合开发项目4个，总投资2663万元，其中中央财政资金1700万元，省级财政资金680万元。即投资889万元的利津县明集乡0.6万亩高标准农田建设项目（建设单位为明集乡人民政府）、投资1211万元的利津县陈庄镇0.85万亩高标准农田项目（建设单位为陈庄镇人民政府）、投资338万元的利津县400吨／年鱼蟹混合养殖基地新建项目（建设单位为东营新发农牧科技有限公司）和投资225万元的利津县160吨特色蔬菜设施栽培基地新建项目（建设单位为利津县皓宇粮食种植专业合作社）。

【项目储备】 认真建立扶贫涉农项目储备机制。组织技术人员对利津县25个省定贫困村的土地资源、农业基础设施现状等情况开展了调研，做好项目储备。积极申报实施农业综合开发涉贫项目。2016年已上报批复的涉及贫困村的农业综合开发项目共3个，包括土地治理项目2个，即明集乡（王王片）0.3万

亩高标准农田建设项目和凤凰城街道（西李村片）0.35 万亩高标准农田建设项目；产业化经营项目 1 个，即利津县 120 吨南美白对虾养殖基地扩建项目。

（岳长青　朱海涛）

水 利

【概况】 利津县水利局内设办公室、财务股、农水股、水政股（与水资源管理办公室合署办公），下属水利工程建设管理办公室、水土保持办公室、水政监察大队、防汛抗旱办公室、灌溉管理所、水利机械工程公司、水利服务公司 7 个事业单位。2016 年底，有干部职工 80 人，其中，高级职称 4 人，中级职称 21 人。

【防汛抗旱】 2016 年，利津县自 3 月份以来无有效降雨，随着气温不断回升，土壤失墒加快，抗旱形势严峻。为切实保障全县城乡供水和农业生产用水需要，水利局不等不靠，及早安排部署抗旱春灌工作，积极协调黄河河务部门，于 3 月 7 日开启王庄、宫家引黄闸前泵站，开展了引黄灌溉和蓄水工作，组织各乡镇、街道抢引抢蓄黄河水。截至 5 月 20 日，全县累计引黄 1.47 亿立方米，完成农田及林地灌溉面积 83 万亩。加上其他月份的抗旱用水和生活用水，全年累计完成引黄 1.91 亿立方米，为全县经济社会发展提供了坚实的水源保障。在抓好抗旱工作的同时，认真落实以行政首长负责制为核心的各项防汛责任制，修订和完善各类防汛预案，扎实开展汛前检查和维护工作，积极搞好防汛应急工程建设以及物资储备和防汛队伍建设，严格执行防汛值班和领导带班制度，保证了全县安全度汛。

【重点水利工程】 2016 年共有 6 个项目被列入全县重点工程：**利北（刁口渔港段）海堤建设工程**。工程建设内容包括新建海堤 2.9 公里，建筑物 2 座（新建挑河东支沟船闸 1 座、排水闸 1 座），防洪标准为五十年一遇，总投资 2.3 亿元，正在进行海域使用论证及海洋环境评价等前期工作。**褚官河湿地建设工程**。工程南起滨港路，北至孔家灶节制闸，全长 17.02 公里。包括河道清淤绿化、孔家灶闸组、迷宫堰及永莘路处大水面整修绿化，总投资 2064 万元，工程于 2015 年 10 月底开工建设，于 2016 年年底完工。**马新河治理工程**。工程主要对马新河进行开挖疏浚，治理长度 15.25 公里，达到排涝要求，维修明王路、大苟王庄两座生产桥，新建赵崔支沟入口涵闸，总投资 2143 万元。该工程作为农水会战项目，于 2015 年底开工建设，2016 年上半年全部竣工。**沾利河盐窝拦河闸工程**。拦河闸位于沾利河桩号 19+020 处，由闸室部分、上游连接段、下游连接段三部分构成，工程决算投资 146.65 万元，于 2015 年 12 月 1 日开工建设，于 2016 年 3 月 15 日竣工。**太平河治理工程**。工程主要对太平河省道 S310 北支沟（6+800）至利沾交界拦河闸（25+300）段共计 18.50 公里的河道进行综合治理，改建东望参生产桥，工程预算投资 2648 万元，已于 2017 年元旦开工建设。**陈北水厂供水管网工程**。该工程主要铺设陈北水厂至汀罗镇、陈庄镇、盐窝镇供水主管网 62 公里，完成投资 3200 万元，于年底完成。

【水行政管理】 **加强水法宣传工作**。充分利用“世界水日”“中国水周”“12.4 法制宣传日”等契机，通过多形式、多渠道的水法宣传活动，广大群众的水法律意识不断提高，知水法、守水法以及珍惜水、节约水的良好社会氛围日益形成。**行政审批逐步规范**。制定行政权力和责任清单，对 15 项行政许可事项编制业务手册和服务指南，重新梳理审批事项办理流程图，水行政管理进一步规范。2016 年，共完成水资源论证 20 件，水保方案审批 27 件。**依法查处各类水事违法案件**。2016 年，共计查处各类水事违法案件 2 件，保证水利工程效益的正常发挥。其中：胡宝良在褚官河违法建设一案，历经处罚、复议、一审、二审所有程序，捍卫《中华人民共和国水法》的权威，在社会上反响强烈，为更好地开展水政监察工作奠定了基础。4. 坚持实施最严格的水资源管理制度，严格落实用水总量、用水效率、限制纳污“三条红线”，制定居民用水阶梯水

2016 年 12 月 28 日，市领导到利津县农水会战情况进行调研

价，促进全县节水型社会建设。

【庄科水库项目】 受城南水库库容小和南部片区开发的影响，城南水库已不适宜继续作为利津水厂供水水源地使用，另辟新的水源地成为现实之需。2016 年开展了庄科水库前期工作，经调研论证并经县政府研究同意，计划实施庄科水库建设工程。拟建水库位于蒋家庄村以南，新看守所以北，S310 以东，黄河大堤以西，水库引水自小李泵站引提黄河水。庄科水库设计库容 230 万立方米，包括新建引渠、沉沙池、水库配套建筑物，改造刘家夹河泵站（水泵 5 台）1 处，新建水厂 1 座，同时配套对接城区供水管网。水库预算投资 2.94 亿元，工程可研报告已完成，正在进行可研报告评审和土地征迁工作。

【农水会战】 水利局作为全县冬春农水会战牵头单位，编制利津县 2016 冬春农水会战实施方案，组织筹备了全县农水会战动员大会，并在盐窝镇设立会战指挥部，扎实搞好项目调度和协调服务工作，各项工作进展顺利。冬春农水会战主要以农田基础设施、农牧产业化推进、城乡供水巩固提升和海岸带整治修复为重点，包括水利、农开、国土等 24 个工程项目，总投资 2.45 亿元。

（高振宇　张永哲）

林　业

【概况】 利津县林业局内设办公室、林政股、林业综合行政执法大队，下设林业技术推广服务中心和林保站，下属一千二林场，利津县森林公安局直属利津县林业局。局机关共有干部职工 41 人，其中森林警察 9 人。全县共有森林面积 20706 公顷，灌木林 14867 公顷，新增成片造林 2.2 万亩，新建农田林网 2 万亩，活立木蓄积量 59.4 万立方米，果品产量达 3.28 万吨，实现林业总产值 18.98 亿元，森林覆盖率 15.8%。（参见《2016 年全县林业生产情况表》）。

2016 年全县林业生产情况表

项　目	单位	数量
造林面积	公顷	1476
育苗面积	公顷	917
中幼林抚育	公顷	20000
成林抚育	公顷	1333
木材产量	立方米	11355
年末实有果园	公顷	3566.7
水果产量	吨	32859
森林覆盖率	%	15.8

【三年增绿】 截至2016年年底，全县共完成成片造林2.2万亩，村庄绿化173个，义务植树3.5万株，中幼林抚育2万亩，新建农田林网2万亩。圆满实现了县委、县政府年初提出的“三年增绿工作争创全市第一”的既定目标，并先后取得全市三年增绿工作先进县、全市林业业务工作考核第一名、全县综合考核目标管理先进单位等成绩和称号。市委、市政府在利津县召开全市三年增绿工作现场会，推广利津的经验做法，市领导对利津连片村庄绿化的做法两次作出批示，要求在全市推广，对全县的增绿工作给予通报表扬和400万元资金奖励。

【“三争”工作】 全年共争取农业综合开发、苗木产业项目、沿海防护林工程、造林补贴等上级林业工程项目13个，项目资金2785.4万元。申请国家农发行三年增绿工程贷款3.32亿元，申请世行贷款生态造林项目折合人民币326.8万元，为三年增绿计划顺利实施提供了充足的资金保障。

【林业产业】 **沿黄特色林业产业带渐成雏形**。东潘、老董、南岭、清河、新兴、爱国六个苹果生产基地，新胜、四段苹果和黄金梨生产基地，初步搭建起利津县沿黄特色林业产业带的基本框架。綦家夹河至东关范围内的多树种旅游观光采摘基地和集贤滩区黄河口酒业酿酒葡萄生产基地等两个新型果品生产基地正在形成。**林木种苗产业提质增效**。依托全省现代农业生产发展资金苗木产业项目，建设黄河三角洲珍稀乡土树种培育基地1300亩和环渤海地区高档耐盐碱特色树种基地1200亩，种植高档耐盐碱苗木78万株，并顺利通过省级验收。2016年下半年，又实施了新一年度的全省苗木产业项目，重点建设黄河三角洲乡土树种苗木繁育基地908亩和耐盐碱苗木繁育基地600亩。**林业专业合作社蓬勃发展**。全县涉林专业合作社达到28家，其中省级示范社2家、市级示范社5家，无公害产品基地7个。**林下经济持续发展**。王庄沙区林场发展林下种植西瓜450亩、大豆200亩、萝卜450亩，扩建林牧模式生态养殖示范区370亩。**林业技术培训和宣传深入扎实**。结合新型农民学校“点对点”和“模块化”培训，举办果树管理技术类培训班和食品安全知识类培训班26期，培训果农1000多人次，并多次到省定贫困村举办果树技术类培训班，解答果农电话咨询50多人次。

【森林资源管护】 全县林木病虫害防控作业总面积13万亩次。飞防总面积7万亩，其中，春尺蠖防控作业面积1万亩。美国白蛾防控面积11.35万亩次，其他林业病虫害防控作业面积1.65万亩次。全年审批林木采伐162起，采伐林木5052立方米。采取各种措施监督检查林木伐后更新，2016年规划林地采伐更新造林达到93%以上，确保了林地林木资源的稳定。全年共接警50起，转地方公安派出所处理19起，共立刑事案件6起，其中盗伐林木案件1起，非法狩猎案件3起，失火案件2起；共立林业行政案件25起，其中滥伐林木案件3起，非法狩猎行政案件5起，一般森林火灾案件17起，确保了执法的严肃性和法律的权威性。全县森林保险投保面积达到6972亩，林下种植1.71万亩、林下养殖1300亩。林权抵押贷款550万元，有利支持了林业行业发展。全县共有各类湿地50660公顷，其中湿地保护面积2306.6公顷，未列入保护面积48353.4公顷。湿地公园内湿地保护面积1244.6公顷，包括东津省级湿地公园1079.2公顷，沾利河省级湿地公园165.4公顷，水源保护区保护面积1062公顷。

【林业改革创新】 **探索推广造林营林新模式**。重点造林工程中坚持做到“五个必须”，即必须流转土地，必须做好土地整平和水利配套等基础工程，必须施肥，必须浇水，必须适地适树；坚持“五制化”管理，即必须严格执行项目公示制、招标投标制、工程监理制、合同管理制和法人终身责任制，严格工程标准质量，保证了造林成活率和保存率。**集体林权制度配套改革继续深化**。办理林权抵押贷款60万元。公益林政策性保险实现新突

2016 年 8 月 10 日至 11 日，省林业厅党组书记董书华、市林业局局长李道明到利津县调研三年增绿和国有林场改革工作

是全市 11 大生态林场之一，是利津县最大的林下经济示范区、优质果品生产基地，已成为利津县城北部的生态屏障。2016 年，实现造林面积 1.33 万亩，植树 146 万株，有林地面积达到 1.65 万亩。建成林下经济示范区、标准化果品生产基地。森林覆盖率达到 82.3%，林木蓄积量约 8.19 万立方米，林业产值 1486.6 万元／年。2016 年，被山东省林业厅、山东省教育厅、共青团山东省委授予“山东省生态文明示范教育基地”称号。

破，王庄沙区林场公益林保险签单投保 5000 亩。**国有林场、生态林场改革稳步推进**。王庄沙区林场、国有一千二林场被确定为全省首批生态林场和国有林场改革试点。根据市县两级指示精神起草了《利津县国有林场改革实施意见建议》和《利津县国有林场改革方案》。省林业厅主要领导对利津县国有林场改革工作进行调研时，对全县工作给予充分肯定，并提出指导意见。

【国有一千二林场（自然保护区一千二保护站）】 **生态环境综合整治工程深入实施**。按照生态环境综合整治方案要求，督导油田相关单位全面开展治理工作。拆除清理封停井抽油机 2 台，修复井场地貌 8000 平方，拆除飞雁滩 126X1 井组干线 600 米，废旧线杆 25 根，平整井场 2 处，治理污染 3 起。**巡护监测工作扎实有效**。做好湿地恢复区蓄水及黑嘴鸥繁殖地改善提升工作。3 月初，对黄河故道提前清淤沟渠，维修闸门向湿地恢复区内抢引抢蓄黄河水近 30 万立方，满足迁徙鸟类栖息觅食及湿地生物多样性用水。**资源管理扎实有效**。有效制止东部区域违法开发事件 4 起，取土、拉土事件 1 起，制止违章施工行为 1 起，配合森林公安查获投毒毒鸟案件一起；在海域管理方面，继续推行联防机制，加强飞雁滩封闭式管理措施，严格控制区内人员活动，降低人为干扰，积极开展海洋滩涂生物多样性保护和研究。

（程丽丽　高承华）

王庄沙区林场

【概况】 利津县王庄沙区林场位于利津县县城北部王庄沙区，东起黄河大坝、南至斗七沟、西至大赵河、北至明王路北 50 米，沙区林场占地面积 2.03 万亩。

【绿化提升工程】 积极落实“三年增绿计划”，实施低效林改造，选择优良树种对部分区域进行更新，改善林分结构，提高森林综合效益。进一步丰富林场植被效果，提升林场整体绿化层次，完成造林 860 亩，植树 9.46 万株。新增土地流转面积 733.5 亩。加强林场基础设施建设，新建桥梁三座；铺设煤渣路 4.5 万平米，建设森林防火隔离通道 1.2 万米。

【林业产业】 探索多种模式发展林下经济，林下种植西瓜 450 亩、大豆 200 亩、萝卜 450 亩；支持山东林博兴泰园林工程公司做大做强，凤栖农庄设施日臻完善，新建 100 吨果品保鲜库一座、管理房一处，停车位等配套设施建设，已基本具备举办旅游采摘活动的条件。积极争创市级林业龙头企业，扩建林牧模式生态养殖示范区 370 亩，养殖波尔山羊、小尾寒羊 100 余只；林泰家庭农场获“市级家庭农场”称号；“东营市天地行旅游开发有限公司”及“东营市阡陌行农业科技有限公司”成为林场市场经营主体，为林场的发展注入了新的生机和活力。

【林木管护森林抚育】 抓好林场及荣乌高速连接线路域林带森林抚育、病虫害防治、森林防火等工作。完成补植、修枝、涂白、春灌、各一遍，灭荒两遍，飞防、人防各四遍。建立林场森林资源管护机制，实行24小时值班制度，加大林区巡逻密度，严厉打击滥砍、滥伐、盗猎、滥牧、滥渔等违法行为，保持发展定力，做到久久为功。

【助农脱贫与驻村帮扶】 王庄沙区林场为了带动林场周边村的发展，新流转姜家庄村、前十四村、东坡村土地733.5余亩，土地租金900元／亩／年，租金于每年年底前兑现到村。仅此一项每年新增村集体收入8.5万元、6.3万元和1.9万元，带动了区域经济的发展。扎实做好下派帮扶工作。王庄沙区林场筹措资金10万元，为利津街道姜家庄村修筑1200米村内道路并建设单侧排水沟，建设1400平方米的文化广场一个，对村文化大院院墙进行翻新改造，院内场地进行硬化。根据务工性质组建三支队伍到林场打工，解决村内剩余劳动力问题，增加了群众收入。对贫困户实施单位主要领导包村联户扶贫，为贫困户多方协调资金项目，帮其实现了脱贫。围绕省卫生城市复审工作，做好村庄清脏治乱工作，促进乡村文明建设。

【“两学一做”学习教育】 扎实开展“两学一做”学习教育。坚持每周一上午集体学习制度，“采取轮流领读、全员跟学”“轮流交流体会”等方式，学习《利津县“两学一做”学习教育》规定篇目和自选内容。领导干部学在先、做在前，带头学习讨论，带头讲党课，带头开展批评与自我批评，以学促做、知行合一，从一开始就改起来、做起来，着力解决党员队伍在思想、组织、作风、纪律等方面的突出问题，解决党员教育管理、基层组织建设中的突出问题，使党的每一个细胞都健康起来、做合格党员、建过硬支部。

【生态文明建设】 积极开展生态文明建设活动，与共青团县委、县教育局联合开展“青春绿色行动 增绿美丽东营”主题义务植树活动；与胜利油田文联合作开展以“生态、和谐、共享”为主题的送书画进林场活动；与“胜利诗词学会”开展“情系林场 绿韵流诗”利津王庄沙区林场之夏诗会；“胜利诗词学会创作基地”挂牌成立；《胜利诗词》王庄沙区林场特刊发行。

（付永霞）

畜牧业

【概况】 县畜牧局内设办公室、业务股，下设动物疫病防治监控中心，乡镇动物疫病防治监控所7处。现有干部职工57人，其中专业技术员46人。2016年，全县肉蛋奶总产量达18.2万吨；建成各类规模养殖场1754个，其中国家级示范场和省级示范场30个；完成无公害畜产品认证4个，培育多个畜产品品牌并进驻各大超市；大型标准化养殖企业、饲料生产企业和畜牧产品加工企业蓬勃兴起；智力投入加

国家林业局视察木材储备基地

强，利津县畜牧业专家智库建成投用；全县畜牧业正朝着绿色、健康、生态循环新模式发展。

【疫病防治】 研究制定《2016利津县重大动物疫病强制免疫计划实施方案》，层层签订责任状，坚持规模场户程序化免疫、散养户集中免疫相结合的原则，组织对存栏应免疫的易感动物进行了全覆盖强制免疫接种，并及时组织补免工作，对补栏、漏免畜禽实施补免。免疫密度、防疫档案建档率、牲畜耳标佩戴率均达到99%以上。

【执法检疫监管】 出台《畜产品质量安全工作方案》和《畜产品质量安全监测方案》，积极开展禁用“瘦肉精”普法宣传，全年出动宣传车80台次，人员120人次，发放张贴宣传材料1800余张；开展瘦肉精专项整治3次，抽检样品6749份，接受农业部、省、市畜产品质量监督检查9次，抽检样品270批。9月份联合县公安局组织开展的为期一个半月的“瘦肉精”专项整治行动中，共排查养殖户485户，抽检样品2550份，向专业检测机构送检86批次，查处违法使用“瘦肉精”养殖户3户，依法移交公安部门处理，无害化处理肉羊400余只，极大地打击了不法分子的违法行为。实行“一户一档，全程监管”，对养殖场建立《养殖档案》，并定期督导检查；落实兽药告知制度，开展兽药饲料集中检查2次，接受农业部、省

2016年11月4日，利津县畜牧产业专家智库签约仪式暨利津畜牧业绿色发展论坛开幕

畜牧兽医局抽检2次。

【畜牧业项目建设】 **病死畜禽无害化处理项目**。项目占地60亩，投资1350万元，总建筑面积4000平方米，建成无害化处理生产线一条，粉碎机、化制机等配套的生产设备42台（套），收集运输车2辆，形成了日处理病死畜禽10吨的生产能力。**东营新发循环农业示范基地项目二期工程**。工程占地380亩，总投资5600万元，建设标准化羊舍16栋，总面积2.5万平方米，并配套相关设施。项目已全部建设完成，达到肉羊存栏5万只，年出栏15万只的规模。**奶牛标准化规模养殖场建设项目**。总投资193.53万元，新建道路990平方米，粪污处理池3座，硬化地面1150平方米，铺设了供、排水管网，购进铡草机、轮式装载机、饲料粉碎机、运洒料车等设施设备19台套，奶牛存栏达到500头，标准化水平得到有效提升。**高产优质苜蓿种植项目**。项目总投资400万元，通过在原有小麦地块的基础上采取补苗播种苜蓿3068亩，并将两种牧草混合青贮，成功调制优质青贮饲料，有效的改良了盐碱地，改善了生态环境。**草原防火物资站建设项目**。总投资300万元，建设防火站621平方米，手续已全部办理完成，基建工程完成招投标，进行场地填土、水电改造和主体打桩。**基础母牛扩群项目**。总资金280万元，对2015年9月至2016年10月出生的犊牛进行补贴，每头补贴2500元。

（冯景利　胡秀山）

海洋与渔业

【概况】 2016年，全年实现海洋与渔业总产值29.4亿元，比上年增长3.2%，水产品总产量实现9.5万吨，比上年增

长5.5%。

【海洋渔业重点项目】 2016年，总计投入资金1500余万元，实施海洋特别保护区能力建设和生态恢复工程项目，完成管理中心、繁育中心等配套设施建设。落实上级资金500万元，实施保护区生态科普园建设。海岸带整治修复项目进展顺利，挑河以东海岸带整治修复一、二期工程顺利完工，总计争取资金2880万元。挑河以东海岸带三期项目于2016年5月获批，落实上级资金1500万元。积极争取海洋经济创新发展区域示范项目。争取并实施三批共7个创新项目、到位扶持资金3715万元，龙翔实业、大东联、绿洲醇等公司获得支持，海洋装备、水产品深加工得到快速发展。7个项目全部顺利完工，并对前期项目实施过程中存在的问题进行认真整改，各项目实施企业均达到验收条件。

【海洋生态环境保护】 进一步加大渔业增殖放流工作力度和资金投入。2016年，投入资金523.5余万元，投放各类苗种1亿多单位；实施"测水配方，以鱼养水"试验项目，在县城市水系投放草鲢鳙等草食和滤食性鱼种，进一步改善了三里河、翠园湖等城市水系水质，丰富了物种多样性。

【海洋安全体系建设】 累计争取430万元，先后实施刁口渔港整治工程、渔港消防等服务设施建设，为全县渔船免费配备救生衣、救生圈，对全县渔船北斗导航定位终端进行补贴；市县两级财政投入渔业互保补贴资金49多万元，2016年渔业互助保险保额达到5354万元，受益渔民300多人；为全县100余艘渔船发放渔业燃油补贴700余万元。加强水产品质量安全管理，严查违禁药物使用，先后吊销苗种企业生产许可3个，农业部和省市水产品质量抽检合格率达到96.8%。强化伏季休渔和涉外渔船管理，对三无渔船进行摸底统计。深入开展"渔业安全生产月"、渔业安全生产领域"大快严"和隐患排查治理等专项执法行动，认真做好应急预案演练，积极配合市局对海上2次遇险船舶进行及时救援，共4人顺利脱险，同时对违规三无船舶进行现场拆解，保障渔民生命财产安全。强化渔船调度和应急值守，实行24小时值班领导带班制度，确保海上渔业生产安全。

【现代渔业发展】 现代渔业发展成效明显，渔业生产规模不断扩大。大力推进现代渔业园区建设，全县渔业园区达到8处，其中省级园区2处，总面积6万亩，海参、南美白对虾养殖面积分别达到5万亩、2万亩，水产育苗规模达到15万平方米，年繁育各类苗种10多亿单位。实施海洋牧场建设。2016年，引进鲁鑫公司开展扇贝筏式养殖试验，试验区规模达到2万亩，放养扇贝吊笼40万笼，创新性的开展了以筏式扇贝养殖为主要内容的养殖生产尝试，为县海洋牧场建设积累了宝贵的经验。在筏式养殖的基础上，鲁鑫公司将开展深水网箱养殖试验，已订购抗风浪网箱，并计划建设扇贝加工厂一处。深入实施渤海花鲈产业化提升工程。2016年，建成高标准工厂化繁育车间2000平方米，繁育花鲈苗种80万尾，在汀罗、陈庄等地开展花鲈淡水池塘养殖试验示范820亩，取得当年养殖规格500克以上，亩产1000斤的好成绩。

【渔业科技服务】 积极搭建渔业科技公共服务及创新平台，与中国海洋大学合作建设水产学科科研教学基地，并与中国海洋大学签订团队引进协议，建设博士工作站一处。通过科技平台建设，推进渔业产学研融合发展。扎实开展渔业科技推广和服务工作。实施基层渔业技术推广体系改革与建设项目，开展新型渔民培训工作，2016年，重新选聘22名水产技术指导员，选择科技示范户250户，引领全县水产养殖科技进步和推进养殖水平提高。加快渔业科技成果转化和新品种、新技术的引进示范推广，积极引导有关院校、企业和渔农民专业合作组织建立密切联系与合作，开展脊尾白虾、魁蚶、渤海红扇贝、金牡蛎等新品种的引进和养殖试验示范。

【利津特色水产品】

利津黄河刀鱼 利津黄河刀

2016 年 7 月 19 日，市委书记申长友（右四）等市领导在刁口乡调研海洋渔业项目

鱼盛产于地处渤海之滨、黄河下游的利津县。因其体型酷像一柄尖利的刀而得名，又名刀鲚或毛刀鱼。清代《利津县志》记载："刀鱼，形似利刀，多刺味美。"刀鱼学名刀鲚，为黄河名贵经济鱼类。黄河刀鱼成鱼体长 30—40 厘米，体形优美，脊背多刺。脊背金黄，腹部银白，鳞片细碎，富含脂肪，刺多而柔软，肉细嫩，味鲜香。黄河口刀鱼中的主要成分是蛋白质，含量是所有鱼中的第一名，富含多种维生素，其中，单位刀鱼的维生素 A 是牛肉的 16 倍。此外它含有的大量不饱和脂肪酸，有明显的抑制高血压、心肌梗塞、动脉硬化和身体的滋补作用。按生态群类划分，属于过河口洄游鱼类。由于刀鱼在回途中摄食较少，消耗较多，所以在黄河下游时最肥，这就是黄河刀鱼利津最佳的原因。20 世纪 70 年代，由于引黄水量大增，汛期经常水源不足，甚至断流，再加从下游到上游，沿黄渔民层层布网捕捞，致使刀鱼数量锐减，愈加珍贵。

利津文蛤 利津县刁口浅海区域的滩涂面积大，文蛤资源丰富，沿海滩涂已划定文蛤保护区，以确保珍贵的文蛤资源得到合理开发。利津文蛤俗称蛤蜊，贝类中的珍品，因贝壳表面光滑布有美丽的红、褐、黑等色花纹而得名。其贝壳略呈三角形，腹缘呈圆形，壳质坚厚，两壳大小相等，喜生活在有淡水注入的内湾及河口附近的细沙质海滩。文蛤肉嫩味鲜，是贝类海鲜中的上品，含有蛋白质 10%，脂肪 1.2%，碳水化合物 2.5%，还含有人体易吸收的各种氨基酸和维生素及钙、钾、镁、磷、铁等多种人体必需的矿物质。其肉色玉白，有较强的口嚼感，即可烹炒也可做汤，味道极为鲜美。贝壳是制造工艺装饰品的原料，又是畜禽饲料。

利津东方对虾 位于利津境内的刁口乡，是对虾的盛产地带。由于这一带沿海一线有多条河沟入海，携带有大量有机物，为对虾的生长提供厂丰富的饵料。对虾生长较快，一般在 4 个月左右即可长到 15—20 厘米。由于肉味鲜美，营养丰富，在国际上素享盛名，有"东方对虾"之称。利津东方对虾是一种营养价值很高的海产品，含蛋白质 20.6%，并含有钙、磷、维生素 A、核黄酸等各种营养成分。1986 年始，人工饲养东方对虾获得成功。在中秋节前开始捕捞，刁口渔港日捕捞量 20 万斤，产值达 2000 万元左右。

利津三疣梭子蟹 利津三疣梭子蟹是利津县海域内传统的名贵海产品，盛产于黄河口一带滩涂。因其背甲隆起三个疣瘤，体形酷似民间织布的梭子而得名。梭子蟹喜泥沙底质，食物来源广泛，刁口海域水中有机质多，基础饵料十分丰富，梭子蟹的生长和育肥条件得天独厚。三疣梭子蟹个大，脂膏肥满，味鲜美，营养丰富。富含蛋白质、脂肪、碳水化合物，并且含有钙、磷、铁、核黄素等多种微量元素，另含 10 多种游离氨基酸，其中谷氨酸、脯氨酸、精氨酸含量较多。蟹肉中维生素 A 高于其他水生动物，维生素 B2 是肉类的五至六倍，比鱼类高六至十倍。维生 B1 及磷的含量比鱼类高六至十倍。鲜食以蒸食为主，还可盐渍加工呛蟹、蟹酱。蟹卵经漂洗晒干即成为"蟹籽"，是深受广大消费者青睐的海产品。

20 世纪 80 年代末期，由于

捕捞过度和污染等因素，三疣梭子蟹自然资源连年下降，为此，利津县海洋与渔业局技术人员，对三疣梭子蟹进行了室内工厂化人工育苗技术攻关实验，1995年实验成功，并繁育出300万只稚蟹。刁口渔港日产量1万斤，日产值150万元。远销北京、天津、上海、江苏等地。

利津半滑舌鳎 利津半滑舌鳎盛产于刁口海域，是利津特色海产品之一。半滑舌鳎俗称鳎米、龙脷、牛舌头，主要分布于黄渤海，尤以渤海湾最多，黄河三角洲沿海属半滑舌鳎的主要分布区域之一。由于刁口海域特殊的水域、底质、食物链等自然环境条件作用，使得黄河口半滑舌鳎体征、生长速度、抗逆性、肉质等具有较为明显的地域特征，是全国久负盛名、历史悠远的传统名贵海产鱼类，具有极高的经济价值。半滑舌鳎味鲜美，出肉率高，口感爽滑，鱼肉久煮而不老，无腥味和异味，高蛋白，营养丰富。

利津海参 海参同人参、燕窝、鱼翅齐名，是世界八大珍品之一。海参不仅是珍贵的食品，也是名贵的药材。据《本草纲目拾遗》中记载：海参，味甘咸，补肾，益精髓，摄小便，壮阳疗痿，其性温补，足敌人参，故名海参。海参具有提高记忆力、延缓性腺衰老，防止动脉硬化以及抗肿瘤等作用。随着海参价值知识的普及，海参逐渐进入百姓餐桌。

海参的生长环境是决定海参品质的最重要因素之一，刁口地区自2003年左右开始大规模的海参引进养殖，现海参池塘开发面积已经达到5万余亩，由于刁口海域水质相对肥沃，气温适宜，海参生长繁育速度快，具有刺挺肉厚的优良性状，深受消费者欢迎。

利津沙蚕 沙蚕主要分布于我国的渤海和黄海，主要用于垂钓和水产养殖饵料。沙蚕和卤虫一起是构成海洋生物食物链的主要成分之一，是鱼、虾、蟹类的重要基础饵料。沙蚕还具有药用食疗价值，2016年底在部分地区已被人们当作美食和营养保健品利用。沙蚕主要分布于潮间带，喜有机质含量高的泥沙底质，刁口地处黄海入海口附近，潮间带广阔，且水质和海洋底质较肥沃，十分适合沙蚕的生长繁育，沙蚕产量高，品质好。

利津虾皮 利津虾皮素享盛名，以个体完整，个头匀称，皮薄肉厚，咸淡适口而著称。上品虾皮是桃花色或色泽润白而微透金黄，盐分轻，味道鲜美，持久不变；中品呈淡金黄色，较上品的盐分略重，此类虾皮居多数；下品呈土黄色，含盐量大，个头不匀。

虾皮的营养价值很高，就以衡量营养价值高低的蛋白质含量来说，每100克虾皮含39.3克。虾皮的另一大特点是矿物质数量、种类丰富，除了含有陆生、淡水生物缺少的碘元素，铁、钙、磷的含量也很丰富，每100克虾皮钙和磷的含量为991毫克和582毫克。所以虾皮素有“钙库”之称。虾皮其实还有一种重要的营养物质——虾青素，虾青素是迄今为止发现的最强的一种抗氧化剂，又叫超级维生素E，虾皮越红虾青素含量越高，虾皮虾青素含量大概在400—800ppm。在民国十一年（1922）出版的《山东农业概况》中记载：“利津海产远销河南、山西、江苏等地，其中以虾皮为大宗。”当时虾皮年产量在15—25万公斤左右，新中国成立后，生产条件逐步改善，虾皮年产量大幅度提高。

利津开凌梭 开凌梭是指春暖冰开后捕获的第一批梭鱼，是渤海一带常见的梭鱼，肉质肥嫩，营养丰富，当地流传着“丢了车和牛，不丢梭鱼头”的说法。每逢冬季，黄河口附近海域梭鱼便潜入深海越冬，处于休眠期的梭鱼极少进食，腹内胆汁、杂物少。春风送暖，冰凌开化，梭鱼群游到入海口附近的河道内觅食，此时的“开凌梭”肉质鲜美，肉多油厚，具有丰富的营养成份，每100克含蛋白质19克，脂肪4.8克，富含磷、钙、钾、钠等微量元素，堪称佳肴。近年来，黄河连续实施生态调水，黄河故道刁口河流路也恢复过水，当地积极采取生态保护措施，维持了黄河口海域淡、咸水平衡，促进生态环境明显改善，利津开凌梭数量不断增加，刁口渔港日捕捞量在2万公斤左右，日产值40万元。

（宋玉花　张　新）

农业机械

【概况】 县农业机械管理局内设办公室、财务股、业务股，下设农业机械技术推广服务中心、农业机械安全监理站。2016 年底在职干部职工 26 人，其中专业技术人员 13 人（高级 1 人，中级 5 人，初级 7 人）。截至 2016 年底，全县农机总动力达到 47.5 万千瓦，拖拉机拥有量 11035 台，联合收割机 702 台，各种配套农机具 23560 台（套）。全年完成机耕作业面积 92.56 万亩，机播 104.3 万亩，机收 48.23 万亩，全县粮食作物的耕播收已实现了全程机械化，棉花生产全程机械化有了较大的突破，农作物综合机械化水平达到 82.5%。

【创新工作】 引导春喜农机合作社发展种植机采棉 1.7 万亩，建立全省规模最大的机采棉试验示范基地。举办 1 期机采棉种植技术村书记培训班和 1 期全县机采棉种植技术培训班，并承办全市机采棉播种现场会。同时，继续与省农科院棉花研究中心合作，开展机采棉品种抗病、抗旱涝、亩产量的试验示范。10 月 20 日，全省机采棉现场会在利津县召开，利津县也成为全省唯一拥有 3 台以上采棉机的县。全局以全省机采棉现场会为契机，认真贯彻落实省市部署要求，学习借鉴各地区的先进经验，进一步加大措施力度，加快提升农业机械化、现代化发展水平，取得棉花种植全程机械化新的突破。举办利津县“金源杯”首届农机手技能大赛。先后举办两场竞赛，吸引了上百名农机手参赛，比赛项目有拖拉机极限调头赛、收割机直线越障碍物、百米障碍赛、倒车移库、挂接农具、钓鱼、开沟等多个专业项目。

【农机购置补贴】 2016 年，全县共争取到国家农机购置补贴资金 1400 万元（包括 300 万元农机报废更新补贴），全局严格按照上级政策和实施方案组织实施，并通过电视和利津农机网站发布公告进行宣传，按照公开、公平、公正的原则，采取集中报名、现场公开抓阄的方式确定补贴对象，优先补贴先进适用机械、农机合作社购买的大型机械。在机具核查阶段，采取突击核查的方式，分 5 批次前往各个乡镇街道进行了核查。共落实补贴资金 1399.203 万元，补贴购买拖拉机 317 台，联合收割机 130 台，其余机械 103 台，补贴受益农机合作社 16 家、农户共 465 户。

【农机报废更新】 利津县争取到农机报废更新补贴资金 300 万元，全局积极策划，周密部署，及时与农机购置补贴工作做好衔接，召开了报废更新补贴现场会，并组织人员进农户进行车辆的审核、登记、拍照等工作，共报废机械 15 台，报废补贴 6.25 万元，更新机械 15 台，更新补贴 102.72 万元。

【耕地深松】 结合利津县春耕地较多，农机深松在春季实施多的特点，全局及早行动，在 2 月底就开始部署农机深松补助项目。根据省农机局关于合理确定农机深松作业主体的通知要求，制定《利津县 2016 年农机深松整地作业补助项目作业主体确定办法》，并在县电视台公开发

10 月 20 日，在盐窝镇王洼村举办全省机采棉现场会

布招标公布。3月16日，组织市农机办、县财政局等单位的5位专家对投标材料进行审查评定，评出建设规模大、作业能力强、社会信誉高的利津县津农农机专业合作联合社中标，承担农机深松作业任务。全县作业机械共安装了43台深松检测仪，全局及时督导检查农机深松作业质量和面积，全年共实施农机深松作业18万亩，发放作业补助700万元。

【农机培训】 积极开展新型农民“点对点”培训，培训农机驾驶操作技术、安全行车知识、农机新技术知识等，全年开展新型农民培训15期，培训农民428人。4月15日，开展农机手实用技术培训，邀请省农机推广站专家董佑福培训机采棉规范化种植和玉米联合收获技术，培训学员202人。开展机采棉播种技术培训、小麦联合收割技术培训共3期，培训机手240人。

【农机监理】 召开农机安全生产工作会议，与各乡镇（街道）签订了农机安全生产责任书，落实了安全生产责任。利用安全生产月、集中整治活动等机会，发放安全生产宣传材料3000余份，提高了农机手安全生产意识。在农忙时节，开展农机违法违章和小麦秸秆禁烧检查，同时联合公安交警部门开展农机安全联合执法，保障了道路交通安全。严格驾驶员考试，严格车辆审验，截至2016年底，共挂发拖拉机号牌197副，联合收割机号牌78副，办理驾驶证192本，年检农机1693台。农机监理工作全部整改落实到位，确保了农机安全生产。

【农机合作社建设】 2016年继续大力推进农机合作社发展，积极督导农机合作社规范化建设，解决农机合作社发展中遇到的难题，打造一流农机合作社品牌。面对竞争日趋激烈的农机服务市场，因势利导，引导广美、春喜、军升、光彩4家实力较强的农机合作社组建农机合作联合社，注册成立利津县津农农机合作联合社。吸引13家农机合作社加入联合社，有社员83人。为规范联合社的管理，指导联合社建立健全各项规章制度，成立理事会、监事会，召开1次全体成员大会和6次联合社代表大会。联合社成立以来，完成农机作业面积21万亩，实现农机经营收入1300多万元，取得良好的经济效益和社会效益。11月13日—18日，组织全县农机合作社带头人共计70人，在东营市圆通宾馆进行综合培训，主要学习机采棉种植、保护性耕作等农机实用新技术和合作社管理的先进经验与创新管理理念等。截至2016年底，发展国家级合作社1家，省级示范社3家。

【农机技术培训】 依托津农农机合作联合社，引导成立津农农机培训学校，将全县农机驾驶常规培训推向社会化。2016年开展农机驾驶常规培训9期，培训农机驾驶员192人。积极开展新型农民“点对点”培训，培训农机驾驶操作技术、农机深松、机采棉种植等农机新技术，全年开展新型农民培训40期，培训农民1588人。

（周玉军　崔双龙）

农业广播学校

【新型农民培育】 2016年县农业广播学校承担专业技能型培育任务300人，包括蔬菜园艺工150人、病虫害防治员150人。前期围绕利津县主导产业，以优先培育真正从事农业生产、迫切需要提升素质和生产技能的农民为原则筛选培训对象。培训过程中采取“分段式、重实训、参与式……”培育模式。聘请山东农业大学刘玉升教授、刘世琦教授分别对农作物病虫害防治、设施蔬菜栽培管理进行现场授课，组织学员先后到临沂市兰陵县鸿强蔬菜专业合作社、郯城县薛庄东村电商创业园、兰陵县代村国家级生态农业示范园、兰陵县佰盟蔬菜外延基地、利源蔬菜外延基地、家瑞蔬菜合作社进行参观学习，并聘请当地专家进行现场教学，真正做到学用结合，多层次、多渠道、多方式地开展新型职业农民培育工作，使培训效果最大化。

【“点对点”培训】 主要围绕全县蔬菜、粮棉、食用菌等产业开展培训，组织教师选编通俗易懂、针对性强的培训教材，免费发放给参训农民。对于现场指导，根据农时现场发放简单的讲义、明白纸等。2016年举办培训14次，培训农民1424人次，发放各类培训资料1000余份。

【本专科学历教育】 办好本科、专科层次的成人正规学历教育。2016年有16人报名参加成人高考，最终招生专科新生和本科新生15人。在教学中我们采取先进的教学手段，开展形式多样、丰富多彩的教学活动（课堂辅导、电化教学、网络教学）完成各层次各年级各专业的教学任务。

（李守成　许　乔）

工　　业

Industry

综 述

【概况】 县经济和信息化局（挂信息化推进办公室牌子）内设规划与技术改造办公室、中小企业办公室、经济运行与信息化办公室、节能办公室和煤电油运办公室5个职能股室，下设经济技术信息开发中心、能源监测监察中心和中小企业公共服务中心3个事业单位。2016年底，在职干部职工26人，其中行政人员12名，包括工勤人员2名；事业单位干部14名，包括各类专业技术人员10名，工勤人员1名，管理人员3名。2016年，1—12月份，全县141家规模以上工业企业，实现主营业务收入1657亿元，同比增长7.5%；全年工业用电量17.65亿千瓦时，同比增长38.7%；规模以上工业增加值增速保持8.1%。

【创新发展】 科技创新平台培育。争取省级企业技术中心1家、市级4家，省级一企一技术研发中心2家、市级3家，经信系统累计认定市级及以上创新平台65家，化工、纺织、装备制造等重点行业均建立了2家以上的省级研发平台。产学研合作创新。引导企业与浙江大学、赛迪智库等知名高校、中介机构加强合作，与青岛科技大学合作成立高分子材料博士工作站，帮助企业就各项技术难题展开攻关，县内76家企业与国内95所高校院所建立合作关系。工业品牌创建。争取了陈庄镇列为山东省特色产业镇，4家企业通过“专精特新”“星级物流”认定，三阳纺织、博安仓储负责人分获全国纺织行业先进个人、全国物流行业劳动模范并到人民大会堂受奖，这是利津县企业获得的行业最高荣誉之一。

【绿色发展】 循环经济产业发展。组织16家企业开展节能技改和合同能源管理体系建设，利华益集团评为山东省节能先进企业，创建了陈庄工业园全省第一批、全市第一家省城市矿产示范园区认证，园区循环化改造扎实推进，全县工业固体废物综合利用率达到95%以上。工业绿动力计划。争取国安化工列为全国第一批符合废矿物油综合利用行业规范条件的五家企业之一，也是全省唯一一家，并获得全省循环经济示范企业荣誉称号。组织4家企业开展了清洁生产审核，6个节能重点项目按计划推进，3所学校和医院太阳能即热系统项目列入省扶持范围。散煤清洁化治理。出台了推进煤炭清洁高效利用和散煤清洁化治理实施方案，建立健全煤炭经营单位、煤炭燃用单位和重点能耗排放企业3个台账，完成全县84532户农村居民的摸底建档，在各乡镇街道筛选9个行政村作为试点进行节能燃煤及节能炉具推广，各项工作进展顺利。

【电子商务】 **工业电商发展**。出台《关于加快电子商务产业发展的实施意见》，推进“互联网＋工业”行动计划，举办全省工业企业电子商务百县行启动会议，利津成为山东省工业电商示范县。成立中国石化联合会光采网利津运营中心，帮助县内20余家工业企业采购寻源、产品上行，工业电商输入输出总额过亿元。**电商园区建设**。新建利津县电子商务示范园、利津云谷电子商务产业园，开发了金河滩农产品交易APP服务平台，招商引进京东、乐村淘等41家知名电商企业，签约农村电商示范店1500家，《大众日报》、齐鲁网、山东电视台等5家省级以上媒体对利津县电子商务创业进行专题报道，相关工作人员走进山东广播电台直播间进行了广播直播，全省电商示范县创建入围20强。同时，扎实推进电商扶贫，加速本地特色农产品网上推广交易，成为全市电商扶贫示范点。

【转型升级】 对全县131家化工生产企业“一企一册”“一项目一册”制定整改台账，在省内创新开发应用手机APP智慧数据监管平台，并通过严格“签字背书”、定期督导检查和隐患整改销号等制度，责令企业停产36家、取缔6家，引导转产转型、兼并重组16家，淘汰落后产能370万吨；实施搬迁学校1所、村庄1座。在全省化工产业转型升级现场会议上，利津县作为唯一县级代表作典型发言；山东新闻联播头条专题介绍利津县工作经验和成效；日照市、蓬莱市、邹平县50多个市、县、区化转办到利津县考察学习，应邀到青岛市交流经验，在全省树立了促进化工产业转型升级的“利津标杆”。

【企业培训】 通过“请进来、走出去”结合方式，对企业开展内容丰富、形式多样的培训教育。“请进来”方面。邀请国务院经济发展研究中心项在兴主任、通和公司郑峥嵘教授、泰山管理学院马方院长、清华大学电子商务研究中心孙丽丽主任等专家对140多家县内企业进行安全管理、企业改制、电子商务等专题培训；指导化工企业建立“安全教育学堂”，切实提升企业一线职工实操能力。“走出去”方面。组织有关企业赴美国、德国、英国参加省经信委企业家专训，8家企业参加全省中青年企业家培训班、企业家队伍建设工作会议，带领部分企业家到上海化工园区、江苏建湖工业园以及市内国瓷股份、科瑞集团等先进园区和企业。同时，在县内开展青协会值委会、物流协会信息平台互联应用等活动6期，组织“点对点”培训等活动19次，全年轮训企业经营管理人员3000多人，有效提升了企业家境界思路。

【企业改制】 出台《全县规模以上企业公司制改制三年工作方案》，聘请上海通和作为改制智库，引进5家中介机构为企业提供“一企一策”定制服务，与60多家企业负责人逐一面商交流，完成改制11家，顺利完成市政府下达的任务。推进中阳碳素成功在“新三板”挂牌，实现了县内企业上市零的突破。

【龙头骨干企业】

利华益集团股份有限公司

利华益集团是以石油化工为主导产业，制药、纺织服装、进出口贸易等产业稳步发展，跨行业多元化经营的股份制大型企业集团，是中国企业500强、中国制造业企业500强、中国化工企业500强、中国民营企业500强、山东省百强企业，全国大中型工业企业自主创新能力行业10强，拥有进口原油使用资质、原油非国营贸易进口资质及配额、加工贸易成品油出口资质及配额、成品油批发经营权和燃料油自主进口权。主要从事石油化工、制药、纺织、化纤、服装、丁醇、辛醇、苯酚、丙酮、双酚A、MTBE、丁烷、热电、苯酐等产品的生产与经营，先后荣获中国优秀企业、国家重点高新技术企业、国家级博士后科研工作站、全国安康杯竞赛优胜企业、全国企业文化优秀成果奖、全国清洁文明工厂、中国驰名商标、中国名牌产品，改革开放30年山东省功勋企业、山东省省长质量奖、企业管理奖、节能先进企业、环境保护优秀企业、安全生产先进单位等荣誉称号。

三阳纺织有限公司

三阳纺织有限公司是2003年成立的大型股份制企业，注册资本1亿元人民币，拥有员工3000余人。主要生产纯棉高支漂白纱线、PIMA棉纱线和高支高密漂白布、弹力布等，是中国最大的专业股线生产基地，是色织、丝光棉用纱方案专业解决商，连续四年进入中国棉纺20强，2007年精梳纱线荣获中国名牌，2011年，“三旸”牌纯棉本色纱线和本色坯布荣获中国棉纺最具影响力品牌，2012年，授予“中国纯棉高支漂白纱线精品基地”称号。2013年三旸品牌荣获山东省最具市场竞争力品牌称号。

下属六家子公司，拥有资产总值26亿元；在国内外设立了密集的分支机构，形成了九大营销事业部统管之下的三十多个办事机构的国内外营销体系，海外市场遍布欧美、日韩、印度等国家和地区。

公司坚持高端外向的战略定位。硬件方面配置瑞士、意大利、德国、英国、日本等国际顶尖的技术设备；设立了省级技术中心和具有国际标准的乌斯特实验室，配置了全套的瑞士乌斯特五大测试仪器，引进美国棉花公司的EFS配棉系统，确保产品质量的稳定。新的行业形势下，公司始终坚持“服务高端、引领潮流”的企业宗旨，用差异化思维运作传统产业，不断推动产业升级和管理升级，努力跻身中国高端纺织企业行列的最前沿。

山东宜坤集团有限公司

山东宜坤集团有限公司始建于2006年9月，前身为山东宜坤化工有限公司，主要从事道路沥青、二甲醚、MTBE、液化石油气、低碳汽油、芳烃、LPG、重芳烃的生产销售和渣油、蜡油、油浆、甲醇的储存销售。为延伸产业链条，2007年初公司投资1.2亿元启动二期工程，建成了6万吨／年MTBE、3万吨／年二甲醚装置项目；2009年3月公司新建了30万吨／年强化蒸馏高级道路沥青项目；2011年初公司投资8900余万元新上了20万吨／年液化气芳构化装置项目；2013年6月公司投资2.6亿元新上了30万吨／年碳四叠合装置项目。

为深化实施多元发展战略，2010年公司投资建设了东营市百通成品油销售有限公司；2010年5月公司投资成立了利津县金坤小额贷款股份有限公司；2010年10月公司在东营市开发区征地280亩创建了山东昌泰物流有限公司；2011年10月公司投资成立了山东津瀚昊坤置业有限公司。经过近10年的发展建设，公司经营范围涉及石油化工、精细化工、物流运输、小额贷款、房产开发、产品研发等。为加快企业集团化发展步伐，公司于2012年3月18日注册成立山东宜坤集团。集团注册资本1亿元，占地面积600余亩，现有员工300余人，固定资产2.8亿元，总资产10亿元。

山东龙翔实业有限公司

公司是一家集石化和低温装备研发、设计、制造、安装、维护为一体的科技型企业。拥有专业的管理、技术队伍和国内一流的生产线，目前公司占地面积450亩、职工总数达到500多人、各类生产设备1300余台套，具有压力容器A1.A2.A3.B4制造资质和A1.A2.A3设计资质和GC2工业管道安装资质，具备各类非标、低温容器的设计、制造、安装的总承包资质。产品先后通过目前已通过国际ASME认证、欧盟CE-PED认证、TS16949国际汽车行业技术规范认证和ISO9001质量管理体系、ISO14001环境管理体系和OHSAS18001职业健康安全管理体系认证。

公司的石化装备产业目前建成储罐、球罐、换热器、塔器等多条生产线，公司持证焊工达到160人，能够完成压力容器制造的120多项技术工艺。曾多次参与国内大型化工项目的建设，与国内等各类大型国营化工企业建立了稳定的合作关系。公司的LNG低温装备产业拥有LNG储罐、LNG车用气瓶、工业气瓶、撬装式加气站和撬装移动供气系统等多类产品公司具备各类固定式、撬装式加气站、气化站的总承包能力，销售服务网络遍布全国。公司建设的新能源（LNG）装备产业示范园规划建设LNG六大低温装备生产线，被列为山东省重点建设项目，目前已成为国内知名的低温装备制造基地。

山东康宝生化科技有限公司

山东康宝生化科技有限公司坐落于黄河入海口利津经济开发区，占地200亩，拥有职工335人，成立于2012年4月，是一家集研发、生产、销售为一体的专业三氯蔗糖生产企业。公司规划总投资6亿元，现一期产能500吨／年，产品收率达国际领先水平，二期三氯蔗糖生产线产能达2000吨／年，综合实现年产三氯蔗糖3000吨，将成为亚洲第一大，全球第二大的专业三氯蔗糖生产企业。

三氯蔗糖是继阿斯巴甜、AK糖之后最完美、最安全的新一代甜味剂。其优点甜味纯正，口感好，无热量，可供肥胖人群、糖尿病人、心脑血管患者及老年人使用；甜度可达蔗糖的600倍，应用成本低；安全性高，是目前世界上最好的甜味剂，已被世界上200多个国家批准使用于食品添加领域。

山东康宝生化科技有限公司秉承“科技成就健康甜蜜生活”的发展理念，致力为社会和客户提供高质量的健康安全产品。公司通过了ISO9001质量体系认证和ISO22000食品安全管理体系认证，获得了BRC认证、犹太认证、清真认证、美国FDA注册等行业资质，并荣获中国食品添加剂和配料协会会员单位。

山东中阳碳素股份有限公司

山东中阳碳素股份有限公司位于东营市利津县明集乡，创建于2008年4月，注册资金2000万元，占地面积63000余平方米，拥有员工近百人。公司是全县首家煅后石油焦企业，主营业务是煅后石油焦的生产、销售，公司具备年产30万吨煅后石油焦生产能力。公司将炼油厂的延迟焦化副产品——石油焦，加工为煅后石油焦，是对资源的二次利用，属国家大力倡导的循环经济。公司地处胜利油田腹地，辖区内规模以上石油加工企业达90余家，原料供应充足。公司距S315省道8公里，G25长深高速10公里，交通条件便利。煅后石油焦是生产碳素制品所必须的原材料，而碳素是一种基础材料，广泛应用于国民经济的各个领域。

公司产品主要是海绵焦，属于高中档产品，主要用于钢铁、电解铝冶炼石墨电极等的基础材料。省内大型炼钢、炼铝石墨电极企业众多，市场广阔。近年来随着冶金、航天航空、新材料等行业的飞速发展和技术创新，碳素制品应用范围不断扩大，而作为产业链源头的煅后石油焦也在发展的同时不断调整结构，品种更加健全。从经济效益角度来讲，将传统作为燃料一烧了之的石油焦加工成精细材料，避免资源浪费的同时也创造了良好的社会价值。

（郭邦兴　牛建瑞）

电 业

【概况】 2016年，县电力公司党委认真贯彻省市公司和县委、县政府各项决策部署，精益管理、攻坚克难，优质高效完成全年目标任务，“十三五”开局良好。全年完成售电量19.73亿kWh，同比增长33.61%；营业收入11.39亿元，增长20.71%；全员劳动生产率375.59万元/人/年(全口径)。圆满完成中高考、迎峰度夏等重大保供电任务，全年100余次各类保电活动实现“零差错”。截至12月31日，实现连续安全生产8795天，保证了全县电网安全运行和电力可靠供应。公司连续26年保持省级文明单位称号。

【电网建设】 完成“十三五”配电网规划滚动修编和3项规划编制。顺利投产220KV陈庄变、利津变35KV配出工程。加快“一流配电网”建设，升级改造中心村18个，10KV线路98.8公里、配变32台，消除重载台区65个，居民户均容量提升至1.65千伏安。1项工程获评省公司“配电网优质工程”。配电网自动化建设实现全覆盖。主动对接光伏扶贫，累计并网106户/1905.27千瓦。新建充电站1座，新增充电桩8个。

【营销服务】 全面调研园区用户现状及业扩需求，运用“两个项目包”消除业扩受限项目3个，释放用电容量7830千伏安。协议接收小区20个、资产净增1652万元。实现替代电量4312万千瓦时。争取“三免三减半”等税收优惠81.56万元。响应大用户直购电诉求，累计申请协议电量4户/9.738亿千瓦时。将全县1.4万非居民客户电费缴纳信息全面纳入银行征信体系。深入推进同期线损管理系统建设，低压台区线损降至4.29%，可算率达97.45%。开展量价费损等专题监测，追补电费及违约使用电费100.82万元。推进客户导向型“大服务”机制建设，深化“互联网+”智能互动服务，推广电e宝等电子化服务超过3000户，平均接电时间缩短至12.3个工作日，全年新增报装送电123户/40620千伏安。创新开展无人机巡线业务。大力推行不停电作业，全年完成带电作业728次，减少停电1.1万时/户。落实“五个一”标准化抢修要求，组建彩虹应急服务队，成立7个抢修服务站，故障抢修平均处理时长较年初缩短30%。建立投诉事件调查机制，常态化开展明察暗访，严格执行预控措施，服务类投诉实现零投诉。规范窗口服务行为，实施全时段自查自纠，违规行为“零通报”，营销服务规范率100%。

【企业管理】 把班组建设作为提升管理的基础工程，加强对标指标管控，举办指标解析专家大讲堂4期，利城供电所获评三星级供电所。岗位绩效工资落地顺利通过省公司验收。启动“七五”普法工作，全面强化干部员工法治思维。积极推进审计全覆盖，出具工程决算62份。高质量完成集体企业改革改制收尾工作，规范企业组织机构和定员定编，顺利上线统一管控系统，全年实现利润292万元。光明公司成功取得“承装（修）电力设施许可

‘四级’资质证”，市场开拓能力进一步增强。有序完成农电员工岗位绩效工资套改和社保补缴，实现考勤平台对供电所全覆盖。深化质量管理和科技创新，1项管理创新、2项QC成果获市公司级及以上奖项；4个项目获市公司级以上科技奖励，1人被授予“市创新能手”，仓储配送班被评为“山东省创新型班组”。

【党建和企业文化建设】 扎实推进“两学一做”学习教育，开展集体学习、专题学习讨论182次，党员干部讲授党课51人次。公司党委和13个党支部完成换届选举，召开公司第一次党代会。“两学一做”学习教育纪实报道在《大众日报》头条发表。一项党建创新课题入围“第四届全国基层党建创新典型案例”。组织“学法规、明规矩、守纪律”系列教育活动，深入开展重点业务领域风险隐患排查和“四风”整治情况“回头看”，排查消除各类廉洁风险隐患49处。加强队伍素质建设，对外交流任职2人，全年举办各类培训班672期、培训2329人次，公司人才当量密度提升至1.0068。6名员工、2个项目在省、市公司竞赛调考中获表彰，1个项目在省公司“大讲堂”视频专栏展播。5人被授予市公司、利津县首席技师。加强品牌传播，在市级以上媒体发稿126篇。2人分获东营市劳动模范、东营市“五一”劳动奖章。关心关爱职工身心健康，健康查体实现全员覆盖，组织各类文体活动23次，职工的向心力、凝聚力进一步增强。公司成为省公司系统太极拳协会试点单位。启动智慧型档案室建设，完成文书、科技、人事档案数字化加工。按期完成光缆四级延伸工程，未发生失泄密事件。强化舆情防控和信访维稳工作，公司保持和谐稳定良好局面。

（付　永　郭青贤）

盐　业

【概况】 2016年，全县盐业共生产原盐5.6万吨，完成全年计划的124.4%，养殖面积达到8000亩；销售原盐5.95万吨，其中大工业盐5.53万吨，其他用盐0.42万吨，全县盐业实现销售收入1057万元，上缴各项税金101.26万元；供应各类食盐1114吨，食盐“三率”（碘盐合格率、碘盐覆盖率和居民合格碘盐食用率）完成情况达到上级要求；全年出动盐政执法人员500余人次，共查处各类盐业违法案件11起，没收违规盐产品422.5千克，沉重打击了私盐商贩的嚣张气焰，有效净化了全县食盐市场；认真落实安全生产主体责任，高度重视安全生产工作，采取多种有效形式深入宣传《新安全生产法》，强化了对企业负责人及有关人员的安全生产意识教育，把安全工作贯穿于日常工作中，制定安全生产奖惩办法，与各科室、各盐场（工区）签订《安全生产目标管理责任书》，确保全县盐业系统安全生产平稳无事故。

【业务工作】 加大对各制盐企业技术指导力度，增加溴素水利用面积500亩。指导各盐场采用“薄赶深储”制卤工艺和“新、深、长”结晶工艺，大力发展“一水多用”循环经济，推动全县盐业“盐、化、养”产品结构更加科学合理，努力提高海水资源综合利用率，全面挖掘盐业资源潜力，同时，指导企业千方百计减员增效，节本降耗，精细管理，努力实现最佳效益。按照上级关于“管行业必须管安全，管业务必须管安全，管生产经营必须管安全”的要求，认真开展盐业安全生产隐患排查治理活动和“安全生产月”活动，对盐场安全生产检查7次，发现整改安全隐患5条，并督促各盐场进行了整改。与县食药监局建立食盐安全联动机制和联席会议制度，实现了信息共享，联防联治。8月，又联合县经信局、发改局、公安局、市场监管局、畜牧局和卫计局等七部门印发《利津县制贩假盐专项治理行动方案》，并及时组织开展专项治理行动。多措并举，深化专营，食盐供应服务水平不断提高，进一步完善了食盐供应网络，及时调整优化食盐供应结构，在保证基本食盐品种基础上，不断加大新品种食盐的推广力度，重点推广海晶盐、绿色盐和低钠盐，并适当投放中、高端食盐品种，积极做好无碘盐的供应及其消费群体解疑释惑工作，丰富食盐品种，满足了不同食盐

2016 年 4 月 22 日，召开全县盐业安全生产工作会议

消费群体的需要。

【创新性工作】 积极与河口盐业气象信息服务平台进行对接，实现了信息共享，提高了气象信息的及时性和准确性，为制盐企业利用气象信息趋利避害，提高原盐产量和质量提供了保障。在抓好原盐生产各项工艺措施落实基础上，按照 9000 国际信用体系 AAA 级信用等级证书和 ISO9001 质量管理体系，注重企业质量保证体系建设和企业经营管理水平的提高。在抓好对赫邦化工公司原盐供应业务的同时，开始尝试与县内物流企业进行合作，伸长腿、跑远路，把销售触角向内蒙市场延伸，与内蒙古包头一用盐大户进行接触，并初步达成供需意向，为下一步深入合作打下了很好的基础。

【利津原盐】 早在周秦时期，利津境内盐业兴盛，明清时期达到高峰，当时的永阜盐场位居全省“八大”盐场之冠，一直到清朝末年，盐业始终是利津的支柱产业。

利津原盐生产地域位于山东半岛西北端、渤海湾南岸刁口行政区域内的海岸线。地理坐标为北纬 36°25′～37°08′，东经 119°13′～119°37′，东西长约 35 千米，南北宽约 12 千米，面积 420 平方千米，其中盐田面积 2.3 万亩，年产原盐 10 万吨。该区域所产原盐白色透亮晶体，粒大方正，优一级率达到 95%。理化指标每 100 克含氯化钠 96.32 克，水分 2.85 克，水不溶物 0.15 克，钙镁离子 0.21 克，硫酸根离子 0.45 克。销往河北、江苏、天津等地。

（牛玲珑　李　燕）

商　　贸

Commercial Trade

商 务

【商务综合执法】 推动12312商务举报投诉服务平台建设，完善全县商务领域信用信息平台管理。开展打击侵犯知识产权和制售假冒伪劣商品专项行动。引导酒类流通企业办理酒类流通备案。截至2016年底，共办理酒类流通企业备案212家，发放酒类流通随附单3万余份。深入推进“诚信商贸企业”创建工作，严厉打击虚假宣传欺诈消费者等各类扰乱市场经济秩序的违法行为。

【外经贸业务】 实行外贸工作定期调度，定期深入企业调研，召开调度会议，分析形势、研究措施，帮助企业巩固现有市场、开拓新兴市场。指导利华益集团用好原油进口资质，加大进口力度。不断完善出口保障机制，组织企业参加各类境外展会，积极扩大出口。2016年，全县实现进出口总额完成84.6亿元，同比增长220.2%（其中出口完成8.9亿元，同比增长39.5%，进口完成75.7亿元，同比增长278%）。

【商贸工作】 2016年，全县实现社会消费品零售总额33.2亿元，同比增长0.4%。**安全生产**。出台《利津县商务局安全生产网格化管理工作实施方案》，成立安全生产工作领导小组，确保了安全生产工作有序进行。制作安全生产宣传明白纸，发放到相关企业。深入开展“大快严”集中行动，对在工商局注册的商贸企业，逐一进行排查确认，并按照“一行业一册”建立了商务行业企业数据库。组织银座商城利津店举行了防爆、防火、救火应急演练活动，提高了广大员工应对突发事件的能力。开展全县商贸系统安全生产培训，组织企业学习《安全生产法》和《环境保护法》等，切实提高安全生产意识，全面彻底排查治理各类事故隐患，坚决落实各项安全防控措施，切实防范和遏制各类生产安全事故发生。**强化服务**。落实局领导包重点商贸企业制度，对利津鲁百百货大楼、银座商城利津店、蓝海禧华大酒店、凤凰汽车城等重点商贸企业定期走访调研，引导企业适时调整经营战略，提供政策信息支持，确保商贸企业效益稳步提升。**扩大消费需求**。重点推出“内购会”“圣诞、元旦双节联动”“五一、端午促销”等商品促销活动，“消费促进月”活动得到有效开展。

（张　明　张青霞）

供销合作

【重建供销组织体系】 县供销社按照“改造自我，服务农民”的要求和建设实体性合作经济组织的目标，采取开放办社理念，通过组织引导、服务带动、参股控股等方式，依托参与发展的骨干合作社，恢复重建基层供销社7处，承担农资供应、农产品销售、大田服务、农民培训等综合服务功能。截至2016年底，7处基层社已建设农资、日用品配送中心各1处，建设乡镇超市、直营店、加盟店等经营服务设施19处，带动发展农民合作社49家，经营服务覆盖全县涉农乡镇（街道）。

【构建服务体系】 县供销社以土地托管为切入点，以建设“为农服务中心”为突破口，通过开展菜单式半托管和保姆式全程托管服务，构建覆盖全县的现代农业规模化服务体系。建设达到省级标准（占地20亩，供销社参股35%，服务半径3公里，服务面积3–5万亩）的为农服务中心3处，建成农资仓储设施5000余平方米、农机存储维护设施4000余平方米、粮食烘干设施2套，建成配套的综合服务、农民培训等设施5处。2016年3处服务中心完成土地深松面积14.7万亩，飞防作业3万亩，测土配肥面积2.2万亩，代耕代收面积3万亩，为农民收储烘干粮食1.1万吨。

【推进农村流通现代化】 推进和实施“新网”工程、“万村千乡市场”工程、“两进”工程，打造日用品、农资两大连锁经营体系。在全县建成日用品、农资配送中心各1处，乡镇中心超市17处，村级日用品便民店80余处，农资放心店90余处。2016年日用品连锁配送金额1100万元；农资连锁配送总量6000余吨。积极推进“农村电子商务惠农”工程，与县人社局合作，共同打造“中国政品网”农村电商服务平台，对接全国供销总社供销e家和省供销社电商运营中心，积极推进线上线下融合发展。现已建成政品网县级运营管理中心1处，物流配送中心3处，发展村级服务站402个。与京东商城合作建成县级服务中心、物流配送中心1处，发展乡村推广点80余处。

【农民合作社建设】 根据农产品经营服务体系建设的实际需要，引导和参与发展合作社51家，对于牵头发展和重点扶持的专业社，县社深度参与，以联合会为主体参股入股，增强了与专业社的联系。参与发展的合作社建设标准化种植基地9000余亩，注册商标15个，完成无公害认证4500亩，绿色认证400亩，有机认证800亩。5年来参与发展的专业合作社中有14个成为市级示范社，5个成为省级示范社，2个成为全国级示范社。

【实施社村共建工程】 县供销社充分发挥系统优势，推进“党建带社建，社村共建”，通过共建合作社、共建服务中心、共建项目、共建干部队伍，以及与基层服务型党组织建设、“第一书记”驻村帮扶、精准扶贫工作相结合，实现供销社基层组织向村居延伸。至2016年底已发展共建示范村5个，共建专业合作社6家，建设农产品标准化基地2700亩，共建农资直供、农产品药残检测、测土配方服务、农民培训服务等服务设施5项。共建村辐射带动周边11个村，服务人口6000余人。2015年与陈庄镇郭屋村共建项目获得省供销社扶持。

【提升农民素质】 为培养适应农村产业升级需求的新型职业农民，县供销社围绕“建平台、促转型、重提升”这一主线，以村干部、农民合作社负责人、农村种养大户、家庭农场主为主体，积极推进农民培训工作。至2016年底，全系统建成专门培训场所6处，每年组织各类培训2000人次以上。2016年组织高层培训3次，培训30余人；大型专题培训4次，培训500余人；开展“点对点”培训20余次，培训100余人；其他形式的集中培训50多期，培训人数1100余人次。

（刘志刚　吕文倩）

粮　食

【粮食收购】 做好小麦最低收购价执行预案启动工作。积极与农发行、中储粮东营直属库对接，搞好小麦市场形势分析，印发做好2016年夏粮收购工作通知，确定山东植谷粮油储备利津有限公司作为小麦最低收购价收购收储库点。2016年7月2日，利津县首次启动小麦最低收购价预案，省粮食局局长杨丽丽、市县政府领导出席启动仪式，全年共收购最低收购价小麦5.5万吨。抓好小麦最低价收购服务工作。为解决植谷公司人员不够问题，从县粮食储备库抽调两名业务骨干人员帮助植谷公司开展收购工作，确保了托市收购工作顺利开展。在地磅房、化验室显著位置张榜公布实行最低收购价政策的粮食品种、收购价格、质量标准等政策信息，让农民卖“明白粮”“放心粮”。抓好小麦最低收购价收购监管工作。县粮食局、县农发行、中央储备粮东营直属库各自明确责任人员，共同做好小麦最低收购价政策执行监管工作。小麦最低收购价收购全面使用中储粮“一卡通”系统，从源头上杜绝挤占挪用收购资金、向农民“打白条”现象，切实保护农民利益。

【粮食调控】 **粮食应急项目建设按期完成。**粮食应急项目总投资345万元，分别由利津百氏麦面粉有限公司和东营三和油脂有限公司承建。通过应急项目建设，提升了应急加工企业生产水平和配送能力，提高了全县粮食应急保障能力。**项目建设管理规范有序。**成立粮食重点项目建设领导小组，分项目设立推进落实小组，每个小组由一名科级干部和一名股级干部组成，包靠项目建设。各项目小组定期深入企业检查项目进展情况，研究分析存在的问题并给予协调解决。分企业建立项目进展台账，承建企业每周上报工作进展情况。严格资金拨付程序，根据项目建设进度，采取“报账提款”方式，按程序通过县财政进行拨款。要求每个企业成立安全施工监督小组，落实安全措施，确保项目施工安全。项目完工后，聘请第三方中介公司对项目建设进行了评估。**社会粮食统计工作更加完善**。开展粮油供需平衡调查、夏秋粮生产调查工作，抓好10家涉粮企业、10个城镇、30个农户粮食调查点以及粮油市场供求和价格监测的统计分析工作，为政府科学决策提供依据。抓好省粮食流通管理云平台的管理及应用工作，确保统计数据及时准确。

【粮食项目建设】 **主食产业化项目建设**。投资207万元的利津县东海工贸有限责任公司主食产业化项目按期竣工。充分利用粮食企业现有设施和场地进行改造，改造提升传统加工方式，完善配送服务功能，完成了流通专储仓库、标准化实验室、面粉仓库建设，购进挂面生产线及实验室设备5台，购置配送车辆3辆，扩大了服务网点，实现主食加工规模化、销售网络化。**仓储物流项目建设**。山东植谷粮油储备利津有限公司建库工作平稳推进，一期5万吨仓容已建成并压仓装粮，二期6万吨主体工程已完成，其他辅助设施进入扫尾阶段。帮助安泰物流做好可研、立项等前期准备工作，投资2.2亿元、一期12万吨仓容的山东利津安泰仓储物流项目开工建设。**安全生产**。牢固树立“安全

2016年7月2日，省粮食局局长杨丽丽（右二）、东营市副市长田青云（右三）、利津县县长燕振诚（左二）等参加启动小麦最低收购价仪式

发展”的理念，严格落实企业主体责任和行业监督责任，认真开展“大快严”专项行动，严格落实安全生产网格化管理，制定了安全生产专项执法检查计划，开展了安全生产月活动，加强对企业从业人员的安全教育，对监管的12家粮食企业进行不间断安全生产检查，出动检查人员30人余次，排查整改安全生产隐患15项，确保了粮食行业安全生产无事故。

【粮食储备】 **信息化建设**。投资3万余元，县粮食储备库新上“一卡通”系统，通过“一卡通”系统实现粮食收购业务全过程在同一个公开透明、责任可追溯的信息平台上规范运行，用信息化手段严格收购全流程管理，强化粮食和资金风险防控。争取省财政扶持资金150万元，实施粮库智能化升级项目。**职工教育**。组织全体人员参加了中央储备粮山东分公司组织的质检员第二期培训班，使团队的整体业务能力有了较大提高。在全市粮食行业保管员、质检员职业技能竞赛中获团体第二名。6月29日，组织开展了粮食消防安全应急演练，演练内容包括火情报警、组织人员、使用灭火器灭火、连接消防栓给水灭火等，演练活动提高了粮食系统职工安全防火和处置突发公共事件的能力。**储粮安全**。为确保安全度汛，将原有40厘米防水墙更换为60厘米防水墙，疏通排水沟，实行值班防汛紧急组织责任制，提高了防汛级别。积极推广科学储粮新技术，在日常储备粮管理中全面应用电子测温、环流熏蒸和机械通风三项储粮新技术。认真执行“一、三、七”“风、雨、雪”查仓制度，修订完善质量检验、库存检查、出入库手续等制度，细化、量化防保人员岗位职责和技术操作规范，形成一整套完备的

仓储管理规章制度，汇编成册并悬挂上墙。**“危仓老库”维修改造项目建设**。4月20日顺利通过省级验收，为确保粮食安全提供了有力保障。

【行业监管】 **抓好粮食库存检查**。认真搞好粮食库存企业自查和省级复审工作。全县粮食库存真实、质优量足，管理科学，宜存率100%，储备粮轮换符合相关规定，执行国家粮食购销政策严格，政策性粮食补贴拨付及时、足额，使用合理规范，保障粮食安全的物质基础更为坚实。**加强粮食市场监管**。依法开展重点节日期间粮油市场专项整治、地方储备粮油库存专项检查、夏粮最低收购价政策执行情况专项检查等执法活动，全县开展粮食执法工作7次，出动执法人员47人次，检查经营业户36户次，特别是针对2016年启动夏粮最低收购价预案，加大了监督检查力度，在有效稽查各收粮点依法收粮的前提下，重点对执行最低收购价收购库点山东植谷粮油储备利津有限公司进行检查，确保了国家夏粮最低收购价政策落实。**提高依法行政水平**。《利津县人民政府关于粮食安全责任制的实施意见》经县政府常务会议研究通过，印发全县落实。严格落实行政权力清单制度，履行粮食收购资格审核职能，2016年新办粮食收购资格企业2家，延续办理收购资格1家。全县获得粮食收购许可证入市经营粮食的企业和业户23家。

【驻村帮扶】 切实抓好驻村帮扶工作，把党建帮扶放在首位，抓好“两学一做”学习教育，粉刷“两学一做”学习教育标语2条，制作了党员监督台和村务公开栏，在村文化大院及党员活动室制作悬挂宣传展板11个，绘制“两学一做”学习教育漫画4幅。安装太阳能路灯25盏，改善了西宋一村群众生活条件；建设廉政文化室1处，悬挂廉政文化作品15幅，营造了浓厚的廉政勤政氛围。积极组织村两委班子及村民开展环境综合治理，出义务工20人次，出动机械车辆4台次，清理宅基地2处，清理老旧房屋1处，对村内“三堆”、杂草进行了彻底清理，取得了良好效果。捐赠集打印、复印、扫描于一体的打印机1台，改善了村两委办公条件。切实抓好扶贫攻坚工作，所包12户贫困户全部退出贫困户范围。

（王猛　薄其全）

烟　草

【概况】 利津县烟草专卖局（营销部）下设综合办公室、专卖监督管理科、营销科、法制科、内管派驻组5个部门、1个专卖稽查大队和第一专卖管理所、第二专卖管理所，东营泰山1532物联商贸有限公司。共有职工47人，辖区共有1329户零售客户。

【卷烟销售】 **深入开发市场活力**。2016年共销售卷烟8952箱，单箱值2.44万元，实现销售额21821万元，实现毛利5456万元，实现利税5085万元，上缴税金持续名列全县流通企业上缴税金前列。深入开展鲁产卷烟市场调研和信息采集工作，进一步掌握市场真实需求；全年共建设终端示范店70户，精品店140户，标准店210户，打造“一村一店”零售户119户。**专题市场开发取得成效**。鲁产品牌培育方面：充分发挥鲁产卷烟货源稳定、动力烟充足、本地消费人群稳定等特点，夯实鲁产烟市场基础，不断巩固扩大鲁产卷烟在利津的市场份额和品牌影响，开展“鲁产提升月”活动，强化鲁产总量、一二类、百元以上品牌销售，坚持以上柜扩大知晓度、市场占有度、消费者认可度，积极开展“营销单元”活动，扩宽品牌宽度、提升上柜高度，提升泰山销售额和鲁产上柜、上量。**细支卷烟销售**。将细支销售激励政策及时与工业企业沟通，结合实际情况及时调整货源配置及营销策略，重点培育泰山（心悦、好客细支、儒风细支）等品牌，实现细支新品的健康稳步发展。民俗市场销售：在集市市场定期开展面向消费者的促销活动，持续开展全员助销，以农村婚丧、盖房、集市、节日四类消费为重点区域，累计召开企业加座谈会6次，参会企业共计100余人次，累计销高价位卷烟佛光、儒风、好客等共计300余条。**客户服务站建设**。充分发挥卷烟经营主体地位作用，以深入推进卷烟营销市场化取向改革试点为契机，坚定不移地抓基层、打基础。借鉴先进地市优秀经验，明确转型升级思路，梳理职责定位，优化工作流程，探索营销新模式，积极充实一线营销队伍，逐步实现营销科和客户服务站二层垂直管理模式，客户经理转型有序开展。

【专卖管理】 紧紧围绕“齐鲁之盾”（2016）专项行动工作要求，主动争取，积极作为，执法协作机制逐步完善，市场监管力度不断加大，基层基础优化升级，队伍建设日益增强，内管外打成效显著。全年共查获各类违法案件117起，其中5万元以上案件2起，万元以上大要案10起，查获各类卷烟132.92万支，总案值42.51万元。其中省外冲击卷烟38.68万支，假烟2.68万支，省内市外冲击卷烟27.70万支；刑事拘留5人，逮捕3人，判刑2人。利津县“7.05”非法经营卷烟案件通过了国标网络案件认定，利津县“2.17”互联网非法经营卷烟案件被省“打网办”督办，涉案金额6800余万元，现已逮捕3人，已符合国标网络案件标准。1. 执法协作机制逐步完善。进一步巩固联席会议制度，加强与公安部门多警种联合协作，与河口、滨州滨城区、滨州惠民县四县区成立区域执法协作组织，地区间案件侦办协作更加密切，全方位执法协作体系初步形成。2. 市场监管力度不断加大。先后开展了物流运输、道路交通等专项检查，出动执法车辆200余次，出动执法人员800余次，破获“7.02”跨地区无证运输非法卷烟案件，现场查获南京（炫赫门）700余条，涉案金额11万余元；积极开展烟草专卖零售许可证清理整顿活动，加强许可证后续管理，注销证实不符、休眠户共39户，新办证49户，现有持证户1336户，实现了许可证管理的规范化、动态化、标准化。3. 基层基础优化升级。完善物品管理和档案管理；实施行政许可服务大厅亮化工程，创建“一站式”服务窗口；加强专销协同，整合市场监管走访片区线路，实现稽查员与客户经理“线对线、点对点”对接，打造10条“六无”示范街和60个“三无”示范户，推进“管理、服务”双升级。4. 内部监管成效显著。建立完善了“重点户”档案，坚持明察暗访和预警实地核查，全年监管配送车辆24车次，走访重点零售户800余次，实地核查预警59条，处理举报投诉5起，有效防止了真烟外流情况发生。

组织开展“天天3.15 打假维权”活动

【精益管理】 深化精益管理，提升工作质量，持续企业管理降本增效。切实增强企业发展内生力，激发干部职工干事创业活力。精准财务管理。规范国有资产管理，完成出租房统一增收10余万元；扎实做好降本增效工作，严格落实县局（营销部）财务报销管理机制，报销流程得到进一步优化。精益管理。围绕“降本增效”精益管理工作思路，认真谋划7S现场管理课题，深入开展QC小组活动，谋划2个精益管理课题，制作完成8个精品课程，1个QC小组活动成果，8个岗位创新成果，参加内训师选拔共7人次，获得烟草学会优秀论文交流奖1人。企业综合标准建设。认真梳理问题，学习兄弟单位优秀管理经验，及时对应完善措施整改，各部门间互查、互评、互改，持续巩固标准运行效果。

（薄其勇　任炅）

医药药材供应

【概况】 东营市医药药材采购供应站利津经营部前身为利津医药公司，内设办公室、财务科、业务科、中药科、质管科、县批发部6个科室。下设县城最大规模的拥有七家医保定点药店的利津益民医药健康广场连锁有限公司。经营部共有干部职工59人，其中各类专业技术人员50人。

利津医药经营部承担着向全县人民群众提供安全有效药品的责任，2016年，经营部继续认真贯彻执行《中华人民共和国药品管理法》，严格按照《药品经营质量管理规范》从事药品经营，确保所供药品质量可靠，保证人民用药安全。经营部固定资产432万元，仓库面积1000平方米，各类经营检测设备齐全。共经营品种3000多个，年销售额3400万元。

【经营管理】 为更好地服务于人民群众，倡导健康正确的养生观、用药观，经营部严把药品质量、提高职工服务理念、业务水平。1. 开展全方位的创新服务活动，通过电话访销、上门访销、送药上门、售后跟踪等形式丰富服务内涵。建立批发和零售全部微机操作的工作流程，实现经营部网站与广大客户的资源共享。2. 加强对业务购进工作的管理，集中资金做大批量购进，保证药品质量，降低药品价格。3. 积极做好全县药品配送，严格按照全省基本药品招标价格筹备资源，保障各医疗单位用药。为全县人民的用药安全、身体健康保驾护航。

（陈金峰　韩晓芳）

石油营销

【概况】 中石化利津石油分公司隶属中国石化销售有限公司山东东营石油分公司。利津石油分公司有管理人员4人，加油站人员57名。2014年，利津县石油分公司全面落实中石化省市公司各项管理措施，以“完善零售管理体制，提高经济效益”为中心，增收节支，非油品与润滑油业务销售345万元。零售成品油21380吨，实现销售收入34000万元，上交税金242万元。（参见《2016年全辖加油站基本情况》）

2016年县内加油站基本情况统计表

分类	类型		
	大型站（年加油量3000吨以上）	中型站（年加油量1000—3000吨）	加气站
座数	3	4	1
从业人员	29	23	5
加油加气机（台）	16	18	4
罐容	390m³	450m³	槽车配送
日加油加气量	39吨	18吨	4500m³

【企业管理】 2016年，县公司紧紧围绕公司提出的工作目标，以“拓展市场、发展网络、强化管理”为中心、加油站安全经营管理为基础、广泛开展“加油站综合服务提升年”“优质服务月”等活动，全面提高加油站综合管理水平、扩销增量、提高市场占有率、积极推进利津县公司快速全面发展。认真做好“三夏保供”工作，为农机加油开辟绿色通道，利津县石油分公司认真开展各种促销活动，及时准确的记录好赠品台账，价格上实行优惠政策。

【加油站安全管理】 在利津县安监局和消防部门的指导帮助

下，以落实消防“四个能力”建设为标准，以“七想七不干”为原则，大力推行 HSE 管理体系。2014 年被县安委会评为“安全先进单位”。联合消防部门开展消防实战灭火演练，与安监局协调危化品企业进行观摩，提高了相关单位的处理各种突发事件能力。

【非油品管理】 非油品业务室中石化开展的另一项主体业务，主要适应目前快节奏的生活方式，做到加油、购物、休闲、餐饮一体化服务，打造生活驿站。到 2014 年底，利津石油分公司设有易捷便利店 7 座，销售贵州茅台酒、长城葡萄酒、宁夏枸杞、开米洗涤、长城润滑油等品牌，取得良好的经济效益和社会效益。

（王玉海　李金华）

贸促会

【概况】 中国国际商会利津县商会于 2005 年 2 月成立，挂靠于县对外贸易经济合作局（后挂靠商务局），2012 年 11 月成立中国国际贸易促进委员会利津县委员会，与中国国际商会利津县商会一个机构，两块牌子。2016 年 3 月，为促进利津县外向型经济加快发展，贸促会（国际商会）从商务局析出，独立办公。其主要职责是：加强利津与国内外经贸界、商会及有关经合组织的联络与交往，组织全县企业参展出展和考察访问，开展经贸洽谈、招商引资及各种形式的交流与合作，帮助企业调解涉外经贸纠纷，接受委托代理法律仲裁，为全县企业开展国际经贸活动提供信息、法律、培训、咨询等服务，进一步促进利津外向型经济又好又快发展。

2016 年 6 月 17 日，县贸促会会长张君霞（左二）到津博化工调研

【企业交流平台建设】 县贸促会成立以来，积极内联外引，在政府与企业、企业与企业、企业与各地商协会之间发挥桥梁和纽带作用，建设高效的互动交流平台。积极开展企业走访调研活动。集中到 40 余家重点外经贸企业进行走访调研，了解企业的发展状况、产品销路以及参加展会情况。通过贸促平台促进企业交流。在做好联系企业的基础上，召开全县贸促工作座谈会，加强企业间思想认识的交流和信息资源的共享，寻求更多合作商机。努力拓展经贸交流合作渠道。到各县区贸促会开展学习交流活动，探讨新形势下开展贸促工作的思路和方法。随中国贸促会经贸代表团出访格鲁吉亚、白俄罗斯活动，参加中国企业赴格鲁吉亚投资说明会和中国企业赴白俄罗斯投资说明会，系列投资贸易洽谈对接，参观中白工业园、白俄罗斯铝制品生产工厂，考察两国投资环境。同时加强与国家贸促会和省、市贸促会的认识交流，开拓工作思路。参加全国贸促系统干部轮训班，与来自全国 25 个省市、6 个行业分会的 180 名贸促干部共同学习讨论，增强业务技能、交流思想认识，为共享贸促资源打下基础。

【参加经贸活动】 贸促会把组织企业参加国内外展会作为推动经贸合作交流的重要手段，大力发挥贸促会的专业机构作用，通过各种展会助力企业“走出去”。全面调查分析国内外市场，发布 2016 年境内外展览活动计划 136 场，其中境外展览 106 场。关键抓品牌展会和符合利津县企业实际的展会，组织企业参加境内外各类展览会 20 余场，如康宝生化参加的“欧洲健康食品配料及天然配料展”，民兴食品参加的“德国科隆国际食品展”等，参加“中日韩博览会”。通过各类展览会，展示利津县企业形象，提高企业知名度，推销产品。山东诚航新能源有限公司参加了 2016 年“中国－非洲经贸合作洽谈会”，跟随省贸促会参加越南、泰国、斯里兰卡外贸交流活动，新能源车辆成功进入东南亚市场，品牌影响力日趋增强。县贸促会积极组织企业参加经贸和技术交流会，促进经贸合作，提升企业技术水平。三木装饰、高鼎节能参加了“首届建筑节能技术研讨会”，并分别在研讨会上做了推介报告；利华益集团、利富得公司企业参加“东营—丝绸之路经济带”国家工商会代表团政府座谈暨企业对接会，与来自乌克兰、塔吉克斯坦等 9 个国家的经贸代表和企业进行对接。组织山东汇州农业科技开发公司、国安化工公司两家企业赴唐山参加中国－拉美企业家高峰会，商谈合作，开拓拉美市场。

【企业培训】 努力打造多元服务平台，为会员企业提供企业人员培训、信息、投融资、经贸交流等优质服务。开展会展专题培训，特邀市贸促会负责同志对全县 15 家企业就如何做好会展工作做指导，讲解了参加会展的相关政策和具体要求，并为全县企业“量身定制”推介了层次高、效果好、贴近全县企业产品需求的展会信息。开展企业贸促专题培训，2016 年先后组织开展“东营市涉外涉侨企业培训班”、一带一路与中东专题报告会、东营国际石油工业设备展览项目推介会等 6 次专题培训，帮助企业准确把握和积极适应新常态下中国经济发展的新趋势、新变化，加快“走出去”步伐，规避风险，顺势而为，更好地推动利津县经济发展升级。发布《利津贸促》期刊。及时向企业发布境内外经贸信息、展览信息、经贸预警等，帮助企业有关人员掌握国际市场行情，防范风险。

【“三争”工作】 向市贸促会争取支持。2016 年共为 2 家企业争取摊位费补贴 17.94 万元。向县区贸促会寻求支持。主动到东营市兄弟县区贸促会进行交流学习，东营区贸促会在石油装备展相同情况下优先向利津企业供展位，并免除摊位费；广饶县贸促会在橡胶轮胎展中，除已预定出的展位，给予利津企业优先安置。向贸促大系统争取支持。2016 年通过与国家贸促会信息服务中心交流，推荐利津县隆源橡胶企业通过美国、德国代表处分别发送了寻求合作的信息。通过向国家贸促会法律事务中心请教，顺利完成了康宝生化企业自由销售证书的出证认证工作。与即墨贸促会会长进行了业务讨论和国际贸易专项资金有关问题的交流，并达成相互进行交流学习的意向。

（姚震杰　于向前）

对外开放

Opening-up & Investments

政务服务

【概况】 县政务服务中心管理办公室下设利津县公共资源交易中心（副科级事业单位）和利津县政务服务网络信息中心（股级事业单位）。中心设独立服务窗口的部门27个，挂靠综合窗口的部门14个，进驻人员140名（含后台），进驻事项193项（不含挂靠窗口部门单位）；服务范围涵盖社保、涉税服务、企业设立、建设项目审批、房产交易、中介代理等领域。2016年累计受理办件380991件，日均办件量达1400余件，较去年增加6.80%。其中，即办件358581件、承诺件16424件、联办、上报、其他办件合计5986件，分别占总数的94.12%、4.31%、1.57%；其中涉企办件89372件，个人办件291619件。

【窗口管理】 完善和落实大厅监管制度，对292项服务标准进行梳理细化完善，分管领导带队每周至少巡查2次，业务督查人员每日巡查至少4次，“周通报、月考核、年总评”的机制进一步完善。电子监察体系进一步完善，利用视频监控系统实时巡查，对违规违纪行为进行截图、录像记录，视情节约谈违纪人员，2016年下发整改意见书29份，提出整改意见30余个。全面贯彻落实首问负责制、一次告知制、限时办结制三项制度，

2016年12月27日，县委书记成秋林（右二）到金凤凰大楼检查指导工作

2016年大厅事项中94.12%实现了即来即办，群众满意率始终保持在98%以上。加强考评通报，年内共印发《窗口运行工作通报》6期，分别评选出流动红旗窗口36个、优秀服务标兵160人次、党员先锋岗35个。积极推进社会监督，开展了“挂牌亮诺”活动，统一摆放身份标识牌、服务承诺、公开服务和监督电话、设置服务意见箱，形成了全方位、多层次监管格局。

【提升效能】 2016年，配合有关部门完成县级行政审批事项的取消和调整，进一步协调窗口部门缩短审批时限，减少项目前置审批，加强事中事后监管，推进并联审批制度的实施。进一步优化大厅布局，完善大厅功能。对交通、ETC、环保局、林业局等5个窗口位置进行了调整优化，为不动产登记中心增设5个窗口；为市场监管局建设了后台办公室；设立了规模企业规范化公司制改制专门窗口，形成了涵盖纳税、生活保障、产权交易、便民综合、商业保险、涉企业务以及人力资源和社会保障于一体的“六区一厅”服务格局。发布了新版政务中心网站，功能更加完善，界面更加清晰，群众可浏览中心动态和各事项办事流程；建设了统一的政务服务网上“中介超市”，引入为行政许可事项办理提供配套服务的安评、会计、规划等各类中介机构50余家。

【政务服务平台建设】 起草制定《利津县政务服务平台建设及互联互通工作实施方案》，梳理完成了全县35个部门、单位278项行政许可事项，率先在全市完成省级行政权力事项动态管理系统导入工作。组织开展单位自建系统摸底调查，对全县16个县直单位28个省级以上平台系统涉及到的70余个事项分类进行了统计，为各部门系统与政务服务网上平台对接工作提供数据服务。组织全县行政许可

事项梳理工作培训会和行政许可网络运行系统应用培训会，指导有关单位学习掌握系统操作要领，确保了平台试运行顺利推进。加强对有关部门单位的监督指导，及时督导督办，规范事项录入，推动网办事项全面上网运行。截至2016年底，利津县政务服务平台已建设完成并实现省市县互联互通，网上业务办理已全面展开，共运行事项120项，办理事项300余件。

【基层便民服务中心建设】 组织开展了第三批基层便民服务中心和便民服务站示范点创建，政务办加大指导力度，印制便民服务事项办理登记簿50册，制作服务电子流程图5类。指导推荐的新河社区便民服务中心和陈庄庄东村、盐窝台北村等13个村级便民服务站顺利通过市级标准化验收。全县累计通过验收乡镇（社区）便民服务中心7个，村级便民服务站20个，覆盖城乡、上下联动的基层便民服务体系进一步完善。

（宋凌峰　李建峰）

招商引资

【概况】 2016年，全县共引进新建、续建项目47个，到位固定资产投资12.54亿元；在谈项目85个，计划总投资317亿元。

【招商引资工作机制】 强化政策引领。在广泛征求意见的基础上，修订《2016年全县招商引资工作意见》和《利津县招商引资工作考核办法》，进一步明确各部门单位招商引资任务，指导全县招商引资工作科学、有序开展。对分配招商引资任务的部门，实行招商专用经费预拨制度，为各部门单位开展招商引资工作提供充足的经费保障。完善工作机制。推行"责任单位搜集线索→对接职能部门和园区→报备分类推进"的招商线索获取分析机制。实行"一个项目、一套班子、一抓到底"的"三个一"机制，落实项目盯靠和推进，确保项目建设进度，促其早日投产达效。严格招商督导。建立了月通报、月调度、年考核制度。在督导调度机制上，县委每月从三个层面召开会议，分别对县级领导、乡镇街道、招商责任单位的招商引资工作开展情况进行调度，"利津督查"每月对工作进度进行情况通报，有效增强了招商责任部门单位的紧迫感和责任感，真正提高了招商工作的积极性。

【招商宣传】 充分利用重新拍摄的招商宣传片、重新编印的《利津县投资指南》宣传材料，借助展会、登门拜访、"投资利津"微信公众号等形式，持续加大对县交通区位优势、项目承载能力、产业链条现状、招商引资政策、适宜落户项目的宣传和推介；在报纸、电台、电视台等新闻媒体开设专栏，宣传全县持续优化的营商环境，强化舆论引导，提高客商吸引力。运用"投资利津"微信公众号、招商官网等网络媒介和各类线上招商平台，上传县招商宣传电子材料，报道县招商动态，吸引社会各界关注，提高区域影响力。

【多元化招商】 实施精准招商。瞄准招大引强、招才引智，招商理念从"捡到碗里都是菜"到"挑肥拣瘦"，实现了从要素招商向精准招商转变。组织开展项目线

2016年5月17日，煤制氢项目签约仪式

索“集中会诊”活动，筛选出重点项目线索20条，并安排专人进行跟踪推进。瞄准优质企业、大项目，寄送《利津县重点项目推介》160余份，实现招商与投资的初步对接。推进以商招商。根据《关于做好以商招商工作的通知》的要求，确定了招商引资责任部门单位联系企业名单，强化各部门单位与联系企业的沟通，促进政企合作，最大限度地挖掘招商资源，提高搜集招商线索的针对性，增强了社会各方参与招商的积极性。开展借力、借智招商。加强与行业协会、科研院所的沟通联络，注重与全国工商联、深港投资联合会、北京市发改委、市直及各县区经济部门的对接，借助他们信誉度高、信息渠道宽、政策把握准、联系面广、引导性强的优势，搞好信息对接。

【专业招商】 根据区域、经济发展状况及产业布局，明确了市内、省内西部、省内东部、京津冀、江浙沪闽5个专业招商组招商区域及工作重点，对每个专业招商组分配了年度招商引资任务，开展了阵地战、流动战相结合的招商方式，实施精准招商。根据工作需要，集中五个专业招商组的人力、物力、财力先后赴廊坊、北京、沈阳等地进行集中攻坚。各组共联系投资项目线索50余条，有明确投资意向的项目14个，其中，新引进项目2个：山东德高农牧发展有限公司计划投资3亿元、占地100亩的饲料添加剂项目已落户我县滨海新区。中环国投和美国SES综合能源系统有限公司计划投资20亿元建设的煤制氢项目已于2016年5月正式签约。

【“一站式”服务和限时办结】 完善企业服务制度。全面推行首问负责制、“一站式”服务和限时办结制度，加强对投资项目的全程服务，打造项目审批的“绿色通道”，进一步优化投资软环境。建立健全联系走访机制。深入企业进行走访调研，了解企业经营、产品上下游及来往客商情况，指导企业围绕产品链开展招商引资；发放《缴费登记卡》，加强对企业收费监督工作，营造良好的投资软环境。继续实行县级领导干部联系企业制度。加强县领导对企业的联系和指导工作，对企业发展存在的困难，县领导直接出面协调解决，给企业发展提供优质的服务，为投资者创造宜居宜业的工作和生活环境，激发企业老板扩大规模上项目及以商招商的积极性和热情。

【“双招双利”】 按照招商与招才并举、引资与引智并重的原则，实现招商引资和招才引智工作同部署、同安排。依托展会、推介会、老乡会等重点招商引资活动，同步谋划高层次人才引进，实现从单纯引才、单纯招商，向“人、财、项目”打包引进的模式转变，形成“团队+技术+资本”的招商新模式，实现人才和项目的最佳组合，达到引资与引智的“双赢”。2016年，县招商局已促成利津县大东联石油装备有限公司与山东理工大学机械工程学院袁光明教授的合作，实现了以企业为主体的高层次人才柔性引进。辽宁石油化工大学孙小平校长有意在利津县设立石化研究院，双方就具体合作事宜进行了对接。

（刘玉梅　陈　清）

黄蓝两区建设

【概况】 2016年，县黄蓝办以“两学一做”学习教育为契机，充分发挥黄蓝两大国家规划引领作用，积极服务黄蓝“两区”重点项目建设和加快融入京津冀协同发展，大力开展“三争”活动，切实加强督查考核和宣传推介，开创了区域发展战略推进工作新局面。2016年，全县共争取政策12项，争取项目534个，到位资金15.56亿元，比去年增长23.1%。

【重点项目推进】 积极筛选论证项目，靠上争取上级支持，将15个项目列入了市黄蓝两区重点推进项目范围，总投资168.21亿元。督促加快重点建设项目手续办理，建立健全调度、通报、督查、考核等一整套工作制度，动态掌握项目手续办理情况、形象进度、投资进度等情况，督促相关责任部门完善项目建设工作计划、实施方案，并细化分解到月、到旬，倒排工期，各项目进展顺利，实现了年度预期。同时，加强对已争取资金项目的监督管理，对2014年一项未实施的黄蓝项目资金进行了调整，列入2016年项目拨款，在接受市审计部门专项资金审计中对我县做法给予肯定。

【“三争”工作】 把预测、研究上级政策动向作为“三争”工作重点来抓，紧密跟踪国家宏观政策动态，突出财政金融、产业转型升级、土地管理等重点领域，建立了《利津县2016年重点争取事项计划台账》。充分发挥黄蓝工作牵头抓总作用，加强对全县各级部门单位“三争”工作的督促调度，促进了全县“三争”工作深入开展。2016年，全县争取政策12项，争取项目534个，到位资金155582.7万元，比去年增长23.1%，其中，竞争性项目237个，到位资金69619.4513万元；普惠性项目294个，到位资金85963.24896万元。另外，到位市财政间歇资金1亿元，到位政府债务限额资金9800万元，置换债券3.16亿元。

【调查研究】 积极做好迎接黄三角《规划》评估工作，先后2次向市发改委委托的第三方评估机构——中国国际工程咨询公司进行了汇报交流和组织现场考察接待，展示了利津县推进黄三角《规划》实施所做的大量工作和取得成效。同时，还开展了全省黄蓝经济区发展情况调查研究，对比2010年情况，纵向从发展总量、位次排名、年均增幅、2015年度增幅四个层面，横向在全省黄蓝经济区57个县市（区）范围内，进行了对比分析，找准利津县位次，分析优劣势，提出加快发展意见，形成了《关于黄蓝经济区县域经济的调查研究》，调研报告传各常委、副县长进行了参阅，得到了县委、县政府领导的重要批示和充分肯定。

2016年7月27日，市区域办副主任徐华强（前左二）到利津县调研

【融入京津冀协同发展】 围绕全市建设“四区一城”的功能定位要求，起草了全县融入京津冀协同发展方案，确定了17项重点推进任务，分别通过了县委常委会和县政府常务会议专题研究，并以县委、县政府名义印发了《关于深入推进京津冀协同发展工作的实施方案》，成立了专门的工作领导小组和12个专业推进小组。先后开展专项督查3次，印发督查通报2期，召开12个专业推进小组调度会议2次，从调度情况看，12个专业推进小组已分别制定了详细的工作落实方案，部分单位已面向京津冀区域开展了定向招商和实地考察，掀起了加快融入京津冀协同发展战略的高潮。

【“双招双引”】 建立重大项目储备管理机制，根据国家宏观政策和当前经济社会发展需要适时进行了调整，现已储备重大项目50余个。广辟招商渠道，引进了总投资2200万元的汇邦生物科技渤海粮仓创新中心项目和总投资4600万元的鲁慧科技多功能湿法无机纤维织品项目，已建成投用。坚持“招商引资与招才引智”同步推进，帮助康宝生物科技申报省级企业技术中心1处，帮助龙祥实业引进高科技人才1人。赴曲阜师范大学与山东“泰山学者”、曲师大化学与化工学院王桦教授进行沟通对接，获取4条重要技术成果信息。结合市黄蓝产业重点调度项目、招商推介项目、黄蓝专项资金扶持方向，为项目争取上级支持做好准备，已上报拟争取支持项目8个。

【宣传工作】 2016年，认真总结梳理全县实施黄蓝两大国家战略5年来取得的新成就，广泛搜集相关文字、图片、影像等资料，配合市区域办做好《东营：黄蓝两大国家战略融合发展实践与探索》一书和画刊相关资料的搜集、编撰工作，将利津县在深入实施黄蓝国家战略过程中取得的好经验、好做法提炼出来，选报上去，全方位展示规划推进成效。现已收录全县石化产业转型升级和“三争”做法等亮点创新工作3项，收录优秀理论文章4篇，收录全县推进黄蓝战略实施相关政策法规制度49项，收录全县产业发展代表图片25张。在全市黄三角《规划》实施成果展上，利津有10余幅县域经济社会发展图片。

（高 健 王 倩）

旅 游

【概况】 2016年，利津县旅游局紧紧围绕建设“黄河生态文化体验旅游县”工作目标，通过加快平台建设、强化市场开拓、严格行业监管等工作，不断优化全县旅游环境，提高经济产业效益，取得显著成效。据统计，全年全县共接待游客45万人次，实现旅游综合收入2.8亿元，同比分别增长22.9%和27%。

【项目建设】 2016年，抢抓沿黄高效生态农业带规划建设的有利时机，以凤凰城滨河休闲旅游区建设为龙头，完成投资300余万元，规划实施旅游综合服务中心建设，完成土地征用、青赔、填平及基础工程施工；新建旅游厕所3处，安装廊架3处、健身器材40件，对坝档护砌填平，完成游路及景观造型打造，种植绿竹5000余棵，绿化乔木600余棵，花卉5000余棵。撬动社会投资近1600余万元，实施黄河动漫水上乐园、皓月休闲农庄、綦家嘴高效生态农业观光园等一批休闲旅游项目，进一步丰富和完善了沿黄休闲旅游元素。

【乡村旅游开发】 以省道310为主轴线，策划推出“黄河口最美乡村游”线路，新建綦家夹河村、新合南村、北宋绿色庄园等观光园区3个，发展农家乐5个。统筹使用省市乡村旅游扶贫和宣传推广资金，争取80余万元，用于和乐园、綦家夹河村、新合南村、北张村完善休闲观光农业园区道路、停车场等基础设施建设，培育发展瓜果采摘、农家乐餐饮等休闲旅游项目。组织镇村主要负责人、休闲观光农场管理人员及农家乐经营户20余人次赴台湾及淄博、滨州、广饶等地考察乡村旅游，学习乡村旅游规划建设新思路、新办法、新措施。

【旅游产品促销】 充分依托利津旅游官方微信、微博平台，推出了“利津赏花游”“美食在利津”等软文。实施“2016年‘最美凤凰城乡村美景’征集评选活动”，吸引县内外知名摄影家、摄影爱好者寻找利津生态乡村美景，借力体验营销开拓旅游市场。认真组织开展“好客山东贺年会”“綦家嘴乡村文化旅游节”等节事活动，搭建常态化旅游营销平台，吸引游客参观体验、购物消费。新开发草编（柳编、苇

2016年10月10日，县委书记杜振波（右四）、县政协主席李燕（右二）带领市委党校县处级领导干部进修班学员到凤凰城滨河休闲旅游区调研工作

编）工艺品、泥陶制品、风情抱枕等旅游商品10余种。其中，东营市黄河口旅游产品有限公司被认定为省级金牌旅游购物店。

【安全教育与行业管理】 开展“旅游安全生产大快严”活动，认真落实以“统一游客合同、统一租车合同、统一培训记录”为主要内容的“三统一”制度，与旅游企业负责人签订安全生产责任状，开展安全生产隐患排查36次，举办安全生产培训班2期，培训相关人员80人次。成立旅游市场专项整治领导小组，制定工作方案和时间进度表，重点检查旅行社网上广告、户外广告、宣传册和报价单等资料的规范情况，同时，深入开展“文明旅游”宣传咨询活动，普及旅游常识，提高大众维权意识。

（陈宝全　林民乐）

城建 国土 环保

Construction, Administrative of
Land and Environmental Protection

住房与城乡规划

【重点工程项目建设】 **水库南路西延续建工程**。该工程已于5月份完成2015年剩余的人行道铺装、路灯安装及行道树栽植施工，该工程已交付使用。**博闻路建设工程**。该工程正在进行清基、填筑围堰、开挖淤泥等路基处理施工。**水库北路污水管线建设工程**。该工程管线铺设已基本完成，正在进行清理扫尾施工。**新合张滩安置房续建项目**。该项目6号、7号住宅楼主体已封顶，正在进行抹灰施工，其余楼房已全部竣工；室外配套已基本完成，正在进行竣工验收前的准备工作。**菜园安置房二期建设项目**。该项目所有楼房已交付使用。

【新型城镇化建设】 截至2016年底，全县实施新型农村社区项目12处，累计完成投资20.7亿元，实施农村房屋征收2305户、51.9万平方米，完成楼房建设6037套、74.29万平方米，其中安置房2248套、25.9万平方米，相继建设了一批各具特色、典范带动的农村新型社区。2016年，利津县实施新型农村社区续建项目7个，分别为利津街道菜园社区和庄科社区、凤凰城街道尹王庄社区、盐窝镇盐中社区、陈庄镇的盛苑社区和韩垣社区、汀罗镇罗家社区，截至2016年底，已完成投资26636万元。因地制宜打造特色园区，做到城镇建设与产业发展同步推进。南部以利津经济开发区为中心，新建了北宋1万亩花卉苗木基地、明集7000亩中小企业创业园；中部编制了《中部经济隆起带发展规划》，引导盐窝、陈庄、汀罗3个乡镇依托现有产业基础打造了工农复合经济带，陈庄镇重点发展陈庄工业园，盐窝突出畜牧养殖；北部，刁口乡依托滨海新区，重点发展临港经济、海洋经济，依托一期收回的7.7万亩土地资源优势，启动了滨海新区开发建设，形成了北部经济增长极。园区完成累计投资56亿元。城镇产业支撑明显增强，实现了产城一体、园城互动，促进人口和产业集聚，园区带动城镇化的辐射作用不断得到凸显。

2016年12月21日，县委书记成秋林（前中）到南部生态新区调研

【城市规划管理】 **规划编制**。高水平修订完善控制性详细规划和专项规划，同时向县政府提报《关于地下管线综合规划及地下综合管廊专项规划的汇报》《关于便民市场的建议》《关于利津县各专业、专项规划编制情况的汇报》等，完成主城区控规调整和城东片区控制性详细规划批复工作。**规划管理**。深入推行“阳光规划”，全面推行规划委员会制度，重大的城乡规划事项未经城乡规划委员会审议通过，不得批准。落实城乡规划公开公示制度，依法公开公示城乡规划编制、修改、规划许可、违法建设查处等信息，接受公众监督。1.推进南部生态新区规划实施。工作主要含道路规划建设，文化艺术中心建设，以及对盛世瀚海、菜园、张滩两处安置房等部分居住、公建集中进行规划监管，完成了盛世瀚海一期二期等规划公示批复实施、316改线项目的选址、博闻路建设等规划管理工作。2.加强主城区片区改造规划管理。工作主要含利三路中段改造、四矿片区、农行片区、利津一中教学区建设、县医院东侧住宅小区等跟踪规划监管。2016年累计核发建设项目选址意见书6份，许可面积4.23万平方米；核发建设用地规划许可证7份，许可面积44.26万平

方米；核发建设工程规划许可证19份，许可面积31.68万平方米；核发竣工规划验收合格证8份，竣工规划验收面积13.75万平方米；完成怡景园小区等项目工程验线；配合国土局出让土地提供建设用地规划设计条件11份，建设用地总面积19.50万平方米；完成现场及局域网规划公示33份，批复修建性详细规划方案4份，完成网上民生回复42份。**配合城乡规划督察**。圆满完成了5月份山东省城乡规划第二督查组对利津县的规划巡查工作。积极配合省、市领导和督察员的指导检查工作，认真准备档案材料、安排施工检查现场，确保规划巡查工作顺利进行。同时配合省政府派驻规划督察员对规划"四线"等强制性内容实施情况及敏感区域、重大项目审批和执行情况进行监督检查，做好规划巡查及疑似图斑遥感问题整改回复工作。**完成县普高选址**。7月份，组织来自省内外的城乡规划、学校规划、交通规划、环境评估、安全评估等方面的专家共14人组成的评审委员会，对利津县普通高中及职业中专选址规划进行了分析论证，形成了二中在城南区域选址、职业中专在西部工业区选址的规划意见。

【建筑业管理】 **1.建筑业管理**。1—6月份共实现建筑业总产值74187万元，建筑业增加值15101万元，房屋建筑施工面积128302平方米。利津县共有建筑业企业33家，其中施工总承包企业20家，房屋建筑工程企业12家；市政公用工程企业4家；电力工程企业1家；水利水电工程企业1家；公路工程企业2家；专业承包企业10家，预拌商品混凝土企业7家，装饰装修企业1家，钢结构1家，地基与基础2家；劳务分包企业2家。2015年前的29家施工总承包及专业承包企业已按省建管局要求进行了建筑业企业资质换证，圆满完成了新老资质证书的交替工作。组织全县建筑业企业参加建筑职业技能培训鉴定，共有120家取得了职业技能岗位证书。组织建筑工程贰级企业参加市住建局组织的职业技能大赛，共有6人参加，其中有1人获得二等奖，2人获得三等奖。**2.建筑施工安全管理**。全年利津县未发生建筑施工安全生产死亡事故，建筑施工安全生产形势平稳。在工作中，我们紧紧围绕"大快严""企业安全主体责任落实专项检查""工程质量治理两年行动"等活动，制定下发了《2016年全县建筑施工"安全生产月"活动实施方案》《关于做好全县住房城乡建设领域大快严集中行动和企业主体责任落实专项执法检查工作的通知》等文件32份。签订《建筑企业安全生产目标管理责任书》26份、《建设工程项目安全生产目标管理责任书》28份。全年共监督工程项目43个，总建筑面积69.73万平方米，造价12.83亿元。其中新开工程项目22个，跨年度工程项目21个。办理安全报监项目28项，起重机械安装拆卸告知77台。**3.建设工程招投标管理**。全年共发布招标公告28项，公开招标建设工程项目25项，单位工程个数49个，建筑面积144067平方米，中标价格47400.76万元，节约建设资金3364.59万元，无发生任何投诉案件。在招标投标工作中，全面贯彻省政府《关于进一步加强房屋建筑和市政工程招标投标监督管理的意见》，对于列入利津县的重点工程和民生工程优化招标备案制度，在工程项目完成立项审批、核准手续，落实建设资金来源和具有满足招标所需的图纸情况下，开具建设工程规划许可证明，即可先行进入招标程序，待取得建设工程规划许可证和图纸审查合格后进行开标。全部实行2015年新的《山东省房屋建筑和市政工程施工招标评标办法》，单项工程合同额在5000万元以下的施工总承包和500万元以下的专业承包项目，评标方法均实行经评审的最低投标价法和合理低价法，大大减少了人为因素的影响，保证招标投标的公开、公正、公平。加大对建设工程勘察设计招标的监督管理，严格要求建设单位按照发改部门核准的招标方式进行招标，现已有3个项目按规定进行了勘察设计招标。**4.建筑节能工作**。加强组织领导，深入贯彻上级文件精神，提供有力保障。狠抓"专项资金"的征收、使用和管理。2016年共征收新型墙材专项基金253万元，办理利华益丰汇置业有限公司高层住宅小区等10个建设项目的新型墙材专项基金返还252.81万元。强力推进“禁实”工作，进一步推广使用新型墙材。利津县已发展各类新型墙材和建筑节能技术产品生产企业2家，新型墙材产业结构进一步优化，形成了以加气混凝土砖、蒸压粉煤灰砖以及各类墙板为主导的新型墙材生产应用体系，全县新型墙材年产量0.8亿标准砖。严格执行建筑节能标准，进一步强化新型墙材管理。到2016年底，全县城市规划区内新建公共建筑和居住建筑全部执行设计节能65%和75%的标准，节能建筑施工质量稳步提升，建筑节能执行率100%、合格率100%。顺利完成2015年既有建筑节能改造项目，共完成润泽小区等12万平方米，陈庄镇6万平方米，争取上级补助资金1273.54万元，让广大居民得到了实惠。**5.促进建筑行业健康发展和建筑市场逐步规范**。严格执行施工许可、招投标、施工合同、监理合同等备案制度，抓住手续办理关键环节，维护建设管理工作的严肃性和权威性。全年共办理招标控制价备案22份，建设工程施工及监理合同备案82份，办理施工许可证36份。同时为了进一步促进利津县建筑企业健康发展，组织了23家企业80余人参加了二级建造师报名考试，已于5月底完成考试。**6.农民工工资清欠管理**。严格落实《关于加强建设项目管理建立长效机制预防和解决拖欠农民工工资问题的实施意见》，实行市场管理（资质管理、行为考核等）、投诉受理、执法检查“三位一体”的联动机制。全年共累计受理投诉案件30件，涉及农民工工资1870万余元，现已基本处理完毕。**7.建筑企业养老保障金管理**。全年利津县共收缴养老保障金1456.15万元，签订缓缴合同7份，缓缴金额249万元。建筑企业养老保障金拨付申请一次，涉及12家建筑业企业，拨付金额423.82万元，拨付由县财政负担的2015年困难施工企业养老保障金补贴174.5万元已拨付到全局；拟拨付金额517.13万元，将拨付到各受补贴的企业。

【质量监督、检测管理】 2016年共监督在建工程68项，建筑面积41.82万平方米，其中2016年新报监工程49项、建筑面积35.98万平方米。累计检测样品来样17725组，不合格132组，出具报告15260份。基础与主体抽测13项，发现质量问题2项，对存在的问题，及时采取了监督、检测联动机制，督促有关责任单位进行了处理和整改。

1.加强站内自身建设，提高人员自身素质及业务水平。积极参加上级主管部门组织的培训，26人次参加了省建筑科学研究院组织的检测员培训。树立用户第一的服务意识，每项工作业务实行A、B角制度，密切协调，相互补位，确保各项工作按时办结。

2.强化监管，扎实开展工程质量治理两年行动活动。按照省、市“开展工程质量治理两年行动”的安排部署，严格执行法定代表人授权书、质量终身责任承诺书、永久性标牌和质量责任信息档案的“两书一牌一档案”制度；加大在建工程执法检查力度，开展了春季在建工程复工质量安全的大检查活动，共检查参建单位19家，提出工程质量整改意见22余条，下发停工通知书1份、隐患整改通知书3份，并按要求严格整改到位，全年未发生任何质量事故，工程质量总体受控。

3.突出工程实体质量监督，确保工程结构安全和使用功能。要求监督人员熟练掌握强制性标准，在强条落实上，以实体抽查为重点，结合现场施工资料，强化质量过程监督，对违反强条施工的，根据实际情况下达工程质量整改通知书或局部暂停施工通知书，并对整改情况实施跟踪监督；加大对主体结构的抽查力度，分别对结构构件强度、钢筋保护层厚度、楼板厚度和层高进行检测。加大施工现场建筑材料的抽查力度，对发现不合格的材料及时清理出场，杜绝不合格材料流入工地。

4.强化竣工验收监督管理，积极开展住宅工程质量常见问题防治工作和实施住宅工程分户验收制度。对已竣工工程，在接到建设单位竣工验收申请报告后，均按照要求进行竣工验收监督，监督小组对工程竣工验收的组织形式、验收程序、执行验收标准等情况进行现场监督，发现有违反建设工程质量管理规定行为的，责令改正；验收后出具监督报告，准确、真实反映监督情况。2016年住宅单体工程竣工初步验收5项、280户、建筑面积3.65万平方米，住宅工程分户验收100%。

5. 积极开展工程创优评选活动，不断提高企业管理和品牌意识。帮助各企业着力完善企业创优体系，要求参建单位在工程开工前明确创优目标、计划和措施并上报备案，并加强对创优目标工程的指导与服务。通过开展创优活动，有效地促进不同企业间学习交流，正视不足，取长补短，引导企业自觉提高质量管理水平和打造精品工程的意识。县客运总站综合楼等6项单体工程申报省优质结构工程，尹王庄社区18号楼等5项单体工程申报市优质结构工程。

【房产管理】

1. 房地产开发管理。2016年，在利津县注册备案的房地产开发企业23家（二级资质1家、三级资质2家、四级资质10家、暂定资质10家），其中县内企业18家（三级资质2家、四级资质6家、暂定资质10家）。全县在建房地产开发项目16个（县城区11个、乡镇5个）新开工6个，续建10个，规划总开发面积96.29万平方米，其中在建施工面积55.32万平方米（县城区48.87万平方米，乡镇6.45万平方米），住宅54.36万平方米，商业用房0.96万平方米。实现房地产开发投资7.49亿元。2016年，办理商品房预售许可13宗（续期2宗），批准预售面积20.82万平方米；办理预售合同网签备案1344户，备案面积19.51万平方米，备案合同金额7.57亿元。

2. 物业管理。全县城区共有集中住宅小区104个，其中业主自治小区21个，单位管理小区59个，由物业企业管理的小区24个。在物业公司进行管理的小区中有6个小区物业费在每月0.4元/平方米以上，有7个小区物业费不足每月0.4元/平方米，还有11个老旧小区物业费仍按每户每月13—15元收取。在全县的物业企业21家(一级资质2家、二级资质1家、三级资质18家)，其中县内企业10家（全部为三级资质）。

（1）2016年，利津县有5个住宅小区确定了前期物业服务企业，涉及物业管理服务面积20万平方米；回复涉及物业方面的民声网投诉300余件，处理涉及物业方面的政府公开电话200余件。

（2）按照《全县物业管理安全隐患大排查快整治严执法集中行动实施方案》的有关安排部署，对全县物业管理服务区域的安全隐患进行了全面排查整治。

（3）华益小区综合整治工程列为全市老旧小区改造试点项目。该项目自2015年9月底启动，2016年3月中旬完成招标。已完成除供电和景观绿化以外的所有改造项目，预计7月底全部完成。

3. 住房保障建设。2016年利津县棚户区改造新开工项目3个，共479户（其中陈庄韩垣社区安置房建设项目406户，已签订房屋补偿协议350户，完成拆迁320户；滨港路东侧农商行家属院项目8户已完成；张滩村安置房建设二期工程65户，已基本建成）；基本建成公共租赁住房项目2个、318户和棚户区改造项目5个、929户，争取上级补助资金990万元。根据利津县住房现状和十三五规划，制定了2017年住房保障计划。

4. 预售资金监管。签订《商品房预售资金监管协议》2份，办理预售资金拨付审批155次，拨付资金33868万元。实施了预售监管资金与预售商品房合同备案核实制度，更准确的掌握了预售资金的缴存情况和剩余资金情况，有效保证了购房人的利益。

5. 测绘工作。2016年，利津方正测绘有限公司依据国家房产测量规范，完成9宗房产初始登记测绘3.65万平方米；为丽景家苑小区、仁和家园小区、圣泽首府1—3号楼完成实测建筑面积10.48万平方米；完成预测绘建筑面积6万平方米；出具测绘报告44份，收取测绘费77.5万元，所测面积误差全部控制在精度要求范围内。

6. 房产交易。一年来，共

办理房屋所有权登记业务 1135 宗，登记面积 34.6 万平方米，其中变更登记 111 宗，登记面积 2.2 万平方米；初始登记 31 宗、登记面积 18.4 万平方米；转移登记 991 宗，登记面积 14 万平方米，登记金额 42856 万元；更正登记 2 宗，登记面积 328.24 平方米；办理各类业务房屋交易备案 523 宗，交易面积 7 万平方米，交易金额 21316 万元。办理租赁备案业务 39 宗，面积 5279.52 平方米。办理抵押权登记业务 624 宗，登记面积 38.5 万平方米，贷款金额 60439 万元；办理各类注销业务 743 宗，其中抵押权注消业务 529 宗，产权注消业务 214 件。为各级人民法院进行查封登记 190 起，查封面积 55126.71 平方米。为全县事业单位、个人进行档案查询利用达 4870 起。为省、市提供个人房产信息查询 2733 人次，接待前来及电话咨询的单位个人约 150 余次。有力地维护了房产交易市场秩序，促进了全县房地产业持续健康发展。2016 年共完成收费 77.3 万元。

【村镇建设管理】

1. **规划编制**。抓好各乡镇总体规划的修订完善和控制性详细规划以及重要地段的修建性详细规划的编制。以新编规划、消除规划覆盖盲点为主要任务，层层分解，并将完成情况纳入城镇化考核工作。截至 2016 年底，陈庄镇、盐窝镇的总规和控规修编工作已基本完成，明集乡总规修编工作目前正在进行中，修编后的总规和控规更具有科学性、合理性、超前性和可操作性。2016 年 4 月下发了《利津县关于改进和完善乡村规划工作方案》，要求到 2017 年，所有乡镇要完成总体规划、镇区控制性详细规划编制报批，到 2020 年，实现全县所有村庄（含涉农街道村庄）规划全覆盖，基本建立科学编制、依法实施、严格监管的乡村规划管理体系，并确定陈庄镇道口村、涯西村等十个村庄为规划试点村庄。下发督促乡镇编制规划的告之函 3 份。

2. **村镇建设管理**。认真贯彻《城乡规划法》《山东省城乡规划条例》，加强对村镇规划编制实施和审批的监督管理，同时，严格村镇项目审批程序，落实“一书两证”和“乡村建设规划许可证”制度，对各类建设项目按照规划严格把关，严抓落实。截至 2016 年底，共办理盐窝镇幼儿园建设项目等工程选址意见书 5 份，许可面积 2.77 万平方米；东营圣压年产 3000 万立方米生物燃气生态能源项目等用地规划许可 16 项，许可面积 10.65 万平方米；东营市域高压天然气管网项目利津段等建设工程规划许可 35 项，许可面积 19.96 万平方米；大高村文化大院等项目乡村规划许可 3 项，许可面积 0.12 万平方米；津瀚·熙瑞豪庭住宅小区等竣工规划验收合格证 5 项，竣工规划验收面积 10.32 万平方米；配合国土局出让土地提供建设用地规划设计条件 23 份，建设用地总面积 104.45 万平方米；查处违法建筑面积 42730.38 平方米，组织专家规划评审 14 项。并对以上项目依据城乡规划公开公示制度，在项目建设现场和局网站进行了公示，接受公众监督。

3. **农房建设与危房改造**。2016 年，利津县 470 户 618.23 万元危房改造资金发放到位，无一差错，得到了危房改造户的赞扬。为了抓好 2015 年度 232 户抗震危房改造项目，及时制定了农村危房改造工作实施方案，4 月 20 日将改造任务细化分解到乡镇，6 月 10 日完成了抗震危房改造项目验收工作，并同步完成信息系统录入工作，纸质档案整理存档。2016 年，利津县危房改造任务数 210 户，其中建档立卡扶贫户 59 户，把农村危房改造工作与精准扶贫工作紧密结合起来，积极采取多举措助推扶贫攻坚行动。

4. **农村旱厕改造**。制定《利津县农村改厕实施方案》，按照“试点先行、整村改造、依次推进、建立台账、销号管理”的总体思路，扎实推进全县农村改厕工作。2016 年，全县安排改厕任务 4974 户，涉及 5 个乡镇。截至 2016 年底，全年共计完成改造户数 5269 户。

5. **村镇建设统计工作**。村镇建设统计是住房和城乡建设部门的一项重要基础工作，是对村镇建设情况进行统计调查、统计分析，提供统计信息和咨询重要途径，为此，按照村镇统计工作“快、细、准”的要求，在规定时间内及时上报统计报表，仔细录入统计数据，准确进行统计分析，真实反映管理的成效和存在的问题。对农村危房现状调查结果进行了核实，对不符合条件的予以撤除。

（崔树功　赵晓萌）

城市建设中心

【城建融资】 2014年将农行及电业局片区、利三路中段区域、张滩村片区改造项目打包捆绑，向国开行申请的3.8亿元棚户区改造贷款项目。年内到位资金9750万元，累计到位资金3.7亿元。2015年将一中片区、四矿片区、尹王庄社区项目打包捆绑，向国开行申请贷款1.7亿元。2016年到位资金3600万元，累计到位资金1.64亿元。以利三路中段区域改造项目中的津元广场商贸城项目为载体，向农发行申请的2亿元贷款项目，已到位资金1.8亿元。以利三路中段区域改造项目中的津城佳苑居住区为载体，向农发行申请的安置房贷款基金6000万元，资金已经全部到位。向农村商业银行申请流动资金贷款4000万元，资金已经全部到位。

3月，市委副书记、市长赵豪志（右三）对利三路中段区域综合改造项目进行调研

【城建项目建设】 1. **农行片区改造项目**。概算总投资1.87亿元，占地25.3亩，规划建设住宅楼7栋209套、商铺22套，总建筑面积55508平方米，安置住宅60套、商铺5套。该项目2014年5月开工建设，于2016年4月份竣工并交付使用。2. **利三路中段区域综合改造项目**。项目总占地230亩，共征收房屋10.2万平方米，动迁住户和经营业户572户。项目概算总投资9.9亿元，规划总建筑面积25.3万平方米，其中：住宅17栋，总户数882套，面积13.7万平方米。地下车库及储藏室2.2万平方米，商业用房9.4万平方米。需安置住宅442套（约6万平方米），商业用房5.3万平方米。该项目于2015年5月份动工建设，截至2016年，房屋征收方面，已征收房屋571户，正在进行剩余1户房屋征收工作。利三路道路建设。全长590米，概算总投资1300万元，主路宽16米，两侧人行道铺装各4米，路灯26盏，已于2015年10月份投入使用。津城佳苑居住区项目。该项目于2015年5月份动工建设，工程建设稳步推进，沿街商业用房除因拆迁影响未建设的部分地段外，均已完成楼房建设及室外配套步砖铺装、管线埋设施工，正在积极推进电力铺设事宜。8栋多层住宅楼，主体工程和门窗、外墙保温、地暖等安装工程已完成，正在进行入户门、户内电线电缆安装工程施工。9栋高层住宅楼，1—4号已完成主体框架及砌体施工，正在内墙抹灰施工；13—17号已完成主体框架施工，正在进行砌体施工。津元广场商贸城，已完成项目立项、土地预审等前期建设手续办理、施工及监理公司招标、桩基施工，正在进行基础施工。3. **水利局及环保局办公大楼项目**。项目位于利一路以南，津二路以东，大桥路以北合围地块。利津源通水务有限公司写字楼项目。建筑面积为16977.4平方米，原计划投资约7500万元，前期已完成投资约3500万元，已完成主楼及裙楼装饰主体建设。东营润源环保服务有限公司写字楼项目。建筑面积为15521.7平方米，原计划投资约7000万元，前期已完成投资约1760万元，

已完成主楼及裙楼主体建设。

【下派帮扶】 按照组织安排，县城建中心从2016年4月，对盐窝镇小陈庄村开展为期两年的驻村联系帮扶工作。1. 推进基层党建工作。深入融合“两学一做”学习教育，大力开展党建工作进支部、入党员家庭活动，帮助村支部制作“两学一做”宣传条幅6个，更换了村支部及村委的牌子，重新制作了室外党员监督台，督促小陈庄村全面抓好党建工作。2. 及时联系县农机局，争取到了小陈庄村土地深松整地作业项目，并联系利津县春喜农机专业合作社完成土地深松作业，共实施土地深松380余亩，协调项目资金1.6万元，增强了土地防涝抗旱能力，增加了土地产出。3. 在2016年雨期来临之前，深入开展沟渠治理行动，共深挖、清理沟渠4200余米，使用资金1.8万元，保证了2016年村内农田排涝及时，使农田增收明显。

（李新洲　陈吉喆）

城市管理

【机构队伍】 县城市管理和行政执法局，设办公室（财务股合署）、行政审批股、燃气热力管理办公室三个股室。下设利津县城市管理行政执法大队和利津县市政公用事业管理处两个直属事业单位。机关编制13名；参照公务员管理的事业编制33名；事业编制22名。截至2016年底，全局实有在编人员66名，其中公务员15名，参照公务员管理的事业人员27名，事业人员24名。

2016年12月21日，县委书记成秋林（右四）到四矿片区调研拆违治乱工作

【拆违治乱专项行动】 2015年12月启动拆违治乱专项行动以来，解决了一批久拖未决的违法建设，规范了城市市容市貌，提升了城市形象。2016年，全县累计拆除违建313处，共计88827.44平方米；乱象集中整治累计出动执法力量5400余人次、机械770余台次，拆除墙体、楼顶广告1750处；清除墙体、橱窗广告字帖5830处；规范店外经营250家，没收、销毁落地灯箱760块。

【市政设施建设】 2016年，承担大小工程17项。**民生工程方面**。新建改建便民市场3处，设置临时摊贩安置点、早餐点7处，改造提升公厕37处，有效打造了一公里便民服务圈。**重点工程方面**。实施全县水库北路城区供热管网东延工程、城区雨污分流综合整治工程等重点工程5项，总投资6000多万元，城市基础设施得到大力提升。**市政设施维护方面**。加强城区市政设施维修工程2项，更换雨水篦子43套、过水沿石29套，清掏检查井352个，道路修补2600多平方米，人行道维修2260平方米，更换检查井盖130套，更换路沿石31米；安装道路照明灯杆35基，信号灯智能改造3处，城区切实消除安全隐患。

【市政公用服务】 对制定市政公用设施管理制度，施行精细化管理，扎实做好环卫一体化监督管理，为市民提供优质的休闲、生活环境。2016年来，共拔除和清理杂草垃圾6遍，锄地2遍，修剪8遍，喷药4遍、修理破损水管150多处；维修广场游路23条，割草4000平方米；配备城乡环卫工人1264人，清运车57辆，垃圾桶13345个，完成城乡垃圾收运处置66335吨；

全年完成污水处理2000万立方米，日均5.48万立方米；对城区4处泵站的设备、电气线路等进行检查维护保养；汛期实行24小时值班制度；通过对电容柜的不断改进和分时、分段亮灯等措施，节约能源，节约财政支出20万元，城区主要道路亮灯率达到100%，其他路段达到98%以上。不断提高应对突发事件的能力和水平，有效应对各类突发事件的发生。

【整治城区“乱象”】 2016年迎接省级卫生城复审，组织城区排查，梳理出城区治理“九大乱象”，开展系列专项行动。1.户外广告治理。集中行动期间，出动人员2200余人次，累计拆除墙体、楼顶广告570处，规范店外经营250家，销毁落地灯箱广告牌680块，清除墙体、橱窗广告字画1510处；2.严肃查处毁绿占绿行为。严查毁绿占绿行为30余起，恢复、补植绿化带9800余平方米；3.取缔流动摊点、占道经营。组织开展近40余次集中治理，共清理占道经营流动商贩1500余次、店外经营商户1200余家，设置早餐点5处，便民服务摊点群6个；4.扎实开展城区扬尘污染治理。发放宣传单页150余份，共查处、制止各类违法违规行为15起；5.露天烧烤专项整治。下发告知书120份，查处违规行为32起。

（孙明亮　王潇莉）

国土资源管理

【机构队伍】 县国土资源局，设办公室（政策法规股），地籍规划与土地利用管理股、耕地保护股，县测绘局（地质矿产管理股）3个股室。下设土地储备管理中心、土地整理中心、国土资源执法监察大队、建设用地服务站、土地勘测队、土地评审交易中心、不动产登记中心7个事业单位。设利北分局、开发区分局、北宋镇国土资源所、盐窝镇国土资源所、陈庄镇国土资源所、汀罗镇国土资源所、明集乡国土资源所、利津街道国土资源所等8个派出机构。机关编制15名，其中行政编制13名，工勤编制2名；事业编制48名。8个派出机构行政编制总额22名。截至2016年底，全局实有人员83名，其中行政人员15名，事业人员68名。

【土地利用规划】 做好规划服务，利津县土地利用总体规划调整完善全面完成，利津县城市周边及全域永久基本农田划定基本完成。积极争取用地指标，累计争取用地指标2581.84亩，有效保障了重点项目用地需求。大力实施城乡建设用地增减挂钩，3个项目顺利通过验收，产生指标336亩，申报项目2个。严格建设用地预审，共预审项目26个，切实发挥了前置把关作用。

【建设用地管理】 科学编制年度供地计划，国有建设用地供应总量1763.44亩，实现了供需平衡、优化配置。积极做好项目报批工作，上报省政府9个批次建设用地共计3586.4亩，其中批次建设用地6个、单独选址2个、市批农用地转用1个，涉及122个地块113个村。上报东营港疏港铁路项目3486.7亩，征地涉及北宋镇等6个乡镇（街道）100个村。做好其他建设用地手续办理，审批办理划拨、临时用地、农村集体建设用地等共244.55亩。

【地籍与不动产登记管理】 全县农村集体土地确权登记发证工作顺利开展，农村宅基地完成调查村495个，面积7460公顷，60706宗，应确权登记60038宗，发证58569宗，发证率97.6%；集体建设用地使用权调查面积560公顷，应确权登记168宗，发证163宗，发证率97%，并按照国家统一编码完成了所有乡镇街道的农村集体土地数据库建设工作。权属纠纷调处6件，矛盾化解率100%。利津县不动产登记中心自2016年8月30日开展工作，海洋、林业、房产档案已经全部移交完毕，不动产登记平台顺利运行，变更登记、转移登记、注销登记、查封登记、抵押登记、首次登记、不动产查询等业务顺利开展。已办理抵押登记402件，转移登记653件，协助法院等司法机关查封登记90件，其他各项业务1002件，协助上级组织部门查询不动产信息 2733 人次，为办事企业群众提供查询服务 3000 余人次。

【测绘管理】 做好新农村测绘保障，结合新农村建设实际需求，开展了村庄驻地大比例尺地形图绘制。做好测绘市场监管和违法违规案件查处，查处不按规定登记备案公司 5 家，警告不按规定汇交测绘成果公司 2 家。完成全县 C、D 级 GPS 点测量标志、一二等水准点测量标志普查和维护。

【土地执法监察】 借助“6·25”全国土地日、“4·22”地球日和“12·4”法制宣传日等，采取丰富多彩的形式，进行土地、矿产、测绘全方位宣传，提高了广大人民群众严格保护和合理利用土地资源的意识。严格土地卫片执法检查，违法占地和违法占用耕地比例分别为 5.96% 和 2.69%，对核查出的 40 宗违法违规用地进行了立案查处，确保了政府不被约谈、不被问责。做好信访维稳，共办理信访案件 30 件次，其中办理“12336”信访件 4 件、行政复议 2 件、信息公开 1 件、信访局转办案 1 件、市（县）长热线 11 件、其他信访案 11 件，各类信访案结案率达 100%。

【土地经营】 开展土地储备，科学编制年度土地储备计划，采用收回、征收等方式储备土地 39 宗 1230.66 亩，其中存量土地 196.33 亩、增量土地 1034.33 亩。加强土地调控，采用网上交易方式公开出让土地 35 宗 1574.03 亩，出让价款 2.6 亿元。做好职工建购住房审计整改，按照省审计厅建购职工住房专项审计报告整改意见，依据申请为 5 宗 13.55 亩划拨土地办理了出让手续、变更了土地用途，收取出让金差价 141.8 万元。

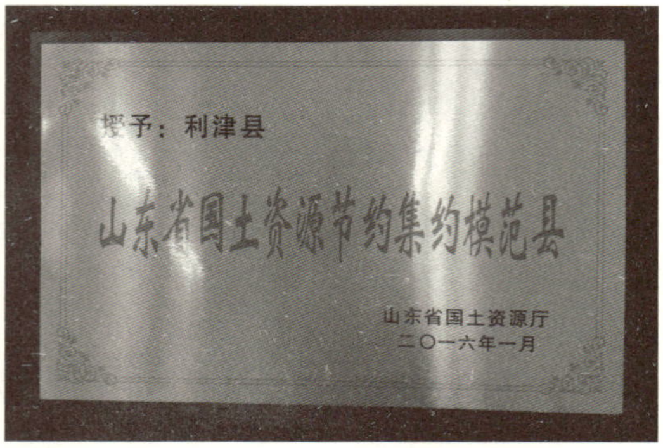

所获荣誉

【耕地保护】 认真落实耕地保护制度，严守耕地红线，确保耕地不减少、质量不降低。严格落实耕地保护目标责任制，层层签订基本农田和耕地保护目标责任书，认真执行基本农田保护六项制度。严格控制非农建设占用耕地，始终严把补充耕地质量、数量关，做到了“占一补一、先补后占”。耕地保有量和基本农田保护面积分别为 81.15 万亩和 66.67 万亩，分别比市政府下达指标多出 1.83 万亩和 594 亩。

【土地开发整理】 推进高标准基本农田建设，完成 2015 年度高标准农田建设任务 63079.57 亩，总投资 2931.53 万元，建设总规模 11.37 万亩，建成高标准基本农田 7.38 万亩。推进县级占补平衡项目建设，总规模 547.8 亩的盐窝镇新合北村未利用地开发项目已竣工，可新增耕地 292.5 亩；总建设规模 10056 亩的明集乡大明河以北土地整理等 4 个项目已竣工，可新增耕地 1174.2 亩。

【矿产资源管理】 深化矿业市场管理，开展采矿权人年检工作，年检合格率 100%，结合“大快严”行动，全面开展了地质灾害危险性评估，对生产企业进行了全面排查，确保了安全生产零事故。总投资 710 万元的 4 个矿产资源专项收入转移支付资金项目竣工验收，项目成果可确定利津县地热资源类型以及热储盖层、热储含水层的埋藏条件与分布特征，为地热资源的勘查与合理开发利用提供科学依据。

（许　峰　张学勇）

环境保护

【机构概况】 1984 年 6 月，利津县建立城乡建设环境保护委员会，下设环保办公室；1985 年 5 月归属县政府；1990 年 8 月建立利津县环境保护局；1993 年 9 月，县土管局、环保局合并为利津县土地管理环境保护局；1994 年 4 月恢复利津县环境保护局。利津县环境保护局共设有 3 个内设机构，分别是：局办公室、污染防治股（污染物排放总量办公室）、环境影响评价股；

另设有两个下属事业单位：利津县环境监测站、利津县环境监察大队。至2016年底，利津县环境保护局共有在职工作人员42人，其中局机关13人，环境监测站20人，环境监察大队9人。

【水气污染整治】 强化减排措施，大力开展水气污染整治专项行动。积极推进水气污染整治专项行动确立的各项环保重点工程。**水环境治理方面**。以省市控河流污染治理为重点，先后实施了太平河节制闸和挑河节制闸工程、陈庄镇污水处理厂提升改造工程、褚官河综合整治项目、在12家重点排水企业建设污水调节池及安装在线监测设施工程、城区雨污分流综合整治项目等。**大气污染治理方面**。2016年重点打好燃煤机组（锅炉）超低排放改造和挥发性有机物治理两个“硬仗”，年内完成2家燃煤电厂、5台燃煤机组的超低排放改造任务，淘汰全部10蒸吨／小时以下燃煤小锅炉，对2家化工企业进行挥发性有机物治理，对6家化工企业进行泄漏检测与修复。以上各项重点工程项目的实施，为全县环境质量改善奠定了强有力的基础保障。

【环境管理】 严格项目准入，严格执行“环评”和“三同时”制度，“三同时”执行率和建设项目竣工环境保护验收率都达到了100%。**清理规范违规建设项目**。按照全省统一部署利津县共清理整顿环保违规项目113个，其中淘汰15个，规范和完善手续98个。**提高安全环保水平**。指导全县89家化工企业参与环保评级，并依据评价结果，组织企业开展问题整改，形成整改方案与整改报告，并对整改情况进行验收。**确保辐射环境安全**。切实做好核安全文化宣传贯彻工作，提升辐射工作人员法律意识、责任意识和安全意识。利津县核技术应用单位共14家，其中放射源使用单位2家，射线装置使用单位12家。辐射安全许可证办理率达到了100%；辖区内所有闲置、废弃放射源送贮率达到了100%。

【环境综合治理】 **加强重点企业监管**。结合日常执法检查采取夜查、聘请社会监督员、部门联合执法、开展环保专项行动等形式对全县各类工业园区、重点区域和重点排污单位进行了全面检查，实现全县重点污染源和污水处理厂100%全覆盖监管，确保自动监控设备正常运转，正常运转率达到100%，污染物排放达标率达到100%。对发现的环境违法行为都采取严厉的惩处措施，依法处罚。2016年以来，对98起环境违法行为进行立案查处，下达责令改正违法行为决定书103份，下达罚款450余万元，以达到以罚促治、以罚促改的目的。**强化部门联动**。多次与公安等部门密切配合、联动执法。特别是针对几年来盐窝镇门家、新建等村附近非法倾倒、储存废油渣等危险废物情况进行立案调查。2016年移送公安部门环境违法案件3起，检察机关批捕2人。**及时办理环境投诉**。2016年以来，在环境信访专职工作人员仅有2人的情况下，克服人员和执法车辆严重不足的困难，共查处并回复环境污染信访投诉件501件，都能做到规范办理、及时快速办结，环境信访办理率达到了100%，满意率达到了98%以上。**全面推行环境监管网格化**。按照“条块结合、属地管理”原则，推行网格化管理。县政府成立了环保委员会，在全县8个乡镇街道成立了环保机构，结束了在乡镇基层没有环保机构、专职环保工作人员的历史，使环保执法进一步向基层延伸。

【环保宣传】 强化环境宣传教育，提升全民环境意识和责任意识。以县污水处理厂和中水回用工程湿地为依托建立环境宣传教育基地，通过调动公众环保积极性和参与度，进行行之有效的体验式环境宣传教育，增强公众环保责任感。组织执法人员参加环保培训班等形式提升全县环保执法人员的依法行政能力。充分利用各类新闻媒体加强环保知识、环保法律法规的普及和宣传，增强全社会的环境保护意识。通过在县广播电台开设了“环保时空”栏目、滚动播出环保公益广告等方式，宣传环保法律法规。采取普法下乡、进企业等形式进行环保普法宣传。2016年新印发了环保知识彩页6000

2016 年 1 月 29 日，组织环境保护知识竞赛

份下发到各村和社区，新编印了《环保法规汇编》，发放至各乡镇街道和相关企业。向群众宣传了环保法律法规知识，弘扬了社会环保正能量，形成了全社会力量参与环保、关心和支持环保的良好氛围。

【环境监测】 加强环境监测、监控工作，提升执法能力。提高自动监测能力。利华益利津炼化、环海污水处理厂、利华益热电、力能热电等 20 余家重点涉水、涉气企业已安装在线监测设施，并成功联网。在利津经济开发区建成挥发性有机物和特征污染物自动在线监控系统，同时要求全县 11 家石油炼制企业和重点化工企业安装厂界特征污染物自动监测设施。做好地表水、地表水源地的日常监测、各类污染源的监督性监测、环境质量监测、委托服务性监测等各项监测任务，并按要求出具监测报告。2016 年以来共获得地表水有效监测数据 5000 余个，城市噪声监测数据 1300 余个。

【驻村帮扶】 2016 年全局选派优秀干部到利津街道韩大庄村担任“第一书记”，局党组把帮扶工作同业务工作同研究、同部署、同推进，多次带班子成员及业务骨干调研，了解民情、民意，帮助解决困难，促进全面发展。帮扶工作从开展好“两学一做”学习教育入手，带领广大党员干部探索科学发展新途径；以三年增绿为依托，半年来植树 5000 余棵；重视基础设施建设，多方筹措 42 万元对进村公路进行路面硬化扩建，修建生产桥 2 座，为村民生产和出行提供了便利；筹资 9 万余元新建村大门，筹资 20 余万元对村文化大院进行改造，村容村貌焕然一新。

（张　磊　田娜娜）

交通 信息 邮政

Transportation, E-governance and Post

交　通

【工程建设】 S316永莘线黄河大桥至大高家段改建工程。路线全长11.156公里，预算总投资3.4亿元。项目按一级公路标准建设，双向四车道，路面宽度23米，路基宽度24.5米，沿线完善交通安保工程设施。工程自2016年8月11日完成招投标，8月25日施工企业进驻工地。截至2016年末，已完成路基桥涵工作量的60%。利津县客运总站项目。规划用地面积3万多平方米，总建筑面积13000平方米，主体3层，包括配套总投资7500万元。截至2016年年末，主体工程、消防、水电安装等已完成，完成投资4500万元。

【农村公路防护工程】 进一步完善全县农村公路的安全条件，实施2016年农村公路安全生命防护工程。涉及农村公路323.4公里、隐患点段91处，总投资1600万元。安装独立单杆式太阳能黄闪红慢灯灯杆62处，安装太阳能黄闪红慢灯161个，在原有标志牌上加装太阳能黄闪红慢灯435个，喷划路面热熔标线14905平方米，减速振动标线8590平方米，改造桥梁护栏1928米，安装各种标志牌350个，钢立柱式示警桩7671根，道口桩867根，减速带126米，原标志牌立柱粘贴3M反光膜710平方米。工程的竣工进一步提升农村公路安全性，为群众提供安全方便的出行条件。

2016年5月17日，市委书记申长友（左三）调研利津客运总站项目

【农村公路建设养护】 2016年实施农村公路建设项目72个，116.5公里，总投资7890多万元。及时开展县道小修挖补工程，分别于6月份、8月份和10月份三次集中施工，挖补面积15800多平方米，同时指导乡镇（街道）实施乡村公路小修挖补，确保了道路通行安全。进一步提高了全县农村公路的通行能力，改善了群众生产生活条件。

【交通运输市场管理】 加强对公交公司管理，满足群众出行需求，对全县公交线路和长途客运线路上的非法营运车辆实行拉网式清查。加强货运市场管理，开展打非治违专项行动，严厉打击超限超载行为，维护市场秩序。加强机动车驾驶员培训管理，开展驾校质量信誉考核，规范教学，提高培训质量，开展机动车驾驶员培训市场整顿，查处非法培训教练车。加强机动车维修市场整顿，维修行业管理，狠抓维修市场准入关，规范维修行业的经营行为，提高维修质量。

【交通安全】 每季度召开安全生产工作会，重要节日、重点时段召开专门会议，总结工作经验，部署工作目标任务，明确安全生产工作目标任务和重点，确保安全生产工作有序开展。以企业安全生产制度、安全设施、安全隐患问题为检查重点，对全县道路运输经营企业进行检查，发现安全隐患问题352处，全部进行了整改。对现场督查过程中发现的问题，下发安全隐患整改通知书，严格执行隐患销号制度，督促企业对存在的问题进行落实整改。深入开展危险化学品运输违法行为的专项整治，强化危化品运输车辆路面管控力度，严厉查处各类违法违规运输行为，及时消除安全隐患。开展“平安行·你我他”行动工作的，共检查过往货运车辆6700余辆次，其中各类违法、违章危化品运输车辆100多辆次。

（李庆泉　崔学强）

公　路

【重点项目协调服务】 **济东高速公路主线竣工。**济东高速公路自2013年开工以来，公路局认真抓好项目建设协调服务，全面做好政策宣传、协调服务、征地拆迁、安置补偿、矛盾调处、环境整治等工作，切实解决项目建设中的实际问题，创优工程建设环境，促进了项目建设的顺利进行，2016年该项目主体工程竣工。**普通国省道大中修改造项目全面完成。**根据全市干线公路2016年大中修项目安排，全县境内有两条干线公路实施升级改造。1.S315永馆线利津治河路口至利津沾化界段大修项目。该项目全长18.26公里，路面宽14—15米，同步维修中桥4座、小桥10座、涵洞16道。建设标准为二级公路，总投资约8710.5万元。2.S231河辛线羊栏河桥至治河路口段中修项目。该项目全长21.2公里，利津县境内17.2公里，路面宽24—27米，建设标准为一级公路，总投资5331万元。截至10月底，两项目全部竣工，比计划工期提前两个月。

【公路养护】 **公路巡查养护。**对辖区干线公路进行全面的隐患排查整治，确保公路、桥梁及安保设施运营安全；对无尘式路面保洁作出全面部署，强化日常清扫督查，安全设施维护，及时处置路面损坏，确保路面整洁、设施清晰齐全、公路桥梁安全畅通；对已完成的安全生命防护工程进行现场调查，对设置漏项和设置不合理的问题进行统计上报，结合2016年的续建工程一并完善到位。**公路应急保畅。**高度重视应急保畅工作，先后组织了多次应急演练，取得了较好的效果。突出抓好四类危桥的改造和监管，对G220线利津河桥实施维修改造，已于7月下旬竣工通车；对S310线挑河实行24小时值守，采取临时防护措施，设置限速限载标志，确保桥梁安全通行。**预防公路水毁及抢险。**调整完善了预防水毁和抢险领导小组，把抢险队伍下沉到三个基层道班。成立了专门的应急物资仓库，各种规章制度、应急物质明细和使用情况制成图版，养护计划科负责总调度，各公路站负责确定抢险人员、机械和材料，使应急抢险具有可操作性。**公路绿化及管理。**搞好春季公路绿化带灌溉保湿，增加浇水次数，确保苗木水分滋养，对路肩绿化平台进行合理施肥；加强行道树木的修剪塑形，对所管养路段的行道树进行修剪、造型，及时清理枯枝、断枝及遮挡公路标志的树枝；建立行道树病虫害预警机制，密切关注各类病虫害近期的发生发展情况，对行道树木及时填埋农药，有效遏制病虫害的发展。**健全公路养护管理制度。**制定详细的养护工程流程图，把养护工程分成日常性、应急性养护工程和规模化养护工程。日常性和应急性养护工程的实施主体明确为各个公路站，公路站根据养护任务的标准、规模和具体要求，完成养护任务；规模大养护工程，严格招投标程序，选择专业化施工队伍，严格工程监管和计量支付，确保各项养护工程优质高效实施。在省道永莘路上建设了10公里养护标准段，其他全路段标准化养护工程依次展开。**乡村文明专项整治。**路面占用、沿路集市贸易、路侧乱堆乱放、路肩种植农作物、沿路放牧等行为明显减少，沿路视线内的脏乱差整治工作取得明显成效。全年共清扫路面32400千平方米；清理、清疏排水边沟12830米，维修、新建石砌边沟3726米；完成水毁抢修986立方米；清理杂草及绿化修剪116.6公里；修补坑槽4213平方米，灌缝1600平方米；补充、更换各类示警桩柱230根、防撞桶29个、爆闪灯19个；施划公路标线1121平方米；建设高标准养护路段10公里，一般标准的标准段81.3公里；公路绿化病虫害防治4遍。

【路政管理】 **提高路政巡查效率。**成立公路巡查中心，实行公路巡查中心、路政执法中队、公路站多向巡查的办法，实现无缝隙、全覆盖巡查，发现问题及时处置。**治理路政违法行为。**加强对占路打场晒粮、占路为市、非公路标志、私设道口、乱搭乱建、乱堆乱放、污染路面、损坏公路设施、未经审批涉路施工12类违法行为的管制。开展占路打场晒粮和占道经营专项整治行动，违章占路现象得到有效遏制。**规范公路沿线环境秩序**。严格落实《公路法》《公路安全保护条例》，加强对公路用地、建筑控制区的管理，深入开展路域环境综合整治，维护好路域环境秩序。**强化路政法规宣传**。深入开展了“路政宣传月”活动，悬挂宣传横幅3条、发放宣传资料500份、编发宣传微信300余条，营造遵守公路法规、爱路护路的社会氛围。依法封堵S231河辛线、S310东滨线规划外道口75处。**拆违治乱**。成立拆建治乱专项领导小组，制发实施方案，召开动员会议，广泛宣传发动，抽调人员到县拆违办工作，对公路两侧违法建筑和大型广告牌进行了摸底统计。公路局借势发力、联合执法，依法拆除公路沿线户外广告97块，实现了干线公路两侧红线控制区无违法户外广告、无新增违章建筑。全年实施公路巡查37000公里，共发生路政事案8起，处理8起并全部结案，结案率100%；收回损坏公路设施赔偿费238000元，清理非公路标志114块;清理公路两侧“三堆”300立方米；劝阻上路晒粮260起、摆摊设点66处；解答处理群众举报电话20起，查处和制止涉路违法施工5起，清除道路障碍物6处，依法维护了路产路权，保障了公路畅通。

【平安公路建设】 积极开展“平安公路”创建活动,深化推进“安全生产隐患大排查快整治严执法集中行动”“道路平安行、你我他行动”“安全生产月”等各项活动。根据道路交通安全的要求，制定详细的工作标准和目标；层层签订安全生产责任状，建立起安全工作管理网络；严格夜间领导带班、值班员值班，周六、周日和节假日值班、封车等制度；举办消防、地震逃生知识培训演练，开展扫雪防滑及应急保畅演练，提高全员应急处置能力。提高安全设施的经费投入，加大定期、不定期安全检查力度，组织相关技术人员对局机关、所属单位以及全路段的路面、标志标线、桥涵设施进行全方位检查，对检查出的问题迅速整改；实施S316永莘线生命安全防护工程，辖区国省道生命安全防护工程全部落实到位；强化工程施工安全，施工路段设置安全警示标志和引导标志，实行交通管制，安排专门人员和执法车辆疏导交通,切实将“平安工地”建设落到实处，保持公路安全生产持续稳定，没有发生安全责任事故，实现干线公路安全畅通的目标。

【精神文明建设】 利津公路局年初印发《利津公路局文明创建活动实施意见》，对照省市局的各项考核办法，将任务目标细化、量化，确保创建工作顺利开展；广泛开展文体活动。组织参加了“公路杯”职工篮球赛、春季职工健身运动会、“勇于担当、敢于作为、读书励志、分享精彩”主题演讲比赛、“两学一做”主题歌会等一系列文体活动，丰富了职工文体生活，提升了行业形象。**积极开展下派帮扶工作**。全面开展对盐窝镇维新村的帮扶工作，帮助村里修建村内主街道及生产路3396米;实施党员“一帮一”精准扶贫攻坚，较好的完成了计划帮扶任务。加强信息宣传，1—11月份发表信息报道197篇，《中国交通报》、中国公路网、《东营日报》、东营政府网等媒体、网站多次报道利津公路工作，信息宣传工作走在了全市公路系统、县直单位的前列。

（王　梅　王学军）

电子政务

【概况】 县电子政务中心于2010年2月成立，为县政府办公室所属财政拨款正科级事业单位，定编7人，至2016年底有干部职工6人。2016年，县电子政务中心，以服务“黄蓝”两大国家战略为重点，加强统筹规划、协调管理和稳步推进，全面提高全县电子政务应用水平。推动全县诚信系统和视频会议系统桌面终端建设项目，做好全国政府网站普查工作，强化门户网站管理，深化政府信息公开，加强网上政民互动，充分发挥电子政务的支撑和保障作用。“网上民声”栏目被全国电子政务理事会评为“2016年中国政府网站政民互动精品栏目”。

【诚信利津网站建设】 县委、县府高度重视诚信建设，启动了全县社会信用体系建设工作。县电子政务中心制定《利津县“一网三库一平台”信用系统建设方案》，配合县诚信办做好全县诚信系统的建设工作，具体建设“一网三库”系统，即“诚信利津”门户网站，企业公共基础信用数据库、个人公共信用基础数据库、非企业法人公共信用基础数据库。截至2016年底，基础信息已全部征集完毕，共征集事业单位信息279条、机关单位信息73条、企业信息2509条、社会团体信息146条、村居组织信息519条、自然人信息236269条。

【配置领导桌面视频终端】 根据市政府办公室《关于做好市视频会议系统领导桌面终端接入工作的通知》要求，为积极适应公务用车改革要求，进一步提高会议效率，降低行政成本，县电子政务中心为全县主要行政领导配置了视频桌面终端，实现市、县区政府领导之间的重点工作调度、行政会议、应急会商、日常培训、无纸化会议、工作调度等功能。

【政府网站普查】 为全力做好全国政府网站普查工作，县电子政务中心督促全县仍保留部门网站的单位切实加强组织领导，强化自身网站管理维护，加强政府网站内容保障和信息安全工作，修补《山东省网络与信息安全突发事件检测平台网站安全检测报告》中明确提出的问题，根据市政府办公室《关于尽快开展政府网站第三方监测工作的通知》文件要求，与北京开普互联科技有限公司签订第三方检测服务合同，进一步加强全县政府网站信息内容建设和日常监管，实时管理全县政府网站群。

【下派帮扶】 县电子政务中心投资1.7万元改造完善碾李村党员活动室，安装防盗门窗，进行了屋顶修缮、室内墙漆粉刷，配备了电脑、电视、书桌、书橱等设施，接通了网络和有线电视信号，制作了基层党组织建设系列制度和“两学一做”系列展板等。

【政府网站的维护管理】 政府门户网站是宣传和展示全县建设发展的重要平台，是为广大人民群众提供相关政务信息与政务服务的主要阵地，县电子政务中心高度重视门户网站的建设质量，严格落实网站建设定期通报机制，每季度下发一期《利津电子政务》简报，对信息公开、在线投稿、网站建设等工作开展情况进行通报，有效形成合力，营造全社会共建门户网站的良好氛围，信息上报量、公众参与度、关注度都得到了明显提高。2016年政府门户网站共更新全县要闻5742条，为全县解困变强目标的实现营造了和谐活跃的舆论氛围；各单位通过信息公开平台发布公开信息2531条，一大批热点信息进行了公开，得到了群众的认可；在网站首页集成“在线访谈”和“网上民声”等政民互动栏目，广大网民通过该栏目表现出较强的参政议政意识，对全县经济社会发展高度关注，并提出了一些有深度的意见建议，为领导掌握情况，科学决策提供了有力参考。

（孙利霞　董学强）

2016年12月5日，县电子政务中心主任岳明良（中）到碾李村宣讲

中国联通

【概况】 中国联合网络通信有限公司利津县分公司（利津联通）隶属于中国联合网络通信有限公司山东省分公司，是依据工业和信息化部、国家发展和改革委员会、财政部联合发布的《关于深化电信体制改革的通告》，在成功融合原利津网通和原利津联通基础上组建的全业务通信运营商。是中国唯一一家在纽约、香港、上海三地同时上市的通信运营企业，连续多年入选世界500强企业，在2016年《财富》

世界500强中排名207位，同比上升20位。

【业务经营】 利津联通公司是全县服务规模最大的通信行业，下设南部营业厅单元、北部营业厅单元、中部营业厅单元及盐窝营业厅单元，辖18个营业网点，营业网点遍布全县各个乡镇。拥有覆盖全县、通达世界、结构合理、技术先进、功能强大的现代通信网络。利津联通公司主要经营固定通信业务，移动通信业务，国内、国际通信设施服务业务，卫星国际专线业务、数据通信业务、网络接入业务和各类电信增值业务，与通信信息业务相关的系统集成业务等。中国联通于2009年4月28日推出全新的全业务品牌“沃”，承载了联通始终如一坚持创新的服务理念，为个人客户、家庭客户、集团客户提供全面支持。截至2016年底，全县联通手机用户数60000余户，其中4G用户35000余户、3G用户4000余户、2G用户22000余户。在网智慧沃家用户10000余户，宽带用户数30000余户，固话18000余户，IPTV累计到达10000余户。

【信息化建设】 公司以“精细管理，优化流程，打造精品网络”为指导思想，紧紧围绕全县市场需求，全面提升网建工程质量和后台支撑。使全县网络维护、网络优化、基站建设、用电管理、网络投诉处理等有了很大提高，网络支撑服务能力明显提升，为全县通信服务提供可靠保障。利津联通公司始终把建设宽带网络这一战略性基础设施作为落实“网络强国”“互联网+”行动计划、“提速降费”等国家战略的重要任务，并取得了快速进展。利津联通公司先后投资4000余万元，完成了全县范围内的所有城区、街道及村庄的光纤全覆盖，实现了“全光网络县”。截至2016年底，利津联通为保证全县的整体通信综合能力，在全县范围内设有核心机房1个，综合接入点30个。全县通信杆路2933杆长公里，通信光缆3944皮长公里，管道198公里，实现了利津辖区的光纤全覆盖。利津联通根据省市公司“聚焦4G发展”的工作要求，2016年在全县新建4G基站49个，基站总数达500余个，2G、3G实现了利津辖区无缝隙覆盖，4G实现了主干道路全覆盖，二期4G基站建设正在规划中。由于利津现有村庄和道路已经形成，网络已实现全覆盖，利津联通密切关注新生市场的开发和信息化覆盖，特别是利津城南信息园、明集乡工业园、滨海工业园等的开发和建设，利津联通将根据城建规划要求，实时跟进基础网络建设，保证上述工业园新建厂区的通信需求。结合利津县发展现状，保证全县的信息化网络覆盖能力，利津联通做为全县最大的固网基础运营商，有能力、更有义务为利津县的信息化建设提供有力支持。

【服务建设】 坚持“以服务促发展”的服务理念，持续开展短板整治工作，创新服务机制，建立全业务、全过程、全员参与的“大服务”体系，提升客户感知，创新服务手段，落实4G领先计划。为进一步提升营业厅服务新形象，营造优质的服务环境，2016年利津联通公司对全县18个自由营业厅进行了升级改造，统一营业厅形象，为全县联通用户提供更快捷、优质的服务。为提升国家宽带一级运营商的品质，联通公司在2016年5月17日一年一度的世界电信和信息社会日，郑重向社会各界发布了联通宽带“免费无条件提速、速率货真价实、480限时服务”三项承诺，进一步落实国务院提速降费要求，以实际行动推进“宽带山东”战略的实施。

【党建工作】 公司党支部，紧紧围绕公司经营发展中心工作，积极开展群众性活动，切实履行社会责任，积极参与慈善捐赠等社会公益事业。2016年，按照上级党委要求，积极组织党员参加了“两学一做”主题学习教育，根据县委、县政府关于2008—2016年党费补缴工作要求，连续两个月加班加点，对公司2008—2016年以来党费的收缴和管理情况进行了自查，并将公司全体党员2008—2016年以来工资基数和比例进行了全面核算，认真核准党员党费收缴基数和比例，公司全体党员按规定及时、足额补缴了党费。根据《利津县迎接省级卫生县城复审工作督查方案》（利创卫指〔2016〕10号）文件精神要求，按照县省级卫生县城复审工作指挥部及公司领导要求，投资20余万元，积极协调上级公司对利津分公司院落进行了改造，并及时进行现场督查，对办公楼外墙脏乱进行彻底粉刷整治；对院内停车场进行彻底整修；对院内公厕设施陈旧、破损进行了升级改造，改造为冲刷式公厕；对院内宿舍楼间的菜园进行整治加盖围墙，使公司环境进一步提升。

（张维成　宋娟娟）

中国移动

【基础设施建设】 2016年底，全县拥有移动基站42座，移动通信4G网络覆盖全县，发展各类专线业务300多条，发展语音专线4400余条，互联网家庭宽带6000余条。

【业务经营】 中国移动通信推出“and和”大品牌战略。通过实施品牌规划锻造强势品牌：以市场细分为基础，依托完善的4G网络，又推出“4G飞享套餐”“天王卡”“4G和家庭套餐”等系列4G套餐为主导的4G资费架构体系，以满足各类消费群的不同需要。公司为广大客户提供基础通信、增值通信、综合接入、集团一类联调、信息化产品、企业办公平台、个性需求、IDC平台等八大类服务，从传统的语音服务、短彩信、手机邮箱、手机上网到已经深入人心的WLAN无线宽带、家庭宽带、企业专线，从耳熟能详的手机报、手机视频、农政通、警务通到逐步成为企事业单位办公助手的车主服务、移动OA、会议助理、手机对讲和山东一卡通业务。中国移动已经实现了车辆定位和异地服务功能，共拥有134、135、136、137、138、139、147、150、151、152、157、158、159、182、183、187、188共18个号段、全球最大的数字移动通信网，我国具有完全知识产权的第四代移动通信技术TD-LTE网络已经完善。2016年底，中国移动第四代移动通信技术TD-LTE网络已经覆盖了全县97%以上区域，为广大用户提供了高速、稳定的4G网络服务。

利津移动公司班子召开组织生活会

【移动通信服务】 打造精品网络，服务社会经济发展。1. 全力加快移动网络建设和优化进度，提升移动网络质量。2. 迅速对现有移动网、传输网、数据互联网等进行系统整合和梳理，提升服务水平；3. 利用4G网络的技术优势和完善的产业链，加快4G终端及应用的推广普及。强化服务措施，擦亮服务窗口，提升企业品牌服务形象。自2014年利津移动开始提供有线宽带业务服务，从零开始从无到有，全年实现600余处有线宽带热点覆盖，覆盖用户103000多户，为15000余用户提供高速宽带服务。

【企业管理】 **提高员工素质。**加强全员的基础业务素质和新业务营销等方面的培训，固定每月一次进行全体人员的业务培训，提高前台人员的业务素质；每月进行一次业务考试，采用末尾淘汰制，提高了员工学习的积极性。**及时解决客户投诉。**积极配合上级公司客服中心，认真处理10086转派的咨询、投诉工单，严格落实首问责任制、五条禁令制度，将客户提出的问题及时解决，对转派的咨询、投诉单均及时处理。降低越级投诉件数，确保利津移动万客户投诉件数始终全市最低。

（安　鹏　薄纯江）

中国电信

【概况】 利津电信公司下设陈庄、北宋明集、盐窝、城区、政企、营业、卖场7个支局，综合支撑中心、网络支撑中心、市场支撑中心三个部门。截至2016年底，全县拥有LTE集800M移动基站90余座，固网机房4处，合作厅、代办点100余家，营业网点遍布全县各个乡镇，4G信号实现了县城、乡镇100%全覆盖。利津电信主要经营互联网介入及应用、固定电话、云业务、卫星通信、ICT系统集成、信息化办公、电信电视等业务，具备电信全业务、多产品融合的服务能力和渠道体系。负责在全县范围内运营网号为133、153、180、181、189、177、173的数字移动通信网，与全县70%以上的企业有业务合作。

【基础网络建设】 网络是支撑发展和服务工作的基础，为加速“全业务运营”进度，电信公司一年来协调各方面资源，有效回避城中村改造工程带来的负面影响，根据需求，提前规划，不断加大网络建设力度。2016年完成老小区光改、新建小区村庄FTTH光纤接入等大小工程共计40余项，确保大小无遗漏，实现了县城所有小区百兆宽带100%全覆盖，使利津跃入了飞速的4G双百兆“光网时代”；真正让利津人民享受到了稳定、高速的光纤上网服务，推进了光网小区的规模建设和用户向光纤入户的整体平移转换，为用户提供了更快更好的光纤宽带服务。

2016年8月，省公司总经理姜宏民到公司调研

【完善服务】 优质的服务是企业永恒的主题，“用户至上，用心服务”是电信公司不变的服务理念，长期以来，公司恪守承诺，努力为社会提供卓越服务。大力推行首问责任制，落实一贯的服务宗旨。切实做好政企客户的服务工作，针对用户级别进行维系划分，实行一对一服务，推行人性化、真情化的服务内容，同时加强客户的投诉与咨询，使用户投诉回复率和处理及时率都达到省市公司考核指标。

【员工培训】 创新培训方式，建立有效的培训体系。2016年电信公司将人力资源培训开发自觉地纳入到经营管理之中。在日常业务知识培训常态化的基础上将新员工岗前培训、员工企业文化培训、一线员工服务培训纳入培训系统，将培训常态化。通过不断的培训提高员工的业务技能，提高员工自身素质及修养。

（郭　震　高丽娜）

广电网络

【概况】 山东广电网络有限公司利津分公司现有职工45人，其中1名经理，2名副经理，中共党员10名。公司内设集团客户部、工程技术部、综合管理部三个部室及南、中、北、城区四个站所和七个服务大厅。2016年利津分公司按照县委、县政府及省市公司要求，结合“转型升级提速年”活动要求，在强化企业管理、规范网络工程建设、提高服务质量、扩大经营创收等方面均有较大突破。

【企业创新管理】 把建立和完善各项规章制度作为突破口，切实做到以制度来规范员工的言行举止，规范企业的内部管理，提升对外形象；重点完善了薪酬考核制度、工程施工管理制度、客服管理制度、考勤制度等，量化工作成绩，规范工作程序。通过学习借鉴外地先进经验，结合公司实际，不断创新完善绩效考核办法，从年初开始，每个月从中层干部的基本工资中扣出500元，从一般员工基本工资中扣出200元，作为年终绩效工资，完成全年目标任务，年底双倍奖励员工。12月份重新进行了中层干部竞争上岗及双向选择，将一批能干事、会干事、工作能力强的员工推上中层岗位，实行定员定岗，最大限度的激发员工干事创业的热情。

【网络工程建设】 制定细化《双向网改造管理办法》，有计划有重点的推进农村双向网改造。施工前，先有片区经理入村走访调研、宣传发展宽带用户，达到可改造的条件后，提报申请—现场勘查—立项—审批—施工—验收。全年共架设光缆270公里，改造90多个村，覆盖用户5500多户。截至2016年底，全县具备安装宽带、双向等业务办理条件的用户达3.4万户。同时新开通了付窝、罗家、大赵、南宋、王庄、褚官、虎滩、汀河8个OLT机房，大大提升了农村网络承载能力。

【服务大众】 2016年，山东有线利津分公司不断探索新的经营发展模式，针对区域性营业厅少，用户续费难的问题，分公司领导班子分头下基层走访用户，与超市、理发店、农资店等人流量大的门头房共建30多处合作营业厅、业务代办点，既方便了用户、增强了企业竞争力，又扩大了山东有线的知晓率。举办集客业务和智慧社区建设培训，营销经验分享培训，宽带技术培训等，不断提高干部职工业务素质，提升工作能力和水平。按照县委要求，认真组织公司党员开展“两学一做”学习教育，从公司实际工作出发，带头践行共产党员先锋模范。举办“精彩有线人”服务礼仪大赛，通过对客服人员进行专业知识考试、服务礼仪现场展示，充分展示利津分公司一线员工的过硬素质和良好形象，强化了业务水平、提升了服务质量，促进了各项业务工作更好开展。

【经营创收】 对利津二中局域网进行千兆升级改造；承建利津县中心医院综合病房楼弱电系统项目工程，包括内网设备系统、外网设备系统、综合布线系统、电视监控系统、有线电视系统、门禁系统等，总投资180万元；为电业局5个营业厅安装APP无线覆盖，用户到大厅即可实现手机查询电费；承揽润泽物流、盛世瀚海、西湖春天、颐和家园等几个大项目的施工，包括综合布线系统、监控系统及智慧社区建设。政务网专线、企业、宾馆专线数据业务、监控等业务已全面铺开建设。

【企业文化】 2016年按照县委要求，选派一名党员同志到明集乡田家村开展帮扶工作，截至2016年底已投资8万元帮助田家村实现了村庄绿化和村内道路硬化；为群众减免了收视费，为村内设立了党建宣传栏。开展了新春走访、慈心一日捐活动、为困难职工爱心捐助活动，组织全体职工健康查体、组织全体员工到青岛拓展训练营进行了野外拓展训练；积极参加省市公司开展的运动会、职工文艺演出、义务植树等活动，活跃了职工文化氛围，增强了团结协作意识，营造了积极向上的工作氛围。

（高　华　董雪敏）

山东有线利津分公司开展“精彩有线人”服务礼仪培训

邮　政

【机构概况】 中国邮政集团公司山东省利津县分公司内设综合办公室、市场营销部、代理金融部、渠道平台部、文化传媒部、包裹快递部、函件广告营业部和电商商务中心 8 个部门。下设北宋、店子、利二路、津苑、明集、盐窝、陈庄、集贤、付窝、罗镇、中心 11 个支局。南宋、王庄、虎滩、北岭、刁口、汀河 6 个委托代办所。2016 年底干部职工 40 人，邮政劳务派遣人员 85 人。

【党报党刊征订】 县邮政公司从讲政治的高度认真做好 2017 年度的主要党报党刊和时政类报刊征订发行工作。加强生产作业组织管理，精心安排封发、运输、分发、投递等各环节工作，认真做好早报早投，保证工作衔接与传递速度。细化延伸投递标准，防止报刊发行站、信报接转点出现积压延误，保障妥投质量与见报时效。征订 2017 年党报党刊共计 128.3 万元，同比增幅 5%。

【投递服务】 本着“适应竞争，促进发展，因地制宜，注重实效”的原则，邮政公司积极推进投递改革，优化投递网络，通过组建专投队伍、调整作业组织、完善投递功能、改善投递形象、健全监控体系、实行科学管理，最终实现“形象统一、功能完善、普专分离、运作高效、服务规范”的全新投递服务格局，为更好地履行普遍服务和保障专业化经营业务发展提供强力的投递服务支撑。截至 2016 年底，增配电动三轮车 6 辆，专投县党政机关及大客户；各乡镇投递实现了专业化，专投普通用户。

【便民服务】 倾力打造“一站式”综合服务平台，积极构建“十分钟便民服务圈”，将邮政便民服务站办到了百姓家门口，将支局（所）窗口延伸到乡村，同时进一步拓展服务层次，充分运用平台巨大空间加快业务叠加，不但可以缴纳电话费、电费，还可以购买火车票、飞机票等，切实提高邮政便民站的运营率和人民群众用邮的满意度，真正实现站站便民，处处见效。截至 12 月底邮政公司共建设高效便民服务站 230 家。

【服务三农】 按照国家对邮政服务三农的要求，邮政公司探索服务三农新模式——建立鸿雁合作社，建设万亩示范田，为广大农户提供质优价廉的放心农资，并聘请农业专家提供技术指导，方便人民群众的生产生活。

【人力资源管理】 实行全员定员定岗，进行了竞争上岗和岗位优化组合，建立起了能上能下的用人制度。加强了教育培训工作，实施员工素质提升工程，对全公司营业员进行培训，通过开展理论技能考试，促使营业员不断提高业务素质。

【安全管理】 加强对相关人员特别是敛送款人员和驾驶人员的安全警示教育，提高安全意识，防患于未然。建立健全各种安全防范制度。加大对金库、敛送款、包裹验视、资金、车辆、支局值班等重点环节的监督检查力度，实现了全公司安全生产无事故。

（李守征　唐　翠）

利津邮政公司联合县老龄办、县老年体协举办东营市第二届“银龄杯”中老年广场舞大赛

财政 税务

Financial and Tax Affairs

财 政

【财政收支概况】 2016年，全县公共财政预算收入完成12.8771亿元，完成调整预算的100%，同比增长3%。其中：税收收入完成8.4742亿元，同比增长3.3%，占公共财政预算收入比重65.8%；非税收入完成4.4029亿元，同比增长2.4%，占公共财政预算收入比重34.2%。全县公共财政预算支出完成22.6487亿元，扣除上级专项转移支付后完成19.3229亿元，完成调整预算的100%，同比增长2.6%。

【争取上级支持】 围绕全县重点工程和民生实事，加强政策研究，主动跟进协调，全年争取市级以上财政转移支付资金9.87亿元，新增债券资金1.8亿元，市级间歇资金3亿元，到位政策性贷款2.08亿元、投资基金1.1亿元，县财政保障能力得到进一步提升。在做好资金争取工作的同时，争取政策支持，省市财政对利津县教育、社会保障、医疗卫生等民生事业补助标准均高于其他县区，城乡低保、五保老人集中供养等部分民生项目补助标准高出20个百分点以上。

【财源建设】 围绕工业立县，投入1.1078亿元，支持优势产业创新体系建设，鼓励骨干企业膨胀和传统产业转型升级。投入1.3704亿元，重点支持了农业产业结构调整、农业综合开发、土地整理等项目建设，促进了农业增产增效。统筹区域发展，分配下达乡镇、街道转移支付资金2.1727亿元，政府债券资金1.88亿元支持乡镇发展。投入5272万元，大力发展园区经济，支持园区完善配套设施，着力培育新兴财源。

县财政局开展全县会计知识培训

【保障重点支出】 全县用于民生事业支出18.76亿元，占一般公共财政预算支出总量的82.8%。1.统筹发展社会事业。教育方面投入9755万元，全面建立义务教育、高中教育、中等职业教育经费保障机制，推进“全面改薄”，逐步解决中小学“大班额”问题，加大农村中小学基础设施投入，促进教育均衡发展，全力支持国家级“教育均衡县”达标验收；医疗卫生和计生方面投入2.0095亿元，积极推进医药卫生体制改革，将城乡居民医疗保险政府补助标准由每人每年400元提高到430元；落实居民大病医疗保险制度，将补助标准由32元提高到52元；将基本公共卫生服务经费标准由每人每年40元提高到45元；落实老年乡村医生生活补助政策，出台在岗一体化乡村医生定额补助和养老保险保障政策，乡村医生待遇得到进一步保障。文化方面，投入1027万元，支持公共文化体系建设，实施了“文化惠民、双送下乡”“进千村乐万家”“三馆”免费开放、农家书屋提升改造工程，实现了“一村（社区）一年一场戏”公益服务目标，群众文化生活不断丰富。2.健全社会保障体系。投入2.529亿元，进一步完善社会养老救助体系，对部分政府救助项目实施提标、扩围，建立健全特困人员救助供养制度，保障特困人员获得救助供养服务；投入1.0176亿元，实施了棚户区和农村危房改造工程。3.注重城乡统筹。投入5047万元，推进生态文明乡村建设和乡村连片治理，支持村级组织建设；推进落实政策性农业保险，筹集投入1855万元，支持农民增收；及时足额发放涉农补贴资金1.2766亿元，确保了强农惠农政策落到实处。4.积极支持城乡社会事业发展。投入4.0411亿元，实施了南部生态新区建设、一中片区改造、省道316改线、利津客运总站、中心医院病房楼建设、文化艺术中心建设等重点工程。

【财政改革】 深化预算编制改革。努力做好预算编制内容的细化和完善，启动编制2017－2019年三年规划。推进政府综合财务报告制度建设，连续三年试编政府综合财务报告。推进财政信息公开。按时限通过政府门户网站对财政预、决算及“三公”经费预算进行公开。除涉密单位外，公开实现全覆盖。加快财政投融资改革。鼓励引导社会资本参与重大基础设施项目建设，努力争取政策性贷款及政府投资基金支持。落实“营改增”全面试点改革。加强税改收入过渡方案财力影响分析，提出应对意见和建议。

【财政管理】 把牢资金审批“关口”，着力扩展国库集中支付、公务卡消费及政府采购等支出改革推进成效。2016年直接支付资金6.91亿元，直接支付率达89.4%；刷卡消费498万元，同比增长55.6%；政府采购节约资金9500万元，节支率达到8%。严格资金监管，组织开展“小金库”及财政资金安全专项检查，制定出台《利津县财政局内部控制基本制度》，扎紧制度笼子，规范权力运行。

（陈　波　石清海）

国家税务

【概况】 利津县国税局成立于1994年，内设10个科室、1个事业单位和开发区、北宋、盐窝、陈庄4个分局。截至2016年底在职干部职工90人，负责全县5000余户纳税人的税收征管工作。2016年，县国税局在市国税局和县委、县政府的正确领导下，牢牢把握稳中求进工作基调，抓基础、抓重点、抓关键，圆满完成各项税收任务，稳步推进税收体制改革，切实加强依法行政能力，持续提升纳税服务水平，全面强化干部队伍素质，着力加强党风廉政建设，为促进全县经济持续健康发展、社会和谐稳定做出了积极贡献。

【组织收入】 2016年，努力克服经济增速放缓、原油价格低迷等多重不利影响，科学研判税收经济发展新常态，大力组织税收收入。联合地税部门开展税源调查，全面摸清税源底数，组建专业化评估团队，分行业、分风险开展解剖式评估，全年累计评估2016户，入库税款2297万元。深入开展营改增四大行业调研，摸准政策变化对税收收入的影响。2016年，共组织各项税收收入135484万元，同比增长7.31%，增收9233万元。全年完成县级以下收入全额36682万元，同比增长43.36%，增收11095万元，圆满完成了全年税收任务。全面落实各类减免退税6.16亿元，有力推动了地方经济社会发展。

【主要业务】 *营改增*。2016年营改增工作时间紧，任务重，全体国税干部迎难而上、加班加点，确保了“开好票”“报好税”“分析好”“改进好”四个环节有条不紊、有力有序的推进，多项工作走在了全市前列。票种核定率、一般纳税人登记率、税控发行安装率、增值税发票发放率、申报正确率均达100%。全县4个试点行业共1566户纳税人完成了税制转换，全年实现增值税8985万元，释放了改革红利，减轻了纳税人的负担。**金税三期换版**。按照上级部署，全体干部抢前争先、倒排工期，统一思想认识，形成工作合力，顺利完成了全岗全业务测试、数据迁移验证、双轨测试运行、操作和应急演练、预约纳税人办税等各项工作，确保了各节点工作有序进行，实现了金税三期优化版按时单轨上线并平稳运行。

【税收征管体制改革】 1.**税源扁平化管理迈出新步伐**。组织专门力量开展调研，制定征管职能扁平化改革工作方案，对征管机构职责进行调整，设置专职税收风险管理机构，初步实现了重点

2016 年 3 月 23 日，省国税局副局长孙德仁（左二）到利津调研

税源集中、专业管理。2. **国地税合作取得新进展**。主动与地税部门沟通协调，加强信息共享，深入推进国地税征管互助、执法协同、信息共享和税款委托代征，拓展国地税合作的广度和深度，打造国地税办税服务、信息共享、税收分析、风险管理、税务稽查“五个一体化”，实现人才优势互补，提升了合作水平。3. **办税服务取得新成绩**。根据地理位置和税源结构分布，在县城驻地陈庄和盐窝镇分别建立联合办税服务厅，打造了“一总两分”办税服务格局，形成了县域“30 分钟纳税服务圈”。深化全省通办，实现 7 大类 44 项常规涉税事项跨区域办理，彻底消除了属地办税障碍。

【国税文化】 建成了国税文化展室，“阳光国税，和谐家园”的文化品牌深入人心。开展第二届“感恩家人·写一封家书”、党员“五亮”学习教育等活动，积极参与市局文化手抄报编纂和“闻令而动，同心共赢”先进事迹报告会。认真做好干部选拔任用工作，选拔 6 名副科级干部，交流调整 24 名干部。加强对基层干部的人文关怀，为退休干部申请发放大病医疗救助 7.5 万元，切实为干部职工解决实际困难。大力推进廉政文化品牌创建，从严从实保稳定。秉承“严是爱，宽是害”的理念，压实“两个责任”，积极打造“二十四廉”廉政文化品牌内涵，维护了风清气正、积极向上的干事创业氛围。

（程　毅　陈玉洁）

地方税务

【概况】 2016 年县地税局内设 8 个科室、1 个事业单位，下设 2 个直属单位和 6 个基层中心所，至 2016 年底，在编在职干部职工 79 人。负责全县 8000 余户纳税人的税收征管工作。2016 年实现各项收入 59607 万元，同比减收 3589 万元，下降率 5.68%，扣除营业税后完成 39534 万元，同比增收 681 万元，增长 1.75%。圆满完成各项工作任务。

【税收征管】 **“营改增”过渡平稳**。开展“营改增”行业清理，拉网式开展房地产业、建筑业及重大建设项目专项清理，共清理各类欠税 8298.88 万元，其中营业税 4684.14 万元；做好试点纳税人认定和征管信息移交工作，顺利完成 1572 户“营改增”纳税人认定和无欠税移交。**所得税管理规范到位**。抽调业务骨干成立汇缴核查组对全县 82 户重点企业进行汇算清缴专项核查，实现税款 91.25 万元；开展年所得 12 万元以上纳税人自行申报工作，共完成申报 289 人次，申报应纳税额 932 万元，补交个人所得税 217 万元，圆满完成预定目标。**管理增收效果明显**。深化税收风险管理，先后核实 2015 年未处理风险任务 504 户项、市局推送风险疑点 195 户项、省局推送“营改增”行业风险疑点 86 户项，累计查补税款 2879.88 万元；纳税评估增收显著，先后开展了供电公司改制专项纳税评估、高风险重点税源企业专项评估、“营改增”行业企业专项纳税评估，累计评增税款 7530.9 万元；稽查威力逐步显现，2016 年，共组织发票专项检查 7 户和随机抽查重点税源企业 13 户，累计组织入库税款、罚款合计 107.19 万元。2016 年代收工会经费123.2万元，超额完成目标任务，获市地税局通报表扬。

【纳税服务】 全面优化落实服务机制。扎实落实首问责任制、一次性告知制、承诺服务制度、领导值班制度等工作制度和新版《纳税服务规范》，推行“免填单”服务，提高服务质效。设立国地税联合办税厅。坚持“统一标识、统一设施、统一窗口、统一设置”的标准，全面打造一体化联合办税服务大厅，7月1日，陈庄、盐窝2个联合办税服务厅正式启用，在全市率先实现全县域的“进一家门，办两家税”，极大限度的方便了该县纳税人。开展国地税联合纳税宣传。联合举行了“聚焦营改增试点、助力供给侧改革”主题新闻发布会、利津县“合力聚焦营改增、便民办税送春风”国地税局长与纳税人心连心在线访谈活动等宣传培训8次，培训980人次。

【助企与扶村】 严格落实税收优惠政策，2016年累计为企业减免税款8824万元。开展化工企业地税收入情况调研，全面分析81家企业税收情况，为化工企业“三评级一评价”工作的开展奠定了基础。加大精准扶贫帮扶力度，扎实做好下派帮扶工作，协调、筹集和争取政策资金166.37万元，帮助北宋镇南贾村修建办公楼和文化广场、建设低温蔬菜大棚、修建特色采摘园观光水泥路，受到群众一致好评。

【党建与队伍建设】 **深入开展“两学一做”学习教育**。以机关党支部为单位，每周五定期开展集中理论学习，并先后组织了争创“红旗党支部、党员先锋岗”、纪念建党95周年暨“两学一做”学习教育知识竞赛、“党员标兵”上党课等多样学习教育活动，取得了良好效果，走在全县和全系统前列。**推进“蓝桥”党建文化品牌落地**。出台对内、对外两个《行为规范》和《干部职工手册》，修订完善并印制了《制度规范》，并做好日常落实，把“蓝桥”品牌理念融入到日常税收业务工作，提升了品牌的渗透力和影响力。**强化“两个责任”落实**。层层签订廉政责任书，加强税收案件“一案双查”检查力度，全面防控廉政风险和执法风险。加强日常工作纪律的检查，依托利津地税廉政短信发布平台，把握重要时点，累计发布廉政提醒短信2000人次（条），开展“四风”“八项规定”、工作纪律等系统内专项明察暗访22次，营造了高效廉洁的工作氛围。

（李跃武　陈建梅）

金融保险

Banking and Insurance

金融工作

【概况】 2016年，面对错综复杂的经济形势，全县金融业持续健康发展，各项指标稳定增长，金融业整体实力和抗风险能力不断增强。截至2016年年底，全县各银行本外币各项存、贷款余额分别达到177亿元、153.2亿元，分别增长38.08%、1.34%；表外业务累计投放额和投放余额分别达到107.1亿元、60.3亿元，分别增长31.9%、73.3%。

【金融体系进一步完善】 积极招引金融机构入驻，青岛银行、恒丰银行、太平保险、天安寿险相继投入运营，农行、建行在城区增设了自助银行；舜丰村镇银行利津街道支行、凤凰城街道支行获批；天津银行、浦发银行等金融机构就来利津县设立分支机构达成初步意向。稳步推进金融工作创新，除广饶县（省试点县）外，利津县在全市率先完成农民专业合作社信用互助业务试点工作，并率先落实了对试点工作的财政奖补政策。截至2016年年底，全县共有银行业金融机构10家，保险公司17家，小额贷款公司3家，融资性担保公司3家，民间资本管理公司6家，民间借贷服务中心1家，资金互助合作社2家，信用互助业务试点合作社1家，投资咨询公司14家，初步形成了层次分明、门类齐全、功能完善的金融组织体系。

【信贷投放继续扩大】 引导各金融机构发挥投入主渠道作用，科学把握国家货币政策，积极跑上去争取信贷规模，千方百计增加信贷投放，贷款总量实现稳步增长。创新成立深化银企合作协会，每季度组织召开政银企座谈会、调度会，充分调动银行机构的积极性。各银行主动指导帮助贷款单位完善相关手续，整合抵押固定资产，提高贷款率和贷款规模，仅三和油脂抵押贷款增加2830万元；县金融办与建行合作开展“助保贷”业务，为企业争取贷款2500万元；与农行合作开展“融资增信”业务，为农业新型经营主体争取农业小额贷款4200万元；继续推动农商行开展主办银行制度，试点企业达到20余家。

【企业直接融资稳步推进】 中阳碳素公司成功登陆“新三板”市场，成为利津县首家在全国性股权交易市场挂牌的企业；企业与上海艺鼎基金、润谷东方国际投资公司等知名创投企业合作，9月3日在上海举办投资说明会和路演活动，通过定向增发、股权出售实现直接融资5000多万元。积极推荐柯林维尔争取省直投基金，预计可实现融资300万元。举办了推进企业挂牌上市培训班，召开了推进企业挂牌上市工作会议，制定印发推动规模以上企业到齐鲁股权交易中心挂牌的实施方案，细化各乡镇街道具体任务，推动优势企业到资本市场直接融资。利华益集团对下属公司进行股份制改造，为上市做了前期准备；康宝生化公司与长城证券签订创业板上市保荐协议；诚航新能源、三和油脂等企业进入“四板”市场运作阶段。

【金融环境持续优化】 2016年1月下旬，县政府发布《关于集中开展打击恶意逃废金融机构债务和打击非法追债专项行动的通告》，明确专项行动的打击重点、工作分工和惩治措施，并将《公告》张贴在各村、各企业公开栏，加大对恶意逃废金融机构债务等失信行为的惩戒力度。通过开展专项行动，有效杜绝了资金困难企业恶意逃废银行债务等现象发生，倒逼企业提升诚信意识和信用水平，增强渡过难关的信心和决心，同时又化解了担保圈内优质企业的资金风险，保障了金融机构的利益，营造了良好的金融生态环境。截至2016年年底，专项行动已追究3家企业法人代表刑事责任，先后对15人采取拘留等司法措施。该行动得到市委、市政府主要领导的肯定，做出批示要求各县区学习借鉴。11月8日，市委办公室、市政府办公室印发《东营市打击恶意逃废银行债务优化金融生态环境专项行动实施方案》，在全市推广利津县的做法。严厉打击非法集资、非法证券等非法金融活动，保障了金融市场秩序稳定。

2016 年 9 月 3 日，利津县中阳股份投资交流会在上海举办，县委书记杜振波（右）参加本次交流会

【企业资金风险防控】 协调、用好各类应急转贷资金，帮助困难企业渡过难关。妥善处置鑫岭化工、义辉化工、旭升植物蛋白、鸿升工贸等资金链断裂企业，全力挽回损失，减少社会影响，共协调金融机构与担保企业达成还款协议 27 笔，有效控制风险扩散。协调银行新增贷款 2000 万元，推动旭升植物蛋白实现资产重组；为企业协调转贷资金 4000 多万元，帮助担保企业重新启动了鑫岭化工，两家企业运行良好。完善地方金融组织信贷信息系统，防范企业过渡融资，提前预警风险企业，有效防范金融风险发生。

（刘坤堂　孙　青）

人民银行

【概况】 2016 年，人行利津县支行在市中支党委及县委、县政府的正确领导下，积极落实上级行工作会议精神，继续贯彻执行稳健的货币政策，强化法治思维，加强内控，强化管理，注重调查研究和监测分析，切实维护金融稳定，支行各项工作均有了新突破，推动了全县经济金融提质增效升级和持续健康发展。2016 年，全县各金融机构认真执行稳健的货币政策，金融运行平稳，本外币存款大幅增长，贷款小幅增长。

【支持利津经济】 **人民币各项存款大幅增长。** 一季度存款增幅较大，二季度总体增长，其中 5 月小幅下降。三季度人民币存款小幅增长。截至 2016 年底，人民币各项存款余额 1455696 万元，比上月增加 23658 万元，增长 1.65%，比年初增加 274795 万元，增长 23.27%，同比多增 153281 万元。**人民币各项贷款小幅增长。**2016 年人民币贷款变动幅度较大，一季度人民币贷款小幅增长，二季度总体增长，其中四五月份小幅下降，三季度小幅增长，其中 10 月份小幅下降，11 月小幅增长，截至 2016 年 12 月末，人民币各项贷款余额 1231253 万元，比上月减少 12023 万元，下降 0.97%，比年初增加 13084 万元，增长 1.07%，同比少增 215801 万元。**金融机构外币存款小幅增长、贷款与上月相比无变动。**截至 2016 年年底，外币各项存款余额 36113 万美元，比上月增加 368 万美元，增长 1.03%；外币各项贷款余额 2834 万美元，与上月相比无变动。**金融机构不良贷款率上升，利润减少。**截至 2016 年年底，全县金融机构不良贷款余额（含工商银行）17484 万元，不良贷款率 1.14%，比上月增长 0.8 个百分点，比年初减少 602 万元，下降 0.06 个百分点。实现利润 31775 万元，同比下降 10468 万元。

【农村金融服务】 2016 年，人行利津县支行紧紧围绕“精准扶贫、精准脱贫”的基本方略，扎实开展金融扶贫工作。1. 组织召开金融助推脱贫攻坚宣传工作会议，组织辖区 9 家银行业金融机构，在全县贫困人口最多的盐窝镇，开展了多项金融助推脱贫攻坚宣传活动，活动取得了良好的宣传效果。2. 督促金融机构认真做好旅游精准扶贫村融资需求对接工作。3. 为充分发挥金融助推脱贫攻坚主体作用，进一步丰富金融扶贫体系和优化支持模式，成功举办了全县2016年金融扶贫贷款授信签约仪式。4. 按照东银发〔2016〕103号《关于开展金融精准扶贫融资需求对接百日攻坚活动的通知》精神和要求，对融资需求对接工作进行了任务分配，并督促金融机构于11月底实现融资需求摸底对接全覆盖。扶贫贷款有力支持了贫困户自主创业、种养殖、消费等资金需求。

【贯彻落实稳健货币政策】 1. 紧密结合县域实际，引导辖内银行业金融机构用好用足政策，5月出台《关于认真贯彻稳健货币政策支持全县推进结构性改革和经济转型升级的意见》，积极引导辖内金融机构加大对全县重点项目和民生工程支持的力度，县域经济金融稳中有进。2. 积极搭建政银企协作平台，通过召开政银企座谈会及金融机构联席会议等途径，畅通政银企信息沟通与交流的渠道，打造良好的县域金融生态环境，为地方经济快速健康发展提供有力的金融支持。3. 紧扣县域经济特点，召开全县金融稳定座谈会，密切关注经济金融运行中的热点、难点和焦点问题，及时建议地方政府出台稳定金融秩序、打击恶意逃废金融债务的政策措施。4. 不断提高金融风险监测和预警处置水平，守牢不发生系统性、区域性金融风险的底线，切实维护了区域金融稳定。5. 深入推进“两综合、两管理”工作的落实，做好新设银行业机构加入人行金融管理与服务的综合评价系统。

【维护金融稳定】 **征信宣传进乡村。**组织全县9个银行业金融机构，深入乡村举行了征信集中宣传活动。宣传活动收到了良好的效果，为构建良好的农村信用环境、促进农村信用体系建设发挥了有效作用。**警银联合多维宣传设防线。**县支行联合公安局、银行业金融机构共60余人深入社区、集市开展了“打击防范经济犯罪”“远离非法集资，投资金边国债”“警惕洗钱陷阱，保护个人利益”等为主题的多维度宣传活动。**加强国库柜面监督，确保国库资金安全。**2016年国库人员深入强化柜面监督力度，积极守好国库资金安全第一道管卡，通过柜面监督，有效防范和化解国库资金风险。**加强与县检察院合作，共同防范金融违法案件。**与县检察院联合，共同制作了防范金融案件的专题片，并借助东营新闻综合频道、东营图文频道，在“东视财金”栏目进行了播放。与县检察院共同举办“利津县银行信贷业务行贿犯罪档案查询工作启动仪式”，为更好地惩治商业贿赂行为，遏制和预防职务犯罪，发挥行贿犯罪档案查询和失信惩戒和守信激励的功能。合作活动收到了良好的社会效果，对维护县域金融稳定起到了重要的作用。

【制度建设与管理】 根据履职要求，全面梳理、修订完善了内部管理制度，提高制度的可操作性，突出重点部门、风险岗位和关键环节，切实防范制度风险、业务风险和内控风险开展“制度执行力建设”活动，坚持按制度办事、靠制度管人，遵循决策服从制度、信任不忘制度、习惯让位制度、监管依靠制度，充分发挥制度的约束、规范作用。结合内设机构调整工作，加大提高干部职工的业务素质，加大教育培训，促进员工不断更新知识和观念，提高履职能力水平。

【调查研究】 2016年，人行利津县支行相继开展了利津县“互联网”行业调查、房地产信贷调查、石化企业生产经营情况调查、农民工进城购房金融服务情况的调查、过剩产能行业贷款情况调查、循环经济发展情况调查、金融支持农村“电商”情况调查、县域不良贷款持续上升的原因分析及建议、企业去杠杆情况调查、化工行业转型升级金融支持情况调查、民间投资调查、小微企业融资调查、金融支持实体经济调查、县支行货币信贷政策传导落实情况调查、分行金融工作座谈会议精神贯彻落实情况调查等15个调查并形成调查报告，上报2016年度重点研究课题1个，动态信息40多篇，发表市级以上文章16篇。

（薄立喜）

农业银行

【概况】 2016年年末，利津农行各项存款余额47.39亿元，较年初增加22.56亿元。各项贷款余额25.45亿元。实现利润8195万元。

【业务经营】 **法人客户营销维护和账户拓展**。2016年，全行三级核心法人客户存款金额较年初增加20.69亿元，占全行对公存款增量的99.38%。重点支持了利津石油化工厂260万吨/年重油加氢及油品质量升级项目，不断优化全行客户结构和信贷结构。全年累计发放项目贷款1个，金额6亿元。加强对财政局、国土局、建设局等重点机构类客户的营销与维护，密切关注同业竞争策略的变化，不断提供个性化综合服务，确保机构存款主份额地位。实施本外币一体化经营战略，国际业务实现稳健发展，全年完成国际结算量8.34亿美元，办理结售汇4.23亿美元，均居系统内第2位。**推动零售业务稳健发展**。1.扎实推进深化网点经营转型。制定激励措施补齐短板，立足“三提升”，进一步理顺大堂营销流程，做好客户建档、分类管理工作，对网点末端考核办法进行修订完善，多渠道多层次开展营销技能提升活动，实现网点营销能力再上新台阶。2016年，全行个人存款余额14.55亿元，较年初增加1.74亿元。2.狠抓客户精细化管理。按客户等级建立健全管理台账，根据“熟户认领、价值优先”原则，将贵宾客户全部分户到人，并严格落实“六个一”管户要求，客户价值贡献度显著提升。3.突出营销活动引领作用。以“春天行动”“激情仲夏”等活动为主线，先后举办“月赏中秋”和农银人寿贵宾尊享等尊享理财沙龙等活动，取得良好效果。金融IC卡较年初增加9977万张；个人电子银行有效客户新增281户；信用卡发展势头强劲，全年新增信用卡1712张，鲁通卡发行901张，有效收单商户新增45户，计划完成率居全市第一；累计销售对私理财产品42.6亿元，销售贵金属3245克，基金4273万元。**优化调整收入结构**。推动国际业务高效发展，累计实现国际结算业务量8.34亿美元，年度计划完成率947.25%，业务量居全市第二；结售汇4.23亿美元，年度计划完成率1209.09%，业务量居全市第二；累计开立国内信用证6.80亿元。实现个金中间业务收入311.1万元，同比增加12.81万元；实现电子银行收入232.31万元，同比增加12.81万元；信用卡业务收入178.1万元，同比减少128.8万元。**推动客户、产品、担保结构优化调整**。加快产品结构调整，结合年度授信合理调整客户用信结构，逐步降低流动资金贷款占比。截至2016年年底，全行短期流动资金贷款8.03亿元，占比42.78%，较年初下降13.35个百分点；贸易融资贷款余额2.74亿元，占比14.60%，较年初提高4.13个百分点；固定资产贷款余额8亿元，占比42.62%，较年初提高9.91个百分点。

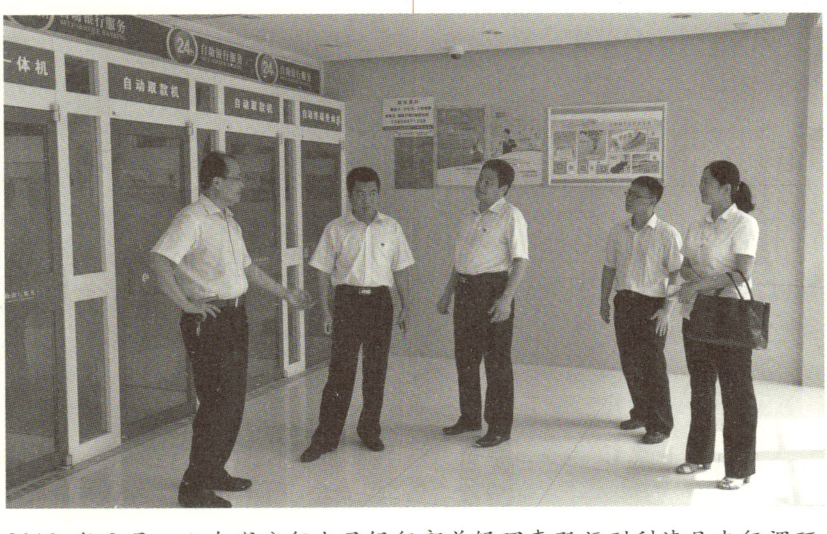

2016年8月，山东省分行电子银行部总经理李殿福到利津县支行调研

【服务三农】 **稳步推进城镇化建设项目**。加大对新农村社区建设、城中村改造及农民进城购买商品住房的支持力度。签约优质楼盘5个，发放个人住房贷款126笔，金额3747万元；发放“农民安家贷”96笔，金额2885万元。**助推农户贷款转型发展**。

组织对家庭农场、专业大户开展普查建档，新型农业主体贷款余额4255万元，较年初增加1450万元。积极推进“融资增信”业务，发放融资增信贷款75笔、2397万元。农户贷款抵质押占比71.2%，贷款结构明显优化。**推进惠农通工程建设**。积极探索实施施可丰模式“金穗惠农通”工程，加强与政府、施可丰公司的通力合作，加快推进施可丰“金穗惠农通”工程服务点。全市首家施可丰“金穗惠农通”服务点在汀罗镇隆重开业，全年成功建设4家施可丰“金穗惠农通”服务点。在全县建设金穗“惠农通”工程有效服务点达120个，共投放机具达470台，电子机具行政村覆盖率达到88%。

【“双基”管理】 **积极推进合规文化建设**。将加强员工思想教育作为强化内控管理、深化案件防控工作的基础性工程，持续开展“四无一创建”先进支行和“合规示范网点”创建活动和“六个一”合规文化专题活动，营造了自觉合规、主动案防的良好氛围。加强各条线员工内控制度学习，先后组织辖内新入行人员、新提拔人员和应补考人员共计32人参加省行组织的统一考试，合格率100%。进一步完善违规问题责任追究机制，全年共处理责任人57人次，其中警告2人次，经济处理11人次，通报批评44人次，形成“不敢违”的惩戒氛围。**持续夯实重点领域管理基础**。积极推进基础管理标准化建设，重点推进运营管理“三化三铁”、风险管理“三化三无”、安全保卫“三化三达标”等创建活动。落实“四项制度”，加强员工行为管理，对长期不出勤人员和涉诉人员进行重点排查，排查面达100%。全年没有发生案件和责任事故。注重将声誉风险防控和案件风险排查统筹推进，认真落实舆情监测和应对机制，负面舆情控制率达到100%。**切实增强信用风险防控能力**。加强对重点行业、企业风险排查，及时掌握客户用信情况、生产经营情况和融资担保情况，把严格准入、实时监测、动态管理、风险预防贯穿风险管理始终。强化不良贷款清收，采取挂包清收、责任清收和法律诉讼等方式，加大自营和委托不良清收力度。全年累计清收自营不良贷款730万元，清收委托贷款320万元。

（冯永波　崔吉皓）

农业发展银行

【概况】 农发行利津县支行秉承“至诚服务、有效发展、以人为本、构建和谐”的农发行核心价值理念，以支持服务县域“三农”经济发展为己任，突出支持新农村建设工作重点，树立了“中国农业发展银行，建设新农村的银行”良好社会形象。随着农发行改革发展的不断深入，坚持执行政府意志，主动提升站位，围绕利津县经济社会发展战略，服务“三农”需求，主动作为，大力拓展业务蓝海，不断提升金融服务能力，加大信贷投放力度。截至2016年年末，农发行利津支行贷款余额达到9.2亿元，较年初增加1.3亿元。重点支持了县域重点项目建设，持续支持县域农业龙头企业发展壮大，涉及农林牧副渔及相关产品的生产、加工、储备、流通，涉及农业产业化等行业。

【业务工作】 **储备粮油和国储棉异地监管**。严格落实国家政策，扎实做好粮油储备政策性业务工作，根据收储企业轮换、置换等管理要求，及时对2家政策指令性贷款企业发放贷款1904万元，始终保持储备粮油库贷无差额，有效履行了农业政策性银行的支农职能。充分认识做好国储棉异地监管工作的重要性，对四家承储企业：利津新洲物流有限公司、东营十方物流有限公司、山东博安仓储有限公司和东营博浩仓储有限公司，定期按时到国家储备棉代储库进行现场检查，保证抽查比例。截至2016年年底，四家承储企业国储棉24.9万吨，全年累计进行监管查库15次，查仓108个，共核实国储棉代储库存24.9万吨，核实国储棉数量占总库存量的100%，监管工作稳健有效。**助推县域经济发展**。主动开展工作，及时调整业务发展重心，重点支持县域项目建设。在与相关部门进行沟通协调基础上，根据县域内项目特点，合理谋划，重点布局，成立项目推进专项工作小组，加强项目前期运作中的参与力度。截至2016年年底，运作培育的9个中长期项目中，省行已完成批复项目3个，贷款额4.08亿元。已调查完成的项目2个，贷款额4.7亿元。完成重点基金项目贷款3个，金额1.31亿元。

（黄同兴　王　兴）

建设银行

【概况】 2016年，建行利津支行围绕县委、县政府中心工作，改进金融服务，加大信贷投入，优化信贷结构，全力支持全县重点项目建设。截至2016年年末，各项存款日均较年初新增20711万元，市行系统排名第一；各项贷款余额382149万元，较年初增长54407万元。2016年投放流动资金贷款18亿元，基本建设贷款5000万元，贴现6.1亿元。实现经营利润8488万元。

【企业贷款】 2016年，经总行同意批复，为利华益维远化工有限公司10万吨／年甲基丙烯酸甲酯项目新增贷款7亿元。全年累计为利华益集团发放12.4亿元流动资金贷款，主要用于炼化公司购买原油和三阳纺织购买原材料，支持企业扩大生产规模。累计办理利华益炼化有限公司、利津县广源沥青有限责任公司、山东津博化工有限公司提供5亿元国内保理业务。2016年利津建行在支持棚户区改造方面及时推出政府购买贷款业务，年内，与利津街道办事处、陈庄镇政府等乡镇棚户区改造、明集工业园基础设施建设等进行了项目对接，为全县基础设施建设提供信贷支持。

【个人信贷】 加快推进“个贷＋分期＋快贷”模式业务。2016年与县内房地产开发企业加强合作，已对7处新开楼盘进行信贷额度授信，个人商业住房贷款累计发放5300万元，住房公积金9100万元；准入财政代发客户群、利华益集团等重点客户群体快贷“白名单”，联动发展安居分期、购车分期和分期通业务，分期业务累计1600余万元，树立了“要买房、到建行”的品牌。

【客户服务】 **服务网点建设。**2016年，对凤凰广场分理处进行了搬迁装修，新网点空间和营业面积进一步扩大，网点功能和营业设施更加完善，有效改进了客户体验。在陈庄镇设立金融服务点，安排业务骨干定点服务，重点做好建行银行卡、个贷、分期、手机银行、企业网银、云闪付、龙支付等产品的推广应用，进一步延伸了网点服务触角。微信e审车项目上线运行。微信e审车项目上线运行后，实现了与利津县金源机动车检测公司和利津县安达机动车检测公司的合作，此项业务在东营地区银行业属首创，通过微信预约，为广大机动车车主提供了绿色通道。**与政府部门对接，服务全县经济。**与县人保局的在企业年金、学生社保卡、招考代收费等业务合作进一步深化，扩大了银行服务民生领域的业务范围；与县市场监管局的合作，双方签订“服务企业发展”战略合作协议，建立“企业E站通”平台，实现信息互通，借助互联网＋、大数据技术等，在服务企业注册登记、企业年报、特色金融及信用体系建设等方面开展联合创新，共同为企业提供高效的政务和精准的金融服务。

（寇海波）

农村商业银行

【概况】 截至2016年年末，山东利津农村商业银行股份有限公司注册资本2.3亿元人民币，辖12个职能部门、1家营业部、16家支行和5家分理处，员工276人，是全县营业网点和从业人员最多、服务范围最广、资金规模最大的综合性、多功能地方金融机构。全行各项存款余额50.51亿元，较年初增长7.24亿元，增长率16.73%；各项贷款余额37.94亿元，较年初增长4.87亿元，增长率14.73%，存贷款规模继续稳居全县各金融机构之首；年内累计发放各项贷款78.25亿元，其中涉农贷款77.58亿元，小微企业贷款51.78亿元，办理承兑12.35亿元，引入外县（区）资金为县域企业发放社团贷款7748万元，申请支农再贷款2亿元，上缴各类税金5213万元，为全县经济社会发展作出了突出的贡献。

2016年12月29日，省财政厅对全省2016年度454家山东地方金融企业绩效评价中，利津农商银行成功入围前35家AAA级地方金融企业。在全省农信系统参与评价的110家法人企业中排名第十位。还先后获得省联社先进基层党组织、东营市五四红旗团总支等荣誉称号。县委、县政府利委〔2016〕8号文件的形式，号召全县各级党组织向利津农商银行学习。

【服务县域经济】 推进新型信用工程建设。以“一十百千万工程”为重要抓手，绘制网格化地图，扎实开展摸底调查和信用工程建设，逐步完善以客户信用等级评定为依据的在授信额度、贷款期限、服务种类、适用利率、抵质押物等方面的差别化信贷扶持政策。截至2016年年末，共评定信用农户30593户，占评级农户的39.16%；评定信用乡镇8个，占比100%。加大对“三农”和中小微企业支持力度。顺应农业生产组织创新趋势，集中支持了一批发展前景好、带动效应强、见效时间快、还款意识强、集约程度高的新型农业生产经营主体。坚持不限贷、不压贷、不抽贷，深入推广“主办银行”制度，有效防范和化解过度担保、过度融资等问题，促进担保圈、担保链拆圈解链，分类施策，着力提升中小微企业需求满足度与贷款覆盖率，全力扶持企业发展。截至2016年年末，累计支持小微企业110多家，贷款余额25.11亿元，占全部贷款的66.17%。

【信贷业务】 1.推广“家庭银行”商业模式。创新产品和服务，推出“鑫薪贷”“鑫居贷”“鑫业贷”“鑫家庭”等7款信贷产品，满足客户多样化的信贷需求，并为客户提供贷款融资、存款理财、支付结算、便民金融及增值延伸服务等一揽子服务。2.简化办贷程序，提升办贷效率。推进“阳光信贷承诺”全覆盖，切实缓解企业资金周转压力，防止企业高息融资倒贷款而引发贷款风险，节省客户信贷成本，帮助辖内企业、个体工商户度过难关。3.“一户一策”，分类处置。农商行主动作为，积极探索，结合具体实际创新运用主办银行制度，将某个单纯由于缺钱而面临破产的企业，先后实施经营隔离、重组债务、中介监管等措施，扶持企业进入正常运营状态，有效避免了区域性金融风险的发生。

【普惠金融建设】 1.强化网点装修改造和流程再造，持续开展规范化服务导入，着力建设一流的员工队伍，着力提供“接地气”的贴心服务，着力打造精品网点、标杆银行，为客户营造舒适的服务环境。在店子村增设一处金融自助服务点，让社区居民足不出村就可以享受到全方位的金融服务。2.发挥资金优势，主动融入到扶贫工作中，积极履行社会责任；积极协调有关部门，全面代理社保卡、工会惠员卡发卡、城乡居民保险及取暖费代收等工作；正式上线运行智e购商城“凤凰馆”，着力打造线上线下综合金融服务平台。3.在满足“三农”信贷需求的同时，把优化支付环境作为支农惠农的重要措施来抓，构建起了“物理网点＋自助银行＋电子银行＋社区银行”模式的多层次、广覆盖的支付结算服务网络。在城

2016年9月9日，利津农商行“家庭银行”商业模式正式启动

区加大自助设备、银联POS等机具布放力度，在农村着力加强农金通、新型助农EPOS等服务点建设，积极倡导并推广便捷高效的支付结算手段。截至2016年年末，新增ATM 9台，总数达55台；新增银联POS机具284台，总数达1112台；新增电子银行客户1.02万户，总数达3.84万户，累计办理账务性交易48.07万笔，交易金额581.50亿元。

（岳明军　崔志远）

工商银行

【概况】 中国工商银行股份有限公司利津支行经过四年的经营建设，2016年年末有员工10人，其中大学本科以上学历8人。利津支行作为中国工商银行东营分行在利津县内设立的二级支行，能够提供本外币存贷款、结算、银行卡、电子银行、理财产品、贸易融资等各项金融服务。结合区域经济发展和居民生活需求，不断创新服务模式，拓宽服务领域，为广大企事业单位、居民个人提供综合性、个性化的金融服务。

【业务发展】 截至2016年年底，利津工行已开通同城票据交换，财政集中支付，上门收款等多项业务。个人客户总量已达2万户，储蓄存款1.6亿元；对公客户210户，对公存款4.7亿元。各项业务发展势头良好，前景广阔。随着网络传媒的快速推广应

2016年7月6日，利津工行员工观看总行晨会直通车

用，利津工行大力发展电子银行业务，工行电子银行功能强大、产品覆盖面广、操作简便、使用安全、费率优惠等优势，为客户带来了实惠和方便。

【内控管理】 1.强化履职，切实抓好廉政案防责任制的落实。廉政案件防范责任制是利津工行党风廉政建设和案件防范工作的基本制度。2.深化教育，努力营造内控案防浓厚氛围。内控案防，教育先行。教育是解决思想和信念问题的主要方式，是加强道德管理的重要手段，是建设先进廉政案防文化的必然要求。加强对全行干部员工的警示教育，不断创新教育形式，提高教育效果，形成强大的案防氛围和舆论压力。3.多措并举，全面深化员工思想行为动态管理，认真做好员工思想行为动态分析排查，及时有效地预防和化解一些严重违规问题的发生。

【企业文化建设】 利津工行秉承工行使命，致力于为客户提供卓越金融服务：服务客户、回报股东、成就员工、奉献社会。力争建设最盈利、最优秀、最受人民信赖的一流现代金融企业。该行自成立以来，一直把服务放在第一位，“客户是立行之本，服务是立本之源”“想客户之所想，急客户之所急，始终把客户放在第一位”是该行一直坚持的服务理念。

（曹秀山　赵玉青）

东营银行

【概况】 截至2016年年底，东营银行利津支行各项存款余额180058万元，较年初增加28148万元。其中储蓄存款余额94510万元，较年初增加31431万元，对公存款余额85548万元。贷款余额112863万元；实现中间业务收入538万元，国际业务结算量22129万美元，实现利润

4719万元。2016年，支行信贷业务风险控制良好，支行安全稳健运营，全年不良贷款余额及占比为零。

【业务工作】 **储蓄方面**。在总行零售转型工作的整体安排下，2016年持续开展“网点服务营销效能提升活动”。通过效能提升活动，利津支行与陈庄支行两个营业网点在改善服务环境、规范服务标准、提高营销技能、提升团队士气等多方面达到了预期效果，整体服务水平提升显著，柜面主动营销意识与能力得到加强。**贷款方面**。以风险防控为主线，提高风险管理能力，信贷结构和质量明显提升。2016年全行累计投放贷款103141万元，累计签发银行承兑汇票102000万元，累计签发商业承兑汇票39000万元。特别是国际业务方面继续积极探索，国际业务结算量22129万美元，实现利润4719万元。推动县域经济，支持农村企业和农民创业。积极开展涉农贷款，被评为2016年度普惠金融示范单位。截至2016年12月，涉农贷款余额112239.82万元。

【党建与精神文明建设】 重视党风建设，深入贯彻和发扬“两学一做”会议精神。东营银行利津支行党支部贯彻落实《关于在全行党员中开展“学党章党规学系列讲话做合格党员”学习教育实施方案》，不断提高自身综合素养和服务水平。坚持精神文明建设不松懈，2016年利津支行先后被授予2016年度“市级精神文明单位”的光荣称号和东营市文明服务百优银行服务网点。全行全年高度重视精神文明建设，开展制度学习、拓展活动，提高全员自身素质，开创东营银行新局面，实现新跨越。

（冯　锐）

青岛银行

【概况】 青岛银行东营分行作为首家注入东营的异地城市商业银行，通过创新融资模式、拓展服务渠道、优化业务结构、强化风险管控水平，入驻以来持续快速健康发展。青岛银行利津支行总营业面积940平方米，员工19人。2015年12月9日获批筹建，2016年4月19日取得金融许可证和营业执照。

【业务开展】 全员营销，业务量持续增长。支行开业之初即发动全员营销，全支行上下充分利用当地关系，扩大业务市场。截至2016年年底，利津支行共有存款2.59亿元，贷款总额2.08亿元

【参与社会公益事业】 门球比赛成功举办。6月11日，“青岛银行杯”利津县首届门球比赛在利津县门球场举行。经过两天的激烈角逐，首届门球比赛圆满结束。比赛由县门球协会与青岛银行东营利津支行联合承办，共吸引了来自各乡镇、街道、机关单位的20支代表队、150多名老年人参加，有退休老干部、老职工和老农民，他们的平均年龄在60岁左右，年龄最大的逾80岁。开展体验式参观活动。为让小朋友们开阔视野，丰富银行知识，11月4日上午，青岛银行东营利津支行邀请蒙特梭利幼儿园小朋友走进营业大厅，开展体验式参观活动。冬至包饺子活动。12月21冬至晚，利津支行工会组织全体员工在食堂进行了冬

2016年5月18日，青岛银行东营利津支行正式开业

至包饺子活动，在这个冬日为大家送去温暖。

（吕彰心）

邮储银行

【概　况】 成立于2008年2月的中国邮政储蓄银行利津县支行是在改革邮政储蓄管理体制基础上组建的大型零售商业银行。截至2016年12月底，邮储银行利津支行内设综合管理部、综合业务部两个部门，下设营业部、津二路支行和北岭支行三个支行，共有员工64人。2016年，全行各项存款结余8.68亿元，投放各类贷款24.89亿元，其中为利华益新增授信额度达到15亿元，新增放款6.6亿元，开立信用证2亿元，支持利华益产业结构升级。2016年共计发放创业担保贷款1.33亿元，为1327名创业人员提供了贷款资金支持，为推动利津经济发展、维护社会稳定和谐做出了积极贡献。2016年，邮储银行利津县支行继续保持市级“精神文明单位”荣誉称号，被邮储银行山东省分行授予“2016年度信用卡业务发展优秀支行”荣誉称号。

【网点设置与业务】 邮储银行在利津县城共设2个网点，在北岭设一个网点。利津县支行营业部作为全功能网点，包含个人金融业务、公司业务、商务贷款、消费贷款及小企业贷款等各项业务，津二路支行、北岭支行作为多功能网点，能够满足客户存款、小额贷款、理财、国债等业务需求，为全县广大居民提供了便捷的金融服务。

【信贷业务】 邮储银行市场定位重点在服务三农、服务工商企业和小企业，加强与重点企业、重点项目的沟通，在广大农村积极推进小额贷款服务，实现了小额贷款在全县所有乡镇的全覆盖。截至2016年年底，累计为1447户农户、商户提供1.47亿元信贷资金支持，增加农村资金供给，改善农村金融服务、解决农民贷款难问题，巩固小额贷款业务战略性地位。加大中小企业支持力度，积极开展与政府中小企业主管部门、工商行政管理部门和个体私营企业协会的合作，搭建银行与个体私营企业间的合作机制，为实现双方互利共赢创造条件。2016年，共发放中小企业贷款3500万元。

【团队建设】 邮储银行利津支行以“二十一条”严禁、“六条红线”为标准，各岗位人员切实履行岗位职责，提升员工合规意识，推进该行合规管理；定期开展各营业网点、办公楼消防安全、案件防范、资金管理等检查工作。全年共组织4次防抢劫、4次防暴恐和4次防火灾应急演练。在技防上，加大资金投入；在人防上，强化安全教育，提高人员安防意识，做到技防和人防的有效结合，确保安全经营。

（郭玉华　张　帆）

舜丰村镇银行

【概况】 利津舜丰村镇银行是经中国银监会批准，由经济发达的山东半岛地区国有控股的诸城农商银行主发起设立的股份制商业银行，主要为利津农民、农业和农村经济发展提供金融服务的新型农村金融机构。舜丰村镇银行作为利津人民自己的银行，按照“立足本地、面向三农”的经营方针，坚持“自主经营、自我约束、自我发展、自担风险”的经营原则，更好地为“三农”经济和中小企业提供安全、快捷、高效的金融服务，最大程度惠农惠民，为利津经济社会的发展增添了一道亮丽的风景线。舜丰村镇银行依托当地经济发展优势，坚持科学发展和稳健经营的原则，加快建立现代金融企业制度，不断强化内部管理，提高金融服务水平，为当地经济的发展做出应有贡献。以服务三农为根本，以繁荣城乡经济为己任，加大风险控制力度，不断丰富业务品种，完善服务功能，拓宽服务领域，加快创新步伐，以百倍的信心，不懈的努力，将利津舜丰村镇银行打造成管理规范、服务完善、功能齐全、信誉卓著的现代化商业银行。

【拓展业务】 各员工利用利津舜丰村镇银行银行卡的优惠费率政策，积极拓展代发工资业务。积极同各政府部门单位接头挂钩，截至2016年年底共有

2016 年 9 月 10 日，舜丰银行系统第二届业务技术比赛，利津舜丰村镇银行蝉联冠军

5 家卫生院在利津舜丰村镇银行开立了代发工资业务，总计 400 余事业单位员工享有了利津舜丰村镇银行的银行卡金融服务。利津舜丰村镇银行抓住政府补发征地款的有利时机，共争取到了东魏、新村、鲍王庄等十几个行政村的征地款发放工作。争取到县人社局创业补贴 1100 余户，共计 450 余万，进一步拓宽了利津舜丰村镇银行的市场占有份额，为利津县人民群众带来更好的金融服务体验。针对当前非法集资活动较多，且形式越来越隐蔽、越来越不易被察觉的情况，利津舜丰村镇银行以服务三农为立足点，以提高村民防范意识为出发点，以播放影片、宣传视频等村中群众喜闻乐见的方式为手段，将自身业务融入到宣传中。积极拓展利津舜丰村镇银行各项业务，将金融服务送入村民家中。

【惠民活动】 利津舜丰村镇银行积极响应全县大力支持群众体育健身，积极发展文化娱乐活动的号召，2016 年度隆重举办“舜丰杯”第三届门球比赛。比赛过程中，各位老领导、老同志团结协作、拼搏进取，克服困难，互相学习，切磋球技，达到了锻炼身体增进友谊的目的。为进一步宣传反假货币知识，提高广大群众的假币鉴别能力和反假货币意识，保障金融消费者权益，有力打击假币犯罪活动，维护社会经济稳定，利津舜丰村镇银行于 2016 年 9 月集中开展反假货币宣传活动。为发扬助人为乐，关爱老人的传统美德，响应社会主义核心价值观构建和谐社会的号召。2016 年 12 月 5 日，利津舜丰村镇银行青年志愿服务队在第 31 个国际志愿者日走进“利津县老年公寓”开展志愿服务活动。

（刘卫平　王晓洁）

人寿保险

【概况】 中国人寿保险股份有限公司利津县支公司内设个险销售部、团险销售部、银保销售部、办公室、客户服务部五个部室；下设陈庄、盐窝、北宋三个营销服务部。2016 年年底，有职工 29 人，社会招聘代理销售人员(架构人力)440 人。2016 年，共完成保费收入 7566.88 万元，其中：长险首年保费 2613.74 万元，首年标准保费 660.14 万元；长险首年期交保费收入 1486.12 万元；5 年期及以上期交首年保费收入 1296.25 万元；10 年期及以上期交首年保费收入 818.63 万元；短险保费 649.01 万元。

【经营范围与险种】 2016 年，利津人寿保险公司经营的险种有：人寿保险、意外伤害保险、健康保险等各类人身保险业务；人身保险的再保险业务；各类人身保险服务、咨询和代理业务；国家保险监督管理部门批准的其他业务。

【业务开展】 2016 年，利津公司借助三个平台实现保费稳步上量，业务可持续新增。全面超额达成各项业务预算指标。2016 年是职场建设年，职场建设关键落实在功能组建设，增强业务伙伴自主经营能力。实现持证人力扩量，牢牢占据市场主导地位。以“幸福利津”为文化指引，增强员工幸福感，推行专心工作、幸福生活理念，在工作之余，以团康活动凝聚士气、增强干劲，推进更加科学的绩效制度，让内管人员人尽其才，收获快乐。

【理赔情况】 2016年共缮制各类赔案1780起，支付各类赔款438.86万元，支付满期保险金2966.98万元。真正体现中国人寿“把爱心送给每一个人、把真情送给每一个人”的服务理念。

（李　芳）

财产保险

【概况】 截至2016年年底，中国人民财产保险股份有限公司利津支公司实现保费收入6780.35万元，比上年同期增长311.1万元，增幅4.8%；支付赔款4391万元，比上年同期增加976万元，增幅28.58%。缴纳营业税金及附加386万元，代收代缴税款707万元，共计1093万元。

【服务“三农”】 积极开展农业保险，拓宽农村市场，树立一切为“三农”服务，服务“三农”的思想。在300个村设立了保险服务点，有协保员300多名。结合利津实际，在10个村的超市、卫生所设立了新的保险服务点。在陈庄镇、北宋镇、盐窝镇分别设立了“三农”保险服务部，基本覆盖了所有农村区域，实现产能1041万元。得到了县政府的认可。

【业务发展】 坚持以车险业务发展为中心，同时大力发展非车险业务，在责任险、意外险、健康险领域都有新的突破。在市场竞争激烈的环境下，公司的车险业务依然保持稳步向上的尽头。同时公司制定详细的非车险发展计划，加强管理，开拓渠道，全面推进非车险业务的快速发展。

（崔玲波　王玉芹）

教育 体育 科技

Education,Sport,Science and Technology

教 育

【概况】 全县共有各级各类学校、幼儿园77所，其中，幼儿园45所，小学16所，初中13所（其中九年一贯制学校8所），普通高中学校2所，职业中专学校1所。学前三年入园率保持在98.3%以上，小学入学率、在校生巩固率均为100%，初中入学率为100%，在校生巩固率达到99.8%以上，高中阶段普及率为99.6%。全县现有省级十佳幼儿园2处，省级实验、示范幼儿园11处，市级教育现代化幼儿园15处，省级规范化学校4处，省级教学示范学校6处，省级重点职业学校1处，市级规范化学校26处，市级现代化学校13处。近年来，全县有4人获“全国优秀教师”称号，4人被评为省教学能手，68人被评为市教学能手，3人被评为东营市特级教师，5人被评为市名校长，9人被评为市名师，44人被评为市优秀班主任，23人被评为市学科带头人，2人分获省优质课一、二等奖。2016年11月，利津县顺利通过义务教育发展基本均衡县国家验收。

【学前教育】 学前教育稳定健康发展，全县共有幼儿园46处，其中公办幼儿园39处，民办幼儿园7处。有省十佳幼儿园2处，省级示范性幼儿园11处，市级三类以上幼儿园37处。全县3—5岁在园幼儿6067人，学前三年入园率达98.6%。

【义务教育】 基础教育质量进一步提升，全年小学招生2007人，在校生9671人，小学适龄儿童入学率达100%，初中招生3125人，在校生11261人，入学率保持100%，初中、小学在校生巩固率均达到100%，残疾适龄儿童入学率达96.2%；有省级规范化学校4处，市级规范化学校29处。（参见《2016年全县初中、小学、幼儿园基本情况表》）

【普通高中教育】 普通高中教育在特色加特长发展上迈出新步伐，2016年，全县共招收普通高中学生2240人，其中一中1320人、二中920人；2016年高考利津县获全面丰收，全县文化课一本上线465人，比去年增加81人，增幅21.1%；本科上线总数1669人，比去年增加132人，增幅8.6%。3人超北大、清华录取线。

【职业教育】 县职业中专2016年的春季高考再创佳绩，本科上线233人，比去年增长12%，本科录取231人，本科录取率40.81%，高出全省28.6个百分点（全省12.21%）；化工、财经、护理、机械4个专业有6名学生获得全省前十名，其中，机械专业付更新同学取得了全省第一名的好成绩。2016年共有848名同学顺利毕业，其中490名同学升入高等院校继续深造。（参见《2016年普通高中、职业学校基本情况表》）

2016年全县普通高中、职业中专基本情况统计表

表1

单位		学校处数	教学班数	学生总数	在岗教职工人数							内退人员		落聘	教职工总数
					合计	专任教师			职工						
						计	干部	工人	计	干部	工人	干部	工人	干部	
普通高中	合计	2	124	6300	596	524	524	0	0	72	57	15	0	0	596
	一中	1	74	3710	338	273	273			65	55	10			338
	二中	1	50	2590	258	251	251			7	2	5			258
职业中专		1	49	2646	150	124	124			26	22	4			150
总计		3	173	8946	746	648	648	0	0	98	79	19	0	0	746

统计截至：2016.12.31

高师生安全意识。加强校园综治工作，结合“护校安园”专项行动，健全组织领导机构，严格落实领导带班和封闭管理制度，增强校园安全防范能力。加强校园“三防”设施建设，投资22.61万元安装校园一键报警设备，按照在校生人数为各学校配备1—2名专兼职安保主任，为学校安保人员配齐配全各类防卫器械，切实提高应急反应能力。

【党风行风建设】 加强教育系统党风、行风建设，优化教育发展环境。以“两学一做”学习教育为契机，不断加强教育系统党风、行风建设，打造风清气正的教育发展环境。1．扎实开展“两学一做”学习教育。制定学习教育实施方案，先后组织了党员组织关系集中排查、“勇于担当，敢于作为”大讨论、“五大发展理念”集中研讨、基层党组织按期换届情况专项检查、党员先锋岗创建、党章党规书法大赛、庆祝建党95周年暨“两学一做”学习教育演讲比赛等活动，扎实推进“红色教育引擎”示范工程，评选党员标兵95人，2名教师获县“十佳道德模范”称号。2．建立健全党建工作目标责任制。组织召开教育系统党风廉政建设和教育行风建设工作会议，层层签订责任状和承诺书，层层压实责任的党建工作格局。按时上廉政党课，加强警示教育，提高党员干部的廉洁勤政意识和党纪国法红线意识，做到警钟长鸣，时刻绷紧廉政这根弦。3．严肃党内政治生活。建立完善了《中共利津县委教育工作委员会工作规则》等12项制度，坚持“三会一课”制度，坚持定期学习研究制度，班子成员联系学校、定期调研制度，坚持民主生活会和组织生活会制度，坚持民主集中制，制定谈心谈话制度。4．严格落实中央“八项规定”精神，弛而不息纠正“四风”。坚持把立德摆在首要位置，弘扬社会主义核心价值观，弘扬中华传统美德，落实《中国共产党廉洁自律准则》，始终把纪律和规矩挺在前面；针对违规办班办学行为，制定具体管理规定和行为准则，公布举报电话，畅通监督渠道，对学校违规收费、学生课业负担过重、教师有偿家教等问题进行专项治理。5．加强学校财务管理和内部审计工作。截至2016年年底，共完成审计项目57个，其中经济责任审计项目49个，任中审计项目8个。

【教育重点工程】 抓好教育重点工程，改善办学条件。抓住全省“全面改薄”和解决城镇中小学大班额问题的契机，以项目建设为抓手，持续改善全县中小学、幼儿园办学条件。实施高中段学校建设工程，二中新建工程完成了初步方案规划设计，职业中专迁建工程初步确定选址方案。实施农村薄弱学校改造工程，盐窝镇中心小学教学楼完工投入使用，食宿楼工程及陈庄镇中学、付窝小学工程由于手续办理周期长尚未开工。实施信息化教学设备改造提升工程，投资330万元，更新多媒体设备129套，配备校园自动录播设备5套，建设教育管理平台，进一步提升教育信息化水平。改善职业教育实训条件，投入专项资金369万元，购置专业实训设备，装备重点实训室，提升职业教育办学水平。实施“校园绿化”工程，各学校、幼儿园共绿化草皮74.34亩，植树25767株。推进城乡幼

2016年利津县中小学生体育联赛排球比赛

儿园标准化建设，完成5处幼儿园新建及改扩建工程，全县各级各类幼儿园设施配备共计投入765万元。

（宋　敏　吕忠咏）

体　育

【概况】2016年，利津县体育局认真贯彻落实《全民健身条例》《全民健身实施计划（2016—2020年）》，团结带领广大体育工作者，创造性地开展工作，在群众体育、竞技体育、学校体育、体育队伍、体育彩票等方面都有了较大进展，全县体育事业呈现出蓬勃向上的发展局面。2016年，县体育局被山东省体育局授予"山东省公共室外健身器材管理维护工作示范单位""山东省第六届全民健身运动会先进单位"荣誉称号。

【群众体育】体育局先后举办了"庆三八暨徒步黄河岸巾帼展风采"健步行活动、山东省第八届"千乡乒乓球"利津赛区预赛暨利津县第七届全民健身运动会乒乓球比赛和田径比赛、黄河口（东营）国际马拉松热身赛暨利津县长跑比赛、"五月全民健身月"启动仪式、利津县第七届全民健身运动会羽毛球比赛、利津县第七届全民健身运动钓鱼比赛、山东省第八届"万人象棋"利津赛区预赛暨利津县第七届全民健身运动象棋比赛、"全民健身日"大型自行车健身骑活动、山东省第八届"百县篮球"利津赛区预赛暨利津县第二届篮球俱乐部联赛、利津县第七届全民健身运动足球、轮滑和篮球比赛。成功承办了东营市第六届全民健身运动会大众广场操（舞）比赛。组织300人参加了2016年黄河口（东营）国际马拉松比赛。组队参加省、市群众体育活动19次，共获得一等奖2个、二等奖4个、三等奖6个。

【竞技体育】组织举办利津县中小学生体育联赛（田径、足球、排球、乒乓球、羽毛球和篮球项目）。组队参加了2016年东营市青少年各项比赛，其中乒乓球比赛获5个小组团体第3名、2个小组团体第4名；田径比赛获甲组第3名、乙组第1名、丙组第4名；篮球比赛获男子甲组第4名、女子甲组第1名；足球比赛获第3名；排球比赛获第3名。组队参加了2016年"中国体育彩票杯"山东省乒乓球锦标赛（乙组），获女乙B组女子团体第2名、女乙C组女子团体第3名。组队参加了2016年"中国体育彩票"杯东营市青少年篮球冠军赛，获得女子甲组第1名、男子甲组第4名。组队参加了2016年"中国体育彩票"杯东营市青少年足球冠军赛，获得女子甲组第3名。组队参加了2016年东营市青少年排球冠军赛，获得女子乙组第3名。利津队员尚玮获2016年全国青年跆拳道锦标赛亚军。（参见《2016年利津县参加省、市体育比赛成绩一览表》《2016年利津县组织体育比赛情况一览表》《2016年利津县学生田径比赛最高纪录一览表》）

【健身设施建设】不断完善公共体育设施建设，根据《全民健身条例》《全民健身实施计划（2016—2020年）》要求，制定《利津县全民健身实施计划（2016—2020年）》，完成了《"十三五"利津县公共体育设施布点规划》，全县体育设施布局更加完善、合理，形成竞技体育与全民健身相结合的公共体育设施体系。制定《利津县室外健身器材维护管理暂行办法》，完成全县所有室外健身器材的巡查维护，全年更新、配置健身器材813件。城区新增体育用地1.26万平方米，乡镇（街道）、社区、行政村新增和改造健身场地约3万平方米，极大改善了全民健身的需求。

【学校体育】县教育局加强对学校体育工作的考核力度，把保证中小学生每天一小时校园体育活动作为教育综合督导、体育专项督导、学校办学水平评估和年度考核的重要指标，定期、不定期地进行督导、检查、考核。全县各学校不断加强和改进学校体育教育工作，大力开展阳光体育运动，坚持"大课间活动"制度，认真组织学生做好阳光跑步、广播体操、眼保健操、校编操等体育活动，保证学生每天一小时的校园体育活动质量，促使每个学生至少掌握两项体育运动技能。2016年，陈庄镇中心学校通过了市级训练基地验收，县第一实验学校、县第二实验学校、盐窝镇中学、北宋实验学校共四所学校获市级训练点，全县命名体育特色项目运动队42处，向市体校输送学生7人。

【体育队伍】 在体育队伍建设上，积极发挥社团组织在体育活动中的作用。1.加强社会组织建设。成立了利津县体育总会，新增羽毛球、自行车、太极拳、门球、武术、轮滑和攀岩7个县级单项协会，全县单项协会达到24个，全县受市级命名的健身站点146个，批备县级健身站点260个，进一步健全了全民健身组织网络。2.加大对社会体育指导员的培训力度。举办了全县三级社会体育指导员培训班，培训三级社会体育指导员70名，并选派20余人参加了市级以上组织的社会体育指导员培训。3.积极开展国民体质监测活动。根据市体育局关于国民体质监测工作要求，制定了科学、严谨的体质监测工作方案，对全县600余人进行了体质监测。

【体育彩票】 利津县体彩办抢抓机遇，继续加大体彩、足彩的宣传、营销力度，不断完善管理、培训机制，努力提高服务意识，不断开拓利津体彩市场，全县体彩投注站点30家，2016年度体彩销售3135.8万元，完成全年基本任务的190.0%、目标销售任务的156.7%。

（裴曰翠）

2016年利津县参加省、市体育比赛成绩一览表

表3

时间	地点	运动会名称	获得名次
2016年3月15日－18日	济南市	2016年全省老年人象棋、围棋比赛	优秀奖
2016年3月19日—22日	广饶县	2016年东营市青少年乒乓球比赛	团体总分第五名
2016年3月24日—28日	东营市	2016年东营市青少年足球比赛	女子甲组第四名
2016年4月8日—13日	垦利县全民健身中心	2016年东营市青少年篮球比赛	男子甲组第四名 女子甲组第一名
2016年4月13日	广饶县	2016年东营市老年人健身气功表演赛	团体第二名
2016年4月15日—17日	东营市体校	2016年东营市青少年田径比赛	甲组第三名　乙组第一名　丙组第四名
2016年4月15日—17日	广饶县	2016年东营市青少年排球比赛	女子乙组第三名 男子乙组第五名
2016年5月8日	东营市	2016黄河口（东营）国际马拉松比赛	
2016年5月12日－14日	济南市	2016年社会体育指导员技能展示大赛	个人一等奖； 团体二等奖
2016年5月15日	山东威海	2016年“中国体育彩票杯”山东省乒乓球锦标赛（乙组）	乙B组女团第二名 乙C组女团第三名
2016年5月16日－19日	济南市	山东省第六届全民健身运动会门球比赛	优秀奖
2016年5月19日－22日	济南市	2016年济南市“门球冠军杯”邀请赛	第三名

续表

时间	地点	运动会名称	获得名次
2016年5月30日-6月1日	枣庄市	“中国体育彩票”山东省第六届全民健身运动会健身秧歌比赛	优胜奖
2016年7月14日—15日	广饶县	2016年东营市青少年羽毛比赛	
2016年7月14日—15日	东营区	2016年东营市青少年游泳比赛	
2016年7月15日	东营区	“中国体育彩票”东营市第六届全民健身运动会健身秧歌比赛	二等奖
2016年7月22日	垦利县	“中国体育彩票”东营市第六届全民健身运动会千人太极比赛	体育道德风尚奖
2016年7月26日	广饶县	“中国体育彩票”东营市第六届全民健身运动会健身气功比赛	易筋经、八段锦团体二等奖
2016年7月22日-29日	垦利县	2016年东营·垦利“福特”杯男子篮球争霸赛	体育道德风尚奖
2016年7月29日	垦利县	“中国体育彩票”东营市第六届全民健身运动会千人骑行活动	优秀奖
2016年8月2日-8月8日	济南市	山东省第十三届中学生运动会暨2016年山东省“中国体育彩票杯”大中小学生体育联赛篮球比赛	
2016年8月8日	东营区	“中国体育彩票”东营市第六届全民健身运动会网球比赛	二等奖
2016年8月12日	东营市	东营市第六届全民健身运动会“日昇昌杯”健美操比赛	团体第二名
2016年8月13日	利津县	东营市第六届全民健身运动会大众广场操（舞）比赛	优胜奖
2016年8月19日	广饶县	“中国体育彩票”东营市第八届千乡乒乓球比赛	男子团体三等奖 女子团体三等奖
2016年8月20日	东营市	东营市第六届全民健身运动会轮滑比赛	团体第二名
2016年8月20日	东营市	“中国体育彩票”东营市第八届百县篮球比赛	团体三等奖 体育道德风尚奖
2016年8月25日	东营市	2016年东营市中老年人创新项目展演交流活动	最佳编排奖和最佳创新奖
2016年8月27日	东营区	“中国体育彩票”东营市第八届万人象棋比赛	团体三等奖
2016年8月30日	东营市	“中国体育彩票杯”东营市第六届全民健身运动会围棋比赛	二等奖
2016年9月3日	利津县	东营市第六届全民健身运动会健身球操比赛	优胜奖
2016年9月6日	河口区	“中国体育彩票杯”东营市第六届全民健身运动会千人健步走比赛	优秀奖
2016年9月9日	东营市日昇健身有限公司	2016年喜迎“九九老人节”山东省老年人健身项目展示活动	第三名

续表

时间	地点	运动会名称	获得名次
2016 年 9 月 19—21 日	利津县	2016 年东营市老年人门球比赛	团体第一名
2016 年 9 月 20 日	东营市	山东省首届广场健身舞大赛东营海选赛	利津县凤凰社区代表队获团体第二名；利津县北园社区代表队获得团体第三名
2016 年 10 月 14—17 日	文登区	2016 年“德丰利达杯”中国门球冠军赛分赛区（山东站）暨山东省第四届女子门球比赛	第二名
2016 年 10 月 19 日	烟台市	2016 年山东省老年人柔力球比赛	优秀奖
2016 年 10 月 27 日—30 日	垦利县	“中国体育彩票杯”2016 年东营市青少年篮球冠军赛	男子甲组第四名 女子甲组第一名
2016 年 10 月 28 日—30 日	广饶县	“中国体育彩票杯”2016 年东营市青少年排球冠军赛	女子乙组第三名
2016 年 10 月 28 日—30 日	东营区	“中国体育彩票杯”2016 年东营市青少年足球冠军赛	女子甲组第三名

2016 年利津县组织体育比赛情况一览表

表 4

时间	地点	运动会名称	名 次
2016 年 3 月 11 日—12 日	县第一实验学校	“中国体育彩票杯”2016 年利津县中小学生乒乓球比赛	初中男子团体 第一名：陈庄镇中心学校 第二名：县第二实验学校 第三名：县第一实验学校 初中女子团体 第一名：县第二实验学校 第二名：县第一实验学校 第三名：陈庄镇中心学校 小学男子团体 第一名：县第二实验学校 第二名：县第一实验学校 第三名：盐窝镇中心小学 小学女子团体 第一名：县第二实验学校 第二名：县第一实验学校

续表

时间	地点	运动会名称	名　次
2016 年 4 月 15 日 –16 日	利津县新力量乒乓球俱乐部	“中国体育彩票杯”2016 年山东省第八届“千乡乒乓球”利津赛区预赛暨利津县第七届全民健身运动会乒乓球比赛	男子组： 第一名：周玉新 第二名：任　峰 第三名：韩建华 女子组： 第一名：王淑霞 第二名：李　霞 第三名：扈秀萍
2016 年 4 月 20 日—21 日	利津一中	“中国体育彩票杯”2016 年利津县中小学生田径比赛	高中组： 第一名：县二中 第二名：县一中 第三名：县职业中专 初中组： 第一名：盐窝镇北岭中学 第二名：陈庄镇中学 第三名：盐窝镇中学 小学组： 第一名：利津街道中心学校小学部 第二名：盐窝镇北岭中学小学部 第三名：盐窝镇中心小学
2016 年 4 月 24 日	黄河大堤	“众营文化传媒杯”利津县 2016 年长跑比赛暨黄河口（东营）国际马拉松热身赛	男子组： 第一名：刘连群 第二名：田朝新 第三名：刘乐亭 女子组： 第一名：王玉针 第二名：杜新梅 第三名：韩　雪

续表

时间	地点	运动会名称	名 次
2016 年 5 月 10 日	凤凰城实验学校	“北辰雪佛兰杯”2016 年五月全民健身月启动仪式暨利津县第七届全民健身运动会田径比赛	乡镇（街道）组； 第一名：凤凰城街道代表队 第二名：汀罗镇代表队 第三名：北宋镇代表队 县直组； 第一名：利华益代表队 第二名：县一中代表队 第三名：中心医院代表队
2016 年 5 月 13 日 –14 日	利津县门球场	利津县第十三届“寿星杯”门球比赛	第一名：县油区办 第二名：县人大机关 第三名：县教育局
2016 年 5 月 28 日 –29 日	利津县凤凰体育中心	“茅台迎宾酒杯”利津县第七届全民健身运动会羽毛球比赛	男子组： 第一名：林玉军 第二名：陈汝源 第三名：赵勇志 女子组： 第一名：牛晓娟 第二名：徐丽娜 第三名：王志叶
2016 年 6 月 17 日	北宋绿洲醇垂钓中心	2016 年利津县第七届全民健身运动会钓鱼比赛	第一名：李乐乐 第二名：尚应峰 第三名：綦国强
2016 年 7 月 7 日— 8 日	县一中	“中国体育彩票杯”2016 年利津县中小学生排球比赛	初中男子组： 第一名：县第一实验学校 第二名：北宋镇实验学校 第三名：陈庄镇中学 初中女子组： 第一名：县第一实验学校 第二名：北宋镇实验学校 第三名：利津街道中心学校

续表

时间	地点	运动会名称	名　次
2016 年 7 月 7 日— 8 日	县第一实验学校	“中国体育彩票杯”2016 年利津县中小学生羽毛球比赛	初中男子组： 第一名：县实验一校 第二名：县实验二校 第三名：明集乡中学 初中女子组： 第一名：利津街道中心学校 第二名：利津实验一校 第三名：凤凰城实验学校
2016 年 7 月 24 日	利津县凤凰汽车城	利津博睿哈佛杯”2016 年山东省第八届“万人象棋”比赛利津赛区预赛暨利津县第七届全民健身运动会象棋比赛	第一名：刘　兵 第二名：刘子常 第三名：陈　华
2016 年 8 月 6 日	利津县凤凰广场	2016 年“全民健身日”健身骑行活动	
2016 年 8 月 29 日—31 日	利津一中、凤凰城实验学校	“中国体育彩票杯”2016 年利津县中小学生足球比赛	高中男子组： 第一名：县一中 第二名：县二中 第三名：县职业中专 高中女子组： 第一名：县一中 第二名：县二中 初中男子组： 第一名：北宋镇实验学校 第二名：县第一实验学校 第三名：县第二实验学校 初中女子组： 第一名：北宋镇实验学校 第二名：陈庄镇中学 第三名：明集乡中心学校 小学男子组： 第一名：陈庄镇中心小学 第二名：盐窝镇中心小学 第三名：盐窝镇虎滩小学 小学女子组： 第一名：陈庄镇中心小学

续表

时间	地点	运动会名称	名 次
			第二名：盐窝镇虎滩小学 第三名：县第二实验学校小学部
2016年9月23日	利津县凤凰广场	2016年利津县中老年人太极拳剑比赛及自选团体项目展演交流活动	第一名：东津太极队 第二名：老年大学 第三名：凤凰社区 津苑社区得健身球项目第一名
2016年9月23日－9月25日	利津一中	利津县卫生计生系统第二十一届职工篮球赛	第一名：中心医院 第二名：陈庄二院 第三名：盐窝镇卫生院
2016年9月24日－25日	利津一中	“中国体育彩票杯”利津县第七届全民健身运动会足球比赛	第一名：凤凰体育中心俱乐部 第二名：兄弟联盟俱乐部 第三名：凤凰城足球俱乐部
2016年9月27日－29日	利津一中	利津县第七届全民健身运动会篮球比赛	县直组： 第一名：县公安局 第二名：县中心医院 第三名：县交通局 乡镇组： 第一名：北宋镇 第二名：盐窝镇 第三名：凤凰城街道
2016年10月20日—22日	陈庄镇中学	“中国体育彩票杯”2016年利津县中小学生篮球比赛	高中男子组： 第一名：县一中 第二名：县二中 高中女子组： 第一名：县一中 第二名：县二中 初中男子组： 第一名：陈庄镇中学 第二名：县第一实验学校 第三名：盐窝镇中学 初中女子组： 第一名：凤凰城实验学校 第二名：陈庄镇中学 第三名：利津街道中心学校 小学男子组： 第一名：北宋镇南宋小学 第二名：县第二实验学校

续表

时间	地点	运动会名称	名　次
			第三名：陈庄镇中心小学 小学女子组： 第一名：陈庄镇付窝小学 第二名：县第二实验学校 第三名：陈庄镇集贤小学

利津县中小学生田径比赛最高纪录一览表

（截至 2016 年 12 月）

表 5

小学男子组：

项目	成绩	姓名	时间	地点
60m	8"16	李向超	2011.4	利津
100m	13"71	刘海全	2009.4	利津
200m	27"86	高晨阳	2014.4	利津
400m	1′06"48	张树炎	2014.4	利津
800m	2′38"50	王凯旋	2014.4	利津
跳高	1.31m	李本祯	2014.4	利津
跳远	4.52m	董　岳	2010.4	利津
实心球（1kg）	17.53 m	林佳乐	2011.4	利津

小学女子组：

项目	成绩	姓名	时间	地点
60m	8"78	李友凤	2010.4	利津
100m	14"05	马凯悦	2016.4	利津
200m	30"23	王　蕾	2010.4	利津
400m	1′12"07	扈朋晨	2010.4	利津
800m	2′52"06	陈志敏	2013.5	利津
跳高	1.19m	陈玉洁	2012.4	利津
跳远	4.00m	孟　晗	2011.4	利津
实心球（1kg）	13.70m	陈亚轩	2014.4	利津

初中男子组：

项目	成绩	姓名	时间	地点
60m	7"1	冯建国	1981.6	北镇
100m	11"3	杨　润	2005.10	广饶
200m	23"73	李传伟	2015.4	利津
400m	53"89	张　垄	2005.10	广饶
800m	2′6"2	石　申	1981.6	北镇
1500m	4′22"5	石　申	1981.6	北镇
3000m	10′2"9	胡克马	1985.4	利津
5000m	17′26"1	庞玉新	1985.4	利津
4×100m	46"8	县　队	2000.10	东营
4×400m	3′54"05	汀罗二中	2016.4	利津
跳高	1.82m	杨　润	2005.10	广饶
跳远	6.34m	赵振军	1988.4	利津
三级跳远	12.65m	张鸿飞	2003.9	利津
铅球（5kg）	13.50m	支立强	1998.4	利津
铁饼（1.5kg）	44.60m	尚玉军	1991.9	垦利
标枪(700g)	54.54m	李振国	1981.6	北镇
五项全能	2472分	尚玉军	1979.6	北镇
三项全能	1436分	吕建强	2000.4	利津

初中女子组：

项目	成绩	姓名	时间	地点
60m	8"5	李华山	1980.6	北镇
100m	13"18	薄纯智	2008.4	利津
200m	27"2	单　超	1992.5	东营
400m	1′0"1	张　青	2001.8	淄博
800m	2′24"9	刘淑雯	2001.10	即墨
1500m	4′53"	陈朝霞	1987.10	东营
3000m	10′49"18	明丽丽	2001.3	潍坊
4×100m	53"1	县　队	2000.10	即墨

续表

项目	成绩	姓名	时间	地点
4×400m	4′14″8	体　校	2001.10	即墨
跳高	1.53m	郭立珍	1981.6	北镇
跳远	5.14m	张俊翠	1992.5	东营
三级跳远	10.28m	刘霞	2005.10	广饶
铅球（4kg）	10.15m	薄姗姗	2009.4	利津
铁饼（1kg）	30.44m	张少花	1988.5	利津
标枪(600g)	34.60m	钟金琴	1992.5	东营
五项全能	1590 分	纪如宝	1981.5	北镇
三项全能	1677 分	郭文华	2002.4	利津

高中男子组：

项目	成绩	姓名	时间	地点
100m	10″77	胡伟杰	2008.4	利津
200m	22″64	常盟盟	2010.4	利津
400m	51″08	王　猛	2008.4	利津
800m	1′55″7	马新树	1992.5	东营
1500m	4′14″2	马新树	1991.9	垦利
3000m	9′17″7	张孟安	1974.10	张店
5000m	16′34″5	张孟安	1975.5	北镇
10000m	34′47″	宫寿国	1984.4	利津
4×100m	45″24	一　中	2011.4	利津
4×400m	3′44″37	一　中	2016.4	利津
跳高	1.85m	孙　飞	2005.10	广饶
跳远	6.61m	许振兴	2011.4	利津
三级跳远	13.78m	杨俊强	2005.10	广饶
撑杆跳高	2.96m	高　翔	1974.5	利津
铅球（7.26kg）	12.36m	赵培星	1991.9	垦利
铁饼（2kg）	36.82m	张树松	2004.9	东营
标枪(700g)	49.44m	宁金成	1991.9	垦利
五项全能	2427 分	尚玉军	1982.5	北镇

高中女子组：

项目	成绩	姓名	时间	地点
100m	12"32	陈继艳	2009.4	利津
200m	26"05	陈继艳	2009.4	利津
400m	1′00"24	陈继艳	2009.4	利津
800m	2′25"76	陈继艳	2008.4	利津
1500m	5′0"6	陈朝霞	1989.12	东营
3000m	10′55"1	宫红梅	1991.9	垦利
5000m	13′49"2	马　敏	1984.4	垦利
4×100m	52"7	县　队	2004.9	东营
4×400m	4′36"	县　队	1982.5	北镇
跳高	1.70m	郭立珍	1982.4	济宁
跳远	5.01m	张秀玲	1996.10	东营
三级跳远	10.77m	张秀玲	1996.10	东营
铅球（4kg）	10.42m	李春云	1979.6	北镇
铁饼（1kg）	30.00m	孙　颖	2004.4	利津
标枪(600g)	42.44m	钟金琴	1992.5	东营
五项全能	1956 分	崔吉英	1981.5	北镇

科　技

【概况】 县科技局设办公室（挂科技成果股牌子）、发展计划股（农村与社会发展股合署）2 个股室，下设利津县知识产权局、利津县地震办公室、利津县高新技术创业服务中心、利津县科技信息服务中心 4 个事业单位，有干部职工 21 人。2016 年，组织起草《关于深化科技体制改革加快创新发展的实施意见》，经县委十二届九次全委会讨论通过，全县科技创新环境进一步优化。帮助龙翔公司和中阳碳素公司成功申报高新技术企业，截至 2016 年底利津县高企增至 4 家。全县列入高新统计范围的企业 29 家，全年高新技术产业产值 276.5 亿元，占规模以上工业总产值的 16.68%。

【科技项目管理】 积极向省市科技主管部门筛选推介科技项目，争取上级无偿扶持资金 430 万元。组织 20 余家企业财务负责人参加科技经费使用培训班，确保项目经费的规范使用、专款专用；对 2013—2015 年期间立项的科技项目进行项目进度调度和资金使用监督检查，组织大东联等 7 项国家、省、市项目顺利通过省科技厅验收。

【产学研结合】 带领隆源橡胶公司、绿洲醇公司，分别赴青岛科技大学、山东理工大学开展人才引进交流洽谈活动，成功引进了青岛科技大学泰山学者特聘教授、黄河三角洲学者贺爱华教授、山东理工大学泰山学者领军人才宋元达教授。两家企业分别与两位教授签定了合作协议。促成山东绿洲醇食品有限公司与

2016 年 10 月 17 日，县委常委、常务副县长张和森（左二）出席山东理工大学绿洲醇公司教学科研实践基地、研究生科研工作站揭牌仪式。

山东理工大学农工学院合作，签订《共建研究生工作站合作协议书》《教学科研实践基地协议书》，10 月 17 日，在绿洲醇公司举行了教学科研实践基地、研究生科研工作站揭牌仪式。

【实施“渤海粮仓”工程】 进一步完善“渤海粮仓”工程建设方案，组织 29 家家庭农场签订“渤海粮仓”科技示范工程任务合同书，争取省无偿扶持经费 300 万元；组织专家对利津县承担的渤海粮仓工程小麦、水稻、玉米示范区进行理论测产和实打测产。6 月 5 日，“全省‘渤海粮仓’科技示范工程项目现场观摩会”在利津县召开，济南、淄博等 5 市科技局长进行现场观摩。

【知识产权】 山东三木装饰材料有限公司成功通过了国家知识产权管理体系认证，成为利津县第一家通过国家知识产权管理体系认证的企业。对全县 81 家化工企业开展了专利、科技成果等自主创新情况的调查，建立数据信息库，为化工企业“三评级一评价”提供数据支撑。为全县 7 家企业 23 项授权专利发放了专利申请补助。加大政策宣传，编印了《省、市知识产权质押融资贴息政策明白纸》《省、市申请、实施补助资金明白纸》等资料发放至企业。组织全县企业申报市科技进步奖，并获二、三等奖各 1 项。康宝生化公司董事长李建新、大东联公司董事长马爱民荣获市创新创业奖。

【地震工作】 按照省地震局确定的坐标点，在各乡镇安装了地震烈度仪。组织实施了地震小区划工程，完成了波速测定和动参轴分析，并顺利通过国家地震局的验收。“5•12”期间，组织电力、民政、消防、卫生防疫等 10 多个部门单位，在利津街道中心学校开展了 1000 余名师生参加的地震应急演练；同时组织全县行政机关、事业单位进行地震应急疏散演练，并对金凤凰大厦、民政局等单位进行现场督导培训。陈庄镇中学、北宋镇实验学校被评为省级地震科普示范学校，津苑社区列入国家地震安全示范社区。

（安志诚　任志波）

科　协

【青少年科普】 1. 举办利津县第二届科技创新发明大赛，并积极引导全县中小学校组织开展各类科技活动。共有 20 多所学校的师生参赛，共收到各类作品 300 余件，评选出获奖作品 97 件，极大地激发了全县中小学师生科技创新地热情。2. 组织利津一中师生参加西北农林科技大学高校科学营活动，发挥高校在科学普及公众科学素质工作中的作用。3. 加强中小学科技教育，积极引导开展校园科技活动，盐窝镇虎滩小学、陈庄镇中心小学等 10 余所学校举办校园科技节，提升科技活动的积极性。4. 为促进科普教育资源均衡化，实施了山东省校园流动科技馆项目。项目展件于 11 月底全部布展完毕，展件内容丰富，样式新颖，为全县的青少年科普工作开展提供了一个良好平台。5. 组织开展科普报告进校园活动。山东省科普报告团 2 位专家教授在利津县凤凰城实验学校、汀罗一中等 6 所学校作了 6 场专

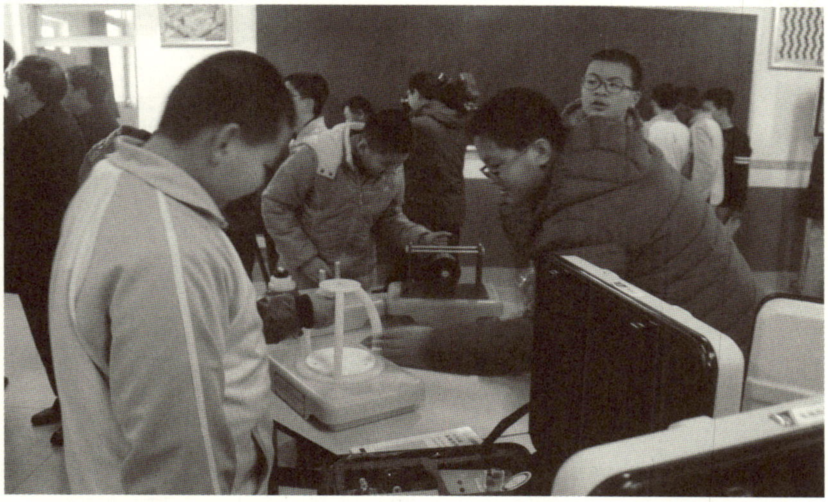

2016年10月，省校园科技馆项目落户县实验二校

题报告，让学生们学到了科学知识，开阔了视野。

【科普惠农】 1.精心培育一批科普惠农先进单位和个人，作为典型在全县宣传推广。在全县新选树了农业技术开发推广协会等10个农技协、黄河口灶子蜜西瓜科普示范基地等10个科普示范基地、佟福兴等10名科普带头人作为先进典型，带动农民增收致富。2.大力提升农村科普工作水平，开展农民科技培训。配合新型农民学校，积极普及推广农业新知识、新技术，举办各类农业知识培训10期，通过技术指导、技术培训和技术咨询等形式，有效发挥科普服务农民、科技服务农业的作用。3.积极进行科普惠农项目申报，积极筹备2016年科普惠农项目申报工作，经过严格筛选的利津县农业技术服务协会项目获国家级奖励，获奖补资金20万元。4.开展精准扶贫专家服务行动。组织推报了2名农业种植和水产养殖专家，与刘庄村、陈家村等3个贫困村结对子。根据农时季节、生产环节需求，进村入户到田间、到池塘，开展技术服务和帮扶活动。截至2016年年底，共计开展培训讲座20余期，指导农民328人次，发放明白纸1000余份，解决相关技术问题15项，为促进农户科技脱贫奠定了坚实基础。

【社区科普】 1.在县城集市赶“科普大集”2次，举行有奖知识问答，宣传科学知识，向群众发放科普知识挂图500余份、科普知识宣传单1000余份；举办“科普进社区”“邪教科普宣传”等活动，摆放宣传展板20块，发放各种科普宣传资料近1500份。2.为加强社区科普基础设施建设，提升社区科普服务能力，在津苑社区建成了社区科普大学。社区科普大学现已完善了组织机构，筹建了科普讲师团，围绕社区居民的科普需求和社区实际情况，各项课程有序开展，极大丰富了广大社区居民的科普活动。3.积极做好数字科普终端的巡检、维护工作，确保乡镇街道便民服务大厅、各农商行营业网点和农村卫生服务站的终端信号通畅、正常播放，为广大基层群众提高科技服务和指导。

【科技扶贫】 开展“科普助力、微笑童行”天使助学包捐赠活动。为虎滩小学、南宋小学的100名贫困学生送去了包含基础文具、美术用品、体育用品、音乐用品和国学六册在内的助学包。通过捐赠活动，激励孩子们勤奋学习，立志成为有用之才。开展省数字科普扶贫工程终端配发安装工作。根据省科协开展的数字科普扶贫专项工程要求，在前期充分调研论证的基础上，25台数字科普终端已全部在贫困村安装调试到位。

【科技奖励和学术交流】 广泛发动全县科技工作者参加“东营市杰出工程师”评选表彰活动，充分激发他们科技工作的积极性。召开了全县科技工作者座谈会，认真听取科技工作者对利津县科协事业的意见建议，充分调动他们科技创新的热情和积极性，营造出“尊重科技，尊重人才”的社会氛围，更好地为全县经济社会发展献计献策。

（李德海 张明路）

气　象

【气象业务及现代化建设】 2016年，县气象局高度重视基础业务工作，通过进一步加强制度建设，认真落实上级业务主管部门规定，按期组织业务学习，并按规定完成设备维护、数据传输、监控及故障排除，数据准确率和传输及时率达标，做好每日（月）数据文件的上传和备份工作。截至2016年年底，未出现重大责任事故，无错情。气象信息网络系统故障率在正常范围内，气象技术装备按要求巡检，未使用过期超检仪器。

【气候概况】

年气候概况

1．温度：2016年平均气温14.2℃，较常年偏高1.0℃，较上年偏高0.1℃。年极端最低气温为−18.9℃，出现在1月24日；极端最高气温36.9℃，出现在7月30日。全年除1月份平均气温较常年偏低，其它月份均高于常年，3～4月和12月较常年明显偏高。初霜日期为2015年10月27日，较上年晚13天；终霜日期为2016年3月26日，较上年偏早12天。全年无霜期218天，较上年多16天。（参见《图1 各月气温距平》）

2．降水：2016年降水量634.4毫米，较常年偏多103.8毫米，比上年偏少111.9毫米。全年出现暴雨3天，日最大降水量68.9毫米（8月25日）。年内降水分布不均匀，8月份降水显著

图1　各月气温距平

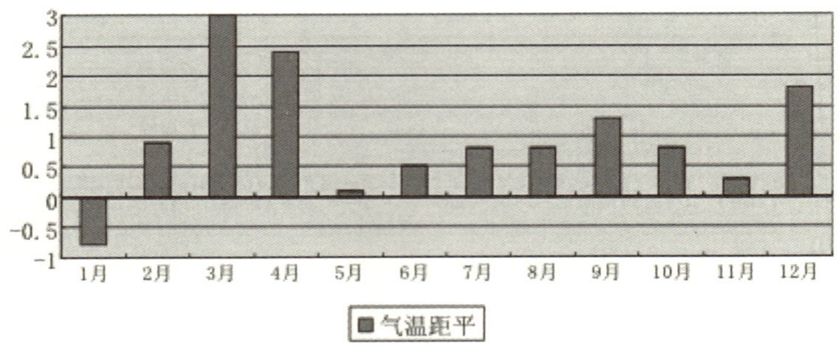

图2　各月降水距平

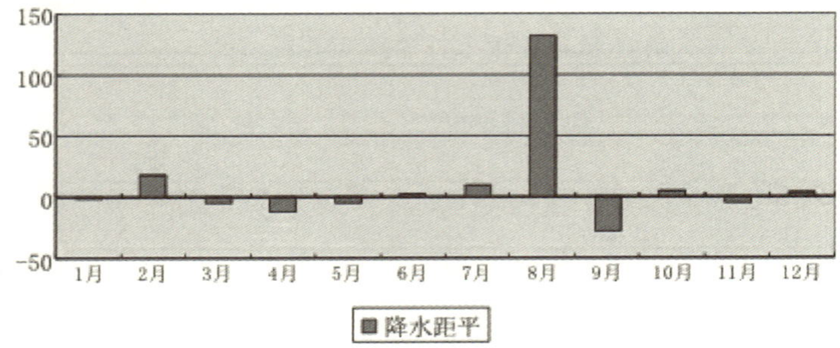

图3　各月日照距平

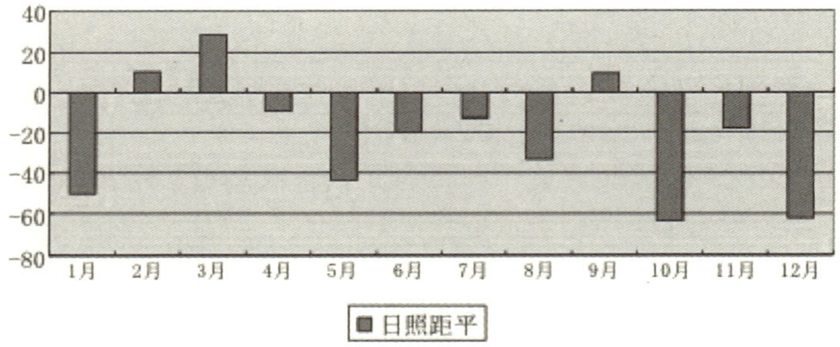

各月大气干旱指数

月份	1	2	3	4	5	6	7	8	9	10	11	12	全年
干旱指数	−0.4	−1.5	2.4	2.8	0.3	0.6	0.6	−0.5	2.3	0.4	0.4	1.1	1.4
等级	3	4	2	2	3	3	3	3	2	3	3	2	2
评价	正常	偏湿	偏干	偏干	正常	正常	正常	正常	偏干	正常	正常	偏干	偏干

多于往年。（参见《图2各月降水距平》）

3. 日照：2016年日照时数2482.7小时，较常年偏少11.5%（264.4小时），较上年偏多188.4小时。除2月、3月和9月光照偏多，其它光照均偏少，光照明显不足，对作物生长发育成熟有不利影响。（参见《图3各月日照距平》）

4. 大气干旱指数：2016年气温偏高1.0℃、降水时空分配不均，对农业生产造成不利影响。根据中国气象局《全国气候影响评价》的标准，对2016年各月的降水、气温和大气干旱指数等指标进行计算。（参见《各月大气干旱指数》）

各季气温、降水、旱涝定量评价

1. 冬季（2015年12月至2016年2月）：

2016年冬季平均气温-0.3℃，较常年偏高0.5℃，较上年偏低1.0℃。冬季极端最低气温为-18.9℃，出现在1月24日，极端最高气温15.9℃，出现在2月10日。冬季平均气温偏高，全年日最低气温低于-10℃的寒冷天气为7天。

冬季降水量29.1毫米，较常年偏多11.7毫米，比上年偏多15.0毫米。季日照时数473.0小时，较常年偏少93.5小时，较上年偏少27.2小时。

2016年冬季（2015年12月至2016年2月），平均气温较常年偏高，期内气温波动幅度大，冷暖交替明显；季降水量偏多，降水时段主要集中在1月下旬和2月中下旬，其它大部时段降水偏少或无降水；受部分时段雾霾和阴雨（雪）天气影响，冬季光照条件略显不足。冬季出现的主要气候事件有雾霾、寒潮降温和雨雪等，综合评价冬季气候条件对各行业的影响，属一般年份。

2. 春季（3—5月）

春季平均气温15.4℃，较常年偏高1.8℃，较上年偏高0.9℃。季降水量59.0毫米，较常年偏少22.4毫米，较上年偏少30.3毫米。季日照时数759.4小时，较常年偏少24.3小时，较去年偏多40.5小时。

2016年春季（3—5月），气温偏高，期内气温变化平稳，无剧烈降温过程，各月气温均呈偏高态势；季降水量偏少，降水分布时间不均，中期部分时段持续无降水；季日照时数略偏少，部分时段受阴雨和雾霾天气影响，光照条件不足。春季气候事件主要有大风、雾霾和干热风等，综合评价春季气候条件对生产生活的影响，属一般年份。

3. 夏季（6—8月）

夏季（6—8月）平均气温26.5℃，较常年偏高0.7℃，较上年偏高0.2℃。季降水量492.1毫米，较常年偏多144.4毫米，较上年偏少31.6毫米。季日照时数684.3小时，较常年偏少66.0小时，较上年偏多0.9小时。极端最高气温36.9℃，出现在6月30日。

气候特点是：2016年夏季（6—8月），气温偏高，降水充沛，日照时数略显不足。从时间分布来看，各月气温均偏高，各月降水呈多－少－多趋势。受部分时段强对流天气影响，季内部分地区出现冰雹灾害。季内出现的灾害性天气主要有冰雹、高温、暴雨、大风等，综合分析2016年夏季气候条件对农业生产的影响，属一般年份。

4. 秋季（9—11月）

2016年3月23日世界气象日，县气象局组织气象知识宣传活动

秋季平均气温15.0℃，较常年偏高0.8℃，较上年偏高0.7℃。季降水量55.2毫米，较常年偏少28.9毫米，较上年偏少64.2毫米。秋季日照时数574.8小时，较常年偏少71.8小时，较去年偏多130.0小时。

2016年秋季（9—11月），气温偏高，降水偏少，光照条件略显不足。季内出现的灾害性天气主要有干旱、大雾、连阴雨、大风降温等，给人民生产生活带来不同程度的影响，综合评价2016年秋季气候条件对各行业的影响，属一般年份。

（王青利　田秀菊）

文化 广电 卫生与计生

Culture,Communication and Health and Family Planning

文化艺术

【历史文化展示工程】 截至2016年年底，全县共建设镇、村级历史文化展馆12个，总占地1万多平方米，收集展品830余件，展馆全部实现免费开放，并专门聘请优秀讲解员进行现场讲解，年接待参观人员1万余人次；搭建爱国主义教育平台，年内，举办“听爷爷讲过去的故事”“听老党员讲党史”、爱国主义胶片电影放映活动20余次，接待600多人。全县历史文化展示工程在建设过程中本着“轻形式重内容”“各不相同各具特色”的原则，打造精品路线，得到省市领导的认可，并于2016年5月18–19日在利津县召开全省的历史文化展示工程现场会。现场会召开以后，《人民日报》、新华网、《中国文化报》、山东电视台等媒体对此项工作进行报道，有来自广东、河南、新疆，省内各地市的50个参观团队近2000人来参观学习，为宣传推广利津文化，提高利津美誉度发挥了积极作用。

【文物普查】 利津县全国第一次可移动文物普查圆满完成。此次普查工作共登记国有可移动文物17大类3795件套。以本次普查为契机摸清文物底数，掌握各类文物的保存现状，明确文物保护对象、范围和重点，对制定文物保护规划，开展文物保护、管理、研究，提供大量详实的原始资料，同时也为接下来的可移动文物档案建立和数字博物馆建设提供数据基础。

2016年5月18日，省文化厅副厅长李国琳（右四）到汀罗镇前关村调研历史文化展示工作

【重点文物保护】 利津县境内现有不可移动文物38处，分别为省级3处、市级7处、县级28处。2016年成功申报小赵盐业遗址、北朱烽燧、丁家水利工程遗址、李神仙洞、小麻湾抗战纪念地、利津县烈士陵园共6处为市级文物保护单位。为政府提高文物管理水平和加大文物保护力度创造条件，为研究制定城区经济社会发展与文物保护事业发展规划和决策提供科学依据。

【农家书屋建设】 整合农家书屋资源纳入图书馆总分馆制建设。截至2016年年底，县图书馆馆已为43个村建成农家书屋（其中包括25个省定贫困村），共配送图书45748册。图书“六进”工作。2016年的图书六进工作已完成，为农村、企业、学校、警营、社区、机关共送去图书8000余册，定期更新，为他们讲解图书分编、排架的相关知识。全民阅读活动工作。2016年县图书馆举行全县读书朗诵比赛、农民读书月活动、青少年百种出版物阅读活动、送书下乡活动，共服务2万余人次。

【电影放映】 2016年，县电影公司严格按照全市农村电影放映工程目标要求，科学划分放映小组，落实任务分解，强化平台监管，共开展农村公益电影放映活动6200余场次，观众60余万次，全面实现“每村每月一场电影”公益服务目标。开展乡村固定放映示范点建设，在明集乡38个行政村统一安装放映示范点铭牌和外接电源盒，定时定点放映，解决点难安、电难接的难题；创新映前展映形式，编排文艺表演节目及小礼品派送，公司推出的女子放映队和映前表演得到了省公司的认可，制作的专题片在省市县电视台播出；拓展农村公益电影增值业务，开展广告宣传业务拓展工作，通过“影企联姻”与青岛银行东营利津支行达成全年协作意向，配合省院线公司贴片广告宣传放映工作，更好的实现了影企双赢；开展专项放映活动，先后开展“红五月——送电影进工地、社区、福利机构”红色经典影片展映、“快乐六一·快乐电影”“反腐倡廉·清风利津”广场文化主题电影周、“精准扶贫·文化助民”、“敬老服务基层行”等活动，在全县上下赢得了良好的口碑，省电视台齐鲁频道“热线村村通”栏目专程予以采访报道。

【文化活动】 深入开展“舞动凤凰城·唱响新利津”农民培训工程。成立群众文化辅导员队伍，采取“菜单式”培训模式，分期分批对农民进行戏曲、合唱、舞蹈、广场舞、绘画、剪纸、摄影等培训指导。2016年共完成培训95期，受训群众达到2万余人。组织举办利津县2016年民间文艺展演，展示全县非物质文化遗产项目和民间民俗文化项目。组织编排大型民间舞蹈参加东营市2016年闹元宵民间文艺调演活动，在评比中利津县代表队获得一等奖和优秀组织奖；参加“黄河口之春”全市社会文艺团体汇演，获二等奖和组织奖。突出活动主题，打造活动亮点。元宵节期间在凤凰广场举办“春满凤凰城”乡村剧场优秀剧目展演、庄户剧团优秀剧目展演、欢乐大家唱大型群众文化活动11场，开展“活力利津·幸福迎新”迎春专题群众文化活动，开展“精品荟萃贺新春送戏下乡”戏曲巡演活动18场；组织举办“非遗魅力”——王象焕剪纸作品展、王象焕师生剪纸作品展，共计展出作品90套360件；组织举办“欢乐黄河口·美丽中国梦”2016年“舞动凤凰城·唱响新利津”广场群众文化活动，共计演出48场；组织举办2016年利津县少儿现场书画大赛，共展现作品100余幅；组织举办“青岛银行”杯2016利津县群众广场舞电视大赛，最终决赛共评出一等奖一个、二等奖二个、三等奖三个；利津县“盛世瀚海杯”百姓大舞台才艺大赛通过海选、预赛最终在舞蹈、声乐、戏曲、器乐四大类中选出44个优秀节目进行决赛，评出一等奖4人、二等奖8人、三等奖12人，优秀奖20人；承办2016年东营市“群文之星”才艺大赛“器乐之星”预赛专场；组织10名选手参加垦利赛区“声乐之星”预赛，2名选手晋级决赛；组织2支舞蹈队参加东营区“舞蹈之星”预赛，全部晋级决赛；组织5名选手参加广饶赛区“戏曲之星”预赛，1名选手晋级决赛；举办“送演出·送图书·送电影”进军营联欢晚会，走进武警东营边防支队利津刁口边防派出所。

【专项整治】 2016年，全面部署文化市场专项治理暨“扫黄打非”专项行动，开展“清源”“固边”“护苗”“净网”专项行动。在各项专项整治活动中，共出动执法人员720人次，检查文化市场经营单位360多家次，口头警告7家次，下达整改通知书10份，及时消除文化市场的安全隐患，确保全县文化市场和谐稳定。

【文化产品】 2016年，通过举办音乐舞蹈作品创作座谈会、创作笔会、组织书法、美术骨干采风，积极为文学爱好者、书画爱好者搭建沟通和交流的平台。年内，全县文艺爱好者创作精品力作50余篇（首），创作优秀文艺作品吕剧《秧歌情》；戏曲表演唱《文明花开遍城乡》；小品《选演员》《假不乱真》《要彩礼》；歌曲《诚信利津美丽家园》；廉政小品《电话通知》；情景音乐剧《阳光乐章》《爱我家园》；王爱军创作小品《树苗风波》《人活一口气》《情人节的礼物》，韩簌簌《玉树临风扬州城》，胡毅然《此心安处是吾乡》等。书法美术方面，4月27日，组织全县文化系统职工参加全市文化系统书法美术作品展，共有8幅作品入展，文化馆获得优秀组织奖。6月份，组织书法美术剪纸作品30件，摄影作品22件，参加由东营市委宣传部、市文联举办的庆祝建党95周年书法美术剪纸摄影展。2016年隆清波创作的国画作品《佳日有约》入选“我爱丹青”第二届全国中国画展。李艳红剪纸作品《乐土》，获中国传统工艺（剪纸）大赛铜奖。李艳红的剪纸作品《最美凤凰城》、刘敏的剪纸作品《古韵东津》分别获东营市庆祝建党95周年剪纸展二等奖、三等奖。11月份，在第六届东营市“黄河口文艺奖”评奖中，隆清波的国画作品《情》获美术类二等奖；刘敏的《古韵东津》获民间文艺二等奖；舞蹈《竹马灯》获民间文艺类三等奖；王爱军的《小品创作中的几点感悟》获艺术理论类三等奖。12月份，组织剪纸作品6件参加东营市首届民间艺术展。戏曲方面，10月份，王延华获山东省红梅大赛一等奖，王莹、马莲获山东省红梅大赛二等奖。在第六届东营市“黄河口文艺奖”评奖中，吕剧《秧歌情》获戏剧类三等奖；王延华的《霸王卸甲》获音乐类二等奖。摄影方面，3月份，组织“成长的记忆”摄影展，共计65幅摄影作品入展。10月份，在凤凰广场举办“醉美金秋看陈庄”摄影展，通过分版块、纪实性的方式，共整理出参展作品166幅。一组组镜头，定格陈庄在历史发展过程中的重大事件、重要活动、典型人物等感人的瞬间。万军摄影作品《聚焦》获2016年黄河口马拉松“御匠”杯摄影大赛优秀奖。万军的《红毯迎客》获第六届“黄河口文艺奖”摄影类三等奖。

（李重伦　赵文琪）

广播电视

【概　况】 利津县广播电视台是利津县人民政府直属社会公益性事业单位，内设3室6中心，分别是办公室、财务室、总编室、新闻中心、广播节目中心、电视节目中心、广告中心、网络中心和播控中心，编制38人，现有工作人员73人，离退休干部职工22人。单位设有四个电视节目频道和一个广播节目频道。其中电视节目包括新闻、生活、综艺、党建四个频道，每天17小时播出，设有《利津新闻》《直播民生》《利津故事》《法制凤凰城》等栏目；广播电台每天播出18小时，设有《行风热线》《安监之声》等栏目。2016年，荣获“省级文明单位”荣誉称号。

【党建文化建设】 2016年，广播电视台投资10万元重新装修机关党员活动室和老年支部活动中心，购置党建书籍，订阅了《人民日报》《大众日报》等党报党刊，使全体党员学习有载体、活动有阵地。积极促进党建工作与机关文化相融合，广泛收集利津广电自建立之初的老设备和文献资料，投资20余万元建成全省首个县级广电史展厅——利津广播电视展厅，全面展示利津广电自1950年建台以来66年的创业历程，激励全台干部职工“不忘初心　继续前进”。6月29日和8月30日，广播电视台作为机关党建工作的优秀单位分别在庆祝建党95周年和全县机关党建工作推进会议上作典型发言。

【栏目创作】 在圆满完成全县2016年工作会议、县两会、全市三年增绿工作现场会议等重要活动的新闻报道任务基础上，紧紧围绕“两学一做”学习教育、园区经济、创城迎检、拆违治乱、扶贫开发、三年增绿、安全环保等县委、县政府重点工作加大宣传报道力度，开设《“两学一做”学习教育》《深入开展拆违治乱专项行动》等410期系列新闻专栏，强化宣传效果。围绕全县不同时期的重点工作，不断丰富宣传形式，先后拍摄制作宣传全县农村妇女素质提升工程的微电影《小宝妈的转变》、宣传青年创业做法和成效的微电影《“钱”缘》、展现赶海人真实生活场景的纪实片《海耕》、反映消防官兵不畏艰险，勇于奉献的军旅片《我是消防兵》，配合全县开展的第三次全国农业普查工作拍摄制作了微电影《马二嫂普查记》，配合“感动利津”道德模范评选活动拍摄的道德模范系列专题片、纪录片等。

【策划大型活动】 广电台各频道立足打造媒体品牌影响力，丰富群众文化生活，促进文化大发展大繁荣，策划推出了一系列文化活动，如百姓春晚、元宵节民间文艺展演、利津县首届农机手电视大赛、全县三年增绿文艺晚会、全县计生卫生系统知识竞

全省首个县级广电史展厅——利津广播电视展厅一角

赛、“诚信利津 放心消费”2016年3•15系列活动、广场舞大赛、县老年大学20周年校庆文艺演出、“两学一做”电视知识竞赛、“情系林场、绿韵流诗”诗会、童心向党红歌演唱会、县纪念建党95周年暨“两学一做”学习教育党章党规知识电视竞赛及“欢乐黄河口 美丽中国梦”群众多场广场文化演出，2016年“感动利津”道德模范颁奖晚会，“不忘初心 继续前进”全县“两学一做”微型党课比赛，全县各乡镇街道的广场舞电视大赛等活动。

【下派帮扶】 2016年，多次组织班子成员到帮扶凤凰城街道大庄村进行实地调研，投资26万元硬化村内道路，并进行村庄绿化；开展“爱我大庄 我为大庄添光彩”主题演讲、从改革农村红白事入手抓实开展移风易俗改革，出台《大庄村红白理事会章程》，与全村133户家庭签订履行《承诺书》；组织开展“关爱老人，情暖重阳”爱心义诊等活动，邀请县中心医院的医务人员为村里的63名六十岁以上老人进行健康查体。抓实开展精神文明建设，组织职工网格化卫生区清扫60余次，修建安装毒饵站27处，张贴宣传画40余副，安放大型健康教育宣传牌四块，确保卫生区域内的整洁卫生。

（崔　瑞）

卫生和计划生育

【人员与机构编制】 2016年年底，县卫生和计划生育局行政编制24人，配备局长1名，副局长3名，中医药管理局局长1名。人员总数53名，内设机构7个，即办公室（与规划财务股合署）、政策法规股（挂综合监督股、行政审批股牌子）、医政医管股（挂疾病控制股牌子）、中医药管理局（副科级）、基层卫生与妇幼保健计划生育服务股、科技宣传股（与人事股合署）、计划生育股；副科级事业机构2个，即卫生监督执法局、爱卫办；股级事业机构1个，即利津县人口调查队；挂靠在卫生和计划生育局的群团组织1个，即县计划生育协会（正科级）；直属事业单位4个，即利津县中心医院（正科级）、利津县第二人民医院（正科级）、利津县疾病预防控制中心（正科级）、利津县妇幼保健计划生育服务中心（副科级）。

（薄官浩）

【医药卫生体制改革】 公立医院改革。1. 积极调整公立医院财政补贴。2016年4月联合发改、财政等部门，对2处公立医院人员经费补助方式进行由“基数＋增长”到差额补助的调整，调整后县中心医院、县二院人员经费财政补助比例分别为56%、59%，同时明确公立医院医疗设备更新配置所需资金全部通过“一事一议”方式解决，进一步理顺2家处公立医院的财政补助方式。2. 大力加强医疗联合体建设。在全市率先成立东营市人民医院利津医院（利津中医院）、东营市人民医院医疗联合体，有效促进了医疗卫生工作重心下移、优质医疗资源下沉，全县人民群众享受到了高层次专家提供的便捷、优质、高效医疗服务。2016年，市人民医院累计派驻专家坐诊562人次，专家门诊量2870人次，门诊量同比增加3%以上。2016年8月25日，2家公立医院分别与全县8家乡镇卫生院签署医联体合作协议书，正式成立全县县域医疗联合体。3. 全面落实各项惠民便民政策。积极推行优质护理服务，建立绿色急救通道，县级医院护理示范病房达到80%以上；扎实开展预约就诊服务，开放现场预约、电话预约和网络预约三种预约方式；设立惠民病房，不断减免医疗费用，低保患者就医负担进一步减轻；严格落实“先诊疗、后结算”服务模式，现已惠及患者5700余人次；大力推行临床路径、单病种限价、辅助检查互认“一单通”等惠民措施。**探索建设分级诊疗制度**。1. 完善配套政策。印发了《利津县推进分级诊疗制度建设的实施意见》（利政办发〔2016〕10号）和《利津县2016年推进分级诊疗工作实施方案》，分别对分级诊疗制度建设的目标任务、服务模式、政策保障、方法步骤等作了明确规定。县卫生计生局牵头制定家庭签约服务、远程会诊网络建设等相关配套文件，以加快推进分级诊疗制度建设。2. 组建“三师”共管服务模式。县中心医院、县二院及各卫生院按照《利津县2016年推进分级诊疗工作实施方案》要求，选派优秀医师共建“三师”共管服务团队。共确定专科医师35名、全科医师64名、健康教育师150名。3. 推行居民家庭医生签约服务。印发《关于做好糖尿病、高血压病患者家庭签约服务的通知》，督促各卫生院加快推进居民家庭该医生签约服务，截至2016年底高血压、糖尿病患者等重点人群签约服务覆盖率达到30%，居民家庭医生签约服务覆盖率达到15%。4. 完善绿色通道。修订《全县公立医院与城乡基层医疗机构双向转诊实施方案》，进一步明确转诊原则、转诊条件和程序。年内，全县8处卫生院与2家公立医院签订《利津县公立医院与城乡基层医疗机构双向转诊协议书》，进一步完善双向转诊“绿色通道”，2016年以来共实施双向转诊100余人次。5. 扩展远程网络。以县中心医院与北京阜外医院、同仁医院远程会诊为依托，投资400余万元为105处乡、村级站点配备诊疗设备，在全县分批实施基层医疗机构站点建设，逐步形成三级联动、分级诊疗的远程医疗联合体。同步配套建立覆盖“县、乡（镇）、村”三级基层心血管病防治体系、防盲复明体系。**推进基本公共卫生服务均等化**。1. 将人均补助经费标准提高到45元／人。全县建立城乡居民电子健康档案272588人份，建档率达到89%；规范管理65岁以上老年人28654人、高血压患者22671人、糖尿病患者7617人；重性精神病患者1249人，规范管理率82.4%。落实重大公共卫生服务项目，为2310名农村孕产妇发放住院分娩补助，免费向农村孕前和孕早期妇女补服叶酸3063人；完成宫颈癌、乳腺癌筛查21141人。实施免费孕前优生健康检查3302对、孕期优生监护3524人次；完成新生儿疾病和听力筛查 3606人次。

【基层卫生工作】 按照人均补助经费45元的标准免费向城乡居民提供基本公共卫生服务项目。进一步加强绩效考核，对全县2016年四个季度基本公共卫生服务项目的组织管理、实施质量、实施效果、资金使用等情况进行考核。开展健康扶贫，县、乡均成立健康扶贫工作领导小组，全面负责健康扶贫工作，建立县、乡联络员队伍和信息报送制度，并定期召开会议进行调度安排；为2982名贫困人口建档立卡，实施“八个一”工程，分类救治，共分类救治贫困患者648名。3. 加强乡村医生管理。印发《关于进一步加强乡村医生队伍管理工作的意见》和《关于解决老年乡村医生生活补助问题的实施意见》，对年满60周岁且退出岗位的乡村医生发放2015年度生活补助447万元。

【计划生育服务与管理】 **全面两孩政策顺利实施**。2016年，共出生人口5280人，比2015年增加71.4%，政策内出生5173人，其中一孩出生1863人，一孩率35.28%；二孩出生3292人，比2015年增加111.2%，二孩率62.35%，发放政策内多孩《生育证》96个，政策内多孩出生18人。全年出生率17.4‰，死亡1860人，死亡率6.13‰，自然增长3420人，自然增长率11.27‰，年末全县总人口305434人。**以现代传媒为载体，做好计生宣传工作**。年初制定出台《2016年利津县卫生和计划生育通讯报道工作考核奖惩办法》，每月对各基层单位的通讯报道情况进行通报，充分调动基层单位通讯报道工作的积极性，全年共在国家、省、市各级报刊、网站、电台、电视台等主流媒体发表宣传报道稿件1126篇，其中省级以上发稿916篇。2016年与大众网等省级主流媒体建立协作关系，积极与他们联系沟通，借助其传播范围广、信息量大的优势，集中宣传利津县的卫生计生工作，全年在上述媒体发稿466篇，提升利津县卫生计生工作在全省的知名度。还与县广播电视台合作，联办“卫生计生在线”栏目，每周播出一次，全年共录制卫生和计划生育专题片3部，组织县广播电视台进行卫生和计划生育工作报道93余次，在县电视台刊发卫生计生内容的公益广告11期。**统计信息管理**。深入开展基础信息清理核查，年内共清理往年出生漏报211例，其中违法生育195例；清理育龄妇女漏管57人，性别错报24例，避孕措施错报35例，完成计生关系迁移审核67例。充分利用计划生育手机即时随访系统，截至2016年年底，全县手机即时随访系统登录率、随访率、指导率分别达到95%、96%、98%，同比上升均超过2个百分点，有效堵塞管理漏洞和服务死角。加快推进人口基础信息共享平台建设，年内共比对公安出生落户信息13578条，民政婚姻登记信息12476条，住院分娩信息56073条，卫生防疫信息15671条。**基层指导工作**。严格落实单位法人代表计生工作责任制，做到管理场所、人员、职责、责任、考核“五到位”，实现城市计生服务管理无缝隙、全覆盖。加大流动人口服务管理力度。出台《关于做好流动人口基本公共卫生计生服务的实施意见》，全面落实孕产妇和儿童保健管理、健康教育等6项重点任务，实现流动人口基本公共卫生计生服务均等化。积极探索城区计划生育“信息化”服务管理新模式,依托“网格化”建设成果，进一步完善“城市社区卫生计生信息化系统”，实现工作任务量化和工作责任具体化。**计生助福行动**。开展人口关爱募捐活动，坚持党政干部带头捐、机关干部踊跃捐、村计生主任积极参与捐，全年共募集捐款23万余元。开展“计生助福—情暖凤凰城”和“计生助福—金秋送暖”活动。春节前，为全县61户计生特困家庭发放帮扶救助金18.38万余元。为94户18周岁以下独生子女父母死亡家庭发放救助金5.88万元。**青春健康教育工作**。打造了利津县津苑社区青春健康教育俱乐部和凤凰城实验学校青春健康教育俱乐部。从教育、卫生等部门选派11名懂心理学、热爱公益事业的工作人员组成青春健康教育师资，组织开展青春健康知识培训班4期，受教育青少年200余名。2月初，国家生殖健康产业协会副会长马力、副会长李艳秋、省计生协副会长李养珍亲临津苑社区参观指导；10月份，省计生协会组宣部部长孙学礼、项目部副部长翟洪月对凤凰城实验学校青春健康俱乐部进行验收，凤凰城实验学校青春健康俱乐部被命名为青春健康教育示范基地。

【卫生监督执法】 **医疗卫生监督**。推进乡镇卫生院依法执业工程，对个体诊所、村卫生室依法执业、镶牙场所非法开展口腔诊疗活动进行专项整治，综合执法监督检查423家，制作卫生监督意见书900余份，依法取缔23家，立案3起，罚款8000元，没收器械5件，1起非法行医案移交公安机关，有效净化全县医疗市场。**公共场所监督**。根据公共场所登记台账，按照创建省级卫生城复审的标准，对全县公共场所进行拉网式检查。2016年，监督检查公共场所308家，从业人员健康体检910人，卫生知识培训910人；监督检查餐饮具集中消毒单位4家、16次，抽样16份；监督集中供水单位3家、12次，抽样60份。共下达监督意见书640份，提出整改意见1200余条，有效提高公共场所卫生水平。**开展卫生计生综合监督提升年活动**。部门联动、协调配合，深化打击非法行医，积极开展餐饮具集中消毒单位专项整治。2016年，出动执法人员1300人次，执法车辆450台次，监督检查各类单位1080余户次，收缴药品3箱，收缴医疗器械3台件，拆除灯箱牌匾15块，张贴告示15张，依法取缔23家，立案3起，罚款8000元，其中移交公安机关非法行医案件1起，有效提升医疗服务和计划生育监督工作水平。

【中医药建设工作】 2016年，全县7处卫生院全年共完成中医类门急诊72865人次，占全部服务量的30.04%。启动国医堂建设。启动北宋镇卫生院国医堂建设，截至11月底已完成国医堂整体建设，申报2家省级中医馆，通过初步验收。加强中医药人才培养。开展“西学中”培训，做好传统医学确有专长人员考核、中医五级师承教育工作，组织全县160多名中医药人员参加中医中药行中医药适宜技术培训。中医药人员继续教育全部纳入中医药继续教育管理平台。

【爱国卫生工作】 以迎接省级卫生县城第二轮复审和开展第28个爱国卫生月活动月为契机，扎实推进全县爱国卫生运动。4月份成立指挥部，召开14次调度会议、1次市级暗访通报会议和2期培训会议，印发红头文件17个、《督查通报》38期、《工作动态》10期，复审迎检指挥部三个督导组每日督导检查，形成了督促、整改、提高良性运转机制。以“六乱”为治理重点，开展中心城区公共环境综合治理网格化管理集中整治行动，出动大型翻斗车600车次，清扫路面200万平方米，清理垃圾死角620余处，清运垃圾8000方，清理堆物堆料150吨，清理小广告1300余处，清理绿地2000余平方米，整治背街小巷26个，整治城乡结合部13处，城乡居民居住环境得到明显改善。加强病媒生物防制、健康宣教管理，集中开展春季集中灭鼠、夏季蚊蝇消杀活动，各网格单位按照统一要求，共建室外健康教育栏500余个，毒饵站2600余个，投放毒饵350余公斤，共投放灭蚊蝇药物1300余公斤，有效杜绝了鼠患和夏季传染病的发生。大力整治马路市场和临时摊贩，新建便民市场4个，新建移动公厕7处，改造提升已有公厕11处，整合单位开放公厕17处；重点治理利龙市场、公交车站环境卫生，加强“八小”场所排查整治；督促建筑工地增配车辆冲洗设施，及时清运建筑垃圾；大力整治城中村、城郊村卫生死角和沟渠河道，持续管控三里、黄家、枣园市场，城乡居民环境得到明显改善。10月份，顺利通过了省爱卫会复审验收，并在全省予以通报表扬。积极开展基层卫生单位创建活动，新创建省级卫生乡镇1个、卫生先进单位6个、卫生村14个，市级卫生先进单位8个、卫生村9个、无烟单位13个。配合做好农村旱厕改造工作，指导全县完成4664户农村改厕任务。

（薄官浩　安立伟　任杰）

疾病防控

【机构与职责】 利津县疾病预防控制中心为社会公益类事业单位，成立于2007年3月15日，正科级，核定编制33人。内设办公室、财务科、计划免疫科、传染病防治科、结核病防治科、公共卫生监测科、预防体检科、检验科8个内设机构。现有在职干部职工31人，其中高级职称5人，中级职称15人。2016年疾病预防控制工作坚持“预防为主”的工作方针和“科学防治，保障健康”的服务理念，其主要职责是疾病预防与控制、疫情监测与报告、应急预警与处置、卫

开展结核病防治宣传活动

2016年利津县计划免疫接种总表

		免疫规划疫苗接种
卡介苗	应种（人次）	2187
	实种（人次）	2184
	接种率（%）	99.86
脊灰	应种（人次）	11748
	实种（人次）	11701
	接种率（%）	99.60
百白破	应种（人次）	11791
	实种（人次）	11733
	接种率（%）	99.51
麻风	应种（人次）	2612
	实种（人次）	2597
	接种率（%）	99.43
乙肝	应种（人次）	8613
	实种（人次）	8609
	接种率（%）	99.95
乙脑	应种（人次）	5345
	实种（人次）	5318
	接种率（%）	99.45
流脑	应种（人次）	9759
	实种（人次）	9718
	接种率（%）	99.58
甲肝	应种（人次）	3081
	实种（人次）	3071
	接种率（%）	99.68
麻腮风	应种（人次）	5620
	实种（人次）	5606
	接种率（%）	99.75
白破	应种（人次）	2295
	实种（人次）	2289
	接种率（%）	99.74
麻腮	应种（人次）	4344
	实种（人次）	4006
	接种率（%）	99.22
合计	应种（人次）	67395
	实种（人次）	66832
	接种率（%）	99.16

生检测与评价、健康教育与促进等。2016年，投资66万元配备实验室和卫生应急设备9类11台件，投资25.8万元购置X光机1台，为全县11处预防接种单位配备冷链设备71台，安装智能冷链测温监控系统，实现疫苗全程冷链运输储存和监测。

【疫情报告】 2016年全县共报告法定传染病19种1467例，发病率498.29/10万。其中手足口病577例；乙型肝炎253例；其他感染性腹泻217例；布鲁氏菌病146例；肺结核107例；梅毒79例；流行性腮腺炎27例；淋病、丙型肝炎各12例；流行性感冒8例；痢疾、麻疹各7例；百日咳、猩红热各4例；急性出血性结膜炎3例；包虫病、甲肝、戊肝、肝炎（未分型）各1例。2016年处理预警信息91起。其中其它感染性腹泻38起，手足口病30起，麻疹18起，流行性腮腺炎、水痘各2起，不明原因肺炎1起。

【艾滋病防治】 积极开展自愿咨询和日常检测工作。县4处VCT室咨询检测1140人，未发现HIV感染者。全年共检测19188人，其中术前检测5888人，受血（制品）前检测57人，性病门诊914人，其他就诊者检测257人，孕产期检查8932人。

【结核病防治】 2016年，利津县规范实施省级结核病新型防治服务体系项目，共接诊可疑肺结核病人647例，拍摄胸片647人。共发现活动性结核病人81例，其中新发涂阳7例、复治涂阳病人3例，涂阴病人70例，结核性胸膜炎1例。对符合免费治疗的81例病人全部进行正规化疗管理。

【布鲁氏菌病防治】 布鲁氏菌病防治工作按国家级监测点要求规范管理，深入开展布病健康促进活动，在盐窝中心卫生院建设布病健康宣传教育基地，让群众更加直观、近距离的认识布病的危害、传播途径和防护措施，不断增强群众布病防护的自觉和能力。主动监测和接诊1888人，发现阳性患者390人，对175名管理病人全部建立布病档案，对55人进行了布氏杆菌血培养。

【慢性病防控】 2016年，全县共建立健康档案273516例，其中建档高血压21943例，规范管理14133例；建档糖尿病7375例，规范管理4894例。联合教育、食药监等部门积极做好碘缺乏病防治和减盐防控高血压项目，对全县5个乡镇街道300户居民食用盐进行检测。依托中央补助地方卫生经费重性精神疾病管理治疗项目，2016年共登记重性精神疾病患者1260人，患者检出率4.26‰，管理率99.44%，规范管理率86.39%，服药率54.99%。全县通过死因登记报告信息系统报告的死亡病例共有2406例，粗死亡率为796.09/10万，报告死亡率为7.96‰。2016年全县各报告肿瘤病例387例，网络报告户籍人口肿瘤病例1012例，肿瘤报告发病率为337.33/10万。2016年报告户籍人口脑卒中病例1820例，脑卒中报告发病率为602.19/10万。报告户籍人口冠心病病例242例，冠心病报告发病率为80.66/10万。

【免疫规划】 1. 认真开展辖区所有预防接种门诊规范管理专项活动，规范接种门诊设置，加强接种门诊和接种人员资质管理，规范接种门诊服务辖区和开诊时间，撤销利津县疾病预防控制中心预防接种门诊。2. 继续保持高水平免疫规划疫苗接种率，全县国家免疫规划疫苗总应种67395人次，总实种66832人次，接种率为99.16%。儿童建卡、建证率达100%。（见《2016年利津县计划免疫接种总表》）。3. 加强免疫规划针对传染病管理。脊灰疫苗常规免疫工作常抓不懈，顺利完成脊灰疫苗免疫策略调整。报告全县AFP病例1例，完成流调、采样、随访工作。报告麻疹疑似病例18例，确诊麻疹病例7例。全县补种含麻疹成分疫苗343针次，接种医护人员322人次，接种外来务工人员194人次，应急312针次，确保全县无麻疹聚集性病例发生。4. 加强疫苗使用管理。加强山东非法经营疫苗案件调查，开展自查自纠，配合做好监督检查，积极回应社会关注，全面做好各类问题疏导。5. 加强预防接种安全管理。举办免疫规划培训班12期，培训人员150余人次，举办免疫规划技能比赛1次。全县共报告预防接种异常反应58例，均为一般反应。

【健康教育和病媒生物防制】 2016年，利津县抓住争创全省健康促进县和卫生县城复审的契机，建立健全覆盖县乡村三级的健康教育网络，邀请省疾控中心健康教育专家对全县180多家单位进行健康教育培训。整理完善健康教育档案136卷，制作健康教育模板7套，全县设立健康教育展板265块，开展卫生日宣传9次，推送健康教育短信3万余条，播出健康教育专题栏目30期。成立病媒生物防制技术指导组，发放宣传资料13000多份，采购发放毒饵站1700个、灭鼠蚊蝇药1200Kg。对重点行业病媒生物防制工作进行专项检查，搞好四害密度监测，科学指导全县消杀活动，顺利通过卫生城复审，创建全省健康促进县工作正在有序开展。

【公共卫生监测】 2016年，采集食品样品131份，报告食源性疾病网络直报病例224例，食源性疾病爆发病例流行病学调查4起13例。对我县辖区内3个自来水厂、城区及各乡镇街道生活饮用水进行枯水期和丰水期水质监测采样，共采集出厂水6份，末梢水46份。

（曹福龙）

妇幼保健

【免费孕前优生健康检查项目】 2016年，印制《致全县广大已婚育龄夫妇的一封信》2万份、宣传彩页10余种，对免费孕前检查检查工作进行大力宣传，有效提高群众的参与性和主动性。1–12月份全县共检查目标人群3487对，高风险258人。

【免费优生监护项目】 制定《利津县免费孕期监护项目实施方案》《唐氏综合征免费筛查工作方案》，确定服务对象、服务内容及工作目标，明确各服务机构及其职责。印制优生监护服务家庭档案、优生监护告知书，做到档案统一、规范。加强宣传力度，印制各种宣传手册，广泛深入宣传孕期监护的重要性和必要性，不断增强育龄群众优生意识，努力提高怀孕妇女参与孕期监护的积极性和主动性。1–12月份，检查4160人，其中高风险103人。

【农村35–64岁妇女宫颈癌乳腺癌筛查】 2016年县妇幼保健计划生育服务中心承担国家卫生部宫颈癌普查以及市委、市政府“两癌”筛查项目，2016年共查21141人次，确诊宫颈癌13人，确诊乳腺癌15人。

【残疾儿童康复项目】 县妇幼保健计划生育服务中心高度重视残疾儿童的康复救助工作，先后成立相关科室，配备康复医务人员，到外地进行人员培训，配齐开展工作的PT、OT、ST、感觉统合训练、水疗等医疗器材，建立从病儿筛查到评估诊断、康复救助、家长培训等一系列康复服务程序，建立按标准设置、环境设置合理、布局流畅，消防安全设施齐全配备的场地，对周围脑瘫、足内翻、足外翻等残疾儿童进行救助。根据市残联安排，县妇幼保健计划生育服务中心正在为21名残疾儿童免费进行康复训练。

【儿童系统化管理】 继续开展0–6岁儿童系统化管理工作，不断提高儿童健康水平。儿童系统管理率为99%。1–12月份，新生儿疾病筛查2117人次；新生儿听力筛查2098人次。

【机关育龄妇女查体】 圆满完成全县机关、企事业单位育龄妇女健康查体任务，并对下岗女职工及流入已婚育龄妇女进行免费健康查体。全年共查体2848人，查体率达到了98%以上。

（刘成强）

新华书店

【概况】 新华书店利津分公司内设二室三科，即办公室、仓库办公室、财务科、教材科、直销科；下设一处销售网点：县城中心门市部，营业面积600平方米，建设校园书店二处，并建有1个电子商务网站。书记兼经理1人，副经理兼工会主席1人；现有干部职工18人，在职员工16人，其中本科以上文化程度的2人，专科以上文化程度的7人，党员10人，具备各类专业技术职称的10人。2016年完成营业收入为1052.6万元，利润25.11万元，比2015年营业收入增长了17%，利润为2015年的3倍，同时也超额完成了年初省店下达的营业收入和利润指标。

【图书发行】 2016年连锁销售一般书码洋为46.4万元，比去年增长了5.5万元。馆配会配书14万元，完成下达的任务指标，完成41个村的农家书屋配书工作，共配书码洋130万元，销售重点书《孟子文献集成》5套，码洋6.3万元，《中国军事大百科全书》2套，码洋1.9万元，第二届光明书香节销售特价书109054.00元。12月份销售《胡锦涛文选》1005套，码洋为13.9万元，中共十八届六中全会学习文件1000余套，码洋4.5万元，为两个单位配书6万元，元旦前县电业局订购4.8万元的购书卡，移动公司订购9000元的购书卡。

【送书下乡】 全方位服务“三农”。1. 定期开展服务三农图书联展活动。在活动的运作中，要深入村头、田间、集市、春会，贴横幅标语，设置专架、专柜，提供参考书目，做好导读、导购，真心实意地为农民读者服务。2. 坚持送书下乡。继续加大工作力度，从“三农”的实际出发，做到“送”“扶”“帮”“建”有机结合，在传播先进文化、促进农业发展、密切工农关系上下功夫，大力支持农民致富奔小康。3. 主动登门征订。经常深入到乡镇的机关、学校、企事业单位和广大农户联系征订图书，并做到送书上门，有求必应，让农村读者足不出户就可以读到满意的图书。

【教材征订与发行】 2016 年共完成教材教辅码洋为 861.83 万元，其中教材 449.9 万元，教辅为 413.7 万元，2016—2017 年利津学生数为 29309 人，小学 1—6 年级为 13755 人，教辅码洋为 36.82 万元，生均为 26.77 元，15 年生均为 1.24 元，初中学生 9004 人，教辅码洋为 107.32 万元，生均为 119.19 元，2015 年生均为 0.90 元，高中 1—3 年级学生数为 6550 人，教辅码洋为 267.81 万元，生均为 408.8 元，2015 年生均为 366.16 元，2016 年 1—高 3 教辅生均为 141.14 元，2015 年生均为 81.52 元。

【校园书店建设】 截至 2016 年年底，建成两处校园书店。利津县二中正在搬迁新校址，公司准备在二中校园内新建第三处校园书店，现正在协商规划中。图书进货贴近教改与学科设置，精准定位市场，必要时邀请老师一起选订图书类别与书目，全面保证图书质量，充分体现新华书店的人文关怀。进而快速占领市场，赢得竞争主动。

【图书发行队伍建设】 为贯彻落实集团开展对标超越活动的要求，8 月份，组织全体职工前往对标单位台儿庄区分公司考察学习，通过店堂体验、员工座谈，对方在业态创新、模式创新、机制创新方面所取得的成绩和经验深受启发。

（张宇晴）

黄　河

Yellow River

黄河河务

【防凌防汛】 2016年1月17日至2月12日，利津县黄河出现封河现象，全局职工严密组织，措施到位，安全度过凌汛期。备汛期间，全面落实以行政首长负责制为核心的各项防汛责任制，县委书记杜振波、县长燕振诚先后检查督导黄河防汛工作；积极开展防汛宣传、预案修订、工程普查、河势查勘等工作；做好防汛“五落实”，与企业签定了预购协议、设备预租赁协议；落实群众防汛队伍3.8万人，6支民兵抢险队，4支企业抢险队和1支职工抢险队；措施到位，没有出现险情。联合县人武部开展黄河防汛抢险演练，筹备并参加东营市油地军黄河防汛联合演习；与省局防办、职工学校联合制作山东黄河防汛抢险技术堤防抢险技术系列教学片，提高职工抢险水平的同时，为下一步抢险技术培训提供了教学资料。

【引黄供水】 2016年，利津河务局及时了解地方旱情发展，积极开展“水资源管理与调度督查年”活动，挖潜存量、开辟增量，严格水资源用处管理，对违规用水情况进行了及时处理。科学申请用水指标，为地方用水当好参谋、提供服务，保障工农业生产和人民群众生活用水安全，在黄河水资源整体匮乏的情况下，积极向上级申请用水指标，全年累计引水2.54亿立方米，有力的服务全县经济建设和全县的人畜安全用水。

【工程管理】 2016年共植树1.5万株，使用养护土方2.44万立方米，石方0.37万立方米，对5项工程进行专项整修。胜利大桥以下堤防工程面貌明显提升，王庄管理段庭院成功晋升为黄委示范工程，宫家险工通过黄委示范工程复验。推行工程管理问题销号制，强化责任落实，在克服各种不利因素的情况下，汛前、年终工程管理在山东黄河河务局检查中取得第二名和第六名的成绩。

【工程建设】 2016年，利津黄河下游“十三五”防洪工程建设全面开工建设，项目建设涉及堤防加固38公里，堤顶道路17.2公里，险工改建10道坝垛，防浪林种植17.5公里。移民迁占，全局迎难而上，主动担当，积极与上级、县政府有关部门、乡镇（街道）联系配合，完成2544亩永久征地的勘测定界，149户的入户评估调查和70个村的地面附着物复核调查工作。工程建设，綦家嘴险工和王庄险工改建主体工程完工，放淤固堤工程累计完成土方83万立方米。

【水政执法】 普法工作措施到位，利津河务局被评为“山东黄河2011—2015年法治宣传教育先进单位”，另有5名同志分获黄委、省局、管理局2011—2015年“法治宣传教育先进个人”称号。全局启动“七五”普法工作，开展世界水日、中国水周等法制宣传活动，营造良好的法治氛围。水政科、执法大队、黄河派出所联合执法，加大执法力度，查处各类水事违法案件41起，依法拆除违章房屋2处，清除阻水片林面积34亩，严厉打击违法违规侵占河道和非法采砂行为。依法监管油田打井、黄大铁路、800千伏跨河高压线等项目，做好了天汇、孤罗东、万通等输气、输油管线的手续申报和政策指导工作，依法保障自身合法权益，提升了水行政的影响力。

【科技创新】 利津河务局大力鼓励职工多出成果，为职工创新工作积极搭建平台。“工程巡查远程监控视频系统”观测点达到10处，在防汛会商室安装数字影视墙，会议可视系统，有力地推动利津黄河“数字防汛”建设的进程。张滩管理段荣获“山东省创新型班组”称号，荣获黄委科技进步二等奖1项，三新认定3项；省局科技进步奖2项，科技火花奖2项；有2项荣获省、市职工优秀技术创新成果。

【党建与精神文明建设】 利津河务局落实从严治党要求，强化“两个责任”落实，认真履行“一岗双责”，加强基层党组织标准化建设，开展“两学一做”专题教育，各党支部严格“三会一课”制度，着实提高了党员干部职工的党性修养和廉洁自律意识。利津河务局连续14年保持省级文明单位称号。《大众日报》专版刊发报道《利津治黄：生命线上的薪火相传》，将利津治黄事业的传奇历史进行立体式呈现，在地方引起较大反响。在全局开展争创文明科室、文明单位、满意食堂、十佳孝星等活动；水政监察大队荣获“利津县青年文明号”称号，职工王勇荣获“山东黄河最美青年”称号，举办利津县纪念人民治黄70周年座谈会；征集家规家训、家书家信及家风故事128篇；开展丰富多彩的文体活动，筹办演讲比赛、朗诵比赛、劳模座谈会、纪念人民治黄70年运动会，文艺晚会等活动；下派第一书记对崔家庄村开展驻村帮扶工作，协调市、县财政资金建设进村道路、文化大院、自来水等设施，形成良好的文明创建氛围。

（蔡强　吴彦）

黄河水文

【测报工作】 2016年，黄河发生全流域性干旱，黄河上游来水大为减小，下游的引水大大增加。由于小浪底水库没有足够的水量，本年度没有进行调水调沙工作。利津站主要完成了全年的水沙测报工作。由于黄河发生跨年度全流域性干旱，使得水资源统一调度加测加报变得时间长、任务重、难度大。除在7月出现短期较大流量外，全年出现了多年不遇的长期小流量，利津水文站根据上级要求，严格控制水情变化，及时测验并加报给水调部门，圆满地完成了全年的测报工作。

【凌汛测报】 受厄尔尼诺现象影响，进入1月下旬，黄河下游气温持续走低，1月24日利津站实测最低气温达到零下18℃，断面出现封冻。至2月9日累计封河时间17天。面对较为严重的凌情，全站职工在春节期间日夜坚守在凌情测报第一线，顶风冒雪战严寒，发扬黄河水文职工特别能吃苦、特别能战斗的精神，扎实开展凌情测验，取得一组组准确的水文数据，为黄河下游防凌提供及时的水文情报。

【汛期水文测报】 2016年主汛期，受黄河中游来水影响，利津站最大流量达到1500立方米/秒。虽然流量不大，但站上仍然高度重视，扎实开展各项水文测报工作。流量超过1000立方米/秒时，及时更换了大钢板船进行流量、含沙量测验，确保测验精度。期间，开展流量、输沙率选点法测验2次，并进行测点流速精度分析。强化汛期值班工作，站长及站务会成员轮流带班，带班及值班人员24小时驻守在站院，全面负责水情值班、站院及测船等设施设备的安全值班等，分工明确，各负其责，确保汛期水情信息的时时畅通。同时，站长通过电话询问、现场突检等方式强化对水情值班人员的值班督察，确实将汛期值班作为洪水测报的一项重要任务来安排部署，并狠抓落实。

【安全生产】 年初，调整充实利津水文站安全生产领导小组，制订完善利津水文站安全生产规章制度，进一步规范了各项工作程序，购置补充安全器材。加强安全生产教育。及时向全站职工传达学习上级有关安全生产的规定、通知、通报等文件，强化广大员工的安全生产意识。每月进行一次安全检查，开展“查隐患、保安全”竞赛活动，发现的不安全因素立即解决，消除安全隐患。2016年，实现了全年安全生产无事故的目标。

（宋振苏　张汝军）

社会事业

Social Undertakings

民 政

【社会救助体系建设】 **提高社会救助标准**。自2016年1月1日起，城市低保标准每人每月提高30元，达到每人每月550元；农村低保标准每人每年提高360元，达到每人每年4120元；农村五保标准每人每年提高500元，达到每人每年7300元。低保动态管理。及时注销死亡和超出低保条件家庭，各乡镇（街道）按月对低保对象进行调整。1—11月份累计注销低保人员273户、496人，新增低保对象699户、971人（其中农村低保对象694户、966人，城市低保对象5户、5人），11月末全县城乡低保对象有6779户、9420人（农村低保对象6505户、9022人，城市低保对象274户、398人），发放低保资金3097.7万元。**加大敬老院管理力度**。全县六处乡镇敬老院拥有床位数496张，供养五保老人382人，配备管理和服务人员70人，其中53名服务人员领到五级资格证书，服务人员持证上岗率达到100%，预拨付五保供养经费134万元。加大消防安全监督检查力度，会同消防大队、安监部门3次开展拉网式隐患排查，对排查出的隐患建立《利津县民政服务机构消防安全专项治理台账》，明确整改内容、整改措施、责任人和整改时限，同时，积极整理上报利津县特困人员供养机构安全管理改造提升计划，争取省市专项资金，提升敬老院管理水平。**大病医疗救助**。2016年有730名困难群众符合全县医疗救助政策，比去年增加44%；审核费用总额1411余万元，比2014年增加61%；2015年度低保边缘对象的起付线由4万元降低为3万元，救助对象扩展涵盖了因病致贫的贫困户救助资金总额384万余元。扶贫救助。救助2015年度对因病致贫187名困难群众，救助资金114.2万元；门诊救助27名困难群众，救助资金2.6万元。

【惠民政策落实】 **养老服务业**。1.加快农村幸福院建设。2016年新建的10处农村幸福院进展顺利，已完成建设工作，即将接受验收，投入运营后新增养老床位200张。2.积极推动政府购买居家养老服务工作。2015年12月筛选凤凰街道20名、利津街道9名老年人进行政府购买居家养老上门服务试点。6月份开始正式运营，惠及全县232名符合条件的困难居家养老老年人。3.加快推进利津县社会福利中心综合公寓楼建设。截至2016年年底，主体已完成，正在进行室内水电暖安装。4.组织开展养老培训工作。组织有关人员参加养老护理员职业资格认证班、2016年民政行业国家职业技能鉴定考评员资格认证班、老年人能力评估班等，参与人员19人次。**各项社会福利保障**。1.孤儿保障工作。全县共有96名孤儿，全年发放孤儿基本生活费84.2万元。2.基本殡葬费补贴发放工作。自2016年1月1日起，在全县城乡居民中实行基本殡葬费补贴制度，以补贴形式每人给予1000元，2016年共计申报241人，共发放资金24.1万元。3.留守儿童摸排工作。联合公安、教育等部门对留守儿童信息进行逐一核实，共排查留守儿童151人，留守妇女136人，留守老人600人。4.移风易俗工作。全县512个村和5个居委会均成立了红白理事会。组织对村红白理事会主要成员进行了轮训，培训人数达1600余人。5.残疾人两项补贴审核发放工作。两项补贴各项审核工作已经完成，共确定困难残疾人生活补贴享受人员2889人，补贴金额402.879万元；确定重度护理补贴享受人员3796人，补贴金额209.048万元。慈善事业。组织开展“慈心一日捐”活动，截至2016年年底，共接收捐款200.8153元。推动各乡镇（街道）全部设立慈善总会，设立村级互助基金428个，实施开展“康复助医”“情暖万家”“慈心童行”“贫困母亲”等多项救助项目，投入善款208余万元。同时，大力发展义工队伍，组织开展了慈善募捐、慈善晚会、义务植树、义务献血、到敬老幸福园等义工活动20余次，参与人数达500余人次。**福利彩票销售管理**。1.实施站点正规化建设，对全县24处福彩销售站更新电子销售显示屏，店外形象牌正在策划实施阶段。2.福彩销售取得突破性进展。1—11月份共销售电脑福利彩票891万元，超额完成全年700万元的销售任务。

【双拥优抚安置】 **双拥工作**。1. 充分利用春节等重大节日，县几大班子和各双拥共建单位走访慰问驻军、驻警部队、驻训部队、烈军属和抗日老战士等，送去慰问金、慰问品折款90余万元。召开县委议军会议，为人武部拨款30万元。2. 扎实推动军民融合深度发展，开展军民融合工作调查，探索全县推进军民融合深度发展的意见和相关制度措施，充分调动县乡部门、企事业单位及“两新”组织拥军积极性，扎实开展“十送十进军营”活动，建立起社会化拥军的长效机制。2016年7月，利津县被山东省委、省政府、省军区再次表彰为“双拥模范县”。**落实优抚政策**。1. 坚持抚恤事业费自然增长机制，预拨抚恤补助资金1311万元，确保抚恤补助资金及时足额发放。2. 落实优抚对象医疗保障和救助政策。为238名优抚对象发放住院费政府补助资金69.46万元，为1444名优抚对象加入城乡居民医疗保险。**退役士兵安置**。接收退役士兵117人，符合安置条件21人。严格按上级要求积极规范安置运作程序，退役士兵文化课考试由市民政局统一组织，考试成绩在政府门户网站公布，档案考核工作由民政局联合人武部，人社局，极为共同审阅，通过公开选择岗位，其中有6名退役士兵选择机关事业单位，1名选择供电公司，3名选择油田单位，1人选择泰康人寿，6人选择县内企业，其余4人选择自谋职业，确保安置达到100%，自谋职业率达到19%，确保无任何遗留问题。**革命烈士褒扬工作**。1. 积极做好原县烈士陵园的日常维护工作，加大环境的治理力度，确保日常整洁。2. 对县烈士陵园门前桥梁进行维修，对烈士纪念堂进行基础维修，对部分损坏的排水管道进行修缮。3. 进一步完善烈士褒扬系统中烈士、烈士墓信息工作，共计完善烈士墓信息176条，录入烈士墓照片176幅。

【防灾救灾】 防灾减灾宣传活动。汇同网通公司等部门，深入开展“5·12”宣传活动，通过手机短信、展示地震知识展板、条幅、标语等方式，营造浓厚的防震减灾宣传氛围。安排专人参加全省灾害信息员师资培训，6月份对全县各乡镇（街道）救灾相关工作人员进行培训，并为各乡镇（街道）救灾相关工作人员统一配备北斗减灾信息终端，做到能够及时上报灾情。灾害救助管理。2016年全县共发生风雹灾害2次，共造成20498人受灾，紧急转移安置人口97人，农作物受灾面积1930.7公顷，成灾面积1046.7公顷，绝收面积562.8公顷，损坏农房205间，直接经济损失832万元。灾情发生后，迅速启动灾情应急响应和灾情评估机制，及时上报灾情并申请救灾资金，有效保障受灾群众的生产生活。

【社会专项事务】 **社会组织登记管理**。1. 认真开展“三证合一”工作。即税务登记证、组织代码证、社会组织登记证统一为社会信用代码证，截至2016年年底，已完成社会组织80余个。2. 新审批成立社会组织11个。3. 对120个社会组织开展年检，督导整改社会组织33个。**区划地名管理工作**。1. 认真开展第二次全国地名补查工作。完成全县512个行政村隶属关系沿革资料

2016年9月，市民政局领导检查利津县烈士陵园规范化建设

审查工作，修改完善3万多字的文档资料，完成全县地名数据库中的2800条地名登记表的8万多小项类的修正工作。2. 完成利津－沾化界线联检任务，并且对沿线界桩进行养护。3. 对185块城区标志牌进行统一的维护和更新。**社会事务服务工作。** 1. 收养登记工作。办理收养登记13件，登记合格率100%。2. 殡葬管理工作。严格“两公开一自愿”制度，规范服务收费及丧葬用品销售管理，严格执行政府定价。3. 婚姻登记工作。1—11月份共办理结婚登记1740对，离婚登记509对，补发结婚证899对，登记合格率为100%。

（郭 刚）

人力资源与社会保障

【就业工作】 2016年，城镇新增就业3674人，农村劳动力转移8862人；小额担保贷款发放644户6505万元。突出精准扶贫，加强就业创业培训。1. 围绕需求开展培训。年初由乡镇人保所，对有创业和就业意向的人员、特别是贫困对象发放征求意见表，根据征求意见，合理设置培训班次和培训课程。近两年，家政行业兴旺，重点增设家政服务培训班；2015年以来，又增设电子商务培训班，制定出台《关于加强电子商务知识培训促进就业创业工作的实施意见》《关于电子商务创业技能培训工作的实施方案》等文件，把电商基础应用、平台运行规则等课程合理搭配。2. 整合社会资源，提高培训水平。先后与县民政、县新型农民学校、残联、团委、妇联、科技局以及“好品山东”、东营家政学校等签订联合培训协议，县直部门12家单位在就业训练中心设立教学培训点，在17家企业建立实训基地，师资、设备优势互补，资源共享，实现了理论教学与模拟训练相结合。3. 加强硬件建设，提供培训保障。建设3200平方米的创业就业人才培训中心，投资170万元配备教学设备，在8个乡镇（街道）建设教学点和孵化基地。2016年，共开设计算机、家政服务等创业技能培训班117班次，培训城乡劳动者5970余人次。规划创业园区，提升创业空间。2016年以来，在利津街道枣园村规划建设占地面积3000平方米的电子商务创业园，已入驻省心宝、黄渤金滩、晖和新能源、金河滩等电商公司25家，带动就业创业768余人。实施光伏发电项目，促进就业创业。在全县实施分布式光伏发电站创业项目。建设农户每户按容量5千瓦规模建设，太阳能电池板面积50平方米，投资3.6万元左右，年发电量7000千瓦左右，户均年增收5000元以上。年内，全县农户建设30余户。适应互联网时代新要求，精心谋划创业就业电商平台。立足人社部门业务工作优势，把创业就业工作加在互联网上，规划设计中国政品网，于2015年10月完成注册，2016年2月启动运行。中国政品网共设创客家园、便捷呼叫服务、人力资源、职业培训、创业服务等板块。

【社会保障工作】 **1. 各项社会保险开展情况。**（1）企业养老保险情况。2016年，全县企业职工养老保险参保缴费人员27609人，年征缴养老保险基金约18000万元；退休职工5472人，退休平均工资1829元／月，年发放养老金12967万元（含取暖补贴等）。截至2016年年底，一次性补缴15年按规定办理领取基本养老保险手续人员263人，补缴养老保险费2756万元，月领取养老金22.54万元；以本人身份补缴2011年6月30日前应保未保年限人员247人，补缴养老保险费1650万元。（2）机关事业单位养老保险。全县事业单位8103名在职职工全部参保，养老金缴费基数月均5420元／人，月收缴养老保险1229万元；领取养老金的退休人员共计2757人，月支付养老金1189万元。收支基本平衡。此外，为离退休人员、遗属及其亲属代发统筹外项目421万元／月。（3）城乡居民养老保险。2016年度全县参保居民160050人。收缴养老保险费3839.93万元，缴费补贴6748680元（其中：政府补贴6741840元，集体补贴6840元）。享受领取保险待遇的60024人，月均发放养老金812万元；为1841名死亡人员发放丧葬费补助金约172.61万元。（4）职工医疗保险。全县参加基本医疗保险的在职职工共21370人（其中：企业、下岗及灵活就业13267人，机关事业单位8103人）。月缴纳保险费约804万元，享受医保待遇的退休人员约4885人，医疗保险费支出总额5224万元（含个人账户划入2055万元）。(5) 城乡居民医疗保险。截至2016年度全县参保缴费246015人，收缴保险费4353.99万元，特殊人群政府补贴716.78万元；再加上政府补助10530.27万元，居民医保收入共计15601.04万元。(6) 工伤保险。全县参加工伤保险的单位有327家（其中企业197家，机关事业130家），年收缴工伤保险费约658.69万元。享受固定待遇的有16人月费用2万元；2016年除享受固定待遇的16人外，享受工伤待遇76人，支付工伤保险金301.22万元。(7) 企业职工生育保险。全县参加生育保险的企业156家，参保职工13082人，收缴保险费约402万元，有357名生育职工享受生育保险待遇，共支付458万元。(8) 失业保险。全县有214家企业为11913名职工缴纳了失业保险。失业保险费征缴530万元，为全县248名享受失业保险的失业职工发放失业金105万元。2. **建立完善评先树优机制**。由人社、总工会、人行、国税、地税5部门联合下发了《关于开展诚信示范企业创建工作的实施意见》，对劳动合同全部签订、按规定全部参加各项社会保险、各商业银行无不良贷款、依法纳税、建立工资集体协调机制的企业，由人社局、总工会、国税、地税、农行、建行等14个部门单位联合审查后，认定"诚信示范企业"，激励各企业自觉缴纳社会保险。截至2016年年底，已评定利津县"诚信示范企业"38家。

【机关事业单位人事管理】 制定全县机关事业单位干部管理办法。围绕"发挥作用、人尽其才"中心，制定《关于进一步规范机关事业单位工作人员管理工作的实施意见》，对机关事业单位工作人员配备、调动、借调、假期管理、辞职、辞退、解聘、辞聘、上挂、下派、福利待遇、轮岗、考核奖惩16个方面作出明确的规定，并对机关事业单位工作人员按照《意见》标准进行综合考评，实现全县干部人事管理规范化。规范事业单位专业技术岗位竞聘上岗。为充分调动专业技术人员的工作积极性，提高工作效率和工作质量，制定出台《关于专业技术岗位竞聘上岗的工作意见》，为全县专业技术人员岗位竞聘提供政策依据。完成了县级以下公务员职务与职级并行工作，为435人落实了政策。

【基层平台建设和一体化运行】

基层平台建设。累计投资300余万元，为8个乡镇（街道）人力资源社会保障所统一配备电子显示屏、计算机、打印传真复印一体机、身份证识别仪等办公设备，按服务对象人数要求配备工作人员，对条件成熟的社区、村居，完善软硬件设施，建设人力资源和社会保障服务站，512个行政村全部配备了协理员，实现"平台到村、联系到户、服务到人"。信息一体化试点工作。2016年系统正式上线运行，就业、社保经办业务初步实现综合柜员、市域一体、"通存通兑"、业务跟踪、事务流推送等一体化管理。职能下沉。制定出台《利津县人力资源社会保障业务下沉实施方案》，进一步明确了经办流程，把就业服务、人力资源服务、劳动监察等69项业务下沉到基层人社所。

（张文茂）

老龄事业

【概况】 县老龄委下设办公室，明确为县政府职能部门、全额拨款参照公务员管理正科级事业单位，编制3人，现有主任1名，主任科员1名，副主任1名，副主任科员1名。各乡镇街道、村设立老龄工作委员会，配备老龄专兼职干部，组建县、乡、村三级上下贯通、协调一致的组织领导体系。

【养老保障工作】 2016年度，全县符合救助条件的70—74周岁老年人9240名，75—79周岁老年人5988名，80—99周岁老年人6961名，按照70—74周岁每人每年420元，75—79周岁每人每年730元，80—99周岁每人每年1100元的标准，为22189名符合救助条件的老年人发放生活救助金 1590.914 万元。老年生活救助金标准连续三年提高，70—74 周岁全县农村和城镇非离退休老年人生活救助金由每人每年 390 元提高到每人每年 420 元，并列入年度全县为民实事。扎实推动“银龄安康”工程工作，充分发挥商业保险在养老保障中的积极作用，全县 1 万余名老年人入保，保额 30 万余元。积极争取上级对全县养老服务机构的资金扶持，帮助县老年公寓和利津街道枣园敬老幸福园积极争取上级扶持资金 16.5 万元。

【老年文化建设】 联合县旅游局，共同打造綦家夹河老年生态休闲旅游观光基地，帮助协调上级专项扶持资金 30 万元。继续抓好基层老年活动室规范化建设，进一步加强指导规范和扶持力度，加快发展步伐，提升整体水平。通过设立老年活动室，悬挂老年活动室门牌，实行活动室制度上墙，配备麻将、扑克、象棋、跳棋等基础性活动器材配套完善老年文体活动设施，为老年人开展文体娱乐活动提供基础性条件，创建县级规范化老年活动室 60 个，市级规范化老年活动室 36 个，其中 5 个规范化老年活动室争取 2016 年度上级奖补资金 17.5 万元。积极加强基层孝文化教育宣传，打造孝文化教育示范点（孝文化一条街）24 个，其中 2 个孝文化教育示范点争取 2016 年度上级奖补资金 5 万元。充分整合县老年体协、县老年大学等老年组织力量，组织开展好老年文化下乡、老年文艺展演、老年文体比赛等文体活动，先后组织消夏老年文艺展演、门球、太极、象棋等多次大型老年文体比赛。

【老有所为】 依托五老志愿者队伍，先后组织开展暑期网吧巡查、送戏下乡、慰问演出、为农村老党员、老干部、老退伍军人义务书写春联等多次公益活动，通过深入开展多种形式的老有所为活动，引导广大老年人发挥自身优势，力所能及地参与政治、经济、社会、文化建设，为全县经济社会发展献策出力、再立新功。

【敬老月庆祝活动】 2016 年，县政府办公室转发市政府办公室《关于开展 2016 年“敬老月”活动的通知》，对开展庆祝活动作出安排部署；县电视台开辟老年节宣传专栏，报道节日庆祝活动；通过县城各个大型电子显示屏和居民住宅小区电子显示屏，播放宣传片和宣传标语；县老龄委各成员单位悬挂敬老横幅，各乡镇（街道）、村（居）都通过制作宣传牌、展板、张贴宣传标语等形式开展宣传教育活动，营造尊老敬老爱老助老浓厚氛围。市领导对我县利津街道枣园敬老幸福园、百岁老人和老年人代表进行走访慰问，县四大班子分管领导分别对部分高龄老年人进行走访慰问，县老龄办对全县 95 周岁以上老年人进行走访慰问。百岁老人长寿补贴金由原来每人每月 500 元提高到每人每月 600 元，共发放 9 人次 38400 元。县老体协、县老龄办联合举办庆祝老年节全县老年人太极拳剑比赛、老年门球赛。各级医疗卫生机构为全县 60 周岁以上老年人免费健康查体，并建立健康档案。各级各单位纷纷开展以走访慰问、座谈交流、学习参观、健康查体、志愿服务等为主要内容的庆祝活动。

【老年人权益保障】 大力推进老年公益维权服务示范站创建工作，积极培育基层维权先进典型，并以适当形式推广其为老服务经验，上半年推荐利津县法律援助中心参加全省老年人维权示范站评选。以农村老年人和城市低收入老年人作为维权服务和社会保护的重点，不断加强老年法律援助、司法救助和法律服务，全县共办理各类老年人法律援助案件 30 余件，向老年群众发放普法宣传材料 1 万余份，148 法律服务专线解答涉老法律咨询 300 人次，化解了大量的矛盾纠纷，切实维护老年群众的合法权益。11 月份，联合县司法局组织开展“法治阳光温暖老龄”活动，主要包括法治阳光“周讲”进老年课堂，法治阳光“一对十”结对帮扶进养老机构，法治阳光“法律诊所”进社区、村居，受惠老年群众 3000 余人。

【活动开展】 组织开展“情系夕阳——暖冬行动”。11 月下旬至12月上旬组织开展“情系夕阳——暖冬行动”，主要目的是弘扬敬老传统，帮扶贫困老人，助其温暖安全过冬。援助对象为全县高龄贫困老年人。全县共安排40人，其中：北宋镇4人、盐窝镇6人、陈庄镇12人、汀罗镇3人、明集乡5人、凤凰城街道10人。受助困难老人每人一次性发放现金500元。组织开展“和谐利津•敬老服务基层行”活动。印发《关于开展“和谐利津·敬老服务基层行”活动的通知》，组织举办敬老服务基层行启动仪式。1.送法规。向广大老年人发放《中华人民共和国老年人权益保障法》《山东省老年人权益保障条例》（“一法一条例”）单行本1万余本。2.送文化。组织举办全县老年人才艺展演、全县老年人广场舞大赛等多项文体活动，有效丰富了老年人精神文化。3.送健康。组织医疗卫生机构为全县老年人进行免费健康查体，建立健康档案。4.送温暖。充分利用春节、老年节等传统节日的时间节点，广泛组织开展走访慰问、志愿服务等活动，通过物质供给、精神慰藉等方式为老年人送温暖。建立全县贫困老年人信息平台台账。印发《全县贫困老年人生活状况调查表》和《全县贫困老年人生活状况调查汇总表》，组织各乡镇街道老龄办在搞好与当前扶贫工作结合的基础上，对基层贫困老年人基本情况进行调查统计，建立全县贫困老年人信息平台台账，据统计，全县60周岁以上贫困老年人共958人。建立全县省定贫困村老龄工作台账。组织开展全县省定贫困村老龄工作情况统计，对老年人口数、老工委情况、老年活动室情况、老年组织情况等进行全面摸底，基本掌握全县25个省定贫困村老龄工作情况，建立全县省定贫困村老龄工作台账。

【百岁老人】

李金玉，男，北宋镇河套李村人，102岁，1914年7月10日出生，身份证号370522191407101414，县河务局离休干部，1948年2月参加工作，1948年6月入党，1971年退休，后改离休，育有一子一女，身体条件一般，能自理，能交流，现居住滨州。

高德芬，女，北宋镇董王村人，101岁，1915年12月22日出生，身份证号370522191512221426，身体健康，生活能自理，能做针线活，育有2子3女，随孩子们一起生活，老人生活简单，饮食粗茶淡饭。

刘金娥，女，盐窝镇盐西村人，105岁，1911年10月4日出生，身份证号码：370522191111040421。爱好剪纸，一生注意卫生，饮食起居规律，为人和气、热心，善吃素食，勤于活动。育有2子1女，和次子伍汉杰（独身）在一起生活，居住扶贫房两间，依靠低保收入生活。身体健康硬朗，基本能自理。

穆丙玉，女，盐窝镇张冯村人，103岁，1913年11月23日出生，身份证号码：370522191311230422。爱说笑、爱走路，曾参加过1958年生产大跃进，经历过三年自然灾害困难时期，育有2子1女，现和长子扈景安在一起生活，子女都非常孝顺，老人生活幸福。

陈建民，男，盐窝镇郭西村人，102岁，1914年11月14日出生，身份证号码：370522191411142016。育有6个子女，以前轮流供养，现在基本上由其四子陈国资照顾，身体有病，生活不能自理。

黄培英，女，盐窝镇杨柳村人，100岁，1916年8月26日出生，身份证号码：37052219160826042X。育有5个子女，自己居住在5间砖房，由其四子杨振怀照顾。身体健康，基本能自理。

黄金荣，女，汀罗镇后墩村人，100岁，1916年8月29日出生，身份证号：370522191608292165。居住在寿光市大家洼，随二儿子一起生活，育有2子2女，身体状况一般，饮食习惯少吃肉多吃素，早睡早起。

（周国松）

乡镇（街道）
城市社区

Township and City Management Committee

利津经济开发区（凤凰城街道）

【概况】 位于县境南部，总面积64平方公里，辖43个自然村，43个村民委员会。截至2016年年底，全街道有5199户，总人口17969人，其中女9320人，农业人口12761人。全年人口出生率为21.4‰，人口自然增长率为15.4‰。

2016年，辖区内规模以上工业企业57家，实现工业总产值1167.03亿元，工业销售产值1156.5亿元，工业增加值增长22.4%，利税总额100.9亿元，利润总额47.5亿元，实现地方财政收入12976万元，累计完成固定资产投资32.5亿元；全年共实施产业项目12个，计划总投资129亿元。

【农业生产】 2016年，全街道耕地总面积4800公顷，全年粮食作物播种面积1600公顷，总产22500吨；棉花800公顷，总产皮棉48000吨；瓜菜200公顷，总产瓜菜7500吨。全年种植业产值8000万元。年末片林面积200公顷，森林覆盖率为15%；林果总产5000吨，林业产值1000万元。年末大牲畜存栏9608头，猪存栏6616头，羊存栏2956只，家禽存栏36万只，有水库3座，总蓄水能力2000万立方米。

【文教卫生】 2016年，全街道有九年一贯制学校1处，其中中学专任教师124人，在校学生822人；小学专任教师63人，在校学生644人，小学适龄儿童入学率达100%。有幼儿园1处，幼师17人，入园儿童237人，适龄儿童入园率达98.5%。有文化、广播站42处，建成农村文化大院42个，有农村广播室42个，农村广播、电视覆盖率均达100%。有乡村卫生室(所)11处，乡村医生27人，农村合作医疗覆盖率达100%。计划生育工作常抓不懈，全年落实节育措施人数达到1002人，全街道人口计划生育率达到99.8%。

【重点工程建设】 **大桥路西延道路及配套管网建设工程**。该工程投资1130万元，自明德路至利津汽车站西，全长900米，建设24米车行道，两侧各5米人行道、20米绿化带，铺设直径800毫米砼雨水管线、直径600毫米砼污水管线。年内，已完成清障和部分路基施工。**利二路西延道路及配套管网建设工程(续建)**。该工程投资1500万元，自津八路至规划津十路，全长1200米，建设24米车行道，两侧各5米人行道、15米绿化带，铺设直径800毫米砼雨水管线、直径600毫米砼污水管线。已完成清障和部分路基施工。**津九路南延道路及配套管网建设工程**。该工程投资750万元，自里仁路至大桥路段，全长680米，建设16米车行道，两侧各5米人行道、10米绿化带，铺设直径800毫米砼雨水管线、直径600毫米砼污水管线。2016年年底已完成传涵和雨污管线施工。**侯王路修复工程**。该工程投资120万元，自津八路路至津六路，全长1450米，宽6米，进行路基、水稳、罩面施工，2016年7月竣工通车。**太平河西侧污水管线工程**。该工程投资300万元，沿太平河西侧自利十二路至利十路段，全长1200米，铺设直径800毫米砼污水管线。2016年10月竣工。

2016年2月1日，大高村舞灯表演

【重点项目建设】 **利华益维远化工有限公司10万吨／年聚碳酸酯联合项目**。该项目总投资18亿元，采用国际先进的非光气法生产工艺建设4万吨／年碳酸二甲酯、10万吨／年碳酸二苯酯、10万吨／年聚碳酸酯联合工艺装置，配套公用工程和辅助设施。年内完成各主控室、配电室等，实施装置基础、钢结构施工、长周期设备订货、部分设备安装等工程。**利津石油化工厂有限公司30万吨／年碳四综合利用、6万吨／年异戊二烯／异戊橡胶联合项目（续建）**。该项目总投资36.7亿元，引进国际领先工艺技术建设20万吨／年萃取分离、20万吨／年异丁烷脱氢、10万吨／年正丁烯异构、30万吨／年异丁烯醚化I、15万吨／年异丁烯醚化II、6万吨／年异戊二烯、6万吨／年异戊橡胶生产装置，配套公用工程和辅助设施。年内完成正丁烷异构、异丁烷脱氢装置建设。**利华益260万吨／年重油加氢及油品质量升级项目（续建）**。该项目总投资42.4亿元，建设260万吨／年渣油加氢脱硫、240万吨／年重油催化裂化、40万吨／年气体分离、6万吨／年MTBE、90万吨／年汽油加氢脱硫、80万吨／年柴油加氢改制、9.3万标方／小时煤制氢、6万吨／年硫磺回收等装置。年内完成空分、煤气化装置建设。**山东龙翔实业有限公司LNG工业供气系统制造项目**。该项目总投资3.5亿元，主要进行车间改造，引进国内先进水平的生产线及置实验设备，开展产品试制、检测、生产，形成年产LNG工业供气系统100套的生产能力。年内建成投产。**山东信合生物制药有限公司中药提取及微生态制剂项目**。该项目总投资1.1亿元，新建车间2栋、改造车间1栋，总面积5400平方米，引进相关生产装置，形成年产1000吨中药提取物、2000吨微生态制的生产能力。年内建成投产。**山东三木建材科技有限公司内外墙涂保材料一体化项目**。该项目总投资1.85亿元，购置各类设备36台（套），建设年产10万吨负离子彩色饰面外墙保温砂浆、2000吨真石漆、1000吨乳胶漆生产线。年内建成投产。**东营富茂建设工程有限公司3D装饰扣板及10万吨／年钢结构加工项目**。该项目总投资1.07亿元，主要建设办公、生产车间及相关辅助设施8920平方米，引进成套机加工设备，形成年产3D装饰扣板60万平方米、钢结构件10万吨的生产能力。年内建成投产。**利津国商互联有限公司云谷电商产业园项目**。该项目由利津国商互联有限公司与利津金媛文化传媒有限公司合作建设，总面积6000余平方米，打造集办公、创业、体验等于一体的电子商务创新创业平台。年内投入运营，2016年年底已入住电商企业10家。**创新创业示范园项目**。该项目占地60亩，总建筑面积3万平方米，其中创新创业办公及生活配套区1万平方米、科技孵化生产区2万平方米。项目由东营恩信信息科技公司管理运营，运用市场化手段聚集企业、人才、科研、金融、互联网等要素资源，出台全方位扶持政策，打造区域内重要的创新创业和科技企业孵化基地。2016年年底已入驻企业14家。

【民生实事】

凤仪社区（原尹王庄社区）A区工程（续建）。该工程占地133.6亩，估算投资3.1亿元，建设多层、小高层住宅楼25栋，总建筑面积11.6万平方米。一期302套房已于2016年11月分房并交付使用，二期工程2016年年底进入内装施工阶段，三期工程2017年动工建设。**凤仪社区（原尹王庄社区）服务中心建设工程**。该工程总投资870万元，主要建设3层框架式社区服务楼，总建筑面积2688平方米。年内建成交付使用。**凤凰城街道养老服务中心建设工程（续建）**。该工程总投资500万元，配备电梯、消防、监控、智能对讲四个系统，设置住宿生活、公共服务、文化活动等功能区，安放100个床位。2016年年底正在着手各类设施、器材的购置、安装。**凤栖苑社区建设工程**。该工程占地13.3亩，估算投资3600万元，建设多层、小高层住宅楼3栋，总建筑面积1.14万平方米，安置西綦村动迁群众。2016年年底已全部进入内外装阶段。**凤凰城街道中心幼儿园建设及配套工程（续建）**。该工程总投资

1100万元，2016年年底进入内外装扫尾和配套设施建设阶段。

【行政村概况】

北于村 村委会主任于树军。2016年年底全村有298户，1078人，耕地面积7200亩。种植粮食3100亩，棉花4000亩。粮食总产2325吨，棉花总产800吨。猪存栏300头，禽类存栏3万只。该村主要产业是种植业、养殖业，2016年全村经济总收入945万元,人均纯收入1.2万元。

崔湾村 党支部书记、村委会主任许利义。2016年年底全村有78户，253人，耕地面积570亩。种植粮食200亩，棉花370亩。粮食总产200吨，棉花总产95吨。猪存栏70头。该村主要产业是种植业、养殖业，2016年全村经济总收入260万元，人均纯收1.25万元。

大高村 党支部书记、村委会主任于长润。2016年年底全村有158户，568人，耕地面积2497亩。种植粮食2000亩，棉花397亩。粮食总产2000吨，棉花总产100吨。猪存栏50头，禽类存栏1000只。该村主要产业是养殖业、种植业，2016年全村经济总收入610万元，人均纯收入1.1万元。

大庄村 党支部书记、村委会主任宋德盛。2016年年底全村有133户，458人，耕地面积800亩。种植粮食400亩，棉花400亩。粮食总产100吨，棉花总产80吨。猪存栏200头，禽类存栏300只。该村主要产业是养殖业、种植业，2016年全村经济总收入600万元，人均纯收入1.2万元。

丁坊村 党支部书记、村委会主任丁培宝。2016年年底全村有157户，576人，耕地面积3000亩。种植粮食1800亩，棉花900亩。粮食总产1350吨，棉花总产225吨。猪存栏80头，禽类存栏2000只。该村主要产业是种植业、养殖业，2016年全村经济总收入500万元，人均纯收入1.5万元。

满家村 党支部书记、村委会主任王同刚。2016年年底全村有58户，198人，耕地面积100亩。棉花100亩,总产10吨。禽类存栏50只。该村主要产业是工业、种植业，2016年全村经济总收入200万元，人均纯收入1.1万元。

南张村 党支部书记、村委会主任石继林。2016年年底全村有44户，164人，耕地面积170亩。种植粮食20亩，棉花30亩，果园23亩。粮食总产20吨，棉花总产1.5吨，果品总产25吨。该村主要产业是养殖业、种植业，2016年全村经济总收入200万元，人均纯收入1.2万元。

前刘村 党支部书记杨宏峰，村委会主任杨建伟。2016年年底全村有160户，596人，耕地面积384亩。种植粮食240亩，棉花142亩，果园2亩。粮食总产160吨，棉花总产90吨，果品总产0.2吨。猪存栏60头，禽类存栏200只。该村主要产业是建筑业、种植业，2016年全村经济总收入900万元，人均纯收入0.8万元。

前宋村 党支部书记、村委会主任薛新忠。2016年年底全村有183户，645人，耕地面积520亩。种植粮食60亩，棉花460亩。粮食总产60吨，棉花总产110吨。猪存栏16头，禽类存栏1000只。该村主要产业是种植业、养殖业，2016年全村经济总收入768万元，人均纯收入1.2万元。

孙家村 党支部书记、村委会主任孙乃利。2016年年底全村有31户，110人，耕地面积346亩。种植粮食150亩，棉花196亩。粮食总产150吨，棉花总产183吨。禽类存栏200只。该村主要产业是养殖业、种植业，2016年全村经济总收入110万元，人均纯收入1万元。

西冯村 党支部书记、村委会主任王德新。2016年年底全村有132户，463人，耕地面积2000多亩。种植粮食800多亩，棉花1200亩。粮食总产400多吨，棉花总产300吨。猪存栏200头，禽类存栏100只。该村主要产业是养殖业、种植业，2016年全村经济总收入450万元，人均纯收入1万元。

小王家村 党支部书记、村委会主任姚宗宽。2016年年底全村有27户，93人，耕地面积180亩。种植粮食180亩，总产180吨。猪存栏100头，禽类存栏200只。该村主要产业是养殖业、运输业，2016年全村经济总收入93万元，人均纯收入1万元。

姚刘村 党支部书记、村委会主任刘吉峰。2016年年底全村230户，656人。该村主要产业是运输业、工业，2016年全村经济总收入800万元，人均纯收入1.21万元。

左家村 党支部书记、村委会主任左守志。2016年年底全村有105户，328人，耕地面积914亩。种植粮食500亩，棉花394亩。粮食总产500吨，棉花总产100吨。该村主要产业是种植业、工业，2016年全村经济总收入350万元，人均纯收入1.1万元。

苏楼村 党支部书记苏福江，村委会主任苏立美（女）。2016年年底全村有223户，758人，耕地面积2207亩。种植粮食1200亩，棉花1000亩。粮食总产1090吨，棉花总产300吨。猪存栏380头，禽类存栏4000只。该村主要产业是种植业、养殖业，2016年全村经济总收入710.34万元，人均纯收入1.2万元。

陈家村 党支部书记陈培国，村委会主任陈培德。2016年年底全村有60户，232人，耕地面积526亩。种植粮食275亩，棉花241亩，果园10亩。粮食总产255吨，棉花总产75吨，果品总产6吨。猪存栏420头，禽类存栏1.6万只。该村主要产业是种植业、养殖业，2016年全村经济总收入257.03万元，人均纯收入1.1万元。

柏茂张村 党支部书记张汇东，村委会主任徐国翠（女）。2016年年底全村有73户，258人，耕地面积730亩。种植粮食300亩，棉花410亩，果园20亩。粮食总产290吨，棉花总产100吨，果品总产15吨。猪存栏170头，禽类存栏650只。该村主要产业是种植业、养殖业，2016年全村经济总收入289.56万元，人均纯收入1.1万元。

小高村 党支部书记高振国。2016年年底全村有82户，304人，耕地面积25亩。种植粮食25亩，粮食总产10吨，猪存栏90头，禽类存栏2000只。该村主要产业是第三产业、养殖业，2016年全村经济总收入366万元，人均纯收入1.2万元。

牟家村 党支部书记、村委会主任牟吉云。2016年年底全村有76户，240人，耕地面积872亩。种植粮食410亩，棉花462亩。粮食总产350吨，棉花总产173吨。猪存栏1000头，禽类存栏6000只。该村主要产业是种植业、养殖业，2016年全村经济总收入295.2万元，人均纯收入1.2万元。

徐集村 党支部书记徐贵华，村委会主任徐贵卿。2016年年底全村有114户，451人，耕地面积1224亩，粮食总750吨。猪存栏1000头，禽类存栏1500只。该村主要产业是种植业、养殖业，2016年全村经济总收入491.2万元，人均纯收入1.1万元。

西魏村 村委会主任魏金荣。2016年年底全村有68户，240人，耕地面积260亩。种植粮食20亩，棉花240亩。粮食总产5吨，棉花总产65吨。禽类存栏5300只。该村主要产业是种植业、劳务业，2016年全村经济总收入284.7万元，人均纯收入1.2万元。

十里堡村 党支部书记、村委会主任张进春。2016年年底全村有85户，315人，耕地面积140亩。种植粮食100亩，棉花40亩。粮食总产120吨，棉花总产15吨。猪存栏100头，禽类存栏65只。该村主要产业是种植业、养殖业，2016年全村经济总收入348.2万元，人均纯收入1.1万元。

东魏村 党支部书记魏培江，村委会主任单宝果（女）。2016年年底全村有129户，419人。猪存栏158头，禽类存栏5.3只。该村主要产业是养殖业，2016年全村经济总收入485.5万元，人均纯收入1.2万元。

彭家村 党支部书记彭作松，村委会主任彭荫亮。2016年年底全村有83户，298人，耕地面积384亩。种植粮食384亩。粮食总产200吨。猪存栏650头，禽类存栏1500只。该村主要产业是养殖业、务工业，2016年全村经济总收入372.8万元，人均纯收1.1万元。

西綦村 村委会主任綦宗昌。2016年年底全村有78户，268人。该村主要产业是房屋租赁业、外出务工业，2016年全村经济总收入323.1万元，人均纯收入1.2万元。

北朱村 党支部书记朱俊同，村委会主任张绍峰。2016年年底全村有235户，809人，耕地面积124亩。种植粮食124亩，粮食总产135吨。猪存栏650头，禽类存栏2700只。该村主要产业是种植业、养殖业，2016年全村经济总收入773.4万元，人均纯收入9560元。

吴苟李村 党支部书记于其永，村委会主任于小兵。2016年年底全村有186户，689人。猪存栏2650头，禽类存栏8万只。该村主要产业是养殖业、外出务工业，2016年全村经济总收入851.2万元，人均纯收1.2万元元。

西尹王村 党支部书记张俊海，村委会主任张发勇。2016年年底全村有172户，596人，耕地面积1174亩。种植粮食1174亩，粮食总产900吨。猪存栏150头，禽类存栏6万只。该村主要产业是养殖业，2016年全村经济总收入671.6万元，人均纯收入1.1万元。

东潘村 党支部书记潘如金，村委会主任张青华。2016年年底全村有109户，386人，耕地面积665亩。种植粮食225亩，果园340亩。粮食总产220吨，果品总产320吨。禽类存栏1500只。该村主要产业是林果业、种植业、外出务工，2016年全村经济总收入950万元，人均纯收入1.3万元。

大田村 党支部书记宋占卫，村委会主任盖新。2016年年底全村有90户，340人，耕地面积496亩。种植粮食490亩，果园6亩。粮食总产490吨，果品总产6吨。猪存栏30头，禽类存栏3000只。该村主要产业是种植业，2016年全村经济总收入335万元，人均纯收入1.3万元。

东孙村 村委会主任孙学锋。2016年年底全村有77户，270人，耕地面积454亩。种植粮食404亩，果园50亩。粮食总产400吨，果品总产12吨。猪存栏380头，禽类存栏15000只。该村主要产业是种植业，2016年全村经济总收入560万元，人均纯收入1.2万元。

胥家村 党支部书记、村委会主任胥振峰。2016年年底全村有114户，421人，耕地面积452亩。种植粮食449亩，果园3亩。粮食总产449吨，果品总产3吨。猪存栏300头，禽类存栏9000只。该村主要产业是种植业、务工业，2016年全村经济总收入700万元，人均纯收入1.3万元。

西李村 党支部书记、村委会主任李顺如。2016年年底全村有146户，525人，耕地面积1075亩。种植粮食1000亩，经济林75亩。粮食总产1280吨。猪存栏30头，禽类存栏1500只。该村主要产业是种植业、外出务工，2016年全村经济总收入609.5万元，人均纯收入1.3万元。

双高村 党支部书记、村委会主任赵国强。2016年年底全村有82户，305人，耕地面积372亩。种植粮食227亩，果园145亩。粮食总产227吨，果品总产300吨。该村主要产业是葡萄种植业，2016年全村经济总收入520万元，人均纯收入1.3万元。

南楼村 党支部书记李长波，村委会主任刘永军。2016年年底全村有57户，193人，耕地面积318亩。种植粮食293亩，棉花25亩。粮食总产290吨，棉花总产5吨。猪存栏70头，禽类存栏3万只。该村主要产业是种植业、养殖业，2016年全村经济总收入360万元，人均纯收入1.2万元。

大胡村 党支部书记胡树亭，村委会主任郭树水。2016年年底全村有123户，392人，耕地面积531亩。种植粮食550亩，蔬菜10亩，水稻5亩。粮食总产550吨，水稻总产2.5吨，蔬菜总产15吨。禽类存栏4万只。该村主要产业是养殖业、种植业，2016年全村经济总收入460万元，人均纯收入1.3万元。

西朱村 党支部书记、村委会主任朱玉壮。2016年年底全村有115户，404人，耕地面积883亩。种植粮食729亩，蔬菜124亩，果园30亩。粮食总产729吨，蔬菜总产240吨，果品总产45吨。牛存栏9头。该村主要产业是草莓种植、粮食种植，2016年全村经济总收入520万元，人均纯收入1.3万元。

双李村 党支部书记李旭

东，村委会主任李金山。2016年年底全村有64户，243人，耕地面积385亩。种植粮食385亩。粮食总产385吨。猪存栏80头，禽类存栏6000只。该村主要产业是种植业、养殖业，2016年全村经济总收入530万元，人均纯收入1.2万元。

常家村 党支部书记、村委会主任赵乐仁。2016年年底全村有47户，170人，耕地面积280亩。种植粮食268亩，蔬菜9亩，果园3亩。粮食总产268吨，蔬菜总产10吨，果品总产3吨。猪存栏1000头，禽类存栏2万只。该村主要产业是种植业、养殖业，2016年全村经济总收入310万元，人均纯收入1.3万元。

庄家村 党支部书记、村委会主任庄志强。2016年年底全村有57户，203人，耕地面积253亩。种植粮食250亩，蔬菜3亩。粮食总产250吨，蔬菜总产1.5吨。禽类存栏5万只。该村主要产业是种植业、养殖业，2016年全村经济总收入350万元，人均纯收入1.3万元。

赵庄村 党支部书记、村委会主任赵东彬。2016年年底全村有202户，680人，耕地面积450亩。种植粮食400亩，水稻40亩，蔬菜50亩。粮食总产350吨，水稻总产20吨，蔬菜总产45吨。猪存栏1000头，禽类存栏29000只。该村主要产业是种植业、养殖业，2016年全村经济总收入800万元，人均纯收入1.3万元。

店子村 党支部书记、村委会主任吕新泽。2016年年底全村有190户，635人，耕地面积526亩。种植粮食252亩，水稻412亩。粮食总产245吨，水稻总产210吨。该村主要产业是种植业、建筑装饰业，2016年全村经济总收入965万元，人均纯收入1.4万元。

东尹王村 党支部书记、村委会主任李金民。2016年年底全村有90户，351人，耕地面积156亩。种植粮食24.8亩，棉花17.8亩。粮食总产25吨，棉花总产4吨。该村主要是外出务工，人均纯收入1.2万元。

（迟中奇 刘燕涛）

利津街道

【概况】 利津街道位于县境南部，县城驻地，总面积94.2平方公里，辖63个自然村，63个村民委员会。有9908户，总人口32405人，其中女17897人，非农业人口4625人。全年人口出生率为17.09‰，人口自然增长率为9.78‰。

【农业生产】 2016年，全街道耕地总面积3785公顷，全年粮食作物播种面积1774公顷，总产14633吨；棉花891公顷，总产皮棉855吨；瓜菜514公顷，总产瓜菜4240吨。全年种植业产值13918万元。年末片林面积2808公顷，森林覆盖率26%；林果总产1605吨，林业产值1247万元。年末猪存栏6651头，羊存栏6000只，家禽存栏133万只，全年畜牧业产值23931万元。水产品总产量453吨，渔业总产值4406万元。农林牧渔服务业产值9756万元。有水库50座，总蓄水能力189万立方米。

【文教卫生】 全街道有九年一贯制学校1处，专任教师170人，在校学生1236人；有小学1处，专任教师29人，在校学生209人，小学适龄儿童入学率达100%。公立幼儿园5处，幼师63人，入园儿童280人，适龄

民间文艺

儿童入园率达100%。

【工业、个体私营企业】 2016年，全街道实现工业总产值158817万元，利税7447万元。其中规模以上工业企业8家，实现工业总产值142935万元，工业销售产值137924万元，全年工业增加值率为-40.2%，利税总额6702万元。个体私营企业106家，实现总产值23596万元，利税1306万元。

【社区建设】 庄科社区建设项目规划占地面积1000亩，概算总投资12.3亿元。一期已建设完成楼房16栋、398户，占地面积55亩，总建筑面积4.8万平方米，总投资1.6亿元；社区配套建设2000平方米的幼儿园综合楼1栋、6650平方米的老年公寓楼2栋，6390平方米卫生院1栋。二期占地80亩，计划投资2亿元，新建楼房15栋、建筑面积5.2万平方米，计划2017年3月份动工建设。

【行政村概况】

西双井村 党支部书记、村委会主任赵全奎。2016年年底全村有243户，819人，耕地面积2300亩。种植粮食1000亩，棉花1300亩。粮食总产860吨，棉花总产445吨。猪存栏160头，禽类存栏4652只。该村主要产业是种植业，2016全村经济总收入787万元，人均纯收入9560元。

东双井村 党支部书记、村委会主任赵守民。2016年年底全村有125户，480人，耕地面积1200亩。种植粮食600亩，棉花600亩，粮食总产410吨，棉花总产170吨。禽类存栏4230只。该村主要产业是种植业、养殖业，2016全村经济总收入380万元，人均纯收入7800元。

后张窝村 党支部书记、村委会主任刘焕民。2016年年底全村有198户，750人，耕地面积2300亩。种植粮食900亩，棉花1000亩，果园400亩。粮食总产920吨，棉花总产205吨，果品总产1020吨。猪存栏56头，禽类存栏3042只。该村主要产业是种植业、养殖业，2016全村经济总收入558万元，人均纯收入7900元。

王庄东村 党支部书记王曰国，村委会主任扈炳国。2016年年底全村有112户，450人，耕地面积1300亩。种植粮食1000亩，棉花300亩，粮食总产9500吨，棉花总产5.5吨。该村主要产业是农业，2016全村经济总收入220万元，人均纯收入5600元。

后十四户村 党支部书记闫国宝，村委会主任闫志众。2016年年底全村有162户，616人，耕地面积1100亩。种植粮食300亩，棉花800亩，果园72亩。粮食总产140吨，棉花总产120吨，猪存栏65头，禽类存栏8500只。该村主要产业是农业，2016全村经济总收入780万元，人均纯收入8800元。

前十四户村 党支部副书记寇文青，村委会主任张立周。2016年年底全村有110户，430人，耕地面积1124亩。种植粮食200亩，棉花100亩，果园10亩。粮食总产200吨，棉花总产17吨，果品总产10吨。禽类存栏2000只。该村主要产业是种植业、养殖业，2016全村经济总收入370万元，人均纯收入9500元。

姜家庄村 党支部书记、村委会主任段爱国。2016年年底全村有300户，1038人，耕地面积3100亩。种植粮食1100亩，棉花100亩，果园10亩。粮食总产500吨，棉花总产25吨，果品总产4吨。猪存栏1500头，禽类存栏4万只。该村主要产业是种植业、林业，2016全村经济总收入980万元，人均纯收入9500元。

扈家滩村 党支部书记、村委会主任扈鹏顺。2016年年底全村有330户，1010人，耕地面积2300亩。种植粮食1000亩，棉花1300亩。粮食总产1000吨，棉花总产280吨。猪存栏800头，禽类存栏15000只。该村主要产业是种植业、养殖业，2016全村经济总收入1000万元，人均纯收入1万元。

东坡村 党支部书记、村委会主任马洪彬。2016年年底全村有268户，916人，耕地面积3600亩。种植粮食1500亩，棉花1900亩，果园200亩。粮食总产750吨，棉花总产300吨，果品总产1吨。猪存栏38头，禽类存栏3万只。该村主要产业是农业，2016全村经济总收入915万元，人均纯收入9600元。

前张窝村 党支部书记、村委会主任张乃彬。2016年年底全村有267户，921人，耕地面积3200亩。种植粮食2800亩，棉花1200亩，果园200亩。粮食总产2700吨，棉花总产60吨，果品总产50吨。猪存栏800头，禽类存栏3万只。该村主要产业是种植业、养殖业，2016全村经济总收入810万元，人均纯收入9700元。

买河村 村委会主任赵宝彬。2016年年底全村有279户，915人，耕地面积2600亩。种植粮食2000亩，棉花600亩，果园10亩。粮食总产2000吨，棉花总产150吨，果品总产5吨。猪存栏500头，禽类存栏1万只。该村主要产业是农业，2016全村经济总收入680万元，人均纯收入7700元。

王庄西村 党支部书记、村委会主任王国庆。2016年年底全村有126户，504人，耕地面积1050亩。种植粮食200亩，棉花75亩，果园20亩。粮食总产200吨，棉花总产75吨，果品总产10吨。禽类存栏3000只。该村主要产业是种植业、养殖业，2016全村经济总收入190万元，人均纯收入9400元。

卜庙村 党支部委员索乃强。2016年年底全村有112户，401人，耕地面积860亩。种植粮食400亩，棉花200亩。粮食总产400吨，棉花总产50吨。禽类存栏2万只。该村主要产业是种植业、养殖业，2016全村经济总收入302万元，人均纯收入7500元。

西坡村 党支部书记、村委会主任唐兆武。2016年年底全村有202户，780人，耕地面积4500亩。种植粮食2500亩，棉花2000亩。粮食总产2200吨，棉花总产400吨。该村主要产业是种植业，2016全村经济总收入200万元，人均纯收入9000元。

后宋村 党支部书记、村委会主任王玉力。2016年年底全村有274户，993人，耕地面积2630亩。种植粮食1760亩，棉花770亩。大棚30个65亩，果园15亩，粮食总产1588吨，棉花总产180吨。猪存栏18头。该村主要产业是种植业，2016年全村经济总收入645万元，人均纯收入7400元。

刘庄村 村委会主任刘建忠。2016年年底全村有50户，170人，耕地面积550亩。种植粮食120亩，棉花350亩，树苗80亩。粮食总产110吨，棉花总产65吨。猪存栏75头。该村主要产业是种植业，2016年全村经济总收入132万元，人均纯收入7200元。

北张村 党支部书记、村委会主任张中国。2016年年底全村有38户，125人，耕地面积620亩。种植粮食220亩，棉花400亩。粮食总产210吨，棉花总产80吨。禽类存栏2500只。该村主要产业是种植业，2016年全村经济总收入90万元，人均纯收入7200元。

石家庄村 党支部书记、村委会主任石会强。2016年年底全村有149户，470人，主导产业以个体民营经济为主，涵盖餐饮、维修、出租等；该村主要产业是运输业、服务业，2016年经济总收入830万元，人均收入11200元。

前北街村 党支部书记、村委会主任李文明。2016年年底全村有96户，288人，耕地面积84亩，种植粮食60亩，棉花24亩，主导产业是个体民营经济。2016年全村经济总收入277万元，人均纯收入9320元。

东南街村 党支部书记、村委会主任高守恭。2016年年底全村有163户，538人，村里的耕地已随县城的发展规划被有偿征用，现在村民依托在县城腹地的优势，或经商、运输或房地开发以及办小型企业，取得稳定的可观的收入。2016年全村经济总收入395万元，人均纯收入11200元。

西关村 党支部书记、村委会主任刘树华。2016年年底全村有122户，417人。西关现无耕地无企业，村民多自由择业，少数经商，2016年全村经济总收入140万元，人均纯收入1.1万元。

大北街村 党支部书记李善奎，村委会主任马建华。2016年年底全村有192户，615人，耕地面积250亩。种植粮食100亩，林地100亩，粮食总产4吨。

该村主要产业是个体经济，2016年全村经济总收入392万元，人均纯收入8500元。

东街村 党支部书记、村委会主任李连波。2016年年底全村有145户，475人，耕地面积350亩，种植粮食300亩，棉花30亩。禽类存栏400只。该村主要产业是运输业、服务业，2016年全村经济总收入520万元，人均纯收入10500元。

后北街村 党支部书记韩利军、村委会主任高永刚。2016年年底全村有169户，509人，耕地面积260亩。种植粮食38亩，粮食总产15.2吨，该村主要产业是服务业、劳务收入，2016年全村经济总收入322万元，人均纯收入9500元。

北关村 党支部副书记周雪生，村委会主任王宜花（女）。2016年年底全村有120户，345人，耕地面积237亩。种植粮食80亩，粮食总产60吨。该村主要产业是服务业，2016年全村经济总收入280万元，人均纯收入7000元。

西南街村 党支部书记李延芳（女），村委会主任纪卫国。2016年年底全村有164户，605人，耕地面积100亩。种植粮食30亩，棉花70亩，粮食总产24吨，棉花总产14吨，猪存栏50头，禽类存栏8000只。该村主要产业是运输业、建筑业，2016年全村经济总收入156万元，人均纯收入1.1万元。

孟坦村 党支部书记、村委会主任王利华。2016年年底全村有67户，205人，耕地面积186亩。种植粮食180亩。粮食总产136吨，棉花总产2吨，该村主要产业是建筑业、种植业，2016年全村经济总收入240万元，人均纯收入6500元。

西王村 党支部书记、村委会主任王国平。2016年年底全村有85户，309人，禽类存栏8000只。该村主要产业是运输业、养殖业。2016年全村经济总收入300万元，人均纯收入1.1万元。

西街村 党支部书记纪泽新。2016年年底全村有285户，639人，该村主要产业是以建筑业、运输业、饮食业。2016年全村经济总收入1100万元，人均纯收入11500元。

安家庄村 党支部书记、村委会主任王新军。2016年年底全村有98户，352人，耕地面积300亩，种植粮食100亩，棉花200亩，粮食总产15吨，棉花总产30吨，禽类存栏5000只。该村主要产业是种植业、服务业，2016全村经济总收入460万元，人均纯收入1.2万元。

崔林村 党支部书记宋建国，村委会主任王同海。2016年年底全村有310户，1158人，耕地面积247亩。棉花247亩，棉花总产50吨，猪存栏200头，禽类存栏20万只。该村主要产业是工业、养殖业，2016年全村经济总收入1860万元，人均纯收入1.3万元。

枣园村 党支部书记安伟，村委会主任刘海波。2016年年底全村有188户，509人。主导产业：第三产业、服务业、运输业，村内有综合性贸易市场一处，家居建材市场一处，市场交易额达到6500万元，实现利税157万元，村集体固定资产达到了1300万元，2016年全村经济总收入754.5万元，人均纯收入1.3万元。

梁家村 党支部书记、村委会主任许生义。2016年年底全村有135户，386人，耕地面积120亩。种植粮食50亩，棉花70亩，果园70亩。棉花总产15吨，猪存栏70头，该村主要产业是高效种植业、服务业，2016年全村经济总收入423.5万元，人均纯收入9500元。

宋孟村 党支部书记刘涛。2016年年底全村有117户，413人，耕地面积850亩。种植粮食435亩，棉花405亩，粮食总产72吨，棉花总产102吨，禽类存栏2万只。该村主要产业是种植业。2016年全村经济总收入406万元，人均纯收入9000元。

韩牛村 党支部书记、村委会主任彭卫东。2016年年底全村有136户，560人，耕地面积1300亩。种植粮食450亩，棉花950亩，粮食总产450吨，棉花总产237.5吨，猪存栏120头，禽类存栏95只。该村主要产业是棉花种植业，2016年全村经济总收入280万元，人均纯收入6500元。

崔家庄村 党支部书记胡斌贤，村委会主任崔树良，2016年年底全村有227户，651人，耕地面积650亩。种植粮食600亩，棉花50亩。粮食总产490吨，棉花总产15吨。该村主要产业是种植业、运输业。2016年全村经济总收入645万元，人均纯收入10100元。

大马家村 党支部书记、村委会主任马树忠。2016年年底全村有48户，228人，耕地面积175亩。种植粮食120亩，粮食总产85吨。该村主要产业是种植业、养殖业和劳务收入，2016年全村经济总收入220万元，人均纯收入9900元。

大门张村 党支部书记张云同，村委会主任张守刚。2016年年底全村有54户，239人，耕地面积320亩。种植粮食117亩，棉花55亩，果园3亩。粮食总产201吨，棉花总产15吨，猪存栏213头，禽类存栏9500只。该村主要产业是养殖业、种植业和劳务收入。2016年全村经济总收入215万元，人均纯收入9500元。

张滩村 党支部书记、村委会主任吕树茂。2016年年底全村有148户，408人，耕地面积300亩。种植粮食250亩，棉花50亩，粮食总产250吨，棉花总产10吨。该村主要产业是农业、运输业和劳务收入，2016年全村经济总收入460万元，人均纯收入1.1万元。

新合村 党支部书记、村委会主任王群利。2016年年底全村有160户，568人，耕地面积280亩。种植粮食280亩，粮食总产180吨，该村主要产业是种植业、服务业和劳务收入。2016年全村经济总收入500万元，人均纯收入7500元。

毕家庄村 党支部书记、村委会主任李树波。2016年年底全村有68户，204人，耕地面积280亩。种植粮食200亩，蔬菜80亩，粮食总产250吨，棉花总产20吨，猪存栏120头、禽类存栏1.7万只。该村主要产业是蔬菜种植，2016年全村经济总收入200万元，人均纯收入10500元。

黄家村 党支部书记、村委会主任黄希乐。2016年年底全村有210户，580人，耕地面积500亩，种植棉花40亩，该村主要产业是餐饮业、小商品经营，2016年全村经济总收入590万元，人均纯收入10600元。

三里村 党支部书记杨健，村委会主任赵延东。2016年年底全村有237户，673人，村内有三里商城一处，小吃街一条，主导产业以第三产为主，2016年全村经济总收入625万元，人均纯收入1.1万元。

东关村 党支部书记王振平，村委会主任赵振亭。2016年年底全村有83户，226人，耕地面积128亩，种植粮食105亩，蔬菜23亩，粮食总产75吨，2016年全村经济总收入110万元，人均纯收入5000元。

豆腐巷子村 党支部书记、村委会主任纪太岭。2016年年底全村有123户，376人，耕地面积380亩。种植粮食140亩，棉花100亩，粮食总产115吨，棉花总产30吨，禽类存栏350只。该村主要产业是运输业、种植业，2016年全村经济总收入354万元，人均纯收入1.2万元。

菜园村 党支部书记刘其民，村委会主任刘其双。2016年年底全村有52户，210人，耕地面积55亩。种植粮食55亩，粮食总产35吨，该村主要产业是服务业、建筑业和劳务收入，2016年全村经济总收入230万元，人均纯收入1.3万元。

官庄村 党支部书记李春国，村委会主任李新滨。2016年年底全村有122户，364人，土地全征，2016年全村经济总收入110万元，人均纯收入3000元。

小李庄村 党支部书记、村委会主任宋其安。2016年年底全村有210户，656人，耕地面积1240亩。种植粮食460亩，棉花780亩，粮食总产230吨，棉花总产195吨，猪存栏246头。该村主要产业是棉花种植业，2016年全村经济总收入624万元，人均纯收入9600元。

大李庄村 党支部书记、村委会主任宋其亮。2016年年底全村有66户，194人，耕地面积600亩。种植粮食920亩，棉花300亩，果园200亩。粮食总产65吨，棉花总产30吨，果品总产60吨，猪存栏400头，禽类存栏3000只。该村主要产业是农业，2016年全村经济总收入350万元，人均纯收入1.2万元。

太平村 党支部书记、村委

会主任韩岐山。2016年年底全村有48户，186人。耕地面积540亩，种植粮食200亩，棉花340亩，粮食总产100吨，棉花总产90吨，该村主要产业是种植业，2016年全村经济总收入265万元，人均纯收入1万元。

韩大庄村 党支部书记、村委会主任牛吉涛。2016年年底全村有313户，903人，耕地面积1500亩。种植粮食260亩，棉花1200亩，粮食总产260吨，棉花总产300吨，猪存栏50头，牛存栏40头，肉鸭2万只，种鸭2万只。该村主要产业是种植业，2016年全村经济总收入930万元，人均纯收入10300元。

蒋庄村 党支部书记、村委会主任高荣秋。2016年年底全村有267户，982人，耕地面积1245亩。种植粮食695亩，棉花550亩，粮食总产380吨，棉花总产170吨，猪存栏5000头，禽类存栏15万只。该村主要产业是种植业、养殖业，2016年全村经济总收入750万元，人均纯收入8000元。

宗家夹河村 党支部书记、村委会主任宗传勇。2016年年底全村有108户，398人，耕地面积450亩。种植粮食335亩，棉花26亩，果园24亩，粮食总产167.5吨，棉花总产6吨，猪存栏105头，禽类存栏25200只。该村主要产业是种植业、养殖业，2016年全村经济总收入410万元，人均纯收入1万元。

马家夹河村 党支部书记高炳信，村委会主任高忠伟，2016年年底全村有138户，452人，耕地面积260亩。种植粮食140亩，棉花45亩，粮食总产70吨，棉花总产11吨，猪存栏20头，禽类存栏1万只。该村主要产业是种植业、养殖业。2016年全村经济总收入265万元，人均纯收入6000元。

赵家夹河村 党支部书记、村委会主任赵学安。2016年年底全村有109户，336人，耕地面积240亩。种植粮食120亩，棉花120亩，粮食总产60吨，棉花总产26吨，猪存栏200头，禽类存栏4万只。该村主要产业是种植业，2016年全村经济总收入280万元，人均纯收入8000元。

张家夹河村 党支部书记、村委会主任高树军。2016年年底全村有43户，152人，耕地面积160亩。种植粮食80亩，棉花80亩，粮食总产40吨，棉花总产20吨，该村主要产业是种植业，2016全村经济总收入160万元，人均纯收入1万元。

大刘夹河村 党支部书记、村委会主任刘士林。2016年年底全村有93户，256人，耕地面积435亩。种植粮食400亩，棉花35亩，粮食总产200吨，棉花总产9吨，禽类存栏6000只。该村主要产业是种植业，2016年全村经济总收入190万元，人均纯收入8000元。

小刘夹河村 党支部书记、村委会主任刘炳林。2016年年底全村有47户，185人，耕地面积126亩。种植粮食120亩，棉花6亩，粮食总产60吨，棉花总产1.6吨，禽类存栏5000只。该村主要产业是种植业、个体经济，2016年全村经济总收入160万元，人均纯收入9000元。

王家夹河村 党支部书记赵景强，村委会主任王曰朋。2016年年底全村有110户，348人，耕地面积420亩。种植粮食300亩，棉花70亩，粮食总产180吨，棉花总产17吨，禽类存栏7000只。该村主要产业是种植业，2016年全村经济总收入225万元，人均纯收入7000元。

綦家夹河村 党支部书记、村委会主任杨振河。2016年年底全村有111户，365人，耕地面积700亩。种植粮食300亩，棉花100亩，葡萄园300亩，禽类存栏1000只。粮食总产150吨，棉花总产25吨，果品总产60吨。该村主要产业是葡萄种植业，2016年全村经济总收入500万元，人均纯收入1.1万元。

庄科村 党支部书记、村委会主任李利。2016年年底全村有153户，556人，耕地面积350亩。种植粮食200亩，棉花100亩，粮食总产50吨，棉花总产25吨，猪存栏100头，禽类存栏3万只。该村主要产业是种植业，2016年全村经济总收入560万元，人均纯收入8000元。

小李夹河村 党支部书记、村委会主任李本善。2016年年底全村有21户，63人，耕地面积120亩。种植粮食100亩，棉花20亩，粮食总产50吨，棉花总产5吨，该村主要产业是种植业，2016年全村经济总收入40万元，人均纯收入6030元。

大李夹河村 党支部书记、村委会主任崔永光。2016年年底全村有64户，191人，耕地面积238亩。种植粮食120亩，棉花118亩，粮食总产60吨，棉花总产12吨，猪存栏140头，禽类存栏560只。该村主要产业是农业、劳务收入，2016年全村经济总收入150万元，人均纯收入7000元。

（王栋栋）

北宋镇

【概况】 位于县境西南部，距县城8.5公里，总面积105.56平方公里，辖72个村民委员会。全年人口出生率为14.10‰，人口自然增长率为7.65‰。2016年度获得“省级文明村镇”。

【农业生产】 2016年，全镇耕地总面积5193公顷，全年粮食作物播种面积7287公顷，总产5.85万吨；棉花867公顷，总产皮棉925吨；瓜菜845公顷，总产瓜菜44504吨。2016年年末片林面积990公顷，森林覆盖率为21.6%；2016年年末家禽存栏量113.7万只。

【文教卫生】 全街道有中学1处，专任教师117人，在校学生1033人；有小学3处，专任教师110人，在校学生802人，小学适龄儿童入学率达100%。有幼儿园4处，幼师27人，入园儿童530人，适龄儿童入园率达97%。有文化站1处，农村文化大院72个，农村广播室72个，农村广播、电视覆盖率均达100%。有卫生院1处，医务人员69人，设床位50张，有乡村卫生室（所）26处，乡村医生56人，农村合作医疗覆盖率达97%。计划生育工作常抓不懈，全年落实节育措施人数达到204人，全镇人口计划生育率达到99.3%。

改扩建后的利兴黄河浮桥新貌

【三年增绿工程】 2016年春，筹措资金2600万元，全面完成2016年的三年增绿任务，重点实施德大铁路、褚官河和东干流两侧、永莘路、东滨路树木补植及13个村的村庄绿化，绿化总面积5682.6亩，植树50余万株。2016年冬，投资2200万元造林3100亩的增绿任务正在实施中，重点实施东郑路路域绿化带更新改造、县管水系绿化、环镇林、23村村庄绿化和生态林基地等增绿工程。

【黄河滩区特色农业】 在尊重群众种植习惯的基础上，立足实际，因村制宜，研究规划北宋镇滩区现代农业发展“三大区块”。第一区块是南贾家向东至南宋浮桥占地1万亩，主要规划发展粮食种植和特色林果采摘；第二区块主要以四图、五庄村为中心规划发展生态西瓜种植。第三区块是以殷家、小马等村为中心发展特色林果种植。2016年继续推进五庄生态西瓜种植和殷家特色种植园区建设，新发展五庄西瓜基地800亩，新建大棚90个，100亩殷家特色种植园区完成建设。集中流转宋集、单家等村耕地850亩，发展500亩的浅塘莲藕种植和350亩的生态蔬菜、林果采摘。9月份成功举办“南贾家村首届蜜桃采摘节”，同时对北宋芦笋、滩区莲藕、蜜桃、西瓜进行农产品地理标志认证申请，有效助推北宋镇特色农产品的销售。

【创建省级文明镇】 1. 实施镇综合文化服务中心建设工程，全镇 72 个行政村实现器材全覆盖。2. 群众文化活动水平不断提升。成功举办镇首届全民健身广场舞比赛、首届摄影展。3. 特色文化品牌创建成效显著，主动加强与滨州文化活动团体的交流，年内分别举行“北宋－梁才象棋邀请赛”“韩墩灌区篮球友谊赛”和“东滨八村庆新文艺互访”等。4. 良好社会风尚不断形成。在全镇 72 个村建立“善行义举四德榜”和移风易俗宣传栏，进一步巩固精神文明的创建成果。2016 年 12 月北宋镇荣获山东省省级文明村镇荣誉称号，进一步提振全镇跨越发展的信心。

【利兴黄河浮桥扩建】 坐落县南部连接黄河南北的利兴黄河浮桥扩建项目，由山东省陆海浮桥投资管理有限公司北宋分公司投资建设，项目总投资 6000 万元。浮桥设计通行能力 100 吨以上，专用拖轮 1 艘于 4 月份下水、特大承压舟 5 对于 6 月份完成对接；连接黄河大坝与浮桥的公路 600 米，已于 7 月份竣工。2016 年 12 月 1 日，改扩建后的利兴黄河浮桥通车。项目的建成打开利津至博兴的河上通道，进一步提升北宋镇的交通区位优势。

【行政村概况】

五庄村 党支部书记、村委会主任邵明强。2016 年年底全村有 322 户，1264 人，耕地面积 2247 亩。该村主要产业是种植业。

四图村 党支部书记、村委会主任赵汝清。2016 年年底全村有 224 户，836 人，耕地面积 839 亩。该村主要产业是种植业。

张潘马村 党支部书记王大辉，村委会主任王永强。2016 年年底全村有 287 户，1095 人，耕地面积 1120 亩。该村主要产业是种植业。

双合村 党支部书记、村委会主任李建强。2013 年年底全村有 91 户，316 人，耕地面积 589 亩。该村主要产业是种植业。

河套李村 党支部书记、村委会主任李向民。2016 年年底全村有 137 户，479 人，耕地面积 1104 亩。该村主要产业是种植业、养殖业。

前宫村 党支部书记岳松海，村委会主任宫光林。2016 年年底全村有 98 户，344 人，耕地面积 470 亩。该村主要产业是种植业。

后宫村 党支部书记宫寿城，村委会主任宫东鹏。2016 年年底全村有 136 户，464 人，耕地面积 837 亩。该村主要产业是种植业、养殖业。

林家村 党支部书记、村委会主任崔文江。2016 年年底全村有 45 户，147 人，耕地面积 245 亩。该村主要产业是种植业。

夏家村 党支部书记、村委会主任夏占民。2016 年年底全村有 57 户，205 人，耕地面积 625 亩。该村主要产业是种植业、养殖业。

刘城村 党支部书记、村委会主任田金海。2016 年年底全村有 123 户，456 人，耕地面积 992 亩。该村主要产业是种植业、养殖业。

前崔村 党支部书记杨贵峰，村委会主任崔立文。2016 年年底全村有 66 户，259 人，耕地面积 474 亩。该村主要产业是种植业、养殖业。

后崔村 党支部书记崔国华、村委会主任崔文杰。2016 年年底全村有 127 户，428 人，耕地面积 572 亩。该村主要产业是种植业。

冯家村 党支部书记冯建民，村委会主任冯京文。2016 年年底全村有 156 户，529 人，耕地面积 706 亩。该村主要产业是种植业、农产品加工业。

小马村 党支部书记、村委会主任张明河。2016 年年底全村有 112 户，378 人，耕地面积 391 亩。该村主要产业是种植业。

董家村 党支部书记、村委会主任董瑞民。2016 年年底全村有 102 户，384 人，耕地面积 780 亩。该村主要产业是种植业。

贵李村 党支部书记、村委会主任李洪志。2016 年年底全村有 90 户，286 人，耕地面积 590 亩。该村主要产业是加工业、种植业。

三合村 党支部书记、村委会主任王相民。2016 年年底全村有 99 户，344 人，耕地面积 680 亩。该村主要产业是种植业。

殷家村 党支部书记、村委会主任殷华亮。2016年年底全村有120户，382人，耕地面积750亩。该村主要产业是种植业。

乡李上村 党支部书记、村委会主任李胜利。2016年年底全村有84户，319人，耕地面积623亩。该村主要产业是种植业、劳务输出。

乡李下村 党支部书记李英伟、村委会主任李景忠。2016年年底全村有165户，621人，耕地面积1130亩。该村主要产业是种植业、养殖业。

船王村 党支部书记王召利，村委会主任王成杰。2016年年底全村有101户，341人，耕地面积510亩。该村主要产业是种植业、养殖业。

皂户王村 党支部书记、村委会主任李长营。2016年年底全村有42户，165人，耕地面积292亩。该村主要产业是种植业。

南宋村 党支部书记、村委会主任宋学进。2016年年底全村有173户，607人，耕地面积1020亩。该村主要产业是种植业、畜牧业。

三岔村 党支部书记赵友宝，村委会主任牟海霞（女）。2016年年底全村有279户，1037人，耕地面积1695亩。该村主要产业是种植业。

戴家村 党支部书记王建勇，村委会主任戴里涛。2016年年底全村有130户，399人，耕地面积1900亩。该村主要产业是种植业、畜牧业。

道岔村 党支部书记赵相林，村委会主任胡建新。2016年年底全村有125户，503人，耕地面积1300亩。该村主要产业是种植业。

潘家村 党支部书记、村委会主任潘立臣。2016年年底全村有72户，236人，耕地面积536亩。该村主要产业是种植业。

韩家村 党支部书记、村委会主任韩志勇。2016年年底全村有82户，326人，耕地面积750亩。该村主要产业是种植业。

刘家村 党支部书记、村委会主任刘永占。2016年年底全村有80户，306人，耕地面积1050亩。该村主要产业是种植业。

大王村 党支部书记王光新，村委会主任万志达。2016年年底全村有196户，616人，耕地面积1000亩。该村主要产业是种植业、养殖业。

于家村 党支部书记、村委会主任于合营。2016年年底全村有105户，341人，耕地面积1200亩。该村主要产业是种植业、养殖业。

许家村 党支部书记、村委会主任王永军。2016年年底全村有55户，175人，耕地面积504亩。该村主要产业是种植业、养殖业。

道庵村 党支部书记、村委会主任张立民。2016年年底全村有146户，461人，耕地面积720亩。该村主要产业是种植业、养殖业。

大盖村 党支部书记、村委会主任盖秋光。2016年年底全村有318户，1324人，耕地面积3399亩。该村主要产业是种植业。

西孙村 党支部书记、村委会主任张振永。2016年年底全村有82户，246人，耕地面积300亩。该村主要产业是种植业、加工业。

小郭村 党支部书记、村委会主任郭仲春。2016年年底全村有160户，513人，耕地面积1230亩。该村主要产业是种植业、养殖业。

高家村 党支部书记、村委会主任高方希。2016年年底全村有194户，665人，耕地面积1253亩。该村主要产业是种植业。

丁家村 党支部书记李海滨，村委会主任王金生。2016年年底全村有52户，179人，耕地面积280亩。该村主要产业是种植业。

董王村 党支部书记、村委会主任董志刚。2016年年底全村有210户，691人，耕地面积1041亩。该村主要产业是种植业。

滩区单家村 党支部书记、村委会主任刘文全。2016年年底全村有111户，388人，耕地面积466亩。该村主要产业是种植业、养殖业。

坊子村 村委会主任王占河。2016年年底全村有73户，255人，耕地面积364亩。该村主要产业是种植业、养殖业。

佟家村 党支部书记、村委

会主任陈荣华。2016年年底全村有184户，622人，耕地面积872亩。该村主要产业是种植业、养殖业。

南贾家村 党支部书记、村委会主任贾学滨。2016年年底全村有210户，765人，耕地面积1100亩。该村主要产业是种植业、养殖业。

宋集村 村支部书记宋玉华，村委会主任石玉庆。2016年年底全村有207户，775人，耕地面积1550亩。该村主要产业是种植业、养殖业。

石门村 党支部书记刘永兵，村委会主任刘子兵。2016年年底全村有164户，545人，耕地面积1149亩。该村主要产业是种植业、养殖业。

碾李村 村支部书记李爱平，村委会主任王学勇。2016年年底全村有198户，745人，耕地面积1380亩。该村主要产业是种植业、养殖业。

洼张村 村支部书记张俊臣，村委会主任于艳芳（女）。2016年年底全村有140户，526人，耕地面积1100亩。该村主要产业是种植业。

杨董村 党支部书记、村委会主任张立国。2016年年底全村有211户，639人，耕地面积1780亩。该村主要产业是种植业。

大牛村 党支部书记、村委会主任王俊昌。2016年年底全村有145户，506人，耕地面积1275亩。该村主要产业是种植业、建筑业。

前王村 党支部书记、村委会主任王殿合。2016年年底全村有151户，453人，耕地面积872亩。该村主要产业是种植业。

后王村 党支部书记、村委会主任李景和。2016年年底全村有78户，299人，耕地面积230亩。该村主要产业是种植业。

坡韩村 党支部书记、村委会主任韩胜强。2016年年底全村有154户，550人，耕地面积1980亩。该村主要产业是种植业、畜牧业。

马家村 党支部书记田红兵，村委会主任田江波。2016年年底全村有149户，459人，耕地面积1800亩。该村主要产业是种植业、养殖业。

柳高村 党支部书记高乃新，村委会主任高维长。2016年年底全村有170户，536人，耕地面积1746亩。该村主要产业是种植业、运输业。

边家村 党支部书记、村委会主任郭学文。2016年年底全村有35户，140人，耕地面积539亩。该村主要产业是种植业。

褚官村 党支部书记、村委会主任吕国富。2016年年底全村有289户，937人，耕地面积3005亩。该村主要产业是种植业。

鉴刘村 村支部书记、村委会主任刘汉波。2016年年底全村有160户，541人，耕地面积690亩。该村主要产业是种植业、养殖业。

单家村 党支部书记、村委会主任单国强。2016年年底全村有116户，358人，耕地面积700亩。该村主要产业是种植业。

翟家村 党支部书记、村委会主任郭敏瑞。2016年年底全村有262户，840人，耕地面积1989亩。该村主要产业是种植业、畜牧业。

贾家村 党支部书记、村委会主任贾乃忠。2016年年底全村有174户，520人，耕地面积1300亩。该村主要产业是种植业、养殖业。

吴家村 党支部书记、村委会主任吴志勇。2016年年底全村有129户，464人，耕地面积726亩。该村主要产业是种植业。

任田村 党支部书记、村委会主任田军启。2016年年底全村有130户，467人，耕地面积980亩。该村主要产业是种植业。

张家村 村委会主任张新军。2016年年底全村有70户，212人，耕地面积640亩。该村主要产业是种植业、畜牧业。

北宋村 党支部书记、村委会主任宋金友。2016年年底全村有167户，607人，耕地面积1298亩。该村主要产业是种植业、养殖业。

梁家村 党支部书记、村委会主任梁新民。2016年年底全村有192户，595人，耕地面积1170亩。该村主要产业是种植业。

王家村 党支部书记王东营，村委会主任刘金岭。2016年年底全村有87户，289人，耕地面积938亩。该村主要产业是种植业。

簸箕刘村 党支部书记、村委会主任李成彬。2016年年底全村有175户，621人，耕地面积2200亩。该村主要产业是种植业。

前林村 党支部书记、村委会主任林国强。2016年年底全村有130户，485人，耕地面积500亩。该村主要产业是种植业。

中林村 党支部书记、村委会主任林永占。2016年年底全村有63户，199人，耕地面积468亩。该村主要产业是种植业。

后刘村 党支部书记、村委会主任刘树林。2016年年底全村有80户，254人，耕地面积680亩。该村主要产业是种植业、养殖业。

莱于村 党支部书记、村委会主任于文峰。2016年年底全村有197户，748人，耕地面积1937亩。该村主要产业是种植业。

侯王村 村委会主任刘伟章。2016年年底全村有327户，1266人，耕地面积4514亩。该村主要产业是种植业。

（刘金生 韩小虎）

盐窝镇

【概况】 盐窝镇位于县境中部，镇政府距县城22.5公里，总面积243.61平方公里，辖125个村民委员会。2016年年底，全镇有24642户，78094口人。2016年全镇新出生人口1442人，人口出生率为18.46‰；死亡人口641人，人口自然增长率为10.26‰。

【农业生产】 2016年，全镇耕地总面积14225.3公顷。全年农作物总播种面积23673.9公顷。其中，小麦7354.7公顷，总产44812.3吨；玉米8156.6公顷，总产53332.5吨；棉花5157.2公顷，总产6068.1吨；蔬菜2620.5公顷，总产瓜菜160705吨。年末片林面积2922公顷，森林覆盖率达24%。2016年年末羊存栏48.9万只，牛存栏1500头；羊出栏120万只，牛出栏2800头。家禽出栏210.3万只，畜牧业总产值达6.6亿元。

【文教卫生】 全镇有中学3所，其中，盐窝中学有教师139人，在校学生1205人；北岭中学有教师155人，在校学生1081人；虎滩中学有教师75人，在校学生447人。有小学4所，其中，中心小学有教师74人，在校学生712人；十南小学有教师33人，在校学生159人；大赵小学有教师35人，在校学生137人；虎滩小学有教师44人，在校学生353人。有幼儿园8所，其中，中心幼儿园有幼师27人，入园儿童305人；中心幼儿园北岭分园有幼师24人，入园儿童164人；中心幼儿园大赵分园有幼师11人，入园儿童100人；中心幼儿园虎滩分园有幼师21人，入园儿童138人；英才幼儿园有幼师11人，入园儿童76人；南岭幼儿园有幼师5人，入园儿童52人；南洼幼儿园有幼师6人，入园儿童40人；张旺幼儿园有幼师3人，入园儿童26人。全镇有卫生院2处，其中，盐窝卫生院有医务人员95人，设床位80张；虎滩卫生院有医务人员35人，设床位50张。全镇有乡村卫生室41个，乡村医生58人。

【工业、个体私营企业】 2016年全镇完成固定资产投资22.18亿元，增长9.7%；实现地方财政收入4897万元，增长6.7%；农民人均纯收入达到20624元，

2016年秋，大赵村栽植红薯喜获丰收

增长9%。以项目建设为"主抓手"，依托工业创业园区建设，筛选论证并实施估算总投资7.2亿元的16项重点工程项目和民生实事。在具体工作中，积极推动总投资3000万元的民兴食品出口蔬菜深加工扩建项目和总投资4390万元的年产40万吨生物有机肥料新上项目加快推进；投资1.12亿元的宝通建筑新材料及钢结构生产加工项目、投资1.2亿元东营畅顺汽车维修服务项目等2个招商引资项目已落地开工。继续实行科级干部包靠企业及重点项目制度，引导中小企业加强协作，打造结构合理、富有活力的梯次企业集群。以创建全省电子商务示范县为抓手，研究出台扶持电子商务发展的意见和办法，培育发展京东、乐村淘等电商87户，电子商务成为新的增长点。

【打造特色农业产业带】 2016年，认真抓好投资5550.8万元的5000亩新建高标准农田建设项目等8个今冬明春重点工程项目，以项目建设推进农业基础设施改善和现代农业发展；认真抓好三年增绿工程，2016年上半年，投资2315万元实施增绿提升工程，完成新造林4491.1亩、植树39.72万株，全面落实好管护措施，确保树木成活率。依托两大定点市场，辐射推动66个畜牧养殖村、1万亩的蔬菜产业基地膨胀发展。预计2016年全镇畜牧总产值能达到15亿元，蔬菜年产值达到3.65亿元。突破发展沿黄滩区农业。投资200余万元实施滩区坝壕清理整治工程。至2016年年底，已发展新合瓜果、七一葡萄、十南莲藕、老董苹果等特色种植村24个，全镇滩区累计发展特色作物种植面积5011亩，蔬菜、瓜果年生产量1710万吨。

【新型城镇化建设】 坚持重点项目带动引领，切实抓好投资1.1亿元的新世纪商贸街北延工程和政和小区续建工程（其中，新世纪商贸街北延工程已完成，政和小区续建工程正在有序进行拆迁）；总投资1.6亿元的盐窝镇七龙河至胜坨镇张东村黄河浮桥建设工程已完成清障。持续加大基础设施投入，扎实推进"天燃气镇镇通"工程，全面落实改造资金和改造政策，圆满完成村级50户农村危房改造任务和759户旱厕改造。

【加快发展社会事业】 2016年，实施总投资1.2亿元的中心学校建设工程和总投资2000万元的中心幼儿园建设工程。持续抓好医疗卫生事业。全面推行公共卫生服务体系建设，切实加强和规范2处乡镇卫生院管理和基础设施改造提升；2016年度征收养老保险2.8万人，金额980余万元，征收城乡居民医疗保险6.5万人，保费1060余万元。狠抓精准扶贫工作。6个贫困村2016年扶贫项目和"五通十有"项目已经全部建设完成，省定贫困户全部脱贫；加强社会管理。继续以城市公共安全、水汽污染整治、乡村文明建设"三大专项行动"为重点，深入开展安全、环保隐患排查治理和网格化实名制管理。着力抓好乡村文明行动"五化"建设，全镇硬化道路5.2公里，植树24.8万株，安装路灯268盏，美化主街道两侧房屋墙面8000平米；投资1069万元实施8个村的乡村连片治理项目。

【行政村概况】

刘村 党支部书记、村委会主任刘景云。2016年年底全村有 230户，800人，耕地面积1650亩。种植粮食1100亩，棉花100亩，蔬菜75亩。粮食总产1100吨，棉花总产20吨；猪存栏200头，禽类存栏2万只。该村主要产业是种植业、养殖业。2016年人均纯收入1.5万元。

黄村 党支部书记黄喜堂，村委会主任黄春友。2016年年底全村有181户，696人，耕地面积840亩。种植粮食620亩，棉花120亩。粮食总产620吨，棉花总产30吨；该村主要产业是种植业、养殖业。2016年人均纯收入1.5万元。

前邢村 党支部书记薄汝东，村委会主任林秋三。2016年年底全村有228户，836人，耕地面积2600亩。种植粮食2000亩，棉花600亩。粮食总产2000吨，棉花总产135吨。该村主要产业是种植业、畜牧养殖业。2016年人均纯收入1.5万元。

盐西村 党支部书记季维岐，村委会主任季维起。2016年年底全村有631户，1562人，耕地面积2501亩。种植粮食2071亩，棉花410亩，蔬菜20亩。粮食总产2071吨，棉花总产82吨，蔬菜总产100吨；猪存栏25头，禽类存栏3000只。该村主要产业是种植业、畜牧养殖业。2016年人均纯收入1.5万元。

盐中村 党支部书记、村委会主任尚凡强。2016年年底全村有412户，1600人，耕地面积3100亩。种植粮食2200亩，棉花800亩。粮食总产2200吨，棉花总产160吨。该村主要产业是种植业、畜牧养殖业。2016年人均纯收入1.6万元。

后邢村 党支部书记、村委会主任刘长胜。2016年年底全村有380户，1166人，耕地面积3800亩。种植粮食3000亩，棉花800亩。粮食总产3000吨，棉花总产180吨。该村主要产业是种植业、畜牧养殖业。2016年人均纯收入1.5万元。

新村 党支部书记、村委会主任赵振民。2016年年底全村有470户，1595人，耕地面积3000亩。种植粮食2993亩。粮食总产3000吨。该村主要产业是养殖业、运销业。2016年人均纯收入1.36万元。

马村 党支部书记马树海，村委会主任马峰。2016年年底全村有166户，594人，耕地面积980亩。种植粮食340亩，棉花640亩。粮食总产340吨，棉花总产128吨；猪存栏25头，禽类存栏3000只。该村主要产业是养殖业。2016年人均纯收入1.5万元。

西里村 党支部书记、村委会主任徐朝臣。2016年年底全村有117户，423人，耕地面积1600亩。种植粮食1100亩，棉花500亩。粮食总产1100吨，棉花总产100吨。该村主要产业是种植业。2016年人均纯收入1.2万元。

新建村 党支部书记、村委会主任王磊。2016年年底全村有124户，516人，耕地面积1670亩。种植粮食1200亩，棉花400亩。粮食总产1200吨，棉花总产10吨；猪存栏210头，禽类存栏21000只。2016年人均纯收入1.5万元。

魏村 党支部书记季新房，村委会主任张石国。2016年年底全村有83户，310人，耕地面积775亩。种植粮食350亩，棉花225亩，果园200亩。粮食总产350吨，棉花总产90吨。该村主要产业是粮棉种植业、畜牧养殖业。2016年人均纯收入1.3万元。

东里村 党支部书记、村委会主任薄如军。2016年年底全村有58户，228人，耕地面积532亩。种植粮食465亩，棉花52亩。粮食总产465吨，棉花总产10.4吨。该村主要产业是种植业。2016年人均纯收入1.2万元。

东一村 党支部书记、村委会主任尚普凡。2016年年底全村有150户，440人，耕地面积320亩。种植粮食710亩，棉花110亩。粮食总产710吨，棉花总产55吨；猪存栏20头，禽类存栏1500只。该村主要产业是粮棉种植业、养殖业，2016年人均纯收入13700元。

东二村 党支部书记尚应林，村委会主任王树村。2016年年底全村有231户，731人，耕地面积1100亩。种植粮食1000亩，棉花100亩。粮食总产1100吨，棉花总产20吨。该村主要产业是种植业、运输业。2016年人均纯收入12104元。

东三村 党支部书记、村委会主任薄乃春。2016年年底全村有164户，552人，耕地面积960亩。种植粮食845亩，棉花115亩。粮食总产845吨，棉花总产20吨。该村主要产业是种植业、畜牧业，2016年人均纯收入1.2万元。

薄村 党支部书记、村委会主任薄遵友。2016年年底全村有162户，638人，耕地面积1100亩。种植粮食1020亩，棉花80亩。粮食总产1071吨，棉花总产17吨；猪存栏83头，禽类存栏2500只。该村主要产业是种植业、畜牧养殖业，2016年人均纯收入4800元。

鲍王庄村 党支部书记王维民，村委会主任李积杰。2016年年底全村有297户，972人，耕地面积1760亩，种植粮食1482亩，棉花278亩。全年粮食总产1520吨，棉花总产60吨，禽类存栏4800只。该村主要产业是畜牧养殖业，2016年人均纯收入15840元。

大赵村 党支部书记赵金山，村委会主任齐国庆。2016年年底全村有235户，807人，耕地面积2000亩。种植粮食550 亩，棉花1450亩。粮食总产520吨，棉花总产359吨；猪存栏 130头。该村主要产业是种植业、养殖业，2016年全村经济总收入214万元。

小赵村 党支部书记、村委会主任王杰民。2016年年底全村有 114户，415人，耕地面积1031亩。种植粮食630亩，棉花401亩。粮食总产480吨，棉花总产102吨；猪存栏102头，禽类存栏1.5万只。该村主要产业是种植业、养殖业，2016年全村经济总收入781万元。

黄西村 党支部书记刘维玉，村委会主任刘俊才。2016年年底全村有140户，508人，耕地面积1835亩。种植粮食1000亩，棉花835亩。粮食总产 800吨，棉花总产153.5吨；猪存栏100头，禽类存栏5000只。该村主要产业是棉花种植业，2016年全村经济总收入862万元。

黄东村 党支部书记、村委会主任张禹。2016年年底全村有171户，644人，耕地面积1550亩。种植粮食900亩，棉花650亩。粮食总产750吨，棉花总产150吨；羊存栏6300只，猪存栏93头，禽类存栏8200只。该村主要产业是棉花种植业，2016年全村经济总收入842万元。

黄南村 党支部书记宋连君，村委会主任王培兴。2016年年底全村有113户，447人，耕地面积 2518亩。种植粮食1530亩，棉花988亩。粮食总产 765吨，棉花总产197.6吨；猪存栏 83头，禽类存栏3万只。该村主要产业是养殖业，2016年全村经济总收入802万元，

南三村 党支部书记张三生，村委会主任张其信。2016年年底全村有186户，623人，耕地面积2800亩。种植粮食1340亩，棉花1460亩。粮食总产750吨，棉花总产219吨；猪存栏230头，该村主要产业是种植业、养殖业，2016年全村经济总收入943万元。

南一村 党支部书记程国如，村委会主任张其忠。2016年年底全村有145户，463人，耕地面积 1400亩。种植粮食800亩，棉花600亩。粮食总产320吨，棉花总产90.6吨；猪存栏 30头，禽类存栏 4900只。该村主要产业是种植业、畜牧业，2016年全村经济总收入755万元。

东后村 党支部书记刘汉有，村委会主任刘明喜。2016年年底全村有163户，653人，耕地面积3630亩。种植粮食2800亩，棉花830亩。粮食总产890吨，棉花总产159吨；猪存栏260头，禽类存栏2万只。该村主要产业是种植业、畜牧业，2016年全村经济总收入848万元。

东洋江村 党支部书记张吉虎，村委会主任杨成虎。2016年年底全村有217户，747人，耕地面积3723.6 亩。种植粮食2950亩，棉花773.6亩。粮食总产 1475吨，棉花总产136吨；猪存栏120头，禽类存栏1.5万只。该村主要产业是粮棉种植业、畜牧养殖业，2016年全村经济总收入1134万元。

西洋江村 党支部书记王希忠，村委会主任张新利。2016年年底全村有243户，847人，耕地面积4996.2亩。种植粮食3120亩，棉花1876.2亩。粮食总产 1404吨，棉花总产375吨；猪存栏150头，禽类存栏1.2万只。该村主要产业是粮棉种植业、畜牧养殖业，2016年全村经济总收入1302万元。

大苟村 党支部书记彭宝平，村委会主任王振义。2016年年底全村有237户，807人，耕地面积4633亩。种植粮食3010亩，棉花1623亩。粮食总产1510吨，棉花总产324.6吨；猪存栏80头，禽类存栏6000只。该村主要产业是种植业、畜牧业，2016年全村经济总收入1002万元。

小苟村 党支部书记、村委会主任王学功。2016年年底全村有96户，333人，耕地面积2153亩。种植粮食 1020亩，棉花1133亩。粮食总产510吨，棉花总产226.6吨；猪存栏76头，禽类存栏7000只。该村主要产业是种植业、养殖业，2016年全村经济总收入835万元。

门家村 党支部书记张居山，村委会主任门玉彬。2016年年底全村有324户，1178人，耕地面积2725.2亩。种植粮食2122亩，棉花603.2亩。粮食总产1061吨，棉花总产189吨；猪存栏900头，禽类存栏25600只。该村主要产业是种植业、养殖业，2016年全村经济总收入1782万元。

南二村 党支部书记李小中，村委会主任李建峰。2016年年底全村有125户，467人，耕地面积2023亩。种植粮食1420亩，棉花603亩。粮食总产284吨，棉花总产60.3吨；禽类存栏27000只。该村主要产业是种植业、养殖业，2016年全村经济总收入763万元。

西后村 党支部书记黄荣皆，村委会主任尹学国。2016年年底全村有125户，428人，耕地面积2120亩。种植粮食520亩，棉花1600亩。粮食总产260吨，棉花总产240吨；禽类存栏1.6万只。该村主要产业是种植业、养殖业，2016年全村经济总收入642万元。

刘官斗村 党支部书记宋志海，村委会主任季林彬。2016年年底全村有307户，1060人，耕地面积4897亩。种植粮食3816亩，棉花1081亩。粮食总产1908吨，棉花总产196吨；猪存栏180头，禽类存栏6000只。该村主要产业是粮棉种植业、畜牧养殖业，2016年全村经济总收入1773万元。

曹家村 党支部书记薄玉忠，村委会主任陈建。2016年年底全村有164户，566人，耕地面积2300亩。种植粮食1460亩，棉花840亩。粮食总产730吨，棉花总产156吨；猪存栏36头，禽类存栏8630只。该村主要产业是种植业、养殖业，2016年全村经济总收入841万元。

杨柳村 党支部书记、村委会主任王新峰，2016年年底全村有212户，706人，耕地面积1646亩，种植粮食1410亩。全年粮食总产1400吨，蔬菜1500吨，猪存栏1200头，禽类存栏1.2万只，该村主要产业是蔬菜业、种植业，2016年人均纯收入1.26万元。

老董村 党支部书记李中华，村委会主任刘焕军。2016年年底全村有245户，870人，耕地面积1260亩。种植粮食380亩，棉花300亩，果园420亩。粮食总产190吨，棉花总产60吨；猪存栏120头，禽类存栏1.2万只。该村主要产业是林果业、畜牧养殖业，2016年人均纯收入1.2万元。

新董村 党支部书记董福星，村委会主任董守业。2016年年底全村有160户，523人，耕地面积380亩。种植粮食300亩，棉花80亩。粮食总产1800吨，棉花总产20吨。该村主要产业是棉花种植业、畜牧业，2016年人均纯收入8000元。

薛家村 党支部书记薛其良，村委会主任薛学生。2016年年底全村有97户，363人，耕地面积540亩，种植粮食316亩，棉花90亩，果园 140亩。禽类存栏1万只。该村主要产业是低温棚、果园、棉花，2016年人均纯收入12036元。

夹河村 党支部书记李守元，村委会主任田凤海。2016年年底全村有138户，503人，耕地面积 560亩，种植粮食368亩，蔬菜190亩。全年粮食总产200吨，蔬菜300吨，猪存栏1140头，禽类存栏6000个。该村主要产业是种植和养殖产业，2016年人均纯收入1.5万元。

北坝村 党支部书记、村委会主任李吉堂。2016年年底全村有90户，320人，耕地面积400亩，种植蔬菜370亩。粮食总产30吨。该村主要产业是蔬菜大棚业、粮棉种植，2016年人均纯收入1.9万元。

新合北村 党支部书记、村委会主任王树彬。2016年年底全村有278户，983人，耕地面积1180亩。种植粮食796亩，果园14亩，蔬菜380亩。全年粮食总产700吨，蔬菜200吨，猪存栏800头，禽类存栏2100个。该村主要产业是瓜果蔬菜，2016年人均纯收入1.3万元。

前左村 党支部书记、村委会主任左传厚。2016年年底全村有98户，362人，耕地面积1200亩。种植粮食800亩，棉花200亩。全年粮食总产640吨，禽类存栏22300只。该村主要产业是拱棚瓜菜业、粮棉种植，2016年人均纯收入1.1万元。

后左村 党支部书记李美玲

(女)，村委会主任王新海。2016年年底全村有82户，327人，耕地面积720亩。种植粮食420亩，蔬菜300亩。全年粮食总产220吨，蔬菜18吨，禽类存栏2万只。该村主要产业是拱棚瓜菜业、粮棉种植业，2016年人均纯收入1.3万元。

十南村 党支部书记、村委会主任张祥君。2016年年底全村有655户，2548人，耕地面积2228亩。种植粮食1200亩，棉花200亩，果园200亩，蔬菜628亩。全年粮食总产1200吨，棉花总产40吨，果品总产210吨；猪存栏350头，禽类存栏10万只。该村主要产业是粮棉蔬菜业、建筑业，2016年人均纯收入1.1万元。

十西村 党支部书记杨新三，村委会主任张永亮。2016年年底全村有290户，1094人，耕地面积1400亩。种植粮食1000亩，棉花230亩，猪存栏80头，禽类存栏8000只。该村主要产业是蔬菜种植，2016年人均纯收入1.1万元。

十东村 党支部书记李国训，村委会主任李庆祥。2016年年底全村有183户，756人，耕地面积592亩，种植粮食480亩，全年粮食总产600吨，猪存栏 200头，禽类存栏 4万只。该村主要产业是粮食种植，2016年全村人均纯收入14300元。

乔家村 党支部书记宋淑彦，村委会主任乔宗臣。2016年年底全村有142户，521人，耕地面积880亩。种植粮食501亩，棉花379亩。粮食总产2500吨，棉花总产30吨，猪存栏150头，禽类存栏4000只。该村主要产业是种植业、养殖业，2016年人均纯收入16933元。

张冯村 党支部书记、村委会主任聂旭刚。2016年年底全村有212户，706人，耕地面积1786亩。种植粮食386亩，棉花1300亩。全年粮食总产240吨，棉花总产280吨，猪存栏350头，禽类存栏1.5万只。该村主要产业是棉花，2016年人均纯收入1万元。

南十村 党支部书记、村委会主任张善坤。2016年年底全村有350户，1323人，耕地面积1700亩。种植粮食900亩，蔬菜500亩。粮食总产800吨，蔬菜总产500吨。该村主要产业是蔬菜业，2016年人均纯收入1.5万元。

新合南村 党支部书记、村委会主任张会健。2016年年底全村有170户，560人，耕地面积1041亩，种植粮食600亩，棉花200亩。全年粮食总产540吨，棉花总产35吨，禽类存栏3万只。该村主要产业是棉花种植和大棚瓜菜种植，2016年人均纯收入1.3万元。

寇家村 党支部书记、村委会主任寇连玉。2016年年底全村有102户，375人，耕地面积500亩。棉花52亩，蔬菜448亩。棉花总产10吨，蔬菜总产400吨，禽类存栏1258只。该村主要产业是蔬菜种植业、建筑业，2016年人均纯收入11000元。

东坝村 党支部书记李树良，村委会主任尚俊友。2016年年底全村有160户，660人，耕地面积1200亩。种植粮食890亩，棉花200亩，果园110亩。粮食总产756.5吨，棉花总产30吨；猪存栏60头，禽类存栏318000只。该村主要产业是粮棉种植和养殖业，2016年人均纯收入1.1万元。

和平村 党支部书记薄其武，村委会主任薄传武。2016年年底全村有206户，709人，耕地面积1203亩。种植粮食400亩，棉花300亩，蔬菜480亩。粮食总产400吨，棉花总产120吨，蔬菜480亩，禽类存栏320只。该村主要产业是粮棉和蔬菜种植、养殖业，2016年全村经济总收入1582万元，人均纯收入11800元。

永西村 党支部书记刘学滨，村委会主任张华平。2016年年底全村有181户，597人，耕地面积700亩。种植粮食300亩，棉花200亩。粮食总产300吨，棉花总产50吨。该村主要产业是粮棉业、蔬菜业，2016年人均纯收入12800元。

永东村 党支部书记李占民，村委会主任兰俊岭。2016年年底全村有146户，503人，耕地面积1200亩。种植粮食400亩，棉花400亩，蔬菜350亩。粮食总产300吨，棉花总产70吨，蔬菜总产350吨；猪存栏200头，禽类存栏5000只。该村主要产业是蔬菜业、粮棉业，2016年人均纯收入11000元。

七三村 党支部书记郭立剑，村委会主任杜奉凯。2016年年底全村有205户，786人，耕地面积1700亩。种植粮食1035亩，棉花600亩。粮食总产879.75吨，棉花总产90吨，禽类存栏2000只。该村主要产业是粮棉种植，2016年人均纯收入1.2万元。

北二村 党支部书记岳喜仁，村委会主任岳长河。2016年年底全村有125户，445人，耕地面积930亩。种植粮食350亩，棉花100亩，蔬菜480亩。粮食总产300吨，棉花总产25吨。该村主要产业是蔬菜种植、粮棉种植，2016年人均纯收入1.3万元。

北三村 党支部书记、村委会主任高纯峰。2016年年底全村有96户，301人，耕地面积460亩。种植粮食50亩，棉花50亩，蔬菜360亩。粮食总产25吨，棉花总产7.5吨，蔬菜720吨。该村主要产业是蔬菜业、粮棉业，2016年人均纯收入13500元。

七一村 党支部书记、村委会主任郭立宝。2016年年底全村有133户，506人，耕地面积1150亩。种植粮食710亩，棉花300亩。蔬菜40亩。全年粮食总产603.5吨，棉花总产45吨；禽类存栏4万只。该村主要产业是粮棉种植，2016年人均纯收入12385元。

福寿村 党支部书记薄其利，村委会主任薄纯海。2016年年底全村有220户，828人，耕地面积1235亩。种植粮食920亩，棉花95亩，蔬菜220亩。粮食总产920吨，棉花总产18吨，蔬菜220吨；猪存栏100头，禽类存栏200只。该村主要产业是蔬菜业、粮棉业，2016年人均纯收入1.2万元。

康宁村 党支部书记薄占温，村委会主任薄其均。2016年年底全村有113户，539人，耕地面积727亩。种植粮食587亩，棉花17.6亩，果园5亩，蔬菜120亩。粮食总产645吨，棉花总产3.5吨。该村主要产业是蔬菜业、粮棉业，2016年人均纯收入12500元。

南岭村 党支部书记赵运达，村委会主任李合青。2016年年底全村有496户，1784人，耕地面积2361亩。种植粮食800亩，棉花681亩，果园600亩，蔬菜280亩。粮食总产800吨，棉花总产100吨；猪存栏250头，禽类存栏2万只。该村主要产业是粮棉业、蔬菜业，2016年人均纯收入1万元。

肖家村 党支部书记、村委会主任许振东。2016年年底全村有123户，460人，耕地面积488.8亩。种植粮食80亩，棉花20亩，果园13亩，蔬菜200亩。粮食总产50吨，棉花总产4吨，猪存栏20，禽类存栏1000只。该村主要产业是蔬菜业，2016年人均纯收入10800元。

北一村 党支部书记薄其君，村委会主任张维俭。2016年年底全村有112户，502人，耕地面积600亩。种植粮食270亩，棉花180亩，蔬菜120亩。粮食总产95吨，棉花总产36吨；猪存栏40头，禽类存栏700只。该村主要产业是粮棉业、蔬菜业，2016年全村经济总收入1187万元，人均纯收入12036元。

北岭村 党支部书记岳义良，村委会主任岳方军。2016年年底全村有85户，326人，耕地面积470 亩。种植粮食200亩，蔬菜270亩。粮食总产100吨，蔬菜总产540吨。该村主要产业是蔬菜业，2016年人均纯收入1.3万元。

七二村 党支部书记、村委会主任郭立滨。2016年年底全村有132户，505人，耕地面积1100亩。种植粮食765亩，棉花300亩、果园20亩。粮食总产650.25吨，棉花总产45吨，禽类存栏48000只。该村主要产业是粮棉业和养殖业，2016年人均纯收入1万元。

维新村 党支部书记薄万学，村委会主任薄其凯。2016年年底全村有197户，706人，耕地面积901亩。种植粮食604亩，棉花734亩，蔬菜70亩。粮食总产240吨，棉花总产146吨，蔬菜140吨。该村主要产业是蔬菜业、粮棉业，2016年人均纯收入10300元。

台三村 党支部书记、村委会主任王国民。2016年年底全村有192户，728人，耕地面积2100亩。种植粮食765亩，棉花1343亩。粮食总产392吨，棉花总产405吨；禽类存栏2000只。该村主要产业是种植业、建筑业，2016年人均纯收入10934元。

盖东村 党支部书记、村委会主任陈荫峰。2016年年底全村有146户，536人，耕地面积1060亩。种植粮食1025亩，棉花35亩。粮食总产1845 吨，棉花总产10.5吨。该村主要产业是种植业，2016年人均纯收入17500元。

盖中村 党支部书记陈长乐，村委会主任张峰。2016年年底全村有156户，559人，耕地面积1620亩。种植粮食575亩，棉花900亩，果园45亩。粮食总产480吨，棉花总产300吨，果品总产90吨。该村主要产业是种植业、运输业，2016年人均纯收入12156元。

盖西村 党支部书记陈永成，村委会主任刘军。2016年年底全村有254户，944人，耕地面积1750亩。种植粮食1260亩，棉花355亩，果园135亩。粮食总产1000吨，棉花总产60吨。该村主要产业是种植业，2016年人均纯收入1.7万元。

台北村 党支部书记、村委会主任李召温。2016年年底全村有123户，444人，耕地面积560亩。种植粮食540亩，果园20亩。粮食总产400吨。该村主要产业是种植业，2016年人均纯收入1.2万元。

台中村 党支部书记郭宝林，村委会主任李守滨。2016年年底全村有212户，723人，耕地面积1140亩。种植粮食910亩，棉花110亩，果园120亩。粮食总产750 吨，棉花总产40吨。该村主要产业是种植业，2016年人均纯收入1.3万元。

台前村 党支部书记、村委会主任丁玉明。2016年年底全村有168户，608人，耕地面积1300亩。种植粮食1100亩，棉花50亩。粮食总产1000吨，棉花总产10吨。该村主要产业是种植业，2016年人均纯收入13200元。

八东村 党支部书记高向山，村委会主任王重华。2016年年底全村有249户，776人，耕地面积2400亩。种植粮食2200亩，棉花120亩，果园80亩。粮食总产1980吨，棉花总产24吨。该村主要产业是种植业，2016年人均纯收入1.8万元。

八西村 党支部书记薄其华，村委会主任董守勇。2016年年底全村有198户，756人，耕地面积1082亩。种植粮食980亩，棉花102亩，果园80亩。粮食总产98吨，棉花总产20吨。该村主要产业是种植业，2016年人均纯收入1.1万元。

滩中村 党支部书记、村委会主任杨建军，2016年年底全村有157户，581人，耕地面积1100亩。种植粮食450亩，棉花500亩，果园110亩，蔬菜150亩。粮食总产160吨，棉花总产75吨，蔬菜75吨；禽类存栏70只。该村主要产业是种植业、加工业，2016年人均纯收入1.3万元。

滩东村 党支部书记陈善虎，村委会主任李丙银。2016年年底全村有179户，631人，耕地面积550亩。种植粮食390亩，棉花70亩，果园9亩，蔬菜80亩。粮食总产320吨，棉花总产14吨，禽类存栏7000只。该村主要产业是种植业，2016人均纯收入13300元。

滩西村 党支部书记李官军，村委会主任王学军。2016年年底全村有120户，436人，耕地面积780亩。种植粮食730亩，全年粮食总产73吨。该村主要产业是种植业，2016年人均纯收入1.4万元。

坨上村 党支部书记李呈顺，村委会主任李建生。2016年年底全村有270户，976人，耕地面积950亩。种植粮食500亩，棉花50亩，蔬菜40亩。粮食总产250吨，棉花总产10吨；禽类存栏1万只。该村主要产业是种植业，2016年人均纯收入14058元。

台一村 党支部书记王振功，村委会主任王新国。2016年年底全村有119户，387人，耕地面积1150亩。种植粮食420亩，棉花647亩。粮食总产400吨，棉花总产160吨。该村主要产业是种植业，2016年人均纯收入11762元。

台二村 党支部书记王树平，村委会主任李振卫。2016年年底全村有128户，499人，耕地面积812亩。种植粮食370亩，棉花286亩。粮食总产360吨，棉花总产80吨，果品总产286吨；禽类存栏1万只。该村主要产业是种植业、运输业，

2016年人均纯收入11538元。

孟北村 党支部书记王树岭，村委会主任张金余。2016年年底全村有127户，412人，耕地面积506亩。种植粮食120亩，棉花206亩、蔬菜180亩。粮食总产100吨，棉花总产30吨。该村主要产业是运输业、种植业，2016年人均纯收入1.6万元。

孟南村 党支部书记王中卫，村委会主任张光辉。2016年年底全村有102户，426 人，耕地面积402亩。种植粮食15亩，蔬菜372亩。粮食总产15吨。该村主要产业是蔬菜产业，2016年人均纯收入1.1万元。

南滩村 党支部书记陈昭军，村委会主任孙丙柱。2016年年底全村有218户，936人，耕地面积920亩。种植蔬菜830亩，粮食40亩，棉花50亩。粮食总产40 吨，棉花总产6吨。该村主要产业是蔬菜、棉花、粮食种植业，2016年人均纯收入12100元。

郭西村 党支部书记崔玉军，村委会主任闫安云。2016年年底全村有203户，713人，耕地面积1771亩。种植粮食1000亩，棉花300亩，果园200亩。粮食总产1000吨，棉花总产60吨；猪存栏1500头，禽类存栏4000只。该村主要产业粮棉业，2016年人均纯收入1.1万元。

崔庄村 党支部书记、村委会主任张宝华。2016年年底全村有608户，1016人，耕地面积2600亩。种植粮食1000亩，棉花1575亩。粮食总产500吨，棉花总产275吨;猪存栏660头，禽类存栏2万只。该村主要产业是粮棉种植业，2016年人均纯收入1.6万元。

扈家滩村 党支部书记扈兴芝，村主任崔占奎。2016年年底全村有45户，146人，耕地面积427亩。种植粮食407亩，棉花20亩，果园15亩。粮食总产407吨，棉花总产5吨。该村主要产业是粮棉业，2016年人均纯收入1.5万元。

小街村 党支部书记、主任刘金涛。2016年年底全村有140户，491人，耕地面积1420亩。种植粮食820亩，棉花600亩。粮食总产820吨，棉花总产105吨。该村主要产业是粮棉业，2016年人均纯收入1.5万元。

王庄村 党支部书记、村委会主任胡兴武。2016年年底全村有220户，834人，耕地面积1900亩。种植粮食800亩，棉花1100亩。粮食总产800吨，棉花总产220吨。该村主要产业是粮棉业，2016年人均纯收入1.6万元。

郭东村 党支部书记李文海，村主任王乃华，2016年年底全村有108户406人，耕地面积928亩。种植粮食834亩，棉花42亩，蔬菜3亩。粮食总产854吨，禽类存栏420只。该村主要产业是粮棉业，2016年全村经济总收入1156万元，人均纯收入16200元。

牛家村 党支部书记王本利，村主任张乐清。2016年年底全村有103户，394人，耕地面积1437亩。种植粮食1200亩，棉花124亩，果园113亩。粮食总产1200吨,棉花总产18.1吨，禽类存栏12万只。该村主要产业是粮棉业，2016年人均纯收入16876元。

联二村 党支部书记、村委会主任李凤德。2016年年底全村有105户，370人，耕地面积814亩。种植粮食814亩。粮食总产814吨，禽类存栏500只。该村主要产业是粮食种植，2016年人均纯收入16800元。

联一村 党支部书记、村委会主任王建国。2016年年底全村有127户，500人，耕地面积970亩。种植粮食870亩，果园20亩，蔬菜80亩。粮食总产785吨，蔬菜80吨；禽类存栏500只。该村主要产业是粮菜种植业，2016年人均纯收入16780元。

东风村 党支部书记陈俊三，村主任王义刚。2016年年底全村有91户，346人，耕地面积775亩。种植粮食600亩，棉花161亩。粮食总产600吨，棉花总产44吨；猪存栏300头。该村主要产业是粮棉种植，2016年人均纯收入13600元。

青边村 党支部书记赵希温，村委会主任刘汝平。2016年年底全村有95户，339人，耕地面积998.5亩。种植粮食836亩，棉花156.5亩。粮食总产860吨，棉花总产28吨。该村主要产业是粮棉业，2016年人均纯收入15800元。

顺河村 党支部书记、村委会主任徐向文。2016年年底全村有67户，248人，耕地面积400亩。种植粮食390亩，棉花10亩。粮食总产780吨，棉花总产1.5吨，禽类存栏4000只。该村主要产业是粮棉业，2016年，人均纯收入14695元。

前丰村 党支部书记、村委会主任李宝国。2016年年底全村有137户，408人，耕地面积1860亩。种植粮食1715亩，棉花13亩，果园32亩。粮食总产1600吨，棉花总产2.6吨；禽类存栏2000只。该村主要产业是粮棉业，2016年人均纯收入16990元。

甜水村 党支部书记、村委会主任朱友三。2016年年底全村有110户462人，耕地面积1250亩。种植粮食900亩，棉花347亩。粮食总产800吨，棉花总产70吨；猪存栏200头，禽类存栏1万只。该村主要产业是粮棉业，2016年人均纯收入16090元。

张草村 党支部书记陈俊明，村委会主任马如武。2016年年底全村有96户，320人，耕地面积1750亩。种植粮食1700亩。粮食总产1500吨；猪存栏700头，禽类存栏2600只。该村主要产业是粮棉业，2016年人均纯收入14800元。

七里井村 党支部书记王子虎，村委会主任张景义。2016年年底全村有98户，323人，耕地面积1678亩。种植粮食1678亩。粮食总产1678吨；猪存栏55头，禽类存栏200只。该村主要产业是粮棉业，2016年人均纯收入16500元。

王屋村 党支部书记刘为农，村委会主任王华超。2016年年底全村有85户，305人，耕地面积1100亩。种植粮食1100亩。粮食总产990吨，猪存栏40头，禽类存栏200只。该村主要产业是粮棉业，2016年全村经济总收入862万元，人均纯收入16850元。

后丰村 党支部书记索振江，村委会主任王国芝。2016年年底全村有100户，324人，耕地面积1256亩。种植粮食1240亩，棉花13亩。粮食总产1240吨，棉花总产1.95吨；猪存栏780头，禽类存栏8.5万只。该村主要产业是粮棉业、养殖业，2016年人均纯收入16825元。

小陈庄村 党支部书记陈介新，村委会主任林庆德。2016年年底全村有146户，585人，耕地面积1438亩。种植粮食1248亩，棉花110亩，果园80亩。粮食总产1248吨，棉花总产16.5吨。该村主要产业是粮棉业、建筑业，2016年人均纯收入15950元。

毕庄村 党支部书记刘永湖，村委会主任赵新民。2016年年底全村有86户，235人，耕地面积880亩。种植粮食870亩，棉花10亩。粮食总产870吨，棉花总产2.5吨；猪存栏30头。该村主要产业是粮食种植，2016年人均1.5万元。

西虎村 党支部书记李光柱，村委会主任崔占林。2016年年底全村有121户，430人，耕地面积716亩。种植粮食638亩，棉花17亩，果园61亩。粮食总产643吨，棉花总产5吨，果品总产65吨；猪存栏200头，禽类存栏5000只。该村主要产业是蔬菜业、服务业，2016年全村经济总收入734万元，人均纯收入11465元。

东虎村 党支部书记、村委会主任魏树祯。2016年年底全村有78户，275人，耕地面积650亩。种植粮食298亩，棉花112亩，果园240亩。粮食总产300吨，棉花总产34吨，果品总产350吨；猪存栏19头。该村主要产业是林果业、粮棉业，2016年全村经济总收入622万元，人均纯收入11500元。

单一村 党支部书记、村委会主任陈建功。2016年年底全村有41户，146人，耕地面积480亩。种植粮食198亩，棉花276亩，果园6亩。粮食总产220吨，棉花总产69吨；禽类存栏1000只。该村主要产业是粮棉业，2016年全村经济总收入567万元，人均纯收入11486元。

新华村 党支部书记张志虎，村委会主任冯春民。2016年年底全村有146户，537人，耕地面积1670亩。种植粮食1178亩，棉花490亩。粮食总产1200吨，棉花总产130吨；猪存栏150头，禽类存栏3500只。该村主要产业是粮棉业，

2016年全村经济总收入936万元，人均纯收入11210元。

麻湾村 党支部书记、村委会主任陈承宗。2016年年底全村有230户，798人，耕地面积2130亩。种植粮食992亩，棉花1118亩，果园20亩。粮食总产1000吨，棉花总产280吨，果品总产45吨；猪存栏395头，禽类存栏26000只。该村主要产业是粮棉业，养殖业，2016年全村经济总收入963万元，人均纯收入11456元。

张村 党支部书记、村委会主任朱呈祥。2016年年底全村有105户，345人，耕地面积1350亩。种植粮食741亩，棉花589亩。粮食总产750吨，棉花总产155吨；猪存栏600头，禽类存栏1.6万只。该村主要产业是粮棉业、养殖业，2016年全村经济总收入542万元，人均纯收入11489元。

陈村 党支部书记、村委会主任杨成生。2016年年底全村有113户，412人，耕地面积1595亩。种植粮食851亩，棉花744亩。粮食总860吨，棉花总产180吨；猪存栏300头，禽类存栏1500只。该村主要产业是粮棉种植业，2016年全村经济总收入595万元，人均纯收入11632元。

新兴村 党支部书记、村委会主任赵国强。2016年年底全村有24户，88人，耕地面积550亩。种植粮食525亩，棉花25亩。粮食总产450吨，棉花总产8吨；猪存栏50只。该村主要产业是粮棉种植，2016年全村经济总收入471万元，人均纯收入10900元。

新城村 党支部书记、村委会主任刘金贵。2016年年底全村有45户，151人，耕地面积530亩。种植粮食476亩，棉花54亩。粮食总产500吨，棉花总产15吨；猪存栏200头。该村主要产业是粮棉种植，2016年全村经济总收入565万元，人均纯收入11420元。

杨村 党支部书记、村委会主任宗培庆。2016年年底全村有92户，310人，耕地面积1200亩。种植粮食598亩，棉花602亩。粮食总产620吨，棉花总产150吨；猪存栏150头，禽类存栏2万只。该村主要产业是粮棉种植业、养殖业，2016年全村经济总收入439万元，人均纯收入11242元。

拾队村 党支部书记、村委会主任程茂林。2016年年底全村有59户，201人，耕地面积530亩。种植粮食145亩，棉花335亩，果园50亩。粮食总产140吨，棉花总产80吨；禽类存栏1000只。该村主要产业是粮棉种植业，2016年全村经济总收入468万元，人均纯收入11703元。

林河村 党支部书记、村委会主任林长友。2016年年底全村有138户，483人，耕地面积1800亩。种植粮食1406亩，棉花394亩。粮食总产1500吨，棉花总产130吨；禽类存栏3000只。该村主要产业是粮棉种植业，2016年全村经济总收入725万元，人均纯收入11900元。

牟里村 党支部书记、村委会主任胡培桢。2016年年底全村有205户，774人，耕面积2100亩。种植粮食1680亩，棉花390亩，果园30亩。粮食总产1700吨，棉花总产120吨，果品总产68 吨；猪存栏1400头，禽类存栏3000只。该村主要产业是粮棉产业，2016年全村经济总收入1070万元，人均纯收入11386元。

王洼村 党支部书记王建强，村委会主任张玉平。2016年年底全村有186户，700人，耕地面积4200亩。种植粮食1380亩，棉花2820亩。粮食总产1400吨，棉花总产850吨；猪存栏900头，禽类存栏1500只。该村主要产业是粮棉业，2016年全村经济总收入752万元，人均纯收入11075元。

张旺一村 党支部书记、村委会主任赵同双。2016年年底全村有116户，403人，耕地面积1600亩。种植粮食1300亩，棉花300亩。粮食总产650吨，棉花总产52吨；猪存栏12头，禽类存栏120只。该村主要产业是种植业，2016年全村经济总收入328万元，人均纯收入8200元。

张旺二村 党支部书记、村委会主任刘东升。2016年年底全村有54户，202人，耕地面积650亩。种植粮食500亩，棉花150亩。粮食总产250吨，棉花总产31.5吨；猪存栏0头，禽类存栏50只。该村主要产业是种植业，2016年全村经济总收入165万元，人均纯收入8000元。

张旺三村 党支部书记尤春亮，村委会主任荆月江。2016年年底全村有58户，240人，耕地面积1400亩。种植粮食850亩，棉花450亩。粮食总产425吨，棉花总产65吨；猪存栏8头，禽类存栏30只。该村主要产业是种植业，2016年全村经济总收入382万元，人均纯收入8500元。

南苏村 党支部书记陈国山，村委会主任陈国富。2016年年底全村有108户，432人，耕地面积1499亩。种植粮食1186亩，棉花66亩。粮食总产590吨，棉花总产12.4吨；禽类存栏10500只。该村主要产业是种植业，2016年全村经济总收入570万元，人均纯收入1万元。

北苏村 党支部书记、村委会主任王洪山。2016年年底全村有120户，430人，耕地面积1600亩。种植粮食1500亩，棉花100亩。粮食总产750吨，棉花总产15吨；猪存栏260头。该村主要产业是种植业，2016年全村经济总收入310.6万元，人均纯收入7223元。

单二村 党支部书记、村委会主任李召民。2016年年底全村有53户，167人，耕地面积687亩。种植粮食500亩，棉花30亩。粮食总产500吨，棉花总产6吨。该村主要产业是种植业，2016年全村经济总收入238.5万元，人均纯收入11842元。

（许 谦）

陈庄镇

【概况】 陈庄镇位于利津县北部，镇政府距县城27公里，镇域面积226平方公里，辖属95个行政村，现有人口5.6万人，2016年全镇人口出生率为18.1‰，人口自然增长率为11.9‰。陈庄镇是全国发展改革试点城镇、国家级生态镇、全国重点镇、中国循环经济协会理事单位、省政府命名的中心镇、省政府“百镇建设示范行动”示范镇、全省唯一的县域副中心规划试点镇、东营市扩权强镇试点镇。陈庄镇工业园区是“山东省城市矿产示范园区”。2016年1月，园区循环化改造实施方案通过专家评审；6月，列入中国循环经济协会理事单位；9月，被评为第五批山东省特色产业镇。

【农业生产】 2016年，全镇耕地总面积10612公顷。2016年粮食播种面积4951公顷，总产量32000吨；棉花种植面积5216亩，总产皮棉8656吨；瓜菜1266公顷，总产瓜菜85326吨。年末片林面积3868公顷，森林覆盖率21%；林果总产6972吨。年末大牲畜存栏3271头，猪存栏16673头，羊存栏26393只，家禽存栏139万只。水产品总产量11500吨。有水库8座，蓄水440万立方米。

【文教卫生】 全镇有中学1处，专任教师190人，在校学生2116人；小学5处，专任教师154人，在校学生1853人，小学适龄儿童入学率100%；幼儿园7处，幼师120人，入园

金河滩有机水稻机械化插秧

儿童1080人，适龄儿童入园率100%。镇卫生计生服务中心共有医务人员46人，设床位20张。全镇有村卫生室24处，乡村医生83人，农村合作医疗覆盖率100%。2016年，全镇人口计划生育率97%。

【产业转型升级】 2016年共实施新建、续建、在谈产业项目24个总投资52亿元，其中的11个项目为新材料、新能源、仓储物流等战略新兴行业，产业关联度和技术含量明显提高。资源再生利用产业方面重点推进以废大豆皮为原料的华致新材料公司投资1亿元的1.2万吨/年环保新材料项目、科盛再生能源公司投资1.2亿元的废旧塑料再生石油资源综合利用等项目。新材料及高科技产业方面，推进风禾尽起科技公司投资5000万元的新型纳米土壤改良材料研发生产等项目。新能源产业方面，推进昌达新能源公司投资3.6亿元的40兆瓦“荒地植电”等项目，园区产业结构进一步优化。大项目建设实现保持稳定，9个项目投资过亿，产业集聚带动能力明显增强；盛起化工160万吨/年重油加氢、一大早乳业已投产的5万吨/年粗粮饮品等投产项目表现出强大带动能力，规模以上企业总数达到50家，初步形成了以资源再生利用、现代物流、农副产品加工和精细加工等产业为主的产业发展格局。扎实开展招才引智，引导一大早乳业从伊利、蒙牛等国内500强企业引进高管人才9名。推动中科院、天津理工大学等科研机构与宜坤集团、国安化工、科昊化工、金冠公司等企业达成多项合作意向。园区循环化改造取得突破，2016年1月，园区循环化改造实施方案通过专家评审；6月，循环经济产业园被中国循环经济协会评为理事单位。与天津市教委、天津理工大学围绕园区产业规划、项目招商、科技创新等达成战略合作协议。9月份，陈庄镇被评为山东省第五批特色产业镇。

【镇区建设】 2016年，全镇谋划确定总投资2.98亿元的人居环境改善项目（其中：立足拓展园区空间，确定胶河路等5条道路建设工程；瞄准优化镇区功能配套，确定文体中心等3处城镇服务设施建设工程；围绕提升生态质量，确定污水处理厂二期项目等4处建设工程）。坚持统筹谋划、合理调配，确保12项重点工程全部按计划推进。府前街、贸源街绿化及人行道提升，辛河路、贸源街亮化提升等工程完成竣工，镇区环境面貌有较大改观。截至2016年年底，总长度30公里的“六纵七横”路网框架不断完善，绿化管网设施不断健全，镇区主干道路灯全部安有路灯，镇区天然气管道长度达30千米，用户达到2.03万人；集中供热面积达到42万平方米，公园绿地面积达到28.7公顷，绿地覆盖面积达到230公顷。

【富民工程】 2016年全镇率先实施省定贫困村脱贫工程，年内5个省定贫困村和237户贫困户全部脱贫摘帽。推进总投资2亿元的韩垣社区项目，完成棚户区改造1121户，新型城镇化建设走在全县前列。实施新发农牧科技养殖园区建设提升项目，建设打造金河滩有机大米5万亩水稻种植园区、临合蜜1万亩瓜果种植园区和新兴新胜1万亩林果种植园区等三大种植园区。投资4300万元实施“三年增绿”工程，植树76.8万株，绿化面积6930亩，成功打造了3大村庄绿化示范区和8个重点绿化示范村。投资1100万元为27个村修建农村公路28公里，改善了群众出行条件。完善社会保障，使全镇1001户农村困难群众和28户城镇困难居民得到了最低生活保障；办理特殊丧葬补助70人，42名五保对象实现财政集中供养；发放就业失业登记证409个，发放小额贷款450万元。

【行政村概况】

李呈村 村委会主任刘文东。2016年年底全村有177户，506人，耕地面积2300亩。种植粮食2149亩，棉花50亩，蔬菜78亩，瓜果10亩。粮食总产769858公斤，棉花总产2500公斤；蔬菜总产261300公斤，瓜果总产29700公斤。该村主要产业是种植业，人均纯收入13726元。

公茂村 党支部书记、村委会主任万孝银。2016年年底全村有209户，608人，耕地面积1130亩。种植粮食690亩，棉花430亩，蔬菜380亩，瓜果10亩。粮食总产181291公斤，棉花总产45855公斤；蔬菜总产1482000公斤，瓜果总产183900公斤。该村主要产业是种植业，人均纯收入13500元。

笃屋村 党支部书记杨志堂，村委会主任贾静泉。2016年年底全村有176户，621人，耕地面积960亩。种植粮食497亩，棉花420亩，蔬菜20亩，瓜果25亩。粮食总产168486公斤，棉花总产2300公斤；蔬菜总产1.1万公斤，瓜果总产74060公斤。该村主要产业是种植业，人均纯收入10055元。

六百步村 党支部书记、村委会主任杨同彬。2016年年底全村有360户，1160人，耕地面积2388亩。种植粮食1190亩，棉花1440亩，蔬菜95亩，瓜果120亩。粮食总产66240公斤，棉花总产104171公斤；蔬菜总产349600公斤，瓜果总产328350公斤。该村主要产业是种植业，人均纯收入10982元。

蒋河村 党支部书记孙东宾，村委会主任王建秋。2016年年底全村有142户，524人，耕地面积2350亩。种植粮食508亩，棉花1033亩，蔬菜95亩，瓜果3亩。粮食总产196413公斤，棉花总产48551公斤；蔬菜总产375250公斤，瓜果总产49059公斤。该村主要产业是种植业，人均纯收入10239元。

前郭村 党支部书记、村委会主任黄永成。2016年年底全村有152户，612人，耕地面积1270亩。种植粮食172亩，棉花1509亩，瓜果20亩。粮食总产21824公斤，棉花总产45755公斤；蔬菜总产861200公斤，瓜果总产38400公斤。该村主要产业是种植业，人均纯收入9000元。

皂坝头村 党支部书记孙邦宾。2016年年底全村有220户，795人，耕地面积2121亩。种植粮食1428亩，棉花800亩，蔬菜360亩，瓜果50亩。粮食总产249016公斤，棉花总产66934公斤；蔬菜总产1483200公斤，瓜果总产148000公斤。该村主要产业是种植业、工副业，人均纯收入8163元。

清河村 党支部书记、村委会主任陈呈云。2016年年底全村有270户，983人，耕地面积2400亩。种植粮食1127亩，棉花1065亩，水果208亩。粮食总产430704公斤，棉花总产48990公斤，水果94507公斤。该村主要产业是种植业，人均纯收入10502元。

三合村 党支部书记单安居，村委会主任王金河。2016年年底全村有110户，400人，耕地面积1540亩。种植粮食1619亩，棉花979亩，蔬菜73亩，瓜果100亩，水果50亩。粮食总产578572公斤，棉花总产44055公斤；蔬菜总产297840公斤，瓜果总产312320公斤，水果总产45674公斤。该村主要产业是种植业，人均纯收入10058元。

薄家村 党支部书记王新荣，村委会主任孙学军。2016年年底全村有390户，1210人，耕地面积2299亩。种植粮食535亩，棉花1316亩，蔬菜117亩，瓜果10亩。粮食总产190653公斤，棉花总产64484公斤；蔬菜总产462150公斤，瓜果总产29900公斤。该村主要产业是种植业，人均纯收入10373元。

堐西村 党支部书记、村委会主任赵忠华。2016年年底全村有220户，790人，耕地面积4281亩。种植粮食1933亩，棉花968亩，蔬菜52亩，瓜果50亩。粮食总产614681公斤，棉花总产44528公斤；蔬菜总产209040公斤，瓜果总产141320公斤。该村主要产业是种植业，人均纯收入12963元。

双滩村 党支部书记、村委会主任孙华丽。2016年年底全村有170户，543人，耕地面积1600亩。种植粮食2135亩，棉花1036亩，蔬菜365亩，瓜果560亩，水果65亩。粮食总产510430公斤，棉花总产50764公斤；蔬菜总产1445400公斤，瓜果总产1844880公斤，水果总产52899公斤。该村主要产业是种植业，人均纯收入10116元。

中古店二村 党支部书记许振峰，村委会主任段建海。2016年年底全村有176户，603人，耕地面积1726亩。种植粮食293亩，棉花693亩，蔬菜164亩，瓜果110亩。粮食总产65872公斤，棉花总产 32517 公斤；蔬菜总产 642880 公斤，瓜果总产 337850 公斤。该村主要产业是种植业，人均纯收入 9883 元。

中古店一村 党支部书记李刘丙升，村委会主任石明利。2016 年年底全村有 202 户，701 人，耕地面积 2175 亩。种植粮食 444 亩，棉花 638 亩，蔬菜 104 亩。粮食总产 139276 公斤，棉花总产 29348 公斤；蔬菜总产 411840 公斤。该村主要产业是种植业，人均纯收入 9932 元。

二选村 党支部书记、村委会主任韩延友。2016 年年底全村有 179 户，635 人，耕地面积 1764 亩。种植粮食 416 亩，棉花 970 亩，蔬菜 104 亩，瓜果 30 亩，水果 86 亩。粮食总产 108740 公斤，棉花总产 46560 公斤；蔬菜总产 401440 公斤，瓜果总产 84300 公斤，水果总产 46976 公斤。该村主要产业是种植业，人均纯收 9999 元。

郭屋村 党支部书记、村委会主任袁兴明。2016 年年底全村有 160 户，640 人，耕地面积 1000 亩。种植粮食 138 亩，棉花 200 亩，小麦 120 亩，蔬菜 120 亩。粮食总产 46738 公斤，棉花总产 44068 公斤；蔬菜总产 483600 公斤，瓜果总产 29800 公斤，水果总产 44206 公斤。该村主要产业是种植业、民营经济，人均纯收入 16000 元。

集贤村 党支部书记、村委会主任钟金明。2016 年年底全村有 336 户，1002 人，耕地面积 1380 亩。种植粮食 615 亩，棉花 1308 亩，蔬菜 146 亩，瓜果 110 亩，水果 16 亩。粮食总产 203302 公斤，棉花总产 58860 公斤；蔬菜总产 713940 公斤，瓜果总产 328800 公斤，水果总产 59475 公斤。该村主要产业是种植业、民营经济，人均纯收入 11768 元。

新农村 党支部书记、村委会主任崔仕坡。2016 年年底全村有 120 户，516 人，耕地面积 1000 亩。种植粮食 58 亩，棉花 600 亩，蔬菜 120 亩。粮食总产 16878 公斤，棉花总产 51183 公斤；蔬菜总产 537300 公斤。该村主要产业是种植业，人均纯收入 10080 元。

埕东村 党支部书记、村委会主任王国学。2016 年年底全村有 170 户，484 人，耕地面积 1200 亩。种植粮食 1180 亩，棉花 135 亩，蔬菜 50 亩，瓜果 40 亩。粮食总产 497624 公斤，棉花总产 30870 公斤；蔬菜总产 333060 公斤，瓜果总产 188100 公斤。该村主要产业是种植业，人均纯收入 10703 元。

治河三村 党支部书记、村委会主任耿祝平。2016 年年底全村有 260 户，805 人，耕地面积 1878 亩。种植粮食 260 亩，棉花 1367 亩，蔬菜 91 亩，瓜果 20 亩。粮食总产 36812 公斤，棉花总产 52100 公斤，蔬菜总产 268450 公斤，瓜果总产 61000 公斤。猪存栏 770 头，禽类存栏 26285 只，水产养殖 130 亩。该村主要产业是种植业。人均纯收入 12801 元。

治河四村 党支部书记、村委会主任王九华。2016 年年底全村有 144 户，467 人，耕地面积 1500 亩。种植粮食 947 亩，棉花 1031 亩，蔬菜 67 亩，水果 28 亩，瓜果 70 亩。粮食总产 280323 公斤，棉花总产 42300 公斤，蔬菜总产 213060 公斤，水果总产 16000 公斤，瓜果总产 218400 公斤。猪存栏 598 头，禽类存栏 13661 只，水产养殖 700 亩。该村主要产业是种植业，人均纯收入 10157 元。

新韩一村 党支部书记、村委会主任王希全。2016 年年底全村有 220 户，660 人，耕地面积 1050 亩。种植粮食 280 亩，棉花 1062 亩，蔬菜 52 亩。粮食总产 89560 公斤，棉花总产 47790 公斤，蔬菜总产 202800 公斤，水面种藕 280。该村主要产业是种植业、民营经济，人均纯收入 12015 元。

新韩二村 党支部书记、村委会主任刘学甲。2016 年年底全村 174 户，553 人，耕地面积 600 亩。种植粮食 204 亩，棉花 640 亩。粮食总产 64710 公斤，棉花总产 28800 公斤。该村主要产业种植业、民营经济，人均纯收入 10296 元。

新韩三村 党支部书记杨俊才，村委会主任李玉枝。2016 年年底全村有 204 户，579 人，耕地面积 930 亩。种植粮食 492 亩，棉花 861 亩，蔬菜 52 亩，瓜果 10 亩。粮食总产 145320 公斤，棉花总产 40467 公斤，蔬菜总产 209040 公斤，瓜果总产

324020公斤。该村主要产业种植业、民营经济，人均纯收入11158元。

新韩四村 党支部书记、村委会主任陈双华。2016年年底全村有172户，545人，耕地面积700亩。种植粮食84亩，棉花1520亩，蔬菜68亩。粮食总产28552公斤，棉花总产68400公斤，蔬菜282200公斤。该村主要产业是种植业、民营经济，人均纯收入11137元。

新韩五村 党支部书记、村委会主任张学科。2016年年底全村有140户，508人，耕地面积700亩。种植粮食26亩，棉花1093亩，蔬菜52亩，瓜果70亩。粮食总产7592公斤，棉花总产45906公斤，蔬菜总产217880公斤，瓜果总产214300公斤。该村主要产业是种植业，人均纯收入10808元。

新韩六村 党支部书记、村委会主任韩国永。2016年年底全村有245户，834人，耕地面积2112亩。种植粮食572亩，种植棉花1690亩，种植蔬菜65亩。粮食总产130749公斤，棉花总产77740公斤，蔬菜总产236600公斤。该村主要产业是种植业，人均纯收入10923元。

辛东村 党支部书记、村委会主任李丙峰。2016年年底全村有185户，535人，耕地面积676亩。种植粮食377亩，棉花808亩，水果5亩，蔬菜83亩。粮食总产121899公斤，棉花总产35552公斤，水果总产1.2万公斤，蔬菜总产336150公斤。该村主要产业是种植业，人均纯收入11054元。

辛中村 党支部书记李建军，村委会主任段宗良。2016年年底全村有240户，579人，耕地面积1200亩。种植粮食832亩，棉花300亩，蔬菜68亩。粮食总产832000公斤，棉花总产6万公斤，蔬菜总产214200公斤。该村主要产业是种植业，人均纯收入10122元。

辛西村 党支部书记、村委会主任王平怀。2016年年底全村有252户，850人，耕地面积1521亩。种植粮食295亩，棉花1565亩，蔬菜73亩，瓜果30亩，水果10亩。粮食总产97060公斤，棉花总产75120公斤；蔬菜总产290540公斤，瓜果总产92800公斤，水果总产量75415公斤。该村主要产业是种植业，人均纯收入9707元。

淤东村 党支部书记、村委会主任陈振茂。2016年年底全村有136户，580人，耕地面积1113亩。种植粮食452亩，棉花997亩，蔬菜450亩，瓜果80亩，水果30亩。粮食总产143206公斤，棉花总产45862公斤，蔬菜总产1777500公斤，瓜果总产21200公斤，水果总产46314公斤。该村主要产业是种植业，人均纯收入10993元。

顺兴村 党支部书记、村委会主任刘焕顺。2016年年底全村有285户，1056人，耕地面积2304亩。种植粮食756亩，棉花2499亩，蔬菜109亩，水果60亩。粮食总产222666公斤，棉花总产112455公斤，蔬菜总产343350公斤，水果总产113211公斤。该村主要产业是种植业，人均纯收入10296元。

治一西村 党支部书记薄纯兰（女），村委会主任王随三。2016年年底全村有225户，660人，耕地面积770亩。种植粮食31亩，棉花853亩，蔬菜75亩。粮食总产9362公斤，棉花总产40091公斤；蔬菜总产274500公斤。该村主要产业是种植业，人均纯收入11400元。

淤西村 党支部书记、村委会主任崔树强。2016年年底全村有158户，550人，耕地面积909亩。种植粮食742亩，棉花430亩，蔬菜120亩，水果15亩。粮食总产245024公斤，棉花总产19350公斤；蔬菜总产943200公斤，水果总产26810公斤。该村主要产业是种植业，人均纯收入10089元。

治一东村 党支部书记、村委会主任郭奉官。2016年年底全村有169户，531人，耕地面积793亩。种植粮食22亩，棉花648亩，蔬菜52亩，瓜果5亩，水果25亩。粮食总产6402公斤，棉花总产29160公斤；蔬菜总产195780公斤，瓜果总产14900公斤，水果总产105731公斤。该村主要产业是种植业，人均纯收入12119元。

治河二村 党支部书记、村委会主任李景尧。2016年年底全村有200户，620人，耕地面积1175亩。种植粮食210亩，棉花870亩，蔬菜112亩，瓜果7亩，水果36亩。粮食总产75084公斤，棉花总产37500公斤；蔬菜总产461440公斤，瓜果总产20310公斤，水果总产17265公斤。该村主要产业是种植业，人均纯收入11580元。

卞庄村 党支部书记张金海。2016年年底全村有61户，224人，耕地面积861亩。种植粮食194亩，棉花1159亩，蔬菜110亩，瓜果10亩，水果35亩。粮食总产72596公斤，棉花总产53314公斤，蔬菜总产435600公斤，瓜果总产53508公斤，水果总产58243公斤。该村主要产业是种植业，人均纯收入10021元。

联合村 党支部书记陈增华。2016年年底全村有88户，316人，耕地面积3955亩。种植粮食554亩，棉花2308亩，蔬菜105亩，瓜果20亩。粮食总产166481公斤，棉花总产106168公斤；蔬菜总产400890公斤，瓜果总产58180公斤。该村主要产业是种植业，人均纯收入9949元。

新胜村 党支部书记张汝申，村委会主任张宝良。2016年年底全村有92户，310人，耕地面积1000亩。种植粮食151亩，棉花834亩，蔬菜260亩，瓜果130亩，水果750亩。粮食总产37858公斤，棉花总产39198公斤；蔬菜总产1001000公斤，瓜果总产424240公斤，水果总产39349公斤。该村主要产业是种植业，人均纯收入9810元。

灶刘村 党支部书记吴兰芬。2016年年底全村有65户，265人，耕地面积1295亩。种植粮食285亩，棉花1259亩，蔬菜120亩，瓜果50亩。粮食总产82110公斤，棉花总产57914公斤；蔬菜总产384600公斤，瓜果总产159830公斤。该村主要产业是种植业，人均纯收入10362元。

付窝村 党支部书记赵宗禹。2016年年底全村有386户，1084人，耕地面积3225亩。种植粮食608亩，棉花2726亩，蔬菜90亩，瓜果20亩。粮食总产189376公斤，棉花总产128122公斤；蔬菜总产329400公斤，瓜果总产54250公斤。该村主要产业是种植业，人均纯收入9673元。

东新村 党支部书记李新军，村委会主任张登贵。2016年年底全村有50户，192人，耕地面积800亩。种植粮食972亩，棉花1028亩，蔬菜240亩，瓜果90亩，水果47亩。粮食总产56056公斤，棉花总产47628公斤；蔬菜总产916800公斤，瓜果总产275100公斤，水果总产47845公斤。该村主要产业是种植业，人均纯收入9987元。

新建村 党支部书记陈宜峰。2016年年底全村有45户，160人，耕地面积1403亩。种植粮食151亩，棉花1100亩，蔬菜125亩，瓜果65亩。粮食总产41298公斤，棉花总产49500公斤；蔬菜总产493750公斤，瓜果总产195525公斤。该村主要产业是种植业，人均纯收入9935元。

东方红村 党支部书记李新军。2016年年底全村有140户，520人，耕地面积1491亩。种植粮食342亩，棉花1070亩，蔬菜260亩，瓜果140亩，水果62亩。粮食总产102434公斤，棉花总产50290公斤；蔬菜总产956800公斤，瓜果总产394300公斤，水果总产50632公斤。该村主要产业是种植业，人均纯收入10011元。

爱林一村 党支部书记宋树华。2016年年底全村有104户，350人，耕地面积650亩。种植粮食197亩，棉花782亩，蔬菜260亩，瓜果50亩，水果38亩。粮食总产69868公斤，棉花总产38318公斤；蔬菜总产1029600公斤，瓜果总产159500公斤，水果总产38515公斤。该村主要产业是种植业，人均纯收入10716元。

爱林二村 党支部书记索栋勋。2016年年底全村有72户，262人，耕地面积836亩。种植粮食294亩，棉花875亩，蔬菜290亩，瓜果331亩，水果243亩。粮食总产58070公斤，棉花总产37625公斤；蔬菜总产1076480公斤，瓜果总产1071417公斤，水果总产37919公斤。该村主要产业是种植业，人均纯收入10112元。

前进一村 党支部书记张仕忠。2016年年底全村有56户，245人，耕地面积800亩。种植粮食431亩，棉花1055亩，蔬菜130亩，瓜果90亩，水果38亩。粮食总产127433公斤，棉花总产47475公斤，蔬菜总产461500公斤，瓜果总产287550公斤，水果总产47906公斤。该村主要产业是种植业，人均纯收入9814元。

前进二村 党支部书记张玉才。2016年年底全村有84户，305人，耕地面积1550亩。种植粮食885亩，棉花1630亩，蔬菜205亩，瓜果55亩，水果16亩。粮食总产247776公斤，棉花总产78240公斤；蔬菜总产789250公斤，瓜果总产168350公斤，水果总产79125公斤。该村主要产业是种植业，人均纯收入9891元。

崔庄村 党支部书记牛国元。2016年年底全村有26户，89人，耕地面积1183亩。种植粮食28亩，棉花590亩，蔬菜105亩，瓜果55亩，水果5亩。粮食总产4004公斤，棉花总产27730公斤，蔬菜总产414750公斤，瓜果总产165375公斤，水果总产27758公斤。该村主要产业是种植业，人均纯收入9927元。

薄扣村 村委会主任陈延鹏。2016年年底全村有140户，485人，耕地面积1801亩。种植粮食115亩，棉花2407亩，蔬菜147亩，瓜果13亩，水果5亩。粮食总产33465公斤，棉花总产110722公斤；蔬菜总产582120公斤，瓜果总产39450公斤，水果总产110837公斤。该村主要产业是种植业，人均纯收入10819元。

肖庙村 党支部书记杨仕健。2016年年底全村有288户，1020人，耕地面积3315亩。种植粮食510亩，棉花5650亩，蔬菜390亩，瓜果370亩，水果75亩。粮食总产155652公斤，棉花总产271200公斤，蔬菜总产1427400公斤，瓜果总产1222180公斤，水果总产271710公斤。该村主要产业是种植业，人均纯收入10218元。

爱国二村 党支部书记马功月。2016年年底全村有130户，423人，耕地面积4164亩。种植粮食1359亩，棉花5291亩，蔬菜170亩，瓜果230亩，水果430亩。粮食总产262054公斤，棉花总产227513公斤，蔬菜总产603500公斤，瓜果总产684400公斤，水果总产228872公斤。该村主要产业是种植业，人均纯收入9889元。

一千二村 党支部书记齐学文。2016年年底全村有134户，467人，耕地面积3139亩。种植粮食656亩，棉花2216亩，蔬菜360亩，瓜果160亩，水果63亩。粮食总产176859公斤，棉花总产104152公斤，蔬菜总产1398960公斤，瓜果总产523200公斤，水果总产104808公斤。该村主要产业是种植业，人均纯收入10076元。

爱国一村 党支部书记姜业成。2016年年底全村有153户，496人，耕地面积3570亩。种植粮食677亩，棉花4805亩，蔬菜220亩，瓜果270亩，水果60亩。粮食总产158376公斤，棉花总产221030公斤，蔬菜总产774400公斤，瓜果总产872250公斤，水果总产221707公斤。该村主要产业是种植业，人均纯收入10062元。

胜利村 党支部书记巴少祥，村委会主任程玉生。2016年年底全村有126户，429人，耕地面积1221亩。种植粮食656亩，棉花989亩，蔬菜195亩，瓜果175亩。粮食总产253768公斤，棉花总产42853公斤；蔬菜总产925750公斤，瓜果总产531475公斤。该村主要产业是种植业，人均纯收入9989元。

头段村 党支部书记王建霞（女），村委会主任赵汝河。2016年年底全村有149户，489人，耕地面积1718亩。种植粮食721亩，棉花1500亩，蔬菜80亩，瓜果10亩。粮食总产161670公斤，棉花总产62724公斤；蔬菜总产309700公斤，瓜果总产30800公斤。该村主要产业是种植业，人均纯收入9958元。

后郭村 村委会主任刘长安。2016年年底全村有105户，285人，耕地面积940亩。种植粮食390亩，棉花840亩，蔬菜73亩，瓜果25亩。粮食总产80787公斤，棉花总产40420公斤；蔬菜总产287560公斤，瓜果总产44300公斤。该村主要产业是种植业、工副业，人均纯收入10084元。

前桥村 党支部书记、村委会主任郭本月。2016年年底全村有34户，109人，耕地面积

1028 亩。种植粮食 69 亩，棉花 900 亩，蔬菜 50 亩，瓜果 26 亩。粮食总产 6868 公斤，棉花总产 35884 公斤；蔬菜总产 31.1 万公斤，瓜果总产 47620 公斤。该村主要产业是种植业，人均纯收入 10104 元。

薄窑村 党支部书记李明增。2016 年年底全村有 26 户，59 人，耕地面积 796 亩。种植粮食 108 亩，棉花 600 亩，蔬菜 78 亩，瓜果 10 亩。粮食总产 12500 公斤，棉花总产 35360 公斤；蔬菜总产 37900 公斤，瓜果总产 500 公斤。该村主要产业是种植业，人均纯收入 9894 元。

崔范村 党支部书记、村委会主任张永军。2016 年年底全村有 64 户，190 人，耕地面积 3010 亩。种植棉花 3000 亩，蔬菜 85 亩，瓜果 15 亩。棉花总产 94800 公斤；蔬菜总产 850 公斤，瓜果总产 985 公斤。该村主要产业是种植业，人均纯收入 10358 元。

太阳升村 党支部书记陈树梅。2016 年年底全村有 114 户，338 人，耕地面积 960 亩。种植粮食 2674 亩，棉花 840 亩，蔬菜 230 亩，瓜果 40 亩。粮食总产 41984 公斤，棉花总产 37450 公斤；蔬菜总产 2600 公斤，瓜果总产 760 公斤。该村主要产业是种植业，人均纯收入 9784 元。

汪二河村 党支部书记盖新文，村委会主任盖明文。2016 年年底全村有 107 户，312 人，耕地面积 1710 亩。种植粮食 870 亩，棉花 1610 亩，蔬菜 20 亩，瓜果 9 亩。粮食总产 16350 公斤，棉花总产 69600 公斤；蔬菜总产 600 公斤，瓜果总产 1200 公斤。该村主要产业是种植业，人均纯收入 10500 元。

后桥村 党支部书记、村委会主任郭迎照。2016 年年底全村有 97 户，290 人，耕地面积 1496 亩。种植粮食 127 亩，棉花 1884 亩，蔬菜 95 亩，瓜果 20 亩。粮食总产 10186 公斤，棉花总产 79930 公斤；蔬菜总产 680 公斤，瓜果总产 1700 公斤。该村主要产业是种植业，人均纯收入 9794 元。

新兴村 党支部书记王爱华。2016 年年底全村有 110 户，350 人，耕地面积 1000 亩。种植粮食 287 亩，棉花 376 亩，蔬菜 504 亩，瓜果 50 亩，水果 1255 亩。粮食总产 70501 公斤，棉花总产 18846 公斤；蔬菜总产 2059040 公斤，瓜果总产 1457 公斤，水果 458970 公斤。该村主要产业是种植业，人均纯收入 9 958 元。

四段村 党支部书记李乾，村委会主任安德文。2016 年年底全村有 243 户，831 人，耕地面积 2970 亩。种植粮食 933 亩，棉花 2260 亩，蔬菜 340 亩，瓜果 190 亩，水果 485 亩。粮食总产 206146 公斤，棉花总产 97040 公斤；蔬菜总产 144840 公斤，瓜果总产 89650 公斤，水果总产 95753 公斤。该村主要产业是种植业，人均纯收入 11081 元。

二段村 党支部书记、村委会主任胡培华。2016 年年底全村有 154 户，518 人，耕地面积 1630 亩。种植粮食 1320 亩，棉花 1234 亩，蔬菜 189 亩，瓜果 180 亩，水果 4 亩。粮食总产 264617 公斤，棉花总产 57784 公斤；蔬菜总产 71300 公斤，瓜果总产 587800 公斤，水果总产 109563 公斤。该村主要产业是种植业，人均纯收入 10968 元。

姜家村 党支部书记姜星照，村委会主任贾乃芳。2016 年年底全村有 133 户，455 人，耕地面积 989 亩。种植粮食 148 亩，棉花 1870 亩，蔬菜 120 亩，瓜果 10 亩。粮食总产 51486 公斤，棉花总产 74900 公斤；蔬菜总产 478000 公斤，瓜果总产 30900 公斤。该村主要产业是种植业，人均纯收入 9890 元。

季家村 党支部书记李友凤（女）。2016 年年底全村有 182 户，540 人，耕地面积 1679 亩。种植粮食 700 亩，棉花 1895 亩，蔬菜 125 亩，瓜果 15 亩，水果 8 亩。粮食总产 152104 公斤，棉花总产 86400 公斤；蔬菜总产 450250 公斤，瓜果总产 44960 公斤，水果总产 108634 公斤。该村主要产业是种植业，人均纯收入 10761 元。

临河村 党支部书记、村委会主任王守新。2016 年年底全村有 345 户，1032 人，耕地面积 3094 亩。种植粮食 430 亩，棉花 1000 亩，蔬菜 2000 亩，瓜果 2000 亩，水果 99 亩。粮食总产 90725 公斤，棉花总产 48790 公斤；蔬菜总产 9083600 公斤，瓜果总产8855350公斤，水果总产93940公斤。该村主要产业是种植业，人均纯收入2.4万元。

新立村 党支部书记、村委会主任王海波。2016年年底全村有151户，512人，耕地面积950亩。种植粮食369亩，棉花1988亩，蔬菜160亩，瓜果60亩。粮食总产132556公斤，棉花总产954002公斤；蔬菜总产553000公斤，瓜果总产115750公斤。该村主要产业是种植业，人均纯收入9688元。

道口村 党支部书记李守明，村委会主任陈国富。2016年年底全村有291户，915人，耕地面积2697亩。种植粮食4130亩，棉花2230亩，蔬菜340亩，瓜果360亩，水果115亩。粮食总产946716公斤，棉花总产133936公斤；蔬菜总产1320600公斤，瓜果总产1138800公斤，水果总产234647公斤。该村主要产业是种植业，人均纯收入10843元。

新发村 党支部书记、村委会主任左名杰。2016年年底全村有193户，652人，耕地面积1815亩。种植粮食609亩，棉花2978亩，蔬菜260亩，瓜果120亩，水果57亩。粮食总产135890公斤，棉花总产136610公斤；蔬菜总产1359850公斤，瓜果总产399500公斤，水果总产138320公斤。该村主要产业是种植业,人均纯收入10242元。

西三村 党支部书记、村委会主任张兆平。2016年年底全村有148户，524人，耕地面积1305亩。种植粮食488亩，棉花1645亩，蔬菜238亩，瓜果15亩。粮食总产58600公斤，棉花总产81539公斤；蔬菜总产1165700公斤，瓜果总产42750公斤。该村主要产业是种植业，人均纯收入9838元。

东三村 党支部书记李吉祥，村委会主任赵庆华。2016年年底全村有203户，696人，耕地面积2140亩。种植粮食308亩，棉花2145亩，蔬菜290亩，瓜果265亩，水果89亩。粮食总产73370公斤，棉花总产107480公斤；蔬菜总产1049700公斤，瓜果总产106520公斤，水果总产94357公斤。该村主要产业是种植业，人均纯收入9987元。

索镇村 党支部书记董建华，村委会主任尚玉山。2016年年底全村有174户，565人，耕地面积2465亩。种植粮食1220亩，棉花1100亩，蔬菜1260亩，瓜果874亩，水果18亩。粮食总产399568公斤，棉花总产50500公斤；蔬菜总产7424520公斤，瓜果总产4230712公斤，水果总产108436公斤。该村主要产业是拱棚西瓜、甜瓜种植业，人均纯收入9780元。

陈东村 党支部书记崔荣峰。2016年年底全村有132户，456人，耕地面积356亩。种植粮食231亩，棉花125亩。粮食总产9200公斤，棉花总产24000公斤。该村主要产业是种植业、民营经济，人均纯收入6000元。

崔东村 党支部书记高泽之。2016年年底全村有175户，529人，耕地面积806亩。种植粮食650亩，棉花112亩，蔬菜44亩。粮食总产806000公斤，棉花总产227500公斤，蔬菜总产22万公斤。该村主要产业是种植业、民营经济，人均纯收入1.1万元。

陈南村 党支部书记陈龙君。2016年年底全村有180户，677人，耕地面积98亩。种植粮食23亩，棉花75亩。粮食总产17000公斤，棉花总产1.1万公斤。该村主要产业是种植业、民营经济，人均纯收入6100元。

四队村 党支部书记陈新学。2016年年底全村有31户，120人，耕地面积208亩。种植粮食156亩，棉花42亩。粮食总产156000公斤，棉花总产6300公斤。该村主要产业是种植业、民营经济，人均纯收入5800元。

庄东村 党支部书记霍金柱。2016年年底全村有308户，980人，耕地面积1040亩。种植粮食800亩，棉花240亩。粮食总产32万公斤，棉花总产48000公斤。该村主要产业是种植业、民营经济，人均纯收入6800元。

韩北村 党支部书记韩方利。2016年年底全村有315户，1060人，耕地面积1250亩。种植粮食335亩，棉花625亩。粮食总产336000公斤，棉花总产9000公斤。该村主要产业是种

2016年2月28日，国务院参事、中国生殖健康产业协会副会长马力（左二）到陈庄镇便民服务中心调研

植业、民营经济，人均纯收入6000元。

韩中一村 党支部书记杨开利。2016年年底全村有216户，674人，耕地面积850亩。种植粮食110亩，棉花740亩。粮食总产11万公斤，棉花总产148000公斤。该村主要产业是种植业、民营经济，人均纯收入6200元。

韩中二村 党支部书记胡学勤。2016年年底全村有198户，663人，耕地面积690亩。种植粮食420亩，棉花270亩。粮食总产126000公斤，棉花总产47000公斤。该村主要产业是种植业、民营经济，人均纯收入6000元。

陈西村 党支部书记陈元福。2016年年底全村有182户，605人，耕地面积970亩。种植粮食830亩，棉花140亩。粮食总产83万公斤，棉花总产49000公斤。该村主要产业是种植业、民营经济，人均纯收入6700元。

北坝村 党支部书记陈立华。2016年年底全村有128户，455人，耕地面积400亩。种植粮食360亩，棉花30亩。粮食总产36万公斤，棉花总产4500公斤。该村主要产业是种植业、民营经济，人均纯收入6000元。

老岭村 党支部书记王俊胜。2016年年底全村有82户，227人，耕地面积340亩。种植粮食45亩，棉花295亩。粮食总产45000公斤，棉花总产88500公斤。该村主要产业是种植业、民营经济，人均纯收入6000元。

韩南二村 党支部书记韩成本。2016年年底全村有171户，607人，耕地面积530亩。该村主要产业是民营经济，人均纯收入1万元。

韩南一村 党支部书记韩方军。2016年年底全村有282户，948人，耕地面积1104亩。该村主要产业是民营经济，人均纯收入1万元。

庄西村 党支部书记薛希让。2016年年底全村有336户，1225人，耕地面积4700亩。种植粮食4000亩，棉花700亩。粮食总产4万公斤，棉花总产21万公斤。该村主要产业是种植业、民营经济，人均纯收入6300元。

陈北村 党支部书记张学功。2016年年底全村有115户，407人，耕地面积300亩。种植粮食200亩，棉花100亩。粮食总产2万公斤，棉花总产4000公斤。该村主要产业是种植业、民营经济，人均纯收入6000元。

陈中村 党支部书记陈振周。2016年年底全村有120户，610人，耕地面积614亩。种植粮食607亩，棉花60亩。粮食总产91.5万公斤，棉花总产900公斤。该村主要产业是种植业、民营经济，人均纯收入5800元。

崔西村 党支部书记韩立琴。2016年年底全村有126户，441人，耕地面积1037亩。种植粮食1010亩，棉花18亩。粮食总产757500公斤，棉花总产2700公斤。该村主要产业是种植业、民营经济，人均纯收入5500元。

立新村 党支部书记韩延昌。2016年年底全村有120户，408人，耕地面积410亩。种植粮食288亩，棉花89亩。粮食总产480500公斤，棉花总产26550公斤。该村主要产业是种植业、民营经济，人均纯收入

6100元。

草洼子村 党支部书记卜凡亭。2016年年底全村有215户，683人，耕地面积1600亩。种植粮食600亩，棉花1000亩。粮食总产90万公斤，棉花总产30万公斤。该村主要产业是种植业、民营经济，人均纯收入5300元。

庄中村 党支部书记张金华。2016年年底全村有170户，609人，耕地面积1140亩。种植粮食840亩，棉花300亩。粮食总产16万公斤，棉花总产18万公斤。该村主要产业是种植业、民营经济，人均纯收入5900元。

（李晓轩）

汀罗镇

【概况】 汀罗镇位于县境东北部，镇政府距县城38.7公里，总面积177平方公里，73个村民委员会。2016年年末，全镇有10802户，总人口34892人，其中女17325人。农林牧渔业总产值85305万元，比上年增长3.8%。其中农业产值22288万元，林业产值207万元，牧业产值19921万元，渔业产值25465万元，农林牧渔服务业产值17423万元。规模以上工业企业个数6个，比上年减少1个；工业总产值148014万元，比上年增长-3.17%；工业主营业务收入147703万元，比上年增长-1.16%；工业利润总额10945万元，比上年增长-17.64%；工业利税总额17424万元，比上年增长-13.76%。公共财政预算收入1564万元，比上年增长-14.30%。全镇人均可支配收入19277元，比上年增长8.4%。

汀罗镇党群服务中心外景

【农业生产】 2016年，全镇耕地总面积8975.29公顷。全年粮食作物播种面积6842公顷，总产45885吨；棉花5465公顷，总产皮棉5766吨；瓜菜724公顷，总产瓜菜26726吨。年末片林面积1500公顷，森林覆盖率达35%；林果总产4238.555吨。年末大牲畜存栏903头，猪存栏6729头，羊存栏22390只，家禽存栏77.2682万只。水产品总产量5100吨。有水库11座，总蓄水能力1180万立方米。

【文教卫生】 全镇有中学2处，专任教师139人，在校学生1083人；有小学2处，专任教师131人，在校学生847人，适龄儿童入学率100%。有幼儿园4处，幼师57人，入园儿童445人，适龄幼儿入园率100%。建有农村文化大院73个。有卫生院1处，医务人员48人，设床位30张，有村卫生室（所）18处，其中一体化卫生室14处，个体卫生室4处。乡村医生36人，其中一体化乡医31人，个体乡医5人。农村合作医疗覆盖率100%。2016年，全镇人口计划生育率97.7%。

【民生工程】 2016年，投资2727万元实施汀罗一中改扩建工程，投资200余万元对镇中心小学、中心幼儿园、北码幼儿园和汀河幼儿园等学校的操场、厕所进行扩建和改造，对校园进行硬化和亮化。进一步健全完善农村卫生医疗“网底”工程，相继投资420万元，新建村级社区卫生室13处、扩建2处，实现全镇农村社区卫生室全覆盖。

【重点工业项目】 以“仓储物流

和新型建材制造”为突破，依托中小企业创业园，着力打造特色产业集群化发展新格局。截至2016年年底，规模以上企业5家，其中物流运输企业2家，实现工业利税2.7亿元。到2016年年底全镇实现规模以上工业企业产值17.12亿元；完成固定资产投资3.15亿元；实现地方财政收入1862万元；实现居民人均可支配收入1.5万元。

【重点农业项目】 借助青岛农业大学和山东省农科院这两大科研平台，大力实施科技扶智工程，为农业产业结构调整打通思想症结。至2016年年底，全镇已形成“四区一基地”的现代农业产业体系，即以果蔬为主的陈家万亩现代农业示范园、以苗木繁育及“上农下渔”为主的前邵现代农业示范园、以葡萄及反季节蔬菜为主的毛坨现代农业示范园、以观光采摘为主的前关现代农业休闲观光园和毛坨盐碱地花生科技示范基地等。到2016年年底，全镇苗木繁育种植面积将达到3万亩、葡萄种植达到6500亩，黑花生、彩椒等特色农作物种植达到2200亩，黄金桃种植面积200余亩。

【汀罗名品】

1. **汀罗西瓜**：汀罗镇是东营市优质西瓜主要生产基地，种植历史悠久。汀罗镇地处黄河古河道，为土层深厚、排水好、地力肥的沙壤土，适合种植西瓜。种植区四季分明，光照充足，无霜期190天。汀罗西瓜是陈家村、新华村、光前村、汀河村、芦园、坝头等一带最早种植的地方品种，又叫“花皮西瓜”。该品种圆形，瓜皮绿色，上有十几条墨绿色的纵条纹，单瓜重3–5公斤，中心含糖量12%以上，可食率55%以上，皮紧，易碎，沙瓤，爽口，品质优良，营养丰富，含有蛋白质、糖、钙、磷、铁、钾、果糖、维生素A、维生素C、茄红素，还含有人体必需的氨基酸，在国内市场上享有较高声誉。汀罗西瓜是利津县的特产，利用“上农下鱼”、黄河古河道种植模式，采取黄河水灌溉，常年种植西瓜面积1万亩，400万吨。

2. **利津老粗布**：利津老粗布的传统纺织技艺历史悠久，一千多年前就在铁门关、东津城产生，明清民国时期达到了繁荣。利津老粗布制作工艺有传统特色，木制纺车，木制布机，每家每户都有一套，工艺虽原始简陋，却步骤严格，其工艺有：选棉花、轧棉花、挫布绩、纺线、染线、络线、牵机、织布等14道工序。粗布的花样繁多，主要有：翻花、雪花、雏鸡花、野鸡铃等十余种花样，根据设计要求可织出所需要的花样。利津老粗布质地柔软，舒适感强，透气性好，无静电反应，持久耐用。色彩艳丽但不张扬，是居家和服装的首选面料。又因其线粗纹深，整个布面形成无数个按摩点，具有良好的保健和美肤作用。目前已有床套、被罩、睡衣、服饰等20多个品种。利用网络电商销售模式，年销售额达2000万元。

3. **汀罗水蜜桃**：汀罗镇地处黄河古河道，为土层深厚、排水好、地力肥的沙壤土，水蜜桃种植历史悠久。所产水蜜桃单果500克以上，含有蛋白质、脂肪、糖、钙、磷、铁和维生素B、C等成分，其中每100g桃子约含蛋白质0.8克，脂肪0.1克，各种糖类10.7克，钙8毫克，磷20毫克，铁10毫克，维生素A原（胡萝卜素）60微克。维生素B130微克，维生素B220微克、烟酸0.7毫克、维生素C6毫克，另含多种维生素、苹果酸和柠檬酸等。经常食用能防治贫血，增加人体血红蛋白数量，具有补气养血、养阴生津、止咳杀虫等功效。汀罗水蜜桃在前崔、段家、前毕、龙庙等村种植，种植面积4000亩。

4. **汀罗甜瓜**：汀罗镇地处黄河古河道，为土层深厚、排水好、地力肥的沙壤土，当地四季分明，光照充足，种植甜瓜历史悠久。种植区域主要集中在汀河、光前、裕后、芦园、坝头等村。汀罗甜瓜营养丰富，主要含糖类、蛋白质、脂肪、维他命B、C、有机酸类、胡萝卜素、磷、钠等营养成分。经常食用具有开胃健脾，清新止渴，美容保健之功效。目前汀罗甜瓜种植面积达3000亩。

5. **汀罗葡萄**：汀罗镇葡萄种植历史悠久。种植区域主要集中在毛坨、金盆、九龙、后邵、前墩、后墩、新安、建华等村。

该地春季多风常干旱，夏季炎热雨充沛，秋高气爽日照长，十分适合葡萄生长。汀罗葡萄不仅酸甜可口而且营养丰富，含有丰富的矿物质钙、铁、磷、钾、蛋白质以及多种维生素B1，维生素B2，维生素B6，维生素C等多种营养元素，除此以外，还含有多种人体所需的氨基酸，常食葡萄对神经衰弱、疲劳过度有很大的帮。目前汀罗葡萄种植已达1500多亩。

6. **利津肉丸**：利津肉丸历史悠久，源于民间传统的烹饪技术，距今已有百年历史。是当地人民举办重大宴席时备受推崇的一道名菜，利津肉丸采用当地的利津土猪肉为原料，形状为圆形，制作工艺独特、选料精细、配料考究，流程包括精选原料、配料、绞碎原料、拌馅、水、成品等；主要原料为精瘦猪肉，配料有淀粉、碘盐、蛋清及其他调味品，辅以纯净的黄河水。

利津肉丸含有丰富的蛋白质、钙、磷、碘、铁与多种维生素，并提供血红素（有机铁）和促进铁吸收的半胱氨酸，能改善缺铁性贫血，具有补肾养血，滋阴润燥的功效。利津肉丸不光是当地人的美味，也逐渐成为越来越多外地人的佳肴，又是人们走亲访友的馈赠礼品。产品主要销往北京、天津、滨州、东营、胜利油田等地。

7. **前关面粉**：前关面粉历史悠久，一千多年前就在铁门关、东津城产生。前关村属暖温带半湿润季风气候，全年气候温和，光照充足，地处黄河古河道，为土层深厚、排水好、地力肥的沙壤土，利于小麦生长。前关面粉主要以优质中筋小麦为主要原料加工而成，面粉粉色较白，面团弹性好，拉伸曲线具有较大的能量，粉质稳定时间长，生产出的馒头等蒸煮类面食，色白松软，组织结构蓬松且有弹性，可高度满足人们的口感和视觉标准。前关面粉富含蛋白质、碳水化合物、维生素和钙、铁、磷、钾、镁等矿物质，有养心益肾、健脾厚肠的功效。

8. **陈家对虾**：陈家屋子村地势平坦，属温带季风气候，雨热同期，水温变化小，坑塘较多，淡水资源丰富，水质清新无污染，为对虾的生长提供了优质的生存环境。陈家对虾口味鲜美、营养价值丰富，每100克对虾肉中含有水分77克、蛋白质20.6克、脂肪0.7克、碳水化合物0.2克、钙35毫克、磷150毫克、铁0.1毫克、硫胺素0.01毫克、核黄素0.11毫克、尼克酸1.7毫克，蕴含热量90千卡。陈家对虾还具有较高的药用价值，能补气健胃，壮阳补精，具强身延寿、美容养颜和益气滋阴之功能，主治神经衰弱、肾虚阳痿、脾胃虚弱、疮口不愈等症，远销江苏、天津、北京等地。

9. **金盆肴兔**：金盆村附近地广人稀，多野草、幼林和荒滩，十分适宜野兔生长。金盆肴兔历史悠久，所用兔肉细嫩香醇，微红带紫，不腥不膻，不腻不涩，肉质烂熟，味道鲜美，风味独特，营养丰富，瘦肉占96%以上，每百克含优质蛋白质22.6克，胆固醇含量每百克仅 60–80毫克。除食材独特优质以外，金盆肴兔制作独特与精细。首先筛选鉴别，排除狗咬兔子，对枪伤兔子进行处理；其次进行扒皮、开膛、多次清洗、五脏归置；然后控净晾干，放老汤锅里煮熟，煮熟捞取后，再用几十种名贵大料的精密配方进行泡制24小时左右。金盆肴兔经常食用，具有健脑益智、祛病强身、延年益寿等功效。行销北京、天津、河北、东营、滨州等地。

【行政村概况】

广一村　村委会主任李召仁。2016年年底全村有79户，291人，耕地面积884亩。种植粮食170亩，棉花714亩。该村主要产业是种植业，2016年全村经济总收入275万元，人均纯收入12200元。

广二村　党支部书记岳振春，村委会主任岳观义。2016年年底全村有80户，288人，耕地面积1045亩。种植粮食260亩，棉花900亩。2016年全村经济总收入310万元，人均纯收入12100元。

宋一村　党支部书记程汝勤，村委会主任程汝茂。2016年年底全村有84户，268人，耕地面积360亩。种植粮食40亩，棉花320亩。2016年全村经济总收入430万元，人均纯收入12200元。

宋二村　党支部书记程德

玉，村委会主任李向中。2016年年底全村有96户，312人，耕地面积360亩。种植粮食120亩，棉花240亩，粮食总产120吨，棉花总产66吨。该村主要产业是种植业，2016年全村经济总收入420万元，人均纯收入11900元。

新华村 党支部书记、村委会主任李振华。2016年年底全村有128户，423人，耕地面积1290亩。种植粮食310亩，棉花980亩。粮食总产84吨，棉花总产180吨。猪存栏290头。该村主要产业是种植业，2016年全村经济总收入421万元，人均纯收入12100元。

小广子村 党支部书记高振国，村委会主任韩秀荣。2016年年底全村有93户，333人，耕地面积1810亩。种植粮食210亩，棉花1100亩。粮食总产180吨，棉花总产210吨。该村主要产业是种植业，2016年全村经济总收入310万元，人均纯收入12900元。

割草村 党支部书记、村委会主任杨德民。2016年年底全村有175户，585人，耕地面积4400亩。种植粮食1470亩，棉花1400亩。该村主要产业是种植业，2016年全村经济总收入817万元，人均纯收入1.4万元。

北一村 党支部书记、村委会主任付廷军。2016年年底全村有87户，310人，耕地面积1150亩。种植粮食380亩，棉花750亩。猪存栏50头，禽类存栏4000只。该村主要产业是种植业，2016年全村经济总收入200.4万元，人均纯收入7000元。

东王屋村 党支部书记胡建泉，村委会主任毕义红（女）。2016年年底全村有56户，212人，耕地面积650亩。种粮90亩，棉花650亩。禽类存栏2000只。该村主要产业是种植业，2016年人均纯收入8000元。

南码村 党支部书记、村委会主任李同照。2016年年底全村有208户，737人，耕地面积2400亩。种植粮食1800亩，棉花600亩。粮食总产1800吨，棉花总产150吨。猪存栏290头。该村主要产业是种植业，2016年人均纯收入12900元。

卜庙村 党支部书记王希忠，村委会主任胡景红（女）。2016年年底全村有110户，414人，耕地面积2600亩。种植粮食1000亩，棉花1600亩。牛存栏70头。该村主要产业是种植业，2016年全村经济总收入178万元，人均纯收入6900元。

北三村 党支部书记、村委会主任林建民。2016年年底全村有75户，372人，耕地面积745亩。种植粮食95亩，棉花715亩。禽类存栏2000只。该村主要产业是种植业，2016年全村经济总收入216万元，人均纯收入6130元。

北四村 党支部书记、村委会主任王玉宝。2016年年底全村有163户，618人，耕地面积1324亩。种植粮食30亩，棉花1294亩。猪存栏50头，禽类存栏2000只。该村主要产业是种植业，2016年全村经济总收入432.6万元，人均纯收入8100元。

灶一村 党支部书记韩学良，村委会主任李炳华。2016年年底全村有91户，321人，耕地面积400亩。种植粮食20亩，棉花380亩。粮食总产10吨，棉花总产95吨，禽类存栏2万只。该村主要产业是种植业，2016年全村经济总收入206.08万元，人均纯收入5800元。

灶二村 党支部书记、村委会主任刘孟令。2016年年底全村有76户，321人，耕地面积580亩。种植粮食50亩，棉花530亩。粮食总产25吨，棉花总产106吨。该村主要产业是种植业，2016年全村经济总收入190万元，人均纯收入5700元。

灶北村 党支部书记张树茂，村委会主任张树利。2016年年底全村有110户，410人，耕地面积800亩。种植粮食100亩，棉花700亩。粮食总产80吨，棉花总产120吨。猪存栏600头，存栏14000只。该村主要产业是种植业，2016年全村经济总收入225.5万元，人均纯收入6000元。

陈家村 党支部书记尚文光，村委会主任陈召会。2016年年底全村有175户，660人，耕地面积2200亩。种植粮食40亩，棉花800亩，果园200亩、花生100亩、西瓜100亩。猪存栏1000头。该村是全县扶贫开发示范村，2016年全村人均纯收入1.2万元。

张家嘴村 党支部书记、村委会主任张林泳。2016年年底全村有46户，151人，耕地面积258.4亩。种植粮食98.4亩，棉花160亩。猪存栏150头，禽类存栏400只。该村主要产业是种植业，2016年全村人均纯收入1万元。

前关村 党支部书记、村委会主任崔星国。2016年年底全村有138户，515人，耕地面积1380亩。种植粮食960亩，棉花330亩，果园20亩。粮食总产50万吨，棉花总产9万吨。猪存栏500头，羊存栏150只。该村主要产业是种植业，2016年全村经济总收入600万元，人均纯收入13100元。

毕家咀村 党支部书记、村委会主任毕玉禄。2016年年底全村有149户，494人，耕地面积1620亩。种植粮食900亩，棉花700亩。粮食总产900吨，棉花总产180吨。该村主要产业是种植业，2016年全村经济总收入150万元，人均纯收入5400元。

八十八户村 党支部书记、村委会主任崔卫奎。2016年年底全村有153户，558人，耕地面积820亩。种植粮食350亩，棉花470亩。粮食总产410吨，棉花总产130吨。该村主要产业是种植业，2016年全村经济总收入100万元，人均纯收入7500元。

北二村 党支部书记、村委会主任李义华。2016年年底全村有110户，385人，耕地面积1100亩。种植粮食600亩，棉花500亩，粮食总产135吨，棉花总产140吨。猪存栏80头，禽类存栏1100只。该村主要产业是种植业，2016年全村经济总收入130.9万元，人均纯收入5600元。

邱家村 党支部书记、村委会主任邱永华。2016年年底全村有57户，147人，耕地面积900亩。种植粮食27亩，棉花850亩。粮食总产15吨，棉花总产200吨。该村主要产业是种植业，2016年全村经济总收入125.56万元，人均纯收入11800元。

牛家村 党支部书记、村委会主任尚凡兵。2016年年底全村有130户，425人，耕地面积1800亩。种植粮食52亩，棉花416亩，果园12亩。粮食总产26吨，棉花总产140吨，果品总产19吨。该村主要产业是种植业，2016年全村经济总收入390万元，人均纯收入1.1万元。

罗家村 党支部书记盖敬民，村委会主任王希娥（女）。2016年年底全村有246户，868人，耕地面积3700亩。种植粮食235亩，棉花3475亩。粮食总产190吨，棉花总产650吨，禽类存栏2000只。该村主要产业是种植业，2016年全村经济总收入850万元，人均纯收入9700元。

前梁村 党支部书记、村委会主任梁凤强。2016年年底全村有76户，280人，耕地面积1550亩。种植棉花1800亩，棉花总产275吨。该村主要产业是服务业、种植业，2016年全村经济总收入257万元，人均纯收入13540元。

后梁村 村委会主任孙建军。2016年年底全村有74户，272人，耕地面积800亩。种植粮食15亩，棉花750亩。粮食总产10吨，棉花总产200吨。该村主要产业是种植业，2016年全村经济总收入218万元，人均纯收入12300元。

前毕村 党支部书记、村委会主任李华亭。2016年年底全村有192户，720人，耕地面积4650亩。种植粮食47亩，棉花4385亩，果园20亩。粮食总产26吨，棉花总产1200吨。禽类存栏130只。该村主要产业是种植业、养殖业，2016年全村经济总收入1000万元，人均纯收入14500元。

北王家村 党支部书记王廷宾，村委会主任盖东民。2016年年底全村有148户，457人，耕地面积720亩。种植粮食35亩，棉花680亩。粮食总产23吨，棉花总产160吨。禽类存栏1300只。该村主要产业是种植业，2016年全村经济总收入900万元，人均纯收入13800元。

北韩家村 党支部书记、村委会主任吕士贵。2016年年底全村有139户，528人，耕地面积1950亩。种植粮食650亩，棉花1300亩。粮食总产325吨，棉花总产480吨。该村主要产业是种植业，2016年全村经济总收入569万元，人均纯收入12500元。

平子村 党支部书记、村委会主任张振甲。2016年年底全村有130户，515人，耕地面积3000亩。种植粮食500亩，棉花2500亩。粮食总产400吨，棉花总产620吨。猪存栏10头，禽类存栏2600只。该村主要产业是种植业，2016年全村经济总收入700万元，人均纯收入11900元。

杨庙村 党支部书记崔建滨，村委会主任李义明。2016年年底全村有180户，613人，耕地面积3000亩。种植棉花2100亩。猪存栏50头，禽类存栏3000只。该村主要产业是种植业，2016年全村经济总收入627万元，人均纯收入1.4万元。

马场村 村委会主任李义民。2016年年底全村有18户，59人，耕地面积200亩。种植棉花200亩，棉花总产50吨。该村主要产业是棉花种植业，2016年全村人均纯收入11800元。

段家村 党支部书记盖延峰，村委会主任李德禄。2016年年底全村有80户，262人，耕地面积1100亩。种植粮食60亩，棉花1040亩。粮食总产60吨，棉花总产260吨。该村主要产业是种植业，2016年全村人均纯收入12400元。

前崔村 党支部书记、村委会主任杨立民。2016年年底全村有103户，368人，耕地面积950亩。种植粮食80亩，棉花870亩。粮食总产26吨，棉花总产111吨。该村主要产业是种植业，2016年全村人均纯收入13800元。

后崔村 党支部书记、村委会主任杨卫国。2016年年底全村有25户，102人，耕地面积400亩。种植粮食200亩，棉花220亩。粮食总产70吨，棉花总产38吨。禽类存栏50只。该村主要产业是种植业，2016年全村人均纯收入12300元。

前邵村 党支部书记、村委会主任邵云霞。2016年年底全村有93户，320人，耕地面积2036亩。种植粮食110亩，棉花1900亩，果园3亩。猪存栏9头，禽类存栏1.5万只。该村主要产业是种植业，2016年全村经济总收入342万元，人均纯收入15100元。

许家村 党支部书记许孝民，村委会主任许义勇。2016年年底全村有100户，372人，耕地面积860亩。种植粮食200亩，棉花660亩。粮食总产60吨，棉花总产85吨。猪存栏35头，禽类存栏23000只。该村主要产业是种植业，2016年全村经济总收入501万元，人均纯收入13800元。

前灶村 党支部书记、村委会主任陈曰楼。2016年年底全村有201户，713人，耕地面积2300亩。种植棉花3600亩，棉花总产900吨。该村主要产业是种植业，2016年全村经济总收入820万元，人均纯收入13100元。

后灶村 党支部书记、村委会主任李仁昌。2016年年底全村有126户，486人，耕地面积2400亩。种植棉花1900亩，棉花总产520吨。该村主要产业是种植业，2016年全村经济总收入780万元，人均纯收入1.4万元。

林家村 党支部书记、村委会主任林向泉。2016年年底全村有120户，440人，耕地面积3200亩。种植棉花3200亩，棉花总产800吨。该村主要产业是种植业，2016年全村经济总收入600万元，人均纯收入10800元。

韩屋村 党支部书记陈跃明，村委会主任胡向斌。2016年年底全村有75户，289人，耕地面积2200亩。种植棉花2200亩，棉花总产650吨。禽类存栏9000只。该村主要产业是种植业，2016年全村经济总收入550万元，人均纯收入13800元。

东宋村 党支部书记、村委会主任胡丙茹。2016年年底全村有172户，562人，耕地面积3500亩。棉花2100亩，棉花总产560吨。禽类存栏2800只。该村主要产业是种植业，2016年全村经济总收入930万元，人均纯收入1.4万元。

汀河八村 党支部书记付乃刚，村委会主任杨俊明。2016年年底全村有216户，820人，耕地面积3000亩。种植粮食400亩，棉花2600亩，果园50亩。粮食总产200吨，棉花总产650吨，果品总产150吨。猪存栏150头，禽类存栏3000只。该村主要产业是种植业，2016年全村经济总收入738万元，人均纯收入 9000 元。

光前村 村委会主任李学生。2016 年年底全村有 172 户，699 人，耕地面积 1300 亩。种植粮食 860 亩，棉花 438 亩。粮食总产 51.6 吨，棉花总产 98.55 吨。猪存栏 210 头，禽类存栏 60600 只。该村主要产业是种植业，2016 年全村经济总收入 524 万元，人均纯收入 7496 元。

坝头村 党支部书记、村委会主任林泽恩。2016 年年底全村有 98 户，362 人，耕地面积 1390 亩。种植粮食 1300 亩，棉花 90 亩。粮食总产 650 吨，棉花总产 18.6 吨。猪存栏 105 头，禽类存栏 3500 只。该村主要产业是种植业，2016 年全村人均纯收入 8540 元。

中和村 党支部书记、村委会主任李乃忠。2016 年年底全村有 85 户，306 人，耕地面积 740 亩。种植粮食 840 亩，棉花 180 亩。粮食总产 462 吨，棉花总产 40 吨。牛存栏 15 头，羊存栏 500 只。该村主要产业是种植业，2016 年全村经济总收入 229.5 万元，人均纯收入 7500 元。

汀河一村 党支部书记付希勤，村委会主任李吉华。2016 年年底全村有 198 户，698 人，耕地面积 2660 亩。种植粮食 2050 亩，棉花 600 亩，果园 10 亩。粮食总产 1025 吨，棉花总产 300 吨。猪存栏 600 头，禽类存栏 150 只。该村主要产业是种植业，2016 年全村经济总收入 544 万元，人均纯收入 7800 元。

汀河二村 党支部书记崔军烈，村委会主任李友学。2016 年年底全村有 187 户，645 人，耕地面积 2800 亩。种植粮食 2200 亩，棉花 600 亩。粮食总产 2640 吨，棉花总产 132 吨。猪存栏 180 头，禽类存栏 1500 只。该村主要产业是种植业，2016 年全村经济总收入 490 万元，人均纯收入 7500 元。

汀河五一村 党支部书记、村委会主任王卫祥。2016 年年底全村有 115 户，438 人，耕地面积 1300 亩。种植粮食 800 亩，棉花 500 亩。粮食总产 800 吨，棉花总产 120 吨。猪存栏 2 头，禽类存栏 600 只。该村主要产业是种植业，2016 年全村经济总收入 350.4 万元，人均纯收入 8000 元。

汀河五二村 党支部书记、村委会主任张向阳。2016 年年底全村有 86 户，312 人，耕地面积 1050 亩。种植粮食 950 亩，棉花 100 亩。粮食总产 475 吨，棉花总产 25 吨。猪存栏 150 头，禽类存栏 500 只。该村主要产业是种植业，2016 年全村经济总收入 237 万元，人均纯收入 7600 元。

汀河三村 党支部书记王明军，村委会主任杨守清。2016 年年底全村有 186 户，736 人，耕地面积 2600 亩。种植粮食 1100 亩，棉花 1500 亩。粮食总产 550 吨，棉花总产 375 吨，果品总产 4.2 吨。猪存栏 40 头，禽类存栏 140 只。该村主要产业是种植业，2016 年全村经济总收入 597 万元，人均纯收入 8100 元。

汀河四一村 党支部书记裴吉海，村委会主任王运峰。2016 年年底全村有 111 户，416 人，耕地面积 2180 亩。种植粮食 780 亩，棉花 1400 亩。粮食总产 390 吨，棉花总产 350 吨。猪存栏 3200 头，禽类存栏 300 只。该村主要产业是种植业，2016 年全村经济总收入 354 万元，人均纯收入 8500 元。

汀河四二村 党支部书记、村委会主任陈光辉。2016 年年底全村有 120 户，442 人，耕地面积 1400 亩。种植粮食 1000 亩，棉花 400 亩。粮食总产 500 吨，棉花总产 100 吨。猪存栏 300 头，禽类存栏 200 只。该村主要产业是种植业，2016 年全村经济总收入 353.6 万元，人均纯收入 8000 元。

汀河东六村 党支部书记、村委会主任王宗平。2016 年年底全村有 96 户，360 人，耕地面积 1200 亩。种植粮食 1000 亩，棉花 200 亩。粮食总产 1000 吨，棉花总产 50 吨。猪存栏 350 头，禽类存栏 8000 只。该村主要产业是种植业，2016 年全村经济总收入 316 万元，人均纯收入 8800 元。

汀河西六村 党支部书记裴光杰，村委会主任付守民。2016 年年底全村有 90 户，348 人，耕地面积 1000 亩。种植粮食 800 亩，棉花 200 亩。粮食总产 400 吨，棉花总产 45 吨。猪存栏 10 头，禽类存栏 400 只。该村主要产业是种植业，2016年全村经济总收入261万元，人均纯收入9000元。

汀河七村 党支部书记、村委会主任杨永军。2016年年底全村有131户，483人，耕地面积1100亩。种植粮食350亩，棉花700亩，果园50亩。粮食总产220吨，棉花总产175吨，果品总产45吨。猪存栏100头，禽类存栏1800只。该村主要产业是种植业，2016年全村经济总收入436万元，人均纯收入9000元。

裕后村 党支部书记张维民，村委会主任李加民。2016年年底全村有210户，658人，耕地面积1250亩。粮食290亩、棉花700亩，果园260亩。2016年全村经济总收入1000.3万元，人均纯收入1.1万元。

芦园村 党支部书记崔树国，村委会主任王炳利。2016年年底全村有103户，414人，耕地面积1760亩。种植粮食1109亩，棉花400亩，果园20亩。粮食总产540吨，棉花总产100吨，果品总产60吨。猪存栏70头，禽类存栏2000只。该村主要产业是种植业，2016年全村经济总收入365万元，人均纯收入8800元。

近滩村 党支部书记刘树义，村委会主任杨培宗。2016年年底全村有145户，488人，耕地面积2180亩。种植粮食128亩，棉花2052亩。粮食总产50吨，棉花总产360吨。猪存栏420头。该村主要产业是种植业，2016年全村经济总收入536万元，人均纯收入1.1万元。

建华村 党支部书记周迎富，村委会主任王曰正。2016年年底全村有254户，868人，耕地面积2845亩。种植棉花1525亩，果园35亩，粮食1285亩，棉花总产305吨，粮食产量640吨，果品总产21吨。猪存栏40头，禽类存栏2200只。该村主要产业是养殖业，2016年全村经济总收入950万元，人均纯收入1.1万元。

新安村 党支部书记张云先，村委会主任王春三。2016年年底全村有112户，413人，耕地面积1251亩。种植粮食245亩，棉花1006亩。粮食总产206吨，棉花总产232吨。该村主要产业是种植业，2016年全村经济总收入453万元，人均纯收入10980元。

斗滩村 党支部书记、村委会主任韩廷强。2016年年底全村有40户，130人，耕地面积980亩。种植粮食200亩，棉花780亩。粮食总产110吨，棉花总产156吨，养鸡6000只。该村主要产业是种植业，2016年全村经济总收入195万元，人均纯收入1.5万元。

曹家村 党支部书记于庆东，村委会主任武俊民。2016年年底全村有87户，332人，耕地面积2768亩。种植粮食200亩，棉花1889亩。粮食总产100吨，棉花总产340吨，养羊480只。该村主要产业是种植业，2016年全村经济总收入330万元，人均纯收入10030元。

平江村 党支部书记孙红民（女），村委会主任朱新军。2016年年底全村有105户，320人，耕地面积1770亩。种植粮食800亩，棉花610亩，果园11亩，洼地350亩。粮食总产104吨，棉花总产122吨，果品总产5吨。该村主要产业是种植业，2016年全村经济总收入309万元，人均纯收入1万元。

朱家村 党支部书记、村委会主任郭金永。2016年年底全村有92户，352人，耕地面积1200亩。种植棉花800亩，果园50亩，粮食350亩。棉花总产190吨，果品总产5吨。禽类存栏80只。该村主要产业是种植业，2016年全村经济总收入376万元，人均纯收入10681元。

后邵村 党支部书记邵云忠。2016年年底全村有156户，567人，耕地面积2500亩。种植粮食570亩，棉花2000亩。粮食总产340吨，棉花总产540吨。羊170只，猪存栏3180头。该村主要产业是种植业，2016年全村经济总收入626万元，人均纯收入11050元。

龙庙村 党支部书记、村委会主任陈守业。2016年年底全村有110户，383人，耕地面积1686亩。种植粮食210亩，棉花1466亩，果园10亩。粮食总产165吨，棉花总产300吨，果品总产7吨。禽类存栏48000只。该村主要产业是种植业、养殖业，2016年全村经济总收入465万元，人均纯收入12660元。

毛坨村 党支部书记、村委会主任张玉亭。2016年年底全村有125户，474人，耕地面积2100亩。种植粮食600亩，棉花500亩，葡萄1000亩。粮食总产480吨，棉花总产120吨，果品总产2000吨。该村主要产业是棉花种植、有机蔬菜业和葡萄种植，2016年全村经济总收入900.6万元，人均纯收入1.9万元。

前墩村 党支部书记崔建峰，村委会主任高曰礼。2016年年底全村有205户，660人，耕地面积1700亩。种植棉花1200亩，果园40亩。棉花总产160吨。牛存栏20头，禽类存栏3000只。该村主要产业是种植业。2016年全村经济总收入858万元，人均纯收入1.3万元。

后墩村 党支部书记黄勇，村委会主任李增亮。2016年年底全村有186户，712人，耕地面积5000亩。种植粮食700亩，棉花2100亩，西瓜1000亩，春大豆600亩，花生400亩，葡萄200亩。粮食总产150吨，棉花总产84吨。猪存栏450头，牛20头，羊700只。该村主要产业是种植业，2016年全村经济总收入996.8万元，人均纯收入1.4万元。

金盆村 党支部书记张乐亮，村委会主任张鹏诚。2016年年底全村有129户，406人，耕地面积3400亩。种植棉花2900亩，棉花总产70吨。猪存栏60头。2016年全村经济总收入466.9万元，人均纯收入11500元。

九龙村 党支部书记常守志，村委会主任师玉田。2016年年底全村有66户，236人，耕地面积1080亩。种植棉花800亩。棉花总产200吨。羊200只，禽类存栏150只。该村主要产业是种植业，2016年全村经济总收入283万元，人均纯收入1.2万元。

（明　磊　张光辉）

明集乡

【概况】 明集乡位于县境北部，乡政府距县城10公里，版图面积118.5平方公里，辖38个村民委员会。有6801户，总人口19567人。全年人口出生率为17.8‰，人口自然增长率为10.4‰。2016年，农村用电量792万千瓦时。全年完成招商引资项目2个，实现到位资金24000万元。全年规模以上工业主营业务收入20039万元，实现地方财政收入1487万元。全乡居民可支配收入18817元，增长8.4%。

【农业生产】 2016年，全乡耕地总面积7105.99公顷，其中基本农田6850公顷。全年粮食作物播种面积8890公顷，粮食总产63293.8吨；棉花4168公顷，皮棉总产4278.9吨；蔬菜120.9公顷，蔬菜总产6099.6吨；林果总产198.6吨。年末大牲畜存栏2670头，猪存栏10481头，羊存栏15340只，家禽存栏769020只。全年农业产值14496万元，林业产值139万元，畜牧业产值10377万元，渔业总产值15314万元，全年实现农林牧渔业总产值 45139万元。

【文教卫生】 全乡有中学1处，专任教师76人，在校学生685人；有小学3处，专任教师68人，在校学生510人，小学适龄儿童入学率达100%。有幼儿园3处，幼师47人，入园儿童318人，适龄儿童入园率达100%。有卫生院1处，医务人员72人，设床位20张，乡村卫生室17处，乡村医生19人，农村合作医疗覆盖率达100 %。计划生育工作常抓不懈，截至2016年年底，全乡已婚育龄妇女落实避孕节育人数达到3250人，全年合法生育率达96.3%。有综合文化站1处，建成农村文化大院38处，有农村广播室38个。

【中小企业创业园】 2016年累计投资1.1亿元，全面完成4.8平方公里建成区的水、电、路、讯等基础设施配套，截至2016年年底建成区已利用面积1200亩，可利用建设用地面积5800亩，完全具备承载大项目的条件。聘请同济大学专家编制园区发展规划，园区远期规划扩展至19.5平方公里；注册资金1亿元，成立利津明晟投资开发有限公司，搭建起园区市场化融资平台。相继引进了泰山石膏、植谷粮油、新洲物流、中阳碳素、利农菌业等8个大项目，总投资突

明集乡新农村新面貌

破20亿元。其中，山东中阳碳素有限公司被评为国家高新技术企业，并在新三板成功上市，融资3000余万元。中小企业创业园已申请加入中国企业联合会、中国企业家协会，知名度和影响力进一步提升，为下一步扩大招商引资创造条件。

【东营港疏港铁路储运中心】 发挥明集乡地处济东高速出入口、荣乌高速连接线、疏港铁路节点站的交通区位优势，积极争取建设铁路储运中心。年内，东营港疏港铁路建设指挥部已批准，在疏港铁路明集站储运中心专用线与疏港铁路接轨。召开东营疏港铁路储运中心建设论证会，听取县内35家重点企业负责人对储运中心建设的意见建议，与中铁十六局、锦州铁路勘察设计院签署了战略合作协议，与利华益集团、东营铁路总公司就合作开发建设铁路储运中心达成合作协议，并聘请锦州铁路勘察设计院对铁路储运中心进行可行性报告和储运中心规划设计。

【发展生态高效种植业】 2016年投资2866万元，实施农田水利工程6项，提升了4万亩耕地的灌排体系，解决了3.5万亩偏远地块浇水难的问题。投资980万元，新增路域、水系和乡村道路绿化面积1500亩。总投资6400万元，实施济东高速两侧绿化等六项工程，新增造林面积6300亩。积极推进农业规模化经营、特色化发展、品牌化创建，成立新型农业经营合作组织6家，电子商务运营平台1家，农产品批发市场2处，农业龙头企业6家，年仓储11万吨的粮油收储中心1处，已带动全乡30%的农户进入产业链经营。

【行政村概况】

玉皇庙村 党支部书记、村委会主任鞠秀荣。2016年年底全村有78户，242人，耕地面积900亩。种植粮食550亩，棉花380亩。猪存栏200头，羊存栏150只，蔬菜大棚15个。该村主要产业是种植业、养殖业。

东一村 党支部书记、村委会主任李士娥（女）。2016年年底全村有108户，302人，耕地面积1624亩。种植粮食1200亩，棉花400亩，蔬菜大棚24个。猪存栏326头,羊存栏56只，禽类存栏242只，蔬菜大棚12个。该村主要产业是种植业、养殖业。

东二村 党支部书记、村委会主任张永军。2016年年底全村有62户，205人，耕地面积1360亩。种植粮食960亩，棉花400亩。羊存栏120只，禽类存栏200只，蔬菜大棚17个。该村主要产业是种植业、养殖业。

东三村 党支部书记张洪彬，村委会主任任传忠。2016年年底全村有109户，380人，耕地面积1200亩。种植粮食690亩，棉花100亩。猪存栏200头，羊存栏100只，禽类存栏300只，蔬菜大棚47个。该村主要产业是种植业、养殖业。

东四村 党支部书记、村委会主任武宗良。2016年年底全村有135户,432人，耕地面积1800亩。种植粮食1600亩，棉花200亩。猪存栏50头，羊存栏20只，禽类存栏1万只，蔬菜大棚30个。该村主要产业是种植业、养殖业。

鞠家村 党支部书记鞠希国，村委会主任鞠振江。2016年年底全村有192户，543人，耕地面积2800亩。种植粮食1660亩，棉花1100亩。猪存栏15头，羊存栏120只，禽类存栏2万只，蔬菜大棚10个。该村主要产业是种植业、养殖业。

房家村 党支部书记房长春，村委会主任房长亮。2016年年底全村有92户，284人，耕地面积1120亩。种植粮食500亩，棉花620亩。羊存栏60只，禽类存栏800只。该村主要产业是种植业、养殖业。

小王家村 党支部书记、村委会主任张增学。2016年年底全村有30户，81人，耕地面积350亩。种植粮食278.3亩，棉花72亩。该村主要产业是种植业。

郑家村 党支部书记王明元，村委会主任王梅亭。2016年年底全村有243户，962人，耕地面积4200亩。种植粮食990亩，棉花3150亩。猪存栏240头，羊存栏730只。该村主要产业是种植业、养殖业。

王王村 党支部书记王春，村委会主任王颂吉。2016年年底全村有157户，436人，耕地面积1270亩。种植粮食580亩，棉花690亩。羊存栏300只，禽类存栏20万只，蔬菜大棚8个，鱼池10个。该村主要产业是种植业、养殖业。

西堤东村 党支部书记张树峰，村委会主任张树昌。2016年年底全村有99户，278人，耕地面积1500亩。种植粮食300亩，棉花1200亩。猪存栏400头，羊存栏10只，禽类存栏6000只，鱼池32个。该村主要产业是种植业、养殖业。

西堤西村 党支部书记刘希祥，村委会主任张文祥。2016年年底全村有148户，378人，耕地面积1500亩。种植粮食500亩，棉花1000亩。鱼池300亩，猪存栏200头，鱼池50个。该村主要产业是种植业、养殖业。

明集村 党支部书记、村委会主任明文和。2016年年底全村有329户，1109人，耕地面积4848亩。种植粮食1150亩，棉花3698亩。猪存栏1350头，羊存栏30只,禽类存栏6000只。该村主要产业是种植业、养殖业。

齐家村 党支部书记高奎元，村委会主任齐家峰。2016年年底全村有128户，426人，耕地面积1030亩。种植粮食435亩，棉花595亩。猪存栏500头，羊存栏300只，禽类存栏5000只。该村主要产业是种植业、养殖业。

董家村 党支部书记、村委会主任杨桂林。2016年年底全村有114户，327人，耕地面积1100亩。种植粮食360亩，棉花730亩。猪存栏70头，禽类存栏11万只。该村主要产业是种植业、养殖业。

孟家村 党支部书记、村委会主任孟祥友。2016年年底全村有212户，556人，耕地面积2540亩。种植粮食599亩，棉花1941亩。猪存栏1000头，羊存栏1800只。禽类存栏2万只。村主要产业是种植业、养殖业。

坡陈村 党支部书记、村委会主任纪新贞。2016年年底全村有241户，632人，耕地面积4030亩。种植粮食832亩，棉花3198亩。猪存栏100头。村主要产业是种植业、养殖业。

大张村 党支部书记张云海，村委会主任张子锋。2016年年底全村有202户，615人，耕地面积3000亩。种植粮食1410亩，棉花1590亩。猪存栏120头，禽类存栏24000只，蔬菜大棚26个，鱼池2个。村主要产业是种植业、养殖业。

北张村 党支部书记崔希俭，村委会主任张学东。2016年年底全村有326户，958人，耕地面积3860亩。种植粮食1493亩，棉花2367亩。猪存栏270头，禽类存栏4000只。村主要产业是种植业、养殖业。

褚家村 党支部书记、村委会主任褚怀民。2016年年底全村有69户，220人，耕地面积620亩。种植粮食150亩，棉花440亩，蔬菜大棚22个。猪存栏70头，禽类存栏3000只。村主要产业是种植业、养殖业。

田家村 党支部书记张爱田，村委会主任张凤军。2016年年底全村有118户，349人，耕地面积1200亩。种植粮食700亩，棉花500亩。禽类存栏1.5万只。村主要产业是种植业、养殖业。

灶刘村 党支部书记刘延军，村委会主任刘成海。2016年年底全村有195户，535人，耕地面积4800亩。种植粮食1700亩，棉花3000亩。禽类存栏9万只，鱼池16个。村主要产业是种植业、养殖业。

赵家村 党支部书记刘同德，村委会主任张子文。2016年年底全村有128户，378人，耕地面积2700亩。种植粮食1800亩，棉花900亩，蔬菜大棚84个。牛存栏100头。村主要产业是种植业、养殖业。

孔家灶村 党支部书记孔凡梓，村委会主任孔祥福。2016年年底全村有168户，568人，耕地面积4800亩。种植粮食2400亩，棉花1000亩。猪存栏300头，禽类存栏400只。村主要产业是种植业、养殖业。

杨家灶村 党支部书记杨树泉，村委会主任杨风雷。2016年年底全村有95户，285人，耕地面积3500亩。种植粮食1600亩，棉花1700亩。村主要产业是种植业、养殖业。

王家灶村 党支部书记杨延鹏，村委会主任王传国。2016年年底全村有110户，312人，耕地面积4500亩。种植粮食3800亩，棉花200亩。禽类存栏500只。村主要产业是种植业、养殖业。

谢家灶村 党支部书记马德安，村委会主任张安友。2016年年底全村有194户，530人，耕地面积7200亩。种植粮食5650亩，棉花800亩。猪存栏35头。村主要产业是种植业、养殖业。

荆家灶村 党支部书荆洪利，村委会主任荆洪岩。2016年年底全村有108户，411人，耕地面积2500亩。种植粮食1600亩，棉花800亩。村主要产业是种植业。

马一村 党支部书记边洪锋，村委会主任马志中。2016年年底全村有132户，425人，耕地面积4000亩。种植粮食432.6亩，棉花3567.4亩。猪存栏100头，禽类存栏5000只。村主要产业是种植业、养殖业。

马二村 党支部书记、村委会主任马剑涛。2016年年底全村有160户，570人，耕地面积4000亩。种植粮食432.6亩，棉花3567.4亩。猪存栏800头，禽类存栏1万只。村主要产业是种植业、养殖业。

马三村 党支部书记刘庆峰，村委会主任明立华。2016年年底全村有220户，630人，耕地面积3500亩。种植粮食557.3亩，棉花2942.7亩。猪存栏100头，禽类存栏1.5万只。村主要产业是种植业、养殖业。

马四村 党支部书记褚宝军，村委会主任刘如仁。2016年年底全村有152户，450人，耕地面积4100亩。种植粮食114.8亩，棉花3985.2亩。猪存栏500头，禽类存栏1万只。村主要产业是种植业、养殖业。

南一村 党支部书记李干清，村委会主任李如旺。2016年年底全村有387户，1052人，耕地面积7716亩。种植粮食5633.9亩，棉花2082.1亩。猪存栏900头。村主要产业是种植业、养殖业。

南二村 党支部书记、村委会主任刘凤涛。2016年年底全村有286户，912人，耕地面积5870亩。种植粮食4489.5亩，棉花2082.1亩。猪存栏100头，禽类存栏8000只。村主要产业是种植业、养殖业。

小望参村 党支部书记王殿灵，村委会主任张景成。2016年年底全村有114户，385人，耕地面积2650亩。种植粮食1462.09亩，棉花1187.91亩。猪存栏160头。村主要产业是种植业、养殖业。

东望参村 党支部书记、村委会主任王志东。2016年年底全村有156户，456人，耕地面积3500亩。种植粮食1912.5亩，棉花1587.5亩。猪存栏100头，羊存栏1000只，村主要产业是种植业、养殖业。

中望参村 党支部书记、村委会主任赵景俊。2016年年底全村有219户，600人，耕地面积3700亩。种植粮食2799.49亩，棉花900.51亩。猪存栏1200头，牛存栏43头。村主要产业是种植业、养殖业。

西望参村 党支部书记、村委会主任张衍茂。2016年年底全村有325户，877人，耕地面积4900亩。种植粮食2385.7亩，棉花2514.3亩。猪存栏2000头，羊存栏600只，禽类存栏1200只。村主要产业是种植业、养殖业。

（高新国　卢清慧）

刁口乡

【概况】 刁口乡位于县境东北部，乡政府距县城 74 公里，总面积 512 平方公里,辖三村一居，常驻人口 1.5 万余人，户籍人口 1269 人，其中男 764 人，女 505 人。全年人口出生率为 10.2‰，人口自然增长率为 7.1‰。海岸线长 59 公里，滩涂面积 38 万亩，−10 米等深线以内浅海面积 200 万亩，养殖水面 17.7 万亩。境内国家级自然保护区总面积 29.4 万亩，有丹顶鹤、大天鹅等国家重点保护鸟类 50 种，野生动物 393 种，天然柽柳林 16 万亩，拥有国家森林公园、国家地质公园两个称号。油气资源丰富，境内已开发油气水井 1300 余口，是县域经济发展的重要战略后备空间。2016 年，全乡规模以上工业企业 5 家，实现工业总产值 116610 万元，工业销售产值 116508.8 万元，利税总 25664.2 万元。地方财政收入完成 2137 万元。

【农业生产】 2016 年，全乡耕地总面积 1118.17 公顷。全年粮食作物播种面积 412 公顷，总产 1816 吨；棉花 706 公顷，总产皮棉 1006 吨。年末片林面积 5943.53 公顷，森林覆盖率 12%。年末大牲畜存档 11 头，猪存栏 243 头，羊存栏 1637 只，家禽存栏 12.15 万只，全年畜牧业产值 4050 万元。水产品总产量 5028.1 吨，渔业总产值 19197 万元。农林牧渔服务业产值 1023 万元。全年实现农林牧渔总产值 32395 万元。

【文教卫生】 全乡有中学 1 处，专任教师 9 人，在校学生 5 人；有小学 1 处，专任教师 12 人，在校学生 22 人，小学适龄儿童入学率 100%。有幼儿园 1 处，幼师 3 人，入园儿童 5 人，适龄儿童入园率 100%。有文化、广播站 4 处，建成农村文化大院 4 个，有农村广播室 4 个，农村广播、电视覆盖率 100%。有卫生院 1 处，医务人员 6 人，设床位 13 张,有乡村卫生室（所）3 处，乡村医生 9 人。

【滨海新区重点项目建设】 2016 年按照产业“链”式发展模式，锁定产业链和价值链高端，加大项目招引和产业培育力度。截至 2016 年年底，共引进项目 22 个，计划总投资 138 亿元（其中，总投资 57.3 亿元的山东广悦化工有限公司一期 160 万吨／年重油加氢改质及配套项目投产运营，成为省内第二套生产国五柴油的化工企业；总投资 33.5 亿元的山东汇宇新材料有限公司一期 30 万吨炭素生产线已基本建成，余热发电项目核准手续已获批复；山东奔月生物科技有限公司是国内第二家生产纽甜的企业，年产 70 吨安全型食品添加剂；总投资 18.9 亿元的山东亿阳化工科技有限公司 210 万吨／年清洁油品联产烯烃及配套项目，与中国光彩国际投资集团、中国核工业第五建设有限公司三方签署合作协议，标志着新区融入京津冀协同发展实现良好开局）。

【滨海新区基础设施建设】 2016 年，投资 2450 万元的特勤消防站项目，配置城市主战消防车 1 辆、泡沫车 2 辆、大型水罐消防车 1 辆、30 米高喷消防车 1 辆、专职消防员 30 名，项目的立项、水保、环评、安评、规划用地许可证以及土地划拨等一系列手续均已办理完成，现阶段已经进入基础的钢筋绑扎阶段。投资 8500 万元的利津滨海新区创业大厦项目，平面规划设计、土地招拍挂已经完成，正在做地质勘探设计和施工图。投资 2.1 亿元建设公共管廊项目正在进行规划设计，前期同南京苏夏设计院对公共管廊的走向进行实地的考察、论证。总投资 302.26 万元的银海三路东延与银海二路东延工程，银海三路东延工程的项目立项，项目用地，项目规划等手续已经全部完成，计划 2017 年 4 月开工建设，2017 年 7 月竣工，银海二路东延工程的相关手续正在办理中。

【现代渔业】 2016 年，建成全市首家海洋牧场。筏式养殖试验区规模达到 2 万亩，放养扇贝吊笼 40 万笼，放养扇贝苗种 3 万粒，实现产值 9000 万元。同时实施渤海花鲈产业化提升工程。花鲈亲鱼驯化、苗种繁育及成鱼养殖初具规模。

公共管廊建设

【民生工程】 2016年，投资115万元新修村内道路2.6公里，安装路灯22盏，进村路口街巷两侧植树种绿3000余棵，主街道统一粉刷墙体与设立宣传版面相结合建成了农村文化长廊；加快环卫一体化建设，实现了98%以上的环卫保洁作业机械化；深入推进新型农民学校创建工作，2016年举办各类培训班60余期，培训人员1255人次；深入实施“四德”工程，全乡村居建档率100%。

【行政村概况】

渔民村 党支部书记、村委会主任付双宗。2016年年底的全村有136户、446人，耕地面积4717亩；种植粮食2205亩，粮食总产652.2吨；棉花2512亩，棉花总产238.6吨。该村主要产业是种植业。

兴牧村 党支部书记、村委会主任杨代清。2016年年底全村有54户，161人。猪存栏107头。该村主要产业是畜牧养殖业。

海铺村 党支部书记、村委会主任张存良。2016年年底全村有306户，423人。该村主要产业是渔业、海水养殖业。

呈祥居委会 党支部书记、村委会主任段建永。2016年年底全村有107户，196人。该村主要产业是个体经营。

（张永民 苟凯旋）

城市社区建设

【机构队伍】 利津县城市社区建设办公室设综合股、社区民生保障股（挂社会综合治理办公室牌子）、社区建设与服务股3个职能股室。主要负责社区社会公共福利事业、救灾救济、拥军优属和残疾人工作、社会治安综合治理、法制教育、司法调解和法律援助工作、人力资源和社会保障、社区网格化管理与社区信息化建设以及社区党建、户籍、民兵、兵役管理、精神文明、工会、青年、妇女儿童等工作。下设大桥、凤凰、北园、开发区、津苑、利华益6个社区居委会。2016年年底有在编干部职工18人，城区管委会党委班子成员4人，辖43个党支部，628名党员。

【社区保障服务】 落实最低生活保障政策，解决困难居民的生活问题。截至2016年年底，享受低保104户，177人，228名老年享受政府购买居家养老服务，管理服务残疾人305人，为183名残疾人发放困难生活补贴和护理补贴，改造救助重度残疾人1人，发放重级残疾人康复床5个。落实保险及就业再就业政策，解决居民的后顾之忧，4个社区荣获山东省首批创业型社区。目前医疗保险参保8561人，养老保险参保414人，1049位60岁以上老人享受养老保险待遇。服务育龄群众，积极落实计划生育各项优惠政策。服务已婚育龄妇女4392人，流入人口972人，全年出生人口320人，合法生育率100%，生育登记率100%，产前筛查率70%，为269对夫妇进行免费孕前优生健康检查，303位孕妇参加免费孕期监护项目，组织4269名妇女到县妇幼保健计划生育服务中心进行了“两癌”筛查，年内为城区1894名失业、无业、下岗职工发放独生子女父母奖励费11.36万余元。本年度享受企业退休的独生子女父母一次性养老补助金的80人，享受计划生育家庭城镇居民养老保险人员

127 人，享受城镇部分计划生育家庭奖励扶助人员 181 名，特别奖励扶助人员 35 名。

【社区文化服务】 在凤凰、滨河、北园、津苑四个社区分别建立集棋牌室、电子阅览室、党员活动室、休息室、多功能活动室、健身房于一体的文体活动中心。投资 30 余万元建立凤凰社区体室外文体活动中心和滨河社区室外文体活动广场。对贫困儿童进行走访慰问并发放救助金 1500 余元。积极争取省级妇女儿童家园专项资金 7 万元，建设滨河社区妇女儿童家园。争取专项资金 10 万元，在凤凰社区成立全省第一批社区青少年社会工作服务示范点。积极开展寒暑假成长训练营活动及北园社区萤火虫学堂活动，累积接收学生 600 余人次。组织北园社区青年志愿服务站和利津县义工协会为社区的 6 户残疾人困难家庭举办献爱心活动。依托文体活动中心，成立文艺团队组织，加强文艺骨干业务培训，组建太极拳、秧歌、柔力球、广场舞等 28 支活动队伍，编演居民喜闻乐见的文艺节目，丰富了居民文体活动。

【社区平安服务】 2016 年，共处结信访案件 2 件，化解群体性矛盾纠纷 3 次，排查矛盾纠纷 18 起次，答复网上民生 20 件次，对城区内的进行摸底排查，初步排查吸毒人员 24 人，并建档立册。积极开展社区消防安全培训和消防应急演练。

【社区养老服务】 依托社区日间照料中心，积极为社区老年人开展疾病诊治、中医理疗、健康管理等服务。共举办各类知识讲座 16 期、举行集中性活动 28 多场，为老年人免费查体 2438 人次，建立健康档案 2400 余人。同时，依据上级有关政策，对社区日间照料中心实施社会化管理，逐步引进社会组织，进行专业化经营模式，提升社区日间照料中心的养老服务功能。

【社区为民服务】 针对破产改制企业住宅小区存在的突出问题，积极争取专项资金 170 余万元，与县财政局、县供电公司、县自来水公司等部门沟通协调，筹集资金 320 万元，实施了原物资局小区、华益小区等 4 个小区内的道路、排污、排水、公厕等物业设施改造和供水、供电安全隐患整治，硬化路面 12578 平方米，更换雨污管线 2319 米、供水管线 3954 米、电力电缆 1325 米，安装智能电表 324 块、200 像素监控 13 台、消火栓 3 台，更换井盖 137 个，新建院墙 39.56 立方米，隔离桩 29 个。做好新建物业前期招投标的监督工作及物业备案工作，开展全市物业企业市场秩序大整顿专项活动。对西湖春天、津城府邸、怡景园、吴荀李社区物业小区前期物业管理招投标并备案。指导依法定程序分别成立滨河水城业主委员会、银座花园业主委员会和金桥花园业主委员会。推行楼栋长及时反映社情民意制度，重点解决居民反映的热点难点等民声问题，做到社区居民的意见有人听取，合理诉求及时回复，困难有人关注，生活有人关心。

【社区概况】

大桥社区 该社区辖区位于利津县城东南部，即利二路以南，津二路以东的城区区域，面积为 0.8 平方公里。社区党总支书记、居委会主任刘超海。驻社区单位 32 个，接管破产企业 12 个，下岗失业人员 1519 人，居委会工作人员 13 人。辖清风小区、原物资局小区、机械厂小区、县府小区、县社小区、大唐人家、隆昌地产、金桥花园、粮食局小区、教育局小区、海洋与渔业局小区等规范化居民小区，辖区居民 2367 户，4689 人，流动人口 68 人。党总支下设 7 个党支部，党员 156 人。

北园社区 该社区辖区位于利津县城东北部，即利二路以北，津二路以东。社区党总支书记、居委会主任刘朝霞（女）。驻社区单位 24 个，居委会工作人员 12 人。辖民生小区、和惠小区、苏南小区、老医院小区、蓝鑫小区、银座花园等辖规范化居民小区，辖区居民 4756 户，12268 人，流动人口 156 人。党总支下设 8 个党支部，党员 155 人。

凤凰社区 该社区辖区位于利津县城西南部，即利二路以南，津二路以西。社区党总支书记、居委会主任刘福云（女）。驻社区单位26个，居委会工作人员11人。辖凤凰小区、金盾小区、铭仕小区、丽苑小区、翠薇小区、水岸雅居、西湖春天、颐德园小区、中心医院小区等规范化居民小区，辖区居民5105户，13590人，流动人口22人。党总支下设1个党支部，党员41人。

滨河社区 该社区辖区位于利津县城西北部，即利一路以北，津二路以西，辖区1.6平方公里。党总支书记、居委会主任陈建红(女)。驻社区单位31个，破产企业11个,工作人员11人。辖江南花园、鑫鑫花园、和顺小区、滨河水城、油脂化工厂小区、日用品小区、烟草公司小区、农业局小区、人大机关公寓等规范化居民小区，辖区居民2723户，6260人，流动人口120余人。党总支下设4个党支部，党员91人。

津苑社区 该社区辖区位于利津县城东北部，即津二路以东，滨港路以西，永莘路以南(津苑小区)。党总支书记、居委会主任王学成。居委会工作人员13人。辖区居民居民2132户，5703人，流动人口81人。党总支下设8个党支部，驻区党员1194人。

（李志强）

人　　物

People

现任县级领导干部

（因职务调整，部分领导截至时间有所下延）

【中国共产党利津县委员会】

成秋林 中共利津县委书记、县委党校校长。山东广饶县人，生于1967年11月，1986年7月参加工作，1992年11月加入中国共产党，山东省委党校经济管理专业研究生毕业。

1983年10月至1986年7月，在博兴师范学校普师专业学习；1986年7月至1989年8月，在广饶县实验二小工作；1989年8月至1990年11月，在广饶县教育局工作；1990年11月至1996年8月，任广饶县人民政府办公室秘书、信息调研室副主任、主任（其间：1988年5月至1990年12月，在山东省高等教育自学考试汉语言文学专业大专学习；1990年7月至1993年6月在山东省教育学院函授本科班中文专业学习）；1996年8月至1999年10月，任广饶县人民政府办公室副主任；1999年10月至2001年2月，任广饶县人民政府办公室副主任、县志办主任；2001年2月至2003年3月，任广饶县统计局局长、党组书记；2003年3月至2004年9月任广饶县人民政府党组成员，办公室主任、党组书记；2004年9月至2007年10月，任广饶县人民政府副县长；2007年10月至2010年9月，任广饶县委常委、县人民政府副县长（2005年9月至2008年6月，在山东省委党校在职干部研究生班经济管理专业学习）；2010年9月至2014年1月，任广饶县委副书记（正县级，援疆）；2014年1月至2016年11月，任东营经济技术开发区党工委副书记、滨海临港产业区管理中心主任；2016年11月起，任利津县委书记、县委党校校长。

张晓彬 女，中共利津县委副书记、县人民政府县长。山东寿光人，生于1975年1月，1995年9月参加工作，2001年5月加入中国共产党，研究生学历，公共管理硕士学位。

历任东营市垦利县技术监督局质检所化验员，县技术监督局办公室秘书，县技术监督局质检所化验员（1997年7至2002年5月，在中国计量学院质量工程管理专业学习），县物价局党组成员、工会主席，垦利镇副镇长、宣传统战委员；2007年10月，任东营市信访局副局长、党组成员（选聘）；2009年6月，任市信访局副局长、党组成员（2008年9月至2011年6月，在山东省委党校在职干部研究生班经济管理专业学习）；2012年11月，任市信访局副局长、党组成员、正县级信访督查专员（2010年9月至2013年6月，在山东师范大学公共管理专业学习，获公共管理硕士学位；2013年9月至2014年1月，在省委党校中青年干部培训二班学习）；2014年8月，任市信访局党组成员、正县级信访督查专员；2016年12月，任利津县委副书记、代县长；2017年2月起，任中共县委副书记、县人民政府县长。

邵红双 女，中共利津县委副书记。东营区牛庄镇人，生于1976年7月，1995年7月参加工作，2000年6月加入中国共产党，中共中央党校行政管理专业研究生毕业。

1993年9月至1995年7月，在中国石油大学（华东）计算机应用及维修专业学习；1995年7月至1997年9月，河口区市政公司工作；1997年9月至1998年12月，河口区经济贸易委员会工作；1998年12月至1999年4月，河口区纪委工作；1999年4月至2000年5月，任河口区纪委党风室副主任；2000年5月至2002年3月，任共青团河口区委副书记；2002年3月至2003年7月，任河口区招商工作委员会办公室副主任；2003

年7月至2005年2月，任东营市外来投资者服务中心办公室副主任；2005年2月至2006年6月，任东营市外来投资者投诉中心办公室副主任；2006年6月至2006年12月，任东营市经济发展环境建设管理办公室（市外来投资者投诉中心办公室）副主任；2006年12月至2012年2月，任中共垦利县委常委、宣传部部长；2012年2月至2015年12月，任中共垦利县委常委、常务副县长；2015年12月起，任中共利津县委副书记。

张和森 中共利津县委常委、副县长。山东垦利人，生于1974年4月，1998年7月参加工作，1998年6月加入中国共产党，大学学历，法学学士。

1998年7月至2000年3月，任广饶县花园乡乡长助理；2000年3月至2003年1月，任东营市招商办综合协调部科员；2003年1月至2006年7月，任东营市招商办综合协调部副部长；2006年7月至2007年5月，任东营市招商局招商联络部主任科员；2007年5月至2007年7月，任东营市纪委研究室正科级干部；2007年7月至2007年10月，任东营市纪委研究室正科级纪律检查员；2007年10月至2010年12月，任东营市纪委办公室主任；2010年12月至2011年12月任中共利津县委常委、纪委书记；2011年12月起，任中共利津县委常委、组织部长；2015年7月，任中共利津县委常委、组织部长、统战部长；2015年12月至2016年5月，任中共利津县委常委、组织部长、统战部长；2016年5月起，任中共利津县委常委、副县长、县政府党组副书记。

王广兴 中共利津县委常委、县纪委书记。山东垦利县人，生于1970年12月，1993年7月参加工作，1998年5月加入中国共产党，烟台大学法律系法学专业毕业。

1993年7月，任垦利县人民检察院助理检察员；1995年3月至1998年10月，任东营市人民检察院助理检察员、检察技术处副处长；1998年10月至2008年2月，任中共东营市委政法委研究室副科级干部、综合科副科长、办公室副主任、执法督查科科长、政治处主任；2008年2月至2015年12月，任中共东营市委政法委政治处主任（副县级）（其间：2009年9月至2009年11月在东营市委党校第36期县处级领导干部进修班学习）；2015年12月起，任中共利津县委常委、县纪委书记。

薄纯全 中共利津县委常委、办公室主任。山东利津人，生于1976年9月，1997年7月参加工作，1997年4月加入中国共产党，山东省委党校在职研究生学历。

1994年9月至1997年7月，在上海水产大学机电工程专业学习；1997年7月至1998年8月，东营市供热管理处工作；1998年8月至2003年8月，东营市市政广场管理处工作（其间：1999年9月—2001年12月参加省委党校经济管理专业学习）；2003年8月至2004年12月，任东营市市政公用事业管理局办公室副主任；2004年12月至2005年9月，任东营市市政公用事业管理局公用事业管理科（安全生产科、计划节水管理办公室）副科长（副主任）；2005年9月至2006年3月，任东营市市政公用事业管理局公用事业管理科（安全生产科、计划节水管理办公室）科长（主任）；2006年3月至2009年8月，任东营市市政公用事业管理局办公室主任（其间：2006年9月—2009年6月参加省委党校经济管理专业研究生班学习）；2009年8月至2010年1月，任东营市市政公用事业局工会主席、党组成员；2010年1月至2015年7月，任东营市城市管理局工会主席、党组成员；2015

年7月至2016年12月，任东营市城市管理局工会主席、党组成员，利津县委常委（挂职）、市直驻利津县下派工作队队长；2016年12月起，任中共利津县委常委、办公室主任。

许明德 中共利津县委常委、组织部部长。山东广饶人，生于1968年1月，1995年10月加入中国共产党，1991年7月参加工作，山东农业大学蔬菜专业毕业，农学学士。

1987年9月至1991年7月，在山东农业大学园艺系蔬菜专业学习；1991年7月至1994年8月，在东营区农业局工作；1994年8月至1997年10月，在东营区蔬菜办工作；1997年10月至1998年4月，任东营区牛庄镇人民政府副镇长；1998年4月至1999年3月，任东营区油郭乡人民政府副乡长；1999年3月至2002年1月，任东营区科委副主任（挂任）、党组成员；2002年1月至2003年12月，任东营区科技局副局长、党组成员；2003年12月至2005年10月，任东营区科技局主任科员；2005年10月至2011年1月，任东营区农业局局长、党组书记；2011年1月至2011年2月，任东营区牛庄镇党委书记；2011年2月至2014年11月，任东营区牛庄镇党委书记、人大主席；2014年11月至2016年5月，任东营区胜园街道党工委书记、人大工委主任，东营胜利经济开发区党委书记、管委会常务副主任；2016年5月至2017年1月，中共利津县委常委、组织部部长、统战部部长；2017年1月起，任利津县委常委、组织部部长。

师　辉 中共利津县委常委、政法委书记。山东河口人，生于1979年1月，1999年6月加入中国共产党，2003年7月参加工作，西南政法大学法律硕士学位。

1996年9月至2000年7月，在青岛大学市场学系市场营销专业学习；2000年9月至2003年7月，在西南政法大学民商法学专业攻读硕士；2003年7月至2005年4月，任东营市纪委执法监察室科员（其间：2003年12月至2004年12月，在垦利县监察局挂职局长助理）；2005年4月至2007年7月，任东营市纪委研究室副科级检查员（其间：2006年6月至2007年1月，在东营市市经济发展环境建设管理办公室综合科工作）；2007年7月至2011年12月，任东营市纪委干部室副主任；2011年12月至2017年1月，任利津县政府副县长；2017年1月起，任中共利津县委常委、政法委书记。

尹晓凤 女，中共利津县委常委、宣传部长。山东广饶人，生于1978年4月，2000年3月加入中国共产党，2000年7月参加工作。大学学历。

2000年7月至2001年2月，任东营市广饶县大营乡政府乡长助理（期间先后兼任：党政办副主任、科教文卫办副主任、经管站副站长）；2001年2月至2001年12月，任广饶县石村镇政府镇长助理（其间先后兼任：团委副书记、妇联副主席、西秦管区副书记）；2002年1月至2012年11月，任东营市总工会科员、副主任科员、办公室（财务部）副主任、办公室（财务部）主任；2012年11月至2014年12月，任东营区人民政府副区长（挂职）；2014年12月2016月12月，任东营市社会保险管理服务中心副主任；2016年12月起，任中共利津县委常委、宣传部部长。

胡　伟 中共利津县委常委、县委统战部部长。山东利津人，生于1969年4月，1991年7月参加工作，1995年11月加入中国共产党，山东省委党校在职干部研究生班经济管理专

业毕业。

1989年8月至1991年7月，在济宁师专汉语言文学专业学习；1991年7月至1995年12月，任利津县明集乡中学教师；1995年12月至1996年3月，任利津县委宣传部干事；1996年3月至2000年8月，任利津县委宣传部办公室主任（其间：1997年9月至2000年1月，在山东省委党校经济管理专业学习）；2000年8月至2004年4月，任利津县委新闻科科长；2004年3月至2005年4月，任利津县委宣传部副部长；2005年4月至2006年7月，任利津县委办公室副主任；2006年7月至2010年2月，任利津县教育局副局长、县文体局局长、党组书记；2010年2月至2012年1月，任利津县发展和改革局局长、党组书记（其间：2008年9月至2011年6月在山东省委党校在职干部研究生班经济管理专业学习）；2012年1月至2013年6月，任中共利津县第十二届委员会委员，县发展和改革局局长、党组书记；2013年6月至2013年8月，任中共利津县第十二届委员会委员、副县长，县发展和改革局局长、党组书记；2013年8月至2017年1月，任中共利津县第十二届委员会委员、副县长、县政府党组成员、县计生协会会长；2017年1月至2017年2月，任中共利津县委常委、县委统战部部长、副县长；2017年2月起，任中共利津县委常委、县委统战部部长。

郭舒明 中共利津县委常委、县人武部政委。吉林舒兰人，生于1973年3月，1990年3月入伍，1991年7月加入中国共产党，国防大学军事硕士。

1990年3月至1992年8月，为沈阳军区某团四连战士；1992年9月至1995年6月，为大连陆军学院学员；1995年7月至1997年12月，任沈阳军区某团6连排长；1998年1月至1998年7月，任沈阳军区某团6连政治指导员（代理）；1998年8月至1999年7月，任沈阳军区某团6连政治指导员；1999年8月至2001年2月，任济南军区某集团军教导大队政治处正连职干事；2001年3月至2002年3月，任济南军区某集团军教导大队军官教导二队副政治教导员；2002年4月至2003年3月，任济南军区某集团军教导大队政治处副营职干事；2003年4月至2006年1月，任济南军区某集团军教导大队军官教导一队政治教导员；2006年2月至2007年12月，任济南军区某集团军教导大队训练处正营职教员；2008年1月至2010年3月，任济南军区某集团军教导大队训练处副团职教员；2010年4月至2012年2月，任济南军区某集团军教导大队政治处主任；2012年3月至2013年2月，任济南军区某集团军教导大队副政治委员；2013年3月起，任中共利津县委常委、县人武部政委。

【利津县人大常委会】

李　燕 女，利津县人大常委会主任。山东利津人，生于1962年10月，1979年12月参加工作，1987年4月加入中国共产党，山东经济学院会计学专业本科毕业。

1979年12月至1981年9月，为利津县财政局办事员；1981年9月至1983年7月，在烟台财政学校财税专业学习；1983年7月至1990年6月，为利津县财政局预算股科员；1990年6月至1993年3月，任利津县财政局预算股副股长、股长（其间：1988年12月至1990年12月，在山东经济学院会计学专业函授大专班学习）；1993年3月至1994年8月，任利津县经济开发投资公司副经理（其间：1994年7月至1997年7月，在山东经济学院会计学专业业余本科班学习）；1994年8月至1998年3月，任利津县财政局副局长；1998年3月至2001年2月，任利津县统计局局长、党组书记；2001年2月至2003年1月，任利津县妇联主席；2003年1月至2011年12月，任中共利津县委常委、宣传部部长；2011年12月至2012年2月，任中共利津县委常委、利津县政协党组副书记；2012年2月起，任利津县政协主席、党组书记；2012年2月至2017年2月，任利津县政协主席、党组书记；2017年2月起，任利津县人大常委会主任、党组书记。

刘立清 利津县人大常委会副主任、县中心医院院长。山东利津人，生于1962年9月，1982年7月参加工作，济宁医学高等专科学校医疗专业大专毕业。

1982年7月，在利津县人民医院内科工作；1984年确职为内科医师；1992年10月任内科副主任；1993年8月晋升为主治医师；1998年4月任内二科主任；1998年6月起，任利津县中心医院副院长；2001年12月晋升为内科副主任医师；2003年1月至2010年2月，任利津县政协副主席（不驻会）、利津县中心医院副院长；2010年2月至2012年2月，任利津县政协副主席（不驻会）、县中心医院院长。2012年2月起，任利津县人大常委会副主任（不驻会）、县中心医院院长。

王建安 利津县人大常委会副主任、党组副书记。山东利津人，生于1963年8月，1982年7月参加工作，1985年6月加入中国共产党，山东省委党校经济管理专业研究生毕业。

1982年7月至1983年4月，任利津县计划委统计员；1983年4月至1991年8月，任利津县人事局科员（其间：1985年9月至1987年6月，在山东省司法干部管理学院学习）；1991年8月至1995年7月，任利津县人事局副局长；1995年7月至1998年6月，任利津县人事局副局长兼县编办主任；1998年6月至2002年8月，任利津县委组织部副部长；2002年8月至2003年8月，任利津县利津镇党委书记；2003年8月至2006年2月，任利津镇党委书记、人大主席；2006年2月至2006年3月，任利津县委委员，县委党校常务副校长，利津镇党委书记、人大主席；2006年3月至2012年1月，任利津县委委员，县委党校常务副校长；2012年1月至2012年2月，任利津县委党校常务副校长；2012年2月起，任利津县人大常委会副主任、党组副书记；2012年2月至2016年1月，任利津县人大常委会副主任、党组副书记；2016年1月起，任利津县人大常委会副主任、党组副书记、县人民代表大会城乡建设环境保护委员会主任委员；2017年2月起，不再担任县人民代表大会城乡建设环境保护委员会主任委员。

李俊德 利津县人大常委会副主任、党组成员。利津县陈庄镇集贤村人，生于1964年11月，1988年11月加入中国共产党，1995年5月参加工作，山东省委党校经济管理专业毕业。

1984年10月至1987年1月，任利津县集贤乡小学民办教师；1987年1月至1992年3月，任利津县集贤乡团委书记；1992年3月至1992年6月，任利津县刁口乡党委委员、利北办事处主任；1992年6月至1995年12月，任利津县刁口乡党委委员、利北工委副主任；1995年12月至1998年11月，任利津县利北工委党支部书记、副主任；1998年11月至2003年8月，任利津县刁口乡党委副书记、乡长（其间：1997年9月至2000年1月，在山东省委党校经济管理专业学习）；2003年8月至2003年12月，任利津县刁口乡党委书记兼利北工委主任；2003年12月至2007年1月，任利津县刁口乡党委书记、人大主席兼利北工委主任；2007年1月至2007年10月，任利津县汀罗镇党委书记、人大主席；2007年10月至2008年5月，任利津县副县级干部、汀罗镇党委书记、人大主席；2008年5月至2010年2月，任利津县副县级干部、虎滩乡党委书记、人大主席；2010年2月至2011年1月，任利津县副县级干部、县政府党组成员；2011年1月起，任利津县人大常委会副主任；2011年1月至2016年1月，任利津县人大常委会副主任；2016年1月至2017年2月，任利津县人大常委会副主任、县人民代表大会农业与农村委员会主任委员；2017年2月起，任利津县人大常委会副主任、党组成员。

徐忠华　利津县政协副主席，利津县总工会主席。山东利津人，生于1963年9月，1981年7月参加工作，1989年6月加入中国共产党，中国政法大学法律函授大专班毕业。

1979年9月至1981年7月，在山东第二轻工业学校计划统计专业学习；1981年7月至1986年7月，任利津县百货公司职工；1986年7月至1990年5月，任利津县商业局职工；1990年5月至1995年3月，任利津县财政局办事员、企财股副股长（其间：1992年3月至1992年5月，在市财校第三期股所长培训班学习）；1995年3月至1998年3月，任利津县财政局预算股股长（其间：1993年9月至1996年7月在山东经济学院会计学专业专科班学习；1994年7月至1997年7月在山东经济学院会计学专业本科班学习）；1998年3月至1999年3月，任利津县财政局副局长兼预算股股长；1999年3月至1999年5月，任利津县财政局副局长、党组成员；1999年5月至2002年3月，任利津县财政局副局长、党组成员兼县科协副主席（其间：1998年9月至2001年6月在中国政法大学法律函授大专学习）；2002年3月至2003年2月，任利津县财政局副局长、党组成员；2003年2月至2006年3月，任利津县财政局副局长、党组成员兼县预算外资金管理局局长；2006年3月至2012年2月，任利津县财政局局长、党组书记、县预算外资金管理局局长；2012年2月至2012年10月，任利津县政协副主席、党组成员，县财政局局长、党组书记、县预算外资金管理局局长；2012年10月至2013年8月，任利津县政协副主席、党组成员，县财政局局长、党组书记；2013年8月至2017年2月任利津县政协副主席、县总工会主席；2017年2月起任利津县人大常委会副主任、县总工会主席。

牛吉山　利津县人大常委会副主任，党组成员。利津街道韩大庄村人，生于1963年2月，1980年9月参加工作，中共党员，大学学历。

1980年9月起，历任王庄公社韩大庄小学教师、东营师范普师专业学员、县实验学校教师、县人事局科员、县人事局办公室主任、县委组织部干事、副科级组织员、组织部组织室主任、组织部副部长、组织部副部长兼县直机关党工委书记、组织部副部长（主任科员）、组织部副部长兼县人事局局长兼县编办主任；2010年2月至2012年2月，任县委组织部副部长、县纪委委员、县人力资源和社会保障局党组书记、局长；2012年2月起，任中共利津县委委员、县委党校常务副校长；2012年2月至2017年1月任利津县委委员、县委党校常务副校长；2017年1月起不再担任利津县委委员；2017年2月起，任利津县人大常委会副主任、党组成员。

【利津县人民政府】

张晓彬　中共利津县委副书记、县人民政府县长。（详见［中国共产党利津县委员会］）

张和森　中共利津县委常委、县人民政府副县长。（详见［中国共产党利津县委员会］）

郭乃利　利津县人民政府副县长。山东东营市人，生于1968年3月，1992年7月参加工作，山东省医学科学院医学硕士、美国密苏里州立大学工商管理硕士。

1987年9月至1992年7月，在济宁医学院预防医学专业学习；1992年7月至1999年11月，任东营市卫生防疫站医师；1999年11月至2002年4月，任东营市卫生防疫站学校卫生科副科长（其间：2000年6月至2002年5月，参加东营市第二期赴国内外高校培训班学习）；2002年4月至2003年7月，任东营市卫生防疫站流行病科副科长；2003年7月至2005年2月，任东营市卫生防疫站副站长（选聘）；2005年2月至2006年7月，任东营市卫生防疫站副站长（其间：2004年8月至2006年6月，在山东省医学科学院放射医学专业学习，获医学硕士学位）；2006年7月至2011年12月，任东营市疾病预防控制中心副主任（其间：2010年1月至2010年12月，在美国密苏里州立大学工商管理硕士专业学习，获工商管理硕士学位）；2011年12月起，任利津县人民政府副县长。

王泽武 利津县委委员、县人民政府副县长、县政府党组成员。山东利津人，生于1972年10月，1993年7月参加工作，1998年12月加入中国共产党，省委党校研究生学历。

1991年9月至1993年7月，在滨州师专政教专业学习；1993年7月至1996年4月，任利津县大赵中学教师、团委书记；1996年4月至1998年3月，任利津县原大赵乡团委副书记；1998年3月至2000年8月，任利津县原盐窝镇团委副书记、书记；2000年8月至2001年2月，任利津县原盐窝镇政协办副主任（其间：1998年9月至2000年12月，在山东省委党校经济管理专业学习）；2001年2月至2002年1月，任利津县原盐窝镇党委委员、信访室主任；2002年1月至2004年2月，任利津县原盐窝镇党委委员、人武部长；2004年2月至2006年11月，任利津县原北岭乡党委副书记；2006年11月至2007年1月，任利津县原北岭乡党委副书记、纪委书记；2007年1月至2008年8月，任利津县纪委委员、原北岭乡党委副书记、乡长；2008年8月至2009年8月，任利津县纪委委员、陈庄镇党委副书记、镇长；2009年8月至2011年1月，任利津县纪委委员；2011年1月至2011年12月，任利津县纪委委员、县住房和城乡规划建设局党组副书记、主任科员（其间：2008年9月至2011年6月在山东省委党校在职干部研究生班经济管理专业学习）；2011年12月至2012年1月，任利津县纪委委员、汀罗镇党委书记、人大主席；2012年1月至2015年8月，任利津县委候补委员、汀罗镇党委书记、人大主席；2015年8月至2016年12月，任利津县委候补委员、利津县陈庄镇党委书记；2016年12月至2017年1月，任利津县委候补委员、县政府党组成员；2017年1月至2017年2月，任利津县委委员、县政府党组成员；2017年2月起，任利津县委委员、县人民政府副县长、县政府党组成员。

王永明 利津县人民政府副县长、县公安局党委书记、局长、督察长。山东东营人，生于1965年12月，1986年7月参加工作，1992年4月加入中国共产党，中央党校函授学院法律专业本科毕业。

1984年8月至1986年7月，在山东省人民警察学校公安专业学习；1986年7月至1993年11月，在垦利县公安局刑警大队工作；1993年11月至1995年8月，任垦利县公安局办公室副主任（其间：1994年11月至1997年7月，在山东公安专科学校公安管理专业函授大专班学习）；1995年8月至1996年9月，任垦利县公安局办公室主任；1996年9月至1999年3月，任垦利县公安局党委委员、副局长（其间：1998年8月至2000年12月，在中央党校函授学院法律专业本科班学习）；1999 年 3 月至 2006 年 5 月，任垦利县公安局党委委员、副局长、正科级侦查员；2006 年 5 月至 2015 年 11 月，任垦利县公安局党委副书记、政委；2015 年 11 月至 2017 年 2 月，任利津县公安局党委书记、局长、督察长；2017 年 2 月起，任利津县人民政府副县长、县公安局党委书记、局长、督察长。

刘海峰 利津县副县长、县政府党组成员。山东东营人，生于 1974 年 11 月，1994 年 8 月参加工作，1998 年 7 月加入中国共产党。省委党校研究生学历。

1994 年 8 月至 2001 年 3 月，任东营区史口镇政府科员；2001 年 3 月至 2005 年 10 月，任东营区委组织部组织室主任；2005 年 10 月至 2007 年 10 月，任东营区委组织部副科级组织员；2007 年 10 月至 2010 年 2 月，任东营区政府办公室副主任、党组成员；2010 年 2 月至 2013 年 8 月，任东营区龙居镇党委副书记、镇长；2013 年 8 月至 2016 年 7 月，任东营区龙居镇党委书记、人大主席，龙居生态林场建设管理办公室党组副书记；2016 年 7 月至 2016 年 12 月，任东营区龙居镇党委书记，龙居生态林场建设管理办公室党组副书记；2016 年 12 起，任利津县人民政府副县长、县政府党组成员。

【政协利津县委员会】

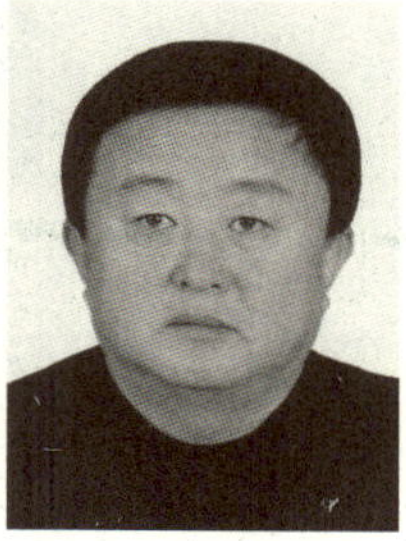

贾学坤 利津县政协主席、党组书记。山东利津人，生于 1963 年 4 月，1985 年 11 月加入中国共产党，1982 年 7 月参加工作。山东省委党校业余本科班经济管理专业毕业。

1980 年 9 月至 1982 年 7 月，在惠民师范化学专业学习；1982 年 7 月至 1984 年 12 月，任利津县原前刘中学教师；1984 年 12 月至 1988 年 1 月，任利津县原前刘中学教导副主任；1988 年 1 月至 1991 年 10 月，任利津县原南宋乡中学教导主任（其间：1986 年 8 月至 1989 年 10 月，在山东教育学院教育管理专业学习）；1991 年 10 月至 1992 年 5 月，任利津县原南宋乡中学校长；1992 年 5 月至 1994 年 3 月，任利津县原南宋乡教育组副组长兼南宋乡中学校长；1994 年 3 月至 1997 年 2 月，任利津县原南宋乡教委主任兼南宋乡中学校长；1997 年 2 月至 1998 年 11 月，任利津县原南宋乡人大副主席；1998 年 11 月至 2000 年 3 月，任利津县原南宋乡党委组织委员；2000 年 3 月至 2001 年 2 月，任利津县原南宋乡党委副书记；2001 年 2 月至 2002 年 1 月，任利津县原北宋镇党委副书记；2002 年 1 月至 2003 年 2 月，任利津县原北宋镇党委副书记兼纪委书记；2003 年 2 月至 2005 年 7 月，任利津县原盐窝镇党委副书记、镇长（其间：2003 年 9 月至 2005 年 7 月在北京国际商业学院行政管理专业学习）；2005 年 7 月至 2006 年 3 月，任利津县原盐窝镇党委书记；2006 年 3 月至 2006 年 12 月，任利津县原利津镇党委书记、人大主席；2006 年 12 月至 2009 年 8 月，任利津县委委员、原利津镇党委书记、人大主席（其间：2006 年 9 月至 2008 年 12 月在山东省委党校业余本科班经济管理专业学习）；2009 年 8 月至 2010 年 1 月，任利津县委委员、陈庄镇党委书记、人大主席；2010 年 1 月至 2011 年 12 月，任利津县委委员、副县长、县政府党组成员、陈庄镇党委书记、人大主席；2011 年 12 月至 2012 年 1 月，任利津县委常委；2012 年 1 月至 2017 年 1 月，任利津县委常委、政法委书记；2017 年 1 月至 2017 年 2 月，任利津县委委员、县政协党组副书记；2017 年 2 月起，任利津县政协主席、党组书记。

刘建民 利津县政协副主席、县国资办主任。山东利津人，生于 1965 年 3 月，1983

年7月参加工作。山东经济学院会计学专业毕业。

1981年8月至1983年7月，在临沂地区供销学校物价专业学习。1983年7月至1990年9月，任利津县土产公司会计（其间：1986年6月至1989年12月在山东经济学院价格专业学习）；1990年9月至1995年3月，任利津县供销社会计（其间：1994年7月至1997年7月在山东经济学院会计学专业学习）；1995年3月至1998年11月，任利津县财政局会计事务所副所长；1998年11月至1999年2月，任东营鑫正会计事务所负责人；1999年2月至2000年8月，任东营鑫正会计事务所主任；2000年8月至2002年3月，任利津县国资局副局长（其间：2000年9月至2001年1月在山东大学干部培训班学习）；2002年3月至2003年1月，任利津县财政局副局长；2003年1月至2005年4月，任利津县政协常委、财政局副局长；2005年4月至2005年11月，任利津县政协常委、财政局副局长、主任科员；2005年11月至2006年2月，任利津县政协常委、财政局副局长、县国有资产管理办公室主任；2006年2月至2006年3月，任利津县人大副主任、财政局副局长、县国有资产管理办公室主任；2006年3月至2012年2月，任利津县人大常委会副主任（不驻会）、县国有资产管理办公室主任；2012年2月起，任利津县政协副主席（不驻会）、县国有资产管理办公室主任。

崔文凯 利津县政协副主席、党组副书记、县工商联主席。山东利津人，生于1962年6月，1983年6月加入中国共产党，1981年7月参加工作。山东省委党校经济管理专业毕业。

1979年7月至1981年7月，在北镇农校农学专业学习；1981年7月至1984年9月，任利津县明集乡农技站技术员；1984年9月至1985年12月，任利津县明集乡农技站站长；1985年12月至1989年7月，任利津县农牧业局农技站副站长；1989年7月至1990年5月，任利津县土管局办事员；1990年5月至1993年7月，任利津县原南宋乡科技副乡长；1993年7月至1995年2月，任利津县原南宋乡副乡长；1995年2月至1998年2月，任利津县原王庄乡副乡长；1998年2月至2002年1月，任利津县原虎滩乡党委副书记；2002年1月至2005年4月，任利津县原虎滩乡党委副书记、乡长（其间：1999年9月至2002年6月在山东省委党校经济管理专业学习，2002年9月至2004年12月在山东省委党校经济管理专业学习）；2005年4月至2006年11月，任利津县原虎滩乡党委书记；2006年11月至2008年5月，任利津县原虎滩乡党委书记、人大主席；2008年5月至2010年5月，任利津县汀罗镇党委书记、人大主席；2010年5月至2011年1月，任利津县副县级干部、汀罗镇党委书记、人大主席；2011年1月至2012年1月，任利津县副县级干部、县教育局局长、党组书记；2012年1月至2012年2月，任利津县委委员、副县级干部、县教育局局长、党组书记；2012年2月至2015年7月，任利津县委委员、县政协副主席、党组副书记、县委统战部部长；2015年7月至2017年1月，任利津县委委员、县政协副主席、党组副书记、县工商联主席；2017年1月起，任利津县政协副主席、党组副书记、县工商联主席。

薄传民 利津县政协副主席、党组副书记。山东利津人，生于1963年2月，1989年9月加入中国共产党，1986年7月参加工作。山东人民警察学校公安专业毕业。

1984年7月至1986年7月，在山东人民警察学校公安专业学习；1986年7月至1992年4月，任利津县公安局利津镇派出所干警；1992年4月至1994年5月，任利津县公安局利津镇派出所副所长；1994年5月至1995年3月，任利津县公安局利津镇派出所指导员；1995

年3月至1995年12月，任利津县公安局副科级侦察员、利津镇派出所指导员；1995年12月至1996年5月，任利津县原利津镇党委副书记、利津镇派出所指导员；1996年5月至1999年8月，任利津县原利津镇党委副书记、利津镇派出所所长；1999年8月至2002年3月，任利津县公安局副局长、党委委员，利津镇党委副书记、利津镇派出所所长（其间：1998年7月至1999年12月在山东公安专科学校公安保卫专业证书教学班学习）；2002年3月至2003年11月，任利津县公安局副局长、党委委员、正科级侦察员、利津镇党委副书记、利津镇派出所所长；2003年11月至2006年7月，任利津县公安局副局长、党委委员、正科级侦察员；2006年7月至2009年9月，任利津县公安局政治委员、党委副书记；2009年9月至2010年2月，任利津县原利津镇党委书记、人大主席；2010年2月至2011年12月，任利津县利津街道党工委书记、人大工作办公室主任；2011年12月至2012年2月，任利津县政协党组成员；2012年2月起，任利津县政协副主席、党组副书记。

岳春先 利津县政协副主席、县供销合作社联合社监事会主任。山东利津人，生于1963年12月，1982年7月参加工作。山东省委党校业余本科班经济管理专业毕业。

1979年9月至1982年7月，在山东商业学校商业财务会计专业学习；1982年7月至1984年7月,任利津县商业局记账员、会计；1984年7月至1986年12月，任利津县水产养殖开发公司会计；1986年12月至1991年3月，任利津县水产养殖开发公司计财科副科长；1991年3月至1996年3月，任利津县水产养殖开发公司计财科科长；1996年3月至1999年2月，任利津县自来水公司经理；1999年2月至2000年2月，任利津县建设局路灯管理所副所长；2000年2月至2003年3月，任利津县建设局城市管理监察大队大队长；2003年3月至2004年3月任利津县市政管理处主任；2004年3月至2006年8月，任利津县建设局副局长、县市政管理处主任；2006年8月至2007年3月，任利津县建设局副局长;2007年3月至2007年12月，任利津县建设局副局长、主任科员；2007年12月至2010年2月，任政协常委、县建设局副局长、主任科员（其间：2007年9月至2009年12月在山东省委党校业余本科班经济管理专业学习）;2010年2月至2011年1月，任政协利津县委员会常委、县住房和城乡规划建设局副局长、主任科员；2011年1月至2012年2月，任政协利津县委员会常委、利津县供销合作社联合社理事会主任；2012年2月至2016年3月，任利津县政协副主席（不驻会）、县供销合作社联合社理事会主任；2016年3月起，任利津县政协副主席（不驻会）、县供销合作社联合社监事会主任。

王　蕾 利津县政协副主席。山东利津人，生于1976年12月，1999年10月参加工作。烟台大学法学专业毕业。

1995年9月至1999年7月，在烟台大学法学专业学习；1999年10月至2003年8月，任利津县人民检察院公诉科科员、助理检察官；2003年8月至2012年10月，任利津县社会治安综合治理委员会办公室副主任（其间：2005年3月至2005年12月在中国人民大学研究生课程研修班学习；2010年7月至2011年7月挂职利富得食品有限责任公司副总经理；2009年9月至2012年7月在山东省委党校在职干部研究生班学习）；2012年10月至2016年7月，任利津县社会治安综合治理委员会办公室主任科员；2016年7月至2017年2月，任利津县城市社区建设办公室主任；2017年2月起,任利津县政协副主席。

【中共利津县纪律检查委员会】

王广兴 中共利津县委常委、县纪委书记。（详见［中国共产党利津县委员会］）

【利津县人武部】

宫一忠 利津县人民武装部部长，上校军衔。山东省东平县人，生于1973年2月，1990年12月参军入伍，1993年5月加入中国共产党，石家庄陆军指挥学院军事高技术应用与管理专业本科毕业，军事学学士学位。

1990年12月至1991年4月，为陆军第26集团军高炮旅新兵连战士；1991年4月至1991年12月，为陆军第26集团军后勤部司训二队战士；1991年12月至1993年9月，为陆军第26集团军后勤部油料处战士；1993年9月至1995年7月，为解放军汽车管理学院学员；1995年7月至1997年10月，任陆军第26集团军后勤部汽车连排长；1997年10月至1999年3月，任陆军第26集团军后勤部汽车连副指导员；1999年3月至1999年8月，任陆军第26集团军后勤部汽车连指导员；1999年8月至2000年8月，任山东省东营市东营区人武部政工科正连职干事；2000年8月至2002年6月，任山东省东营军分区司令部军动科正连职参谋；2002年6月至2004年11月，任山东省东营军分区司令部军动科副营职参谋；2004年11月至2005年6月，任山东省东营军分区司令部副营职参谋；2005年6月至2008年12月，任山东省东营军分区司令部正营职参谋；2008年12月至2014年1月，任山东省东营军分区司令部副团职参谋；2014年1月起，任利津县人民武装部部长。

郭舒明 中共利津县委常委、县人武部政委。（详见［中国共产党利津县委员会］）

王建民 利津县人民武装部副部长，中校军衔。山东利津县人，生于1973年10月，1991年12月参军入伍，1994年1月加入中国共产党，郑州信息工程大学计算机专业本科毕业。

1991年12月至1996年5月，为54集团军步兵第127师坦克团1连战士、班长；1996年5月至1996年10月，在54集团军教导大队预提干部培训；1996年10月至1997年4月，任54集团军步兵第127师坦克团2营6连排长；1997年4月至1998年10月，任54集团军步兵第127师坦克团装甲步兵连1排长；1998年10月至1999年1月，任54集团军步兵第127师装甲团装步营装步1连副政治指导员；1999年1月至2001年4月，任54集团军步兵第127师装甲团装步营装步3连副连长；2001年4月至2005年2月，任54集团军步兵第127师装甲团坦克3营9连连长；2005年2月至2005年4月，任54集团军步兵第127师装甲团坦克3营副营长；2005年4月至2008年3月，任54集团军步兵第127师装甲团司令部副营职军务参谋；2008年3月至2010年5月，任54集团军步兵第127师装甲团坦克1营营长；2010年5月至2013年3月，任山东省东营市东营区人民武装部正营职参谋；2013年3月起，任山东省利津县人民武装部副部长。

【其他县级干部】

徐　峰 利津县人民法院党组书记、院长。山东广饶人，生于1972年9月，1994年7月参加工作，1999年6月加入中国共产党，山东大学法律专业研究生毕业。

1994年7月毕业于华东政法大学法律系，获法学学士学位；1994年7月至1995年7月，任东营市东营区建委办公室科员；1995年7月至1996年11月，任东营市中级人民法院告申庭书记员；1996年11月至1999年12月，任东营市中级人民法院刑一庭助理审判员；1999年12月至2000年2月，任东营市中级人民法院刑一庭副科级助理审判员；2000年2月至2002年3月，任东营市中级人民法院刑一庭审判员（其间：2000

年2月至2002年2月，在北京大学研究生课程进修班培训）；2002年3月至2005年3月，任东营市中级人民法院刑二庭副庭长（其间：2003年2月至2003年11月，在山东省第一届优秀中青年法官培训班学习；2004年8月至2004年9月，参加全省法院赴澳大利亚培训考察团）；2005年3月至2010年12月，任东营市中级人民法院刑二庭庭长（其间：2006年9月至2007年9月，借调到最高人民法院研究室帮助工作；2007年3月至2009年11月，在山东大学法学院在职硕士研究生学习，获法律硕士学位）；2010年12月起，任利津县人民法院党组书记、院长（其间：2011年3月至2011年4月，在东营市委党校培训；2011年4月至2011年8月，在全国人大常委会法律工作委员会帮助工作）。

王 霞 女，利津县人民检察院党组书记，检察长。山东东营人，生于1970年9月，1990年7月参加工作，1997年6月加入中国共产党，法律硕士。

1990年7月至1994年10月，任垦利县第一中学教师；1994年10月至1995年6月，东营市气象局科员；1995年6月至1999年10月，任东营市人民检察院科员（其间：1994年1月参加曲阜师范大学英语专业本科函授学习）；1999年10月至2002年4月，任东营市人民检察院检察员；2002年4月至2005年12月，任东营市人民检察院政治部人事处副处长、检察员（其间：2000年9月参加华东政法学院法学专业本科函授学习，2003年3月参加山东大学法律硕士专业学习）；2005年12月至2007年12月，任东营市人民检察院机关党委副书记、检察员；2007年12月至2013年6月，任东营市人民检察院政治部人事处处长、检察员；2013年6月至2016年7月，任东营市人民检察院政治部副主任、检察员；2016年7月至2016年8月，任利津县人民检察院党组书记；2016年8月起，任利津县人民检察院党组书记、副检察长、代检察长；2017年2月，当选为利津县人民检察院检察长。

王乃全 利津经济开发区党工委书记、管委会主任，凤凰城街道党工委书记。利津县盐窝镇甜水村人，生于1969年7月，1992年6月加入中国共产党，1993年7月参加工作，聊城师范大学数学教育专业本科毕业，山东省委党校经济管理专业研究生学历。

1993年7月至1994年3月，任利津县原北岭乡党委秘书；1994年3月至1997年2月，任利津县原北岭乡党政办副主任；1997年2月至1998年2月，任利津县原北岭乡党委委员、纪委书记；1998年2月至2000年3月，任利津县原北岭乡副乡长；2000年3月至2001年2月，任利津县原利津镇党委副书记；2001年2月至2003年2月，任利津县原利津镇党委副书记兼纪委书记；2003年2月至2007年1月，任利津县北宋镇党委副书记、镇长；2007年1月至2008年8月，任利津县刁口乡党委书记、人大主席，利北工委主任；2008年8月至2009年8月，任利津县陈庄镇党委书记、人大主席；2011年1月至2013年8月，任利津县人口和计划生育局局长、党组书记；2013年8月至2016年5月，任利津县财政局局长、党组书记；2016年5月起，任利津经济开发区（凤凰城街道）党工委书记、开发区管委会主任。

毕宜军 利津县教育局局长、县第一中学党委书记。利津县汀罗镇毕家嘴村人，生于1966年1月，1985年7月参加工作，中共党员，大学学历。

1985年7月起，历任县委办公室科员、副主任科员、办公室副主任、办公室副主任兼县档案馆馆长；2003年12月至2012

年2月，任县政府党组成员、办公室主任；2012年2月起，任利津县教育局局长、县第一中学党委书记。

崔志刚 县委党校常务副校长。陈庄镇崔西村人，生于1966年9月，1984年7月16日参加工作，1987年3月16日加入中国共产党，山东省委党校经济管理专业（本科）毕业。

1981年8月至1984年7月，在东营师范普师专业学习；1984年7月至1989年9月，任利津县委机要科科员；1989年9月至1991年5月，任利津县委机要科副科长；1991年5月至1992年3月，任利津县委机要局副局长；1992年3月至1997年1月，任利津县经济研究中心副主任（期间：1994年9月至1996年12月，在省委党校经济管理专业本科班学习）；1997年1月至2003年12月，任利津县经济研究中心主任；2003年12月至2009年4月，任利津县委办公室副主任、利津县经济研究中心主任；2009年4月至2009年12月，任利津县委组织部副部长（正科级）；2009年12月至2012年1月，任利津县人大常委会委员、利津县委组织部常务副部长；2012年1月至2017年1月，任利津县人大常委会委员、县纪委委员、利津县委组织部常务副部长；2017年1月至2017年2月，任中共利津县委委员、利津县人大常委会委员、利津县委组织部常务副部长；2017年2月至2017年4月，任中共利津县委委员、利津县人大常委会委员、利津县委党校常务副校长（副县级）、利津县委组织部常务副部长；2017年4月起，任中共利津县委委员、利津县人大常委会委员、利津县委党校常务副校长（副县级）。

王明普 利津县第一中学校长。利津县北宋镇五庄村人，生于1963年12月，1984年7月参加工作，中共党员，大学学历。

1984年7月起，历任利津四中高中物理教师、利津一中教研组长、教导副主任、教导主任、县教育局副科级督学兼教研室主任、县教育局副局长、县教育局副局长兼正科级督学；2005年4月至2012年11月，任利津县第二中学校长、党总支书记；2012年11月起，任利津县第一中学校长。

陈志峰 利津县政府党组成员、利津县王庄沙区林场建设管理办公室党组书记、主任。山东利津人，生于1964年11月，1982年7月参加工作，1985年7月加入中国共产党，山东省教育学院数学专业本科毕业。

1982年9月至1992年2月任原虎滩中学教师（期间：1987年9月至1989年7月在山东教育学院数学专业学习）；1992年3月至1995年2月任原虎滩乡党委秘书、组织委员；1995年2月至2001年2月任原北岭乡党委组织委员、副镇长；2001年2月至2006年3月任原利津镇副镇长、副书记、镇长；2006年3月至2008年8月任盐窝镇党委书记、人大主席；2008年8月至2013年8月任利津县林业局党组书记、局长；2013年8月起任利津县王庄沙区林场建设管理办公室党组书记、主任。

离任县级领导干部

杜振波 中共利津县委书记、县人大常委会主任、县委党校校长。山东临朐人，生于1972年3月，1995年5月加入中国共产党，1996年7月参加工作，山东大学政治学与公共管理学院毕业，公共管理硕士。

1992年8月至1996年7月，在 山东工业大学金属材料及热处理专业学习；1996年7月至1997年10月，在淄博市博山区白塔镇工作（其间：1997年2月至1997年10月在淄博市博山区委组织部帮助工作）；1997年10月至2000年7月，任淄博市博山区委组织部科员、副主任科员（其间：1998年2月至1999年5月在淄博市委组织部帮助工作，2000年2月至2000年7月在山东省委组织部帮助工作）；2000年7月至2003年1月，任淄博市淄川区人民政府区长助理、党组成员；2003年1月至2007年1月，任淄博市淄川区委常委、政法委书记；（其间：2005年5月至2005年7月参加淄博市第三批赴美青年干部培训班学习；2006年3月至2007年1月挂职德州市庆云县县委常委、副县长）；2007年1月至2007年6月，任淄博市张店区委常委、副区长、区政府党组副书记（其间：2004年9月至2007年6月在省委党校在职干部研究生班经济管理专业在职学习）；2007年6月至2010年9月，任淄博市张店区委常委、张店区委书记（援藏）、西藏自治区昂仁县委书记；2010年9月至2010年12月，任淄博市委副秘书长、办公厅调研员；2010年12月至2011年1月，任淄博市周村区委副书记；2011年1月至2011年11月，任淄博市周村区委副书记、区长；（其间：2009年3月至2011年11月在山东大学政治学与公共管理学院MPA学习，获公共管理硕士学位）；2011年11月至2011年12月，任中共利津县委书记；2011年12月至2012年2月，任中共利津县委书记、党校校长；2012年2月，任中共利津县委书记、县人大常委会主任、县委党校校长；2016年12月离任。

燕振诚　中共利津县委副书记、县人民政府县长。山东广饶人，生于1964年4月，1985年7月参加工作，1986年7月加入中国共产党，山东农业大学农业经济专业研究生班毕业。

1982年8月至1985年7月，在北镇农校林果专业学习；1985年7月至1993年10月，在广饶县农业区划办工作，历任办事员、副主任、主任（其间：1990年10月至1990年12月，任广饶县委驻码三社教工作组组长；1991年7月至1992年7月，任广饶县委驻尚道党建工作组组长；1988年10月至1993年6月，在山东师范大学中文系汉语言文学专业学习；1989年9月至1992年7月，在省农干院乡镇企业管理专业学习）；1993年10月至2000年2月，任广饶县计划委副主任（其间：1995年9月至1997年12月，在中共山东省委党校经济管理专业学习；1998年3月至2000年2月，任广饶县西营乡党委挂职副书记）；2000年2月至2001年2月，任广饶县丁庄镇党委副书记、镇长；2001年2月至2001年11月，任广饶县丁庄镇党委书记；2001年11月至2004年7月，任广饶县丁庄镇党委书记、人大主席（其间：1999年9月至2002年6月，在山东农业大学研究生班农业经济专业学习）；2004年7月至2005年3月，任广饶县大王镇党委书记；2005年3月至2005年9月，任东营市第二人民医院党委书记，广饶县大王镇党委书记；2005年9月至2006年3月，任中共广饶县委常委、大王镇党委书记；2006年3月至2007年10月，任中共广饶县委常委、大王镇党委书记、人大主席；2007年10月至2008年12月，任中共广饶县委常委、大王镇党委书记；2008年12月至2010年12月，任中共垦利县委常委、常务副县长；2010年12月至2011年12月，任中共利津县委副书记；2011年12月至2012年2月，任中共利津县委副书记，县政府副县长、代县长；2012年2月，任中共利津县委副书记，县人民政府县长；2016年12月离任。

张凌燕　女，中共利津县委常委、宣传部部长。山东广饶人，生于1975年6月，1997年12月加入中国共产党，1998年7月参加工作，山东师范大学生物系食品科学与工程专业本

科毕业。

1994年9月至1998年7月，在山东师范大学生物系食品科学与工程专业学习；1998年7月至2000年12月，任东营市东营区泰安路街道办事处主任助理；2000年12月至2003年12月，任东营市东营区卫生局副局长;2003年12月至2005年8月，任东营市东营区胜园街道党工委副书记；2005年8月至2010年5月,任滨州市卫生局副局长、党组成员；2010年5月至2011年12月，任东营市食品药品监督管理局副局长、党组成员；2011年12月起，任中共利津县委常委、宣传部部长；2016年12月离任。

秦安忠 中共利津县委常委、县人民政府副县长。山东广饶人，生于1972年4月，1995年5月加入中国共产党，1995年7月参加工作，中国人民大学公共管理硕士学位。

1991年7月至1995年7月，在烟台师范学院化学系化学教育专业学习；1995年7月至1998年12月，任东营区史口镇团委副书记、组织干事；1998年12月至2002年1月，任东营区牛庄镇党委委员、人武部长（其间：2000年6月至2001年10月，在东营市第二批赴国内外高校经济管理干部培训班学习）；2002年1月至2003年12月，任东营区黄河路街道党工委组织委员（其间：2002年3月至2002年5月，参加东营市第一批国内外高校经济管理干部培训班赴美国伊利诺伊大学培训）；2003年12月至2006年11月，任东营区黄河路街道党工委副书记（其间：2002年2月至2004年6月，在中国人民大学公共管理学院MPA专业学习，获公共管理硕士学位）；2006年11月至2007年10月，任东营区牛庄镇党委副书记、镇长；2007年10月至2010年12月，任东营区牛庄镇党委书记、人大主席；2010年12月至2011年12月，任中共利津县委常委、政法委书记；2011年12月至2012年2月，任中共利津县委常委、县人民政府党组副书记；2012年2月，任中共利津县委常委、县人民政府副县长；2016年12月离任。

陈永民 利津县人大常委会第一副主任（正县级）。山东利津人，生于1958年2月，1979年12月参加工作，1989年12月加入中国共产党，山东经济学院会计学专业本科毕业。

1979年12月至1988年5月，为利津县财政局预算总会计（其间：1983年6月至1986年7月，在山东电大财政学专业学习）;1988年5月至1990年6月，任利津县财政局预算股副股长；1990年6月至1991年8月，任利津县财政局人秘股股长；1991年8月至1996年2月，任利津县财政局副局长、党组成员；1996年2月至2003年1月，任利津县财政局党组书记、局长、预算外资金管理局局长；2003年1月至2007年1月，任利津县人民政府副县长、党组成员。2007年1月至2010年1月，任中共利津县委常委、县人民政府副县长；2010年1月至2011年1月，任中共利津县委常委、利津县人民政府常务副县长；2011年1月起，任利津县人大常委会第一副主任（正县级）；2017年2月离任。

林向军 女，利津县人大常委会副主任、党组副书记。生于1964年4月，利津县利津街道人，1985年12月参加工作，1987年6月加入中国共产党，山东省委党校经济管理专业毕业。

1983年10月至1985年12月，任利津县利津镇中学民办教师;1985年12月至1995年4月，任利津县妇联科员（其间：1985年9月至1988年7月，在山东省广播电视大学汉语言文学专业学习）；1995年4月至2002年3月，任利津县妇联副主席

（其间：1997年9月至2000年1月，在山东省委党校经济管理专业学习）；2002年3月至2007年3月，任利津县纪委副书记；2007年3月至2007年12月，任中共利津县纪律检查委员会副书记、县监察局局长；2007年12月至2008年8月，任中共利津县纪律检查委员会副书记，利津县人大常委会副主任、党组成员；2008年8月至2011年1月，任利津县人大常委会副主任；2011年1月起，任利津县人大常委会副主任、党组副书记；2017年1月离任。

姜 华 女，利津县人民政府副县长。山东广饶人，生于1973年6月，1995年5月加入中国共产党，1995年7月参加工作，山东省委党校研究生学历。

1995年7月至1996年9月，任东营市环境监测站职员；1996年9月至2001年9月，任东营市环境保护局科员；2001年9月至2004年9月，任东营市环境保护局污染控制科副科长；2004年9月至2008年12月，任东营市环境保护局规划与财务科科长；2008年12月至2010年12月，任东营市环境监测站站长；2010年12月起，任利津县人民政府副县长；2016年12月离任。

宋学民 利津县政协副主席。山东利津人，生于1967年10月，1990年7月参加工作。山东大学应用化学系应用化学专业毕业。

1986年9月至1990年7月，在山东大学应用化学系应用化学专业学习；1990年7月至1995年5月，任利津县油脂化工厂质检科长；1995年5月至1996年6月，任利津县人民检察院控申科工作；1996年6月至1996年8月，任利津县人民检察院刑二科书记员；1996年8月至1999年5月，任利津县人民检察院助检员（1996年6月至1997年10月在烟台大学专科班法律专业学习）；1999年5月至2000年8月，任利津县人民检察院检察员（1996年9月至1999年7月在烟台大学本科班法律专业学习）；2000年8月至2007年10月，任利津县反贪污贿赂局副局长；2007年10月至2009年6月，任东营市中级人民法院副县级审判员（选聘）；2009年6月至2012年12月，任东营市中级人民法院副县级审判员；2012年12月至2016年12月，任利津县政协副主席；2016年12月离任。

韩春强 利津经济开发区党工委书记，开发区管委会主任，凤凰城街道党工委书记、人大工作办公室主任。利津县陈庄镇韩中村人，生于1970年3月，1991年7月参加工作，1996年10月加入中国共产党，山东省委党校经济管理专业研究生班毕业。

1987年9月至1991年7月，在山东畜牧学校家禽兽医饲料专业学习；1991年7月至1997年4月，任利津县委办公室机要科科员（其间：1991年9月至1991年12月，在东省委办公厅机要干部培训班学习）；1997年4月至1999年2月，任利津县委办公室机要科副科长（其间：1995年9月至1998年7月，在山东省经济管理干部学院财务会计专业学习）；1999年2月至2003年6月，任利津县委机要局局长（其间：1999年9月至2001年12月，在山东省委党校经济管理专业学习）；2003年6月至2006年11月，任利津县信息产业局局长；2006年11月至2008年8月，任利津县信息产业局局长、党组书记；2008年8月至2011年11月，任利津县刁口乡党委书记、人大主席、利北工委主任（其间：2007年9月至2010年6月，在山东省委党校研究生班经济管理专业学习）；2011年11月至2016年3月，任利津经济开发区党工委书记、管委会主任，凤凰城街道党工委书记、人大工作办公室主任；2016年3月离任。

王智海 利津县人民检察院检察长、党组书记。山东寿光人，生于1972年9月，1993年7月参加工作，1997年6月加入中国共产党，法律硕士。

1993年7月至1995年3月，任利津县人民法院书记员（其间：1993年7月至1996年7月参加全国高等教育法律专业自学考试）；1995年3月至1998年10月，任东营市中级人民法院助理审判员；1998年10月至2002年4月，任东营市人民检察院助理检察员（其间：1997年7月参加华东政法学院法律专业本科函授学习）；2002年4月至2002年6月，任东营市人民检察院办公室副主任、助理检察员；2002年6月至2005年12月，任东营市人民检察院办公室副主任、检察员；2005年12月至2011年12月，任东营市人民检察院办公室主任、检察员；2011年12月至2012年2月，任利津县人民检察院副检察长、代检察长、党组书记；2012年2月至2016年7月，任利津县人民检察院检察长、党组书记；2016年7月离任。

【受中央表彰的先模人物】

30年拥军情——魏希英

每天早上四五点钟，这位70岁的老人就坐在了缝纫机前，开始了一天的忙碌。她就是30多年如一日，为子弟兵义务做鞋垫儿，免费为烈军属裁剪衣服的全国拥军模范魏希英，被子弟兵亲切的称为“拥军好妈妈”。

30年来，魏希英免费为优抚对象裁剪衣被4500余件，加工衣服近万件，义务修理缝纫机、锁边机400多台，为战士做鞋垫1万余双。有人粗略的算了一笔账，这些年她至少少收入16万元。而她，仍住着几十年前的小土屋。

魏希英常常想：正是因为那些军人舍生忘死、保家卫国，才使得百姓安居乐业、发家致富，现在他们需要帮助了，自己怎能不尽点力呢？自己上不了战场，难道还不能做些力所能及的事情吗？就这样，她在自家缝纫店的牌子上加了一行字：凡烈军属、孤寡老人来本店裁剪衣服，一律免费。

说起来容易做起来难。全镇符合这个条件的就有近1300人，对她这只有一个人的缝纫店来说，可不是个小数目。既要保证缝纫店的正常经营，还要给这么多人免费加工，工作量可想而知。一时做衣的，量体的，裁衣的，应接不暇，她往往顾得了这头顾不了那头，怎么办？魏希英是个说话、做事都很干练的人，无论自己遇到多大困难，她都说到就做到。于是，人们常常看到她夜以继日的忙碌，有时干到凌晨二、三点，合上眼歇会儿，早晨五、六点钟起床再接着干，腰酸腿疼得厉害，她硬是撑着，不管自己多忙多累也要坚持下去。

一针一线总关情。如今戴上老花镜的魏希英得了关节炎，十个手指骨节肿大，下雨阴天浑身疼痛，2个女儿都早已出嫁，她也成了外婆，瘫痪在床的丈夫需要照顾，可她缝制鞋垫却从没间断过。每年“八一”建军节和春节前夕，她都缝制大批鞋垫，除了寄往祖国边陲，还亲自送给县武警中队和刁口边防站的战士们。

多年来，社会给予魏希英以极高的评价，她先后获得东营市十大文明市民，山东省“拥军模范”和“全国拥军优属先进个人”等几十项荣誉称号。谁言寸草心，报得三春晖。从拥军大嫂到拥军大妈，魏希英三十年如一日以母亲的慈爱滋润着士兵的心田，她那绵密的针线里缝进的不只是对战士的爱，还有一位兵妈妈伟大的胸怀。

2016年度受省部级表彰的先进单位（按授奖时间排列）

单 位	荣誉称号	颁奖单位	颁奖时间
利津县电子政务中心	“中国利津”政府门户网站“网上民声”栏目获“2016 年政府网站政民互动类精品栏目”奖	电子政务理事会	2016.01
利津县看守所	全国公安监管部门信息技术应用先进单位	公安部	2016.01.28
利津县农业技术服务协会	全国基层科普行动计划先进单位	中国科协、财政部	2016.01
利津县委统战部	全省统战信息工作先进单位	山东省委统战部	2016.02
国网山东利津县供电公司	2015 年度全国“安康杯”竞赛活动优胜单位	中华全国总工会 国家安全生产监督管理总局	2016.04
利津河务局	水利档案工作规范管理三级单位	水利部	2016.05.04
利津县人民政府	双拥模范县	中共山东省委、山东省人民政府、山东省军区	2016.07
利津县史志办	《利津年鉴 2014》获得全国县区级综合年鉴一等奖	中国地方志指导小组	2016.07
利津县教育局	省级文明单位	省文明委	2016.09
利津县	国家义务教育发展基本均衡县	教育部	2016.11
利津河务局王庄管理段庭院	黄委示范工程	黄河水利委员会	2016.11.10
利津县经济和信息化局	省级文明单位	省文明委	2016.12.27
利津县广播电视台	省级文明单位	省文明委	2016.12.27
北宋镇人民政府	省级文明村镇	省文明委	2016.12
利津县史志办	《利津年鉴（2016）》获得全省优秀年鉴特等年鉴	省地方史志编纂委员会	2016.12.21

2016年受省部级表彰的先进人物（按授奖时间排列）

姓 名	单 位	荣誉称号	颁奖单位	颁奖时间
魏希英	陈庄镇	全国文明家庭	中央精神文明委	2016.05
王天同	司法局	2011—2015 年全国法制宣传教育先进工作者	中华人民共和国司法部	2016.05
李敬文	黄河河务局	黄委首席技师	黄河水利委员会	2016.06
张　品	黄河河务局	黄委 2016 年全河人事劳动业务知识竞赛优胜选手	黄河水利委员会	2016.09

续表

姓 名	单 位	荣誉称号	颁奖单位	颁奖时间
纪海琳	黄河河务局	2011-2015 年黄委普法工作先进个人	黄河水利委员会	2016.10
刘彤宇	黄河河务局	全国技术能手	人社部	2016.11.29
张明增	黄河河务局	“输沙管道压力智能监测及回控装置”荣获黄委科技进步奖二等奖	黄河水利委员会	2016.12
单宝峰	陈庄镇人民政府	省级安全生产先进个人	山东省人民政府	2016.12
李建林 马登科 王卫国 戴龙龙	县委办公室	2015 年度全省党委政研系统优秀调研成果三等奖	山东省党委政研系统优秀调研成果评审委员会	2016.12

2016年度受市厅级表彰的先进单位（按受奖单位音序排列）

单 位	荣誉称号	颁奖单位	颁奖时间
博物馆	全省第一次全国可移动文物普查先进集体	省文物局	2016.12
博物馆	市级文明单位	市文明委	2016
陈庄镇	山东省特色产业镇	省中小企业局	2016.09
陈庄法庭	山东省老年人公益维权服务示范站	省高院	2016.09
城区派出所	2015 年度全省优秀公安基层单位	省公安厅	2016.01.27
档案局	《记录利津重要书画档案》获得 2015-2016 年度山东省档案学优秀成果二等奖	省档案学会	2016.08.30
档案局	2016 年全省档案宣传工作先进集体	省档案局	2016.10.12
地税局	山东省档案工作科学化管理先进单位	省档案局	2016.01.11
地方税务局直属征收局	全省地税系统先进集体	省人力资源和社会保障厅、省地税局、省公务员局	2016.01
第一实验学校	市级文明单位	市文明委	2016.02
电影公司	农村电影工作先进单位	省新农村数字电影院线有限公司	2016.12
东营国安化工有限公司	市级安全生产先进单位	市人民政府	2016.12
妇联	省“三八”红旗集体	省妇联	2016.03
发展建设部	2015 年度国网山东省电力公司先进集体	国网山东省电力公司	2016.01
凤凰城街道	2016 年度省级卫生乡镇（街道）	省爱国卫生运动委员会	2016.12

续表

单 位	荣誉称号	颁奖单位	颁奖时间
公安局	全省公安机关执法示范单位	省公安厅	2016.12.08
公安局法制大队	全省公安机关 2011—2015 年法制宣传教育和普法依法治理工作取得突出成绩的基层所队	省公安厅政治部	2016.04.20
交管大队	2015 年度市级文明单位	市文明委	2016.02.04
国网山东利津县供电公司党委	2015 年度国网山东省电力公司先进基层党委	国网山东省电力公司党委	2016.01
国网山东利津县供电公司	班组建设先进单位	山东电力集团公司	2016.01
国网山东利津县供电公司	2015 年度“特高压入鲁”重点工程项目属地协调先进单位	山东电力集团公司	2016.01
国土资源局	山东省国土资源节约集约模范县	省国土资源厅	2016.01
国土资源局	全省国土资源系统先进集体	省国土资源厅	2016.11.02
国家税务局	城乡妇女岗位建功先进集体	省妇女联合会	2016.03
国家税务局	模范职工小家	省总工会	2016.05
国家税务局	东营市依法行政工作联系点	市人民政府法制办公室	2016.07
广播电视台	2015—2016 年度公益广告优秀传播机构	省新闻出版广电局	2016.07
广播电视台	山东省广播电视台 2016 年度广播宣传先进集体一等奖	省广播电视台	2016.12.05
广播电视台	山东省广播电视台 2016 年度电视宣传先进集体一等奖	省广播电视台	2016.12.05
海洋与渔业局	全省海洋与渔业系统先进集体	省人力资源和社会保障厅、省海洋与渔业厅、省公务员局	2016.01
河务局	山东黄河 2011—2015 年法制宣传教育先进单位	山东黄河河务局	2016.10.12
机构编制委员会办公室	2016 年度《机构与行政》宣传工作先进单位	《大众日报》、省编办	2016.10.20
机构编制委员会办公室	山东省档案工作科学化管理先进单位	省档案局	2016.01.11
机关党支部	2015 年度国网山东省电力公司先进党支部	国网山东省电力公司党委	2016.01
教育局	山东省 2016 年普通高考优秀考点	省教育招生考试院	2016.11
教育局	山东省学生资助工作先进单位	省学生资助管理中心	2016.02.23
教育局	山东省第六届全民健身运动会先进单位	省体育局	2016.11
教育局	2016 年度全省教育报刊宣传工作先进单位	山东教育社	2016.12

续表

单 位	荣誉称号	颁奖单位	颁奖时间
教育局	山东省公共室外健身器材管理维护工作示范单位	省体育局	2016.11
看守所	集体二等功	省公安厅	2016.04.28
利津县	第八批“山东省出口农产品质量安全示范区”	省商务厅、山东出入境检验检疫局、省农业厅、省财政厅	2016.12.29
利津河务局王庄管理段食堂	职工满意食堂	山东黄河河务局	2016.12
明集供电所	工人先锋号	国网山东省电力公司	2016.01
农业局	2016年全省韭菜产品质量安全专项整治行动先进集体	省农业厅	2016.12.30
派驻陈庄检察室	全省优秀派驻基层检察室	省人民检察院	2016.12
配电运检班	工人先锋号	国网山东省电力公司	2016.01
水利局	2015年度市级文明单位	市文明委	2016.02.04
山东渔业船舶检验局利津检验站	全省渔船检验工作突出贡献的检验机构	山东渔业船舶检验局	2016.09
山东广电网络有限公司利津分公司	额外收益奖	山东广电网络集团	2016.02
山东广电网络有限公司利津分公司	最佳管理团队奖	山东广电网络集团	2016.02
山东宜坤化工公司	市级安全生产先进单位	市人民政府	2016.12
史志办	《利津县中小学生地方教材》获得2015年度山东省优秀史志成果奖	省人民政府办公厅	2016.03.23
王庄沙区林场建设管理办公室	山东省生态文明示范教育基地	省林业厅、省教育厅、共青团山东省委	2016.11.08
县老年大学艺术团	山东省优秀老干部文艺团队	省委老干部局	2016.10.14
县职业中专	第十二届全国中等职业学校“文明风采”竞赛山东省复赛优秀组织奖	省教育厅、省人力资源与社会保障厅等7部委	2016.07
县职业中专	山东省职业院校工业分析与检验技能竞赛中职组团体二等奖	省科学协会、省教育厅等6部委	2016.10
县职业中专	山东省职业院校化工生产技术技能竞赛中职组团体二等奖	省科学协会、省教育厅等6部委	2016.10
县职业中专	“我的感恩故事”征文优秀组织奖	省妇女儿童工作部、山东妇联网上家长学校	2016.09
盐务局	全省盐业系统2015年度先进单位	省盐务局	2016.02.29
盐务局	全省盐业系统2014—2015年度办公室工作先进单位	省盐务局	2016.10.09
盐业公司党支部	全省盐业系统先进基层党组织	中共山东省盐务局党委	2016.07.01

续表

单 位	荣誉称号	颁奖单位	颁奖时间
油工委	山东省油气管道隐患治理先进集体	山东省中石化油气管道重大隐患整治工作领导小组	2016.02

2016年度受市厅级表彰的先进人物（按获奖者音序排列）

姓 名	单 位	荣誉称号	颁奖单位	颁奖时间
边 凯	供电公司	“六五”普法依法治企工作先进个人	国网山东省电力公司	2016.03
毕延峰	供电公司	2015 年度“工会积极分子”	国网山东省电力公司工会委员会	2016.03
薄 芹	供电公司	2015 年度“优秀团干部”	国网山东省电力公司团委	2016.05
薄其娟	刁口乡政府	山东省乡镇财政业务技术能手	省财政厅	2016.10
陈建军	北宋镇人民政府	党管武装好书记	东营市委、东营军分区党委	2016.12
董维让	人民法院	山东省高级人民法院接访处访能手	省高院	2016.12
丁 聪	农业局	2016 年全省韭菜产品质量安全专项整治行动先进个人	省农业厅	2016.12.30
董文利	供电公司	2015 年度“优秀工会工作者”	国网山东省电力公司工会委员会	2016.03
董雪敏	山东广电网络有限公司利津分公司	优秀综合主管	山东广电网络集团	2016.02
丁贵娜	司法局	省司法行政系统个人二等功	山东省司法厅	2016.02
付 烽	机构编制委员会办公室	2016 年度《机构与行政》宣传工作先进个人	大众日报省编办	2016.10.20
冯国桢	公安局	全省公安机关网安工作成绩突出个人	省公安厅政治部	2016.09.12
郭振伟	供电公司	2015 年“先进工作者”	国网山东省电力公司	2016.01
盖林农	供电公司	第十届东营市劳动模范	市人民政府	2016.04
黄宝群	供电公司	2015 年“先进工作者”	国网山东省电力公司	2016.01
黄建奎	供电公司	2015 年度安全生产先进个人	国网山东省电力公司	2016.01
韩永强	供电公司	十大“金种子”优秀班组长提名奖	国网山东省电力公司工会委员会	2016.04
胡岩磊	油工委	山东省油气管道隐患整治先进个人	山东省中石化油气管道重大隐患整治工作领导小组	2016.02
贾海生	公安局	全省优秀交通警察中队长	省公安厅	2016.01.27
匡柏林	海洋与渔业局	山东省富民兴鲁劳动奖章	省总工会	2016.04

续表

姓名	单位	荣誉称号	颁奖单位	颁奖时间
李海波	公安局	全省公安机关系列安民行动成绩突出个人	省公安厅	2016.04.08
刘永军	供电公司	2015 年度“优秀共产党员”	国网山东省电力公司党委	2016.01
刘庆军	供电公司	2015 年度财务工作先进个人	国网山东省电力公司	2016.02
刘长茂	供电公司	2015 年度“社保工作先进个人”	国网山东省电力公司	2016.04
李　燕	盐务局	全省盐业系统 2015 年度先进个人	省盐务局	2016.02.29
李　玲	山东广电网络有限公司利津分公司	百佳业务标兵	山东广电网络集团	2016.02
李荣强	油工委	山东省油气管道隐患整治先进个人	山东省中石化油气管道重大隐患整治工作领导小组	2016.02
李　刚	油工委	山东省油气管道隐患整治先进个人	山东省中石化油气管道重大隐患整治工作领导小组	2016.02
马新光	供电公司	2015 年“优秀班组长”	国网山东省电力公司	2016.01
马　莲	文化广电新闻出版局	山东省第三届吕剧艺术节吕剧表演二等奖	省文化厅	2016.09
宁红红	司法局	2011—2015 全省普法依法治理工作先进个人	山东省司法厅	2016.07
潘卫华	供电公司	2015 年度“优秀工会工作者”	国网山东省电力公司工会委员会	2016.03
任向芳	档案局	2016 年度全省档案宣传工作先进个人	省档案局	2016.11
任学军	公安局	2015 年度全省优秀人民警察	省公安厅	2016.01.27
孙秋收	公安局	全省优秀法制大队长	省公安厅	2016.01.27
单　璐	公安局	全省打击防范打孔盗油违法犯罪活动成绩突出个人	山东省油气田及输油气管道安全保护工作联席会议	2016.12.13
孙乃东	盐务局	全省盐业系统优秀党务工作者	中共山东省盐务局党委	2016.07.01
石程财	北宋镇人民政府	山东省第九届优秀乡镇农业技术人员	省农业厅	2016.11.03
王建民	公安局	全省优秀政工室主任	省公安厅	2016.01.27
王树合	供电公司	2015 年度“优秀农电员工”	国网山东省电力公司	2016.01
王　瑞	文化广电新闻出版局	全省第一次全国可移动文物普查先进个人	省文物局	2016.12
王延华	文化广电新闻出版局	山东省第六届红梅戏曲大赛乐器类一等奖	省文化厅	2016.09

续表

姓 名	单 位	荣誉称号	颁奖单位	颁奖时间
王 莹	文化广电新闻出版局	山东省第六届红梅戏曲大赛戏曲表演类二等奖	省文化厅	2016.09
王延华	文化广电新闻出版局	山东省第三届吕剧艺术节乐器类一等奖	省文化厅	2016.09
王 汉	司法局	省司法行政系统个人二等功	山东省司法厅	2016.02
许华岭	盐务局	全省盐业系统优秀共产党员	中共山东省盐务局党委	2016.07.01
许龙义	公安局	个人二等功	省公安厅	2016.04.28
杨庆文	刁口乡政府	山东省乡镇财政业务技术能手	省财政厅	2016.10
张春鸿	公安局	全省公安机关立案突出问题专项治理成绩突出个人	省公安厅政治部	2016.02.16
张秀华	海洋与渔业局	2016 年度海监专项执法行动先进个人	中国海监山东省总队	2016.12.27
张文强	供电公司	2015 年“先进工作者”	国网山东省电力公司	2016.01
张宗峰	供电公司	2015 年“优秀班组长”	国网山东省电力公司	2016.01
张海青	供电公司	2015 年度“优秀农电员工”	国网山东省电力公司	2016.01
赵 伟	司法局	省司法行政系统个人二等功	山东省司法厅	2016.01
张汉青	司法局	全省人民满意政法干警（三等功）	省委政法委、省人保厅、省司法厅公务员局	2016.02
张建辉	县委统战部	全省统战信息工作先进个人	山东省委统战部	2016.02

政 策 法 规

Policy,Laws and Regulations

中共利津县委文件选目

利委[2016]1号　中共利津县委关于县委常委工作分工调整的通知

利委[2016]2号　中共利津县委关于成立利津县第十七届人民代表大会第五次会议主席团临时党委的通知

利委[2016]3号　关于县人民代表大会专门委员会组成人员的推荐书

利委[2016]4号　中共利津县委利津县人民政府关于调整利津县扶贫开发领导小组组成人员的通知

利委[2016]5号　关于对高秀珍同志进行出国政审的请示

利委[2016]7号　中共利津县委利津县人民政府关于山东益达建筑安装公司因拖欠工资致农民工到市上访问题的检查报告

利委[2016]8号　中共利津县委关于向县农村商业银行学习的决定

利委[2016]9号　关于同意给予王立军同志党纪处分的报告

利委[2016]10号　关于李明、王立军同志职务任免备案的报告

利委[2016]11号　中共利津县委关于在全县开展“勇于担当，敢于作为”大讨论活动的实施方案

利委[2016]12号　关于对赵锦枝同志进行出国政审的请示

利委[2016]13号　中共利津县委利津县人民政府关于县直第九批下派帮扶工作优秀单位及个人的通报

利委[2016]14号　关于对刘学农、王增顺同志进行出境政审的请示

利委[2016]15号　中共利津县委关于王乃全、王新生同志职务任免的请示

利委[2016]16号　关于杜承儒同志出国政审的请示

利委[2016]17号　中共利津县委利津县人民政府利津县人民武装部关于申报山东省双拥模范县的请示

利委[2016]18号　中共利津县委关于陈建军等3名同志职务任免的请示

利委[2016]19号　中共利津县委关于陈建军王乃梅同志免职备案的报告

利委[2016]20号　关于张志峰等4名同志任职备案的报告

利委[2016]21号　中共利津县委关于张俊发同志免职备案的报告

利委[2016]22号　中共利津县委关于解除王峰同志撤职处分的批复

利委[2016]24号　中共利津县委关于成立县委县乡领导班子换届工作领导小组的通知

利委[2016]25号　中共利津县委利津县人民政府关于撤销社会治安综合治理一票否决责任查究的请示

利委[2016]26号　中共利津县委关于拟调整利津县政协委员规模的请示

利委[2016]27号　中共利津县委关于县委常委工作分工调整的通知

利发[2016]1号　中共利津县委关于制定利津县国民经济和社会发展第十三个五年规划的建议

利发[2016]2号　中共利津县委利津县人民政府关于印发《利津县实施三年增绿计划建设绿色生态利津总体规划方案（2016—2018年）》的通知

利发[2016]3号　中共利津县委关于加强和改进党的群团工作的实施意见

利发[2016]4号　中共利津县委利津县人民政府关于扶贫脱贫攻坚的实施方案

利发[2016]5号　中共利津县委利津县人民政府关于印发《2016年利津县水气污染整治专项行动实施方案》的通知

利发[2016]7号　中共利津县委利津县人民政府关于对2015年度考核优秀人员予以记功嘉奖的决定

利发[2016]9号　中共利津县委关于印发《中国

共产党利津县委员会工作规则》的通知

利发[2016]10号 中共利津县委利津县人民政府关于推进京津冀协同发展工作的实施方案

利发[2016]11号 中共利津县委利津县人民政府转发《县委宣传部、县司法局关于在全县公民中开展法治宣传教育的第七个五年规划（2016—2020年)》的通知

利发[2016]14号 中共利津县委利津县人民政府关于实施全面两孩政策改革完善计划生育服务管理的意见

利发[2016]15号 中共利津县委利津县人民政府关于深化科技体制改革加快创新发展的实施意见

利发[2016]17号 中共利津县委利津县人民政府关于印发《利津县法治政府建设实施方案（2016—2020年)》的通知

利发[2016]18号 中共利津县委关于繁荣发展社会主义文艺的实施意见

利办发[2016]1号 中共利津县委办公室关于进一步加强党委信息工作量化考核的通知

利办发[2016]2号 县委办公室县政府办公室关于印发《利津县拆违治乱专项行动实施方案》的通知

利办发[2016]3号 县委办公室县政府办公室关于印发《利津县建筑市场“打霸治痞”专项行动方案》的通知

利办发[2016]4号 中共利津县委办公室印发《政协第八届利津县委员会2016年协商工作计划》的通知

利办发[2016]5号 县委办公室县政府办公室关于对2016年全县重点工程项目实行工作目标责任制的通知

利办发[2016]6号 县委办公室县政府办公室关于印发《关于加强企业家队伍建设的实施意见》的通知

利办发[2016]7号 县委办公室县政府办公室关于印发《利津县农村改厕实施方案》的通知

利办发[2016]8号 县委办公室县政府办公室印发《关于鼓励农村土地经营权有序流转加快发展农业适度规模经营的实施意见》的通知

利办发[2016]9号 县委办公室县政府办公室关于印发《利津县打击打孔盗油违法犯罪净化油区治安环境专项行动实施方案》的通知

利办发[2016]10号 县委办公室县政府办公室关于印发《利津县乡村文明建设专项行动实施方案》的通知

利办发[2016]11号 县委办公室县政府办公室印发《关于进一步加强全县重大活动档案管理工作的意见》的通知

利办发[2016]12号 中共利津县委办公室关于转发《县委宣传部2016年宣传思想文化工作要点》的通知

利办发[2016]13号 中共利津县委办公室印发《关于在全县党员中开展“学党章党规、学系列讲话，做合格党员”学习教育实施方案》的通知

利办发[2016]14号 县委办公室县政府办公室关于调整利津县禁毒工作委员会组成人员的通知

利办发[2016]15号 县委办公室县政府办公室关于印发《利津县迎接省级卫生县城复审工作方案》的通知

利办发[2016]16号 中共利津县委办公室关于印发《中共利津县委全面深化改革领导小组2016年工作要点》的通知

利办发[2016]17号 中共利津县委办公室印发《关于开展基层组织建设规范提升活动的实施方案》的通知

利办发[2016]18号 县委办公室县政府办公室关于印发《利津县党政机关公务用车制度改革实施方案》的通知

利办发[2016]19号 县委办公室县政府办公室关于印发《利津县县级机关公务出行社会化保障办法》等5个文件的通知

利办发[2016]20号 中共利津县委办公室关于印发《利津县党委（党组）意识形态工作责任制实施细则》的通知

利办发[2016]21号 县委办公室县政府办公室关于开展铁路沿线环境综合治理工作的实施方案

利办发[2016]22号 县委办公室县政府办公室印

发《关于进一步推进招才引智工作实施方案》《利津县招才引智考核认定暂行办法》的通知

利办发[2016]23号　中共利津县委办公室转发《利津县人大常委会关于2016年工作评议的实施方案》的通知

利办发[2016]24号　县委办公室县政府办公室关于成立利津滨海新区开发建设推进领导小组和调整南部生态新区建设项目指挥部等三个指挥部组成人员的通知

利办发[2016]25号　中共利津县委办公室印发《利津县领导干部上讲台实施方案》的通知

利办发[2016]26号　中共利津县委办公室印发《关于加强新形势下发展党员和党员管理工作的实施意见》的通知

利办发[2016]27号　县委办公室县政府办公室印发《关于加强城乡社区协商的实施意见》的通知

利办发[2016]28号　县委办公室县政府办公室关于成立利津中小企业创业园开发建设推进领导小组的通知

利办发[2016]29号　县委办公室县政府办公室关于成立利津县城市管理委员会的通知

利办发[2016]30号　中共利津县委办公室关于印发《利津县推进领导干部能上能下实施办法（试行）》的通知

利办发[2016]31号　县委办公室县政府办公室关于加快推进公共法律服务体系建设的意见

利办发[2016]32号　县委办公室县政府办公室关于印发《利津县2016年全国“扶贫日”募捐活动实施方案》的通知

利办字[2016]1号　县委办公室县政府办公室关于印发《利津县实施三年增绿计划建设绿色生态利津2016年度工作方案》的通知

利办字[2016]2号　县委办公室县政府办公室关于印发《全县深化“查身边隐患、保职工安全、促企业发展”活动实施方案》的通知

利办字[2016]3号　县委办公室县政府办公室关于印发《2016年县直部门单位网格化造林实施方案》的通知

利办字[2016]4号　县委办公室县政府办公室关于落实县级领导联系督导基层安全生产工作的通知

利办字[2016]5号　中共利津县委办公室关于推荐刘秀斌同志任职的请示

利办字[2016]6号　中共利津县委办公室关于印发《县委办公室2016年工作要点》的通知

利办字[2016]7号　县委办公室县政府办公室关于成立利津县非法经营疫苗处置工作领导小组的通知

利办字[2016]8号　中共利津县委办公室关于开展“勇于担当，敢于作为”大讨论活动的实施方案

利办字[2016]9号　中共利津县委办公室关于开展“学党章党规、学系列讲话，做合格党员”学习教育实施方案

利办字[2016]10号　县委办公室县政府办公室关于印发《全县扶贫脱贫攻坚任务分解落实方案》的通知

利办字[2016]11号　中共利津县委办公室印发《关于县委常委参加“两学一做”学习教育工作安排方案》的通知

利办字[2016]12号　中共利津县委办公室关于开展县委常委专题调研的通知

利办字[2016]13号　关于报送公务用车制度改革实施方案的请示

利办字[2016]14号　县委办公室县政府办公室关于优化拆违治乱工作环境的通知

利办字[2016]15号　县委办公室县政府办公室关于印发《利津县专职人民调解员选聘工作实施方案》的通知

利办字[2016]16号　中共利津县委办公室关于印发《中共利津县委2016年度全面从严治党主体责任清单》的通知

利办字[2016]17号　县委办公室县政府办公室关于举办“富裕文明生态和谐新利津”展览的通知

利办字[2016]18号　中共利津县委办公室关于开展学习贯彻《中国共产党问责条例》集中学习宣传活动的通知

利办字[2016]20号　县委办公室县政府办公室关于印发《利津县农村生活污水处理实施方案》的通

知

利办字[2016]21号 中共利津县委办公室关于推进招才引智工作的实施方案

利办字[2016]22号 中共利津县委办公室关于成立县“双招双引”工作领导小组的通知

利办字[2016]23号 中共利津县委办公室关于推荐燕飞、季文杰同志参加工程技术专业中级资格职称评审的推荐报告

利办字[2016]24号 县委办公室县政府办公室关于调整县全民普法依法治理工作领导小组成员的通知

政策和规范性文件选辑

中共利津县委　利津县人民政府
关于扶贫脱贫攻坚的实施方案

（2016年2月22日）

为认真贯彻落实中央和省、市扶贫攻坚的决策部署，扎实推进我县扶贫开发工作，根据上级有关文件精神，结合我县实际，制定如下实施方案。

一、指导思想

以邓小平理论、“三个代表”重要思想、科学发展观为指导，深入学习贯彻习近平总书记系列重要讲话精神，按照中央“四个全面”战略布局和省市扶贫开发的总体部署，贯彻精准扶贫、精准脱贫基本方略，以增加农村贫困人口收入为核心，坚持扶贫开发与“四县建设”相互促进，到户到人精准帮扶和村庄整体帮扶紧密结合，实现扶贫开发和社会保障有效衔接，加大工作力度，创新体制机制，举全县全社会之力，坚决打赢脱贫攻坚战，确保提前完成脱贫任务。

二、目标任务

（一）提前实现脱贫目标。2016年完成省定标准贫困人口脱贫，2017年完成市定标准贫困人口脱贫，扶贫线和低保线“两线合一”，巩固提升脱贫攻坚成果，实现扶贫对象不愁吃、不愁穿，保障其义务教育、基本医疗和住房，确保贫困村和贫困户与全县人民同步共奔小康。

（二）贫困群众收入明显提高。2016年，贫困村和贫困人口人均可支配收入增幅高于全县平均2个百分点以上。强化对完全丧失劳动能力、处于重度贫困农户的重点保障，进一步提高标准，兜牢底线。

（三）扶贫对象自我发展能力明显增强。到2016年年底，有劳动能力的贫困户都有一项以上增收致富的产业，贫园户劳动力掌握一门以上就业创业技能，新生代劳动力具备转移就业基本职业素质，贫困户孩子都能接受公平的有质量的教育。贫困村服务体系基本建立，专业合作经营机制较为完善，基层党组织作用坚强有力。

三、工作措施

（一）精准识别，摸清家底。结合前期脱贫工作“回头看”情况，对农村贫困户、贫困人口定期进行核查，详细掌握贫困村和贫困人口数量、贫困程度、收入来源、致贫原因及扶贫需求等信息，规范完善进入和退出程度，确保实现应“脱”尽“脱”，应“进”则“进”。通过核查收入数据、走访群众、征求村支部或村民委员会意见等办法，提升识别工作精准度，识别结果要在一定范围内进行公示，确保精准识别工作公开公平公正。（牵头单位：县扶贫开发领导小组办公室；责任单位：县农业局、县财政局、县民政局、县统计局，各乡镇街道）。、

（二）精准扶贫，因人施策。按照扶持对象、

项目安排、资金使用、措施到户、因村派人、脱贫成效“六个精准”的要求，通过产业扶持、转移就业、易地搬迁、教育支持、医疗救助等措施实现脱贫，其余完全或部分丧失劳动能力的贫困人口实行社保政策兜底脱贫，建立精准扶贫工作新机制。

1．产业扶持脱贫。对具有劳动和经营能力但无产业支撑的贫困人口，通过实施产业扶持、农村新型产业开发等项目，鼓励发展畜牧养殖、苗木花卉、上农下渔、蔬菜瓜果等特色产业，加大对农产品品牌推介营销支持力度。引导开办小商店、小餐馆等第三产业，有效增加经营性收入。（牵头单位：县农业局；责任单位：县林业局、县畜牧局、县海洋与渔业局、县农机局、县商务局、县工商局、县食品药品监管局，各乡镇街道）

2．基础设施建设脱贫。

①道路建设。加大对贫困村公路建设支持力度，凡符合规划，具备开工条件的贫困村，优先纳入建设计划。加强农村公路安全防护设施建设和中小危桥改造，提高农村公路通行保障能力。（牵头单位：县交通运输局；责任单位：县水利局、县发展和改革局、县财政局，各乡镇街道）

②电力保障。做好贫困村电网升级规划和改造工作，解决贫困村供电不稳定和低电压问题，继续执行农村贫困户用电优惠政策，确保全部贫困户生活用电、农业生产电力保障达到100%。2016年完成所有贫困村电网升级改造任务。（牵头单位：县供电公司；责任单位：县发展和改革局、县财政局，各乡镇街道）

③水利设施。将贫困村农田水利设施建设作为农水会战的重点，加大土地综合整治和中低产田改造力度，加快实施一批高标准农田建设项目，提高农业综合生产能力。建立和完善工程运行管护机制，确保可持续利用。（牵头单位：县水利局；责任单位：县发展和改革局、县财政局、县国土局、农业局，各乡镇街道）

④危房改造。把农村贫困残疾人家庭危房改造作为保障残疾人基本民生的重要工作，加强对贫困村危房改造管理和监督检查。到2016年年底，全部完成贫困村现有存量危房改造任务。（牵头单位：县住建局；责任单位：县发展和改革局、县财政局、县民政局、县残联，各乡镇街道）

⑤文化建设。完善乡村文体活动设施和活动场所，广泛开展公共文化活动，深入实施公共文化惠民工程，进一步加强贫困村公共文化服务体系建设。到2016年年底，所有贫困村实现广播电视、文化大院、体育健身设施全覆盖。（牵头单位：县文广新局；责任单位：县财政局、县教育局、县广播电视台、山东广电网络有限公司利津分公司，各乡镇街道）

⑥信息化建设。推进贫困村接通符合国家标准的互联网，为农民提供信息服务。每村至少确定1名有文化、懂信息、能服务的信息员，加大培训力度，充分利用有关部门现有培训项目，着力提高其信息获取和服务能力。到2016年年底，所有贫困村互联网覆盖率达到100%，实现网络宽带服务。（牵头单位：县经信局，责任单位：县农业局、县科技局、县教育局，各乡镇街道）

3．搭帮联营脱贫。充分发挥龙头企业、专业合作社、家庭农场、种植养殖大户的辐射带动作用，实现搭帮互助，增加贫困户收入。对与贫困户搭帮联营的龙头企业、农民合作社、种养大户、家庭农场等，优先向上推荐申报扶持项目资金。①对有经营意愿但经营能力弱的贫困人口，以合作、联营、入股等多种方式，吸收贫困户加入，增加贫困户经营性收入。②对无能力经营承包地或经营承包地效率低的贫困人口，通过财政、金融等扶持激励措施，鼓励农业企业、合作社、家庭农场、种养殖大户优先流转其承包地，并优先提供就业岗位，增加贫困户财产性和工资性收入。③对有劳动能力但缺少经营能力的贫困人口，由搭帮企业、合作社等提供一定的就业岗位；通过开发保洁员、交通协管员、护林员、公路养护员等公益性岗位，解决部分贫困人口劳动就业，增加工资收入；通过财政、金融等扶持激励措施，鼓励企业开发爱心工作岗位，吸纳和安置符合条件的贫困人口上岗工作，增加贫困户工资性收入。（牵头单位：县农业局；责任单位：县人社局、县财政局、县发展和改革局、县交通运输局、县畜牧局、县工商局、县林业局、县城市管理

和行政执法局、县公安局交管大队、县公路局、县卫生和计生局、县食品药品监管局、县国土资源局，各乡镇街道）

4．金融扶持脱贫。对有劳动经营能力但缺少资金的贫困人口，由金融机构按照基准利率，提供5万元以下、免担保、免抵押小额贷款，帮助贫困人口发展小微企业、商贸、种养等特色经营产业。（牵头单位：县金融办；责任单位：县财政局、县民政局、县农业局、县人社局、团县委、县妇联、县残联、县人行，各乡镇街道）

5．教育保障脱贫。对因家庭困难致子女难以完成学业的贫困人口，支持其完成从学前到大学学龄的学业教育，从根本上斩断“穷”根，防止贫困代际遗传。对贫困户小学生、初中生，继续用足用好学前教育及义务教育阶段各项政策；对贫困户高中生，实行免除学杂费，并给予生活补助费；对贫困户高职在校生，除享受国家职业教育资助政策外，通过实施“雨露计划”等培训项目，给予扶贫助学补助；对贫困户在校大学生，通过实施农村贫困户大学生助学项目、发放助学金、助学贷款等，帮助其完成学业。（牵头单位：县教育局；责任单位：县人社局、县民政局、团县委、县总工会、县残联、县妇联，各乡镇街道）

6．技能技术提升脱贫。对有劳动能力但缺少职业技术技能的贫困人口，通过整合培训资源，加大培训力度，免费为其提供专业技术培训，以提高他们的经营和就业技能本领。（牵头单位：县委组织部；责任单位：县人社局、县教育局、县科技局、县科协、县农业局、县林业局、县畜牧局，各乡镇街道）

7．电商创业脱贫。支持电商企业拓展农村业务，加强我县农产品网上销售平台建设。对有一定文化水平、富有创业愿望的贫困人口，发挥互联网作用，通过电商技术免费培训，鼓励和扶持其开办网店、经营电子产品、参与物流配送等，实现创业就业，增加经营性收入。支持邮政、供销合作等系统在乡村建立服务网点。（牵头单位：县经信局；责任单位：县商务局、县人社局，各乡镇街道）

8．劳务输出脱贫。对有劳动能力但无固定收入的贫困人口，通过组织企业举办现场劳务用工会，积极引导其参加用工招聘，力促更多有劳动能力农村贫困人口外出打工，鼓励有条件的农村富余劳动力出国务工，以增加工资性收入。（牵头单位：县人社局；责任单位：县商务局，各乡镇街道）

9．结对帮扶脱贫。选派精干力量，组织县直部门与省定贫困村和贫困户相对比较集中的村结成对子，积极开展驻村帮扶，扶贫任务不完成，派出单位不脱钩。市直选派“第一书记”要把扶贫攻坚作为工作重点，认真制定驻村帮扶规划，积极参与扶贫开发各项工作，帮助协调项目资金，确保扶贫项目落实到位。（牵头单位：县委组织部；责任单位：各乡镇街道）

10．政府供养保障及子女赡养脱贫。对特殊贫困群体，按照国家相关政策，由政府兜底脱贫。对生活困难残疾人，发放残疾人专项补贴；对因病丧失劳动能力的贫困人口和“两癌”妇女，符合条件的优先纳入大病医疗保障范围予以救助；对符合条件的“五保户”、孤寡老人等贫困群众，全部纳入农村最低生活保障和“五保”供养范围。积极推进农村“四德”工程，对因子女不履行赡养义务导致老年人贫困的，通过司法调解、司法干预等手段加以解决。（牵头单位：县民政局；责任单位：县残联、县卫生和计生局、县人社局、县司法局，各乡镇街道）

四、方法步骤

全县扶贫攻坚工作，分四个阶段进行：

（一）宣传发动（2月22日—2月25日）

召开会议安排部署各项工作任务，各乡镇（街道）和县直有关部门、单位根据实施方案的总体要求，研究制订切实可行的工作方案，明确目标任务，细化工作措施，强化工作落实。同时，利用电视、广播、网络、手机、宣传标语等多种媒体和形式，加大宣传力度，在全县营造良好的工作氛围。县扶贫开发领导小组办公室组织举办调查登记人员业务培训班，详细讲解精准识别的相关知识，确保后期调查质量。

（二）精准识别，排查摸底（2月26日—3月25日）

各乡镇（街道）及有关责任部门、单位在前期确定的省级贫困村和贫困户的基础上，进行进一步的精准识别和排查摸底工作，本着实事求是的原则，做到应“脱”则“脱”，该“进”则“进”，按照“一村一策、一户一法”方略，充分利用前期建档立卡的成果，精准分析贫困户的分布、致贫原因、扶持需求等，并在一定范围内进行群众评议和公示，全面完善基础数据，各有关部门、单位要强化信息互通、资源共享，切实提高工作效率。

（三）多措并举，精准帮扶（3 月 26 日—11 月 30 日）

各乡镇（街道）和县直各相关部门、单位结合实际，根据贫困村及贫困户的情况，明确责任目标，制定切实可行帮扶脱贫措施，加大工作力度，做到宜工则工，宜商则商，确保扶贫工作成效，实现既定脱贫工作目标。

（四）检查验收（12 月 1 日—12 月 31 日）

各乡镇（街道）和各县直责任部门、单位将省定贫困村、贫困户的帮扶脱贫情况形成书面报告，于 12 月 10 日前报县扶贫开发领导小组办公室。领导小组将对各乡镇（街道）及各责任部门、单位的帮扶脱贫工作进行检查验收，并将检查结果在全县予以通报。同时将脱贫帮扶工作情况纳入全县综合考核。

对市定贫困人口脱贫验收工作，县扶贫开发领导小组于 2017 年下半年进行。

五、政策保障

（一）加大财政扶贫投入力度。县财政将扶贫开发专项资金纳入年度预算和中期财政规划，并与相关涉农资金和社会帮扶资金统筹使用，确保资金投入与扶贫任务相适应。用足用好融资增信平台，对于吸纳贫困人口就业以及其他方式提高贫困人口收入的农业新型经营主体，优先提供无抵押、无担保、低利率贷款。强化对帮扶合同签订履行情况的监督，真正实现主体有效益，群众得实惠。融资增信共保基金优先为农村贫困户贷款提供担保，扶持其发展特色种养和加工业。

（二）加大涉农资金整合力度。建立项目资金整合平台，加大统筹整合力度，加强资金捆绑使用，发挥资金使用效益，切实提高精准扶贫成效。对性质相同、用途相近、使用分散的项目要进行整合归并，力争整合所有能整合的涉农资金全力推进精准扶贫。申报上级扶持项目时，优先推荐贫困村实施的扶贫项目，优先扶持与贫困户搭帮联营，提供增收、就业平台的农业新型经营主体实施的项目。大力整合涉农项目资金，精准、集中投入到扶贫工作中去。

（三）加大金融支持力度。用好人行支农再贷款和扶贫再贷款，引导金融机构创新扶贫产品和服务。对农村贫困人口开展 5 万元以下“富民农户贷”，银行实行免抵押、免担保、基准利率政策，由各级财政贴息支持。对实行“以企带村、以社带户”的龙头企业、农民合作社等带动农村贫困群众脱贫的，给予贷款贴息支持。继续推广小额信用贷款，加大农村青年创业小额贷款、助学贷款、妇女小额担保贷款等实施力度。扩大农业保险覆盖面，支持特色农产品保险发展，各级财政给予保费补贴。

（四）完善扶贫开发用地政策。新增建设用地计划指标优先保障扶贫开发用地需求。土地整理开发项目、高标准基本农田建设计划和补助资金优先安排符合条件的贫困村。完善城乡建设用地土地增减挂钩政策，旧村改造、空心村改造、土地复垦等产生的用地、占补平衡指标及收益，优先用于脱贫攻坚项目建设。

（五）发挥社会保障兜底作用。推进农村低保线和扶贫线“两线合一”，推进农村低保和扶贫开发数据互通、信息共享，实现动态监测管理、工作机制有效衔接。完善农村最低生活保障制度，对无法依靠产业扶持和就业帮助脱贫的家庭，实行政策性保障兜底。抓好农村低保核查工作，将所有符合条件的贫困户纳入低保范围，做到应保尽保。

六、组织领导

（一）强化组织领导。对县扶贫开发领导小组组成人员进行调整，由县委、县政府主要领导任组长，分管领导任副组长，各相关部门单位主要领导任成员。领导小组全面负责脱贫攻坚的进度安排、项目落地、资金使用、人力调配、推进实施等工作。领导小组下设办公室，办公室设在县财政局，负责全县脱贫攻坚工作的组织、宣传、实施、协调、监督等相关工作。各乡镇（街道）也要抽调专人成立扶贫办公室，专职负责本乡镇（街道）脱贫攻坚战工作，为脱贫攻坚工作提供组织保障。

（二）强化责任落实。健全完善县委、县政府负总责，部门负帮扶责任，乡镇（街道）负主体责任的工作机制，乡镇（街道）党（工）委书记、乡镇长（办事处主任）为第一责任人。实行县级领导包乡镇（街道），党政部门包村、机关干部包户、党员联系户制度，促使每个包保人员身上有担子、心里有压力、手里有办法、措施有实招。严格落实主要领导亲自抓、分管领导靠上抓、机关干部具体抓的工作责任机制，层层签订脱贫攻坚责任状，确保精准脱贫工作责任落实到行动中、体现在成效上。

（三）强化服务指导。县扶贫开发领导小组办公室负责指导乡镇（街道）、村干部和群众按要求实施项目、发展产业，力促早日脱贫致富。各相关部门加强对农民实用技术的培训和指导，提高群众应用科学技术的能力，增强农民群众整体素质。围绕农业主导产业，为贫困户提供新技术、新品种，提供市场信息、农业信息和项目信息，促使更多贫困户走向产业致富道路。各职能部门加大行业扶贫力度，统筹使用各种资源，加快脱贫攻坚步伐。

（四）强化督导考核。制定乡镇（街道）、部门扶贫工作绩效考核办法，合理设置考核内容和考核指标。将脱贫工作列入年度综合考核，建立扶贫工作调度通报和督查制度，强化跟踪督查、随机抽查、定点检查。对乡镇（街道）的扶贫资金使用实行财政普惠和绩效奖励制度。对完不成年度脱贫任务的乡镇（街道），县委、县政府对党政主要负责同志进行约谈，对在脱贫工作中玩忽职守，不遵守政治纪律，弄虚作假搞“数字脱贫”，给全县工作造成被动或不良影响的，按规定给予党纪政纪处分。

（五）要强化氛围营造。全县各级要树立“一盘棋”思想，求真务实，真抓实干，打好“整体战”“攻坚战”，确保各项脱贫措施掷地有声、落地开花。宣传部门要充分利用广播、电视、宣传栏、户外电子屏等宣传工具，大力宣传脱贫攻坚工作的重大意义、工作成效，使脱贫攻坚工作家喻户晓、尽人皆知。要及时总结脱贫攻坚先进典型，大张旗鼓进行表彰，着力营造全社会支持和参与脱贫攻坚工作的浓厚社会氛围。

中共利津县委
关于在全县开展“勇于担当，敢于作为”大讨论活动的实施方案

（2016年3月18日）

为深入学习贯彻习近平总书记系列重要讲话精神，巩固拓展党的群众路线教育实践活动和“三严三实”专题教育成果，引导全县机关干部勇于担当、敢于作为，凝聚加快推进改革发展、建设富裕文明生态和谐新利津强大合力，县委决定，在全县机关干部中开展“勇于担当，敢于作为”大讨论活动（以下简称大讨论活动）。现制定如下实施方案。

一、目的要求

以全县2016年工作会议精神为指导，以“勇于担当，敢于作为”为主题，以破除制约全县经济社会发展的思想观念和体制机制障碍为目标，组织开展学习讨论，教育引导广大干部特别是领导干部，坚决克服“只要不出事、宁愿不做事，只求过得去、不求过得硬，得过且过、求稳怕乱”的消极思想，坚决消除“遇事怕担责、做事不负责、工作不履责”的消极行为，牢固树立机遇意识、担当意识、责任意识和问题导向，弘扬务实重行、勇于担当、敢于作为的干事创业作风，为纵深推进“四县建设”、实现“十三五”时期利津经济社会发展的良好开局统一思想、凝聚力量。

二、主要任务

紧密联系全县各级各部门以及广大机关干部的思想和工作实际，围绕五个方面开展讨论，努力以改革创新理念和担当负责精神推动新一轮大发展。

（一）围绕“破除能力不足现状，树立学以创业意识”开展讨论。通过讨论，着重解决学习的主动性和系统性不够，能力不足、办法不多、措施不硬等问题。引导广大机关干部牢固树立学以立德、学以增智、学以创业的理念，始终把学习作为一种职责和追求，坚定理想信念、熟悉上级政策、掌握本地实情、了解先进经验，深化对工作规律性的认识，对我县所处发展阶段的认识，对加快发展重要性和紧迫性的认识，不断提升用科学理论武装头脑、指导实践、推动工作的本领。

（二）围绕“破除精力分散倾向，树立聚焦发展意识”开展讨论。通过讨论，着重解决精力不在工作、工作不在状态、状态不在事业的问题，解决改革精神不足，创新意识不强等问题。引导广大机关干部把聚焦发展作为最现实、最紧迫的任务来抓，切实增强时不我待的紧迫感和危机感，用改革的办法、创新的举措突破困难和矛盾，以新的发展理念引领新的发展实践，推动园区经济、招商引资、扶贫开发、三年增绿、“三大专项行动”、党的建设等各项工作走在全市前列。

（三）围绕“破除不愿担当思想，树立敢于作为意识”开展讨论。通过讨论，着重解决求稳怕乱，安于现状，不求有功但求无过等“不作为”问题，解决有风险的不敢干、有难度的不愿干、没先例的不肯干等“不敢为”的问题。引导广大机关干部一事当前少说不行的理由、多想能行的办法，在大事难事面前勇挑重担、敢于负责，在急事危事面前挺身而出、冲锋在前，在名利地位面前不计得失、顾全大局，努力在化解矛盾中提升能力、在攻坚克难中收获经验。

（四）围绕“破除懒政惰政现象，树立创优服务意识”开展讨论。通过讨论，着重解决作风漂浮、工作懈怠、效率低下、不推不动、懒政惰政等破坏投资环境、损害群众利益的问题，全面破除影响提质、提速、提效的障碍。引导各级各部门和广大机关干部切实强化服务意识，提高办事效率，完善服

务功能，简化服务程序，降低服务成本，努力打造方便快捷的服务环境、文明有序的社会环境。

（五）围绕“破除作风不硬状态，树立狠抓落实意识”开展讨论。通过讨论，着重解决党的思想建设、组织建设、制度建设、反腐倡廉建设不能与时俱进，纪律规矩意识不强，职责不明、督导不严、落实不力，慵、懒、散、奢等“四风”和不严不实问题，引导各级各部门和广大机关干部大力弘扬“钉钉子”精神，切实加强执行力建设，坚持问题导向，坚持精准发力，对事关利津长远发展的重大项目、重要工作，一抓到底、抓出成效，努力创造经得住实践、人民和历史检验的业绩。

三、方法步骤

本次大讨论活动从3月下旬开始，到5月底结束，在充分宣传发动的基础上，通过加强学习、深入讨论，深刻查摆、承诺建账，制定措施、总结提高，确保活动取得扎实成效。

（一）宣传发动、统一思想（3月21日—3月25日）。县委制定下发《关于在全县开展“勇于担当，敢于作为”大讨论活动的实施方案》，成立领导小组和活动办公室，对大讨论进行思想发动。各级各部门按照县委统一部署，成立领导机构，制定实施方案，精准谋划大讨论方式方法和推动路径，召开动员会议，深入宣传，广泛发动，提出明确目标和具体要求。

（二）学习讨论，承诺建账（3月26日—5月20日）。通过自学与集中学习相结合的方式，深入学习贯彻习近平总书记系列重要讲话精神，学习党的理论方针政策和中央、省委、市委、县委决策部署，学习杜振波同志、燕振诚同志在全县2016年工作会议上的讲话精神，在此基础上按照以上提出的五个方面的问题，每周至少利用半天时间集中开展讨论，把全县上下的思想统一到县委、县政府的决策部署上来。以县法院、县检察院、县公安局、县农商行和在全县2016年工作会议上受到表彰的部门、单位为榜样，采取现场学习考察的方式，结合谋划推进2016年工作任务，围绕五个方面认真查摆突出问题，找准找实差距，明确整改措施，形成详实可操作的《整改承诺清单》，向全体干部职工和社会承诺，实行台账式备案管理，接受群众和社会监督。全体机关干部也要对照岗位职责和重点工作任务安排，向党组织公开承诺建账。县级领导干部对所联系乡镇（街道）和分管部门领导班子及领导干部《整改承诺清单》进行审核把关。各级各部门单位要结合学习心得和讨论收获，围绕“思想碰撞、认识提升”这一主题开设论坛，主要负责同志带头谈认识、谈体会，形成相互交流、思想转变、共同提升的生动局面。

（三）制定措施、总结提高（5月21日—5月31日）。全县各级各部门按照《整改承诺清单》，明确牵头领导、明确整改标准、明确整改路径。“一把手”带头找差距、带头抓整改，树立标杆、以上率下，不折不扣抓好既定整改承诺任务的落实落地。县级领导干部及时调度所联系乡镇（街道）和分管部门的活动开展情况，并深入有关单位参加讨论，进行点评指导，帮助深入查找问题不足，明确整改思路。县广播电视台开设专栏，采访报道各级各部门单位承诺践诺事项，跟踪监督，营造氛围。县委大讨论活动办公室会同纪委、组织等有关部门采取听取汇报、查看资料、问卷调查、社会评议等方式，检查各单位活动开展的措施是否得力，发现的问题是否得到有效整改，确保大讨论不走形式、取得实效。

四、工作要求

（一）加强组织领导。成立全县“勇于担当，敢于作为”大讨论活动领导小组，下设办公室。全县各级各部门也要成立领导机构，加强领导，精心组织，主要负责人负总责、亲自抓，全体机关干部积极参与，结合各自工作特点和实际，制定详细的学习讨论计划，采取多样的学习讨论形式，迅速掀起大讨论高潮。

（二）坚持以上率下。大讨论活动要把领导班子和领导干部作为重点，聚焦关键少数，要账要找“一把手”、板子打向“一把手”、问责必问“一把手”、考核严考“一把手”，促使以上率下、抓出成效。各级领导干部要以身作则、率先垂范，一级做给一级看，一级一级传导工作压力、增强工作动力。各级党委（党组）书记要按照大讨论的各项要求，带头开展学习研讨、带头深入查摆问题、带头抓好整改落实，在攻坚克难、积极作为、担当实干上作出表率。

（三）**营造浓厚氛围**。把大讨论作为当前开展宣传工作的重中之重，精心制定宣传方案，搞好专题策划，开设专栏专题，充分运用新闻宣传、社会宣传、网络宣传、典型宣传等多种形式和载体，全面反映大讨论的重要意义和主要任务，及时宣传各级各部门的好经验、好做法，全面展示大讨论带来的新思路、新举措、新进展、新成效，努力营造开展大讨论活动的良好舆论氛围。

（四）**坚持统筹兼顾**。各级各部门要把活动开展与学习贯彻党的十八届三中、四中、五中全会精神和习近平总书记系列重要讲话精神结合起来，与加强领导班子和干部队伍建设结合起来，与积极适应引领经济发展新常态、有效推进供给侧结构性改革、全面落实五大发展理念结合起来，与高标准推进各项工作任务结合起来，统筹兼顾，合理安排，既不脱离工作孤立地抓活动，也不忙于事务让活动走过场，引导全县广大机关干部坚定信心、保持定力、攻坚克难、奋勇争先，把活动中激发出来的热情转化为全面深化改革、推动新一轮科学跨越的强大动力。

中共利津县委　利津县人民政府关于深化科技体制改革加快创新发展的实施意见

（2016年8月11日中国共产党利津县第十二届委员会第九次全体会议通过）

为深入贯彻党中央、国务院和省市党委、政府关于深化科技体制改革、加快创新发展的系列决策部署，进一步推动我县科技工作的改革与创新，现结合我县实际，提出如下意见。

一、总体要求

（一）**指导思想**。以党的十八大及十八届三中、四中、五中全会和习近平总书记系列重要讲话精神为指导，坚持创新、协调、绿色、开放、共享发展理念，以制度创新促进科技创新，进一步增强科技创新在供给侧结构性改革中的基础、关键和引领作用，健全知识创新、技术创新和管理创新体系，激发全社会创新潜能，为我县努力实现“两个同步”、加快建设富裕文明生态和谐新利津提供有力支撑。

（二）**主要目标**。到2020年，全社会研发经费投入占国内生产总值的比重达到2.8%左右，科技进步对经济增长的贡献率达到65%左右，高新技术企业数量达到10家，高新技术产业产值占规模以上工业总产值的比重达到22%，规模以上工业企业设立研发机构的比例达到35%以上，万人有效发明专利拥有量2件以上。区域创新环境更加优化，科技创新体系更加完善，科技创新人才作用更好发挥，科技创新成果更多转化，科技与经济结合更加紧密，产业链、创新链、资金链、政策链有机衔接，科技支撑创新发展能力显著增强。

二、推进科技管理机制改革创新

（三）**转变政府科技管理职能**。深化科技管理部门改革，有效发挥科技管理部门在抓战略、抓规划、抓政策、抓服务方面的作用，加快实现政府科技职能从研发管理向创新服务的根本转变。加快建立科技咨询支撑行政决策的科技决策机制，建设科技智库，建立由技术专家、企业家、科研人员和政府部门等共同参与的科技决策及论证机制，提升科技决策的科学性。加快专利申请、成果转化、技术交易等科技创新服务机构的建设，探索建立“互联网+科技服务”新模式，为各类创新主体提供方便快捷的公共服务。

（四）改革科研项目和科研资金管理机制。创新科研项目管理机制，逐步减少科技行政主管部门对具体项目的直接管理，按照权责统一的原则，委托专业机构承担科研项目管理工作，形成决策、执行、评价相对分开、互为监督的良性机制。简化县级财政科研项目预算编制程序，实施项目法人责任制。强化对科技类社团组织、各类学会、协会和科研项目管理专业机构的业务指导和日常管理，探索建立从备案认定、运行监管到绩效评估全过程跟踪管理模式。建设县科技信息管理系统，逐步实现县级科研项目的信息化、痕迹化管理，避免重复申报、重复立项和重复资助。强化科研资金管理，认真落实和严格执行国家、省市关于科研经费支出有关规定，规范工作运行程序，督促和指导科研机构、科技型企业健全完善科技项目管理制度，及时公开资金使用情况，接受社会监督，提高财政科研经费使用透明度。推行符合创新规律的科研经费审计方式，建立分类审计制度。完善财政科研项目资金违规使用问责机制。

（五）创新财政资金支持方式。充分发挥政府财政资金的引导和激励作用，健全财政科技投入稳定增长机制，逐年增加科技经费支出。坚持近期与长远相结合、公益性和盈利性相结合，统筹兼顾，提高财政科技资金使用效益。县级财政科技资金按照重点研发计划、创新公共服务平台计划和科技成果转化专项分类执行，增设科技惠民专项和科技合作专项，强化民生领域科技供给，推动联合攻关合作创新。探索财政资金多元化投入渠道，建立无偿资助、贷款贴息、以奖代补等支持方式，提高财政科技经费使用效率。充分发挥财政资金的杠杆作用，综合运用股权投资、风险补偿、贷款贴息、政府和社会资本合作（PPP）等方式，支持市场导向明确的技术创新活动。

（六）建立健全科技评价体系。以项目产出和实际贡献为导向，探索实行市场、社会和行业认可的第三方科技评价方式，逐步拓展社会化、专业化评价渠道。建立以科技创新质量、贡献、绩效为导向的分类评价体系，正确评价科技创新成果的科学价值、技术价值、经济价值、社会价值、文化价值。科技计划绩效评价结果，作为科技政策和财政预算调整的重要依据。项目绩效评价结果，作为后续滚动支持的重要依据。改进完善政府科技奖励制度，提升奖励的科学性、准确性、公信力和影响力。建立科技诚信系统，完善科研诚信档案，制定科研失信行为惩戒办法。

三、强化企业技术创新主体地位

（七）培育发展创新型企业。围绕石化化工、装备制造等传统优势产业，组织关键技术攻关和产品开发，推广应用信息和智能技术；围绕节能环保、新材料等重点领域，实施战略性新兴产业技术创新项目引进；围绕食药用菌、名优水产品、耐盐碱苗木花卉等产业，开展新品系培育、精深加工等关键技术攻关，加强新型农业技术的集成应用，努力培育一批拥有自主知识产权的优势产业和核心企业。推动中小微企业向科技型企业转型发展，对首次认定的高新技术企业，县财政一次性给予10万元奖励。鼓励企业实施技术改造，创建国家、省级技术创新示范企业。对通过鉴定的由企业承担的科技成果，按照国际领先、国际先进、国内领先的技术水平级别，分别奖励5万元、2万元和1万元。对获得国家科学技术奖、省级科学技术一、二、三等奖的，县财政每项分别扶持成果所有企业20万元、10万元、8万元、5万元；对被新认定为国家重点新产品的，县财政扶持企业5万元。

（八）引导企业加大研发投入。探索建立企业研发准备金制度，财政给予已建立研发准备金、研发投入持续增长的企业研发经费后补助。研发投入占销售收入比例达到3%以上的大型企业，按照研发投入新增部分的10%给予后补助；研发投入占销售收入比例达到5%以上的中小微企业，按照研发投入10%的比例给予后补助，补助经费最高20万元。严格落实和执行上级关于企业研发费用税前加计扣除、高新技术企业税收优惠、自主创新产品采购和市场准入等方面的支持政策。

（九）加快企业研发机构建设。支持以企业为主体建设重点实验室、工程实验室、工程（技术）

研究中心、企业技术中心、院士工作站等创新平台及新型研发机构，支持符合条件的研发机构创建市级、省级和国家级创新平台。在上级奖励基础上，对通过验收或备案的市级创新平台，县财政择优一次性给予5万元奖励；对通过验收或备案的省级创新平台，县财政一次性给予20万元奖励；对创建为国家级创新平台的，县财政一次性给予30万元奖励。对创建院士工作站的企业，县财政一次性给予50万元奖励；对创建博士后科研工作站的企业，县财政一次性给予20万元奖励。对当年获得相同级别、不同领域科技创新平台认证的企业，不重复奖励。鼓励企业“走出去”，到境外建立、并购研发中心，整合境外人才、技术和品牌；到国内高校院所集中的城市设立研发机构，或直接与高校院所合作成立研发机构。加大引进创新力度，对于整建制引进的高校院所、科研机构，可以按照“一事一议”的原则，给予特别优惠政策。

（十）推动协同创新组织建设。鼓励企业与高校和科研院所合作成立创新创业联盟，设立多种类型的创客空间和创新创业基金，实现技术创新优势资源高效利用。支持企业与高校院所按照“共同投入、风险共担、成果共享”的原则，合作建设产业技术创新战略联盟，对于新创建国家级、省级联盟，财政给予奖励。鼓励同行业企业采取合资共建、股份制合作等多种形式，联合与高校院所、科研机构发起成立产业技术研究院，积极开展共性关键技术或重大基础性、系统性、前沿性技术攻关。鼓励企业与高校、科研院所、科研人员以股权为纽带，建立长期稳定的合作关系。

四、增强全社会创新创业活力

（十一）搭建大众创业万众创新平台。积极发展众创、众筹、众包、众扶和虚拟创新创业社区、创新广场等创新创业模式。鼓励龙头企业围绕主导产业或企业自身技术需求，建设专业性科技企业孵化器，为上下游科技型小微企业提供孵化服务。对于创业苗圃（众创空间）、孵化器、加速器等科技企业孵化器的建设用地给予优先保证，尽快研究制定科技企业孵化器及科技园区产权分割的政策措施，允许科技企业孵化器和科技园区在不改变土地用途的前提下进行产权分割。鼓励各类创业主体积极参加创新创业大赛，对取得优异成绩的创新团队，通过从县科技创新发展引导资金中列支专项扶持资金、提供贷款担保、优先推荐给投资基金和创业投资机构等方式给予重点支持。

（十二）提升各类园区创新发展能力。根据全县园区布局发展规划和各园区客观基础条件，分类指导，促强扶弱，上下联动，提高各类园区创新创业承载能力。重点支持利津经济开发区、利津滨海新区、利津循环经济产业园、利津中小企业创业园等重点工业园区不断提升内涵，健全完善科技服务体系，建设重大科技创新创业平台，大力引进建设高新技术、高科技项目，加快新工艺、新技术、新装备推广应用，推动企业向高新技术企业和科技型中小企业转型，打造全县体制机制创新、引领创新型经济发展的典型示范区。依托青岛农业大学黄河三角洲研究院等科研平台，加快农业特色园区创新发展，努力打造一批具有区域影响力的盐碱地利用科研基地、高效农业示范基地、高端农产品生产基地。加快“渤海粮仓”农业科技示范园、沿黄高效生态农业示范区等农业园区的建设发展，使之成为现代农业发展要素的聚集区、先进技术的示范区、深化改革的先行区、产业融合的试验区。

（十三）探索推进新型研发组织建设。按照投资主体多元化、资源配置市场化、管理机制企业化、人才队伍国际化的原则，围绕区域经济社会发展需要和重大科技创新需求，鼓励社会各界力量兴建不同功能定位、不同组织模式的新型研发组织。把握融入京津冀协同发展战略机遇，积极承接京津冀科技研发、教育和相关产业等资源外溢辐射。支持各类投资主体与高校院所、科研人员合作，按照“法人化注册、企业化管理、市场化运作、课题制考评”的模式，在我县设立研发机构。

（十四）完善科技成果转化机制。鼓励国内外各类科研机构、科技人员及其团队到我县进行科技成果转化和项目建设，对转化成效良好的外来科技人员及其团队，以高于国家规定的比例，从转化收益中给予奖励，更好地吸引科技人员进入我县创新创业；对社会和经济效益显著的科技成果，优先支持申报各类科技奖励。鼓励企事业单位转化实施专利技术，开展贯标认证，创建各级专利试点（示范）企业和知识产权优势企业，按照通过贯标认证的企业10万元，专利试点（示范）企业国家级10万元、省级5万元，知识产权优势企业国家级10万元、省级5万元的标准，对专利实施企业给予补助。

（十五）强化知识产权运用和保护。进一步建立健全知识产权管理制度，建立专利专题数据库，开展知识产权分析预警。实施专利导航工程，推动知识产权与产业转型融合发展。鼓励全县企事业单位、机关、团体和自然人（含在本县申请专利的外来投资者）申请专利，按照PCT专利申请3000元／件、授权发明专利2000元／件、授权实用新型专利500元／件的标准，对专利权人给予补助。推进知识产权综合行政执法改革，加强行政执法和司法保护衔接，建立部门协作执法和跨区域执法协调机制，完善部门信息共享机制。健全知识产权侵权查处机制，加大知识产权犯罪打击力度，将侵犯知识产权行为纳入企业和个人信用记录。强化知识产权维权援助。

五、完善人才培养引进机制

（十六）坚持培养与引进并举。大力推进招才引智工作，着力引进国家“千人计划”专家、省“泰山学者”及海内外人才。完善“领军人才＋创新团队”的人才引进模式，支持引进国内外一流或顶尖人才团队。组建县域创业导师和中小企业创新服务导师队伍，允许导师以股权、分红等方式参与企业运营，助推大众创业、万众创新工作开展。制定出台政策措施，探索建立引导优秀人才向企业一线和研发机构流动的机制。加强科技创新人才力量储备，制定支持中青年科技人才创新创业的政策措施。着力构建专业化、社会化、市场化的第三方人才评价机制，激发各类人才创新创业活力。

（十七）突出科技领军人才作用。赋予科技领军人才更大的技术路线决策权、人财物支配权和资源调动权。完善对科技领军人才的股权、期权及分红激励机制。允许科技领军人才自主聘用“柔性流动”人员和兼职科研人员，自主组建科研团队。落实党委联系专家制度，加强对领军人才联系服务。

（十八）打造人才资源产业服务平台。建设集人力资源咨询、人力资源服务外包、人才测评、培训、招聘、派遣等服务的专业化人才资源产业服务平台，在人才工作体制机制、资金土地使用、工作模式等方面，赋予更加优惠和灵活的政策，按产业需求对接人才中介服务，促进人才资源向相关产业集聚，借助专业中介机构选才，加强对重点产业和骨干企业急需紧缺人才的预测和储备，开展高端人才引进项目外包服务，提高引才效率。

六、促进科技和金融紧密结合

（十九）创新科技金融服务模式。鼓励设立科技支行、科技小额贷款公司等科技金融机构。加大财政支持力度，建立中小企业贷款风险资金池，探索建立政府和金融机构风险共担模式。加快建设科技金融企业库和连接政府、金融机构和企业的第三方科技金融综合服务平台，为科技型企业提供个性化、订单式服务。探索建立政府控股的风险投资公司，通过参股等方式为企业创新提供资金支持。

（二十）完善信贷机制。健全信用贷款风险补偿机制，引导银行金融机构加大对科技型企业的信贷投放力度。鼓励银行金融机构创新业务模式和管理机制，推出符合科技型企业融资需求特点的创新产品。推动知识产权质押融资，支持银行金融机构扩大质押范围。建立县级财政主导的科技成果转化贷款风险补偿机制，引导银行机构为科技型中小微企业实施科技成果转化提供资金支持。

（二十一）拓宽科技型企业融资渠道。推动规模以上高新技术企业和科技型企业规范化公司制改制，鼓励改制企业通过多层次资本市场融资。抓住省委、省政府鼓励齐鲁股权交易中心增设“科技板”这一契机，推动我县科技型企业进入中心进行股权质押融资。引导民间融资机构通过领投、跟投等方式为科技型企业提供融资服务。鼓励融资租赁机构为企业提供研发设备租赁业务。

（二十二）加大科技保险财政支持力度。采取资金补贴、奖励等方式，支持保险机构开发适合科技型企业需求的专利执行保险、产品研发责任险等科技保险产品。加大对科技担保、科技保险业务的支持力度，根据风险程度和规模按一定比例给予补贴。探索实行首台（套）重大技术装备及关键核心零部件保险补偿机制。探索将高新技术企业高管人员和关键研发人员住院费用团体保险、高新技术企业董事会监事会高级管理人员职业责任保险等科技保险品种，纳入补贴范围。

七、提高科技创新服务能力

（二十三）**提高科技资源共享共用水平**。加强科技成果数据资源开发利用，完善科技报告共享服务机制，促进科技成果转化。整合区域科学仪器设备资源，完善大型科学仪器设备协作共用平台，提高科学仪器开放度和利用率。对中小企业使用入网科学仪器发生的试验检测费，在市财政补助的基础上，县财政再给予10%的补助。根据共享绩效给予仪器供给方一定的资金奖励，对非财政资金购置的大型科学仪器加入公用平台的所有权单位，同等条件下优先给予补助。

（二十四）**培育发展科技中介服务机构**。积极引进培育技术转移、创业孵化、中间试验、知识产权等科技服务机构，建立登记备案制度。加大政策扶持力度，实行考核评估后补助支持方式，加快培育一批有影响力的中介机构品牌。壮大技术经理人和专利代理人队伍。支持学会等科研学术团体开展学术活动，建立完善学会人才举荐和科技奖励推荐功能。

（二十五）**完善科技服务业支持政策**。将科技类公共服务项目纳入政府向社会力量购买服务指导目录，所需资金列入财政预算。积极争取市产业集群公共服务平台专项资金和市创业孵化基地补助资金，加大对我县科技服务业重点项目的支持力度。落实科技服务业用水、用电、用气、用暖价格和固定资产加速折旧等有关优惠政策。

八、加强党对科技创新工作的领导

（二十六）**强化组织领导**。各级要切实肩负起领导和组织创新发展的责任，及时研究解决科技创新工作中遇到的重大问题。成立县推进科技创新工作委员会，统筹协调、指导推进全县科技体制改革的深入实施，打破部门和地区条块分割，加强协作，形成推动科技创新合力。加强领导班子配备，增加熟悉科技工作的人员，抓好科技干部的学习培训和知识储备。加强各乡镇（街道）对科技创新工作的组织领导，要明确领导，指定专门的人员负责。认真贯彻党的知识分子政策，真正做到尊重劳动、尊重知识、尊重人才、尊重创造。

（二十七）**抓好督导考核**。建立深化科技体制改革任务落实督办制度，对各乡镇（街道）科技创新政策落实情况定期通报。将重点科技创新指标纳入经济社会发展综合考核体系，考核结果作为领导班子和领导干部评价的重要依据。

（二十八）**培育创新文化**。鼓励科技管理体制机制政策创新。尊重基层首创精神，及时总结推广基层好的经验做法。充分激发全社会创新活力，积极营造崇尚科学、大胆探索的社会氛围，倡导精益求精、追求卓越的工匠精神，弘扬勇于创新、宽容失败的创新文化，使创新成为价值导向和时代气息。充分利用各种媒体，加大科技创新宣传报道力度，形成良好舆论导向。

索 引

说明：本索引为综合性主题索引，索引标目按汉语拼音排列，标目后数字为页码。

2016年国民经济和社会发展综述 ………… 051
2016年度受省部级表彰的先进单位 ……… 409
2016年度受省部级表彰的先进人物 ……… 409
2016年度受市厅级表彰的先进单位 ……… 410
2016年度受市厅级表彰的先进人物 ……… 413

A

安全生产管理 ………………………………… 199

B

北宋镇 ………………………………………… 349
边 防 ………………………………………… 191

C

成秋林同志在县十三次党代会上的报告 … 002
成秋林同志在全县经济工作会议上的讲话 021
财 政 ………………………………………… 272
财产保险 ……………………………………… 289
财政 税务 …………………………………… 271
残 联 ………………………………………… 170
陈庄镇 ………………………………………… 364
城建 国土 环保 ……………………………… 249
城市社区建设 ………………………………… 387
城市建设中心 ………………………………… 255

D

大事记 ………………………………………… 037
地方税务 ……………………………………… 274
电 业 ………………………………………… 227
电子政务 ……………………………………… 264
调 查 ………………………………………… 205
刁口乡 ………………………………………… 386
东营银行 ……………………………………… 285
对外开放 ……………………………………… 241
对台工作 ……………………………………… 067
档案工作 ……………………………………… 082
党史研究 ……………………………………… 086
党校教育 ……………………………………… 087
督查工作 ……………………………………… 133

F

发展与改革 …………………………………… 194
妇 联 ………………………………………… 169
法治工作 ……………………………………… 132
法治武装 ……………………………………… 177
法 院 ………………………………………… 180
妇幼保健 ……………………………………… 323

G

公 安 …… 183
公安交通管理 …… 184
工 会 …… 164
工 业 …… 223
工商联 …… 172
工商银行 …… 285
公 路 …… 263
共青团 …… 165
供销合作 …… 232
广播电视 …… 316
广电网络 …… 268
国家税务 …… 273
国土资源管理 …… 257

H

海洋与渔业 …… 216
红十字会 …… 174
环境保护 …… 258
黄 河 …… 325
黄河河务 …… 326
黄河水文 …… 327
黄蓝两区建设 …… 244

J

检 察 …… 182
检验检测 …… 201
建设银行 …… 283
建置区划 …… 050
交 通 …… 262
交通 信息 邮政 …… 261
教 育 …… 292
教育 体育 科技 …… 291
金融 保险 …… 277
金融工作 …… 278
机关党工委工作 …… 078
机构编制 …… 088
机关事务管理 …… 136
疾病防控 …… 320

K

科 技 …… 307
科 协 …… 308

L

老龄事业 …… 333
离任县级领导干部 …… 404
利津街道 …… 343
利津经济开发区（凤凰城街道）…… 338
利津县人大常委会 …… 091
利津县人民代表大会常务委员会工作报告 …… 096
利津县人民政府 …… 103
利津县人民政府文件选目 …… 418
粮 食 …… 233
林 业 …… 212
旅 游 …… 246
老干部工作 …… 084

M

民 政 …… 330
明集乡 …… 382
民生热线 …… 133
贸促会 …… 238

N

农 业 …… 207
农村商业银行 …… 283
农业发展银行 …… 282
农业广播学校 …… 221
农业机械 …… 220

农业银行 …… 280
农业综合开发 …… 209

Q

气 象 …… 310
青岛银行 …… 286

R

人 物 …… 391
人力资源与社会保障 …… 332
人民武装 …… 187
人民银行 …… 279
人寿保险 …… 288

S

市场管理 …… 195
商 贸 …… 231
商 务 …… 232
社会事业 …… 329
社会团体 …… 163
审 计 …… 202
石油营销 …… 237
水 利 …… 211
司法行政 …… 186
史志工作 …… 137
舜丰村镇银行 …… 287

T

特 载 …… 001
体 育 …… 296
汀罗镇 …… 374
统 计 …… 204
统战工作 …… 076

W

王庄沙区林场 …… 214
卫生和计划生育 …… 317
文 联 …… 173
文化艺术 …… 314
文化 广电 卫生与计生 …… 313
武装警察 …… 189
物价管理 …… 198

X

县情概况 …… 049
现任县级领导干部 …… 392
乡镇（街道）城市社区 …… 337
新华书店 …… 323
畜牧业 …… 215
县委重要会议 …… 064
县委办公室工作 …… 065
宣传工作 …… 073
信访工作 …… 080
县政府常务会议 …… 104
县政府专题会议 …… 122
县政府办公室工作 …… 130

Y

烟 草 …… 235
盐 业 …… 228
盐窝镇 …… 353
医药药材供应 …… 237
邮 政 …… 270
油区工作 …… 135
邮储银行 …… 287

Z

政府工作报告 …… 012
张晓彬同志在全县经济工作会议上的讲话 028

政策研究与深化改革 …… 067
组织工作 …… 068
招商引资 …… 243
政 法 …… 178
政策法规 …… 417
政策和规范性文件选辑 …… 421
政协利津县委员会 …… 139
中共利津县纪律检查委员会 …… 151
中共利津县委文件选目 …… 418
中国电信 …… 268
中国共产党利津县委员会 …… 063
中国联通 …… 265
中国人民政治协商会议第八届利津县委员会常务委员会工作报告 …… 143
中国移动 …… 267
住房与城乡规划 …… 250
自然环境 …… 050
自然资源 …… 051
综合经济管理 …… 193
组织机构与负责人 …… 056

图书在版编目（C I P）数据

利津年鉴．2017 / 利津县地方史志办公室编．-- 北京：方志出版社，2017.11
ISBN 978-7-5144-2765-3

Ⅰ．①利… Ⅱ．①利… Ⅲ．①利津县－2017－年鉴 Ⅳ．①Z525.24

中国版本图书馆 CIP 数据核字（2017）第 296788 号

利津年鉴（2017）

编　　者： 利津县地方史志编纂委员会办公室
责任编辑： 王　品
出 版 人： 冀祥德
出 版 者： 方志出版社
　地址 北京市朝阳区潘家园东里 9 号（国家方志馆 4 层）
　邮编 100021
　网址 http://www.fzph.org
发　　行： 方志出版社图书经销中心
　电话（010）67110500
经　　销： 各地新华书店
印　　刷： 济南精致印务有限公司
开　　本： 889×1194　1/16
印　　张： 34.5
字　　数： 830 千字
版　　次： 2017 年 11 月第 1 版　2017 年 11 月第 1 次印刷
印　　数： 0001～1000 册
ISBN 978-7-5144-2765-3　**定价：** 168.00 元

东营银行利津支行

行长　袁刚

2016年，东营银行利津支行的主要经营指标均得到了较快增长。截至年底，各项存款余额180058万元，完成计划指标100.2%，较年初增加28148万元。其中储蓄存款余额94510万元，较年初增加31431万元，完成计划指标106.9%，对公存款余额85548万元。贷款余额112863万元；实现中间业务收入538万元，完成计划指标119.64%；国际业务结算量22129万美元，完成计划指标260.35%，实现利润4719万元。2016年，支行信贷业务风险控制良好，安全稳健运营，全年不良贷款余额及占比为零。为此，利津支行连续5年被评为“县级文明单位”，连续3年被利津县人民银行评为利津县金融机构综合评价A级，获得“山东省普惠金融示范单位”“支持地方经济发展贡献奖”荣誉称号。

远离非法集资宣传

增强信用意识宣传活动

“健康生活　安享福寿”主题活动

“呵护心灵成长’观影慈善拍卖活动

金融扶贫宣传

利津县市场监督管理局

局长　张向阳

市场监管局揭牌仪式

市场监管工作会议

开展安全饮食用药知识宣传

利津县市场监督管理局（利津县食品药品监督管理局）于2016年7月由原县工商行政管理局、质量技术监督局、食品药品监督管理局整合组建而成，为县政府工作部门，局机关内设15个职能股室，下设5个事业单位；在各乡镇、街道设立市场监督管理所（食品药品监督管理所），为县局派出机构。全局共有在职在编干部职工142人。

2016年，在县委、县政府的正确领导下，县市场监督管理局紧紧围绕“机构整合、职能融合、人心聚合”的总体目标，大力倡树“共创、共担、共进、共享”的核心价值理念，借力三局合一优势，做足“合力监管”文章，通过开展“市场监管基础年”活动，市场监管职能得到整合、监管力量得到加强、监管重心得到下移，在日常监管、专项整治、稽查办案、许可登记等方面取得了优异成绩，开创了市场监管体制改革的新局面、构建了市场监管综合执法的新体制、保障了全县市场秩序持续安全稳定，被县委、县政府评为2016年度县直部门目标管理考核先进单位。

“市场监管大讲堂”活动

食品安全课堂

利津县市场监督管理局

农贸市场监管

节日市场专项检查

检查药品经营企业

食用农产品进行快检

市食药监管局局长王秀凤（左一）到基层所调研

电梯事故应急演练

检查企业安全生产情况

世界计量日宣传

元旦联欢会

利津县油区工作委员会

油工委领导到盐窝镇联一村调研

组织党员召开“两学一做”座谈会

油气管道隐患整治方案专家论证会议

油地携手脱贫攻坚会议

利津县油区工作委员会是一个协调油地关系、管理油区事务、指导油区工作、服务油田开发建设和地方经济发展的县直属正科级事业单位，下设机关办公室、财务股、能源股、油气开发股、工农股、管道监督管理股、油地结合股7个内部股室和1个副科级事业单位——利津县油田物资稽查大队，共有在职干部职工35人。

多年来，县油工委紧紧围绕油地团结发展大局，以“搞好油地两个服务、促进双方共同发展”为总体目标，坚持油地“双向服务、双向奉献、相互支持、共同发展”的原则，扎扎实实的开展工农共建，广泛深入的进行油区综合治理，宽领域、多层次深化油地结合，“平安油区”“文明油区”“和谐油区”建设取得了新的突出成绩。当前，油地关系更加融洽，油区秩序持续稳定，油区经济逐步壮大，油地发展更加和谐，油地双方优势互补、相互支持，实现了紧密团结和共同快速发展，为全县经济社会发展做出了突出贡献。县油工委先后荣获“省级文明单位”“山东省‘五四’红旗团支部”“全省油区和管道保护工作先进单位”“经济社会发展突出贡献单位”“县直部门目标管理考核优秀单位”“先进基层党组织”等荣誉称号。

到市廉政教育基地参观学习

党员重温入党誓词

走村入户发放油区治理宣传材料

油气管道泄漏应急演练

油地处和市油地办领导到利津县调研

私拉乱接油田天然气专项治理宣传

爱心捐款

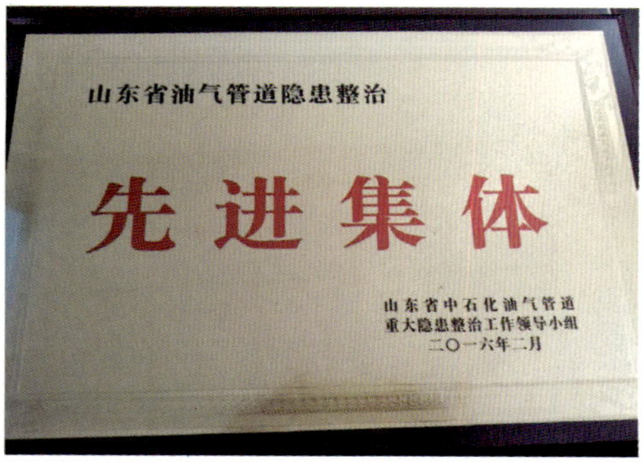
山东省油气管道隐患整治

先进集体

山东省中石化油气管道
重大隐患整治工作领导小组
二〇一六年二月

所获荣誉

油气管道安全隐患综合整治施工现场

利津县第一中学

2016年，县一中党委在县委县政府的正确领导下，以党组织建设和教育教学改革为抓手，扎实推进“两学一做”学习教育，稳步推进制度改革和管理创新，充分发挥各级组织的作用，推动学校各项工作不断迈上新台阶。

以教学为中心，教学质量不断提升。高考本科上线835人，同比增长16.86%，本科录取率64.43%，比全省本科录取率高出20.13个百分点。一批本科上线258人，同比增长23.02%，3人考取北京大学、清华大学（其中，张瑞石高考裸分全省文科第四名、全市第一名），张田承诺同学以全国第一名成绩考取北京电影学院。101名同学在中学生英语能力竞赛、作文大赛、数理化学科能力竞赛中获得全国一等奖，131名同学获得二等奖。4名同学获得北京大学暑期课堂优秀学员称号。66名学生被评为省市县“优秀学生干部”和“三好学生”。

抓住发展关键，队伍建设迈出新步伐。5名教师被评为市级教学能手，13人被评为县优秀教师和优秀班主任；在省级以上刊物发表或获奖论文105篇，13人在市级以上优质课评选中获奖,3人获得省一二等奖；1人被评为“东营市十佳最美青年”，1人被评为“利津县十佳最美职工”并入围“齐鲁最美教师”评选，1个备课组被表彰为“利津县工人先锋号”，1人被评为利津县“四有”教师，1人被评为“感动利津道德模范”。年内，8名同志被确定为入党积极分子，3名同志发展为预备党员，1名同志转为正式党员，策划并创设了“和谐党建”品牌，三个支部申报了“过硬支部”创建，评选表彰了25名党员标兵。

年内，学校获得“全国地理科普教育基地”“山东省档案工作科学化管理先进单位”“东营市心理健康教育特色学校”“东营市中小学德育工作先进单位”“利津县教学质量先进学校”等20余项县级以上荣誉称号。

县委书记成秋林（左三）到校调研

县委副书记、县长张晓彬（中）到校调研

“两学一做”学习教育工作座谈会暨党风廉政建设会议

教职工聘任大会

张瑞石
（北京大学）

谢云浩
（清华大学）

王今朝
（北京大学）

利津县第一中学

叶炜教授报告会

走过成长门（十八岁成人仪式）

“放飞梦想，点燃激情”（高三秋季学习高潮启动仪式）

春季田径运动会

红五月艺术节

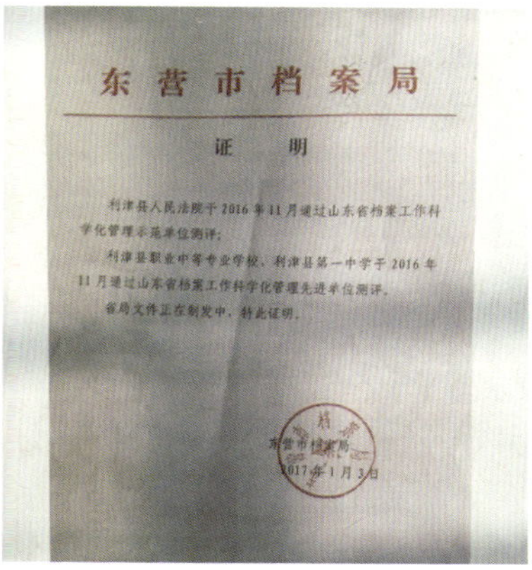

东营市档案局

证　明

利津县人民法院于2016年11月通过山东省档案工作科学化管理示范单位测评；

利津县职业中等专业学校、利津县第一中学于2016年11月通过山东省档案工作科学化管理先进单位测评。

省局文件正在制发中，特此证明。

东营市档案局

2017年1月3日

山东省档案工作科学化管理先进单位

青年志愿者服务活动

荣誉证书

山东省利津县第一中学：

在第十届“地球小博士”全国地理科技大赛中荣获“地理科普教育基地”。

中国地理学会

地理科普教育基地证书

利津县台湾工作办公室

县台办与县委办公室合署办公，为正科级行政单位，现有在编职工3人。2016年，县台办以十八届三中、四中、五中、六中全会精神为指导，认真贯彻中央对台方针政策和省、市部署，坚持“和平统一、一国两制”的对台方针，履行“组织、指导、管理、协调”职能，立足县情，发挥优势，开拓创新，扎实做好各项工作。

一是做好对台交往交流工作。接待台胞3批10人次，组织台属3批8人次赴台探亲；到日照东港区参观学习，实地考察了两家台资企业。二是服务台胞台属台企。到台资、台属企业座谈调研26人次；组织县台属联谊会召开了会员中期大会；县委常委、组织部长、统战部长许明德等到县台属联谊会调研；指导县台属联谊会成立了台联会党支部；继续开展困难台属结对帮扶活动，对13户困难台属进行帮扶。

三是强化对台宣传教育。在中国台湾网等网站发表信息100余篇；对台办网站进行了改版升级；利津县第三实验幼儿园被确定为“海峡两岸家庭教育协作示范基地”。

县委常委、组织部长、统战部长许明德（右二）到县台属联谊会座谈

组织召开台商台属座谈会

县台办走访慰问台资企业

利津县台属联谊会第一届理事会第六次常务理事会议召开

县台属联谊会党支部成立大会

县台办到日照东港区参观学习

看望回乡探亲的台胞夏云台

利津县地方史志编纂委员会办公室

主任　李俊三

利津县地方史志编纂委员会办公室成立于1983年，为正科级事业单位，隶属县人民政府，编制6人。多年来，县地方史志办公室树立精品意识，为社会奉献了一大批高质量的文化成果。编辑出版《利津县志》，整理出版《利津县旧志集成》，编辑出版《利津年鉴》。不断发挥职能作用，先后出版《调整与思考》《我们利津人》《利津地方史志30年》《利津史略》《利津县中小学生地方教材》等18部为现实服务的书籍，创建利津县情网站，多次获得全省优秀史志成果奖。连续五次被省政府办公厅、省人事厅联合表彰为“全省史志系统先进集体”。2016年，《利津年鉴·2014》获全国地方志优秀成果（年鉴类）一等奖；《利津年鉴·2016》获得山东省优秀年鉴特等奖；《利津县中小学生地方教材》获山东省优秀史志成果奖、第六届东营市第二十五次社会科学优秀成果奖。2017年，《利津县旧志集成》获2016年度山东省优秀史志成果奖。

《大众日报》记者到利津县采访盐业发展史

出版书籍

组织开展“主题党日+”活动

所获荣誉

全体人员合影

利津县第三实验幼儿园

园长　张继忠

团结进取的领导班子

“招才引智”签字仪式

县第三实验幼儿园占地总面积31.5亩，建筑总面积6688平方米，现有14个保教班，在园幼儿600余人，教职工59人，均为大专以上学历，有省教学能手1名，省十大科研名师1名，市教学能手7名，市学科带头人5名，县教学能手4名，最美教师1名，县“金杏坛奖”获得者1名。

幼儿园以“生活即教育”为办园理念，以“共同生活，共享幸福”为课程理念，着力构建具有三幼特质的物质文化、制度文化和精神文化，努力开发“以共享幸福为目标、以多维生活为内容、以多元对话为实施过程及策略、以双向融合为生成路径”的共同生活取向的幼儿园课程体系，积极培养“健康乐观、热爱生活、善学乐交、品行优良的儿童，让他们成为未来生活的仁者、智者和强者。”努力建设一所保教理念科学、管理精细高效、环境和谐美观、质量内涵优化、品牌特色鲜明、师幼共享幸福、家长和社会满意的高品质幼儿园。幼儿园先后两次承办“幼儿习惯养成教育”现场会，教育经验在《东营日报》专题报道，特色教育活动荣获全省一等奖，课程建设经验分别在全国全省园长大会上作典型发言，两项省级研究课题顺利结题，课题报告获全市一等奖，研究成果结集出版。

2016年，幼儿园全面贯彻落实县“招才引智”工作要求，与苏州幼儿师范高等专科学校学前系主任张晗博士学前教育团队签订课程开发、指导及师资培训委托协议书，为三幼课题研究及课程开发有章有序进行提供了强有力保证，并邀请南京师范大学教育科学学院教授、中国学前教育研究会理事长、博士生导师虞永平来园指导，受到虞教授高度赞扬。幼儿园先后获得“省级示范幼儿园”“省级卫生先进单位”“市平安单位”“县绩效考核A级单位”“县教育工作先进单位”等四十余项县级以上荣誉，并被确立为“海峡两岸家庭教育示范基地”。

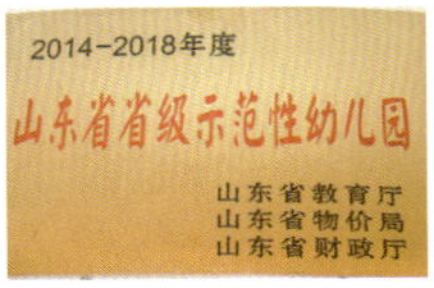

所获荣誉

利津县第三实验幼儿园

“跟岗”培训活动

“爱家乡，爱三幼”迎春踏青活动

自制“冰糖葫芦”

桃子丰收了

“香杏”熟了

“三季有花有果、四季郁郁葱葱”的园所

丰富多样的活动区域

利津县中心医院

召开2016年工作会议

召开“两学一做”学习教育动员会

“微型党课”

3月3日爱耳日，医务工作者走进幼儿园开展义诊活动

利津县中心医院是卫生部部颁综合性“二级甲等”医院、国际标准“爱婴医院”，滨州医学院、滨州职业学院教学医院，是全县的医疗、教学、科研、预防保健和技术指导中心。医院始建于1945年，历经沿革变迁，于1998年4月由原利津县第一人民医院与原利津县中医院合并，建立利津县中心医院至今。

医院占地面积79162.53平方米，建筑面积37122平方米，门诊楼、病房楼建筑面积32522平方米，内部设有电梯、中央空调、中心供氧、吸引、呼叫等配套设施，手术室全净化，达到了国家标准。医院现固定资产总值2.5亿元，拥有国内先进的飞利浦1.5T核磁共振、西门子64层螺旋CT、DR、飞利浦DSA、西门子自动化检验流水线、四维彩超、高压氧舱等大型设备200余台件，医院现有职工487人，其中高级卫生专业技术职称25人，中级卫生专业技术职称的136人。医院开放病床260张，设职能科室18个，临床科室20个，医技科室11个。年门诊量17万余人次，收住院病人1.2万余人次，开展手术2000余例。目前能开展全肺叶切除、胰十二指肠切除、颅内肿瘤摘除、全髋关节置换等复杂手术。

医院秉承“以病人为中心，以质量为核心”的服务宗旨，奉行“诚信、和谐、奉献、创新”的医院文化精神，致力于医疗服务质量的提高，努力实现 “服务好、质量好、医德好、群众满意”的发展目标，为全县人民提供优质、高效、方便、快捷的医疗服务。

召开青年职工座谈会

利津县中心医院

市委书记申长友(前右二)到医院调研

开展消防演练

县委书记成秋林（前右二）到医院调研

县委常委、组织部部长许明德(右二）到医院视察党建工作

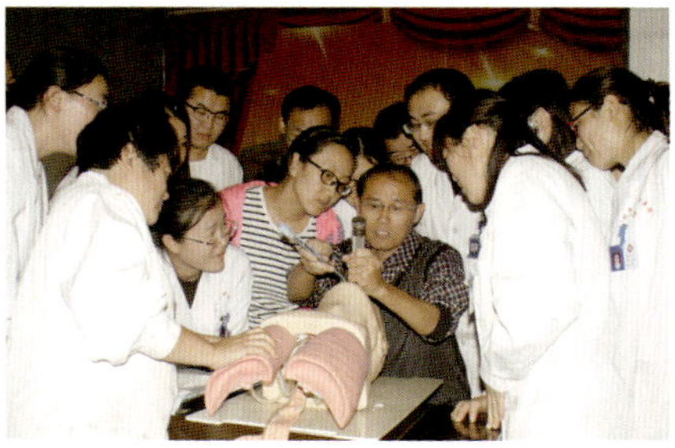

培训气管插管术现场

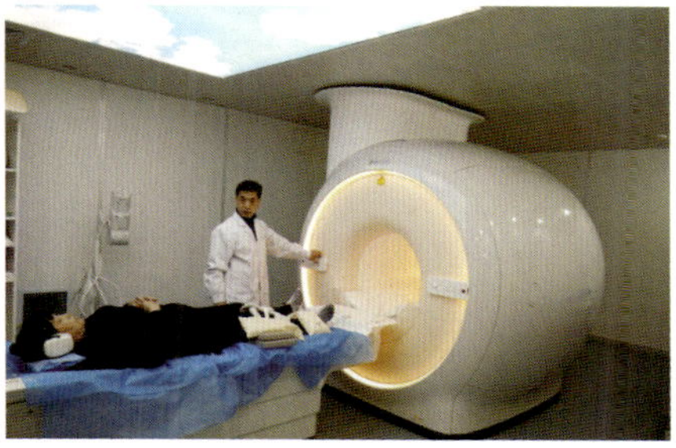

2016年12月，1.5T核磁共振投入使用

2016年7月，各支部完成换届选举

北京301医院吴海云教授授课

县中心医院承办全市第四届司法鉴定论坛

12月6日，顺利通过二甲医院复审

利津县第二人民医院

中国中医科学院眼科医院专家来院义诊

医师节操作技能比赛

利津县第二人民医院成立于1946年，位于利津县陈庄镇政府驻地，现有职工262人，开设病床150张，设职能科室10个，临床科室13个，医技科室5个。医院始终坚持“以人为本”的服务理念，自2012年实行公立医院改革以来，严格落实公立医院各项政策，截至2016年11月底，药占比为29.56%，全年业务收入3434万元，总收入5005万元，为保障利津北部人民群众的健康做出了重大贡献。

近年来，医院坚持“以人为本”的服务理念，内强素质，外树形象，强化管理，提升水平，各项工作取得了长足发展。为满足患者就医需求，2015年8月与东营市人民医院形成医疗服务联合体，成立了“东营市人民医院利津中医院”，把利津县第二人民医院打造成利津县北部区域医疗中心。2015年9月成立了东营市一流的血液透析科，拥有德国进口设备及一流技术人员团队，填补了利津县乃至黄河以北没有血液净化中心的空白，大大方便了周边血透患者诊治。2016年与山东大学齐鲁医院合作建立了心电远程会诊中心，大大提高了诊断和治疗水平，采用合作的方式成立了康复科、国医堂，特聘山东省中医院专家定期来院坐诊，广大群众足不出县就可享受到上级医院的优质医疗服务。

几年来，医院先后被上级授予“全省卫生系统先进集体”“市级文明单位”“东营市五一劳动奖状”“东营市工人先锋号”“全市职业道德十佳先进集体”“东营市内保工作先进单位”“全市卫生系统先进集体”“事业单位法人一级信用单位”等荣誉称号。

康复医疗科开诊仪式

举办评审应知应会知识培训

利津县第二人民医院

到巨鹿县参观学习

开展“服务百姓健康行动”义诊活动

市卫计委在二院进行等级评审检查

党支部换届选举

参观市廉政教育基地

5.12护士节演讲比赛

趣味运动会

利津县疾病预防控制中心

参观廉政教育基地

党支部书记上党课

利津县疾病预防控制中心于2007年3月组建并成立，承担全县疾病预防与控制工作。为社会公益类事业单位，核定编制33人。位于利津县滨港路180号。中心现有检验办公楼1座，面积1406平方米。在职干部职工30人，其中高级职称5人，中级职称16人。内设办公室、财务科、计划免疫科、传染病防治科、结核病防治科、公共卫生监测科、检验科、预防体检科等8个内设机构。先后通过山东省职业健康检查资质、计量认证合格单位、艾滋病初筛实验室、数字化预防接种门诊、国家级布鲁氏菌病监测点、国家级死因监测点、东营市健康相关产品检验机构资质认定。被授予省级结核病防治工作规范县、全省免疫规划业务工作先进集体、全省疟疾防治工作先进集体、全省结核病防治工作先进集体、东营市免疫规划工作示范县、市级文明单位、东营市劳动关系和谐单位等荣誉称号。在上级部门举办的各种职业技能竞赛中，多次取得优异成绩。

碘缺乏宣传

到企业走访职业病防护

“两学一做”集中学习讨论

减盐防控高血压宣传

利津县疾病预防控制中心

结核病防治宣传

拒吸第一支烟签名

无烟日宣传

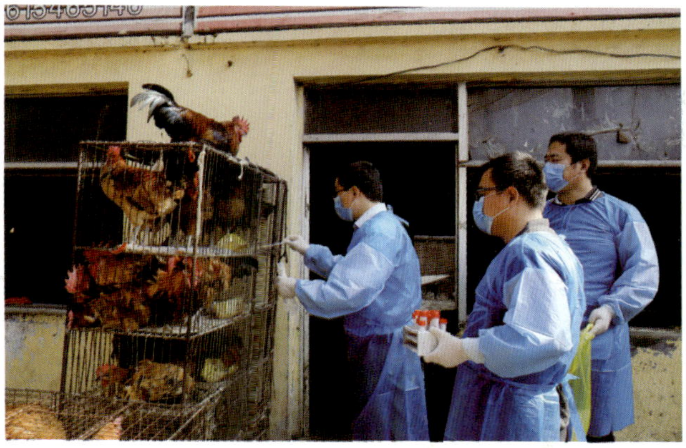
禽流感监测

世界肝炎日宣传

全省科学发展免疫规划工作考核

预防接种培训

利津县供电公司

总经理　盖林农

党委书记　冯勋强

国家电网山东省电力公司利津县供电公司为国家中（二）型供电企业，担负着全县6个乡镇、2个街道办事处、512个行政村的供用电管理任务，供电区域1665.6平方公里，服务客户9.5万余户。公司现有7个职能部室，2个业务支撑机构，7个供电所，代管东营方大投资有限公司利津分部。现有全民员工237人，资产总额4.18亿元。拥有35千伏及以上变电站21座，主变容量386.285万千伏安，其中500千伏变电站1座，容量200万千伏安；220千伏变电站2座，容量72万千伏安；110千伏变电站11座，容量90.55万千伏安；35千伏变电站10座，容量23.735万千伏安。输配电线路总长3223公里。

2016年，公司完成售电量19.73亿千瓦时，列全市县区公司第2位，同比增长35.83%；实现营业收入11.39亿元，增长20.71%；全员劳动生产率375.59万元/人·年(全口径)。截至2016年12月31日，实现连续安全生产8795天。

公司连续26年保持省级文明单位称号，连续16年保持全县行风评议第一或免评。

召开职代会

县委书记成秋林（右一）到公司调研

共产党员突击队誓师

“党员责任区”为秋季检修工作保驾护航

电网建设施工

拔河比赛

太极拳爱好者在表演

“勇于担当，心向光明”联欢会

利津县国家税务局

利津县国税局成立于1994年，现有10个内设科室、1个事业单位和开发区、北宋、盐窝、陈庄4个分局，共有在职干部职工87人，负责全县5500余户纳税人的税收征管工作。

近年来，利津县国税局在县委、县政府的正确领导下，在市国税局的指导下，牢记“为国聚财、为民收税”使命，围绕实现税收现代化的主题，坚持稳中求进的工作基调，凝心聚力，积极作为，改进作风，提升位次，全力打好落实“三个服务、三个实在、三个禁止”的主动仗，以改革创新促发展，以尽责守廉强素质，以强化管理提绩效，以优化服务树形象，圆满完成了各项税收工作任务，为促进经济持续健康发展、社会和谐稳定作出了积极贡献。

2014年共组织税收收入19.30亿元，同比增长5.33%，增收9670万元，县内入库税款99655万元，同比增长13.62%，增收11946万元。认真落实各项税收优惠政策，累计办理各类减免退税26843万元，有力扶持了地区企业发展。县局先后荣获“省级文明单位”“国家级巾帼文明岗”“全市国税系统先进集体”“全市廉政文化进机关示范点”“全县经济社会发展突出贡献单位”“全县精神文明建设先进单位”等荣誉称号60余项。

省国税局党组成员、副局长孙德仁（左二）到利津县调研深化国地税征管体制改革工作

12月30日，县委副书记、代县长张晓彬一行到县国地税联合办税服务大厅慰问干部职工

开展“两学一做”学习教育

业务比武考试

5月1日，利津县全面推进营改增试点工作正式启动

在线行动

利津县国家税务局

对企业开展“一对一”税法指导

局领导慰问老干部职工

党风廉政建设会议

轮岗交流

利津国税志愿放映巡演活动

拔河比赛

利津县地方税务局

局长　李峻岭

利津县地方税务局内设9个科室、1个事业单位，下设2个直属单位和6个基层中心所。2016年，利津县地方税务局在县委、县政府和市局党组的正确领导下，以组织收入为中心，以“两学一做”学习教育为主线，扎实抓好各项工作落实，为利津地税整体工作推进发展提供了有力的思想、组织和作风保证。该局共实现各项收入59607万元，扣除营业税后完成39534万元，同比增收681万元，其中，县本级完成35339万元，同比增收569万元，为全县经济社会发展做出了突出贡献。该局连续17年被评为“省级文明单位”，先后取得“全省地税系统先进单位”“东营市五一劳动奖状”等多项荣誉，圆满完成了各项工作任务。

中心组理论学习

举办纳税人培训班

国地税联合开展办税业务

纪念建党95周年暨“两学一做”学习教育知识竞赛

开展国地税合作示范区创建

利津县地方税务局

廉政党课

全县地税系统党风廉政建设工作会议

局领导深入帮扶村实地调研

以绩效管理促税收工作会

组织中层以上干部参加德廉考试

积极参加义务劳动

利津农村商业银行

董事长项在兴部署2016年工作

县委书记成秋林（左）到行调研

县委副书记、县长张晓彬（中）到行慰问员工

开展“银企一家”金融产品推介会

山东利津农村商业银行股份有限公司（以下简称利津农商行）是在利津县农村信用合作联社基础上通过发起人发起设立的股份制商业银行。目前注册资本2.3亿元人民币，辖10个职能部门、1家营业部、16家支行和5家分理处，现有员工近300人，是利津县营业网点和从业人员最多、服务范围最广、资金规模最大的综合性、多功能地方金融机构。

自2011年12月27日成立以来，利津农商行坚持以深化改革为动力，以加快发展为主线，不断完善公司治理，加快流程银行建设，提高经营管理水平，各项业务实现了又好又快发展。近年来，利津农商行扎实推进信用工程建设，加快业务创新步伐，优化信贷结构，规范信贷流程。积极推广贷款证管理，践行“限时办贷”和“无缝隙办贷”，深入推进金融服务进村入社区、阳光信贷和富民惠农创新“三大工程”，大力推广网银、手机银行等电子银行产品，不断满足经济社会发展需求。截至2016年末，利津农商行各项存款50.51亿元，各项贷款37.94亿元。该行高度注重全面加强自身各项建设，连续八年保持了“省级文明单位”，2016年以来，又先后荣获“山东省省管企业先进基层党组织”“山东省财贸金融系统‘五一’劳动奖状”“东营市平安单位”“全市农村信用社年度综合考评先进单位”等荣誉称号。

“五一”期间，开展“幸运大转盘”营销活动

信用村创建暨鑫农村贷款推介会

支持"大众创新 万众创业"

业务技能大比拼

行领导进村入户调研

"鑫农村贷"圆了"大棚梦"

元旦营销，力促"开门红"

"诚信利津"宣传活动

金融知识进校园

参加"三年增绿"活动

认领微心愿 实现微梦想

参加县直机关拔河比赛活动

山东绿洲醇集团

董事长　夏芳蕾

临沂客户参观产品一角

山东绿洲醇集团始建于1999年12月，位于利津经济开发区利七路406号，占地面积66000平方米。下设山东绿洲醇酒业有限公司、山东黄河三角洲物流有限公司、山东绿洲醇农业技术有限公司等子公司。集团总资产2.86亿元。2016年实现销售收入2.82亿元，实现利税1506万元。

企业现有职工380人，其中大专以上学历126人，专业技术人员56人。是集果汁饮料、蛋白饮料、乳酸菌饮料、罐头食品生产、果酒及白酒酿造、农业开发、物流运输等技术成果产业化于一体的高新技术企业，拥有国家发明、实用新型、外观设计专利21项。

近几年来，重点实施国家科技部、国家级星火项目。先后被评为山东省星火计划项目；技术创新项目；国家星火计划项目等。企业研发中心被认定为省级研发中心；荣获“山东省农业产业化重点龙头企业”“中国专利—山东明星企业”“国家级高新技术企业”等60多项荣誉称号。主要产品七大类、50多个品种，年生产能力突破30万吨。市场覆盖山东、河南、河北、安徽、江苏、上海、北京、广东等地，销售前景广阔。

为壮大企业规模，在北宋镇开发农业种植加工、农副产品采摘、养殖、垂钓于一体的近3000亩的高效生态农业观光区，开辟黄河三角洲崭新的运作模式。

投资近亿元兴建了省内规模最大、年产7.2万吨乳酸菌饮料生产项目；新上甜牛奶项目和自动封箱机设备、乳酸菌第三条生产线和吹瓶机项目，为企业发展奠定了坚实的基础。

董事长夏芳蕾与浙江李子园张总合作

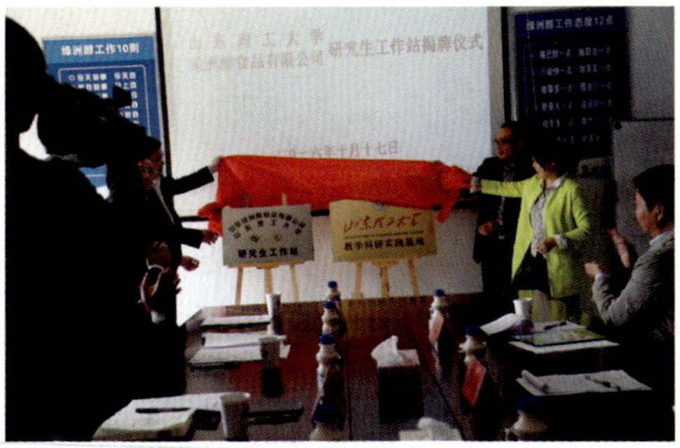

山东理工大学—教学科研实践基地及研究生工作站揭牌仪式

山东绿洲醇集团

滨州客户到企业参观

董事长夏芳蕾向市县领导汇报企业生产情况

农业示范园蔬菜大棚

对政绩突出者现场奖励

利津经济开发区党委书记王乃全陪同市政府法制办领导座谈企业情况

黄河口湿地画派创始人石建勋应邀到企业作画

产品展示

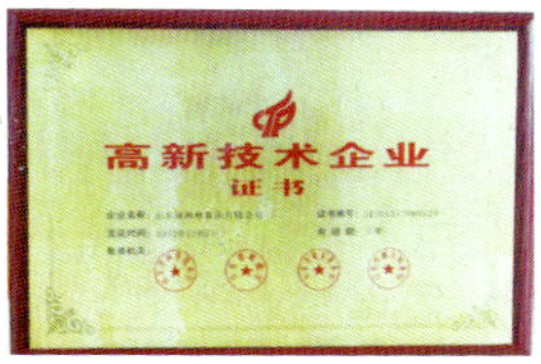

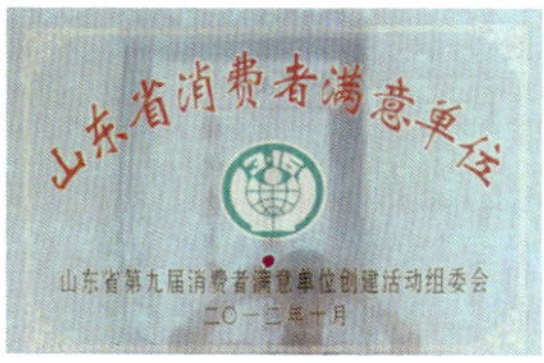

所获荣誉

东营慈母坊家纺有限责任公司

董事长　陈崇荣

参加文博会

东营慈母坊家纺有限责任公司坐落于美丽的黄河入海口，公司2005年注册成立，注册资金1000万元。占地15000平方米，拥有先进的生产设备和专业的技术人才，在国内拥有健全的销售网络，是一家集棉花种植、家纺设计研发、生产和销售于一体的高端型生态型家纺企业。

东营是全国重要的优质棉生产基地，具有丰富的棉花资源，家纺产业资源基础牢固，前景广阔。公司成立以来，采取“公司+基地+农户”的模式，以基地为依托，采用原生态，无污染的优质棉，先后研发出手工系列产品、纯棉系列产品、蚕丝系列产品、竹纤维系列产品、甲壳素系列产品和家居服系列产品等。近几年来，公司又致力于医院用品、学校床上用品、宾馆纺织用品、军队纺织用品的研发、生产与销售。并与多家医院、学校及企业宿舍有良好的合作关系。公司不断学习，不断研发创新，不断引进高技术人员，主要用于公司新产品的研发、设计、推广、让更多健康环保的高端生态产品为社会服务。参加2017山东省高校床上用品集团采购，获得了好成绩。

公司继续坚持“做优、做精、做强”为目标，秉承“崇文尚德、诚实守信”的经营理念，努力打造知名品牌！

产品

车间一角

市旅游局副局长耿考青（右二）到公司参观指导

东营市凤凰国际旅行社　山东国际旅行社东营分公司

经理　张海英

服务团队

东营市凤凰国际旅行社成立于2004年12月，是经旅游局批准、具有法人资格的专业旅游企业。旅行社下设计调部、旅游部、票务部、财务部，主要承办各界朋友赴国内各地旅游观光、商务考察、代购国内外各航空公司往返机票及全国各地火车硬座和卧铺票。山东省东营市凤凰旅行社于2014年升级为东营市凤凰国际旅行社，被评为3A级旅行社。

该旅行社被利津县政府指定为接待外来游客旅行社、外出商务考察旅行社，连续多年被评为诚信旅行社和旅游安全工作先进集体，多人被评为旅游先进个人。旅行社拥有一批高素质导游员、票务人员，本着“顾客至上、质量第一”的宗旨，竭诚为广大新老客户提供优质服务。

为了满足越来越多人的消费需求，2013年1月，山东国际旅行社与东营凤凰旅行社联合成立山东国际旅行社东营分公司。

近年来，山东国旅经营业绩快速增长，先后被授予“全国百强旅行社”“山东省十强旅行社”“山东省诚信旅游示范单位”“山东省旅游细微服务示范企业”等多项荣誉称号。

该社是利津唯一出境赴台资质旅行社。

利津店内景

利津店

东城店

广饶店

所获荣誉

书法家刘国庆

刘国庆，字承普，号冲山堂主，溪斋，1974年生，山东利津人。现为山东省书法家协会会员，东营市书法协会会员，利津县书法协会副秘书长。

十多年来，以米、王为宗，兼攻小楷，临池不辍。不跟时风，坚持与古人对话。多次入展省市主要书法展并获奖。受米芾尚意书风影响近十年，收获颇丰。受王羲之小楷影响也有数年，坚持方向不变。

时逢临帖的大好时代，还需扬鞭奋蹄，迈向更高的层次。

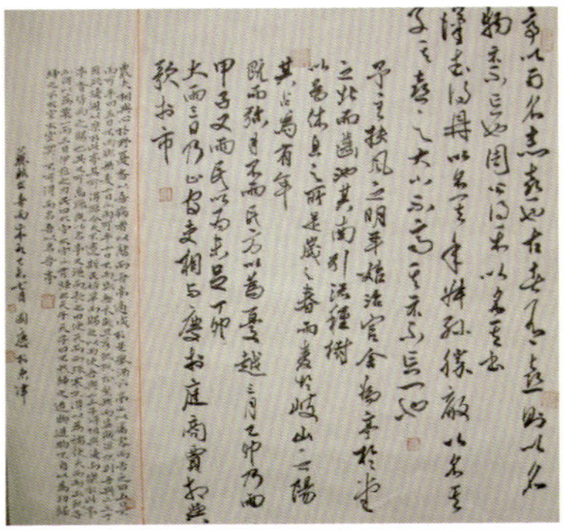

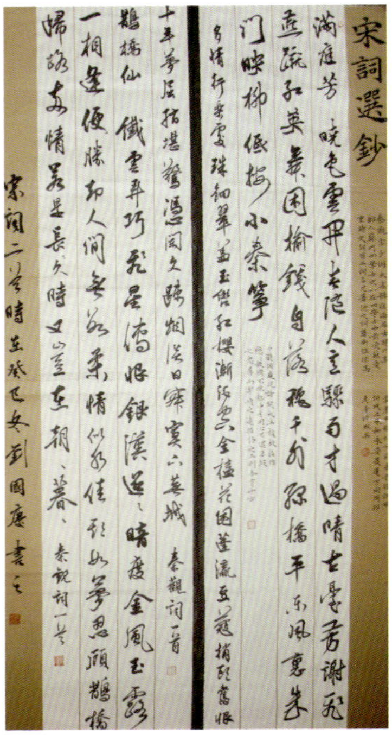

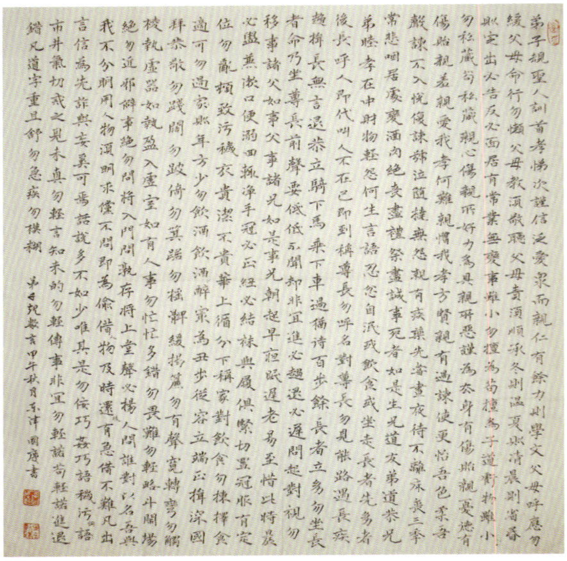

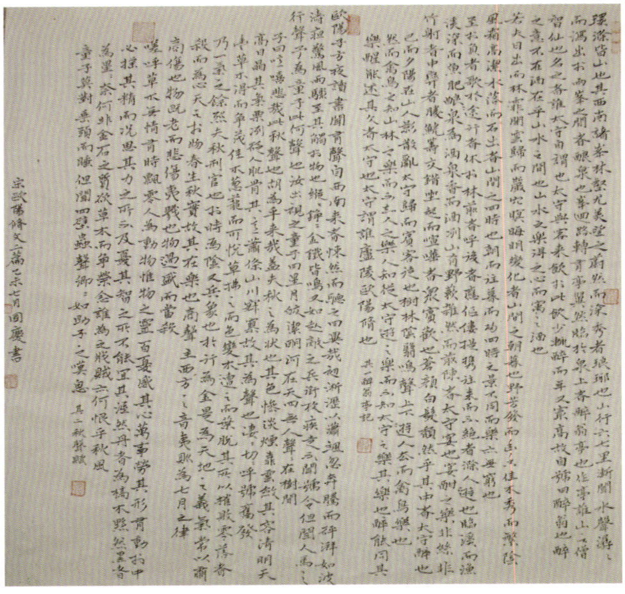

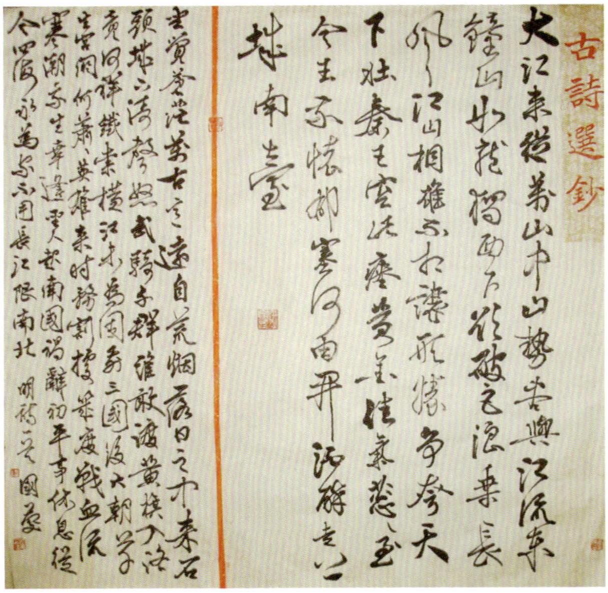

画家荣海青

荣海青，山东省美术家协会会员，东营市美术家协会副主席，利津县美术家协会主席，万杰医学院客座教授，中华口腔学会委员，山东省口腔协会副会长，东营市民营口腔协会会长。曾师从谭国信，于汝仁老师教诲，使其绘画水平得到历练，绘画技巧有了很大的提高。近年来多习人物绘画兼作花鸟，2001年作品入选由中国美协和中国书协主办的中国（芮城）永乐宫第四届国际书画艺术节入展奖，东营市纪念建国60周年书画展优秀奖，2012年作品获山东省书协美协主办，山东大海集团承办的“欢度国庆节、喜迎十八大”书画展优秀奖。2012年作品获黄河口文化艺术节书画展获三等奖。2014年作品获第四届东营市“黄河口文艺奖”中国画作品三等奖、山东省书协美协主办山东大海集团承办的“大海杯”书画展获奖。2015年作品在山东省美协举办的首届花鸟展学术展中获奖。

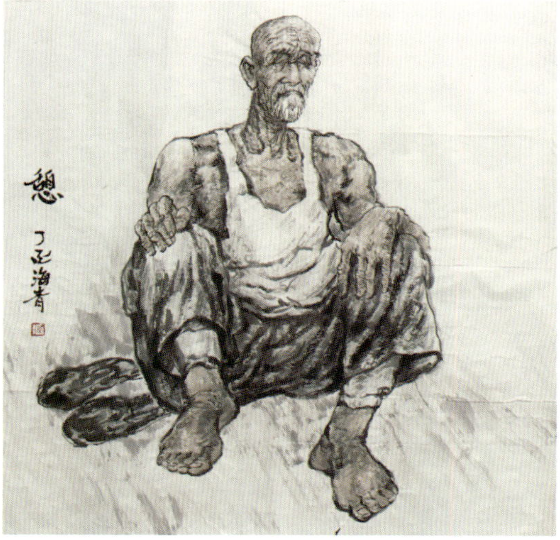

利津经济开发区（凤凰城街道）

2016年工作会议

云谷电商产业园启动大会

山东利津经济开发区成立于2002年6月，2006年3月被省政府批准为省级经济开发区，规划控制面积35平方公里。凤凰城街道成立于2010年1月，总面积64平方公里，辖43个行政村、1.7万余人。开发区、街道合署办公、街区一体，定位于打造全县“转型升级先行区、产城融合示范区、城乡统筹试验区”。目前，区内共落户各类企业150余家，其中“三上”企业84家，逐步形成了以有机化工、新材料、纺织、加工制造、现代物流等为主导的产业发展框架，聚集了利华益集团、康宝生化、三阳纺织、龙翔实业、旭瑞物流等一批代表性企业。辖区内道路、雨污分流、集中供暖、天然气、污水处理等基础设施配套基本完善，为项目建设提供全方位保障。2016年，辖区内规模以上工业企业实现总产值1167.03亿元，同比增长14.23%；利税100.93亿元，同比增长3.22%；实现利润总额47.49亿元，同比增长9.36%；累计完成固定资产投资32.5亿元，实现地方财政收入12976万元，经济社会保持了良好的发展势头。

市委书记申长友（前左二）到凤凰城街道大庄村考察“两学一做”学习教育情况

市委副书记、市长赵豪志（前右一）到开发区调研

市政协主席陈泽浦（前右二）到凤凰城实验学校视察

市委常委、东营军分区政委何学民到开发区、街道督导检查安全生产

利津经济开发区（凤凰城街道）

县委书记成秋林（左三）到利华益集团调查研究

开发区、凤凰城街道党工委书记，开发区管委会主任王乃全（左）走访慰问老党员

开发区、凤凰城街道党工委副书记，凤凰城街道办事处主任扈大强（前右二）检查学校校车情况

“互联网+”战略合作签约仪式

机关党员赴临沂进行红色教育

涝洼片治理工程

果树技术现场培训

利津街道

党工委书记　张光军

党工委副书记、办事处主任　季宗勇

菜园社区

利津街道卫生院

利津街道位于县城驻地，面积108平方公里，辖63个行政村、3.2万人，是“全国环境优美乡镇”“全省绿化工作先进单位”“全省安全社区”“全省农村集体经济清产核资工作先进单位”“平安东营建设先进乡镇（街道）”，被建设部等6部委联合命名为全国重点乡镇（街道）。

近年来，利津街道党工委、办事处充分发挥区位优势，牢牢把握城区带动发展定位，以城市建设改造、服务业发展、新农村建设和民生事业发展为抓手，解放思想，开拓创新，不断推进全街道经济社会各项事业发展。2016年，利津街道完成固定资产投资10.1亿元，第三产业投资7.9亿元，规模以上工业总产值62.5亿元，规模以上利税5.1亿元，限额以上消费品零售总额3亿元，实现地方财政收入4218万元，农民人均纯收入达到1.9万元。重点配合县政府实施了总投资8亿元总长度7公里的“三纵二横”5条道路和2个景观桥，23.6万平方米的菜园、新合张滩2个安置区建设，扎实推进了投资2亿元的庄科社区项目建设，投资800余万元的綦家现代农业园区两个新建项目建设，总投资7000万元对中心小学、中心幼儿园、老年公寓和卫生院进行改扩建。街道始终坚持用发展的成果服务民生、惠及百姓，积极改善村居环境，不断提高文明程度，着力打造经济社会发展新格局。

新建街道中心幼儿园

民间文化

三年增绿工程

东津植物园

东津湿地公园

北宋镇

党委书记　陈建军

党委副书记、镇长　陈善泽

电子商务服务中心签约启动仪式

党群服务中心便民大厅与综合文化服务中心

“大美北宋镇　魅力新家园”2016年全市广场群众文化活动

2017年，北宋镇解放思想、变革图强，抢抓市委、市政府支持利津跨越发展的战略机遇，紧紧围绕全县建设美丽幸福新利津的奋斗目标，全力开创新局面，各项工作取得阶段性成果。先后荣获省级文明镇、全省清洁能源供暖试点镇称号。

一是强化争取意识。北宋铁路物流园区争取到位土地指标856亩；全市唯一一个省级清洁能源供暖试点镇于6月底通过验收；投资1050万元的0.85万亩高标准农田建设项目和投资1600万元的万亩前崔片精准扶贫土地整治示范项目正在进行规划设计，投资1069万元的佟家片基本农田整理项目已完工；投资1920万元的农村饮水安全示范提升工程正在施工；全市唯一的文学艺术创作基地于5月份在佟家村授牌并启动建设。二是强化发展意识。以北宋铁路物流园为载体，加大招商引资力度，总投资5.98亿元的4家优质企业已落户园区；全力打造黄河生态经济带，投资6500万元的北宋镇利兴浮桥及5.8公里连接线工程建成投入使用，建设南贾家和绿色庄园等田园综合体，引进了投资5000万元、占地3000亩的养生天下中草药花卉基地项目，成功申请北宋芦笋、黄河滩蜜桃、黄河滩莲藕、黄河滩西瓜等的农产品地理标志认证。三是强化为民意识。公路铁路沿线环境综合治理工作在全市率先完成并通过省级验收；“三年增绿”任务全面完成；投资1500余万元，硬化、美化、亮化示范村道路，争创后宫村、南贾家村两个省级美丽乡村示范村；投资300万元建设北宋镇综治中心平台，投资160万元实施镇敬老院改造升级，投资30万元建设齐鲁医院远程会诊北宋镇卫生院分中心。四是强化主业意识。坚持党建引领，“主题党日+”等各项载体活动扎实开展；协调资金1200多万元，新建、改造提升30处党群服务中心及活动场所；8个软弱涣散村得到整治；“爱我北宋，敢于争先”的口号全面叫响。

植树造林三年增绿

前林村党群服务中心

丰收的喜悦

建设中的南贾家村

黄河滩蜜桃

南贾蜜桃园

所获荣誉

利兴黄河浮桥

首届全民健身广场舞大赛

盐窝镇

党委书记　牛建民

党委副书记、镇长　赵炳兰

县委书记成秋林（前左二）到盐窝镇调研

县委副书记、县长张晓彬（前左三）到盐窝镇观摩三年增绿工程

利津津博化工有限责任公司

盐窝镇位于利津县中部，辖125个行政村，总人口8.1万人，总面积243.6平方公里。是全国重点镇、全市第二批试点强镇，村居数量列全市乡镇街道之首，人口数量居全市第二位。交通优势得天独厚。已建成东滨路、盐虎路、永馆路、荣乌高速至县城连接线4条干线公路，荣乌高速、济东高速2条高速公路，正在规划建设河广大道、疏港铁路。历史文化底蕴深厚。盐窝镇自元朝至今已有800多年的历史，是历史上重要的产盐基地；先后涌现出李佐贤、岳镇南、张铨、尚五、李毓祯、尚兰亭等历史名人、民族解放英雄和现代进步人士。区位优势明显。地处京津冀协同发展区、环渤海地区合作发展区、黄河三角洲高效生态经济区、山东半岛蓝色经济区和东滨城镇密集区“五区”叠加重要位置，特别是北临陈庄循环经济产业园、西邻明集中小企业创业园，为发展配套产业、承接产业转移、打造特色产业提供巨大优势。产业发展独具特色。已构建完成中部现代畜牧、东部绿色蔬菜、北部生态林果、西部优质粮棉的农业发展格局，依托北岭蔬菜批发市场、鲁北畜产品大市场和2.3万亩黄河滩区，为打造特色生态农业创造得天独厚的条件；规模以上企业达到37家，工业实现内涵式发展。2016年，全镇完成固定资产投资21.68亿元，增长8.3%；利税18.95亿元，增长12.67%；实现规模以上工业总产值143.75亿元；地方财政收入4339万元。

中科博源高吸水性树脂项目

北岭蔬菜大棚

利津县广源沥青有限责任公司

鑫宇物流开展消防演练

盐窝镇镇南工作区党群服务中心

大赵村产业结构调整红薯喜获丰收

盐窝标准化畜牧养殖园区

盐窝镇中心学校建设项目

陈庄镇

党委书记　陈国栋

党委副书记、镇长　张志峰

副省长赵润田（左三）到新发牧业视察

副省长赵润田（前左二）到一大早公司视察，市委书记申长友（前右一）陪同

陈庄镇位于利津县东北部，辖95个村、5.6万人，镇域面积226平方公里，是连接京、津、唐经济区和山东半岛城市群的重要交通枢纽，是全县“两区两园”的重要组成部分，是全国发展改革试点城镇、国家级生态镇、全国重点镇、山东省特色小镇、山东省特色产业镇、县域副中心规划试点镇、全省小城镇建设百强示范镇、省级中心镇、全市扩权强镇试点镇。

2016年，规模以上工业总产值372.2亿元，同比增长14.3%；固定资产投资完成47.5亿元，同比增长17.2%；乡镇财政收入1.1亿元，同比增长13.2%；城镇居民可支配收入22597元，同比增长8.0%。2016年全年共实施新建、续建、在谈推进重点产业项目24个，总投资52亿元，多数集中在环保新材料、仓储物流等战略新兴行业，循环经济产业不断推进。投资6.2亿元建成3个新型农村社区，投资2.7亿元实施“去库存+棚改”项目1321户，转移农业人口6200余人，城镇建设不断完善。投资1.91亿元实施了12项人居工程、府前街绿化、贸源街两侧立面改造、付窝市场和集贤市场两侧改造、旱厕改造、等基础设施配套提升项目，基础设施建设不断夯实。实行环卫一体化工程，采用市场化运作模式，实现全镇全域垃圾统一清运、环卫统筹管理；实施农村“五化”工程，统筹推进村道硬化、村内亮化、水体净化、环村绿化、沿线美化；美丽乡村建设逐步推进。培树农业龙头企业6家，支持一大早乳业、黄河口酒业等农业龙头企业参与农业种植，发展订单农业；培育临河蜜瓜果、金河滩有机大米、新胜黄金梨等产品品牌，努力打造一村一品；特色农业初见成效。

市委副书记、市长赵豪志（前左二）到利津视察三年增绿情况

市委常委、宣传部长贾瑞霭（前右一）到堐西村观摩

县委书记成秋林（前左二）到金源物流视察

县委书记成秋林（前右一）考察安泰物流粮油仓储项目

县委副书记王英明（左二）考察恒业绿洲

恒业绿洲

一大早生产车间

汀罗镇

党委书记　王乃梅

党委副书记、镇长　李明

市委书记、市人大常委会主任申长友（右一）到汀罗镇调研精准扶贫工作

市委常委、宣传部长贾瑞霭（前右三）到汀罗镇前关村观摩乡村记忆馆

汀罗镇位于利津县东北部，总面积177平方公里，辖73个行政村，总人口3.4万，耕地15.75万亩，是典型的农业乡镇。毛坨村建有青岛农业大学黄河三角洲研究院，汀罗镇前崔村2015年被评为“全国文明村”，前关村2014年被评为“全国民主法治示范村”。

近年来，全镇上下牢牢把握“跨越发展、惠泽民生”的工作基调，紧紧围绕镇级财力和农民收入“两个增收”目标，攻坚克难，全镇经济和各项社会事业呈现出稳中有进的发展局面。2016年，全镇实现规模以上工业企业产值17.12亿元，完成固定资产投资3.15亿元，实现地方财政收入1862万元，实现居民人均可支配收入1.5万元。

工业实现经济转型升级。2016年，投资1.2亿元的利津信达工贸有限公司仓储物流项目、投资1.6亿元的东营汇邦生物科技有限公司生物有机肥水溶肥项目、投资3600万元的山东汇邦渤海农业开发有限公司渤海粮仓创新中心等重点落地项目扎实推进。

特色农业实现提质增效。建成了以果蔬为主的陈家万亩现代农业示范园、以苗木繁育及“上农下渔”为主的前邵现代农业示范园、以葡萄及反季节蔬菜为主的毛坨现代农业示范园和以观光采摘为主的前关现代农业休闲观光园四个农业园区。

镇容村貌持续改善。大力推进城乡环卫一体化。将渤海社区原总厂、开发公司和5个分厂厂区道路保洁及生活垃圾清运纳入全镇城乡环卫一体化范围。动员全镇上下开展清脏治乱集中行动，严格标准，提升档次。2016年全镇共植树177.4万株，新增造林面积1.6万亩。对疏港高速、荣乌高速、盐罗分干、汀河开发方、辛河路、广虎路、罗金路等镇级公路以及20个村庄进行了全面绿化。

副市长杨同柱（前左三）到汀罗镇前崔村调研经济发展

县委书记成秋林（中）到汀罗镇调研

2016年12月23日，县委副书记、代县长张晓彬（前左二）到汀罗镇调研

党群服务中心外景

汀罗镇前关村乡村剧场

明集乡

党委书记　张俊发

党委副书记、乡长　赵宝光

明集乡位于利津县城以北10公里处，版图面积118.5平方公里，辖31个自然村，38个村民委员会。共6789户，总人口19420人。明集乡区位优越，南接利津县经济开发区，北至沾化区经济开发区，利沾路纵贯明集南北，荣乌高速至利津县城连接线途经明集东部，济东高速在明集乡南部设出站口，疏港铁路规划路线横穿明集东西。近年来，明集乡依托利津县中小企业创业园，不断提升基础设施建设水平，大力开展招商引资工作，引进泰山石膏、植谷粮食仓储物流等8个项目，其中，过亿元项目6个，总投资突破20亿元，已初步形成新型材料、仓储物流两大产业聚集区，农产品及食品加工、机械制造两大产业产业布局将逐步定位。

2016年，明集乡在县委、县政府的正确领导下，扎实开展园区经济建设、美丽乡村建设、惠民工程建设“三大”行动，有力推动了乡域经济转型升级，农民实现持续增收，民生保障不断改善。全乡实现生产总值7.6亿元，同比增长10%，城乡居民人均可支配收入达到1.74万元，财政收入达到1496万元，同比增长5%，完成固定资产投资6.2亿元，年均增长29.6%。全乡经济呈现出良好的发展态势，社会各项事业健康协调发展。

副省长赵润田（前右二）到明集乡济东高速两侧绿化现场考察

市委副书记、市长赵豪志（前右二）考察明集乡三年增绿工程

4月8日全市“精准扶贫　巾帼先行”动员会在明集乡召开，市委副书记郑建军、副市长刘美华参加会议

县委书记成秋林（右三）到明集乡调研

中小企业创业园

明集乡第十四届人民代表大会

中国共产党明集乡第十次代表大会

山东植谷粮油储备利津有限公司

泰山石膏（东营）有限公司

科技兴农

文明乡村建设

中心幼儿园

刁口乡

市委书记申长友（左一）到刁口乡观摩

县委书记成秋林(前右二)到刁口乡调研

刁口乡第十次党代会

6月6日，利津县渔业资源增殖放流仪式

青年干部论坛

刁口乡位于县境东北部，距县城74公里，总面积512平方公里，辖三村一居，常驻人口1.5万余人，户籍人口1269人。海岸线长59公里，滩涂面积38万亩，−10米等深线以内浅海面积200万亩，养殖水面17.7万亩。境内油气资源丰富，已开发油气井1300余口。2012年10月，县委、县政府做出开发建设滨海新区的重大部署。2014年1月，新区成为中国石油和化学工业联合会会员单位。2015年5月，新区入选中国化工最具发展潜力十强园区。2016年5月，利津滨海新区管委会正式挂牌成立。

利津滨海新区地处环渤海经济圈核心区和东营市北部沿海经济隆起带，是东营市国家级临港石化产业基地的三大片区之一、东营市重点保留的三大化工园区之一和利津县两区两园之一。进一步明确了“对标国内一流化工园区，积极融入东营港一体化发展，打造国家级临港石化基地”的总目标。2016年，修订化工产业专项规划，围绕新材料、新能源两大主导产业，新编制了重点招商项目20个。实施投资2450万元的消防站、投资8500万元的滨海创业大厦、园区道路封闭维护和投资780万元的银海一路、二路、三路东延工程等基础设施配套项目，投资6534万元、日处理1万立方米的污水处理厂已投入使用，不断提升新区承载力。是年，积极采用产业链招商、以商招商等方式，吸引29家企业落户新区，计划总投资198亿元，其中投资57.3亿元的山东广悦化工一期160万吨/年重油加氢改质及配套项目投产运营，成为省内第二套生产国五柴油的化工企业；总投资33.5亿元的山东汇宇新材料120万吨碳素及余热综合利用、5万吨/年特种耐火材料项目，一期工程已基本建成；持续优化园区服务，建立了科级干部联系企业、项目手续带办、重点项目推进等制度，落实项目“保姆式”服务机制，全力推进项目手续办理和企业规范运营。

消防知识培训

兴牧村薛学英家庭获东营市第一届文明家庭称号

山东广悦化工有限公司

110KV变电站投入使用

石化及精细化工产业快速发展

公共管廊建设

风电美景

海洋牧场

利津县第二中学

“两学一做”学习教育

党员换届选举

第七届职工暨工会会员代表大会

法制报告会

利津县第二中学始建于1952年，是黄河三角洲地区建校最早的中学之一。现有55个高中教学班，260名教职工，3200余名在校生。

近年来，在县委、县政府和教育主管部门的正确领导下，学校秉承“让每一个学生都成功”的办学理念，弘扬“团结拼搏、自强不息”的团队精神，大力推行理想课堂模式，全面落实素质教育，教育教学质量和综合办学水平一年一个新台阶。《中国教育报》《大众日报》《山东教育报》《东营日报》、山东电视台等媒体都多次对学校工作做专题报道。

学校先后获得“全国学校德育工作创新先进学校”“全国德育科研工作先进实验校”“山东省文明单位”“山东省规范化学校”“山东省教学示范学校”“山东省中小学德育工作先进单位”“山东省教书育人先进单位”“山东省体育传统项目学校”“山东省学校文化建设示范学校”“山东省语言文字规范化学校”“东营市教育现代化学校”“东营市素质教育工作先进单位”“东营市师德建设示范学校”和“东营市首批中小学素质教育德育特色学校”等数百项荣誉称号。

家庭教育报告会

“七一”表彰大会